TABLEAU DE LA NATURE

OUVRAGE ILLUSTRÉ A L'USAGE DE LA JEUNESSE

LA VIE

ET LES MŒURS

DES ANIMAUX

PARIS. — TYPOGRAPHIE LAHURE
Rue de Fleurus, 9

LA CHASSE AUX PAPILLONS.

LES
INSECTES

TROISIÈME ÉDITION

PARIS
LIBRAIRIE HACHETTE ET C⁽ᴵᴱ⁾

LES
INSECTES

PAR

LOUIS FIGUIER

OUVRAGE ILLUSTRÉ DE 594 FIGURES

DESSINÉES D'APRÈS NATURE

PAR MESNEL, E. BLANCHARD ET DELAHAYE

ET DE VINGT-CINQ GRANDES COMPOSITIONS

PAR É. BAYARD

> C'est dans un faible objet, imperceptible ouvrage,
> Que l'art de l'ouvrier me frappe davantage.
> Louis RACINE.

TROISIÈME ÉDITION

PARIS

LIBRAIRIE HACHETTE ET Cie

79, BOULEVARD SAINT-GERMAIN, 79

1875

Droits de propriété et de traduction réservés

LES INSECTES.

INTRODUCTION.

Structure générale des Insectes : la tête, le thorax et l'abdomen. — La peau chez les Insectes. — La digestion, la circulation et la respiration chez les Insectes parfaits. — Métamorphose des Insectes : états d'œuf, de larve, de nymphe et d'Insecte parfait. — La force des Insectes. — Classification.

Nous n'avons pas la prétention, dans ces premières pages, de tracer des *considérations générales* sur l'anatomie des Insectes. Seulement, avant de commencer l'histoire de tant d'êtres divers, de raconter leurs mœurs et leurs travaux, leurs ruses et leurs combats, il importe de décrire, en quelques mots, la disposition des parties essentielles de leur corps. Sans aucun étalage scientifique, nous allons, tout simplement, prendre le lecteur par la main et faire avec lui *le tour d'un insecte*. Nous allons examiner les diverses parties de son corps, avec la curiosité naïve d'un ignorant désireux de s'instruire.

Et d'abord ce qui frappe, quand on considère un insecte, quand on le tourne et le retourne dans sa main, c'est qu'il est composé de trois parties : la *tête*, le *thorax* et *l'abdomen*. Par exemple, si l'on prend le corps d'une guêpe, il est facile de le séparer en trois segments, comme le représentent les figures 2, 3. Pour faire le tour de l'insecte, nous allons donc examiner la structure de ces trois parties essentielles du corps de notre animal.

La *tête* est une sorte de boîte, formée d'une seule pièce, portant çà et là quelques sutures, plus ou moins marquées, quelquefois à peine visibles. Elle est munie antérieurement d'une ouverture, souvent très-petite, dans laquelle se trouvent les organes de la manducation, et d'autres ouvertures, pour les yeux et les antennes.

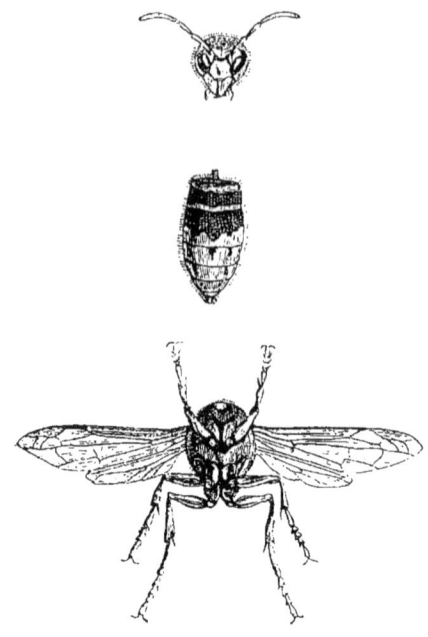

Fig. 1, 2, 3. Guêpe en trois segments (tête, thorax, abdomen).

Les téguments de la tête sont, en général, plus durs que ceux des autres parties du corps. Il devait d'ailleurs en être ainsi. L'Insecte vit et se meut au milieu de substances qui offrent une certaine résistance; il fallait donc que sa tête fût assez solide pour vaincre ces résistances. La tête étant destinée à contenir des organes masticateurs, qui ont fréquemment à agir sur des matières très-dures, devait offrir de robustes points d'appui. On ne trouve d'exception à cette disposition organique que chez les Insectes suceurs.

Il serait hors de propos d'énumérer ici toutes les nombreuses modifications que présente la tête dans l'immense série de la classe des Insectes.

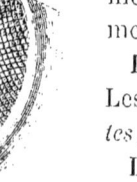

Fig. 4. Œil d'un insecte.

Les yeux de ces animaux sont de deux sortes. Les uns sont nommés *yeux composés* ou *à facettes*; les autres, *yeux lisses* ou *ocelles*.

La partie extérieure des *yeux composés* (fig. 4) a reçu le nom de *cornée*. Elle a à peu près la forme d'une calotte, et se compose d'un assemblage de petites facettes, ou lentilles, convexes, hexagones, réunies par leurs plans latéraux, et de grandeur variable, non-seulement dans les espèces différentes, mais dans le même œil.

Si nous voulons donner une idée de la prodigieuse richesse d'organisation des êtres qui vont nous occuper, nous nous arrê-

INTRODUCTION. 3

terons pour compter le nombre des facettes qui existent dans les yeux composés de divers Insectes :

Dans le genre Mordella l'œil a	25 083	facettes.
Dans la Libellule.	12 544	—
Dans le genre Papillon.	17 355	—
Dans le Sphinx du liseron.	1 300	—
Dans le Bombyx du mûrier.	6 236	—
Dans la Mouche domestique.	4 000	—
Dans la Fourmi.	50	—
Dans le Hanneton.	8 800	—

Chez aucun Insecte les facettes ne paraissent plus nombreuses que chez les Scarabées. Leur ténuité est telle, qu'on peut à peine les discerner avec une loupe.

Envisagé seulement à l'extérieur, un œil composé pourrait être considéré comme une agglomération d'yeux simples; mais intérieurement sa structure est toute différente.

A la face inférieure de chaque facette se trouve un corps d'apparence gélatineuse, transparent, ordinairement conique, et dont la base touche seulement le centre de la facette, de manière à laisser à sa circonférence un espace annulaire libre, pour recevoir le pigment. Ce corps s'amincit peu à peu à son extrémité supérieure, et se termine en une pointe, à laquelle aboutit un filet du nerf optique. Ces cônes, aussi nombreux que les facettes, jouent dans chacune d'elles le rôle de cristallin. Ils sont droits et parallèles les uns aux autres. Un pigment remplit tous les intervalles entre les cônes, ceux entre les filets optiques, et revêt la face inférieure de chaque cornéule, excepté à son centre. Ce pigment varie beaucoup pour la couleur. Il en existe presque toujours deux couches, dont la plus superficielle est la plus brillante. Ces yeux, en effet, sont souvent étincelants de feux, comme des pierres précieuses; ils brillent de nuances changeantes, disposées par bandes ou par taches.

M. Lacordaire, dans sa belle *Introduction à l'entomologie*, à laquelle nous empruntons la plupart de ces renseignements, a résumé comme il suit la manière dont s'opère, d'après Müller, la vision chez les Insectes :

« Chaque facette avec son cristallin et son filet optique séparés de leurs voisins par le pigment qui les entoure, forme un appareil isolé dans lequel les rayons lumineux ne pénètrent qu'autant qu'ils tombent perpendiculairement sur le centre de la facette, qui seul est dépourvu de pigment. Tous les rayons obliques sont absorbés par celui qui revêt la circonférence de la facette et par celui qui est situé plus profondément. Il résulte en partie de là et en partie de l'immobilité de l'œil que le champ de vision de chaque cornéule ou facette est très-borné, et qu'il y a autant d'images des objets, formées sur les filets optiques, qu'il y a de ces cornéules. L'étendue de ce champ sera donc déterminée non par le diamètre de ces dernières, mais par celui de l'œil entier, et sera en proportion de la grandeur et de la convexité de sphère qu'il formera. Mais quelle que soit la grandeur des yeux, comme leurs champs de vision sont indépendants l'un de l'autre, il reste toujours entre eux un espace plus ou moins considérable libre, et l'animal ne peut voir les objets qui y correspondent qu'en tournant la tête. Comment une sensation unique peut-elle résulter de la multiplicité des images qui se forment sur les filets optiques ? Cela n'est pas plus explicable que ce qui se passe chez les animaux qui, ayant deux yeux, ne voient pas pour cela les objets doubles, et il est probable qu'il en est de même chez les Insectes. Mais leurs yeux étant presque toujours opposés, ils doivent voir deux objets à la fois, comme le fait, par exemple, le caméléon, chez qui ces organes se meuvent indépendamment l'un de l'autre. La netteté des images et la longueur de la vue dépendraient, suivant M. Müller, du diamètre de la sphère, dont l'œil forme un segment, du nombre et de la petitesse des cornéules, et de la longueur des cristallins. Plus chaque facette, considérée isolément, est grande, l'œil petit et le pigment déposé entre les cristallins brillant, plus l'image des objets éloignés sera nette, et celle des objets rapprochés indistincte. Les rayons lumineux partant de ceux-ci divergent en effet considérablement, tandis que ceux qu'envoient les autres sont plus parallèles. Dans le premier cas, ils peuvent, en traversant le pigment, arriver obliquement sur les cristallins et troubler par conséquent la vision, ce qui n'a pas lieu dans le second.

« Les objets n'apparaissent également sous leur véritable grandeur que lorsque l'œil est parfaitement sphérique et que sa convexité est concentrique à celle du nerf optique. Toutes les fois qu'il en est autrement, l'image correspond plus ou moins imparfaitement à la grandeur de l'objet et se trouve plus ou moins fausse. D'où il suit que les yeux elliptiques ou coniques qui s'observent communément chez les Insectes voient moins bien que ceux dont il vient d'être question.

« Les différences nombreuses qui existent dans l'organisation des yeux parmi les Insectes peuvent s'expliquer jusqu'à un certain point par la théorie que nous venons d'exposer en peu de mots. Les espèces qui vivent dans la substance même dont elles se nourrissent, celles qui sont parasites, ont des yeux petits et déprimés ; chez celles, au contraire, qui vivent de proie et qui ont besoin de la voir à distance, ils sont grands ou très-convexes. De même les mâles qui doivent aller à la recherche de leurs femelles, ont les organes plus grands que ces dernières. La position des yeux dépend aussi de leur grandeur et de leur convexité ; ceux qui sont plats et n'ont par conséquent qu'un champ de vision peu étendu, sont rapprochés et placés plutôt en avant que sur les côtés et assez souvent contigus. Les yeux sphériques et convexes sont, au contraire, placés latéralement et leurs axes sont opposés. Mais la plus grande étendue de l'horizon qu'ils embrassent compense cette disposition.

Presque tous les Insectes sont pourvus d'une paire de ces yeux composés, qui sont situés ordinairement sur les côtés de la tête. La grandeur et la forme de ces organes sont très-variables, comme nous le verrons plus loin. Ils sont généralement situés derrière les antennes.

Les yeux *lisses* (*ocelles* ou *stemmates*) ne se rencontrent pas dans tous les ordres d'Insectes, quoiqu'on les y observe fréquemment. Ils sont ordinairement arrondis et plus ou moins convexes, noirs, et au nombre de trois, dans la majeure partie des Insectes. Dans ce cas, ils sont ordinairement disposés en triangle, en arrière et à une plus ou moins grande distance des antennes. Sous la calotte, plus ou moins convexe, qui constitue leur cornée, se trouve un corps à peu près globulaire, transparent et assez dur, véritable cristallin, reposant sur une sorte de lentille, qui représente le corps vitré. Ce corps vitré est enchâssé dans un épanouissement du nerf optique. Ajoutons à cela un pigment, le plus souvent d'un rouge brunâtre, quelquefois noir, ou d'un rouge de sang. L'organisation de ces yeux est assez analogue à celle des yeux des poissons, et la réfraction qui s'y opère est très-grande.

Les objets placés à une courte distance peuvent seuls être perçus; l'Insecte ne peut distinguer ceux qui sont un peu éloignés. Dès lors à quoi peuvent servir les *stemmates* aux Insectes qui ont en même temps des yeux composés? On a remarqué que les espèces qui sont dans ce cas se nourrissent surtout du pollen des fleurs, et l'on a conclu de là que les *stemmates* peuvent leur servir à mieux distinguer les diverses parties de la fleur.

Les *antennes*, que le vulgaire désigne sous le nom de *cornes*, consistent en deux appendices mobiles, de forme extrêmement variable, qui s'articulent avec différents points de la tête, et sont toujours au nombre de deux. Les articles qui les constituent ont chacun leur mouvement propre, ce qui permet à l'animal de les fléchir dans tous les sens.

On distingue trois parties dans l'antenne : l'*article basilaire*, ordinairement remarquable par sa forme, sa longueur, sa couleur; — la *massue*, formée par un épaississement graduel ou subit des articles terminaux, dont le nombre, la forme et la grandeur présentent de grandes variations; — enfin la *tige*, formée par tous les articles des antennes autres que l'*article basilaire*, lorsqu'il n'existe pas de massue, et, dans le cas contraire, par ceux qui sont intermédiaires entre celle-ci et l'*article basilaire*.

Nous représentons comme exemple d'antennes celles de deux Coléoptères, l'un du genre *Aside*, l'autre du genre *Zygie* (fig. 5 et 6).

Lorsque les Insectes sont au repos, la plupart se contentent de ramener leurs antennes sur le dos, ou sur les bords latéraux de la tête ou bien du thorax. D'autres sont pourvus de cavités spéciales, dans lesquelles les antennes sont reçues, en totalité ou en partie.

Pendant leurs mouvements divers, les Insectes agitent plus ou moins ces organes, les uns alternativement, avec lenteur et une sorte de régularité, d'autres dans tous les sens. Quelques-uns impriment à leurs antennes un mouvement de vibration perpétuel. Pendant le vol, elles sont dirigées en avant, ou bien placées perpendiculairement à l'axe du corps, ou bien encore ramenées sur le dos.

Fig. 5. Antenne de l'Aside grise.

Fig. 6. Antenne de la Zygie oblongue.

Quel est l'usage de ces antennes, qui ressemblent à des plumes, à des scies, à des massues, etc.? Tout indique que ces organes jouent un rôle très-important dans la vie des Insectes; mais ce rôle n'est pas encore parfaitement connu. De nombreuses expériences ont paru démontrer que les antennes ne servent que secondairement au toucher, et ne concourent nullement au goût, ni à l'odorat. On ne voit plus bien dès lors quel peut être leur rôle physiologique, si ce n'est de servir à l'audition.

Dans cette hypothèse, l'antenne serait l'instrument principal chargé de transmettre les vibrations sonores. La membrane de sa base représenterait un vestige de la membrane du tympan, qui existe chez les animaux supérieurs. Le *nerf antennaire* serait donc un nerf acoustique.

Intermédiaires entre les animaux inférieurs, chez lesquels les fonctions de la vie végétative sont plus ou moins disséminées, et les Vertébrés, chez lesquels ces mêmes fonctions sont localisées au plus haut degré, les Insectes ont reçu, comme ces derniers, des appareils spéciaux pour la nutrition. La bouche constitue le plus extérieur de ces appareils.

La bouche (fig. 7) est chargée de diviser et de préparer les matières alimentaires, avant qu'elles passent dans le tube digestif. Cet organe est situé, comme chez les Vertébrés, à la partie antérieure de la tête, en général en dessous.

La bouche des Insectes a été construite suivant deux types généraux, qui correspondent à deux sortes de besoins. Elle est destinée, d'une part, à broyer des substances solides; d'autre part, à pomper des liquides.

INTRODUCTION. 7

Au premier abord, on pourrait croire qu'il n'existe aucun rapport entre la bouche d'un Insecte *broyeur* et celle d'un Insecte *suceur*. Cependant on a pu constater que les pièces de la bouche, chez ce dernier animal, sont analogues à celles de la bouche chez le premier, et qu'elles n'ont subi que des modifications appropriées aux fonctions différentes qu'elles sont appelées à remplir.

Contentons-nous actuellement de signaler que la bouche d'un Insecte broyeur se compose d'une lèvre supérieure, d'une paire de mandibules, d'une paire de mâchoires et d'une lèvre inférieure.

La lèvre inférieure et les mâchoires portent, en outre, des filaments articulés, qui ont reçu le nom de *palpes*.

En parlant des Insectes suceurs et, en général, des divers or-

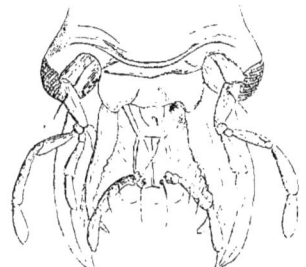

Fig. 7. Bouche d'un Insecte broyeur.   Fig. 8. Thorax de l'Acrocine longimane.

dres des Insectes, nous reviendrons avec plus de détail sur la structure de la bouche.

Le *thorax* (fig. 8), qui constitue la seconde division primaire du corps des Insectes, joue dans leur organisation un rôle presque aussi important que la tête. Il se compose de trois segments, ou anneaux : le *prothorax*, le *mésothorax* et le *métathorax*, qui portent chacun une paire de pattes, et sont, en général, soudés entre eux. Les deux derniers anneaux seuls donnent attache aux ailes.

Dans tous les Insectes, les pattes sont toujours au nombre de six. Il n'y a point d'exception à cette règle.

D'après les segments auxquels elles appartiennent, on distingue les pattes en *antérieures*, *intermédiaires* et *postérieures*. Chacune se compose d'une suite de cinq articles tubuleux, de la même nature que le reste des téguments. Ce sont : la *hanche*, par laquelle la patte s'articule au thorax; le *trochanter*, pièce très-courte, qui unit la *cuisse* à la hanche; enfin la *jambe* et le *tarse*, partie terminale de la patte, composée d'un nombre variable de petites pièces, placées bout à bout, et qu'on nomme *pha langes*.

Nous représentons, comme exemple, la patte antérieure d'un *Hétérocère* (fig. 9) et la patte postérieure d'un *Zophosis* (fig. 10).

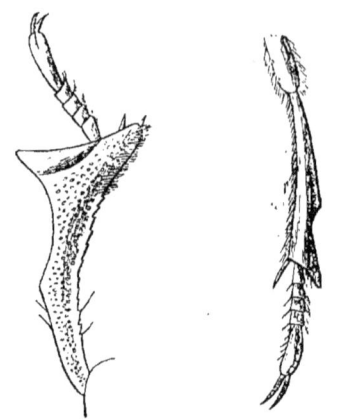

Fig. 9. Patte antérieure de l'Hétérocère à pattes dentées.

Fig. 10. Patte postérieure du Zophosis à quatre lignes.

Nous n'insisterons pas davantage, en ce moment, sur ces diverses parties, dont les formes et les fonctions nous occuperont plus tard, lorsque nous ferons l'histoire des principales individualités de la grande classe d'animaux dont nous entreprenons de décrire la vie.

Les Insectes se servent de leurs pattes pour marcher, pour courir, pour nager ou pour sauter.

Pendant la marche, dit M. Lacordaire, les Insectes meuvent leurs pattes de différentes manières. Les uns lèvent et posent successivement les six pattes, ou seulement deux ou trois à la fois indistinctement; jamais néanmoins les pattes de la même paire en même temps. Il en résulte qu'un pas ne ressemble pas à l'autre; que la marche des Insectes est très-irrégulière, surtout quand les pattes sont longues; et que ces animaux sautillent quelquefois plutôt qu'ils ne marchent. Les autres n'exécutent jamais qu'une sorte de pas, et marchent très-régulièrement. Ils commencent par mouvoir leurs pattes antérieures et postérieures du même côté, et l'intermédiaire opposée. Ces pattes étant posées et le premier pas fait, les autres se lèvent à leur tour, et en exécutent un second.

La course ne change rien à cet ordre de mouvements. Elle n'est que le résultat de mouvements plus précipités. Très-rapide dans certaines espèces, et surpassant, proportion gardée, celle de tous les autres animaux, la course est modérée chez d'autres. Enfin quelques Insectes ne s'y livrent jamais, et semblent se traîner plutôt que marcher.

Dans la nage, les pattes postérieures jouent le principal rôle et produisent les mouvements d'arrière en avant. Les autres pattes, en frappant l'eau de haut en bas et de bas en haut, produisent les mouvements d'ascension et d'abaissement. L'animal change de direction à volonté, en agitant seulement les pattes d'un côté, de la même manière que l'on fait virer une embarcation au moyen d'une rame seule, sans recourir à l'action du gouvernail.

La nage diffère essentiellement de la marche, en ce que, dans la première, l'animal trouvant un point d'appui continuel dans le fluide qui l'environne, fait mouvoir en même temps les pattes de la même paire.

Le saut a lieu principalement au moyen des pattes postérieures. Quand les Insectes qui jouissent de cet apanage veulent sauter, ils ploient les pattes postérieures, comme le montre la figure 11, de manière à mettre la jambe en contact avec la cuisse, qui présente souvent, pour la recevoir, un sillon, muni de chaque côté d'un rang d'épines. Se détendant ensuite subitement comme un ressort, cette jambe vient frapper contre la terre et envoie l'Insecte en l'air, à une distance plus ou moins considérable d'arrière en avant. Le saut est d'autant plus étendu que les pattes postérieures sont plus longues.

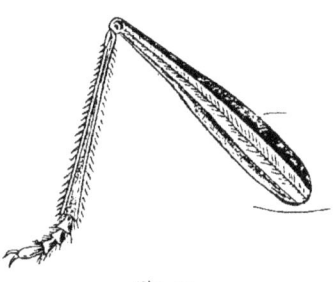

Fig. 11.
Position des pattes d'un Insecte pour le mouvement du saut.

Ce que nous pourrions dire ici d'une manière générale sur les *ailes* des Insectes serait un peu vague. Nous le dirons avec plus de détails et d'à-propos lorsque nous ferons l'histoire complète des types divers d'Insectes ailés.

Chez les Insectes parfaits (dont il a toujours été question dans les pages précédentes), l'*abdomen* ne donne insertion ni à des pattes ni à des ailes. L'abdomen est formé d'un certain nombre d'anneaux, ou de segments, dont la plupart sont privés de toute espèce d'appendices, mais dont les postérieurs portent souvent de petits organes, de formes et d'usages très-variés. Ce sont des scies, des stylets, des pinces, des aiguillons, des tarières, etc. Nous reviendrons plus tard avec beaucoup de soin sur ces divers organes.

Chez les animaux vertébrés qui sont pourvus d'un squelette intérieur, propre à fournir les points de résistance nécessaires à leurs divers mouvements, la peau est une lame plus ou moins molle, uniformément répandue sur toutes les parties extérieures du corps, et destinée seulement à les protéger contre l'action des causes extérieures. Chose remarquable, chez les Insectes, ces points de résistance sont transportés du dedans au dehors. La peau change de nature, pour se plier à sa destination nouvelle. Elle s'encroûte, et présente seulement, d'espace en espace, des intervalles membraneux, qui permettent aux parties solides d'effectuer tous les genres de flexion.

Nous venons de faire le tour de l'Insecte parfait. Nous avons jeté un coup d'œil rapide sur son squelette extérieur, qui forme comme la charpente de son organisation, et sur les divers appendices extérieurs qui en naissent. Il nous reste, pour terminer ces généralités, à examiner les principaux organes qui se cachent sous cette enveloppe protectrice.

Étudions d'abord l'appareil digestif.

Cet appareil consiste en un organe allongé, tubulaire, renflé de distance en distance, formant dans l'intérieur du corps des circonvolutions plus ou moins nombreuses, et pourvu de deux orifices distincts.

Ce canal digestif est constamment situé dans la ligne médiane du corps, au-dessus de la chaîne ganglionnaire nerveuse.

Dans son plus haut degré de complication, le tube digestif de l'Insecte se compose d'un *œsophage*, d'un *jabot*, d'un *gésier*, d'un *ventricule chylifique*, d'un *intestin grêle*, d'un *gros intestin*; enfin de diverses annexes, telles que *vaisseaux salivaires, biliaires* ou *urinaires*.

L'*œsophage* est un conduit qui n'a souvent que la ténuité d'un cheveu. Dans un grand nombre d'espèces, il se dilate en une poche plus ou moins volumineuse, que l'on a nommée *jabot*, parce qu'elle occupe la même position que l'organe de ce nom chez les oiseaux, et qu'elle remplit des fonctions analogues. Ce qui veut dire que les aliments y séjournent quelque temps, avant de passer dans les autres parties du canal intestinal, et y reçoivent un commencement de préparation.

C'est dans le *gésier*, lorsqu'il existe, que les aliments, divisés par les organes masticateurs de la bouche, subissent une nouvelle trituration, plus complète. Sa structure le rend très-propre à cet usage. Il est, en effet, très-musculeux, quelquefois même à demi cartilagineux, et fortement contractile. Ses parois internes sont armées d'un appareil de broiement, qui varie suivant les espèces, et consiste en dents, lames, épines, arêtes, destinées à convertir les aliments en une pulpe homogène. Il n'existe que chez les Insectes qui se nourrissent de matières solides : herbes dures, petits animaux à téguments coriaces, etc. Cette armure intérieure de l'estomac manque chez les Insectes suceurs, et chez ceux qui se repaissent d'aliments mous, du pollen des fleurs, etc.

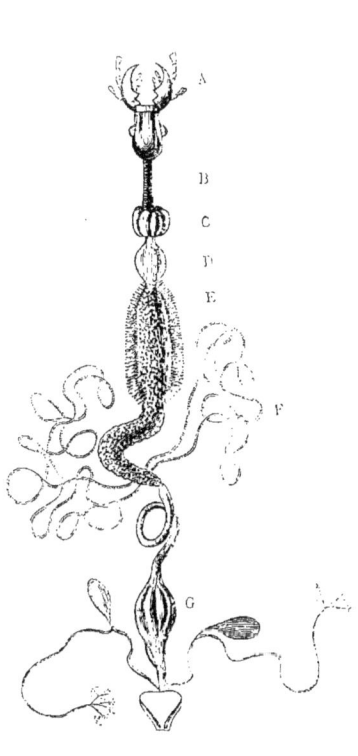
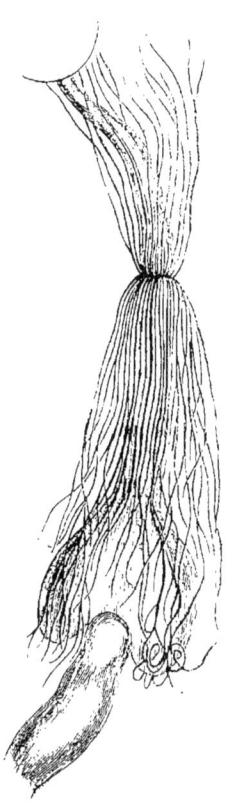

Fig. 12.
Appareil digestif
du
Carabe doré.

Fig. 13.
Extrémité postérieure
du ventricule chylifique, entouré
des vaisseaux de Malpighi.

Le *ventricule chylifique* ne manque jamais. C'est cet organe qui joue le principal rôle dans l'acte de la digestion.

Deux sortes d'appendices sont propres au *ventricule chylifique*, mais seulement dans certaines familles. Les premiers sont des papilles très-petites, faites en forme de doigts de gant, qui se hérissent à l'extérieur de cet organe, et dans lesquelles on croit que la pulpe alimentaire commence à se convertir en chyle. Les seconds sont également des *cœcums*, mais beaucoup plus grands, moins nombreux. On les a considérés comme des organes de sécrétion analogues au pancréas des animaux vertébrés.

La figure 12, qui représente l'*appareil digestif du Carabe doré*, met sous les yeux du lecteur les différents organes qui viennent d'être décrits : A est la bouche de l'insecte ; B l'*œsophage* ; C le *jabot* ; D le *gésier* ; E le *ventricule* chylifique ; F et G le petit et le gros intestin.

Nous n'insisterons point sur les autres parties du tube intestinal chez les Insectes. Nous citerons seulement quelques annexes de cet appareil.

Les *vaisseaux salivaires* versent dans le tube digestif un liquide, ordinairement incolore, qui, par le lieu où il est sécrété et par sa nature alcaline, répond à la salive des animaux vertébrés. C'est ce liquide que l'on voit sortir, sous forme de gouttelettes, de la trompe de quelques Insectes suceurs.

Ces vaisseaux sont habituellement au nombre de deux. Leur forme est aussi variable que compliquée. Dans leur état le plus simple, ils consistent en un tube fermé, flexueux, ordinairement roulé en peloton, et s'ouvrant sur les côtés de l'œsophage.

Sur l'extrémité postérieure du ventricule chylifique, s'insère un nombre plus ou moins considérable de tubes, fins comme un fil, ordinairement allongés et flexueux, terminés en cul-de-sac. Leur couleur, déterminée par celle du liquide qu'ils contiennent, est rarement blanche, le plus souvent brune, noirâtre ou verte. Une membrane très-mince et très-délicate paraît seule les composer. Elle se déchire très-facilement ; il n'est rien de plus malaisé que de dérouler ces vaisseaux et de les dégager des tissus graisseux ou autres qui les enveloppent.

Les naturalistes sont incertains sur la fonction physiologique de ces derniers vaisseaux, c'est-à-dire sur la nature du liquide qu'ils sécrètent. Cuvier et Léon Dufour attribuaient à ces organes des fonctions analogues à celles du foie. C'est pour cela qu'on les a appelés *vaisseaux biliaires*. Mais cette opinion n'est pas généralement partagée ; de sorte que l'on est convenu d'appeler simplement ces vaisseaux *tubes de Malpighi*, du nom de l'observateur illustre qui les découvrit.

Selon M. Lacordaire, leurs fonctions varieraient selon leur position. Ils fourniraient uniquement de la bile, lorsqu'ils s'ouvrent dans le ventricule chylifique ; à la fois de la bile et un liquide urinaire, quand leur insertion est en même temps post-ventriculaire et intestinale; et de l'urine seule quand ils sont placés près de l'extrémité du canal digestif.

La figure 13 fait voir, à un grossissement plus fort que celui de la figure précédente, les *vaisseaux de Malpighi*, entourant l'extrémité postérieure du *ventricule chylifique*, et versant à l'intérieur de cet organe le produit de leur sécrétion.

Pour achever cette rapide description de l'appareil digestif des Insectes, il nous reste à signaler certains organes dépurateurs, qui sécrètent ces fluides, ordinairement noirâtres, caustiques et odorants, que certains Insectes lancent lorsqu'on les irrite, et qui déterminent chez l'homme une cuisson plus ou moins vive, lorsqu'ils viennent à tomber dans ses yeux.

Moins répandus que les organes salivaires, ils offrent des formes souvent compliquées et très-variées. On voit dans la figure 14 l'appareil de sécrétion excrémentitielle du Carabe doré, qui nous servira d'exemple. En *a* sont les utricules sécrétoires, disposés en grappe, en *b* le canal efférent, en *c* la poche servant de réservoir au liquide sécrété, en *d* le conduit excréteur.

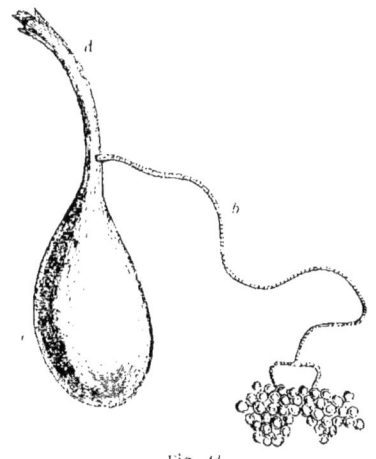

Fig. 14.
Appareil de sécrétion du Carabe doré.

Tantôt le fluide sécrété est liquide, et son odeur est fétide ou ammoniacale; tantôt il est gazeux, et peut être lancé, comme chez les *Bombardiers*, avec une sorte d'explosion, sous la forme d'une vapeur blanchâtre, d'une odeur forte et piquante, analogue à celle de l'acide azotique, et qui présente les mêmes propriétés chimiques que cet acide. En effet, elle rougit le papier de tournesol, brûle la peau, et y détermine des taches rouges, qui bientôt passent au brun et persistent pendant assez longtemps.

Les Insectes ont-ils un cœur? La circulation du sang existe-t-elle chez les animaux qui nous occupent?

Vers le milieu du dix-septième siècle, le célèbre Malpighi à Bologne, et Swammerdam à Utrecht, découvraient l'un et l'autre chez divers Insectes un organe pulsatile, occupant la ligne médiane du dos, et qui leur sembla devoir être un cœur. Cuvier cependant ayant déclaré plus tard qu'il n'y avait point chez les Insectes de circulation proprement dite, tous les naturalistes adoptèrent cette opinion.

Cependant, en 1827, un zoologiste allemand, Carus, découvrit qu'il existe chez les Insectes de véritables courants sanguins, qui parcourent tout le corps, et reviennent sans cesse à leur point de départ. Les observations de Carus furent répétées et confirmées par plusieurs autres naturalistes, et l'on put enfin arriver à se former une idée assez exacte du mode de circulation du sang chez les Insectes.

Nous emprunterons l'aperçu sommaire qui va suivre, des phénomènes de la circulation du sang chez les Insectes, aux *Leçons sur la physiologie et l'anatomie comparée* de M. Milne Edwards.

Le vaisseau tubulaire qui s'étend sous la peau du dos, de la tête à la partie postérieure du corps, immédiatement au-dessus du tube digestif, est connu, depuis longtemps, sous le nom de *vaisseau dorsal*. Il se compose de deux portions bien distinctes : l'une antérieure, qui est simplement tubulaire, et qui ne se contracte pas; l'autre postérieure, qui est plus large, plus compliquée dans sa structure, et qui est animée d'un mouvement intermittent régulier.

Cette dernière portion constitue donc plus particulièrement le *cœur* des Insectes. Les plus souvent elle occupe toute la longueur de l'abdomen, et se trouve fixée à la voûte du squelette tégumentaire, par des expansions membraniformes, disposées de manière à constituer un espace libre, mais fermé en dessus comme en dessous, sorte de vestibule dans lequel le sang se répand, avant de pénétrer dans le cœur. Ce réservoir vestibulaire a été désigné souvent sous le nom d'*oreillette*, car il semble pouvoir agir comme un instrument d'impulsion, et pousser le sang dans le ventricule, ou cœur proprement dit.

Le cœur rappelle un peu la forme d'un fuseau. Il présente une série d'étranglements, qui le divisent en un certain nombre de chambrettes. Celles-ci présentent des orifices afférents, disposés par paire, et des replis membraneux qui en divisent la cavité, ayant la forme de portes d'écluse. Les lèvres des orifices afférents, au lieu de se terminer par un bord libre, se replient en dedans et en avant, de manière à s'avancer comme un bec de flûte, dans l'intérieur du cœur. Les doubles replis membraneux ainsi constitués, de chaque côté du vaisseau dorsal, ont une forme semi-lunaire et s'écartent l'un de l'autre quand cet organe se dilate ; mais lors du mouvement contraire, le passage se ferme.

A l'aide de cet appareil valvulaire, le sang peut donc pénétrer du vestibule péricardique dans le cœur, mais ne peut pas refluer du cœur dans le réservoir.

La portion antérieure, ou aortique, du vaisseau dorsal ne présente ni expansions latérales en forme d'ailes, ni orifices, et constitue un simple tube membraneux. Arrivé dans l'intérieur de la tête, il débouche dans le système lacunaire inter-organique. La totalité du sang mise en mouvement par les contractions de la portion cardiaque du vaisseau dorsal se déverse donc dans la cavité de la tête, et circule ensuite dans les espèces de canaux irréguliers, formés par les espaces vides que les divers organes circonvoisins laissent entre eux. Ce sont les portions inoccupées de la grande cavité viscérale, qui servent de conduit pour le sang, et qui sont parcourues par les maîtres courants que l'on aperçoit sur les parties latérales et inférieures du corps, d'où ces courants vont gagner la partie supérieure de l'abdomen, et rentrer dans le cœur, après avoir baigné les divers organes placés sur leur route. Ces canaux principaux sont en continuité avec d'autres lacunes ménagées entre les muscles, ou entre les faisceaux dont ces muscles se composent, ou bien encore au milieu de la masse viscérale. Les grands courants envoient dans le réseau ainsi constitué des branches secondaires, qui, après s'être ramifiées à leur tour et avoir serpenté entre les diverses parties solides de l'organisme, rentrent dans quelque courant principal, pour regagner le vaisseau dorsal.

Dans les parties transparentes du corps, on voit le sang circuler ainsi, dans une multitude de canaux inter-organiques, plus ou moins bien endigués, pénétrer dans les pattes, parcourir les ailes, quand ces appendices membraneux ne sont pas desséchés, en un mot se répandre partout. Si à l'aide d'injections colorées, ajoute M. Milne Edwards, on étudie les connexions qui existent entre les cavités où la présence des courants sanguins a été constatée et le reste de l'économie, il est facile de voir que le système irrigatoire ainsi constitué pénètre dans la profondeur de tous les organes, et doit pouvoir permettre le renouvellement rapide du fluide nourricier, dans tous les points où le travail vital rend le passage de ce liquide nécessaire.

Nous verrons tout à l'heure, en parlant de la respiration, que les relations entre le fluide nourricier et l'air atmosphérique sont plus directes et plus régulières encore qu'on ne l'avait longtemps soupçonné.

En résumé, il existe chez les Insectes une circulation active, bien qu'on ne puisse reconnaître chez ces animaux ni ramifications artérielles, ni veines, et que le sang mis en mouvement par les contractions du cœur, et porté dans la tête par la portion aortique du vaisseau dorsal, ne trouve pour se distribuer dans les diverses parties de l'économie, et pour revenir ensuite au cœur, que les lacunes ménagées entre les divers organes, ou entre les membranes et les fibres dont ces organes se composent.

La figure 15 (page 19), qui représente, en même temps, *le système circulatoire et le système respiratoire d'un insecte*, permet de reconnaître les divers organes que nous venons de décrire, comme concourant à la respiration et à la circulation.

La connaissance de la respiration des Insectes est une acquisition scientifique toute moderne. Malpighi prouva le premier, en 1669, que ces animaux sont pourvus d'organes respiratoires, et que l'air est aussi indispensable aux Insectes qu'au reste des êtres vivants. Mais l'opinion de ce naturaliste célèbre trouva des contradicteurs, et la résistance à ses vues s'est continuée jusque dans notre siècle. Aujourd'hui pourtant, on connaît fort bien l'appareil à l'aide duquel s'effectue la respiration chez les Insectes.

Chez tous ces animaux, l'appareil respiratoire est toujours essentiellement composé de conduits membraneux, d'une grande délicatesse, dont les ramifications, en nombre incalculable, se répandent partout, et s'enfoncent dans la substance des organes, à peu près comme les racines chevelues d'une plante s'enfoncent dans le sol. Ces vaisseaux ont reçu le nom de *trachées*. Leurs communications avec l'air s'établissent ensuite de diverses façons, selon le milieu dans lequel vivent les Insectes.

On sait que la plus grande partie des Insectes vit dans l'air. Cet air pénètre dans les trachées par un grand nombre d'orifices situés sur les côtés du corps, et qui ont été nommés *stigmates*. Ce sont ces points, ordinairement en forme de boutonnière, qu'on aperçoit, pour peu qu'on y regarde de près, chez un très-grand nombre d'espèces.

Arrêtons-nous un moment sur le système fondamental de l'appareil respiratoire chez les Insectes, c'est-à-dire sur les *trachées*.

INTRODUCTION.

Cet appareil se compose tantôt de tubes élastiques seulement, tantôt d'un assemblage de tubes et de poches membraneuses. Parlons d'abord des premiers.

Les parois de ces tubes respiratoires sont très-élastiques, et conservent toujours une forme presque cylindrique, lors même que rien ne les distend. Cette disposition est déterminée par l'existence, dans toute la longueur de la trachée, d'un fil, de consistance semi-cornée, enroulé en hélice, et revêtu extérieurement d'une gaîne membraneuse très-délicate. La membrane externe est mince, lisse, ordinairement incolore, ou d'un blanc nacré. L'hélice cartilagineuse est tantôt cylindrique, tantôt aplatie, et ressemble également à de la nacre. Elle n'adhère que faiblement à la membrane externe, mais elle est au contraire étroitement unie à l'interne. Ce filet spiral ne continue que dans un même tronc; il s'interrompt lorsque celui-ci se ramifie, et chaque branche a le sien propre, de telle sorte qu'elle n'est jointe que par continuité au tronc d'où elle sort, absolument comme une branche d'arbre est attachée à la tige qui la supporte. Ce filet se prolonge sans interruption jusqu'à l'extrémité des ramifications les plus fines.

Le nombre des trachées dans le corps d'un Insecte est extrêmement considérable. Lyonnet, cet anatomiste patient, consciencieux et *sensible*, comme on disait au dix-huitième siècle, a prouvé dans son immense travail sur la *Chenille du saule* que l'Insecte a de nombreux rapports, par ses muscles, avec les animaux supérieurs. Lyonnet, qui se félicitait d'avoir mis fin à son long travail sans avoir tué plus de huit ou neuf individus de l'espèce qu'il voulait décrire, Lyonnet eut la patience de compter leurs diverses branchies dans la chenille du *Cossus ligniperda*. Il trouva dans cette chenille 1236 branchies longitudinales et 1336 transversales. De sorte que le corps de cet animal est sillonné dans tous les sens par 1572 tubes aérifères, visibles à l'œil armé d'un verre grossissant, sans compter ceux qui ne peuvent être aperçus !

Le vaste système de canaux aérifères que nous décrivons se compose quelquefois, non-seulement des tubes élastiques que nous venons de mentionner, mais d'un assemblage de tubes et de poches membraneuses. Celles-ci sont plus ou moins grandes, très-extensibles, se gonflent quand l'air y entre et s'affaissent quand il en sort. Elles manquent, en effet, complétement de l'espèce de charpente formée par le fil spiral des trachées tubuleuses, dont elles ne sont que de simples renflements. Ces trachées, qu'on appelle *trachées vésiculaires*, sont l'apanage plus spécial des espèces dont le vol est fréquent et soutenu, comme les sauterelles, les bourdons, les abeilles, etc., les mouches, le papillon.

Il faut se reporter à la figure 15 pour voir représentés les organes de la respiration aérienne dont il vient d'être question.

Le mécanisme de la respiration chez les Insectes est facile à comprendre. La cavité abdominale, dit M. Milne Edwards, qui loge la plus grande partie de l'appareil trachéen, est susceptible de se contracter et de se dilater alternativement, par le jeu des divers anneaux dont son corps se compose, et dont la disposition est telle qu'ils peuvent rentrer plus ou moins profondément les uns dans les autres. Quand le corps de l'Insecte se resserre, les trachées sont comprimées et l'air en est chassé. Mais lorsque la cavité viscérale qui loge les trachées reprend sa capacité première, ou se dilate davantage, ces canaux s'agrandissent, et l'air dont ils sont remplis se raréfiant par suite de cet agrandissement, ne fait plus équilibre à l'air extérieur avec lequel il communique par l'intermédiaire des stigmates. Cet air extérieur se précipite donc alors dans l'intérieur des tubes respiratoires, et l'inspiration s'effectue.

Les mouvements respiratoires peuvent, du reste, s'accélérer ou se ralentir, suivant les besoins de l'animal. En général, on en compte entre trente et cinquante par minute. Dans l'état de repos les stigmates sont béants, et l'air arrive librement dans toutes les trachées chaque fois que la cavité viscérale se dilate. Mais ces orifices peuvent se fermer, et les Insectes possèdent ainsi la faculté de suspendre à volonté toute communication entre leur appareil respiratoire et le milieu ambiant.

Quelques Insectes vivent dans l'eau. Ils sont dès lors obligés de venir prendre à la surface du liquide l'air dont ils ont besoin, ou de s'emparer du peu d'air que l'eau tient en dissolution. Ces deux modes de respiration existent, sous des formes variées, chez les Insectes aquatiques.

Pour aspirer, au-dessus de l'eau, l'air atmosphérique nécessaire à leur respiration, certains Insectes se servent de leurs élytres comme d'une sorte de cloche ; les autres de leurs antennes, dont les poils retiennent des globules d'air. Ils portent ce fluide sous le thorax, où une rainure le conduit jusqu'aux stigmates. Quelquefois le même résultat s'obtient à l'aide d'instruments plus achevés. Ce sont des tubes respiratoires ou *aspiratoires*, qui sont susceptibles de se porter assez loin au-devant du

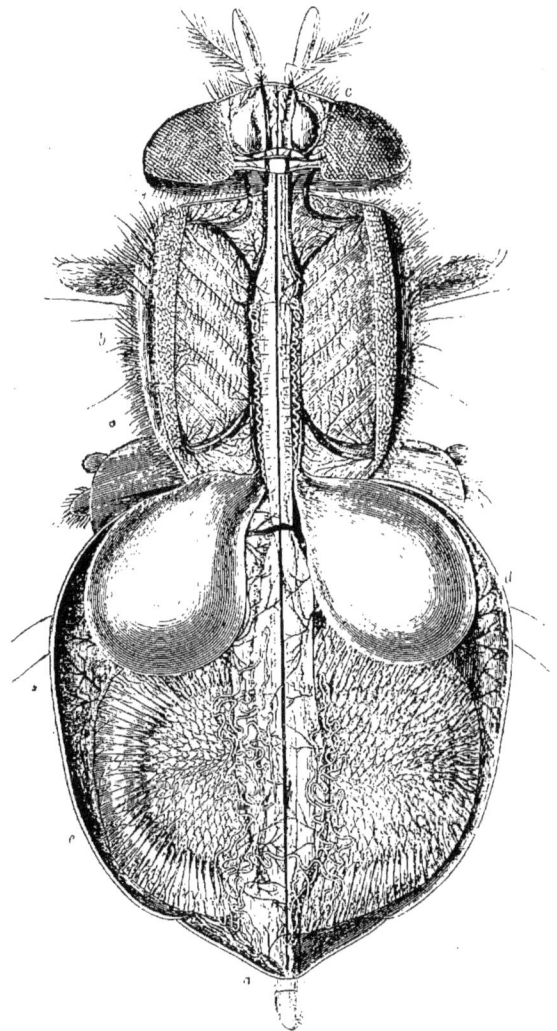

Fig. 15. Appareil de la circulation du sang et de la respiration chez les Insectes.
(*a*, vaisseau dorsal occupant le milieu de l'abdomen ; — *b*, l'aorte traversant le thorax au-dessus de l'estomac et de l'œsophage ; sur les côtés, les trachées tubuleuses et les muscles alaires ; — *c*, trachées vésiculeuses de la tête ; — *d*, trachées vésiculeuses de l'abdomen ; — *e*, ovaires.)

fluide, dont ils sont chargés d'effectuer l'introduction dans l'organisme.

Les Insectes qui respirent dans l'eau sans remonter à la surface, sont munis de *branchies*, organes variables dans leur forme, mais qui consistent le plus ordinairement en expansions foliacées ou frangées, dans l'épaisseur desquelles ces trachées viennent se ramifier en grand nombre. Ces vaisseaux sont remplis d'air; mais les gaz ne peuvent s'y renouveler directement, et c'est seulement par filtration à travers leurs parois que l'échange peut s'effectuer entre le fluide ainsi emprisonné et le gaz du milieu ambiant. L'oxygène dissous dans l'eau passe au travers des membranes très-perméables de la branchie, et pénètre dans les trachées, pendant que celles-ci rejettent, en échange, l'acide carbonique, c'est-à-dire le résidu gazeux de la respiration.

La figure 16 représente les *branchies* ou l'appareil respiratoire chez un Insecte aquatique que nous prenons pour exemple, l'*Éphémère*. On voit que les branchies, ou *lames foliacées*, sont placées à la périphérie du corps et à sa partie moyenne.

Nous venons de voir que l'appareil de la respiration acquiert chez les Insectes un développement considérable. Il est dès lors facile de prévoir que cette fonction doit s'exercer avec beaucoup d'activité chez ces animaux. En effet, si on la compare à la quantité pondérale de matière organique dont leur corps se compose, les Insectes font une énorme consommation d'oxygène.

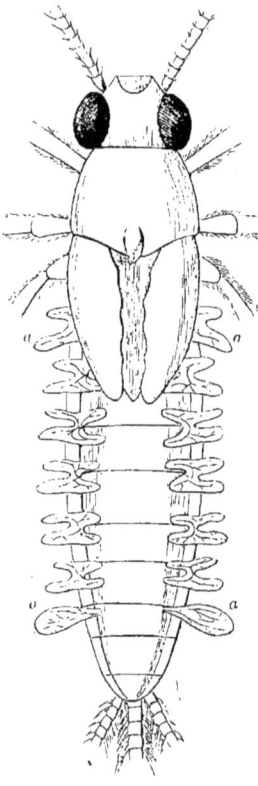

Fig. 16.
Branchies ou appareil respiratoire des insectes aquatiques (chez l'Éphémère).
(*a*, lames foliacées ou branchies.)

Pour terminer ce rapide examen de l'intérieur du corps des Insectes, il ne nous reste qu'à dire quelques mots de leur système nerveux.

Ce système se compose principalement d'une double série de ganglions, qui sont réunis entre eux par des cordons longitudinaux. Le nombre de ces ganglions correspond à celui des anneaux. Quelquefois ils sont à peu près également espacés, et s'étendent d'un bout du corps à l'autre, tandis que d'autres fois plusieurs sont rapprochés, de manière à constituer une masse unique.

Les ganglions céphaliques sont au nombre de deux. Ils ont été décrits par tous les anatomistes, sous le nom de *cerveau*. « Cette expression, dit M. Lacordaire, serait de nature à égarer le lecteur, car elle suppose en ce point une concentration des facultés de percevoir les sensations et d'exciter les mouvements, qui n'y existent pas[1]. » Selon le même naturaliste, « tous les ganglions

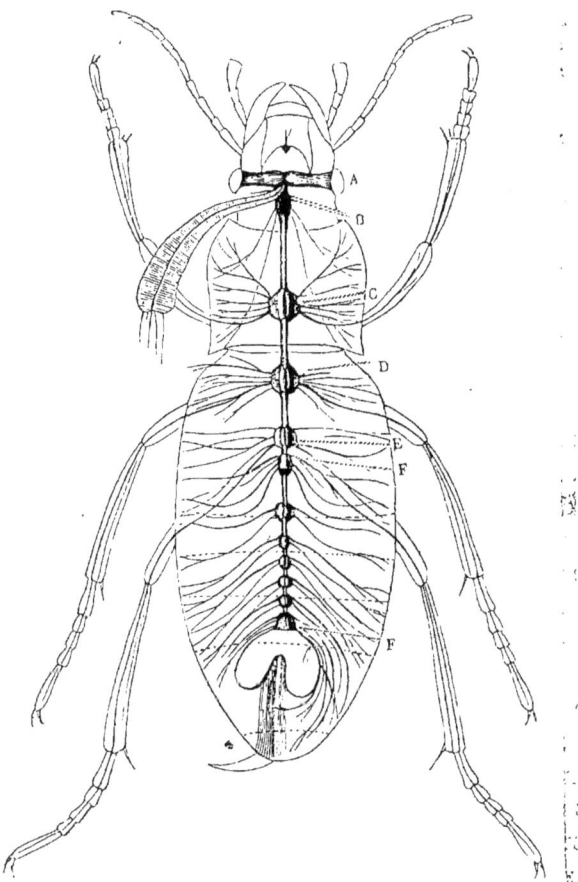

Fig. 17. Système nerveux du Carabe doré.

de la chaîne ventrale sont à peu près doués de propriétés semblables et se représentent uniformément les uns les autres. »

Le ganglion situé au-dessus de l'œsophage donne naissance aux nerfs optiques, qui sont les plus considérables de tous ceux

---

1. *Introduction à l'Entomologie*, t. II, p. 192, in-8. Paris, 1838.

du corps, et aux nerfs des antennes. Le ganglion situé sous l'œsophage produit les nerfs des mandibules, des mâchoires et de la lèvre inférieure. Les trois paires de ganglions qui suivent ceux qui sont immédiatement sous l'œsophage appartiennent aux trois anneaux du thorax, et donnent naissance aux nerfs des pattes et des ailes. Elles sont en général plus volumineuses que les paires suivantes, qui occupent l'abdomen.

La figure 17 représente le *système nerveux du Carabe doré*. A est le *ganglion céphalique*; B, le *ganglion sous-œsophagien*; C, le *ganglion du prothorax*; D, E sont les *ganglions du mésothorax et du métathorax*. Le reste (F F) constitue les *ganglions abdominaux*.

Le système musculaire des Insectes est plus riche que celui des animaux vertébrés. Lyonnet, naturaliste qui s'est immortalisé par ses recherches anatomiques sur la Chenille du saule, a compté plus de quatre mille muscles dans cet insecte. Nous dirons, pour faciliter la comparaison, que chez l'homme il n'existe pas plus de trois cent soixante-dix muscles.

La figure 18 représente, d'après le mémoire de Lyonnet, le système musculaire de la Chenille du saule.

Avant de terminer ces considérations préliminaires, nous devons dire que les aperçus généraux qui précèdent ne s'appliquent qu'aux insectes ayant atteint la taille ultime que comporte leur espèce. Cette remarque est importante, car les Insectes, avant d'arriver à cette dernière période de leur développement, passent par divers états. Ces états sont souvent si différents les uns des autres, que l'on s'imaginerait difficilement qu'ils ne sont que des modifications d'un même animal; on croirait qu'ils constituent autant d'animaux différents, si l'observation journalière ne fournissait la preuve du contraire.

Les états successifs par lesquels passent les Insectes sont au nombre de quatre : l'état d'*œuf*, celui de *larve*, celui de *nymphe* et celui d'*insecte parfait*.

L'état d'*œuf*, qui leur est commun avec tous les autres animaux articulés, n'a pas besoin d'explication.

Presque tous les Insectes pondent des œufs; quelques-uns cependant sont vivipares.

Il existe souvent à l'extrémité de l'abdomen de la femelle un organe particulier, destiné à pratiquer, dans les objets du dehors, des trous propres à recevoir les œufs. Par un admirable instinct, la mère dépose toujours ses œufs dans un lieu où les jeunes trouveront, lors de l'éclosion, un véritable magasin de substances nutritives.

Il n'est pas inutile de faire remarquer que, dans la plupart des cas, ces aliments diffèrent totalement de ceux que la mère recherche pour elle-même.

Dans le second état, c'est-à-dire à la sortie de l'œuf et dans la période de la *larve*, l'insecte se présente sous la forme d'un corps mou, sans ailes, et ressemblant à un ver. Dans le langage ordinaire, il est même presque toujours désigné sous ce nom de *ver*, et dans certains cas seulement, sous le nom de *chenille*.

C'est Linné qui créa le nom de *larve*. Considérant que, sous cette forme, l'insecte est pour ainsi dire masqué, il lui donna ce nom, tiré du mot latin *larva* (masque).

Pendant cette période de sa vie, l'insecte mange avec voracité, et change plusieurs fois de peau. L'état de larve peut durer des jours, des semaines, des mois entiers, et même quelquefois des années.

A un certain moment, la larve ne mange plus. Elle se retire en quelque endroit caché et sûr; elle change une dernière fois de peau, et entre dans la troisième période de son existence : l'état de *nymphe*.

En cet état, l'insecte ressemble assez bien à une momie entourée de ses bandelettes, ou à un enfant emmailloté dans ses langes. Le plus souvent il est incapable de se mouvoir et de se nourrir.

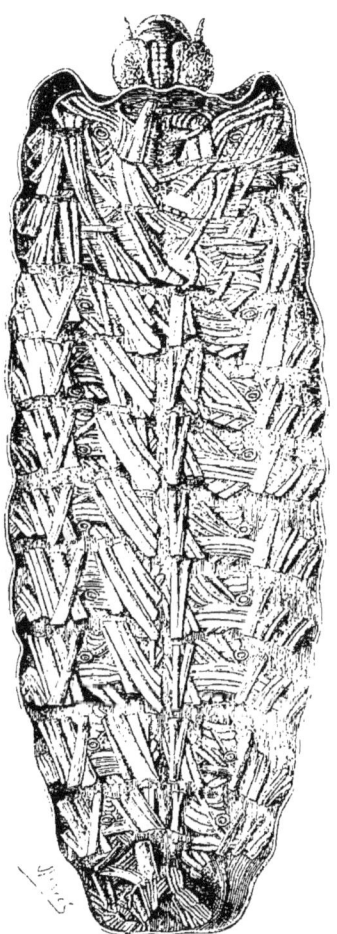

Fig. 18. Appareil musculaire de la Chenille du saule. D'après Lyonnet.

Pendant que l'insecte est plongé dans cette mort apparente, un travail sourd, mais actif, se fait dans l'intérieur de son corps.

Une œuvre merveilleuse, quoique inappréciable au dehors, s'opère dans cette cavité ténébreuse. Les divers organes de l'insecte se développent peu à peu, sous les langes qui l'entourent. Quand leur évolution est achevée, l'insecte se dégage de l'étroite prison où il était renfermé. Il apparaît alors pourvu d'ailes, capable de propagation, et jouissant en un mot de toutes les facultés accordées par la nature à son espèce. L'insecte a jeté le masque : la *larve* et la *nymphe* ont disparu, et ont fait place à l'insecte parfait.

Pour mettre sous les yeux du lecteur les quatre états successifs par lesquels passe un insecte, nous représentons (fig. 19) l'insecte

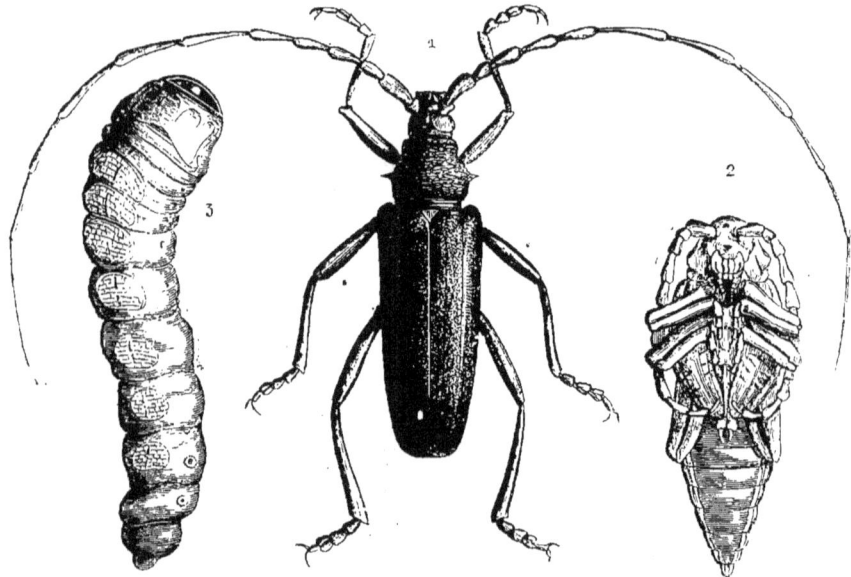

Fig. 19. Les trois états de l'Insecte (grand Capicorne).

connu sous le nom de *grand Capricorne* : 1° à l'état de larve (chenille, n° 3) ; 2° à l'état de nymphe (chrysalide, n° 2) ; 3° enfin à l'état d'insecte parfait, n° 1.

Nous représentons également (fig. 20) un autre insecte, l'*Hydrophile*, sous ses trois états.

Les divers degrés de transformation et d'évolution que nous venons d'exposer sont ceux que présentent le plus grand nombre d'insectes. Leurs *métamorphoses* sont alors *complètes*. Mais il est des insectes chez lesquels la larve ne diffère guère de l'insecte parfait que par l'absence d'ailes, et chez lesquels l'état de nymphe n'est caractérisé que par la croissance des ailes, qui, d'abord reployées et cachées sous la peau, sont alors libres, mais n'acquièrent tout leur développement qu'à l'époque de la première mue. Ce sont les insectes à *demi-métamorphoses*. Quelques-uns n'arrivent jamais à posséder des ailes. Enfin il en est qui ne subissent aucune métamorphose, et qui naissent avec tous les organes dont ils doivent être pourvus.

On a fait, dans ces derniers temps, de curieuses recherches

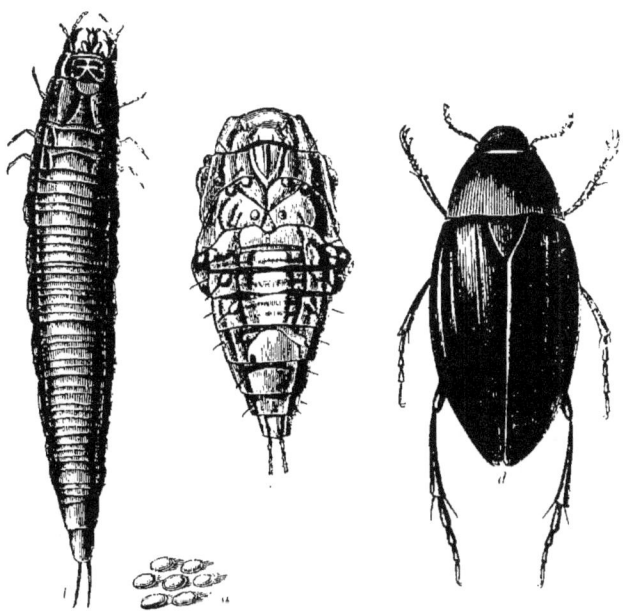

Fig. 20. Hydrophile sous ses quatre états.
(*γ*, œufs; — *b*, larve; — *c*, nymphe; — *d*, insecte parfait.)

sur la force des Insectes. M. Félix Plateau, de Bruxelles, a publié sur ce sujet des observations qu'il nous paraît intéressant de rapporter.

Pour mesurer la force musculaire de l'homme, ou celle des animaux, comme le cheval, par exemple, on a imaginé divers appareils dynamométriques, composés de ressorts ou de balances, à leviers inégaux. Les *têtes de Turc* que l'on voit dans les foires, ou aux Champs-Élysées à Paris, et sur lesquelles la personne qui veut éprouver sa force doit assener un maître coup de poing, représentent un dynamomètre de ce genre. Celui que Buffon fit construire par le mécanicien Régnier, et qui est connu sous le nom de *dynamomètre de Régnier*, est d'une précision plus grande.

Il consiste en un ressort ovale, dont les deux lames se rapprochent lorsqu'on tire les deux extrémités en sens contraire. Une aiguille, qui parcourt un cadran divisé, indique la force de traction exercée sur ce ressort.

On a constaté, avec cet instrument, que l'effort musculaire d'un homme, tirant des deux mains, est d'environ 55 kilogrammes, et celui de la femme de 33 kilogrammes seulement. L'effort moyen d'un homme, pour soulever un fardeau, est de 130 kilogrammes. Un cheval développe, en tirant avec son corps, une force de 300 kilogrammes ; un homme, dans les mêmes circonstances, une force de 40 kilogrammes.

La force musculaire des petits animaux, ou, pour parler plus exactement, des invertébrés, n'avait pas encore fixé l'attention des physiologistes. Cependant cette force est relativement énorme. Plus d'un observateur a signalé la disproportion qui existe entre le saut d'une Puce et la dimension de cet insecte. Une Puce n'a pas plus de 2 millimètres de longueur, et elle fait des sauts d'un mètre. Un lion devrait, toute proportion gardée, faire des sauts d'un kilomètre !

Pline, dans son *Histoire naturelle,* fait remarquer que la charge que les fourmis peuvent porter, paraît excessive, lorsqu'on la compare à la taille de ces infatigables travailleurs. La force de ces mêmes insectes est encore plus frappante, quand on considère les constructions qu'ils sont capables d'exécuter, ou les ravages qu'ils produisent. Les Termites, ou fourmis blanches, construisent dans les forêts des habitations qui atteignent une hauteur de plusieurs mètres, et qui offrent une résistance et une solidité telles, qu'un buffle peut monter sur ces terriers solides, et s'en servir comme d'un observatoire. Ces nids, formés de parcelles de bois liées ensemble par une matière gommeuse, résistent à la violence des ouragans.

Autre circonstance bien digne d'être notée. L'homme est fier de ses ouvrages ; que sont-ils pourtant à côté de ceux des Fourmis, pour la hauteur comparative ! La plus grande des pyramides d'Égypte n'a que 146 mètres d'élévation, ce qui fait à peu près quatre-vingt-dix fois la hauteur moyenne de l'homme ; tandis que les nids de Termites ont mille fois la longueur des insectes qui les édifient. Leurs habitations sont douze fois plus élevées que le plus vaste monument de l'architecture humaine. Nous sommes donc bien au-dessous de ces petits animaux, pour la force et le courage au travail.

La puissance destructive de ces êtres, infimes en apparence, est plus surprenante encore. Ils peuvent amener dans l'espace d'un seul printemps la ruine d'une maison, en détruisant les poutres et les planchers. La ville de la Rochelle, où les Termites furent importés par un navire américain, est menacée de se trouver un jour suspendue sur des catacombes, comme la ville de Valencia, dans la Nouvelle-Grenade. On connaît les dégâts que causent les nuées de Sauterelles lorsqu'elles s'abattent sur un champ cultivé; et l'on sait que leurs larves mêmes produisent des ravages comparables à ceux dont on accuse l'insecte parfait.

Tout cela établit suffisamment les funestes capacités dont la nature a doué de petits animaux que nous avons le tort de mépriser.

M. Plateau a étudié la force de traction de plusieurs insectes, la force de poussée chez les insectes fouisseurs, et la force d'élévation que d'autres développent pendant le vol. Il est arrivé ainsi à établir des comparaisons extrêmement intéressantes. Nous citerons quelques-uns de ces résultats.

Le poids de l'homme étant de 63 kilogrammes en moyenne et sa force de traction, selon Régnier, de 55 kilogrammes, le rapport du poids qu'il peut tirer, au poids de son corps, est de 0,86 seulement. Dans le cheval, ce rapport n'est même que de 0,67; un cheval qui pèse 600 kilogrammes ne traîne que 400 kilogrammes environ.

Ainsi le cheval ne peut pas traîner beaucoup plus que la moitié de son propre poids, et l'homme ne peut même parvenir à tirer l'équivalent du poids de son corps.

C'est un bien faible résultat si on le compare à la force du Hanneton. Cet insecte exerce, en effet, un effort de traction égal à plus de quatorze fois son poids! Amusez-vous à ce jeu des enfants, qui consiste à faire tirer par un Hanneton de petites charges de pierre, au moyen d'un fil, et vous serez stupéfait de l'énormité du poids que peut remorquer ce chétif animal.

Pour mesurer la force de traction des Insectes, M. Plateau les a attelés à un poids, au moyen d'un fil fixé à une de leurs pattes. Les Coléoptères se prêtent avec le plus de facilité à ces sortes d'expériences.

Voici quelques-uns des résultats obtenus par le physicien belge. Le *Carabus auratus* (émeraudine) tire dix-sept fois le poids de son corps; le *Nebria brevicollis*, vingt-cinq fois; le *Necrophorus vespillo*, quinze fois; le *Trichius fasciatus*, quarante et une fois; l'*Oryctes nasicornis*, quatre fois seulement. L'*Abeille* tire vingt fois le poids de son corps; le *Donacia nymphea*, quarante-deux fois.

Il suit de là que, si le cheval avait la force de ce dernier insecte, ou si cet insecte avait la taille d'un cheval, ils devraient tirer l'un et l'autre vingt-cinq mille kilogrammes!

M. Plateau a déterminé la force de poussée des Insectes, en les introduisant dans un tube de carton, dont la face intérieure avait été rendue rugueuse. Dans le tube était une plaque de verre, qui laissait pénétrer le jour dans la prison de l'insecte. L'animal, pourvu qu'on l'excitât un peu, luttait de toutes ses forces contre cette plaque transparente. Cette plaque, en avançant, faisait tourner un levier adapté à un dynamomètre en miniature, qui indiquait l'effort développé.

Les résultats obtenus par ce moyen prouvent que la force de poussée est, comme la force de traction, d'autant plus grande, relativement, que l'insecte est d'une taille et d'un poids plus faibles.

Quelques nombres serviront à mieux faire ressortir cette curieuse loi. Chez l'*Oryctes nasicornis*, le rapport de la poussée au poids du corps n'est que de 3,2; chez le *Geotrupes stercorarius*, il est de 16,2; enfin, chez l'*Onthophagus nuchicornis*, il est de 79,6.

Les expériences sur le vol des Insectes ont été exécutées en attachant une boulette de cire molle à un fil fixé aux pattes de derrière. Le rapport du poids enlevé au poids du corps a été trouvé égal à l'unité. Ce qui veut dire que l'insecte enlève, dans son vol, un poids égal à celui de son corps. Voici quelques nombres. Parmi les Névroptères, le rapport dont il s'agit est de 1 pour la Demoiselle (*Libellula vulgata*), de 0,7 pour la *Lestes sponsa*. Dans l'ordre des Hyménoptères, il est de 0,78 pour l'*Abeille*, de 0,63 pour le *Bombus terrestris*. Dans celui des Diptères, de 0,9 pour le *Calliphora vomitoria*, de 1,84 pour le *Syrphus corollæ*, de 1,77 pour la *Mouche domestique*.

Ces résultats montrent que les Insectes n'ont qu'une puissance de vol suffisante pour soutenir leur propre poids, car les chiffres ci-dessus représentent le maximum d'effort dont ils sont capables; et l'excès de cette force maximum sur celle qui est développée pendant le vol, doit servir simplement à compenser la fatigue. On voit en même temps que les Diptères, et entre autres la Mouche, ont le vol plus soutenu que les Hyménoptères et les Névroptères, quoiqu'ils n'en aient pas l'apparence.

En résumé, si la puissance du vol n'est pas considérable chez les Insectes, leur force pour la traction et la poussée est énorme, comparée à celle des Vertébrés, et, dans un même groupe d'Insectes, *les plus forts sont toujours ceux qui sont les plus légers et les plus petits.*

Le rapport entre la puissance musculaire des Insectes et les dimensions de leur corps paraît tenir, non à des muscles relativement plus volumineux que chez les Vertébrés, mais à une énergie intrinsèque, à une activité musculaire plus grande. Les membres articulés des Insectes peuvent être considérés comme des étuis solides qui enveloppent les muscles; et l'épaisseur des parois de ces étuis semble décroître d'une manière assez singulière avec la taille. Le volume relatif des muscles étant plus petit chez les petites espèces que chez les grandes, il faut nécessairement chercher l'explication de la supériorité des premières dans une plus grande part d'énergie vitale.

Ces phénomènes qui nous étonnent se comprendront peut-être mieux si l'on songe aux résistances que les Insectes ont à vaincre pour satisfaire leurs besoins, pour chercher leur nourriture, pour se défendre contre leurs agresseurs, etc.

Ainsi, ces petites machines vivantes sont merveilleusement construites pour le travail et pour la guerre. Leur rendement en force vive est infiniment supérieur à celui de tous les autres animaux. A plus forte raison l'emporte-t-il sur celui des machines que nous construisons pour remplacer les bras de l'ouvrier. Les Insectes représentent la *force portative* par excellence. Ces ouvriers de Dieu sont infiniment plus puissants que ces ouvriers inanimés dus au génie de l'homme que nous appelons les machines.

Nous croyons devoir, pour résumer ce chapitre, donner une sorte de caractéristique générale de la grande classe d'animaux que nous avons à étudier.

Si l'on voulait caractériser les Insectes d'après leur aspect extérieur, on pourrait dire que ce sont des animaux articulés dont le corps, recouvert de téguments coriaces et membraneux, est divisé en trois parties distinctes ; qu'ils ont une tête, pourvue de deux antennes, des yeux et une bouche, de forme très-variable; un tronc ou *thorax*, portant toujours en dessous six pattes articulées, et souvent en dessus deux ou quatre ailes ; un *abdomen*, composé d'un nombre variable de segments, mais ne dépassant jamais dix.

Si l'on ajoute à ces caractères, que les animaux qui composent cette classe sont dépourvus de squelette intérieur, — que leur système nerveux est formé d'un double cordon renflé de distance en distance et situé sous le ventre, à l'exception des premiers renflements ou ganglions, qui sont placés dans la tête, — qu'ils sont dépourvus d'un système circulatoire complet, — qu'ils respirent par des organes particuliers nommés *trachées*, étendus parallèlement de chaque côté du corps, et communiquant avec l'air extérieur par des ouvertures latérales nommées *stigmates*,— que leurs sexes sont séparés et qu'ils pondent des œufs, — enfin qu'on ne trouve complétement les diverses parties que nous venons de signaler qu'après que ces êtres ont passé par plusieurs changements successifs, appelés *métamorphoses*, on se fera une idée générale assez exacte de ce qu'il faut entendre, en zoologie, par le mot *Insecte*.

Les Insectes dont nous venons de tracer succinctement l'organisation générale, ont été répartis par les naturalistes en plusieurs ordres, qui sont :

1° Les *Aptères* (Puces, Poux);
2° Les *Diptères* (Cousins, Mouches, etc.);
3° Les *Hémiptères* (Punaises, etc.);
4° Les *Lépidoptères* ou Papillons;
5° Les *Orthoptères* (Sauterelles, Grillons, etc.);
6° Les *Hyménoptères* (Abeilles, Guêpes, etc.);
7° Les *Névroptères* (Libellules, Éphémères, Friganes, etc.);
8° Les *Coléoptères* (Hannetons, Scarabées, etc.).

Nous étudierons successivement chacun de ces ordres.

I

ORDRE DES APTÈRES.

La Puce. — Les Puces savantes. — La Chique du Brésil. — Les nègres du Brésil et leurs petits pédicures. — Le Pou. — Les victimes du phthiriasis.

Les insectes aptères sont ainsi nommés de deux mots grecs (α privatif, πτερόν, aile) qui indiquent le caractère négatif qui a servi à former cet ordre[1]. Ils comprennent les *puces* et les *poux*.

Le genre *Puce* (*Pulex*), dont de Geer faisait un groupe à part, sous le nom de *Suceurs*, comprend plusieurs espèces :

La *Puce ordinaire* (fig. 21) présente un corps ovale, comprimé, revêtu d'une peau cornée, assez ferme, d'un brun marron brillant. C'est la rupture de cette peau résistante qui produit le petit bruit sec qu'on entend lorsque, après une heureuse chasse, on écrase, avec bonheur, un de ces parasites sur l'ongle du pouce.

Sa tête, minime par rapport à son corps, est comprimée. Elle porte deux petites antennes cylindriques, composées de quatre articles, que l'animal agite continuellement lorsqu'il est en mouvement, mais qu'il baisse et applique sur le devant de sa tête lorsqu'il est en repos. Les yeux sont simples, grands et arrondis. Le bec se compose d'une gaine extérieure articulée, recevant dans une gouttière et soutenant par-dessous, dans leur action, deux lancettes allongées, aiguës, à bords tranchants et denticulés. Ces lancettes sont les agents de la piqûre. C'est avec cet in-

---

[1]. Il est probable qu'un jour l'ordre des Aptères sera supprimé. Le manque d'ailes n'est pas, en effet, un caractère d'une grande valeur. De Blainville, Mollard, Pouchet, Van Beneden et Gervais ont fait quelques tentatives dans cette direction. Les puces ont été placées parmi les Diptères, et les poux parmi les Hémiptères, dans le *Traité de zoologie médicale* de ces deux derniers naturalistes.

strument que la puce perce la peau, l'irrite, et y fait affluer le sang, qu'elle hume ensuite pour s'en nourrir.

Cette piqûre, comme chacun le sait, se reconnaît à la présence de petits points d'un rouge foncé, entourés d'une auréole plus pâle.

La quantité de sang absorbée par cette bestiole est énorme par rapport à son volume.

Le corps de la puce est divisé en douze segments, dont trois composent le corselet qui est court, et sept forment l'abdomen. Les derniers sont partagés des deux côtés et comme imbriqués. Les pattes sont longues et fortes, épineuses, avec des tarses de cinq articles, terminés par des crochets contournés. Les deux antérieures sont écartées des autres et insérées presque sous la tête; les postérieures sont particulièrement grandes et robustes.

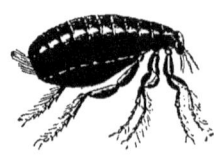

Fig. 21. Puce (grossie).

Les sauts que font les puces sont vraiment gigantesques relativement à leur taille, et la force de ces petits animaux, si on la compare à leur volume, est véritablement herculéenne.

Le lecteur va peut-être sourire à cette assertion, que la puce possède une force herculéenne. Que le lecteur attende, et il reconnaîtra que cette assertion n'a rien de hasardé.

Pour mettre en lumière la force, la docilité, la bonne volonté de la puce, on a créé de petites merveilles, qui ont servi, en même temps, à mettre en relief la surprenante adresse de certains de nos ouvriers.

Dans son *Histoire abrégée des Insectes* publiée en l'an VII de la République, Geoffroy raconte qu'un certain Marc, Anglais de nation, avait réussi à fabriquer, à force de patience et d'art, une chaîne d'or de la longueur du doigt, avec un cadenas fermant à clef et qui ne pesait pas plus d'un grain. Une puce, attachée à cette chaîne, la tirait avec facilité.

Le même savant rapporte un fait plus surprenant. Un ouvrier anglais avait construit un carrosse à six chevaux en ivoire. Sur le siège de ce carrosse était un cocher, avec un chien entre ses jambes, un postillon, quatre personnes dans la voiture et deux laquais derrière. Tout cet équipage était traîné par une puce.

Qui n'a entendu parler de *puces savantes*, de ce miracle vivant que l'on montrait au public en 1825 ?

Dans son *Histoire naturelle des Insectes aptères*, le baron Walckenaer raconte comme il suit cette merveille d'industrie, de patience et d'adresse :

« Il y a, je crois, une quinzaine d'années, que tout Paris a pu voir les merveilles suivantes que l'on montrait sur la place de la Bourse, pour la somme de soixante centimes. C'étaient des puces savantes. Je les ai vues et examinées avec mes yeux d'entomologiste, armés de plusieurs loupes.

« Trente puces faisaient l'exercice et se tenaient debout sur leurs pattes de derrière armées d'une pique qui était un petit éclat de bois très-mince.

« Deux puces étaient attelées à une berline d'or à quatre roues, avec un postillon, et elles traînaient cette berline. Une troisième puce était assise sur le siége du cocher avec un petit éclat de bois qui figurait le fouet. Deux autres puces traînaient un canon sur son affût. Ce petit bijou était admirable, il n'y manquait pas une vis, un écrou. Toutes ces merveilles et quelques autres encore s'exécutaient sur une glace polie. Les puces-chevaux étaient attachées avec une chaîne d'or par leurs cuisses de derrière ; on m'a dit que jamais on ne leur ôtait cette chaîne. Elles vivaient ainsi depuis deux ans et demi. Pas une n'était morte dans cet intervalle. On les nourrissait en les posant sur un bras d'homme qu'elles suçaient. Quand elles ne voulaient pas traîner le canon ou la berline, l'homme prenait un charbon allumé qu'il promenait au-dessus d'elles, et aussitôt elles se remuaient et recommençaient leurs exercices. »

Les *puces savantes* ont fait l'admiration, et l'on peut dire la stupeur, de Paris, de Lyon et des principales villes de province, en 1825.

Mais, dira-t-on, comment pouvait-on, dans une salle où le public était appelé, voir ce merveilleux spectacle? Il faut, en effet, ici une explication.

Les spectateurs étaient assis en face d'une toile pourvue de verres grossissants, devant lesquels ils plaçaient l'œil, comme on le fait au Diorama, pour voir les paysages ou les monuments. Grâce au grossissement donné par la lentille, on pouvait admirer dans tous ses détails ce prodige de l'art.

Mais revenons à l'histoire naturelle de notre insecte. La femelle de la puce pond de huit à douze œufs, qui sont ovoïdes, lisses, visqueux et blancs.

Contrairement à ce qu'on aurait pu croire *a priori*, la puce ne fixe pas ses œufs à la peau de ses victimes. Elle les laisse tomber à terre, dans les fentes des parquets, sur les vieux meubles, dans le linge sale et parmi les ordures.

M. Defrance a remarqué qu'avec les œufs se trouvent presque toujours mêlés des granules noirâtres et brillants, qui ne sont autre chose que du sang desséché. C'est une provision que la prévoyante mère-puce a préparée à nos dépens, pour nourrir sa jeune postérité.

Au bout de quatre ou cinq jours en été, et de onze jours en hiver, on voit sortir de ces œufs de petites larves allongées, cylindriques, divisées en treize anneaux garnis de poils, dont le dernier porte, en arrière, deux petits crochets. Leur tête est écailleuse en dessus, munie de deux antennes courtes et sans yeux. Ces larves sont dépourvues de pattes, mais elles se tordent, roulent sur elles-mêmes et avancent même assez rapidement, en élevant la tête. D'abord blanches, elles deviennent ensuite rougeâtres.

Quinze jours environ après leur éclosion, elles cessent de manger et demeurent immobiles, comme si elles allaient mourir. C'est qu'alors elles se disposent à se filer une petite coque, soyeuse, mince et blanchâtre, dans laquelle elles se transforment en nymphes.

Au bout d'une quinzaine de jours, ces nymphes sont devenues insectes parfaits.

On a constaté sur les larves de la puce un trait de mœurs bien remarquable et unique chez les Insectes. La mère-puce va dégorger dans la bouche des larves le sang dont elle s'est remplie. Nous avons tous vu des oiseaux donner ainsi la becquée à leurs petits. Mais des puces!

La puce attaque plus particulièrement l'espèce humaine. Elle est surtout répandue en Europe et dans le nord de l'Afrique. Certaines conditions favorisent particulièrement sa multiplication. On trouve beaucoup de ces insectes dans les habitations mal tenues, dans les casernes et dans les camps. Ils pullulent dans les lieux abandonnés, les masures, les endroits où se pressent des hommes peu soigneux de leur personne.

D'autres espèces de puces vivent sur les animaux. Citons, par exemple, la *puce du chat*, la *puce du chien*, celle du pigeon et celle de la poule.

Nous nous arrêterons un moment sur une espèce particulière qui abonde dans toutes les parties chaudes de l'Amérique, principalement au Brésil et dans les contrées voisines. Cette espèce redoutable est la *Puce chique* (*Pulex penetrans*, L.).

La *Chique*, nommée aussi *Tique*, est plus petite que la puce ordinaire. Aplatie, brune, avec une tache blanche sur le dos, elle est armée d'un bec pointu, très-fort, raide, pourvu de trois lancettes. C'est à l'aide de cet instrument que la femelle attaque l'homme, dans le but de se loger dans sa peau et d'y nourrir ses petits.

La chique attaque principalement les pieds. Elle se glisse entre la chair et les ongles, ou s'introduit sous la peau des talons. Malgré la longueur du bec de l'animal, son introduction sous la peau ne détermine pas d'abord de sensation douloureuse. Mais, au bout de quelques jours, on s'aperçoit de sa présence à une démangeaison, qui, d'abord légère, va toujours en augmentant, et finit par devenir insupportable.

La chique emprisonnée sous la peau se révèle au dehors par une tumeur. Son corps est devenu aussi gros qu'un pois. Dans la peau envahie, il s'est formé un énorme sac brunâtre, qui renferme du pus.

Dans ce sac abdominal sont agglomérés les œufs de la chique, qui sortent par un orifice de l'extrémité postérieure, et ne sont pas pondus dans la plaie, comme on l'avait cru longtemps.

Les chiques sont pour les nègres du Brésil un objet de terreur, d'ailleurs bien légitime. Ces redoutables parasites envahissent quelquefois toute la masse du pied, qu'ils rongent et font tomber en gangrène.

Beaucoup de nègres perdent les phalanges de quelques doigts par suite des ravages de ces êtres dangereux. Pour se préserver de leurs atteintes, ils portent des chaussures solides, et visitent leurs pieds chaque jour avec beaucoup d'attention.

Le moyen le plus usité au Brésil pour prévenir l'invasion des pieds par les chiques, c'est d'avoir recours à des enfants, dont les excellents yeux aperçoivent facilement le point rouge de la peau par lequel la chique s'est introduite. Ces enfants ont l'habitude d'extraire l'insecte de la plaie, au moyen d'une aiguille (fig. 23). Mais cette extraction n'est pas sans inconvénient, car si quelque partie du corps de l'insecte est restée dans la plaie, elle peut y déterminer une inflammation dangereuse. Aussi les petits opérateurs renommés pour leur adresse en ce genre sont-ils singulièrement recherchés, cajolés et récompensés par les pauvres nègres des plantations.

Le *Pou de la tête* (*Pediculus capitis*, fig. 22) est un insecte au corps aplati, légèrement transparent, grisâtre, ponctué de noir sur les stigmates, mou vers le milieu, un peu coriace sur les bords. Sa tête, ovale, est munie de deux antennes filiformes, composées de cinq articles, que l'animal agite continuellement quand il marche; de deux yeux simples arrondis et noirs; enfin d'une bouche. En avant de cette tête se trouve un mamelon court, conique et charnu. Ce mamelon renferme un suçoir, ou *rostre*, que l'animal peut faire sortir à son gré. Lorsqu'il est déployé, il offre un corps tubuleux, terminé par six petits crochets pointus, recourbés d'avant en arrière et destinés à retenir l'appareil dans la peau. Ce corps est surmonté de quatre soies capillaires appliquées les unes contre les autres et contenues dans son intérieur. C'est à l'aide de cet appareil compliqué que les poux piquent et sucent le cuir chevelu.

Leur corselet est presque carré et divisé en trois parties, par des incisions profondes. Leur abdomen, fortement lobé sur les bords, se compose de huit anneaux, et offre seize stigmates. Leurs pattes sont composées de deux pièces, d'une cuisse, d'une jambe et d'un tarse en un seul article et très-gros. Un onglet robuste qui se replie sur une saillie dentiforme et fait, avec cette dernière, l'office d'une pince, termine le tarse. C'est à l'aide de cette pince que les poux s'attachent aux cheveux.

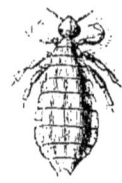

Fig. 22.
Pou de la tête (grossi).

Les poux sont ovipares. Leurs œufs, qui demeurent agglutinés aux cheveux, sont allongés et blancs. On les désigne vulgairement sous le nom de *lentes*. Les petits éclosent au bout de cinq à six jours, et sont en état de se reproduire au bout de dix-huit jours.

Leuwenhoeck a calculé qu'en deux mois deux poux femelles peuvent produire dix mille poux ! D'autres naturalistes ont avancé que la seconde génération d'un seul individu peut fournir deux mille cinq cents poux, et la troisième cent vingt-cinq mille ! Heureusement pour les victimes de ces dégoûtants parasites, leur reproduction ne procède pas ordinairement suivant cette prodigieuse marche ascensionnelle.

Plusieurs moyens sont en usage pour tuer les poux de la tête. Des lotions de petite Centaurée ou de Staphisaigre, de la pommade additionnée d'onguent mercuriel, sont des moyens très-efficaces. Mais le procédé le plus sûr, le plus commode, consiste à huiler largement les cheveux. L'huile tue les poux en obstruant leurs trachées, et mettant ainsi obstacle à leur respiration.

Il est d'autres espèces de poux. Nous signalerons seulement le *pou des malades*, qui produit la maladie qu'on appelle *phthyriasis du cuir chevelu*. Chez le malade qui en est affecté, on voit appa-

Fig. 23. Les nègres du Brésil et leurs jeunes pédicures.

raître, avec une prodigieuse rapidité, un nombre immense de ces parasites.

Cette triste maladie a été souvent signalée par les anciens. Le roi Antiochus, le philosophe Phérécyde de Syros, contemporain et ami de Thalès, le dictateur Sylla, Agrippa, Valère-Maxime, furent, dit-on, atteints de phthyriasis, et même succombèrent à cette maladie.

Amatus Lusitanus, médecin portugais du seizième siècle, raconte que les poux se produisaient si vite et avec une telle abondance sur un riche seigneur en proie au phthyriasis, que deux domestiques attachés à sa personne n'avaient d'autre fonction que de porter à la mer des corbeilles remplies de la vermine qui s'échappait incessamment du corps de leur noble maître.

Cette maladie est loin aujourd'hui d'être connue dans tous ses détails. Elle est assez fréquente dans les parties du midi de l'Europe, où les habitants, sales et malheureux, sont en proie à la misère et à la malpropreté, deux maux qui vont très-souvent de compagnie. Dans la Galicie, en Pologne, les Asturies, en Espagne, le phthyriasis fait beaucoup de victimes.

Les poux se développent avec une rapidité telle, chez les malades atteints de cette maladie, que le vulgaire ne peut expliquer leur apparition que par la génération spontanée. La prodigieuse promptitude de la reproduction de ces insectes rend suffisamment compte de ces surabondantes générations.

II

ORDRE DES DIPTÈRES.

Rôle des Diptères dans l'économie de la nature. — Leur organisation. — Le Cousin. — La Tipule. — Les Larves de Sciarra. — Le Taon. — Le Chrysops. — L'Asilique. — L'Anthrax. — Le Vermilion. — L'Hélophile. — L'OEstre. — Impression des chevaux piqués par un OEstre. — L'OEstre et les troupeaux de Bœufs. — Les Moutons et la céphalémie. — La Lucilie hominivore. — La Lucilie et les déportés de Cayenne. — Un mendiant mangé par les mouches. — La mouche Tsetsé de l'Afrique centrale. — Observations du docteur Livingstone. — La Mouche de la viande ; merveilles de sa trompe. — La Mouche domestique. — L'Anthomye. — L'Hélomyze. — Le Dacus des Olives. — Observations de M. Guérin-Méneville sur le Dacus des Olives.

Tous les insectes qui, sous leur dernier état, n'ont que *deux ailes membraneuses*, et qui sont privés de mâchoires, portent le nom de *diptères*. Ce nom est formé de deux mots grecs, δίς, deux, et πτερόν, aile.

Les *Diptères* ont été fort anciennement connus et décrits dans la science. On les trouve souvent signalés dans l'*Histoire des animaux* d'Aristote, qui emploie toujours le même terme général pour désigner les mouches, les cousins, les œstres, etc.

L'absence des secondes ailes propres aux autres insectes, et qui sont ici remplacées par deux appendices auxquels on a donné le nom de *balanciers*, parce qu'ils servent à régulariser l'action du vol, constitue le principal caractère des Diptères. Jetons cependant un coup d'œil général sur les autres organes, qui ont plus ou moins d'affinité avec ceux qui existent dans les autres ordres d'insectes, tout en ayant cependant des caractères qui leur sont propres.

Ainsi la bouche, organisée pour la succion seulement, a la forme d'une trompe. Elle est composée d'une gaîne, d'un suçoir

DIPTÈRES. 41

et de deux palpes. Les antennes n'offrent le plus souvent que trois articles. Les yeux, ordinairement au nombre de deux, sont très-grands, et envahissent quelquefois la presque totalité de la tête. Ils sont simples et taillés à facettes. Les ailes sont membraneuses, délicates et veinées; les pattes sont allongées, grêles. Lorsque nous ferons tout à l'heure l'histoire des principaux types de l'ordre des Diptères, nous nous étendrons sur les particularités de structure de chacun de ces organes.

Les Diptères animent par leurs évolutions rapides la terre et les airs. Leurs diverses races se trouvent dans tous les sites, dans tous les climats. Ceux-ci habitent les bois, les prairies, les champs, les rivages; ceux-là se plaisent dans nos maisons. Ils se partagent les végétaux, adoptant soit les fleurs, soit les feuilles, soit le tronc des arbres de nos bois, de nos jardins ou de nos vergers. Leurs aliments sont très-variés, et en rapport avec la conformation de leur trompe. Les uns s'abreuvent de sang, les autres hument la sueur et les différentes sécrétions animales. Mais le fond de leur nourriture, c'est le suc des fleurs. C'est sur leurs brillantes corolles que les Diptères abondent, soit qu'ils butinent indifféremment sur diverses plantes, soit qu'ils s'attachent particulièrement à quelques-unes. Leurs mystérieuses amours s'accomplissent au sein des airs. Ils déploient, quant aux soins de la maternité, un admirable instinct, et pour conserver leur progéniture, ils s'entourent des précautions les plus ingénieuses et les plus variées.

Les Diptères, outre la diversité et le nom des espèces, se font remarquer par le grand nombre des individus. C'est par myriades que s'élèvent du sein de nos prairies ces essaims de mouches qui tourbillonnent autour de tous les végétaux, et de toute substance organisée d'où s'est retiré l'air.

La profusion avec laquelle les Diptères sont répandus sur la surface du globe leur fait remplir deux destinations importantes dans l'économie de la nature. D'une part, ils fournissent aux oiseaux insectivores un aliment inépuisable. D'autre part, ils contribuent à faire disparaître toutes les substances animales en putréfaction, et servent ainsi à purifier l'air que nous respirons. Leur fécondité, la rapidité avec laquelle une génération succède à une autre, leur activité dévorante, grâce à la promptitude extraordinaire de leur reproduction, sont telles, que Linné a dit que trois mouches, avec les générations qui en résultent, dévorent le cadavre d'un cheval aussi vite que le ferait un lion.

Ces Diptères, qui méritent tant d'intérêt philosophique quand on les étudie dans leurs rapports avec l'économie générale de la nature, sont un objet de crainte ou de répulsion quand on les considère dans leurs rapports avec nous et les autres animaux. Les *Cousins*, les *Moustiques*, les *Maringouins* sucent notre sang ; les *Taons*, les *Osiles*, les *Œstres* s'attaquent avec fureur à nos bestiaux.

On partage les Diptères en un grand nombre de familles, et ces familles se décomposent en tribus, qui elles-mêmes comprennent divers genres. Nous ne citerons que les divisions des Diptères dans lesquelles entrent quelques insectes remarquables à certains titres.

M. Macquart, le savant auteur de l'*Histoire naturelle des Diptères*[1], divise cette grande classe en deux groupes principaux. Dans l'un de ces groupes, les antennes sont de six articles au moins et les palpes de quatre à cinq articles : ce sont les *Némocères*. Dans l'autre, les antennes n'offrent que trois articles et les palpes un ou deux articles : ce sont les *Brachocères*.

On distingue généralement les *Némocères* des autres Diptères, indépendamment des différences caractéristiques des antennes et des palpes, par la forme plus étroite du corps, la petitesse de la tête, l'élévation du thorax, la longueur des pieds. Il résulte de cette organisation une forme svelte, légère, et pour ainsi dire aérienne.

NÉMOCÈRES.

Répandus partout, les *Némocères* vivent, les uns du sang des hommes et des animaux, les autres de petits insectes dont ils font leur proie, les autres enfin du suc des fleurs odorantes.

Dans tous les climats, sous toutes les latitudes, dans les champs, les prés, les bois, et jusque dans nos demeures, on voit voltiger et butiner ces sylphes aériens.

On divise les *Némocères* en deux familles : celle des *Culicides*, qui comprend le genre *Cousin* (*Culex*), à trompe longue et menue, à suçoir de six soies, et celle des *Tipulaires*, à trompe courte et épaisse, à suçoir de deux soies.

Étudions le genre Cousin, le *Cousin piquant* (*Culex pipiens*),

---

1. *Suites à Buffon*, 2 vol. in-8

DIPTÈRES.

dont Réaumur a fait, dans ses admirables *Mémoires pour servir à l'histoire des Insectes*, une histoire si curieuse et si complète.

« Les Cousins sont nos ennemis déclarés, dit Réaumur dans l'*Introduction* de son mémoire, et des ennemis très-fâcheux. Mais ce sont des ennemis bons à connaître. Pour peu que nous leur donnions l'attention, nous nous trouverons forcés de les admirer et d'admirer même l'instrument avec lequel ils nous blessent. D'ailleurs, dans tout le cours de leur vie, ils ont à offrir des faits propres à contenter les esprits curieux des merveilles de la nature : il y a même tel moment de leur vie où, après avoir fait oublier à l'observateur qu'ils le persécuteront un jour, ils lui font ressentir des inquiétudes pour leur sort. »

Exposons donc, puisqu'il en est ainsi, l'histoire de ces insectes, qui peuvent provoquer à la fois nos craintes et notre pitié. L'illustre naturaliste que nous venons de citer nous servira de guide.

Le corps du *Cousin piquant* est long et cylindrique. Au repos, l'une de ses ailes est croisée sur l'autre. Ces ailes offrent, vues

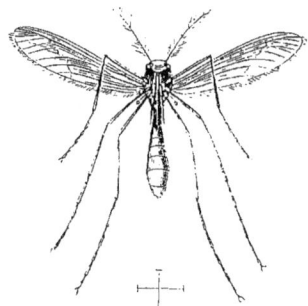
Fig. 24. Cousin piquant.

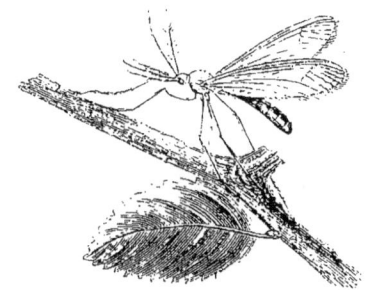
Fig. 25. Cousin piquant vu de profil.

au microscope, un spectacle charmant. Leurs nervures sont, comme leurs bords, particulièrement couvertes d'écailles en forme de palettes oblongues, striées très-finement, suivant leur longueur. Ces écailles se retrouvent sur tous les anneaux du corps, où elles se touchent les unes les autres.

Les antennes du *Cousin piquant*, surtout celles des mâles, forment de beaux panaches (fig. 26).

Leurs yeux, à réseau, sont si gros, qu'ils entourent et couvrent presque toute la tête. Ceux de quelques-uns sont d'un vert admirable; mais vus en certains sens, ils paraissent rouges. La figure 27 montre la tête du *Cousin piquant* avec ses deux yeux, ses antennes et sa trompe.

Une *machine* bien digne de notre attention est celle dont le Cousin se sert pour nous piquer, cet organe que l'on nomme sa trompe (fig. 28). Ce qu'on en voit ordinairement n'est que l'étui des pièces destinées à percer notre peau et à sucer notre sang, et dans lequel ces pièces sont contenues, comme les lancettes et d'autres instruments sont renfermés dans l'étui d'un chirurgien. L'étui (fig. 29) est cylindrique, couvert d'écailles, et terminé par un petit bouton. Fendu dans toute sa longueur, de manière à pouvoir s'entr'ouvrir, il renferme un faisceau d'aiguillons.

Fig. 26.
Antenne du Cousin piquant.

Réaumur a cherché à observer, en se faisant piquer par des Cousins, ce qui se passe pendant l'attaque. Il oubliait, en voyant opérer l'insecte, le petit mal que lui causait

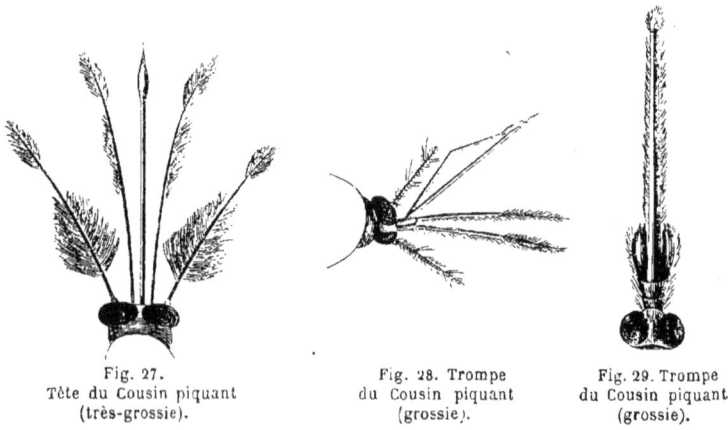

Fig. 27.
Tête du Cousin piquant (très-grossie).

Fig. 28. Trompe du Cousin piquant (grossie).

Fig. 29. Trompe du Cousin piquant (grossie).

sa blessure. Cette blessure, il la sollicitait comme une grâce, et craignait de ne pas l'obtenir quand il le voulait.

Réaumur a remarqué que l'aiguillon composé, qui a environ une ligne de longueur, s'enfonce dans la chair de plus de trois quarts de ligne, et que pendant ce temps l'étui se courbe, d'abord en arc, puis se plie en deux, la moitié inférieure étant alors appliquée contre sa moitié supérieure.

Il a vu, en outre, que l'étui de certains Cousins était plus composé encore que celui que nous venons de décrire. Mais nous ne nous arrêterons pas davantage sur ce point.

Essayons maintenant de donner une idée de la structure et de

DIPTÈRES.

la composition de cet aiguillon, qui, après avoir percé notre peau, va pomper notre sang.

Réaumur dit que l'aiguillon du Cousin est formé de cinq pièces. Il avoue pourtant qu'il est très-difficile de s'assurer du nombre exact de ces pièces, de la manière dont elles sont réunies, et de leur figure. Nous savons aujourd'hui qu'il y en a six. Réaumur a cru voir, comme Leuwenhoeck, qu'il y en a deux qui sont faites comme des *lames d'épée à trois quarts*. Ce sont celles dont les pointes sont recourbées, et qui ont des dentelures sur la convexité de leur courbure (fig. 30).

Pour prendre une idée de la forme des autres pointes, le lecteur jettera les yeux sur les figures 31 et 32. Il verra ainsi que l'aiguillon du *Cousin piquant* est une épée en miniature.

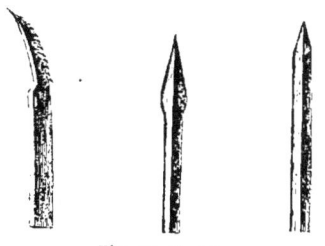

Fig. 30, 31, 32.
Aiguillons du Cousin piquant.

La piqûre faite par une pointe aussi fine que l'est celle de l'aiguillon d'un Cousin, devrait ne nous faire aucun mal. « La pointe de la plus fine aiguille, comparée à celle de l'aiguillon du Cousin, dit Réaumur, est à peu près comme la pointe d'une épée comparée à celle d'une aiguille. » Comment donc une si légère blessure n'est-elle pas fermée sur-le-champ? Comment de petites tumeurs s'élèvent-elles dans l'endroit qui a été piqué? C'est que la plaie n'est pas simple; mais qu'elle a été arrosée par une liqueur capable de l'irriter.

On voit sortir cette liqueur en diverses circonstances, du bout de la trompe du Cousin, sous la forme d'une goutte d'eau très-limpide.

Réaumur a quelquefois aperçu cette liqueur dans la trompe même.

« Il n'y a rien de mieux, dit-il, pour empêcher le mauvais effet des piqûres des Cousins, que de délayer sur-le-champ avec de l'eau la liqueur qu'ils ont laissée dans la plaie. Quelque petite que soit cette plaie, il ne serait pas difficile d'y introduire de l'eau. En la grattant sur-le-champ on l'agrandirait, et il n'y aurait qu'à laver après l'avoir agrandie : quelquefois je me suis bien trouvé d'avoir eu recours à ce remède. »

Les Cousins ne se présentent pas toujours à nous sous la forme de ces cruels insectes ailés, avides de notre sang. Il est un état sous lequel ils nous laissent en repos : c'est l'état de larve.

C'est dans les eaux et dans les eaux croupissantes qu'il faut chercher la larve de l'insecte qui nous occupe. Elle se présente comme un ver aquatique, qui fourmille dans les mares, depuis le mois de mai jusque vers le commencement de l'hiver.

Si l'on veut suivre dès leur première origine les larves du *Cousin piquant*, on n'a qu'à conserver dans un jardin, ou dans une cour, un baquet rempli d'eau. On verra, au bout de quelques semaines, cette eau se remplir de larves de Cousins (fig. 33). Ces *vers*, qui sont très-petits, viennent à la surface de l'eau où les appelle le besoin de respirer. Pour respirer, ils dirigent un peu au-dessus du niveau de l'eau l'ouverture d'un tuyau *a*, qui part du dernier anneau. Ils sont obligés, par conséquent, de se tenir la tête en bas. A côté du tuyau respiratoire, est un autre tuyau *b* plus court, mais plus gros, presque perpendiculaire à la longueur du corps, et dont l'ouverture est la terminaison extérieure du tube digestif. Tout son contour est bordé de longs poils qui se disposent en entonnoir, quand ils flottent dans l'eau. Du bout du même tuyau, et du dedans de l'entonnoir de poils, partent quatre lames ovales, minces, transparentes, et comme écailleuses, qui semblent quatre nageoires. Elles sont posées par paire, dont l'une part du côté droit, et l'autre du côté gauche.

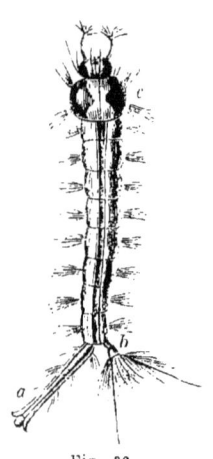

Fig. 33.
Larve du Cousin piquant.

Ces quatre lames peuvent s'écarter les unes des autres. Chaque anneau a de chaque côté une houppe de poils, et le corselet en a trois. La tête *c* est arrondie et aplatie. Elle offre des yeux bruns, sans réseau. Autour de la bouche sont plusieurs espèces de barbillons garnis de poils, dont deux en forme de croissant sont plus considérables que les autres.

Le Cousin fait jouer avec vitesse ces deux espèces de houppes, qui déterminent de petits courants de liquide à se diriger vers la bouche. Ces courants portent à la larve l'aliment qui lui est nécessaire, c'est-à-dire des insectes imperceptibles, des débris végétaux et terreux.

Ces larves changent plusieurs fois de peau dans leur vie. Ce dernier fait a été signalé par dom Allou, savant chartreux, « qui se plaisait, dit Réaumur, à admirer les ouvrages de l'Éternel, dans le temps où il cessait de chanter ses louanges. »

Nous croyons utile de reproduire les quelques lignes dont Réaumur accompagne la mention des recherches de ce digne

Fig. 34. Réaumur.

chartreux. Elles nous paraissent encore aujourd'hui très-bonnes à lire.

« Si ces pieux solitaires qui composent tant de nombreuses communautés avaient comme dom Allou le goût d'observer les insectes, nous pourrions espérer que les faits les plus essentiels de l'histoire de ces petits animaux nous seraient bientôt connus. Quel délassement ces religieux pourraient-ils se proposer plus digne de l'état qu'ils ont embrassé, que celui qui mettrait sous leurs yeux les merveilleuses productions d'une puissance sans bornes ? Alors leur loisir même les porterait à adorer cette puissance et leur fournirait de quoi la faire adorer plus souvent par ceux qui en sont distraits par trop d'occupations soit sérieuses, soit frivoles [1]. »

Après avoir changé trois fois de peau en quinze jours ou trois semaines, la larve du *Cousin piquant* quitte une quatrième fois sa dépouille. Mais il n'est plus le même qu'il était auparavant.

Fig. 35.
Nymphe
du Cousin
piquant.

Il a changé de forme et d'état. Au lieu d'être oblong, son corps est raccourci, arrondi et contourné de façon que la queue est appliquée contre le dessous de la tête et que la masse totale semble lenticulaire. Cela est ainsi quand l'animal est en repos. Mais il peut se mouvoir et nager, et pour cela il déplie son corps par mouvements brusques pour avancer.

Dans ce nouvel état, c'est-à-dire dans l'état de *nymphe* (fig. 35), l'animal n'a plus besoin de prendre de nourriture. Il n'a plus d'organes digestifs, mais il a autant, et même plus qu'avant sa métamorphose, besoin de respirer l'air atmosphérique.

Toutefois les organes de sa respiration sont bien changés. Pendant que l'insecte était à l'état de larve, c'était par le long tuyau adossé à sa partie postérieure qu'il recevait ou qu'il expulsait l'air. En se défaisant de sa peau de ver, il a perdu ce tuyau. Deux espèces d'oreilles d'âne, qui s'élèvent sur son corselet, sont pour la nymphe ce que le long tuyau de la queue était pour le ver. Aussi tient-elle toujours au-dessus de l'eau les bouts de ses deux oreilles.

De cette nymphe va sortir l'insecte parfait, qui s'est organisé peu à peu, et dont on distingue déjà les parties essentielles, sous la membrane transparente qui les recouvre.

Lorsque l'insecte est parvenu à ce moment où ses enveloppes ne lui sont plus nécessaires, et qu'il veut s'en débarrasser, il se tient en repos à la surface de l'eau, redresse la partie postérieure de son corps, et la tient étendue à la surface de l'eau, au-dessus de laquelle son corselet est élevé. A peine est-il resté un moment dans cette position, qu'en gonflant les parties intérieures et antérieures de son corselet, il oblige sa peau de se fendre entre ses deux cornets respiratoires. Cette fente n'a pas plutôt paru, qu'on la voit s'allonger et s'élargir très-vite.

« Elle laisse à découvert, dit Réaumur, une portion du corselet du Cou-

---

1. *Mémoires sur l'histoire naturelle des Insectes*, in-4, tome V.

sin aisée à reconnaître par la fraîcheur de sa couleur, qui d'ailleurs est verdâtre et différente de celle de la peau qui l'enveloppait auparavant.

« Dès que la fente a été agrandie, et l'agrandir assez est l'affaire d'un instant, la partie antérieure du Cousin ne tarde pas à se montrer; bientôt on voit paraître sa tête, qui s'élève au-dessus des bords de l'ouverture. Mais

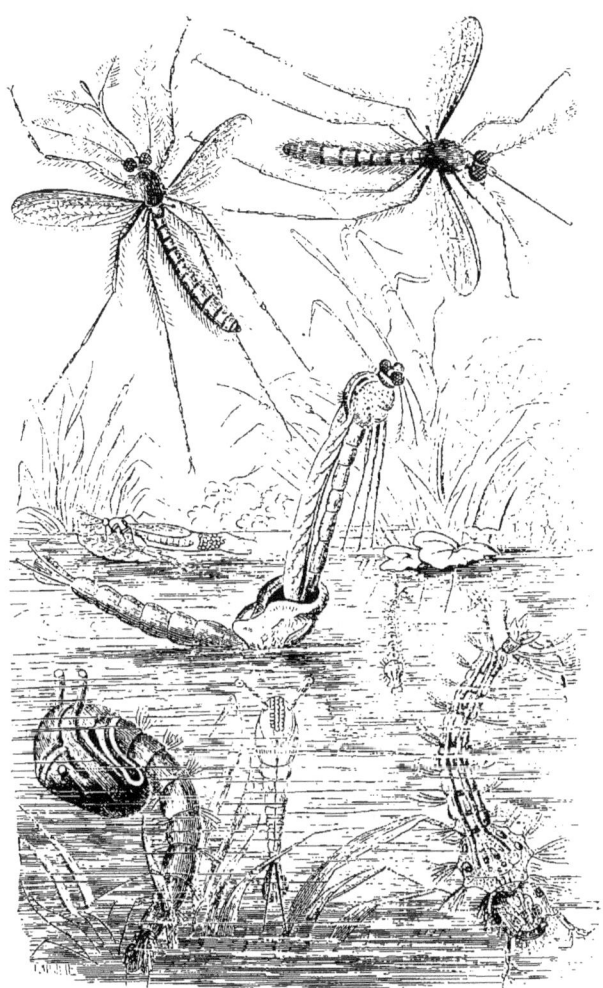

Fig. 36. La nymphe du Cousin piquant, rompant ses enveloppes, et passant de l'eau dans l'air.

ce moment et ceux qui suivront jusqu'à ce que le Cousin soit entièrement hors de sa dépouille sont des moments bien critiques pour lui, des moments où il court un terrible danger. Cet insecte qui vivait dans l'eau, qui serait mort si on l'en eût tenu dehors pendant un temps assez court, a subitement passé à un état où il n'a rien autant à craindre que l'eau. S'il était renversé sur l'eau, si elle touchait son corselet ou son corps, c'en serait fait de lui. Voici comment il se conduit dans une situation si critique. Dès qu'il a fait paraître sa tête et son corselet, il les élève autant qu'il peut au-dessus des bords de l'ouverture qui leur a permis de paraître au jour. Le Cousin tire la partie postérieure de son corps vers la même ouverture, ou plutôt cette partie s'y pousse en se contractant un peu et s'allongeant ensuite. Les rugosités de sa dépouille dont elle s'efforce de sortir lui donnent des appuis. Une plus longue portion du Cousin paraît donc à découvert et en même temps la tête s'est plus avancée vers le bout antérieur de sa dépouille; mais à mesure qu'elle s'avance vers ce côté, elle s'élève de plus en plus; le bout antérieur du fourreau et son bout postérieur se trouvent donc vides. Le fourreau alors est devenu pour le Cousin une espèce de bateau dans lequel l'eau n'entre pas et où il serait bien dangereux qu'elle entrât. Elle ne saurait trouver de passage pour arriver au bout postérieur, et les bords de la fente du bout antérieur ne sauraient être submergés que lorsque ce bout est considérablement enfoncé. Le Cousin est lui-même le mât du petit bateau qui le porte. Les grands bateaux qui doivent passer sous les ponts ont des mâts qu'on peut coucher. Dès que le bateau est hors du pont, on hisse son mât en le faisant passer successivement par diverses inclinaisons, on l'amène à être perpendiculaire au plan horizontal. Le Cousin s'élève ainsi successivement jusqu'à devenir le mât de son petit bateau, et un mât posé verticalement. On a peine à s'imaginer comment il a pu se mettre dans une position si singulière, qui lui est absolument nécessaire, et comment il peut s'y conserver.... Le devant du bateau est beaucoup plus chargé que le reste : aussi a-t-il beaucoup plus de volume. L'observateur qui voit combien ce devant de bateau enfonce, combien ses bords sont près de l'eau, oublie dans l'instant que le Cousin est un insecte auquel il donnera volontiers la mort dans un autre temps; il devient inquiet pour son sort, et il le devient bientôt davantage pour peu qu'il s'élève du vent, pour peu que ce vent agisse sur la surface de l'eau. On voit pourtant d'abord avec plaisir la petite agitation de l'air qui suffit pour faire voguer le Cousin avec vitesse; il est porté de différents côtés; il fait différents tours dans le baquet. Quoiqu'il ne soit que comme une espèce de bateau ou de mât, parce que les ailes et les jambes sont appliquées contre le corps, il est peut-être, par rapport à son petit bateau, une voilure beaucoup plus grande qu'aucune de celles qu'on ose donner à un vaisseau. On ne peut s'empêcher de craindre que le petit bateau ne soit couché sur le côté.... Dès que le bateau a été renversé, dès que le Cousin a été couché sur la surface de l'eau, il n'y a plus de ressource pour lui. J'ai vu quelquefois l'eau couverte de Cousins qui, par cet accident, avaient péri en naissant. Il est pourtant plus extraordinaire que le Cousin parvienne à finir son opération. Heureusement elle n'est pas de longue durée; tout le danger peut être passé en une minute.

« Ce Cousin, après s'être dressé perpendiculairement, tire ses deux premières jambes du fourreau et il les porte en avant. Il tire ensuite les deux suivantes, alors il ne cherche plus à conserver sa position gênante, il se penche vers l'eau, il s'en approche, il pose dessus ses jambes; l'eau est pour elles un terrain assez ferme et assez solide qui, sans céder trop, peut les soutenir, quoique chargées du corps de l'insecte. Dès que le Cousin est ainsi sur l'eau, il est en sûreté, ses ailes achèvent de se déplier et de se sécher, ce qui est fait plus vite qu'on ne peut le dire; enfin le Cousin est en état d'en faire usage, et bientôt on le voit s'envoler, surtout si on tente de le prendre. »

Peut-on rien imaginer de plus curieux que le mécanisme compliqué de cette délivrance, si minutieusement décrite par le naturaliste français ?

Un dernier mot sur le *Cousin piquant*, dont l'existence est remplie de tant de curieux détails.

Le lecteur apprendra peut-être sans plaisir que ces insectes se multiplient prodigieusement, et que de plus ils sont extraordinairement féconds.

Plusieurs générations naissent dans une seule année. Il ne faut à chaque génération qu'environ trois semaines à un mois pour être en état de donner naissance à une génération nouvelle. Le nombre des Cousins qui naissent dans l'intervalle d'un an est donc vraiment effrayant. Peu de jours après que les nymphes d'un baquet se sont transformées en Cousins, on peut voir, à la surface de l'eau de ce baquet, nager des œufs, que les femelles y ont laissés, et qui sont disposés en petits amas très-élégants (fig. 37).

Fig. 37. Œufs de Cousins piquants (grossis).

On trouve en Amérique plusieurs espèces du genre Cousin que l'on désigne sous les noms de *Moustiques* et de *Maragouins*. Tous les voyageurs parlent des souffrances que ces insectes font endurer, surtout dans les premiers temps, à l'étranger qui traverse ces parages. On ne peut se préserver, pendant le sommeil, de la piqûre de ces cruels ennemis qu'à l'aide de gazes tendues tout autour du lit, c'est-à-dire de *moustiquaires*.

Les moustiquaires ne sont pas seulement nécessaires en Amérique. Pendant l'époque des chaleurs, en Espagne, dans toute l'Italie, dans une partie du midi de la France, il faut envelopper son lit de ces rideaux de gaze ou de mousseline, si l'on veut goûter quelque repos. Il faut aussi avoir la précaution de rester sans lumière dans la chambre à coucher ; car la vue de la lumière appelle aussitôt ce dangereux compagnon, dont le bourdonnement et les piqûres ne laissent aucun repos pendant toute la durée de la nuit. Donc, avis aux personnes qui voyageraient dans les contrées que nous venons de citer.

Les Moustiques pullulent dans le midi de l'Afrique. Dans le bas Sénégal ils incommodent tellement les habitants à certaines époques de l'année, que les nègres n'ont pas d'autre moyen de se soustraire à leurs attaques et de prendre quelque repos, que de se jucher, comme le représente la figure 38, sur de véritables perchoirs, suspendus au-dessus d'un feu de branchages. Le jour ils reçoivent leurs amis sur ce hamac; la nuit ils y dorment, toujours chauffés et enfumés pour éviter un plus grand mal.

Les *Tipules* ou *Tipulaires* ont le corps étroit et allongé, avec les pattes longues et grêles. La tête de ces animaux est ronde, et occupée en majeure partie, surtout chez les mâles, par des yeux à facettes. Les ailes, longues et étroites, sont tantôt écartées, tantôt croisées horizontalement, et quelquefois penchées, ou en toit. Les balanciers sont nus et allongés, l'abdomen long, cylindrique et souvent terminé en massue dans les mâles, et en pointe dans les femelles. Les antennes, plus longues que la tête, offrent le plus souvent de quatorze à seize articles tantôt en façon de peigne ou de scie, tantôt garnis de poils formant des panaches, des faisceaux ou des verticilles.

Ces insectes se tiennent sur les plantes, dans les prairies, les jardins et quelquefois les bois. Au premier coup d'œil ils ressemblent à des Cousins; mais ils n'ont pas de trompe, ou plutôt leur trompe est très-courte, et terminée par deux grandes lèvres, et leur suçoir se compose seulement de deux soies.

Les grandes espèces de Tipules, qui portent les noms vulgaires de *Tailleurs* et de *Couturières*, vivent dans les prairies, vers la fin de septembre et le commencement d'octobre. Elles y sont si communes, qu'on n'y peut faire un pas sans voir plusieurs de ces mouches s'élever en l'air.

« Quoiqu'elles prennent quelquefois un assez grand vol, dit Réaumur, lorsque le soleil est brillant et chaud, ordinairement elles vont peu loin; souvent même elles ne volent que terre à terre ou plutôt qu'à la surface des herbes. Dans certains temps, elles ne se servent de leurs ailes que pour soutenir un peu leur corps à fleur des herbes, et pour le pousser en avant.

« Les jambes, surtout les postérieures, sont démesurément grandes. Elles ont plus de trois fois la longueur du corps. Elles sont pour ces insectes ce que sont des échasses pour les paysans des pays marécageux et inondés; elles leur permettent, en effet, de passer assez commodément sur des herbes élevées. »

Les petites espèces ont été désignées sous la dénomination de *Culiciformes*, à cause de leur ressemblance avec les Cousins. Elles sont plus agiles que les grandes espèces, dont nous venons de dire quelques mots. Non-seulement elles volent plus volontiers, mais il en est qui se tiennent continuellement dans l'air.

Dans toutes les saisons, et même pendant l'hiver, on voit dans

Fig. 38. Nègres du bas Sénégal se garantissant des moustiques.

l'air, à certaines heures du jour, des nuées de petits moucherons, que l'on prend pour des Cousins : ce sont des Tipules. Leur vol mérite d'être remarqué. Chacune de ces petites mouches ne fait ordinairement que monter et descendre, et cela à peu près suivant la même ligne verticale.

Toutes ces mouches proviennent de larves, qui ressemblent à des vers très-allongés, dont la tête est écailleuse, ordinairement munie de deux très-petites antennes coniques, de deux crochets et de quelques autres pièces propres à la manducation. Leur corps est articulé, privé de pattes, pourvu quelquefois cependant d'appendices ou de mamelons qui les simulent ou en tiennent lieu.

Ces larves ont des habitudes très-variées. Les unes sont aquatiques : ce sont les *Tipules culiciformes*. Il est une petite espèce qui se multiplie beaucoup dans toutes les eaux qui croupissent.

Ces larves vermiformes étant extrêmement communes, nous devons en dire quelques mots.

Elles sont rouges et d'un assez beau rouge. Elles habitent de petits amas de matières terreuses oblongues et contournées, percées de beaucoup de trous voisins les uns des autres. Chaque trou permet au ver de faire sortir sa tête et la partie antérieure de son corps hors de sa cellule. Ces cellules sont faites avec des débris de matières spongieuses et légères, des fragments de feuilles pourries, etc. Chacun de ces vers se transforme en nymphe, dans le tuyau où il achève de prendre son accroissement. Par sa métamorphose l'insecte perd son crâne écailleux et toutes ses parties extérieures. Il passe à l'état de nymphe, munie de jambes et d'ailes, et portant sur son corselet des panaches délicats, qui sont sans doute un appareil respiratoire. Cette nymphe est très-vive et très-agile dans ses mouvements sur l'eau. Quand le moment de sa dernière métamorphose est arrivé, elle se débarrasse de sa dépouille empanachée, à peu près comme le fait le Cousin.

La figure 39 représente la *Tipule des potagers*, à l'état de larve, de nymphe et d'insecte aérien.

D'autres espèces de petites *Tipules* ont des larves aquatiques assez semblables à celles que nous venons de décrire. Réaumur a vu que chacun de ces vers est logé au milieu d'une plaque épaisse et convexe par-dessus, formée de gelée blanche gluante et transparente. Quant aux espèces qui deviennent de grandes Tipules, leurs larves, ou vers, ne sont pas aquatiques. Elles ont des habitations très-diverses. Elles se tiennent sous terre. Toute terre qui n'est pas sujette à être fréquemment remuée leur est bonne. On les trouve surtout dans celles des prairies basses et humides.

Réaumur a vu dans le Poitou de grands cantons de marais à herbages qui, en certaines années, n'avaient fourni que très-peu d'herbe pour nourrir les bestiaux, à cause du désordre que ces larves y avaient causé. Dans les mêmes cantons et dans les mêmes années, elles avaient fait beaucoup de tort à la récolte des blés.

Ces larves semblent se contenter, pour tout aliment, de la terre, à l'état de terreau. Les excréments qu'elles rejettent ne sont, en effet, selon Réaumur, que de la terre sèche, dont l'esto-

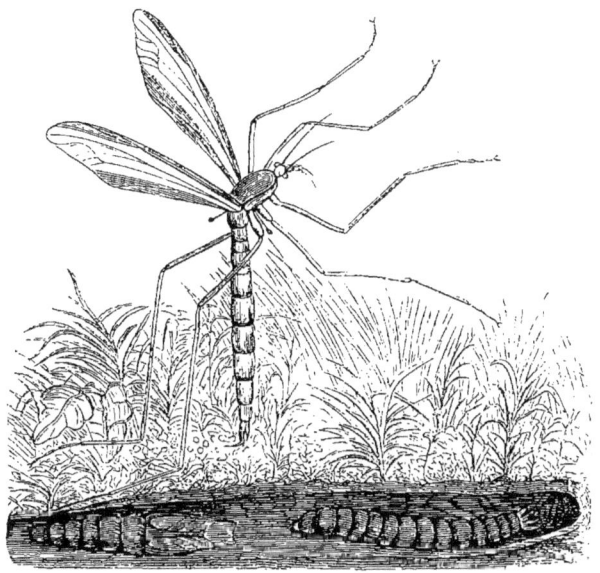

Fig. 39. Tipule des potagers, à l'état de larve, de nymphe et d'insecte aérien.

mac et les intestins de l'insecte ont su tirer ce qu'elle contenait d'assimilable.

Voilà donc des animaux qui se nourrissent de terre !

Les vieux arbres sont souvent creusés de cavités résultant de la pourriture du tronc. Lorsque ces creux sont anciens, leur fond est rempli d'un terreau qui ressemble à celui que laisse un bon fumier. C'est là que les Tipules vont déposer leurs œufs. Réaumur a souvent trouvé leurs larves dans des troncs d'orme et de saule. Il en a vu aussi dans le tissu charnu de certains champignons. Il observa avec soin les mœurs et les habitudes d'une de ces larves, qui se tenait au-dessous du chapeau d'un champignon, l'Agaric du chêne.

Cette chenille est ronde et grisâtre comme un ver de terre. Elle ne marche pas, elle rampe. Les endroits où elle se tient en repos et ceux où elle passe, lorsqu'elle va en avant, restent revêtus d'un enduit brillant, semblable à celui que laisse en marchant la Limace ou l'Escargot.

M. Guérin-Méneville a publié une note très-intéressante sur les migrations de la larve d'un genre particulier de Tipule, connu sous le nom de *Sciara*. Nous emprunterons à ce savant entomologiste les curieux détails qui suivent, et qui vont nous initier à l'un des faits les plus merveilleux assurément que présente l'histoire des insectes.

Les petites larves de la *Sciara* sont sans pieds et à peine longues de cinq lignes, sur un tiers de ligne de diamètre. Elles sont composées de treize anneaux, et d'une tête petite et noire.

Dans certaines années, pendant le mois de juillet, on rencontre dans la Norvége et le Hanovre, aux alentours des forêts, d'immenses traînées de ces larves, formées par la réunion d'une innombrable quantité de petits vers, agglomérés entre eux par une matière gluante. Ces associations de larves ressemblent à une sorte d'animal étrange, qui aurait la forme d'un serpent. C'est comme une corde vivante, longue de plusieurs pieds, épaisse d'un à deux pouces, et résultant de la réunion d'un nombre considérable de petits animaux qui grimpent par milliers les uns sur les autres et se meuvent ensemble. Toute la société marche ainsi de concert, laissant sur le sol une traînée, indice matériel de son passage.

Ces étranges rassemblements d'animaux forment de petites sociétés, longues quelquefois de quelques mètres seulement; mais il arrive parfois qu'elles composent des rubans de dix à douze mètres de longueur, de la largeur de la main et ayant l'épaisseur du pouce. M. Guérin-Méneville a observé des colonnes qui avaient jusqu'à trente mètres de long.

Ces agglomérations s'avancent avec la lenteur d'une limace et dans une direction déterminée. Si une de ces colonnes rencontre un obstacle, une pierre par exemple, elle le franchit, le tourne, ou bien se divise en deux bandes, qui se réunissent après avoir dépassé l'obstacle. Si l'on enlève une portion de la colonne, elle se trouve partagée en deux; mais elle se reforme promptement, parce que la partie postérieure rejoint bientôt celle qui précède. Enfin, si l'on met la partie postérieure de ce ruban animé en contact avec l'antérieure, on forme ainsi un cer-

Fig. 40. Paysans de la Norvège devant un ruban de larves de Sciara.

cle vivant, qui roule sur lui-même pendant longtemps, quelquefois pendant un jour entier, avant qu'il se soit rompu et puisse continuer d'avancer.

Quand on touche ce serpent de larves agglutinées, on éprouve un sentiment de froid.

On ne rencontre jamais ces vers en troupe par le mauvais temps; il faut un ciel serein pour engager ces étranges colonnes à se mettre en campagne.

Le phénomène, si curieux, si étonnant, de la réunion d'une quantité prodigieuse de larves sans pieds, qui avancent par un mouvement commun résultant du mouvement propre de milliers de petits vers, fut signalé pour la première fois, en 1603, par Gaspard Schwenckfelt. Ce naturaliste ajoute que les habitants de la Sibérie considèrent ce phénomène comme le précurseur d'une mauvaise récolte, si ces cordons de vers rencontrent les montagnes; tandis que s'ils descendent vers la plaine, c'est un présage favorable.

En 1715, Jonas Ramus parla du même phénomène, en rappelant une autre idée superstitieuse qu'y attachent les paysans de la Norvége. Cet écrivain nous apprend que les paysans norvégiens, quand ils se trouvent en présence de l'une de ces colonnes mobiles, jettent au-devant de ce ruban qui marche leur ceinture ou leur veste. Si l'*orme-drag* (c'est le nom donné à la colonne mobile) franchit cet obstacle, c'est un signe de bonheur. On doit redouter, au contraire, quelque événement sinistre, si la colonne tourne l'obstacle sans le franchir (fig. 40).

Ces mêmes animaux ont été observés, vers 1845, à Birkenmoor près Hefeld, par M. Rande, inspecteur royal des forêts de Hanovre.

Comment expliquer ces étranges voyages par bandes associées et agglutinées?

M. Guérin-Méneville croit que ces larves, qui vivent en grand nombre dans certains cantons, finissent quelquefois par dévorer toutes les substances nutritives contenues dans le terrain. Après avoir épuisé ces parages, elles sont obligées d'en sortir, pour aller chercher plus loin un lieu favorable à leur existence, ou peut-être seulement à leurs métamorphoses. C'est alors que commence ce fantastique voyage.

Quant à la réunion en colonnes de ces myriades d'individus, M. Guérin-Méneville croit qu'on peut l'expliquer par le besoin que ces larves éprouvent de se protéger mutuellement contre la dessiccation quand elles sont obligées de sortir de terre. Réunies en masses, humectées par la matière gluante qui sert à les agglomérer, ces larves peuvent s'éloigner sans danger des lieux où elles ont vécu. Livrées à elles-mêmes, elles ne tarderaient pas à périr.

Ici, comme en d'autres cas, *l'union fait la force;* et la force, pour nos pauvres Diptères, c'est l'humidité.

Quelle que soit l'explication que l'on en donne, les migrations collectives de ces escadrons d'insectes sont un des plus surprenants phénomènes de la nature.

BRACHOCÈRES.

Les *Brachocères* (de βραχύς et κέρας, c'est-à-dire à courtes antennes) se partagent en quatre groupes. Dans ces groupes, le suçoir se compose de six soies. Ils comprennent, entre autres familles, celle des *Tabaniens*. Les insectes qui appartiennent à cette famille ont une force remarquable. L'audace et l'énergie sont poussées chez eux au plus haut degré.

Ces insectes sont d'une taille supérieure à celle de la plupart des Diptères. Leurs ailes sont mues par des muscles puissants, leurs pieds très-robustes. Leur aiguillon est formé de six lancettes, aplaties et acérées. Répandus sur toute la terre, ils ont partout le même instinct : c'est l'instinct du sang, au moins chez les femelles, car les mâles sont d'une humeur moins guerrière; ils ne font de mal à personne, et vivent du suc aromatique des fleurs.

Les *Tabaniens* fréquentent particulièrement les bois et les pâturages. Pendant l'été, et aux heures les plus chaudes du jour, on les voit voler en bourdonnant et cherchant leur proie.

M. de Saint-Fargeau a décrit le manége que les mâles exécutent dans leur vol. On les voit sillonner les airs dans les allées des bois, en y faisant, en quelque sorte, la navette. Ils restent quelque temps suspendus à une même place; puis se transportent, par un mouvement brusque et direct, à l'autre bout de leur station aérienne, pour y reprendre la même immobilité, en tournant la tête, dans chacun de ces mouvements, vers des côtés opposés. Ce naturaliste s'est assuré qu'ils guettent alors le passage des femelles, et tâchent de les saisir en se précipitant sur elles. Lorsqu'ils ont réussi à s'en emparer, ils s'enlèvent à une hauteur où on les perd de vue.

Nous ne les suivrons pas dans leurs amours empyréennes.

C'est à ce groupe qu'appartiennent les *Taons* (*Tabanus*).

Le *Taon automnal* (fig. 41) est commun dans nos contrées. Il est long de huit à neuf lignes, et de couleur noirâtre. Les palpes, la face et le front sont gris; les antennes noires; le thorax gris, rayé de brun; l'abdomen tacheté de jaune; les jambes d'un blanc jaunâtre; les ailes à bord extérieur brun.

Le *Taon des bœufs* est long de douze lignes et d'un brun noirâtre. Les palpes, la face et le front sont jaunâtres. Les antennes sont noires, à base blanchâtre; le thorax, muni de poils jaunes, est rayé de noir. Le bord postérieur des segments de l'abdomen

Fig. 41. Taon automnal.

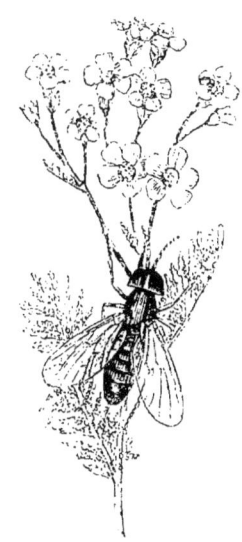
Fig. 42. Chrysops aveuglant.

est fauve; les jambes sont jaunâtres à extrémité noire. Le bord extérieur des ailes est jaune. Cette espèce se rencontre fréquemment dans les bois.

Le *Chrysops aveuglant* (fig. 42), qui appartient à cette même famille, et dont le nom générique, *chrysops*, signifie *yeux d'or*, tourmente beaucoup les chevaux et les bestiaux, en cherchant à les piquer autour des yeux. Son corps est jaunâtre, rayé ou tacheté de noir; son abdomen est jaune et ses yeux dorés.

Dans le second groupe des *Brachocères*, le suçoir est composé de quatre soies; et les antennes sont ordinairement terminées par un style, qui semble en être plutôt le complément qu'un appendice.

Ce groupe comprend trois familles. Mais deux de ces familles seulement renferment des types assez intéressants pour nous y arrêter.

Nous signalerons, dans la famille des *Tanystomes*, la tribu des *Asilides*, celle des *Empides*, celle des *Bombyliens* et celle des *Anthraciens*. Dans la famille des *Brachystomes*, nous signalerons la tribu des *Leptides* et celle des *Syrphides*.

Les *Asiles* ont pour caractère propre et principal la force. Tous leurs organes sont combinés pour produire cette qualité, qu'ils ne manifestent que trop en se rendant aussi redoutables aux bestiaux que les *Taons*, mais dépassant encore ces derniers insectes en cruauté native.

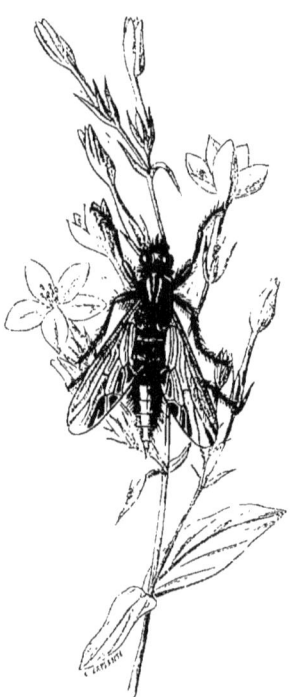

Fig. 43. Asile frelon.

Les *Asiles* exercent un brigandage effréné sur les autres insectes, et même sur ceux de leur propre espèce. Leur trompe est robuste; l'une des soies du suçoir est munie de petites pointes tournées en dedans, qui paraissent destinées à retenir le corps dans lequel la trompe est enfoncée. Ils opèrent leurs ravages dans les allées des bois et sur les routes bien exposées au soleil.

Nous citerons dans ce groupe l'*Asile frelon* (fig. 43). Cet insecte est long de dix à douze lignes. Sa tête est jaune, ses antennes noirâtres, son thorax d'un jaune brunâtre. Les trois premiers segments de l'abdomen sont noirs; le deuxième et le troisième offrent un point blanc de chaque côté; les autres segments sont jaunes. Les ailes sont jaunâtres et tachetées de noir sur le côté interne. Cette espèce est commune dans toute l'Europe, et vit aux dépens des chenilles et d'autres insectes, qu'elle suce avec une grande promptitude.

Les *Empides* vivent de proie, comme les *Asilides*; mais les mâles se nourrissent particulièrement du suc des fleurs.

DIPTÈRES.

« La rapine qu'ils exercent à l'égard des autres insectes, dit M. Macquart dans son *Histoire naturelle des Diptères*, se fait au vol, quelquefois à la course, et ils saisissent leurs victimes avec leurs pieds conformés de diverses manières très-favorables à ce genre de vie ; mais c'est dans les airs qu'ils se livrent le plus souvent à leurs chasses ainsi qu'à leurs amours. Ils se réunissent en troupes nombreuses qui, dans les belles soirées d'été, tourbillonnent comme les Cousins auprès des eaux. Mais une remarque singulière que j'ai faite sur l'Empis livide, c'est que, parmi des milliers de couples que j'ai vus posés sur des haies ou des buissons, presque toutes les femelles étaient occupées à sucer un insecte ; les unes tenaient de petites Friganes, d'autres des Éphémères, la plupart des Tipulaires. »

Si les *Empides* ont la trompe dirigée en dessous et ressemblant à un bec d'oiseau, les *Bombyliens* ont, au contraire, la trompe dirigée en avant.

On reconnaît le genre principal qui a donné son nom à ce groupe, à son élégante fourrure, à la délicatesse des pieds, à la longueur des ailes étendues horizontalement de chaque côté du corps.

Beaucoup plus communs dans les climats chauds que dans le Nord, ces insectes, dont les larves ne sont pas encore connues, prennent leur essor à l'heure où les rayons du soleil sont le plus ardents. Ils volent très-rapidement, en faisant entendre un bourdonnement grave. Ils planent au-dessus des fleurs, dont ils pompent les sucs, sans se poser sur leurs corolles.

La figure 44 représente le *Bombyle bichon*, qui est assez commun dans toute l'Europe. Cet insecte est long de quatre à six lignes, noir, à poils jaunes. Ses pieds sont fauves ;

Fig. 44.
Bombyle bichon.

ses ailes offrent une bande brune sinuée au bord extérieur.

Les *Anthraciens* ont une physionomie différente de celle des *Bombyliens*. Leur corps est beaucoup moins velu ; leur trompe est courte et cachée dans la bouche ; leurs ailes, très-grandes, présentent, au moins dans le principal genre, une livrée de deuil remarquable, dans laquelle les combinaisons du noir et du blanc se mêlent avec une admirable diversité.

« Ici, dit M. Macquart, la ligne qui sépare les deux couleurs est droite, là elle figure des degrés, ailleurs elle est profondément sinuée. Quelquefois la partie obscure présente des points transparents, ou la partie hyaline des taches ténébreuses. Cette sombre parure, jointe au noir velouté du corps, souvent orné de bandes argentées, donne aux Anthrax une élégance remarquable. Lorsqu'ils se fixent sur les corolles de l'églantier et de l'aubépine pour en ravir les sucs, ils produisent le contraste le plus piquant et ne font pas moins ressortir leur propre beauté que celle de ces aimables fleurs. »

L'*Anthrax sinué* est commun en Europe.

Les Mouches de la famille des *Syrphiens* comprennent trois types remarquables, que nous ne saurions passer sous silence. Ce sont les *Vermilions*, les *Volucelles* et les *Hélophiles*.

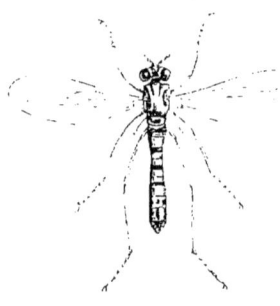

Fig. 45. Vermilion.

Le *Vermilion* (*Vermileo De Geeri*, fig. 45), qui habite la France centrale et méridionale, est long de quatre à cinq lignes. Sa face est blanche, son front gris, bordé de noir. Son thorax d'un gris jaunâtre a quatre bandes brunes chez le mâle. Son abdomen est fauve, tacheté de noir; ses ailes hyalines.

La larve du Vermilion présente un corps cylindrique, aminci, et susceptible de toutes sortes d'inflexions. Sa tête est conique et armée de deux pointes cornées; le dernier segment est allongé, aplati, relevé et terminé par quatre tentacules velus. Sur les côtés du cinquième segment, on découvre une petite saillie, d'où sort une pointe cornée et rétractile.

Cette larve a des mœurs bien singulières. Elle se creuse dans le sable un petit entonnoir, un petit enfoncement conique, où elle se tient en embuscade, comme l'Araignée, immobile au fond de son petit terrier. Dès qu'un insecte y tombe, elle lève brusquement la tête, serre sa proie dans les replis de son corps, et la dévore. Puis elle en rejette la dépouille. Elle vit de cette manière, pendant au moins trois ans, avant de passer à l'état d'insecte parfait.

Les *Volucelles* (fig. 46) ressemblent beaucoup aux Bourdons. Certaines espèces usent et abusent de cette ressemblance, pour s'introduire frauduleusement dans le nid des Bourdons, et y déposer leurs œufs.

Lorsque ces œufs ont donné naissance aux larves des *Volucelles*, celles-ci, qui ont une bouche armée de deux mandibules, dévorent les larves des Bourdons, leurs hôtes.

C'est ainsi qu'elles reconnaissent l'hospitalité qu'elles ont reçue!

Les *Hélophiles* (fig. 47) méritent d'être signalées ici à cause de la forme singulière des larves de plusieurs de ces insectes. Leur tête est grosse, charnue et de forme un peu variable. Mais ce qui les fait aisément distinguer de beaucoup d'autres larves, c'est

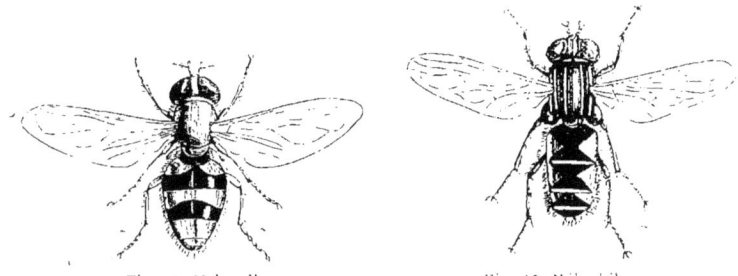

Fig. 46. Volucelle.   Fig. 47. Hélophile.

qu'elles ont une queue toujours très-longue, et quelquefois d'une longueur démesurée par rapport à celle du corps.

Réaumur appelait ces larves *vers à queue de rat*. Il remarqua

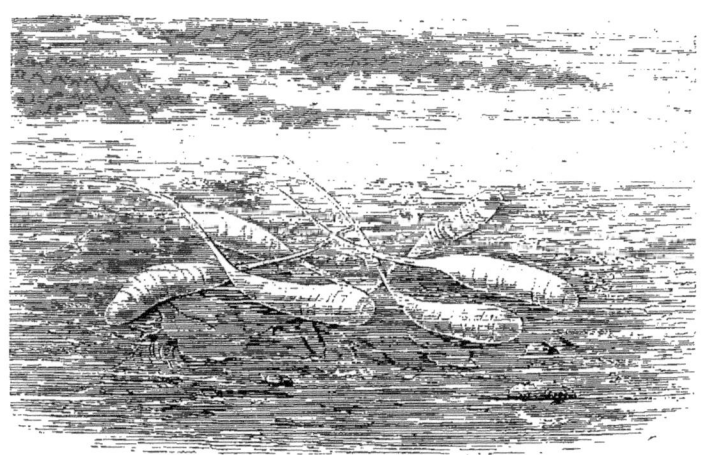

Fig. 48. Hélophiles, ou vers à queue de rat, nageant dans l'eau.

qu'elles étaient aquatiques. Ayant placé ces vers dans un vase contenant de l'eau (fig. 48), il vit qu'ils se tenaient perpendiculaires au fond du vase, et parallèles les uns aux autres, le bout de leur queue étant à la surface de l'eau. Il eut alors l'idée d'élever peu à peu le niveau de l'eau, et il vit à mesure s'élever le bout de la queue de chaque ver. Cette queue, qui d'abord ne s'élevait qu'à deux pouces, finit par atteindre une élévation de cinq pouces.

On remarquera que le corps de chaque ver ne dépasse pas quatre à cinq lignes en longueur. Cette queue est un organe remarquable, à l'aide duquel le ver peut aller respirer l'air, alors que son corps est couvert de plusieurs pouces d'eau. Elle se compose de deux tuyaux, dont l'un, comme celui de nos lunettes, peut rentrer dans l'autre. Réaumur l'appelle le *tuyau de la respiration*. Il est terminé par un petit mamelon brun dans lequel il y aurait, selon Réaumur, deux trous destinés à donner entrée à l'air, et il offre cinq petits pinceaux de poils qui sont étendus et flottent sur l'eau.

Lorsque l'époque de la métamorphose de ces vers approche, ils sortent de l'eau et vont s'enfoncer dans la terre. Là, leur peau durcit et devient une sorte de coque. Sous cette coque l'insecte perd sa forme de ver, et prend peu à peu celle de nymphe, qu'il conserve jusqu'à ce qu'il soit en état de se défaire de ses dernières enveloppes, et de paraître avec des ailes.

Quelle vie accidentée, quelle existence pleine de changements et de péripéties, que celle de ces insectes, qui passent la première et la plus longue période de leur existence sous l'eau, qui passent sous terre une autre partie de leur vie, et qui enfin, après avoir rampé dans ces deux éléments, jouissent, au sein de l'air, des voluptés du vol !

Le troisième groupe des *Brachocères* est celui des *Mouches* ou *Dichœtes*, c'est-à-dire à suçoir formé de deux soies.

Ici se rangent les *Œstres*, les *Conops* et les *Mouches* proprement dites.

Les *Œstres* sont ces redoutables Insectes qui attaquent le cheval, le mouton et le bœuf. Les travaux de Réaumur dans ses admirables *Mémoires*, et ceux de M. Joly, professeur de zoologie à la Faculté des sciences de Toulouse, qui a publié, en 1846, de précieuses recherches sur ce sujet, nous serviront de guide dans le rapide exposé qui va suivre.

Voici la description que donne M. Joly de l'*Œstre du cheval*, que représente la figure 49, dessinée d'après les planches qui accompagnent le mémoire de ce naturaliste.

La tête de cet insecte est large, obtuse; la face fauve, à duvet blanchâtre, soyeux. Les yeux sont noirâtres, les antennes ferrugineuses, le thorax gris, l'abdomen d'un jaune roux, tacheté de

DIPTÈRES.

noir. Les ailes sont blanchâtres, non diaphanes, à reflets dorés, traversées vers le milieu par une bande flexueuse noirâtre. Les pattes sont d'un jaune pâle.

Cette espèce se trouve en France, en Italie. Elle existe aussi en Orient, et notamment en Perse.

Pendant les mois de juillet et d'août, l'OEstre fréquente nos pâturages. Elle dépose ses œufs principalement sur les épaules et sur les genoux des chevaux. Pour cela, la femelle se tient sus-

Œstre mâle du cheval.

Fig. 49.

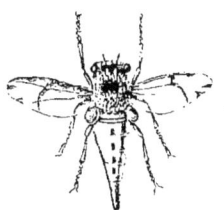
Œstre femelle du cheval.

pendue, pendant quelques secondes, au-dessus du lieu qu'elle a choisi. Elle pond sur cette partie, et, avec la pointe recourbée de son abdomen, colle son œuf à l'un des poils du cheval, au moyen d'une liqueur glutineuse dont elle l'enduit, et qui ne tarde pas à se dessécher. Le même moyen se répète à des intervalles très-courts. Souvent plus de quatre ou cinq cents œufs sont ainsi déposés sur le même cheval.

Guidé par un merveilleux instinct, l'*Œstre* femelle place généralement ses œufs sur les parties du corps que le cheval ne peut atteindre avec sa langue, c'est-à-dire à la partie interne des genoux, sur les épaules, et rarement à l'extrémité libre du poil de la crinière.

C'est principalement pendant les mois les plus chauds de l'année, et quand les chevaux sont aux champs ou au pâturage, que les *Œstres* femelles viennent pondre sur ces utiles et excellents compagnons de nos travaux (fig. 51).

Les chevaux redoutent beaucoup l'attaque de ces insectes. Ils froncent leur peau lorsque l'OEstre y dépose ses œufs. Les suites de cette piqûre ne laissent pas d'être sérieuses. Voici d'ailleurs quelles sont les conséquences de cette attaque et comment elles se manifestent.

Les œufs des OEstres, qui sont blancs et coniques, adhèrent aux poils du cheval, comme on le voit sur la figure 50.

Ils sont munis d'un opercule qui, au moment de l'éclosion, s'ouvre pour laisser passage à la jeune larve. Cette éclosion a lieu, d'après M. Joly, environ une vingtaine de jours après le dépôt des œufs, et elle se fait là où l'œuf a été déposé. En effet, ce n'est pas à l'état d'œufs, mais bien sous celui de larves, que le cheval introduit lui-même, comme nous allons le dire, dans son propre estomac, les hôtes parasites à qui la nature a réservé ce singulier séjour. En se léchant, le cheval les saisit avec sa langue; plus tard, en avalant sa nourriture, il les fait pénétrer dans son estomac. Quelquefois, chose remarquable, ce sont d'autres insectes, comme les Taons, par exemple, qui, par leurs piqûres réitérées, déterminent le cheval à se lécher, et par suite à introduire chez lui son ennemi le plus cruel.

Dans le périlleux trajet qu'elles doivent parcourir de la peau du cheval à son estomac, bien des larves d'Œstres, on le conçoit, succombent, broyées par la dent de l'animal ou écrasées par les matières alimentaires. C'est à peine si une Œstre sur cinquante

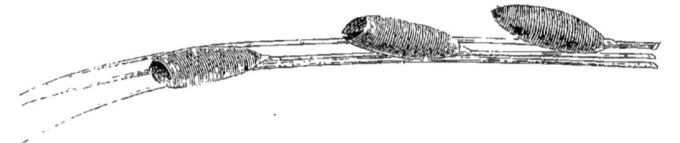

Fig. 50. Crins de cheval portant des œufs d'Œstres.

arrive jusqu'à l'estomac du cheval; et pourtant, si l'on ouvre l'estomac d'un cheval attaqué par les Œstres, on le voit presque toujours littéralement criblé de ces larves.

La figure 52 représente, d'après l'une des planches qui accompagnent le mémoire de M. Joly, l'état de l'estomac d'un cheval ainsi envahi et ravagé par l'Œstre.

Ces larves sont d'un jaune rougeâtre, et chacun de leurs segments est armé, sur ses bords postérieurs, d'une double rangée d'épines triangulaires, alternativement plus grandes et plus petites, jaunâtres à leur base, noires à leur sommet, qui est toujours dirigé en arrière. La tête est munie de deux crochets, qui servent principalement à attacher la larve à la paroi interne de l'estomac. Les épines dont toute la longueur de leur corps est garnie contribuent à la fixer encore plus solidement en s'opposant par leur direction même à ce que l'animal soit entraîné par les aliments qui ont subi la première digestion.

Fig. 51. Chevaux au pâturage piqués par des œstres.

DIPTÈRES.

Il est probable que cette larve, si singulièrement logée, se nourrit de la mucosité sécrétée par les cryptes de la muqueuse stomacale, et qu'elle respire à l'aide de l'air que le cheval avale avec ses aliments, pendant l'acte de la déglutition.

Il faut convenir pourtant qu'il est plongé dans une atmosphère

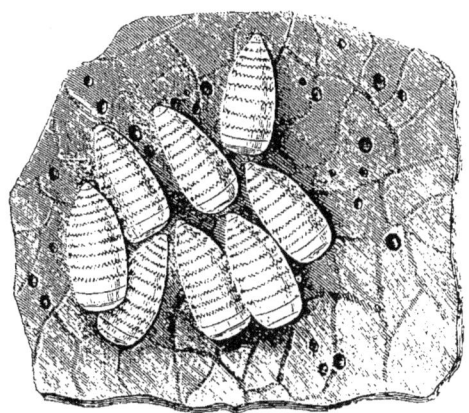

Fig. 22. Portion de l'estomac d'un cheval envahi par des larves d'Œstres.

gazeuse fort insalubre, car à l'intérieur de l'estomac du cheval se dégagent des gaz presque tous mortels pour l'homme et pour la généralité des animaux, c'est-à-dire de l'azote, de l'acide carbonique, de l'hydrogène sulfuré et de l'hydrogène carboné.

Pour expliquer comment l'insecte peut vivre dans de telles conditions, M. Joly a proposé l'ingénieuse hypothèse suivante :

« Quand l'estomac que la larve habite, dit le savant naturaliste, ne renferme que de l'oxygène ou de l'air presque pur, l'insecte ouvre les deux lèvres de la cavité où sont placées les plaques stigmatiques et respire à son aise. Quand la digestion des matières alimentaires donne naissance à des gaz impropres à la respiration, ou bien quand ces stigmates courent le risque d'être obstrués par les substances solides ou liquides renfermées dans le ventricule, il ferme ses deux lèvres et continue à vivre aux dépens de l'air contenu dans ces volumineuses trachées.

« Quelle que soit la valeur de cette explication, ajoute M. Joly, il n'en est pas moins très-curieux de voir un insecte passer la plus grande partie de sa vie dans un milieu qui serait promptement mortel pour la plupart des animaux, dans un organe où, sous l'empire de la vie, les forces chimiques opèrent la merveilleuse transformation des aliments en la propre substance de l'animal auquel cet organe appartient. Mais comment cet insecte lui-même peut-il résister à l'action de ces forces mystérieuses et rester seul intact au milieu de toutes ces matières qui se transforment et se décomposent sans cesse ? Autre question difficile ou plutôt impossible à résoudre dans l'état actuel de la science ; autre énigme qui confond notre orgueil et dont celui-là seul peut-être qui a créé l'homme et le vermisseau pourrait nous dire le secret. »

Parvenue à son développement complet, la larve d'OEstre emprisonnée dans l'estomac du cheval abandonne la membrane où elle était restée fixée jusqu'à ce moment ; puis, dirigeant la partie antérieure de son corps vers l'ouverture pylorique de l'estomac, elle se laisse entraîner par les aliments. Elle traverse, mêlée au bol alimentaire, toute l'étendue du canal intestinal, sort par l'issue extérieure de ce canal, et touche à terre, où elle cherche aussitôt un lieu convenable pour opérer l'avant-dernière de ses métamorphoses.

Alors sa peau s'épaissit, durcit, et devient noire à l'intérieur. Tous les organes de l'animal sont formés d'une pulpe blanchâtre amorphe ; mais bientôt cette pulpe s'organise et l'insecte parfait s'achève. Il soulève un opercule placé à la partie antérieure de sa coque, déploie ses ailes et prend son vol.

Cet être, né au fond des entrailles d'un animal, est désormais appelé à vivre et à déployer ses ailes au sein des airs !

L'*OEstre du bœuf* (fig. 53) a le corps très-velu, la tête large, la face et le front couverts de poils fauves, les yeux bruns, les antennes noires. Le corselet est jaunâtre, rayé de noir. L'abdomen est d'un blanc grisâtre à sa base, couvert de poils noirs sur le troisième segment, et, pour le reste, revêtu de poils d'un jaune orangé. Les ailes sont brunes, comme enfumées.

Tel est l'insecte qui cause une grande frayeur et une extrême agitation dans un troupeau de bœufs. Aussitôt que l'un de ces grands animaux se sent attaqué, on le voit, la tête et le cou tendus, la queue tremblante et placée sur la même ligne que le corps, s'enfuir vers la rivière ou l'étang le plus voisin, pendant que ses compagnons se dispersent (fig. 54).

Comment les bœufs peuvent-ils ressentir une pareille terreur à la vue de si petits insectes ? et comment, d'un autre côté, de simples mouches ont-elles le courage de braver nos plus grands animaux ? On assure que le bourdonnement seul de l'OEstre suffit pour effrayer le bœuf, au point de le rendre intraitable. Quant à l'insecte, il obéit simplement à la prévision maternelle qui lui commande de déposer ses œufs sous la peau de nos grands ruminants.

Disons maintenant comment les œufs de l'OEstre déposés dans les tissus du bœuf s'accommodent dans cet étrange milieu. La mère insecte pratique dans la peau du bœuf un certain nombre de petites plaies. Chacune de ces plaies est le nid d'un œuf. C'est là qu'il doit être couvé. La chaleur du grand animal doit servir à le faire éclore. C'est une couveuse naturelle, pour faire pendant aux *couveuses artificielles* que les anciens Égyptiens avaient imaginées pour l'œuf des oiseaux domestiques, et que les modernes ont assez mal imitées.

Dès que la larve de l'Œstre est sortie de son œuf, logé entre

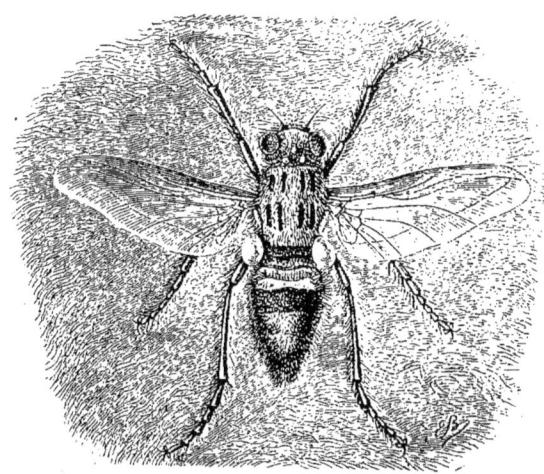

Fig. 52. Œstre du bœuf.

cuir et chair, chez le bœuf, son hôte, elle se trouve dans un lieu parfaitement convenable à son existence. Ici, évidemment, les aliments lui sont fournis en abondance : elle est à même de la viande de boucherie! De plus, elle est défendue contre les injures de l'air. Enfin, plus heureuse que l'homme, elle habite un milieu qui, en toute saison, jouit du même degré de chaleur.

Grâce à des conditions si heureuses, notre larve prend son accroissement tout à son aise, et parvient avec agrément à être mouche à son tour.

C'est au-dessous de la peau, très-épaisse, de nos bêtes à cornes, que se tiennent les larves de l'Œstre. Les parties du corps du ruminant où les larves sont logées se reconnaissent facilement. En effet, au-dessus de chaque larve se voit une élévation, une sorte de tumeur, une *bosse*, comme l'appelle Réaumur, la comparant, avec plus ou moins de justesse, à la *bosse* qui survient au crâne de l'homme qui a reçu un rude coup.

La figure 54 représente, d'après les planches qui accompagnent le mémoire de Réaumur, la tumeur dont nous parlons.

Les paysans connaissent fort bien la nature et la cause de ces *bosses*. Ils savent que chacune renferme un ver (larve), que ce ver provient d'une mouche, et qu'à son tour il doit se transformer lui-même en une mouche.

Chaque bosse a intérieurement une cavité, qui sert de logement à la larve. Aussi la cavité et la bosse grandissent-elles de concert, à mesure que la larve se développe.

C'est ordinairement sur les jeunes vaches ou sur les jeunes

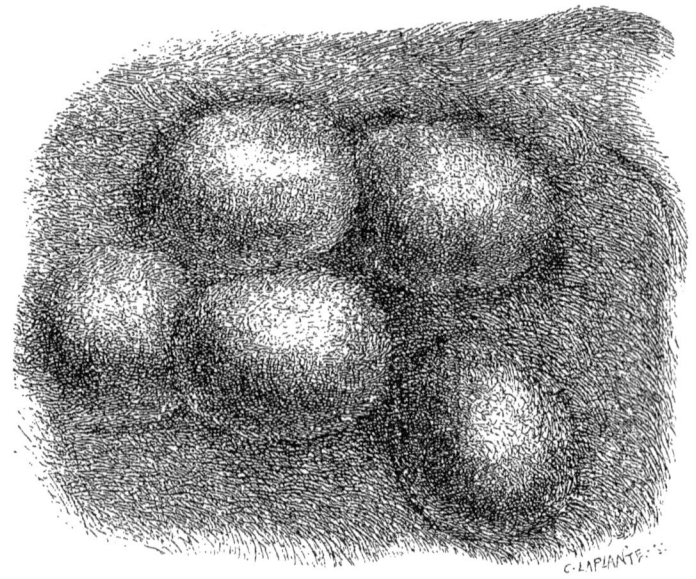

Fig. 54. Tumeur produite par l'Œstre sous la peau du bœuf.

bœufs, en un mot sur les bêtes à cornes de deux ou trois ans, qu'on trouve surtout ces tumeurs. Il est rare d'en voir sur de vieux bœufs. La mouche qui, en perçant la peau de l'animal, occasionne la naissance de ces tumeurs, choisit les peaux qui ne doivent lui présenter que peu de résistance. D'ailleurs des chairs jeunes et tendres ne sont-elles pas les plus propres à fournir une bonne nourriture aux larves de la mouche?

Chaque tumeur est munie d'une petite ouverture. C'est par cet étroit canal que la larve peut respirer.

Pour en examiner la cavité intérieure, Réaumur ouvrit quelques-unes de ces tumeurs, soit avec un rasoir, soit avec des ci-

Fig. 55. Troupeau de bœufs dispersé par la piqûre des Œstres.

seaux. Il trouva cette habitation fort dégoûtante. La larve est logée dans une véritable plaie suppurante. Le pus occupe le fond de la cavité, et la tête du ver est continuellement, ou presque continuellement, plongée dans ce liquide pathologique. « Elle y est très-bien sans doute, » dit Réaumur, qui ajoute que ce pus paraît être l'unique aliment de la larve.

L'état d'une bête à cornes, dit encore le grand naturaliste, qui a sur son dos trente à quarante bosses, serait bien cruel, serait un terrible état de souffrance, si sa chair était continuellement déchiquetée par trente à quarante gros vers. Mais il est probable qu'ils ne font point souffrir, ou qu'ils ne font souffrir que peu le grand animal.

« Aussi, ajoute Réaumur, les bêtes à cornes dont le corps est le plus couvert de bosses non-seulement ne donnent aucun signe de douleur, mais il ne paraît même pas que ces bosses leur soient préjudiciables en aucune façon. »

Réaumur a cherché à découvrir comment la larve qui a pris tout son accroissement parvient à sortir d'une habitation où il ne lui convient plus de rester. Il se demandait comment ce ver pouvait sortir par une ouverture plus petite que le volume de son propre corps.

« La nature, dit Réaumur, a appris à ce ver le plus sûr, le plus doux, le plus simple des moyens. C'est celui auquel nos chirurgiens ont souvent recours pour tenir des plaies ouvertes ou pour étendre leur ouverture. Ils tiennent des *tentes* pressées dans le trou qu'ils veulent agrandir. Deux ou trois jours avant celui où le ver doit sortir, il commence à faire usage de son derrière comme d'une tente, pour augmenter le diamètre du trou de son habitation. Il l'y fait entrer et l'en retire plusieurs fois pendant deux ou trois jours, et plus il le répète de fois, plus il est en état de tenir longtemps son bout postérieur dans le trou; il y est moins à l'étroit. Le jour qui précède celui où le ver doit sortir, on trouve presque continuellement la partie postérieure du ver dans le trou. Enfin, il en sort à reculons et touche à terre. Là il se loge sous une pierre, ou s'enfonce dans le gazon. Il demeure tranquille et se prépare à ses transformations ultérieures. Sa peau se durcit, les anneaux s'effacent, sa couleur passe au noir. Dès lors l'insecte est détaché de cette peau qui lui forme comme une coque ou une boîte très-solide. A la partie antérieure et supérieure de la coque est une pièce triangulaire que la mouche détache lorsqu'elle est en état de paraître au grand jour. »

La figure 56 représente, d'après les planches qui accompagnent le mémoire de Réaumur, la larve d'OEstre sortant de sa coque.

L'habile observateur s'est encore demandé avec quel instrument l'OEstre peut parvenir à percer le cuir épais du bœuf.

Cet instrument, la femelle seule le possède. Il est placé à l'extrémité postérieure du corps. C'est un cylindre, d'un brun noir, luisant, et comme écailleux. En pressant entre deux doigts le ventre de la mouche, on le fait sortir et s'allonger. Réaumur a vu qu'il était composé de quatre tuyaux qui pouvaient rentrer les uns dans les autres, comme ceux d'une lunette (fig. 57). Le dernier tuyau, vu par-dessous, semble terminé par cinq petits boutons écailleux, qui ne sont pas placés sur la même ligne, et sont les bouts de cinq différentes parties écailleuses. Trois de ces boutons sont munis de crochets, et ces trois crochets composent un instrument excellent pour agir contre une peau dure et épaisse. Réunis, ils forment une cavité semblable à celle de nos tarières et qui se termine en cuiller. Mais cette cuiller, composée de trois pointes, est bien plus en état que celle de nos tarières de mordre sur le corps qu'elle doit percer.

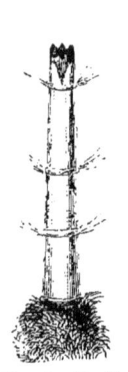

Fig. 56. Sortie d'une larve d'Œstre, d'après Réaumur.

Fig. 57. Tarière de l'Œstre femelle du bœuf.

La *Céphalémie des moutons* (*Cephalæmia ovis*) a reçu ce nom par suite des très-fâcheux rapports qui s'établissent entre ces deux êtres.

Le mouton ressent à la seule vue de cet insecte une terreur extrême. Dès qu'une de ces mouches volantes apparaît, une agitation subite se déclare dans le troupeau. La brebis attaquée secoue la tête lorsqu'elle sent la mouche posée sur ses narines. En même temps, elle frappe violemment la terre avec ses pieds antérieurs; puis elle se met à courir çà et là, tenant le nez très-près du sol, flairant le gazon, et regardant avec inquiétude si elle est encore poursuivie.

C'est pour éviter les attaques de la Céphalémie que, pendant les jours chauds de l'été, on voit les moutons se coucher sur les grandes routes, enfoncer leurs naseaux dans les ornières poudreuses, ou bien encore se tenir debout, ayant la tête baissée et logée entre les deux jambes de devant, le nez presque en contact avec le sol (fig. 58).

Quand ces pauvres bêtes sont en pleine campagne, on les voit quelquefois se rassembler, de manière à former une espèce de

Fig. 58. Moutons attaqués par la Céphalémie.

bataillon très-compacte, placer leurs naseaux les uns contre les autres et très-près de la terre, de sorte que les moutons qui occupent les rangs extérieurs sont les seuls exposés.

La *Céphalémie du mouton* (fig. 59) a la tête moins velue, mais plus grosse proportionnellement que celle de l'OEstre du cheval. Sa face est rougeâtre, son front brun, à bande pourprée ; ses yeux d'un vert foncé et changeant. Ses antennes sont noires ; son

Fig. 59. Céphalémie du Mouton.

thorax est tantôt gris, tantôt brun, hérissé de petits tubercules noirs sétigères. L'abdomen, sur un fond blanc, est tacheté de brun ou de noir. Les ailes sont hyalines.

La *Céphalémie du mouton* habite l'Europe, l'Arabie, la Perse, et même les Indes orientales. Elle dépose ses œufs sur le bord des narines de l'animal.

Sa larve vit dans les sinus frontaux et maxillaires. C'est un ver blanchâtre, offrant, sur chacun de ses segments, une bande transversale noire. Sa tête est armée de deux crochets cornés, noirs, parallèles, mobiles de haut en bas et latéralement. Chaque segment du corps est hérissé, en dessous, de plusieurs rangs de tubercules presque sphériques, surmontés de petites épines à pointes rougeâtres, et toutes dirigées en arrière. Ces pointes, dit M. Joly, servent probablement à faciliter la progression de l'animal sur les surfaces lisses et glissantes des membranes muqueuses auxquelles il se fixe pour se nourrir, et peut-être aussi à augmenter la sécrétion de ces membranes, par l'irritation que ces nombreux piquants y déterminent [1].

Fixée au moyen de ses crochets mandibulaires à la membrane muqueuse qu'elle perfore, la larve se nourrit de mucus et de pus, et vit dans ce milieu, d'après M. Joly, pendant près d'une année entière. Elle en sort au bout de ce temps, en suivant la voie par où elle est entrée, tombe sur la terre, s'y enfonce à la profondeur de quelques centimètres, et s'y transforme en nymphe.

Sa coque est d'un beau noir. Trente à quarante jours après son ensevelissement, la larve se réveille insecte parfait. Celui-ci détache, à l'aide de sa tête qui grossit considérablement à cet effet, l'opercule placé à la partie antérieure de sa coque, et prend son vol.

Malgré la forme menaçante de leur trompe, les mœurs des *Conops* sont très-douces. A l'état adulte, on les voit seulement sur les fleurs, dont ils cherchent à sucer le suc emmiellé. Mais il n'en est pas de même de leurs larves. Celles-ci vivent en parasites sur les Bourdons. Latreille a vu le *Conops rufipède* sortir adulte du corps d'un Bourdon, par les intervalles des segments de l'abdomen.

Les *Muscides* forment cette grande tribu de Diptères connus sous le nom vulgaire de *Mouches* et qui sont répandus sur notre globe en si grande abondance.

Compagnes fidèles des plantes, les Mouches les suivent jusqu'aux derniers confins de la végétation. En même temps, elles sont appelées par la nature à hâter la dissolution des êtres qui ont cessé de vivre. Elles placent dans les cadavres des animaux leurs larves, qui font leur proie de ces chairs corrompues, et contribuent ainsi à débarrasser promptement la terre de causes funestes d'infection pour ses habitants. Aussi les organes de ces insectes sont-ils modifiés à l'infini, pour s'approprier à la diversité de leurs fonctions.

M. Macquart, le savant auteur de l'*Histoire naturelle des Diptères*, divise les *Muscides* en trois sections : celle des *Créophiles*, celle des *Anthomyzides*, et celle des *Acalyptères*.

Section des Créophiles. — Les *Créophiles* sont les Mouches dont

---

[1]. *Recherches sur les Œstrides en général, et particulièrement sur les OEstres qui attaquent l'homme, le cheval, le bœuf et le mouton,* par N. Joly, professeur à la Faculté des sciences de Toulouse, in-4, Lyon, 1846. (Page 63.)

l'organisation est la plus robuste. Leurs mouvements sont vifs, leur vol rapide. La plupart se nourrissent du suc des fleurs ; quelques-uns du sang ou des humeurs des animaux. Ceux-ci déposent leurs œufs sur divers insectes, ceux-là sur les corps en décomposition. D'autres sont vivipares.

Les *Tachinaires*, par exemple, dont fait partie le genre *Échinomie* (fig. 60), prennent leur nourriture sur les fleurs. Elles déposent leurs œufs sur les Chenilles. Les jeunes larves, à leur naissance, pénètrent dans le corps de ces chenilles, et s'alimentent de la substance adipeuse qui y abonde. Quelle n'est pas quelquefois la surprise du naturaliste, qui a précieusement recueilli une chrysalide, qui attend de jour en jour le brillant papillon dont elle est la mystérieuse et grossière enveloppe, et qui voit s'échapper à sa place un essaim de mouches !

Il paraît, d'après de récentes observations, que les Tachinaires exercent sur tous les ordres d'insectes cette singulière prérogative.

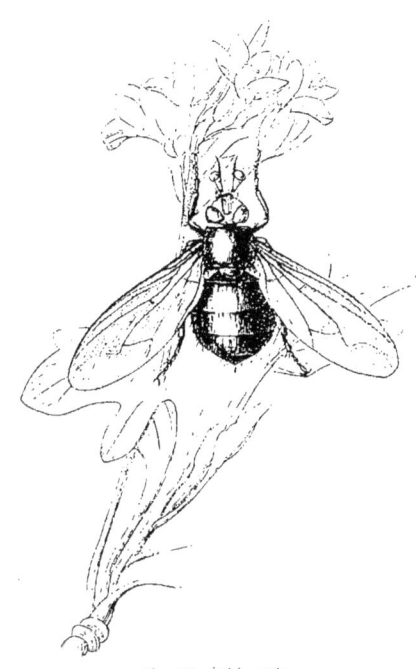

Fig. 60. Échinomie.

Mais il est une autre manœuvre bizarre à laquelle se livrent les Diptères qui nous occupent, pour préparer à leurs larves, dès le moment de leur naissance, une abondante provision de victuailles. Voici le procédé qu'ils emploient.

Personne n'ignore que certains insectes fossoyeurs, tels que les Abeilles, Charançons, Mouches, etc., portent dans leurs souterrains leurs proies, c'est-à-dire d'autres insectes dont ils se sont emparés, et qu'ils destinent à servir de pâture à leurs propres larves. De petites Tachinaires, épiant l'instant favorable, se glissent furtivement dans ces retraites, et déposent leurs œufs sur ces victuailles mêmes qui devaient servir à régaler d'autres convives. Les larves des Tachinaires qui éclosent de bonne heure font leur curée des provisions amassées dans le souterrain, et réduisent les légitimes propriétaires du logis à mourir d'inanition.

« Cet instinct, dit M. Macquart, est accompagné de la plus grande agilité, de l'opiniâtreté et de l'audace nécessaires à ce brigandage; et, d'un autre côté, les Hyménoptères, frappés de crainte ou de stupeur, n'opposent aucune résistance à leurs ennemis, et quoiqu'ils fassent une guerre continuelle à divers insectes et particulièrement à divers Muscides, jamais ils ne saisissent ceux dont ils ont tant à se plaindre, et qui cependant n'auraient aucune arme à leur opposer. »

Les *Sarcophages* sont des Diptères fort communs, qui se trouvent le plus souvent sur les fleurs, dont ils butinent les sucs. Par une singularité très-rare chez les insectes, les femelles ne pondent pas des œufs, mais des petits vivants.

Réaumur a observé, avec son soin habituel, ce cas remarquable de viviparisme. Il le constata sur une Mouche qui, dans nos maisons, cherche, pour y déposer ses larves, les endroits où l'on conserve la viande. Cette mouche est grise, ses jambes sont noires et ses yeux rouges.

Quand on a pris une de ces mouches, et qu'on la tient entre ses doigts, on voit souvent sortir de la partie postérieure de son corps un petit ver oblong, blanchâtre, cylindrique, qui s'agite, pour se dégager tout à fait. C'est une larve qui commence à voir le jour, et qui fait des efforts pour sortir du corps de sa mère.

Elle n'est pas plutôt dégagée, que le bout d'une autre commence à se montrer. Il en sort ainsi quelquefois jusqu'à trente ou quarante. Si l'on presse légèrement le ventre de la mouche, il peut sortir en très-peu de temps plus de quatre-vingts de ces larves.

Si l'on présente de la viande à ces vers, ils s'y enfoncent avec empressement et la mangent avec avidité. Ils croissent rapidement, atteignent au bout de quelques jours leur grandeur définitive, se font une coque de leur propre peau. De chaque coque sort, au bout de quelque temps, une mouche mâle et femelle. Si l'on ouvre le corps de ces mouches vivipares, on voit bientôt une sorte de gros ruban contourné en spirale sur lui-même. Ce ruban paraît, au premier abord, n'être qu'un assemblage de vers placés parallèlement les uns à côté des autres. Mais chaque ver a une enveloppe membraneuse fine et blanche, analogue à ces toiles d'araignée si légères qu'on voit voltiger en automne, et qu'on nomme *fils de la Vierge*.

DIPTÈRES. 85

On ne peut s'empêcher d'admirer la prodigieuse fécondité qui a été donnée à cette espèce de mouche, quand on sait que, sur une longueur de 3 lignes, la larve qui renferme les petits vers en contient 2000. Or, cette larve ayant 2 pouces 1/2 de longueur, loge, par cela même, environ 20 000 vers.

Les *Stomoxes*, très-voisins de la mouche ordinaire, s'en écartent beaucoup par leurs habitudes. Ce sont des buveurs de sang.

Le *Stomoxe piquant* est très-commun dans nos climats. Ses palpes sont fauves, ses antennes noires, son thorax rayé de noir, son abdomen taché de brun. Sa trompe est solide, menue et allongée. Elle dépose ses œufs sur le cadavre des grands animaux.

La *Mouche dorée*, ou *Lucilie cæsar*, pond ses œufs sur les viandes dépecées, ou les animaux abattus. Elle est longue seulement de trois à quatre lignes, d'un vert doré, avec des palpes de couleur ferrugineuse, des antennes brunes et des pieds noirs.

Une espèce de ce genre, la *Lucilie hominivore*, a acquis dans ces derniers temps une triste célébrité. C'est à M. le docteur Charles Coquerel, chirurgien de la marine, que nous devons sur ce dangereux Diptère les renseignements les plus exacts, et la révélation des dangers auxquels l'homme est exposé par ses attaques, dans certaines contrées du globe.

Mais décrivons d'abord l'insecte, qui est fort joli et de couleurs brillantes.

La figure 61 représente, d'après le mémoire de M. Charles Co-

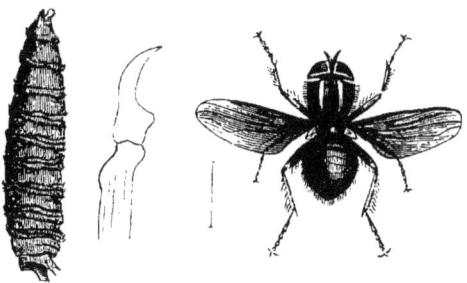

Fig. 61. Lucilie hominivore.

querel, la larve et l'insecte parfait, ainsi que les mandibules cornées qui terminent la larve.

Sa longueur est de 9 millimètres. Sa tête est grande, d'un jaune doré et duveteux. Le thorax est d'un bleu foncé très-brillant, à reflets pourpres comme l'abdomen. Les ailes sont transparentes, un peu enfumées; leurs nervures sont noires, ainsi que les pattes.

Cet insecte si joli est un assassin. M. Coquerel nous a appris qu'il peut, dans des circonstances particulières, produire la mort de ces malheureux condamnés que la justice humaine a déportés au lointain pénitencier de Cayenne.

Quand un de ces êtres dégradés qui croupissent dans une sordide malpropreté s'endort, en proie à une ignoble ivresse, il arrive que cette mouche s'introduit dans sa bouche et dans ses narines. Elle y pond ses œufs, et lorsque ces œufs se sont changés en larves, il survient chez la victime de cet envahissement des désordres assez graves pour entraîner la mort[1].

Ces larves sont d'un blanc opaque, longues de 14 à 15 millimètres et munies de onze segments. Elles ont une bouche armée de deux mandibules cornées très-aiguës. Logées dans l'intérieur des fosses nasales et des sinus frontaux, elles coupent, elles broient, elles rongent. On les a vues gagner le globe de l'œil, et gangrener les paupières. Elles entrent dans la bouche, corrodent et dévorent les gencives et l'entrée de la gorge, de manière à transformer ces parties en une masse de chair putréfiée, en une bouillie infecte.

Détournons nos regards de cet horrible tableau, et remarquons que cette Mouche hominivore n'est point un parasite proprement dit de l'homme, car elle ne l'attaque qu'accidentellement, comme elle attaque les êtres qui vivent journellement dans la malpropreté.

On trouve rapporté dans beaucoup d'ouvrages de médecine un fait qui se passa il y a vingt ans à la clinique chirurgicale de M. J. Cloquet. L'histoire n'est peut-être pas ragoûtante, mais elle est si curieuse au point de vue qui nous occupe, que nous ne croyons pas devoir en priver nos lecteurs. Voici donc la chose :

On apporte un jour à l'Hôtel-Dieu un pauvre diable, à demi mort. C'était un mendiant, qui, ayant dans son bissac de la viande corrompue, s'était endormi au soleil, sous un arbre. Son sommeil dut être long, car les mouches eurent le temps de dé-

---

1. « La plupart des transportés attaqués par la *Lucilie hominivore*, dit M. F. Bouyer, capitaine de frégate, dans un *Voyage à la Guyane française*, ont succombé malgré les secours de la science. Les cures que l'on a obtenues sont des exceptions. Sur une douzaine de morts constatées, on cite trois ou quatre guérisons. » (*Tour du Monde*, 1860, 1er semestre, p. 318.

poser leurs œufs sur la viande gâtée, les larves eurent le temps de naître, et de plus, de dévorer la viande du mendiant.

Il paraît que les larves prirent goût à ce repas, car elles passèrent de la viande morte au tissu vivant. En d'autres termes, après avoir mangé la viande, elles commencèrent à manger le porteur; après avoir dévoré la chair morte, elles se mirent à dévorer l'homme vivant.

Réveillé par la douleur, le mendiant fut conduit à l'Hôtel-Dieu, où il trépassa définitivement.

Qui croirait que l'une des causes qui rendent difficile l'exploration de l'Afrique centrale, est une simple mouche, qui n'est pas plus grosse que la Mouche domestique? La *Mouche tsetsé* (fig. 62),

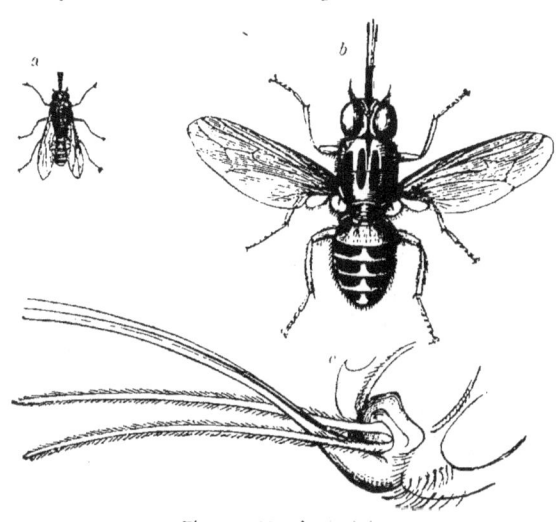

Fig. 62. Mouche tsetsé.
(*a*, grandeur naturelle; *b*, mouche grossie; *c*, trompe.)

brune, avec quelques raies jaunes et transversales sur l'abdomen, et des ailes plus longues que le corps, est sans danger pour l'homme, pour tous les animaux sauvages et, parmi les animaux domestiques, pour le porc, le mulet, l'âne, la chèvre. Mais elle fait des piqûres mortelles au bœuf, au cheval, au mouton et au chien, et rend les contrées de l'Afrique centrale inhabitables pour ces animaux précieux.

Elle semble posséder une vue perçante; « rapide comme la flèche, écrivait un voyageur, M. de Castelnau, elle s'élance du haut d'un buisson sur le point qu'elle veut attaquer. »

M. Chapmann, l'un des voyageurs qui se sont avancés le plus loin au milieu de l'Afrique méridionale, raconte qu'il se couvrait le corps avec le plus grand soin, pour éviter les piqûres de cet ennemi aérien. Mais si une épine avait fait à son vêtement un trou presque imperceptible, il voyait souvent la Tsetsé, qui paraissait savoir qu'elle ne pouvait traverser le drap, s'élancer et venir le piquer sur le point qui n'était pas recouvert.

Cette suceuse de sang sécrète, par une glande située à la base de sa trompe, un venin si actif, que trois ou quatre mouches suffisent pour tuer un bœuf.

La *Glossine tsetsé* abonde sur les rives du fleuve africain le Zambèze. Elle fréquente les buissons et les roseaux qui le bordent. Elle aime d'ailleurs tous les lieux aquatiques. Les bestiaux africains reconnaissent à de très-grandes distances le bourdonnement de cet ennemi sanguinaire, et ce bruit sinistre leur cause une profonde terreur.

Le célèbre voyageur Livingstone, en traversant les régions de l'Afrique arrosées par le Zambèze, perdit, par les piqûres de la Mouche tsetsé, 43 bœufs magnifiques qui n'avaient cependant reçu (car on les surveillait de très-près) qu'un très-petit nombre de piqûres.

« L'un des caractères les plus remarquables de la piqûre de cette mouche, dit Livingstone, est d'être complétement inoffensive pour l'homme et pour les animaux sauvages, même pour les veaux tant qu'ils sont encore à la mamelle. Nous n'en avons jamais souffert personnellement, bien que nous ayons vécu deux mois au milieu de ces insectes.

« .... Lorsqu'on a sur la main une de ces mouches, et qu'on la laisse agir sans la troubler, on voit sa trompe se diviser en trois parties, dont celle du milieu s'insère assez profondément dans votre peau; l'insecte retire cette tarière, l'éloigne un peu et se sert alors de ses mandibules qui, sous leur action rapide, font contracter à la piqûre une teinte cramoisie; l'abdomen de la mouche, flasque et aplati auparavant, se gonfle peu à peu, et, si l'insecte n'est pas tourmenté, il s'envole tranquillement aussitôt qu'il est gorgé de sang. Une légère démangeaison succède à cette piqûre, mais n'est pas plus sérieuse que celle qui est causée par une moustique. Chez le bœuf, l'effet immédiat ne semble pas avoir plus de gravité que chez l'homme, et ne trouble pas l'animal; mais, quelques jours après, il s'écoule des yeux et du mufle de la pauvre bête un mucus abondant, la peau tressaille et frissonne comme sous l'impression du froid, le dessous de la mâchoire inférieure commence à enfler, symptôme qui parfois se manifeste également au nombril; le bœuf s'émacie de jour en jour, bien qu'il continue à paître, l'amaigrissement s'accompagne d'une flaccidité des muscles de plus en plus prononcée, la diarrhée survient, l'animal ne mange plus et meurt bientôt dans un état d'épuisement complet. Les bœufs qui ont un certain embonpoint à l'époque de la piqûre sont pris de vertige, comme si chez eux le cerveau était attaqué; ils deviennent aveugles, et périssent peu de temps après. Les changements subits de température, amenés par la pluie, semblent hâter les progrès du mal; toutefois l'appauvrissement graduel met généralement plusieurs jours pour arriver à son terme, et, quels que soient vos efforts, les pauvres bêtes finissent toujours par mourir....

« L'âne, le mulet et la chèvre jouissent du même privilége que l'homme et les animaux sauvages à l'égard de cet insecte. Il en résulte que la chèvre est le seul animal domestique de beaucoup de peuplades nombreuses qui habitent les bords du Zambèze, où la Mouche tsetsé devient un véritable fléau. Mes enfants étaient souvent piqués par cette mouche; ils n'en éprouvaient aucun mal; et nous étions entourés d'antilopes, de buffles, de zèbres, de cochons, qui paissaient impunément au milieu des tsetsés, bien que, entre la nature du cheval et du zèbre, du bœuf et du buffle, du mouton et de l'antilope, il y ait trop peu de différence pour qu'il soit possible d'expliquer ce phénomène d'une manière satisfaisante : l'homme n'est-il pas lui-même un animal domestique, tout aussi bien que le chien? Les veaux sont à l'abri des effets de cette piqûre aussi longtemps qu'ils tettent leurs mères, et les chiens nourris de lait n'en succombent pas moins au mal qui en résulte. Cette singularité nous fit croire tout d'abord que ces ravages étaient produits par quelque plante et non par l'insecte; mais le major Vardon, appartenant à l'armée de Madras, trancha la question en allant à cheval sur une petite colline infestée de tsetsés; il ne permit pas à sa bête de manger un brin d'herbe, ne resta dans cet endroit que le temps nécessaire pour regarder le pays, et pour saisir quelques-unes des mouches qui piquaient sa monture; dix jours après, le malheureux cheval était mort[1]. »

Les habitants des rives du Zambèze ne peuvent donc avoir d'autre animal domestique que la chèvre. Quand des troupeaux de bœufs, conduits par des voyageurs ou des marchands, sont forcés de traverser ces lieux maudits, on ne les fait marcher que pendant les nuits claires de la froide saison. On a même soin de les barbouiller de fiente, mêlée de lait. En effet, la mouche tsetsé a un profond dégoût pour la fiente des animaux, et d'ailleurs, à l'époque où l'on fait voyager les bœufs à travers ces parages, elle est engourdie par l'abaissement de la température. Ce n'est qu'avec ces précautions que l'on peut franchir cette dangereuse étape.

Le genre *Calliphore* a pour type bien connu la grosse *Mouche bleue* de la viande, que tout le monde connaît par son abdomen brillant et azuré, à reflets blancs.

Cette mouche, très-commune partout, est le *Calliphora vomitoria*, sur laquelle Réaumur a fait de si nombreuses et de si belles observations que nous ferons connaître à nos lecteurs.

Si l'on renferme, comme l'a fait Réaumur, dans un vase de verre, une *Mouche bleue de la viande*, et qu'on place près de cet

---

[1]. Livingstone : *Exploration dans l'intérieur de l'Afrique australe et voyages à travers le continent, de Saint-Paul de Loanda à l'embouchure du Zambèze, de* 1840 *à* 1846; traduit de l'anglais. In-8, Paris, 1859, p. 93-95.

insecte un morceau de chair fraîche, au bout d'une demi-journée à peine, la mouche aura déposé ses œufs sur la viande. Elle les dépose les uns auprès des autres, en divers tas, inégalement gros et irréguliers. L'ensemble de ces tas (fig. 63) renferme environ 200 œufs, qui sont d'un blanc irisé et quatre à cinq fois plus longs que larges. Moins de vingt-quatre heures après que l'œuf a été pondu, une larve en sort.

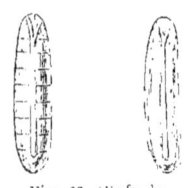

Fig. 63. Œufs de la Mouche de la viande.

Le jeune être n'est pas plutôt né qu'il songe à manger. Il s'enferme dans le morceau de viande, et à l'aide des crochets et du dard dont chaque crochet est pourvu, il détache de petites portions de viande qu'il ingurgite aussitôt.

Ces vers ne paraissent rejeter aucun excrément solide; mais ils produisent une liqueur gluante, qui entretient sur la viande une certaine humidité, et hâte sa putréfaction, ou, ce qui est la même chose, la rend plus tendre. Nos larves mangent donc, elles mangent toujours et beaucoup; si bien qu'en quatre ou cinq jours elles arrivent à leur dernière période d'accroissement. Alors elles ne prennent plus de nourriture jusqu'à ce qu'elles se soient transformées en mouches.

Pour le moment, elles ne sont encore qu'à l'état de nymphe. En cet état, elles n'ont plus besoin de rester sur la chair corrompue qui fut leur berceau en même temps que leur garde-manger, et où jusque-là elles s'étaient si bien trouvées. Elles la quittent donc, et vont chercher leur retraite sous terre.

Ce ver qui était blanc, transparent, charnu, et dont la chair paraissait tendre et molle, prend alors la figure d'un globe de couleur rougeâtre. Il a perdu tout mouvement, il ne peut plus ni s'allonger, ni s'accourcir, ni se gonfler, ni se contracter. La vie semble l'avoir abandonné.

« On nous raconterait un prodige, dit Réaumur, si on nous apprenait qu'il y a un quadrupède de quelque espèce de la grandeur d'un ours ou même de celle d'un bœuf qui, dans un certain temps de l'année, à l'approche de l'hiver par exemple, se détache entièrement de sa peau pour s'en faire une espèce de boîte, de la figure d'une boule allongée; qu'il se renferme dans cette boîte, que non-seulement il sait la rendre close de toutes parts, qu'il sait de plus lui donner une solidité qui le met à l'abri des injures de l'air et des insultes des autres animaux. Ce prodige, nous l'avons en petit dans la métamorphose de notre ver. Il se défait de sa peau pour s'en faire un logement solide et bien clos. »

Si l'on ouvre ces coques vingt-quatre heures seulement après la métamorphose des vers, on n'y trouve encore aucun vestige des parties propres aux nymphes. Mais quatre ou cinq jours après, la coque est occupée par une nymphe blanche, pourvue de toutes les parties d'une mouche. Les jambes et les ailes, quoique contenues dans des fourreaux, sont très-distinctes. Ces fourreaux sont si minces qu'ils ne les cachent pas. La trompe de la Mouche est couchée sur le corselet ; on distingue ses lèvres et l'étui de l'aiguillon. La tête est grosse et bien façonnée ; ses gros yeux, à facettes, sont très-reconnaissables. Les ailes semblent encore informes, parce qu'elles sont plissées et comme empaquetées. C'est la Mouche, mais la mouche immobile et inanimée ; c'est comme une momie enveloppée dans ses langes.

Pourtant cette momie doit se réveiller, et lorsque vient le moment de ce réveil, elle est devenue forte et vigoureuse. C'est qu'en effet elle a besoin de force et de vigueur pour accomplir cet acte important de sa vie. Bien que ses langes soient minces, c'est pour la nymphe un grand ouvrage que de s'en débarrasser, car chacune de ses parties extérieures en est enveloppée comme d'un étui, à peu près comme un gant s'ajuste exactement à tous les doigts de la main. Mais ce qui doit exiger le plus de force, c'est l'opération consistant à pratiquer l'ouverture de cette coque, de ce cercueil, dans lequel notre momie est étroitement enfermée.

C'est toujours par le même bout que chaque Mouche sort de sa coque, par celui où est placée sa tête, et où se trouvait auparavant celle du ver. Ce bout est composé de deux pièces, de deux demi-calottes appliquées l'une contre l'autre. Ces deux demi-calottes peuvent se détacher l'une de l'autre et du reste de la coque. Il suffit à la Mouche qu'une des deux soit détachée ; et pour arriver à ce résultat, elle emploie un moyen bien surprenant. Elle gonfle et elle contracte alternativement sa tête, comme par un mouvement de diastole ; et la tête, en se gonflant, pousse les deux demi-calottes du bout de la coque. Celle-ci ne résiste pas longtemps contre les coups de bélier que la Mouche produit avec sa tête, et l'insecte sort enfin triomphant.

Cependant notre nouveau-né est encore assez différent de ce qu'il sera bientôt. Cette Mouche, qui doit être bleue, est alors grisâtre. Mais elle avance vite en perfection. Au bout de trois heures seulement, elle a atteint sa couleur définitive, et dans un temps fort court toutes les parties de l'animal prennent la consistance et la fermeté qui les caractérisent. En même temps les ailes qui, au moment de son entrée dans le monde, étaient de vrais moignons, s'étendent peu à peu et déplient tous leurs zigzags. On voit alors la *Mouche à viande* telle que nous la connaissons (fig. 64).

Un des points de la structure de cette Mouche qui a le plus attiré l'attention de Réaumur, et qui est bien digne d'exciter la curiosité de tous ceux qui s'intéressent à tout ce petit monde ailé, c'est la composition de sa trompe. Avec l'illustre observateur de l'œuvre de Dieu chez les Insectes, nous jetterons donc un regard sur l'appareil, compliqué et remarquable, à l'aide duquel la Mouche, ce parasite, cet affamé, ce gourmand de nos repas, peut sucer les liquides, et même goûter à des substances solides et cristallines, comme un morceau de sucre.

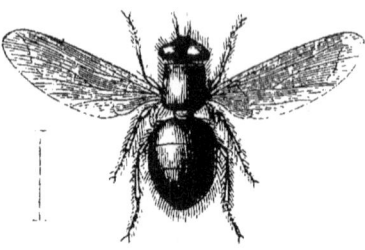

Fig. 64. Mouche de la viande.

Il n'est pas difficile d'obliger une Mouche à montrer sa trompe tout entière, bien étendue et bien gonflée. On n'a qu'à presser

Fig. 65. Trompe de la Mouche de la viande.

Fig. 66. Partie conique de la trompe de la Mouche de la viande.

entre deux doigts, soit les deux côtés, soit le dessus et le dessous du corselet. On la force ainsi, et sur-le-champ, à tirer la langue, pour ainsi dire.

Cette trompe paraît composée de deux parties articulées ensemble, et qui forment un angle plus ou moins ouvert (fig. 65). La première portion de la trompe, celle qui part de la tête, est entièrement membraneuse et a la forme d'un entonnoir. Nous la nommerons la *partie conique* et la représenterons à part (fig. 66). La seconde portion se termine par un empatement, en partie cartilagineux ou écailleux et d'un brun luisant. En dessus de la portion conique s'élèvent deux espèces d'antennes oblongues, sans articulations, de couleur marron et garnies de poils.

Si l'on cesse de presser le corselet, on voit la partie conique membraneuse et musculeuse se retirer dans son espèce de boîte (fig. 67). Sa base est fixe et le reste se raccourcit en se plissant et entraînant les deux antennes. La seconde portion est en même temps tirée dans la cavité, mais elle se redresse en faisant des angles de plus en plus aigus, de façon que quand elle arrive à l'ouverture de la cellule, sa longueur est parallèle à celle de cette cellule qui a toute la capacité nécessaire pour recevoir cette seconde partie. L'empatement s'allonge et s'aplatit un peu, et il recouvre la trompe.

Obligeons une seconde fois la trompe à s'étendre, pour bien voir son bout. C'est là que se trouve l'ouverture qui peut être regardée comme la bouche de l'insecte, et comme une bouche munie de deux grandes et épaisses lèvres (fig. 68).

Ces lèvres forment un disque perpendiculaire à l'axe de la trompe, ovale, et divisé par une fente en deux parties égales et semblables. Les lèvres ont chacune un grand nombre de cannelures parallèles et perpendiculaires à la fente. Ces cannelures

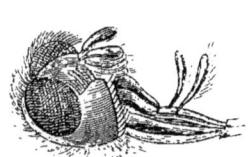
Fig. 67. Trompe rétractée de la Mouche de la viande.

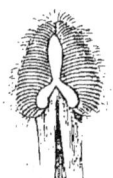
Fig. 68. Extrémité de la trompe de la Mouche de la viande.

sont formées par une suite de vaisseaux posés les uns auprès des autres. Il suffit de presser la trompe pour voir les vaisseaux distendus par un liquide.

Réaumur, auquel nous empruntons ces détails, a découvert quelques-uns des usages de cette trompe. Sur les parois intérieures d'un vase de terre bien transparent, il étendit de légères couches d'un sirop épais. Puis il y renferma des Mouches. Il lui fut dès lors aisé d'en voir quelques-unes qui allaient se fixer sur les parois, pour se régaler de la liqueur sucrée dont elles sont très-friandes. Il les observa avec soin, et, dans son admirable livre, il invite les curieux à se donner ce spectacle, dont ils seront assurément satisfaits, comme il le fut lui-même.

Pendant que le corps de la trompe est fixe, son bout est dans une grande agitation. On y voit des mouvements de plusieurs espèces, et tous d'une vitesse surprenante. Ce sont les lèvres qui agissent de cent façons différentes, et toujours avec rapidité. Alternativement le petit diamètre du disque qu'elles forment s'allonge et se raccourcit; l'angle des deux lèvres varie à chaque instant; elles deviennent successivement plates et convexes, soit tout entières, soit par portion. Tous ces mouvements, remarque Réaumur, donnent une grande idée de l'organisation de la partie qui les exécute.

Le but de tous ces mouvements, c'est de faire entrer le sirop dans l'intérieur de la trompe. Si l'on considère avec attention ces lèvres (fig. 69), on remarquera aisément qu'elles se touchent vers le centre du disque et laissent entre elles deux ouvertures, l'une en avant, l'autre en arrière. Celle qui est en avant est, pour ainsi dire, la bouche de la Mouche, car c'est à cette ouverture qu'est conduite la liqueur qui doit être et qui est bientôt introduite dans la trompe. Sans nous préoccuper, pour le moment, du conduit par lequel elle monte, nous pouvons demander d'avance, quel que soit ce canal, quelle est la force qui contraint la liqueur à s'y élever.

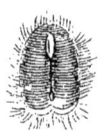

Fig. 69.
Lèvre de la trompe de la Mouche de la viande.

Il est presque certain que la succion est la principale cause qui fait monter la liqueur dans cette trompe. Celle-ci serait dès lors une pompe aspirante, dans laquelle la liqueur est poussée par la pression de l'air extérieur. La Mouche vide d'air le canal de sa trompe, et la goutte liquide appliquée contre l'ouverture pénètre et monte dans ce canal, sous l'influence de la pression de l'air. Il faut ajouter à ce phénomène physique les mouvements nombreux et multiples qui se font dans la trompe, et qui doivent déterminer des pressions capables de faire avancer la liqueur introduite dans le canal.

Réaumur s'est demandé comment des sirops très-épais, et même du sucre solide, peuvent être aspirés par la trompe molle de la Mouche. Il a vu ici des merveilles. Il a vu que si une Mouche rencontre un sirop trop épais, elle sait le rendre suffisamment liquide; — que si elle rencontre du sucre trop dur, elle sait en fondre de petites portions. Il existe, en effet, dans son corps une provision de liqueur, dont elle fait sortir à volonté une goutte par le bout de sa trompe. Elle laisse tomber cette goutte de liquide sur le sucre qu'elle veut dissoudre, ou sur le sirop qu'elle veut étendre.

Une Mouche qu'on tient entre ses doigts laisse souvent apercevoir, au bout de sa trompe, une goutte de cette liqueur, très-fluide et très-transparente.

« L'eau versée pour ainsi dire sur le sirop, dit Réaumur, ne s'insinuerait pas toujours assez vite entre toutes ses parties, le mouvement des lèvres de la Mouche hâte l'opération ; les lèvres retournent, manient et pétrissent le sirop, afin que l'eau le pénètre promptement, comme on manie et pétrit avec les mains une pâte dure qu'on veut ramollir en y faisant entrer l'eau qui la couvre. C'est ainsi encore que la Mouche en use pour le sucre. Quand la trompe est obligée d'agir sur un grain d'une figure irrégulière et raboteuse sur lequel elle ne peut s'appliquer commodément, son bout se contourne pour le saisir, pour l'embrasser. Quelquefois il est très-plaisant de voir comment la Mouche retourne le grain en divers sens ; il semble qu'elle joue avec ce grain comme un singe joue avec une pomme. Ce n'est pourtant que pour parvenir à le bien tenir, à le mouiller avec plus de succès et à pomper ensuite l'eau qui l'a dissous en partie. »

Réaumur a remarqué souvent une goutte d'eau au bout de la trompe de Mouches qui étaient complétement rassasiées d'aliments. Il a vu cette goutte remonter dans la trompe, puis redescendre à son extrémité, et cela à plusieurs reprises. Il lui a semblé que ces Mouches, comme plusieurs espèces de nos quadrupèdes, avaient besoin de ruminer; que pour mieux digérer la liqueur qu'elles ont fait passer dans leur estomac, elles sont obligées de la faire revenir dans leur trompe, pour l'y faire rentrer ensuite mieux préparée.

Pour s'assurer directement de la réalité de sa supposition, Réaumur goûta l'eau qu'avait amenée au bout de sa trompe une Mouche qui, dit-il, « s'était soûlée de sucre, » et il trouva cette eau sucrée. De même, ayant offert de la gelée de groseille à une Mouche, il entrevit, après qu'elle s'en fut suffisamment gorgée, plusieurs gouttes d'une liqueur rouge dans la trompe, et, l'ayant goûtée, il trouva la saveur que sa vue seule faisait deviner d'avance.

L'illustre observateur qui avait déjà fait toutes ces jolies découvertes sur la structure et sur les fonctions de la trompe des Mouches, avait souvent réfléchi sur ce fait, que des liqueurs dont les Mouches sont friandes, sont renfermées sous la peau de certains fruits, comme les poires, les prunes, les raisins, etc., ou même sous la peau de certains animaux dont elles aiment à sucer le sang. Pour que la trompe d'une Mouche puisse agir dans de telles circonstances, il faut donc qu'elle ait piqué et ouvert la peau. S'il en est ainsi, pensait Réaumur, les Mouches doivent avoir un aiguillon. Il chercha longtemps cet aiguillon et finit par le trouver.

Cet aiguillon existe sur le dessus de la partie de la trompe qui est terminée par les lèvres. Il est placé dans une coulisse charnue et enveloppé dans un *étui*. C'est une pointe très-fine à l'extrémité et de couleur blonde (fig. 70). Le bout de cet aiguillon se trouve dans l'ouverture qu'on observe entre les lèvres de la trompe, vers son bord antérieur, où se rendent des ruisseaux de la liqueur sur laquelle les lèvres agissent. C'est là l'unique ouverture des lèvres, et le suçoir qui s'empare de la liqueur est la même partie que nous appelions tout à l'heure l'étui de l'aiguillon.

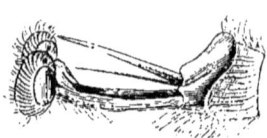

Fig. 70. Aiguillon de la trompe de la Mouche de la viande.

Quand on est avec Réaumur, on ne s'en séparerait jamais. Cependant nous arrêterons ces détails, pour continuer notre revue des principaux genres des Diptères.

Le genre *Musca* (mouche), dans lequel Linné comprenait l'immense série des Diptères, à l'exception des Tipulaires, des Tabaniens, des Asiles, des Bombyles et des Empides, est maintenant réduit à la *Mouche domestique* et à quelques espèces voisines.

Les habitudes de ces compagnes de nos logis se rapportent aux deux grands mobiles de la vie animale : manger et assurer la perpétuité de l'espèce.

Les Mouches se nourrissent principalement des fluides qui transsudent du corps des animaux, c'est-à-dire de la sueur, de la salive, de la sanie des plaies et autres excrétions. Elles recherchent aussi les sucs végétaux; car on les voit dans nos habitations s'acharner sur les fruits et les substances sucrées.

Les Mouches ordinaires déposent leurs œufs sur les végétaux et particulièrement sur les champignons en décomposition, sur les fumiers, les bouses de vache, etc.

Les Mouches sont essentiellement parasites. Elles se jettent sur les hommes et les bestiaux, pour humer les substances fluides répandues à la surface de leur corps. Dans nos habitations, elles butinent sur tout ce qui peut les nourrir. Leurs générations se succèdent avec une grande rapidité.

La Mouche domestique (*Musca domestica*) est longue d'environ trois lignes, d'une couleur cendrée avec la face noire, les côtés jaunâtres et le front jaune à bandes noires (fig. 71). Les antennes

DIPTÈRES.

sont noires; le thorax présente des lignes noires; l'abdomen est pâle en dessous et ses côtés sont d'un jaune transparent chez les mâles. Il est marqueté de noir. Les pieds sont noirs; les ailes sont assez claires, à base jaunâtre. Cette espèce est extrêmement répandue dans toute l'Europe. Tout le monde sait combien elle est incommode aux environs de Paris, vers la fin de l'été, et surtout dans le midi de la France, pendant la saison chaude.

Fig. 71.
Mouche domestique.

La *Mouche des bœufs* (*Musca bovina*), très-voisine de la *Mouche domestique*, est également très-commune en France. Elle se jette sur les narines, les yeux, ou les plaies des bestiaux.

La *Mouche bourreau* (*Musca carnifex*), qui n'est pas rare en France, attaque aussi les bœufs. Elle est d'un vert métallique obscur, à léger duvet cendré. Son front est argenté sur la face et sur les côtés. Son abdomen est bordé de noir, ses ailes hyalines à base jaunâtre.

Section des Anthomyzides. — La section des *Anthomyzides* renferme des insectes qui semblent être des *Créophiles* dont l'organisation s'affaiblit par une gradation presque insensible. Leurs couleurs sont très-diverses. Le noir, le gris, le ferrugineux se nuancent et se combinent à l'infini. Ajoutez à cela des reflets qui recouvrent le fond et changent la livrée du petit animal suivant l'incidence des rayons lumineux.

Les mœurs des Anthomyzides offrent, comme leur organisation, de grands rapports avec celles des Muscides.

Dans ce groupe de Diptères, nous dirons d'abord quelques mots des *Anthomyies*.

Ces mouches sont répandues dans tous les lieux, sur toutes les fleurs, et particulièrement sur les capitules des Composées et les ombelles des Ombellifères. Elles se réunissent souvent en troupes nombreuses, dans les airs, et s'y livrent, comme les *Tipules*, aux danses joyeuses auxquelles l'amour les convie.

Les femelles déposent leurs œufs dans la terre, et leurs larves s'y développent rapidement. Celles-ci se suspendent à quelque corps, comme font les Chrysalides, pour s'y transformer en nymphes.

L'*Anthomyie pluviale* (fig. 72) est longue de deux à quatre lignes, d'un cendré blanchâtre. Ses ailes sont hyalines. Son thorax présente cinq taches noires, et son abdomen trois rangs de ces mêmes taches.

LES INSECTES.

Nous nous arrêterons un moment sur les *Pégomyies*, qui sont très-intéressantes à l'état de larve, et qui ont excité l'intérêt et la sagacité de Réaumur.

Le berceau de ces Diptères, c'est l'intérieur des feuilles. Ils travaillent comme des mineurs du monde végétal, dans le parenchyme des feuilles, entre les deux membranes épidermiques.

La jusquiame, l'oseille, le chardon nourrissent surtout leurs larves. Si l'on tient et que l'on considère en face du jour une feuille dans laquelle un de ces mineurs s'est établi, on voit l'ouvrier forer continuellement la membrane végétale. Sa tête est armée d'un crochet, formé de deux pièces cornées, et il pioche, avec ce crochet, dans le parenchyme de la feuille. L'effet des coups de pioche est visible, car les endroits sur lesquels ils tombent prennent peu à peu de la transparence. Chaque coup détache une petite portion de la substance de la feuille. C'est de cette façon que nos mineurs se creusent des galeries dans lesquelles ils trouvent le couvert, le vivre et la sécurité.

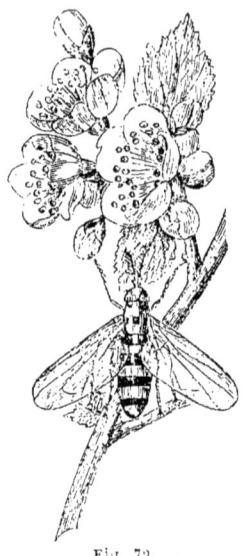

Fig. 72.
Anthomyie pluviale.

Les uns se changent en nymphes dans la galerie même qu'ils ont creusée, les autres sortent des feuilles lorsqu'ils sont près de leur première transformation.

Section des Acalyptères. — Les *Acalyptères*, qui terminent l'immense tribu des Muscides, comprennent le plus grand nombre de ces insectes. Leur organisation est amoindrie et leur complexion délicate. Ils vivent le plus souvent dans l'épaisseur des bois, sur le gazon et les plantes aquatiques. Redoutant l'éclat et la chaleur du soleil, ils ne vont jamais puiser le nectar des fleurs. Leur vol est faible. Ils ne se livrent pas à ces joyeuses danses aériennes que nous avons signalées dans les groupes précédents. Leur vie est généralement triste, obscure et cachée. Les uns recherchent les substances animales et végétales décomposées, les autres les matières végétales vivantes.

Nous ne pourrons signaler dans cet immense groupe de Muscides que quelques types, intéressants à divers égards, tels que les *Hélomyzes*, les *Scatophages*, les *Ortalides*, les *Dacus*, les *Thyréophores*.

Les *Hélomyzes* (fig. 73) vivent dans les bois. Leurs larves se développent au sein des champignons. Réaumur a étudié la larve de l'*Hélomyze de la truffe*. Cette mouche a la tête de couleur ferrugineuse, le thorax d'un gris brun, les épaules d'un jaune brunâtre, les ailes brunâtres, l'abdomen jaune et brun, les pieds roux.

Les larves de ces insectes exercent une déprédation que les gourmets ne lui pardonneront pas : elles gâtent les truffes. Lorsqu'on presse entre les doigts une truffe trop avancée, on y sent des parties ramollies qui cèdent sous cette pression. Si l'on ouvre la truffe, on trouve en ces points des larves de l'insecte qui nous occupe.

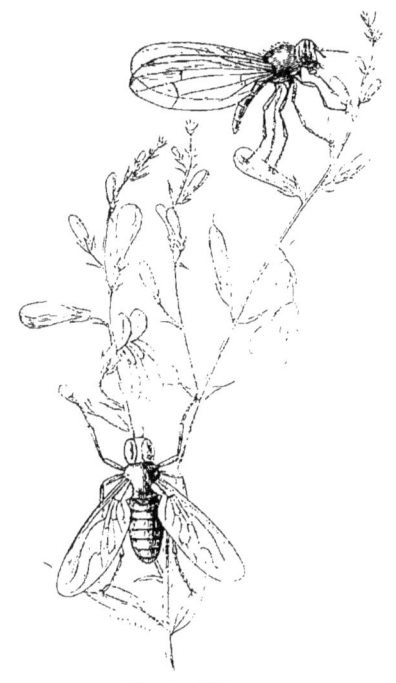

Fig. 73. Hélomyse.

Ces larves sont blanches et très-transparentes, elles ont une bouche armée de deux crochets noirs. C'est avec ces crochets qu'elles piochent la truffe, comme d'autres larves piochent la viande. Les excrétions que rendent ces petits parasites provoquent la décomposition, la pourriture de la truffe.

Au bout de quelques jours, les larves ont pris tout leur accroissement. Elles quittent alors la truffe, et vont se loger dans la terre, pour s'y changer en nymphes.

Les *Ortalides* constituent une tribu qui se fait remarquer par le port relevé des ailes, ordinairement bariolées, le mouvement de vibration de ces organes, et surtout le berceau que ces Muscides choisissent pour leur progéniture dans les fruits et les graines. La nature paraît avoir assigné à chaque espèce un végétal particulier.

Nous ne signalerons ici que l'*Ortalide du cerisier*, dont la larve vit de la pulpe des cerises. La mouche est longue d'une ligne et demie. Elle est d'un noir un peu métallique, sa tête est fauve, le bord des yeux blanc, les tarses roux. Les ailes sont rayées de quatre larges bandes noires.

Le *Dacus des olives* (fig. 74) est une petite mouche moitié moins grosse que notre Mouche commune, d'un gris cendré sur le dos, avec la tête d'un jaune orangé, les yeux verts et le front jaune, marqué de deux gros points noirs. Son corselet est orné de quatre taches d'un jaune pâle, et sa partie postérieure est de cette même couleur, ainsi que les antennes et les pattes. Les ailes sont transparentes, à reflets verts, dorés, roses et bleus, suivant l'inci-

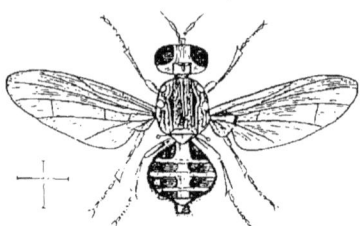

Fig. 74. Dacus des olives.

Fig. 75. Olives attaquées par le Dacus, pour y faire sa ponte.

dence des rayons lumineux, et caractérisées par une petite tache noire à leur extrémité. Le ventre est d'un jaune fauve ou orangé, taché de noir de chaque côté. Cette mouche a des mouvements brusques et saccadés; elle porte ses ailes étendues, elle sautille plutôt qu'elle ne vole. C'est un insecte désastreux, un véritable fléau qui fait perdre à l'agriculture française cinq ou six millions tous les deux ou trois ans.

M. Guérin-Méneville a fait sur le *Dacus des olives* de précieuses observations, et indiqué, sur l'invitation de la Société d'Agriculture de Paris, les moyens de préserver les olives de cette larve ruineuse, qui fait ordinairement manquer deux récoltes sur trois. C'est à ce savant entomologiste que nous empruntons les détails qui vont suivre.

A l'époque où les olives sont formées, le *Dacus* vient placer un œuf sous l'épiderme de chacun de ces fruits. A l'aide d'un petit instrument corné dont la femelle est pourvue, elle perce la peau de l'olive d'un petit dard contenu dans cet instrument, agite ses ailes et pond. Elle se nettoie, elle se délasse ensuite, en passant ses pattes sur sa tête, sur ses ailes et sur toutes les autres parties de son corps. Puis elle s'envole, et va chercher une autre olive, pour y déposer un autre œuf; elle répète cette manœuvre jusqu'à ce qu'elle ait placé ainsi sur autant de fruits les trois ou quatre cents œufs qu'elle porte.

La figure 75 montre, d'après le mémoire publié par M. Guérin-Méneville dans la *Revue nouvelle* du 15 juillet 1847, le *Dacus* faisant sa ponte sur une olive, et les larves déjà nées à l'intérieur d'un autre de ces fruits.

Les larves qui succèdent à ces œufs sont blanchâtres, molles,

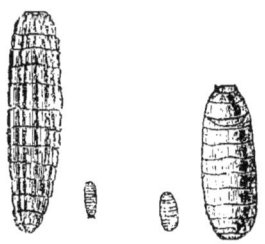

Fig. 76. Larves
et
nymphe du Dacus.

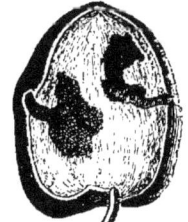

Fig. 77. Galerie creusée
dans une olive
par la larve du Dacus.

sans pattes (fig. 76). Elles passent quinze à seize jours dans la pulpe de l'olive, en s'y creusant une galerie, d'abord verticale, qui va aboutir au noyau, puis détournée, et longeant ce noyau. Quand ces larves sont arrivées au terme de leur développement, elles se rapprochent de la surface, élargissent le premier canal, et ne laissent entre ce canal et l'air extérieur qu'une mince pellicule, au milieu de laquelle on aperçoit la petite ouverture primitive par laquelle la mère avait d'abord introduit son œuf.

La figure 77, exécutée d'après le dessin qui accompagne le mémoire de M. Guérin-Méneville, montre la galerie creusée autour de l'olive par la chenille du Dacus. Cette larve prépare ainsi une issue facile à l'insecte parfait. Alors sa peau se contracte, son corps diminue de longueur et se transforme en une coque ovalaire, qui ne tarde pas à brunir : c'est la chrysalide de l'insecte. Elle présente du côté de la tête une ligne arquée, une fine suture qui masque une sorte de calotte, ou de porte, que la mouche fera sauter aisément avec sa tête lors de son éclosion. Douze jours après la métamorphose de la larve en nymphe, la mouche éclôt.

Il a donc fallu au Dacus vingt-sept à vingt-huit jours pour parvenir à cet état, depuis le moment où l'œuf a été pondu. Aussi cette espèce, sous le chaud climat de la Provence et de l'Italie, peut-elle se reproduire plusieurs fois depuis le commencement de juillet, époque où les premières mouches commencent à pondre, jusqu'à la fin de l'automne.

Pour sauver en ces pays une notable partie de la récolte des olives, M. Guérin-Méneville a conseillé d'avancer suffisamment la récolte, pour que toutes les olives soient broyées à une époque où les larves de la dernière génération qui doivent se conserver dans les olives abandonnées ou dans la terre, selon les climats, soient encore dans ces fruits. Si une première opération ne suffisait pas pour tout détruire, on la répéterait l'année suivante. On serait bien dédommagé du sacrifice qu'entraînerait cette pratique, par une succession de bonnes récoltes, et par la certitude d'un bénéfice assuré et permanent. En effet, par une récolte hâtive, on obtient encore au moins une demi-récolte d'huile, tandis qu'en attendant l'époque ordinaire de la cueillette des olives, on laisse aux larves du Dacus le temps de ronger tout leur parenchyme, ce qui leur enlève le peu d'huile qu'elles auraient pu donner si l'on avait moins attendu pour les détruire. Cette cueillette hâtive offre encore l'avantage de détruire un grand nombre de larves, ce qui diminuera d'autant les moyens de reproduction de la mouche

III

ORDRE DES HÉMIPTÈRES.

Les Pentatomes. — Les diverses espèces de Punaises.— Le Réduve masqué. — L'Hydromètre. — La Nèpe cendrée. — La Ranâtre. — La Corise. — Récolte du *Hautle* dans les lacs du Mexique.— Le Notonecte.— La Cigale. — La Cigale dans l'antiquité. — Le bon la Fontaine mauvais naturaliste. — Le *Fulgore porte-lanterne.* — Mlle Sybille de Mérian à la Guyane. — L'Aphrophore. — Les Membraces. — Les Pucerons. — Observations de Ch. Bonnet sur la reproduction des Pucerons. — Amitié singulière des Pucerons et des Fourmis. — La Cochenille; sa culture et sa récolte en Algérie. — Le *Phylloxera vastatrix;* ses effets désastreux sur les vignes.

Ce qui distingue particulièrement les Hémiptères des autres ordres d'insectes, c'est la forme de leur bouche, qui consiste en un bec, plus ou moins long, composé de six parties, savoir : la lèvre inférieure ou gaîne, quatre soies internes, représentant les mandibules et les mâchoires des insectes broyeurs, et qui sont les parties perforantes du bec; enfin la lèvre supérieure, ou *labre*. Grâce à cet appareil, ces insectes sont essentiellement suceurs, et se nourrissent, pour la plupart, du suc des végétaux, qu'ils aspirent avec leur bec.

Les ailes des Hémiptères sont ordinairement au nombre de quatre; tantôt toutes membraneuses et semblables entre elles, d'autres fois les supérieures étant seulement un peu plus consistantes que les inférieures. En général, les premières diffèrent tout à fait des ailes inférieures et ne sont membraneuses que vers le bout, tandis que pour le reste elles sont épaisses, coriaces ou crustacées.

Les Hémiptères se divisent en deux sections très-distinctes : l'une comprend les insectes dont le bec naît du front ou partie upérieure de la tête, et dont les élytres sont demi-coriaces et demi-membraneux, d'un tissu différent à leur base de celui de leur extrémité : ce sont les *Hétéroptères* (ἕτερος, différent, πτερόν, aile). L'autre section comprend ceux dont le bec naît de la partie inférieure de la tête, et dont les élytres ont partout la même consistance : ce sont les *Homoptères*. Nous allons faire l'histoire de ces deux sous-ordres.

HÉTÉROPTÈRES.

Ces insectes, autrefois désignés sous le nom commun de *Punaises*, ont été divisés par Latreille en deux grandes familles, contenant : l'une les *Géocorises*, ou *Punaises terrestres*, l'autre les *Hydrocorises*, ou *Punaises d'eau*.

Les *Punaises terrestres* comprennent un grand nombre de genres, qui, pour la plupart, n'offrent que peu d'intérêt. Nous nous bornerons à citer les *Pentatomes*, désignées sous le nom vulgaire de *Punaises des bois*, les *Lygées*, les *Punaises* proprement dites, les *Réduves* et les *Hydromètres*.

Les *Pentatomes*, qui se composent aujourd'hui de plusieurs genres, comprennent les *Punaises des bois* de la plupart des auteurs. On les trouve sur les plantes et sur les arbres. Leur vol est prompt, mais de courte durée.

La *Pentatome ornée*, connue sous le nom de *Punaise rouge du chou*, ou *Punaise mignonne du chou*, se trouve très-communément sur le chou et la plupart des plantes crucifères. Elle est panachée de rouge et de noir, et ses couleurs sont sujettes à de nombreuses variations.

La *Pentatome grise* (fig. 78) est commune dans toute l'Europe. On rencontre fréquemment ces punaises en automne, sur les framboises, auxquelles elles communiquent leur mauvaise odeur. On les trouve encore en quantité sur le Bouillon-blanc, lorsque cette plante est en fleur.

La tête et le corselet sont, en dessus, d'un brun grisâtre, quelquefois légèrement pourpré. La partie écailleuse des étuis a une teinte de pourpre, mais leur partie membraneuse est brune.

Toutes ces parties sont couvertes de points noirs, qu'on ne peut voir qu'à la loupe. Les ailes sont noirâtres. Le dessous de tout le corps et les pattes sont d'un gris clair un peu jaunâtre, avec un grand nombre de petits points noirs. Le ventre est tout noir en dessus; mais il est bordé de taches noires et de taches blanches alternatives.

Nous avons reproduit ici la description que donne de cette punaise l'illustre naturaliste suédois de Geer, parce que nos jeunes lecteurs auront certainement rencontré cet insecte ou le rencontreront un jour, en cueillant des framboises.

La *Pentatome grise*, marquée de noir, de jaune et de rouge, se trouve dans toute l'Europe, dans les champs cultivés, les jardins, quelquefois aussi sur le tronc des gros arbres, particulièrement des Ormes. Cette espèce, ainsi que la plupart de celles qui entrent dans le groupe que nous signalons, est pourvue d'un organe odorifique dont on ne ressent les effets que si l'insecte est irrité ou menacé de quelque danger. Si on la

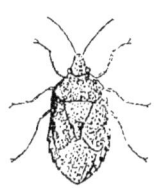

Fig. 78.
Pentatome grise.

flaire sans en être aperçu, on ne sent aucune mauvaise odeur. Écoutons à ce sujet M. Léon Dufour :

« Saisissez avec une pince la Pentatome, et plongez-la dans un verre rempli d'eau claire; armez votre œil de la loupe et vous verrez s'élever de son corps d'innombrables petites bulles, qui en venant crever à la surface exhalent à l'instant cette effluve qui affecte si désagréablement l'odorat. Cette vapeur essentiellement âcre exerce sur les yeux, quand elle les atteint, une action irritante très-prononcée. Lorsqu'on tient entre les doigts un de ces insectes vivants de manière à ne point boucher les orifices odorifères et à diriger vers un point déterminé de la peau les fusées de cette vapeur, on voit qu'il en résulte une tache ou brunâtre ou rutilante que les lotions répétées n'enlèvent pas d'abord, et qui produit dans le tissu cutané une altération analogue à celle qui succède à l'application d'un acide minéral. »

L'odeur repoussante exhalée par diverses espèces du groupe des Pentatomes est due à un fluide, sécrété par une glande unique, pyriforme, jaune ou rouge, qui occupe le centre du corselet, et aboutit entre les pattes postérieures.

Chez les *Syromastes*, qui sont des punaises de ce même groupe, la sécrétion a, au contraire, une odeur agréable qui rappelle celle des pommes de reinette.

Plusieurs espèces de Pentatomes sont nuisibles aux agriculteurs. Mais d'autres attaquent les insectes destructeurs, et doivent être épargnées avec soin. Nous citerons, sous ce rapport, la *Pentatome bleue*, qui tue les *Altises* de la vigne.

Tout le monde a vu au pied et sur la partie inférieure du tronc des arbres, ou bien au bas des murs exposés au midi, des groupes de cinquante à soixante petits insectes, serrés les uns contre les autres, et souvent les uns sur les autres, la tête dirigée vers un point central. Ils portent une livrée rouge tachetée de noir. Aux environs de Paris, les enfants les connaissent sous le nom de *Suisses*, probablement à cause du rouge qui domine sur leur corps, couleur de l'uniforme que portaient les troupes suisses autrefois au service de la France. En Bourgogne, les enfants les appellent *Petits cochons rouges*. On les trouve décrits dans l'*Histoire des Insectes* de Geoffroy, sous le nom de *Punaise rouge des jardins*. Ils constituent aujourd'hui le genre *Lygée*. Quand arrive la mauvaise saison, ces petits *Suisses* se réfugient sous les pierres et sous les écorces, pour y passer l'hiver. Pendant toute cette saison, ils demeurent comme engourdis. Mais dès les premiers jours du printemps ils se raniment, et reprennent leurs habitudes ordinaires. Ils sucent la séve des végétaux, piquent les capsules de diverses espèces de mauves, et se tiennent toujours du côté du soleil.

La *Punaise proprement dite*, la *Punaise des lits* (*Acanthia lectularia* (fig. 79), cet insecte si désagréable, si puant, abonde dans les habitations malpropres, principalement dans les villes et surtout dans celles du Midi. Elle se tient dans les lits, les boiseries, les papiers de tenture. Il n'est pas de fissure si étroite où elle ne se puisse glisser. Elle est nocturne et fuit la lumière. *Nocturnum fœtidum animal*, dit Linné. Son corps est ovale, long

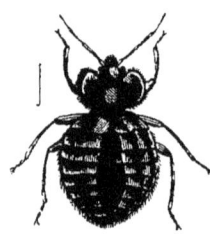

Fig. 79.
Punaise des lits (grossie).

d'environ cinq millimètres, déprimé, mou et brun, couvert de petits poils. Sa tête, munie de deux antennes velues, de deux yeux arrondis et noirs, porte un bec court, courbé directement sous la poitrine, et appliqué dans un léger sillon, lorsque l'animal est en repos. Ce bec, composé de trois articles, renferme quatre soies grêles, droites et acérées. Le corselet est comme aliforme sur les côtés. L'abdomen est très-développé, orbiculaire, à huit segments, très-déprimé, et s'écrase aisément sous les doigts. Les élytres sont rudimentaires. Il n'y a point d'ailes membraneuses. Les pattes ont des tarses à trois articles, dont le dernier est muni de deux forts crochets.

L'odeur de l'homme attire les punaises, et le lecteur sait peut-être, malheureusement pour lui, que quand on a le triste sort de coucher dans une chambre qui en est infestée, ces petits tyrans sanguinaires arrivent de toutes parts, dès que la lumière est éteinte. Ils grimpent le long des murs, quelquefois se laissent tomber perpendiculairement du plafond, en un mot, arrivent en foule vers le lit, où ils s'acharnent sur leur malheureuse victime.

« Ces animaux, dit Moquin-Tandon dans sa *Zoologie médicale*, n'attirent pas le fluide sanguin par une aspiration proprement dite, comme le font les sangsues. L'organisation de leur appareil buccal ne permet pas ce genre de fonction. Les soies du bec appliquées les unes contre les autres exercent une sorte de mouvement de va-et-vient qui fait monter le sang dans l'œsophage à peu près comme l'eau dans une pompe à chaîne. Cette ascension est favorisée par la nature visqueuse du fluide et surtout par ses globules. »

La partie de la peau que la Punaise a piquée, en produisant une sensation assez douloureuse, se reconnaît à une petite tache rougeâtre, offrant un point foncé en son milieu. Le plus souvent, une petite ampoule s'élève au point piqué, et parfois, si les piqûres sont nombreuses, ces ampoules deviennent confluentes et simulent une sorte d'éruption.

Fig. 80.
Œuf de la Punaise.

Ces vilaines bêtes pondent, vers le mois de mai, des œufs oblongs et blanchâtres (fig. 80), offrant un petit opercule, pour la sortie de la larve. Celle-ci diffère de l'insecte à l'état parfait, par une couleur pâle et jaunâtre et par l'absence des élytres.

Les Punaises existent dans presque toute l'Europe, bien qu'elles soient rares ou presque inconnues dans ses parties septentrionales. Les villes du centre de l'Europe sont le séjour préféré de ce parasite, mais les villes du nord ne sont pas complétement affranchies de sa présence. Le marquis de Custine assure qu'à Saint-Pétersbourg il s'est trouvé plusieurs fois aux prises avec cet ennemi de l'espèce humaine.

L'Écosse même a été envahie par la Punaise.

Elle est fort rare dans le midi de l'Europe; on la voit fort peu en Italie, où elle est, il est vrai, remplacée par d'autres insectes, plus dangereux ou plus incommodes.

On a prétendu que les Punaises ont été apportées d'Amérique en Europe. Mais on ignorait alors qu'Aristote, Pline et Dioscoride en avaient mentionné l'existence. Ce qui est certain, c'est qu'on ne connaissait pas ces détestables buveuses de sang en Angleterre avant le commencement du seizième siècle.

Un célèbre voyageur naturaliste espagnol, Azavra, a fait remarquer que la Punaise n'infeste pas les hommes à l'état sauvage, mais seulement lorsqu'ils sont réunis, en état de civilisation, dans les habitations à la manière européenne. Il tirait de là cette conclusion que les Punaises n'ont été créées que longtemps après l'homme, lorsque, après plusieurs siècles écoulés depuis leur apparition sur le globe, les hommes se constituèrent en sociétés, en républiques, ou petits États urbains. La paléontologie (science des êtres fossiles) n'a point confirmé cette opinion.

La Punaise n'est pas un insecte glouton, toujours avide de sang. Au contraire, sa sobriété est remarquable. Ce n'est qu'après un jeûne prolongé qu'elle pique les animaux. Audouin a constaté qu'elle peut vivre un an et même deux ans sans nourriture.

On a de tout temps employé une foule de moyens divers pour détruire ces insectes. Mais, en dépit de tout, rien n'est plus difficile que d'en débarrasser les boiseries et les tentures qui en sont infestées. En général, les odeurs fortes les font mourir. Aussi recommande-t-on, pour écarter ces hôtes désagréables, la fumée du tabac, l'essence de térébenthine, le soufre en combustion. L'onguent mercuriel et la pâte de sublimé corrosif sont aussi d'excellents moyens de destruction. On a enfin préconisé dans le même but une plante de la famille des Crucifères, le *Passerage* (*Lepidium ruderale*), et plus récemment la racine de *Pyrèthre* mise en poudre, et insufflée sur les meubles ou les boiseries. Cette poudre est connue et s'emploie à Paris sous le nom de *poudre insecticide*.

Il est encore deux autres espèces de Punaises (*Acanthia*) qui attaquent l'homme. L'une est l'*Acanthée ciliée* qu'on a observée dans les maisons de Kazan, et qui diffère de celle des lits, non-seulement par sa forme, mais aussi par ses habitudes. Elle ne vit pas en société, dans les étroits interstices des meubles, mais se promène isolée, à pas lents, paresseusement, sur les murs ou les couvertures des lits. Son bec est très-long; les piqûres qu'elle produit sont très-douloureuses, et déterminent la production d'enflures persistantes.

L'autre espèce est l'*Acanthée arrondie*, qui vit à l'île de la Réunion, et attaque l'homme, comme le fait celle d'Europe.

Deux espèces du même genre vivent en parasites sur les Hirondelles et les Pigeons domestiques. Une autre espèce est propre aux Chauves-Souris de nos climats.

Le *Réduve masqué* (*Reduvius personatus*), appelé aussi *Punaise-Mouche* par Geoffroy, le vieil historien des insectes des environs de Paris, est assez commun en France. Il se tient dans les maisons, surtout près des fours et des cheminées. C'est un animal de 15 à 20 millimètres, oblong, aplati en dessous, brunâtre, dont les élytres horizontaux se croisent l'un sur l'autre, et dont les ailes, très-développées, servent au vol. Sa tête, étroite, portée par un cou distinct, est munie de deux yeux composés et de deux petits yeux simples. Il a sans doute besoin de voir très-clair, car il vole le soir dans les maisons. Qu'on ne le saisisse qu'avec précaution, si l'on veut absolument le voir de près, lorsque, dans les jours les plus chauds de l'été, il vient voler la nuit autour des lumières; car il pique l'homme. Ses blessures sont très-douloureuses, plus douloureuses que celles que fait l'Abeille, et elles déterminent immédiatement une sorte d'engourdissement dans le membre blessé.

Comme le Réduve tue très-rapidement divers insectes, en les perçant de son long bec, il est probable qu'il sécrète quelque venin. Mais on n'a pas jusqu'ici trouvé l'organe producteur de ce poison. Quoi qu'il en soit, le bec du Réduve est arqué et long de 2 millimètres 1/2 environ. Sa surface est hérissée de quelques poils. Il se compose de quatre articles et renferme quatre soies raides, écailleuses, à l'extrémité lancéolée et très-pointue.

Cet insecte ailé et nocturne va souvent faire la chasse à d'autres petits insectes, dans les lieux où les araignées tendent leurs toiles. Lorsqu'il marche ou s'embarrasse sur ces toiles, les araignées n'ont garde de le saisir, car elles redoutent sa blessure. Elles le laissent prudemment s'agiter dans les fils de leurs rets, où il ne tarde pas à mourir de faim.

Le lecteur a souvent vu le Réduve prisonnier ou mort au sein d'une toile d'araignée, mais sans connaître sans doute ni son nom ni son histoire.

Pour l'apprendre, nous laisserons parler un célèbre naturaliste, Charles de Geer, le savant qui s'est acquis le plus de gloire après Réaumur, par ses études approfondies et persévérantes sur les mœurs et l'organisation des insectes. De Geer était Suédois et contemporain de Réaumur. Écoutons, à propos du *Réduve ailé*, le Réaumur de la Suède :

« Cette Punaise, dit Charles de Geer, a, sous la forme de nymphe et avant que les ailes soient développées, une figure tout à fait hideuse et révoltante. On la prendrait, au premier coup d'œil, pour une araignée des plus laides. Ce qui la rend surtout si désagréable à la vue, c'est qu'elle est entièrement couverte et comme enveloppée d'une matière grisâtre, qui n'est autre chose que la poussière qu'on voit dans les recoins des chambres mal balayées, et qui est ordinairement mêlée de sable et de parcelles de laine ou de soie ou autres matières semblables qui se détachent des meubles et des habits, qui rendent les pattes de cet insecte grosses et difformes et donnent à tout son corps un air fort singulier. »

Quels instincts! quelles habitudes! Sous ce costume d'emprunt, sous ce manteau étranger à lui-même, l'insecte comme masqué, comme travesti, est devenu deux fois plus gros qu'il n'est réellement. Où va ce masque et comment marche-t-il? A quoi lui sert ce sale et grotesque travestissement? Écoutons de Geer :

« Elle marche aussi vite, quand elle veut, que les autres Punaises; mais communément sa démarche est lente et, pour ainsi dire, à pas comptés : car, après avoir mis un pas en avant, elle s'arrête un peu, puis en avance un second, laissant, à chaque mouvement, la patte opposée en repos; elle continue ainsi successivement, ce qui la fait paraître marcher comme par secousses et en mesure. Elle fait à peu près un pareil mouvement avec ses antennes, qu'elle remue également par intervalles et comme en heurtant. Tous ces mouvements ont un air encore plus singulier qu'on ne saurait dire [1]. »

Grâce à son déguisement, elle peut approcher des petits animaux dont elle fait sa proie, tels que les mouches, les araignées, les punaises des lits.

Nous l'avons vue, à l'état parfait, lorsqu'elle a des ailes, rejeter son froc, ses ruses, gagner ouvertement sa vie.

Pour voir la singulière figure de ce Réduve, il faut lui enlever son costume d'emprunt. Alors on voit paraître un tout autre animal, et qui n'a plus rien de repoussant. Si on excepte les étuis et les ailes, qu'il n'a pas encore, toutes les parties ont la figure qu'elles auront plus tard, après que les ailes se seront développées.

La figure 82 représente, d'après le mémoire de Charles de Geer, la nymphe du Réduve couverte de poussière, et ressemblant à une araignée; la figure 83, le même insecte nettoyé, débarrassé du manteau de poussière qui lui sert à se déguiser.

Les *Hydromètres* (de ὕδωρ, eau, et μετρεῖν, mesurer) ont le corps

---

[1]. *Mémoires pour servir à l'histoire des Insectes*, Stockholm, in-4, 1773, t. III, p. 283.

linéaire, filiforme. La tête, qui forme presque le tiers de la longueur totale du corps, est munie de deux longues antennes, et armée d'un bec fin et capillaire. Les pattes sont longues et égales.

Le lecteur a souvent vu marcher à la surface de l'eau, et avec une certaine lenteur, l'*Hydromètre des étangs* (fig. 84) dont le corps et les pattes sont de couleur ferrugineuse, les élytres d'un

Fig. 81. Charles de Geer.

brun sombre et les ailes hyalines et légèrement enfumées. Geoffroy dit qu'elle ressemble à une longue aiguille, et la nomme *Punaise aiguille*.

La famille des *Hydrocorises*, ou *Punaises d'eau*, comprend des insectes dont les antennes, plus courtes que la tête, ou atteignant à peine sa longueur, sont insérées et cachées sous les yeux, qui sont, en général, d'une grosseur remarquable.

112 LES INSECTES.

Tous ces Hémiptères sont aquatiques et carnassiers. Nous citerons leurs deux principaux types, qui sont les *Nèpes* et les *Notonectes*.

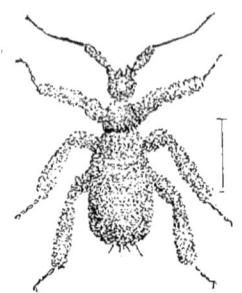

Fig. 82.
Réduve recouvert de son manteau de poussière (grossi).

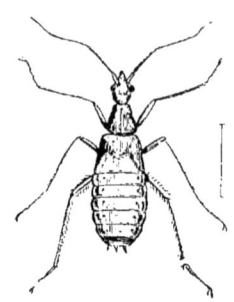

Fig. 83.
Réduve débarrassé de son manteau de poussière (grossi).

La *Nèpe cendrée* (fig. 85), que Geoffroy appelait le *Scorpion aquatique à corps ovale*, et qu'on désignait aussi sous le nom d'*Araignée d'eau*, est très-commune aux environs de Paris, dans les eaux stagnantes des mares et des fossés. Son corps ovale, très-déprimé, de couleur cendrée, rouge au-dessus

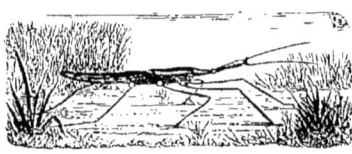

Fig. 84. Hydromètre des étangs.

de l'abdomen, est long de vingt millimètres. Ses élytres sont horizontaux, coriaces et d'un gris sale. Ses pattes antérieures, à hanches courtes et à cuisses très-larges, sont terminées par de fortes pinces, qui donnent à l'insecte une grande ressemblance avec les Scorpions. C'est en repliant la jambe et le tarse sous la cuisse que la bête retient sa proie et la suce avec son rostre.

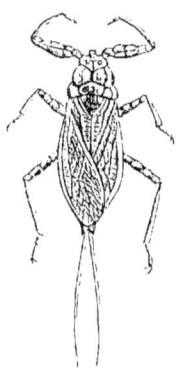

Fig. 85.
Nèpe cendrée.

Ce rostre, conique, pointu, et assez robuste, se compose de trois articles et renferme quatre soies grêles et pointues. Deux présentent d'un côté une sorte de lame étroite et tranchante, et offrent des dents vers leur base. Des deux autres, l'une est une fine aiguille lisse, l'autre est munie de cils dirigés d'arrière en avant.

C'est avec ce rostre, qui ressemble à une trousse de chirurgien, que la Nèpe pique et suce de petits insectes aquatiques, et

HÉMIPTÈRES.

n'épargne même pas sa propre espèce. Sa piqûre est douloureuse pour l'homme, mais sans le moindre danger.

A l'aide de ses quatre pattes postérieures, la Nèpe se met à la nage. Mais elle n'avance que lentement. Elle se traîne le plus souvent au fond de l'eau, sur la vase, et ne fuit pas la main qui veut la saisir. Son corps se termine par une queue, composée de deux filets creusés en gouttière, qui, appliqués l'un contre l'autre, forment un tuyau, que l'insecte peut mouvoir de côté et d'autre. C'est un canal par lequel il respire l'air extérieur; il en fait sortir le bout hors de l'eau et l'air y entre par l'inspiration. De très-petits poils, qui règnent au côté inférieur des deux gouttières, s'engrènent les uns dans les autres, et empêchent l'eau de pénétrer dans le canal. Il est probable que ce même canal sert aussi à la ponte des œufs.

Les œufs ressemblent à de petites graines, couronnées de plusieurs pointes. La Nèpe les enfonce dans les tiges des plantes aquatiques.

A côté des Nèpes, on place les *Ranâtres*, au corps cylindrique, allongé, linéaire, aux pattes postérieures très-longues et très-grêles, et dont une espèce, que Geoffroy appelle le *Scorpion aquatique au corps allongé*, est commune partout, dans nos eaux stagnantes, au printemps. Elle est brunâtre, carnassière et très-vorace.

Nous devons signaler enfin le genre *Corise*, dont une espèce, la *Corise striée* (fig. 86), est très-commune aux environs de Paris. Cet insecte marche mal et lentement à terre, mais il nage et fend l'eau avec une vitesse prodigieuse.

Toutefois ce n'est pas pour nous arrêter sur cette dernière espèce que nous avons écrit ici un nouveau nom de ce genre. Quelques insectes qui lui appartiennent et qui vivent au Mexique méritent d'être mentionnés, à cause de cer-

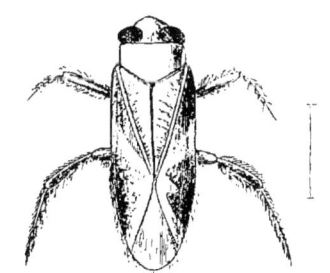

Fig. 86. Corise striée.

taines particularités curieuses que présentent leurs œufs. Un voyageur naturaliste, M. Virlet d'Aoust, a publié sur ce sujet les détails qui vont suivre :

« Des milliers de petits moucherons amphibies, dit M. Virlet d'Aoust, voltigent en l'air à la surface des lacs, vont, en plongeant de plusieurs pieds et même de plusieurs brasses, déposer leurs œufs au fond de l'eau, d'où ils ne sortent que pour aller probablement mourir à quelque distance de là.

« Nous eûmes l'avantage d'assister à la pêche ou à la récolte de ces œufs, lesquels, sous le nom mexicain d'*hautle* (*haoutle*), servent d'aliments aux Indiens, qui n'en paraissent pas moins friands que les Chinois de leurs nids d'hirondelles, avec lesquels nous sommes à même d'assurer qu'il y a quelque rapport de goût. Seulement l'*hautle* est loin d'atteindre les prix élevés de ceux-ci, réservés pour cette raison à la seule table des riches, car, pour quelque menue monnaie, nous pûmes en emporter environ un boisseau, dont, à notre prière, Mme B*** voulut bien nous faire préparer une partie.

« On accommode cette graine de différentes manières, mais le plus communément on en fait des espèces de gâteaux, qu'on sert avec une sauce, que les Mexicains relèvent, comme ils le font du reste pour tous leurs mets, avec du *chilié*, qui se compose de piments verts écrasés.

« Voici comment les naturels s'y prennent pour recueillir l'*hautle* : ils forment avec des joncs pliés en deux des espèces de faisceaux qu'ils placent verticalement dans le lac à quelque distance du rivage, et comme ceux-ci sont reliés par un de ces joncs dont les bouts sont disposés en forme de bouée indicatrice, il est facile de les retirer à volonté. Douze à quinze jours suffisent pour que chaque brin de ces faisceaux soit entièrement recouvert d'œufs, qu'on retire ainsi par millions. On laisse ensuite sécher au soleil, sur un drap, ces faisceaux pendant une heure au plus; les graines se détachent alors facilement. Après cette opération, on les replace dans l'eau, pour une autre récolte. »

M. Virlet avait attribué à des mouches les œufs dont il vient d'être question. Mais en 1851, M. Guérin-Méneville ayant reçu en communication de M. Ghiliani une petite quantité des œufs dont on fait l'*hautle*, et quelques-uns des insectes qui les produisent, constata que ceux-ci appartenaient à deux espèces différentes. L'une était depuis longtemps connue sous le nom de *Corisa mercenaria*; M. Guérin-Méneville nomma l'autre *Corisa femorata*.

Le même entomologiste découvrit, parmi les œufs de ces deux espèces, d'autres œufs d'un volume plus considérable, et qu'il attribua à une espèce nouvelle du genre *Notonecte*, dont nous allons actuellement dire quelques mots.

On trouve très-communément aux environs de Paris, dans les fossés, les réservoirs, les eaux dormantes, la *Notonecte glauque*, que Geoffroy appelle la *grande Punaise à avirons*. Son corps est oblong, étroit, rétréci postérieurement, convexe en dessus, plat en dessous, offrant sur les côtés, et à l'extrémité, des cils qui, en s'étalant, soutiennent l'animal sur l'eau. Sa tête est grande et d'un gris un peu verdâtre, et porte de chaque côté un œil volumineux d'un brun clair. Son corselet est grisâtre, ses élytres d'un gris verdâtre, ses ailes membraneuses blanches. De ses pattes, les quatre antérieures sont assez courtes, mais les postérieures, presque doubles, sont munies de longs cils et ressemblent à des avirons. Aussi c'est à l'aide de celles-ci que l'animal nage; et il le fait d'une singulière manière, en se plaçant sur le dos, et ordinairement dans une position inclinée, comme le fait voir la figure 87.

Quand la *Punaise aquatique* se traîne, au contraire, sur la vase, ce sont ses pattes antérieures qui fonctionnent, les postérieures ne faisant que traîner.

C'est ordinairement vers le soir ou dans la nuit qu'elle sort de l'eau, pour marcher ainsi et pour s'envoler, si elle veut passer d'un marais à l'autre.

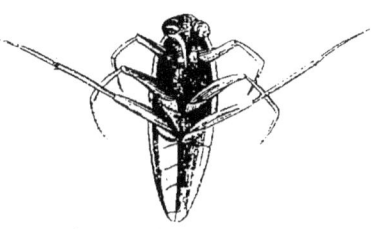

Fig. 87. Notonecte glauque.

Cet insecte sanguinaire ne vit que de rapines; il est des plus carnassiers. Les insectes qu'il attaque meurent bientôt après avoir été piqués. De Geer pense que la Punaise d'eau verse dans la plaie une humeur venimeuse. Les *Punaises d'eau* s'emparent d'insectes beaucoup plus gros et en apparence plus forts qu'elles. Elles ne s'épargnent pas d'ailleurs entre elles, et s'entre-tuent quand elles le peuvent.

L'instrument avec lequel la *Notonecte* pique si fortement qu'elle cause une assez vive douleur, se compose d'un bec très-fort et très-long, conique, formé de quatre articles. Le suçoir est composé d'une pièce supérieure, courte, aiguë, et de quatre soies fines et pointues.

La femelle de la *Punaise à avirons* pond un grand nombre d'œufs blancs et allongés, qu'elle dépose sur les tiges et les feuilles des plantes aquatiques. Les œufs éclosent au commencement du printemps, ou en mai, et les petits se mettent aussitôt à nager comme leur mère, sur le dos, le ventre en haut. M. Léon Dufour dit à ce sujet :

« Une région dorsale relevée en dos d'âne ou en carène arrondie et revêtue d'un velouté qui la rend imperméable, des franges fines et nombreuses qui garnissent soit les pattes postérieures, soit les bords de l'abdomen et du thorax, soit enfin en double rangée une légère crête médiane de la paroi ventrale et qui s'étalent ou se ploient au gré de l'insecte comme de véritables nageoires, favorisent et cette attitude de supination et la justesse des mouvements natatoires de la Notonecte. Puisque la nature, qui semble souvent se faire un jeu de produire des exceptions bizarres attestant l'immensité de ses ressources, avait condamné cet animal à passer sa vie dans une posture renversée, il fallait bien, pour le maintien de son existence, qu'elle lui donnât une organisation en harmonie avec cette attitude. C'est aussi dans ce but que la tête est inclinée sur la poitrine, que les yeux de forme ovalaire peuvent exercer la vision de haut en bas; que les pattes antérieures ainsi que les intermédiaires, agiles et arquées, uniquement destinées à la préhension, peuvent se débander en quelque sorte à la faveur des hanches allongées qui les fixent au corps, et accrocher solidement leur proie avec les griffes robustes qui terminent leurs tarses. »

HOMOPTÈRES.

Arrivons au second groupe établi dans la classe des Hémiptères, à celui des *Homoptères*.

Les insectes qui rentrent dans cette division sont assez nombreux. Ils se rangent en trois grandes familles, dont nous allons successivement passer en revue les membres les plus remarquables. Ces familles sont celles des *Cicadaires*, des *Pucerons* et des *Coccidés*.

La *Cigale* est le type de la première de ces familles.

Le chant de la Cigale est étourdissant et monotone. C'est toujours la même note, aiguë, aussi brûlante que le rayon de soleil qui la fait éclore. Comme le dit Bilboquet dans les *Saltimbanques*, « ceux qui aiment cette note ont de quoi être satisfaits. »

Virgile juge fort bien le chant de la Cigale : il n'y voit qu'un son rauque et désagréable :

At mecum raucis, tua dum vestigia lustro,
Sole sub ardenti resonant arbusta cicadis,

dit le poëte latin dans ses *Églogues*. Virgile revient sur la même pensée, par un vers admirable, dans ses *Géorgiques* :

Et cantu querulæ rumpent arbusta cicadæ.

Le chant de la Cigale si aigu, si discordant, faisait pourtant les délices des Grecs. Écoutez Platon, dès les premières lignes du *Phédon* :

« Par Junon, s'écrie le philosophe-poëte, quel charmant lieu de repos!... Il pourrait bien être consacré à quelques nymphes et au fleuve Acheloüs, à en juger par ces figures et ces statues. Goûte un peu le bon air qu'on respire. Quel charme et quelle douceur! On entend comme un bruit d'été, un murmure harmonieux qui accompagne le chœur des Cigales! »

Les Grecs avaient donc un goût tout particulier pour le chant de la Cigale. Ils aimaient à entendre ses notes stridentes, aiguës comme une pointe d'acier. Pour en jouir tout à leur aise, ils renfermaient ces petits animaux dans des cages d'osier à claire-voie, à peu près comme nos enfants enferment le Grillon pour entendre son cri-cri joyeux. Ils poussaient l'amour de cet animal au chant criard jusqu'à en faire le symbole de la musique. On voit, dans leurs figures emblématiques de l'art musical, une Cigale posée sur les cordes d'une cythare.

Une légende grecque rapporte qu'un jour deux joueurs de cythare, Eunome et Ariston, luttant ensemble sur cet instrument sonore, une des cordes de la cythare d'Eunome s'étant brisée, une Cigale vint se poser dessus, et chanta si bien pour remplacer la corde absente, qu'Eunome remporta la victoire, grâce à cet auxiliaire inattendu.

Pour donner une idée de la *suavité* de leur éloquence, Homère compare les sages vieillards troyens, assis près des portes *Scées*, aux Cigales harmonieuses.

Anacréon a composé une ode en l'honneur de la Cigale.

« Heureuse Cigale qui, sur les plus hautes branches des arbres, abreuvée d'un peu de rosée, chantes comme une reine! Ton royaume, c'est tout ce que tu vois dans les champs, tout ce qui naît dans les forêts. Tu es aimée du laboureur; personne ne te fait de mal; les mortels te respectent comme le doux prophète de l'été. Tu es chérie des Muses, chérie de Phébus même qui t'a donné ton chant harmonieux. La vieillesse ne t'accable point. O sage petit animal, sorti du sein de la terre, amoureux des chants, libre de souffrances, qui n'as ni sang, ni chair, que te manque-t-il pour être un Dieu? »

Il est convenu dans les *Cours de littérature* qu'il faut s'extasier sur la grâce et l'élégance de cette ode d'Anacréon. Le naturaliste ne saurait partager cette admiration. La grâce poétique nous paraît totalement absente de ce morceau, et, quant au fond, on ne peut y voir qu'un tissu d'erreurs grossières et d'absurdités.

La Cigale est une *reine*, — *au chant harmonieux*, — *qui se nourrit de rosée*, — *qui est sortie de la terre*, — *qui ne souffre pas*, — *qui ne vieillit pas*, — *qui n'a ni sang ni chair*, — à qui il ne manque rien *pour être Dieu*.

Voilà ce que les poëtes grecs nous enseignent en histoire naturelle. Voilà ce que l'on donne à admirer à la jeunesse des écoles et des Facultés!

C'est en vertu des fausses idées des Grecs sur l'histoire naturelle en général, et sur la Cigale en particulier, que ce petit être symbolisait, chez les Athéniens, la noblesse de la race. On s'imaginait, chez ces grands enfants de la science qu'on nomme les Grecs, que la Cigale se forme aux dépens de la terre, et dans son sein. Dès lors, ceux qui prétendaient à une antique et haute origine, portaient dans leurs cheveux une Cigale d'or.

Les Locriens plaçaient sur leurs monnaies la figure d'une Cigale. Voici l'origine que la fable assigne à cet usage :

La rive du fleuve au bord duquel Locres était bâtie, était couverte de légions criardes de Cigales, tandis qu'on ne les entendait jamais (à ce que prétend la légende) sur la rive opposée, où s'élevait la ville de Rhège. Pour expliquer cette circonstance, on prétendait qu'Hercule, voulant un jour dormir sur cette rive, fut si tourmenté par « la suave éloquence » des Cigales, que, furieux de leur concert, il demanda aux dieux, et obtint sur l'heure, qu'elles n'y chantassent plus désormais !

Voilà pourquoi les Locriens avaient adopté la Cigale comme arme parlante de leur cité.

Les Grecs ne faisaient pas seulement leurs délices poétiques et musicaux du chant des Cigales ; ils ne se contentaient pas de leur adresser des poëmes, de les adorer et de frapper des médailles portant leur image. Obéissant à des appétits plus grossiers, ils les mangeaient. Ils donnaient ainsi satisfaction tout à la fois au cœur, à l'esprit et au ventre.

Mais il est temps d'arriver à la description simple et vraie de l'insecte qui nous occupe.

Les Cigales sont très-reconnaissables à leur corps épais, très-robuste et assez ramassé, à leur tête large, sans prolongement, qui supporte des yeux très-gros et proéminents, des *ocelles* ou yeux simples au nombre de trois disposés en triangle sur le sommet du front, et de courtes antennes. Les jeunes élytres et leurs ailes ont la forme d'un étui enveloppant le corps pendant le repos. Celles-ci peuvent être transparentes et sans coloration, ou bien parées de couleurs vives et variées. Les pattes ne sont nullement propres au saut. La femelle est munie d'une tarière à l'aide de laquelle elle entame l'écorce des arbres pour y déposer ses œufs. Le mâle (fig. 88) est pourvu d'un organe, non de chant, mais de *stridulation*, qui n'existe pour ainsi dire pas chez la femelle.

Nous nous arrêterons un moment sur l'appareil du chant, ou plutôt du bruit, de la Cigale mâle, et sur la structure de la tarière de la femelle.

HEMIPTÈRES.

C'est à Réaumur qu'on doit la découverte complète du mécanisme à l'aide duquel la Cigale produit le bruit aigu qui la signale au loin.

Nous allons donner un résumé du mémoire célèbre dans lequel le naturaliste français a si admirablement décrit l'appareil musical des Cigales[1] :

Ce n'est pas dans le gosier qu'est placé l'organe du son chez la Cigale : c'est sur le ventre. Quand on observe le ventre du mâle d'une grande espèce de Cigale, on y remarque deux plaques écailleuses, assez grandes, qu'on ne trouve point chez les femelles. Chaque plaque a un côté en ligne droite ; le reste de son contour est arrondi. C'est par le côté en ligne droite que la plaque est fixée et arrêtée immédiatement au-dessous de la troisième paire de pattes. Cependant on peut la soulever avec un effort, mais fort peu, parce que deux espèces de chevilles épineuses, dont chacune appuie sur chaque plaque qui s'élève, l'empêchent de s'élever trop, et la font retomber aussitôt.

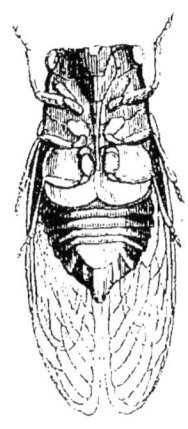

Fig. 88.
Cigale mâle.

Si l'on soulève les deux plaques jusqu'à les renverser sur le corselet, si l'on met à découvert les parties qu'elles cachent, on est frappé de l'appareil qui se présente.

« On ne peut douter que tout ce qu'on voit n'ait été fait pour mettre la Cigale en état de chanter, dit Réaumur. Quand on compare les parties qui ont été disposées pour qu'elle pût chanter, pour ainsi dire, du ventre, avec les organes de notre gosier, on juge que les nôtres n'ont pas été faits avec plus de soin que ceux au moyen desquels la Cigale rend des sons qui ne sont pas toujours agréables. »

On aperçoit ici une cavité qui a été pratiquée dans la partie antérieure du ventre, et qui est partagée en deux loges principales par un triangle écailleux.

« Le fond de chaque loge offre aux enfants qui prennent des cigales un spectacle qui les amuse et qui peut être admiré par les hommes qui savent faire le meilleur usage de leur raison. Les enfants croient voir un petit miroir au fond de chaque cellule taillée en demi-cercle. Quand une petite glace du verre le plus mince et le plus transparent ou une petite lame du plus beau talc serait sertie au fond de chacune de ces cellules, ce qu'on y verrait ne paraîtrait pas différent de ce qu'on y voit ; la membrane qui y est tendue ne

---

[1] Tome V, 4ᵉ Mémoire.

le cède en transparence ni à aucun verre, ni à aucun talc; et si on la regarde obliquement, on lui trouve toutes les belles couleurs de l'arc-en-ciel. Il semble que la Cigale ait deux fenêtres vitrées par lesquelles on peut voir dans l'intérieur de son corps. »

Le triangle écailleux dont nous avons parlé plus haut ne partage en deux que la partie postérieure de la cavité. La partie antérieure de cette même cavité est remplie par une membrane blanche, mince, mais consistante. Cette membrane n'est tendue que quand le corps de la Cigale se redresse.

Mais dans tout ceci où est l'organe du chant? Quelles parties produisent le son? Réaumur va nous renseigner à cet égard.

Il ouvrit le dos d'une Cigale, et mit à découvert la portion de l'intérieur qui répond à la cavité où sont les miroirs. Il fut immédiatement frappé de la grandeur de deux muscles se rencontrant et s'attachant sur le revers de la pièce triangulaire et écailleuse, et précisément à celui des angles d'où partent les côtés qui forment les cavités où sont l'un et l'autre miroir.

« Des muscles d'une telle force, placés dans le ventre de la Cigale et dans l'endroit du ventre où ils se trouvaient, ne semblaient y être que pour agiter vivement les parties qui, étant mues, produisaient le bruit ou le chant. Aussi pendant que j'examinais un de ces muscles, pendant que je tiraillais doucement avec une épingle, pendant que je le faisais un peu sortir de sa place pour l'y laisser retourner ensuite, il m'arriva de faire chanter une Cigale morte depuis plusieurs mois. Le chant, comme on l'imagine, ne fut pas fort; mais il le fut assez pour me conduire à trouver la partie à laquelle il était dû. Je n'eus qu'à suivre le muscle que j'avais tiraillé, qu'à chercher la partie à laquelle il aboutissait. »

Dans la grande cavité où sont les miroirs et les autres parties signalées plus haut, il y a encore deux réduits égaux et semblables, deux cellules dans lesquelles est logé un instrument sonore. C'est une membrane contournée en forme de timbale, qui n'est pas lisse, mais, au contraire, toute plissée et pleine de rugosités (fig. 89). Dès qu'on la touche, elle est plus sonore que le parchemin le plus sec. Si on frotte ses sillons ou sa surface convexe avec un petit corps incapable de percer ou de déchirer, tel qu'un morceau de papier roulé, on la fait aisément résonner; et on voit que la résonnance vient de ce que les portions de la timbale qui sont déprimées par les frottements du petit corps, se relèvent dès que ce corps cesse d'agir contre elles. C'est ici qu'opèrent les deux muscles robustes dont la présence et le rôle ont été découverts par Réaumur.

« Il est clair, dit ce naturaliste, que quand le muscle se contractera et se relâchera alternativement avec vitesse, une portion convexe de la timbale sera rendue concave, et cette portion reprendra ensuite sa convexité par l'action de son propre ressort. Alors se fera ce bruit, ce chant que nous avons été si longtemps à nous expliquer, parce que nous avons voulu faire connaître toutes les parties au moyen desquelles celui qui n'en fait point d'inutiles a voulu qu'il fût produit. »

Ajoutons, pour compléter ce que nous avons à dire sur ce sujet, que si les timbales sont les organes essentiels du chant, les miroirs, les membranes blanches et plissées, et les volets extérieurs qui recouvrent tout cet appareil, contribuent pour une large part, comme l'a indiqué Réaumur, à modifier et à renforcer le son.

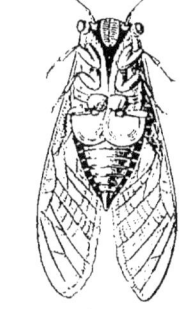

Fig. 89.
Appareil musical de la Cigale mâle.

Nous avons dit plus haut que la Cigale femelle ne chante pas.

Aussi ses organes de chant sont-ils tout à fait rudimentaires. Le fait est d'ailleurs depuis longtemps connu. Xénarchus, poëte de Rhodes, s'écrie, avec peu de galanterie pour les dames :

« Heureuses les Cigales : leurs femelles sont privées de la voix ! »

La nature a dédommagé la Cigale femelle de cette privation du chant, en lui donnant un instrument moins bruyant, mais plus utile. C'est une sorte de tarière, destinée à scier l'écorce des branches. Cet instrument est logé dans le dernier anneau de l'abdomen, qui, pour cet usage, est creusé en façon de gouttière. A l'aide d'un système de muscles antagonistes, la tarière peut sortir de son étui, ou y rentrer. Elle est munie de trois pièces. Au milieu est un poinçon, qui s'enfonce dans une branche, et maintient l'insecte. Deux stylets, dont les bords supérieurs, taillés en dents de scie, s'appuient, dos à dos, sur la pièce médiane, montent et descendent alternativement le long de celle-ci.

A l'aide de cet admirable instrument, la Cigale femelle incise obliquement l'écorce et le bois des branches, et ne s'arrête que vers la moelle. Le mâle chante pendant qu'elle travaille. Quand la loge est suffisamment profonde et convenablement préparée, la femelle dépose au fond cinq à huit œufs (fig. 90).

De ces œufs naissent de très-petites larves blanches (fig 91), qui sortent de leur nid, descendent le long des tiges, et s'enfoncent dans la terre, où elles sucent les racines des arbres. Elles deviennent des nymphes qui creusent la terre avec leurs pattes antérieures, très-développées, et continuent de vivre aux dépens des racines. A la fin du printemps, ces nymphes (fig. 92) sortent de terre, s'accrochent aux troncs des arbres, et se dépouillent, un beau soir, de leur peau, qui reste entière et desséchée, faisant apparaître l'insecte parfait.

Bien faibles d'abord, ces pauvres métamorphosées se traînent péniblement. Mais le lendemain, réchauffées aux premiers rayons du soleil, ayant eu sans doute le temps de réfléchir sur leur nouvelle position sociale, et moins étonnées que la veille, elles agitent leurs ailes, s'envolent, et les mâles lancent dans les airs les premières notes de leur strident concert.

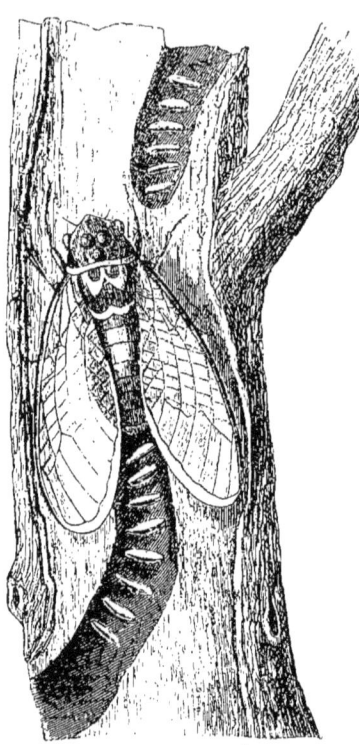

Fig. 90. Cigale femelle déposant ses œufs dans la rainure qu'elle a pratiquée sur une branche d'arbre.

Les Cigales se tiennent sur les arbres, dont elles hument la séve, au moyen de leur bec acéré. Il est assez difficile de les saisir, parce que, grâce à leurs grandes ailes, si développées, elles fuient au moindre bruit, avec rapidité.

Ces insectes bruyants habitent l'Europe méridionale, l'Afrique dans toute son étendue, du nord au sud, l'Amérique aux mêmes latitudes qu'en Europe, tout le centre et le sud de l'Asie, la Nouvelle-Hollande et les îles de l'Océanie.

Les Cigales qui, dans les pays chauds, recherchent encore l'ardeur du plus brûlant soleil, ne se trouvent pas dans les régions tempérées ou froides. Il résulte de là que les peuples méridionaux les connaissent très-bien, tandis que dans le Nord le vulgaire prend toujours pour la Cigale la *grande Sauterelle verte*, qui est si commune en ces régions et qui crie à peu près à la façon de la Cigale.

On voyait à l'Exposition des beaux-arts en 1866 un joli tableau de M. Aussandon, *la Cigale et la Fourmi*, qui montrait, sous une forme allégorique, le sujet de la fable de la Fontaine. Or le peintre avait représenté en guise de Cigale une magnifique Sauterelle vert pomme. La peinture matérialisait ici, pour ainsi dire, l'erreur commune des habitants du Nord, qui fait confondre la Cigale avec la grande Sauterelle verte.

Du reste, pour le dire en passant, la fable de *la Cigale et la*

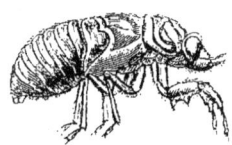
Fig. 91. Larve de Cigale

Fig 92. Nymphe de Cigale.

Fourmi, de la Fontaine, est pleine d'erreurs d'histoire naturelle. Rien n'est plus facile que de le prouver.

Dès les premiers vers, l'auteur prouve qu'il n'a jamais observé l'animal dont il parle.

> La Cigale ayant chanté
> Tout l'été.

Aucune Cigale n'a pu chanter *tout l'été*, attendu que sa vie dure à peine quelques semaines.

> Se trouva fort dépourvue
> Quand la bise fut venue.

« Quand la bise fut venue » veut dire sans doute le mois de novembre, ou celui de décembre. Il y a longtemps, à cette époque de l'année, que les Cigales ont passé de vie à trépas. Quand on parcourt la lisière des bois, dès le mois d'octobre, dans le midi de la France, on trouve le sol jonché de Cigales mortes. La Cigale de la Fontaine ne pouvait se trouver alors « fort dépourvue », par la raison qu'elle était morte.

> Elle alla crier famine
> Chez la Fourmi, sa voisine,
> La priant de lui prêter
> Quelque grain pour subsister.

La Fourmi est carnassière, et bien qu'elle aime le miel, elle n'a rien à faire d'un grain de blé ni d'autres grains, dont, selon le fabuliste, elle aurait fait provision. D'autre part, la Cigale à laquelle il reproche de n'avoir

> Pas un seul petit morceau
> De mouche ou de vermisseau,

n'a jamais songé à pareille victuaille, car elle vit uniquement de la séve des grands végétaux.

Les fables du poëte que l'on nomme, en France, on n'a jamais su pourquoi, le *bon la Fontaine*, fourmillent d'erreurs du genre de celles que nous venons de relever. Les mœurs des animaux y sont presque toujours représentées à l'opposé du vrai. Pour s'initier aux habitudes des animaux, la Fontaine n'avait sans doute ni les livres de Buffon, ni les mémoires de Réaumur, qui n'étaient pas encore de ce monde; mais n'avait-il pas le livre de la nature? Comment la Fontaine a-t-il pu négliger une telle source d'enseignement, puisqu'il fait parler les bêtes, et que, dans ses vers, la nature entière dialogue et bavarde comme vous et moi!

Mais il est temps de citer les espèces principales de Cigales. Nous en signalerons deux : celle du *Frêne*, qui vit sur les arbres dans le midi de la France, et celle de l'*Orme*, qui est très-commune dans le midi occidental de la France. Elle est particulièrement répandue dans les forêts de pins maritimes, qui abondent entre Bayonne et Bordeaux. C'est sur ces deux espèces de Cigales que Réaumur a fait les belles observations que nous avons résumées plus haut.

La *Cigale du frêne* ou *Cigale plébéienne*, très-commune en Provence, se trouve, quoique assez rarement, dans la forêt de Fontainebleau, et accidentellement dans la Brie. Elle est d'un jaune gris en dessous, noire en dessus. Sa tête et son thorax sont marqués ou rayés de jaune. Ses élytres sont transparents et offrent, à leur base, deux taches, dont l'une est jaune et l'autre noire, et à leur extrémité deux taches enfumées. Les ailes sont hyalines, non tachetées; les pattes sont jaunes, rayées de noir.

M. Solier, dans un mémoire inséré dans les *Annales de la Société entomologique de France*, dit que son chant, très-fort et très-aigu, paraît formé d'une seule note, répétée avec rapidité; qu'il s'affaiblit insensiblement après un certain temps, et se termine par une espèce de sifflement, qu'on peut imiter en partie en prononçant les deux consonnes s, t, et qui ressemble au bruit de l'air sortant par un petit pertuis d'une vessie comprimée.

Lorsque cette Cigale chante, elle remue vivement son abdomen, de manière à l'éloigner et à le rapprocher alternativement des opercules des cavités sonores; à ce mouvement s'ajoute un petit tremblement du mésothorax.

Le même entomologiste rapporte une observation très-intéressante faite sur cette espèce de Cigale par son ami M. Boyer, pharmacien à Aix, observation qu'il a répétée avec M. Boyer.

Les Cigales, en général, sont très-craintives et s'envolent au moindre bruit. Cependant, lorsqu'une Cigale chante, on peut s'en approcher, en sifflant d'une manière tremblotante, en imitant à peu près son cri, mais de manière à le dominer. L'insecte descend d'abord un petit espace le long de l'arbre, comme pour se rapprocher du siffleur; puis il s'arrête. Mais si l'on vient à lui présenter un bâton, en continuant de siffler, la Cigale s'y pose, et redescend lentement à reculons. De temps en temps, elle s'arrête comme pour écouter. Enfin, attirée et comme fascinée par l'harmonie du sifflet, elle finit par arriver jusqu'à l'observateur.

M. Boyer est parvenu ainsi à faire placer sur son nez une Cigale, qui continua de chanter, en même temps qu'il sifflait d'accord avec elle, c'est-à-dire dans le même ton (fig. 94). Charmé par ce concert, l'insecte semblait avoir perdu sa timidité naturelle.

La *Cigale de l'orme* est d'un jaune vert, taché de noir. Le thorax est rayé de jaune et tacheté de noir. L'abdomen est comme cerclé des mêmes couleurs. Les élytres et les ailes sont hyalins et leurs nervures alternativement jaunes et brunes. On y voit des taches jaunes et brunes. Les pattes sont uniformément jaunes. Le chant de cette espèce est comme enroué et ne se fait pas entendre de loin.

M. Solier, dans le travail que nous citions tout à l'heure, dit que le chant de cette Cigale est d'une intonation plus basse, mais qu'il est accéléré et qu'il dure moins longtemps. Il ne se termine pas par l'expiration qui caractérise celui de l'autre espèce.

A côté des Cigales se placent les *Fulgores*, dont le type est le *Fulgore porte-lanterne* (fig. 93).

Propres à l'Amérique méridionale, ces insectes sont surtout remarquables et faciles à reconnaître à leur tête très-grande, prolongée, et qui égale à peu près les trois quarts du reste du corps. Le prolongement est horizontal, vésiculeux, renflé, à peu près de largeur égale à celle de la tête, présentant en dessus une forte gibbosité. Les antennes sont courtes, avec un second article globuleux et une petite soie terminale. L'espèce représentée dans la figure 93 est jaune, variée de noir. Les élytres sont d'un jaune verdâtre, semé de noir. Les ailes, de la couleur des élytres,

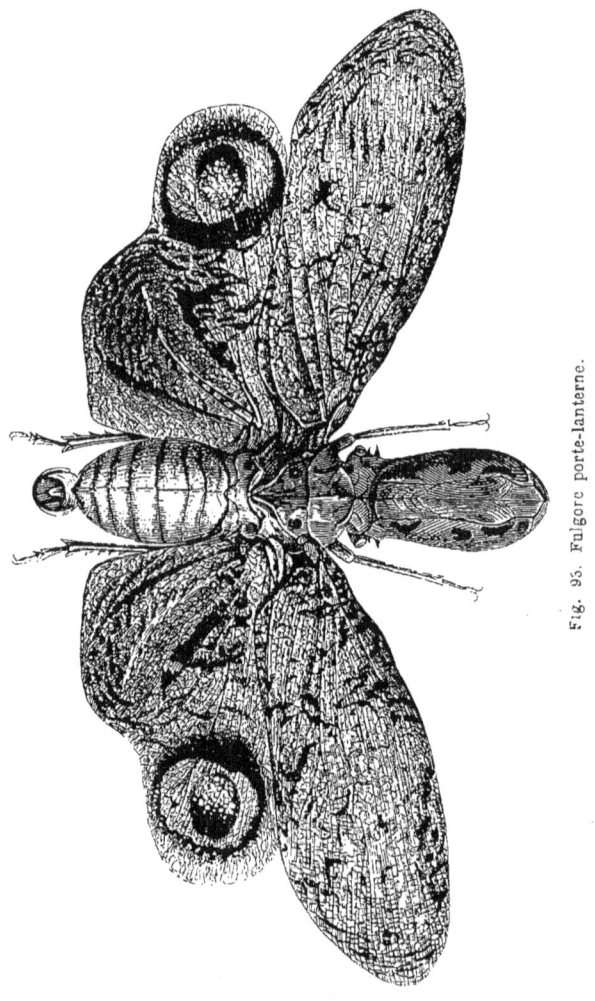

Fig. 93. Fulgore porte-lanterne.

offrent à l'extrémité une grande tache semblable à un œil. Cette tache est entourée d'un cercle brun, très-large antérieurement.

Le Fulgore que nous venons de décrire vit à la Guyane. Cet insecte, remarquable entre tous, jouit d'une grande renommée auprès du vulgaire, par une propriété qui lui est spéciale, la

Fig. 94. Manière de faire chanter une Cigale sur le bout de son nez.

propriété de briller dans la nuit ou dans l'obscurité. De là son nom de *Fulgore lanterne*, ou *porte-lanterne*.

La connaissance du *Fulgore lanterne* a été répandue et popularisée en Europe par un livre célèbre, qui a pour titre : *Métamorphoses des insectes de Surinam*.

Ce livre, qui renferme le résultat de patientes études sur l'histoire naturelle de la Guyane hollandaise (gouvernement de Surinam), fut écrit et publié en trois langues, par une femme dont cette œuvre a rendu le nom immortel, par Mlle Sybille de Mérian, qui fut entourée de l'admiration et du respect de ses contemporains, pour son amour des beautés de la nature, sa persévérance à les faire connaître et à les faire admirer.

Sybille de Mérian était originaire de Bâle. Fille, sœur et mère de graveurs célèbres, elle-même excellent peintre de fleurs, elle avait longtemps travaillé à Francfort et à Nuremberg. Elle avait lu avec recueillement la *Théologie des Insectes*[1], et avec admiration le livre de Malpighi sur le *Ver à soie*. Pleine d'enthousiasme pour l'étude de l'histoire naturelle, elle quitta l'Allemagne, pour visiter les magnifiques collections de plantes que l'on conservait dans les serres de la Hollande. Elle fit, par son pinceau, d'admirables reproductions de toutes ces plantes.

Cette étude attentive du monde végétal, dans les serres où les végétaux vivent d'une existence artificielle, fit naître dans la pensée de la savante artiste l'ardent désir d'aller observer ces merveilles naturelles dans les parties du globe où elles s'étalent avec le plus de magnificence et d'éclat. A l'âge de cinquante-quatre ans, Sybille de Mérian partit pour l'Amérique équinoxiale. Dès son arrivée, elle se hasardait, à peine accompagnée de quelques guides, dans les plaines marécageuses ou les vallées brûlantes de la Guyane. Pendant deux ans de séjour dans ces parages dangereux, elle fit une ample moisson de dessins et de peintures qui devaient inaugurer, en Europe, l'introduction de l'art dans l'histoire naturelle.

Dans les planches de son ouvrage, Sybille de Mérian représente toujours l'insecte qu'elle veut décrire, sous ses trois formes de larve, de nymphe et d'insecte parfait. Elle accompagne son dessin des plantes qui servent à la nourriture de l'insecte, comme aussi des animaux, grands ou petits, qui lui font la guerre. Cha-

---

1. *Théologie des Insectes, ou démonstration des perfections de Dieu dans tout ce qui concerne les insectes*, par Lesser, traduit en français. La Haye, 1742, 2 vol. in-8.

cune de ses planches est un petit drame. Près de l'insecte défiant et craintif, on voit le Lézard avide qui le guette, ou l'Araignée féroce qui prépare son embûche sinistre. La vie si courte et si agitée des êtres inférieurs se voit là tout entière, avec ses luttes continuelles, ses ruses infinies, sa fin rapide, et tous les épisodes de l'existence des êtres inférieurs, pour lesquels la vie, comme celle de l'homme moral, n'est qu'un long et douloureux combat!

Telle fut l'œuvre, tels furent le noble dévouement et la digne carrière de Sybille de Mérian. Que les femmes, que les jeunes filles, en proie à l'ennui d'une vie inoccupée, parcourent son beau livre. Elles y apprendront ce qu'une femme peut faire de tant d'heures de désœuvrement ou d'inutiles loisirs. Étudier la nature, suivre un pauvre insecte dans toutes ses métamorphoses, cette occupation doit, il nous semble, donner plus de satisfaction à l'âme, plus de force à l'esprit, plus d'admiration reconnaissante pour le suprême auteur de la nature, que la confection d'une broderie, ou la lecture de la *Famille Benoiton!*

C'est, avons-nous dit, dans l'ouvrage de Sybille de Mérian : *Métamorphoses des insectes de Surinam*, que l'on trouve signalées, pour la première fois, les propriétés lumineuses du *Fulgore lanterne*. L'auteur rapporte en ces termes cette observation, qui fut le résultat du hasard :

« Quelques Indiens m'ayant apporté un jour un grand nombre de ces *Porte-lanterne*, je les renfermai dans une grande boîte, ignorant alors qu'ils jetaient cette lueur la nuit; entendant du bruit, je sautai du lit, et je fis apporter une chandelle. Je trouvai bientôt que ce bruit venait de cette boîte, que j'ouvris avec précipitation; mais effrayée d'en voir sortir une flamme ou, pour mieux dire, autant de flammes qu'il y avait d'insectes, je la laissai d'abord tomber. Revenue de mon étonnement, ou plutôt de ma frayeur, je rattrapai tous mes insectes, dont j'admirai la vertu singulière (fig. 95). »

Depuis l'époque à laquelle Mlle de Mérian visita la Guyane, divers voyageurs ont dit n'avoir pu observer, comme elle, ce phénomène de phosphorescence. Il est donc probable que cette propriété n'existe que dans le mâle ou la femelle de l'insecte, et même seulement à certaines époques.

Quel spectacle merveilleux doivent présenter les riches vallées de la Guyane, lorsque dans la nuit silencieuse les airs sont sillonnés par ces flambeaux vivants; lorsque les *Fulgores* promènent dans l'espace des traits de feu qui s'entre-croisent dans tous les sens, qui s'éteignent et se rallument, qui brillent et s'effacent, et font apparaître, dans le calme de l'atmosphère, l'image de ces

Fig. 95. Sybille de Mérian, à la Guyane, découvre les propriétés lumineuses du *Fulgore lanterne*.

HÉMIPTÈRES.

éclairs qui ne se montrent d'ordinaire qu'au milieu du trouble des éléments agités.

Passons à un autre insecte intéressant de l'ordre qui nous occupe, l'*Aphrophore*, sans nous effrayer de son nom rébarbatif, car on peut lui donner bien d'autres noms, en choisissant parmi tous ceux que le vulgaire lui a décernés.

Dans les mois de juin et de juillet, on voit sur presque tous les arbres et sur les plantes les plus diverses une sorte d'écume blanche, composée de petites bulles d'air, qui s'étale en petites couches sur les feuilles et les rameaux. Les enfants appellent cela de la *mousse*. Cette mousse est produite par un insecte que les paysans appellent *Crachat de Coucou* ou bien *Écume printanière*. De Geer a étudié avec soin les métamorphoses de cet insecte.

L'*Aphrophore* (de ἀφρός, écume, et φέρω, je porte) est logé dans l'écume dont on vient de parler. Il y vit, et n'en sort qu'après avoir pris des ailes.

De Geer se demande pourquoi cet insecte se confine pendant toute sa vie dans une liqueur. Il pense, en définitive, que cette mousse a pour effet de garantir l'insecte qui s'y cache contre les ardeurs du soleil.

Ce même manteau, fait de rosée et d'azur, paraît aussi le mettre à l'abri des attaques des insectes carnassiers et des Araignées. D'autre part, sa peau est sans doute constituée de telle sorte qu'elle transpirerait trop abondamment si elle était exposée à l'air libre, et l'insecte mourrait bientôt desséché.

Quelle que soit l'explication que l'on donne de la nécessité de ce milieu demi-aérien, demi-liquide, il est facile de vérifier que la larve de l'*Aphrophore* ne peut vivre longtemps hors de sa bienheureuse enveloppe d'écume. Si on l'en retire, on voit le volume de son corps diminuer à vue d'œil, et le pauvre animal mourir, comme un poisson retiré de son élément naturel.

Les insectes qui demeurent dans cette écume sont des larves à six pattes (fig. 96) qui, lorsqu'on les met à découvert, marchent assez vite, sur les tiges des plantes et sur les feuilles. Ces larves sont vertes, avec le ventre jaune.

De Geer voulut savoir comment les larves produisent cette écume singulière, et il s'y prit comme nous allons le dire.

Il retira une de ces larves de son milieu écumeux, l'essuya avec un pinceau, et la plaça sur une jeune tige, nouvellement coupée, de chèvrefeuille, qu'il fit tremper dans un verre d'eau, afin de lui conserver sa fraîcheur. Il observa ensuite l'animal à la loupe, et voici ce qu'il remarqua :

« Elle commence, dit le naturaliste suédois, à se fixer à un certain endroit de la tige dans lequel elle pique le bout de sa trompe, et reste ainsi longtemps dans la même attitude, occupée à sucer et à se remplir de séve. Ayant ensuite retiré sa trompe, elle y reste, ou bien elle va se placer sur une feuille où, après divers mouvements réitérés de son ventre, qu'elle hausse ou baisse et tourne de tous côtés, on voit sortir de la partie postérieure de son corps une petite bulle de liqueur qu'elle fait glisser, en courbant le dessous de son corps. Recommençant ensuite les mêmes mouvements, elle ne tarda guère à rendre une seconde bulle de liquide remplie d'air, comme la première, qui se trouve placée à côté de la précédente, et continuant toujours la même opération aussi longtemps qu'il lui reste de la séve dans le corps, elle se trouve bientôt couverte d'une certaine quantité de petites bulles qui, sortant l'une après l'autre du corps, se portent vers le devant du corps, aidées en cela par le mouvement du ventre. Ce sont toutes ces bulles réunies qui forment une écume blanche et extrêmement fine, dont la viscosité tient l'air renfermé dans ces bulles et empêche cette même écume de se dissoudre facilement. Si la séve que la nymphe a tirée de la plante est épuisée avant qu'elle se sente assez couverte d'écume, elle recommence alors à sucer, jusqu'à ce qu'elle ait acquis une nouvelle quantité suffisante d'écume qu'elle a soin de joindre à la première[1]. »

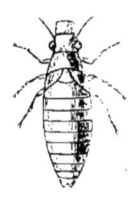
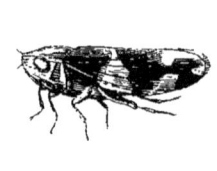

Fig. 96.
Larve d'Aphrophore.

Fig. 97.
Aphrophore mâle.

C'est dans leur écume que les larves se changent en nymphes, et celles-ci n'en sortent point pour subir leurs dernières métamorphoses. Elles changent de peau au sein même de l'écume. Elles ont alors, dit de Geer, l'art de faire évaporer et dessécher l'écume qui les touche immédiatement, de manière qu'il se forme un grand vide au dedans de la masse d'écume, dans laquelle leur corps se trouve entièrement libre. L'écume extérieure forme une voûte close de toutes parts, au-dessous de laquelle l'insecte se trouve placé à sec.

Dans cette cellule voûtée, la nymphe se défait peu à peu de sa peau, qui se fend d'abord sur la tête, puis sur le thorax. Cette ouverture lui suffit pour se tirer entièrement hors de son enveloppe.

C'est dans le mois de septembre que ces insectes sont particu-

1. *Mémoires pour servir à l'histoire des Insectes*, t. III.

HÉMIPTÈRES. 135

lièrement abondants. Alors les arbres et les plantes en sont chargés. Quelquefois l'écume dégoutte, comme une sorte de petite pluie, des branches qui en sont couvertes.

Vers l'automne, les femelles ont le ventre rempli d'œufs. Elles sont alors si pesantes, qu'elles peuvent à peine sauter ou voler. Les mâles, au contraire, font des bonds prodigieux : ils s'élancent quelquefois à la distance de deux mètres. Ils sont très-difficiles à

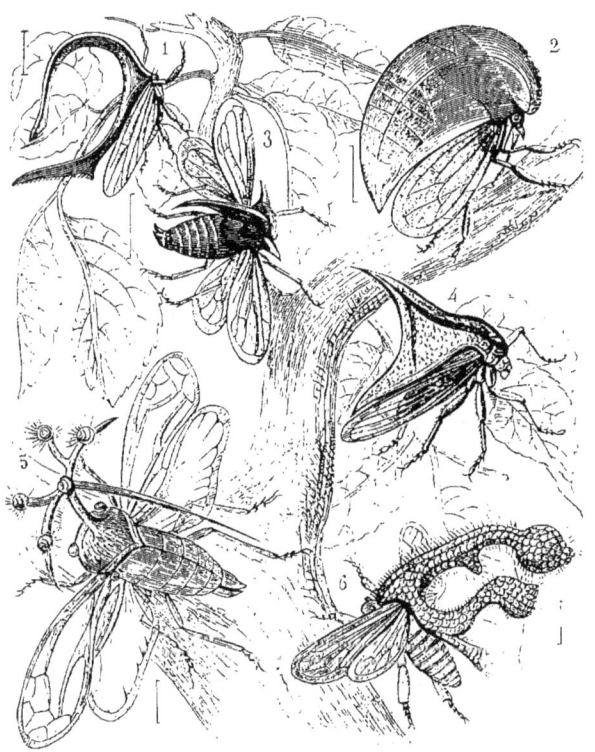

Fig. 98. Membraces grossies.

1. Hypsauchénie baliste. — 2. Membrace feuillée. — 3. Centrote cornu. — 4. Umbonie épineuse. — 5. Bocydie globulaire. — 6. Cyphonie fourchue.

surprendre, et encore plus difficiles à retrouver quand on les a laissés s'échapper. Aussi Swammerdam appelle-t-il ces insectes des *Sauterelles-Puces*, parce qu'ils sautent à la manière des puces.

Tout ce que nous venons de dire se rapporte à l'*Aphrophore écumeuse* (fig. 97), insecte commun dans toute l'Europe, et que Geoffroy nomme la *Cigale bedeaude*.

« Elle est d'une couleur brune, dit Geoffroy, souvent un peu verdâtre. Sa tête, son corselet et ses étuis sont finement pointillés. Sur ces derniers, on voit deux taches blanches, oblongues et transverses interrompues. Le dessous de l'insecte est d'un brun clair [1]. »

Nous signalerons, comme se rattachant au groupe qui nous occupe, un insecte nuisible, le *Jassus devastans*, qui, depuis 1844, paraît s'être fixé dans la commune de Saint-Paul (département des Basses-Alpes). Il suce les feuilles et la tige des céréales, qui ne tardent pas à se dessécher. On trouve cet insecte, même en hiver, sur les jeunes blés, mais surtout au printemps. D'après M. Guérin-Méneville, sa tête est jaune d'ocre, avec le vertex marqué de taches noires; le front jaune, allongé, rayé de noir, comme les pattes. Les élytres sont couleur de paille et tachetés de brun. Les ailes sont transparentes et un peu enfumées à l'extrémité. Cet insecte redoutable, qui n'a que deux millimètres et demi de longueur, saute et s'envole à l'approche de l'homme.

Dans les parties humides des bois de la plus grande partie de l'Europe, particulièrement sur les hautes tiges des fougères, sur les asclépiades et les chardons, on voit sauter, avec une singulière vigueur, un petit insecte brunâtre, dont la forme bizarre avait frappé Geoffroy, le vieil et rude historien des insectes des environs de Paris.

Geoffroy appelle cet insecte le *Petit Diable*.

« Le *Petit Diable*, dit-il, est d'une couleur brune, noirâtre et obscure. Sa tête est écrasée, peu saillante et comme courbée en dessous. Son corselet, qui est assez large, a deux cornes aiguës qui se terminent en pointes assez longues sur les côtés. Sur le milieu du corselet est une crête qui, se prolongeant en une espèce de corne sinuée et tortue, va se terminer en pointe fort aiguë, un quart avant l'extrémité des étuis. Ceux-ci sont obscurs, veinés de brun, et les ailes, plus courtes que les étuis, sont assez transparentes. Il saute très-bien, il n'est pas aisé de le prendre [2]. »

Le *Petit Diable* de Geoffroy est le *Centrote cornu* des naturalistes modernes. Cette curieuse bestiole appartient au type, si étrange et si remarquable, des *Membraces*, dont le corselet affecte les formes les plus bizarres et les plus variées, comme on peut le voir sur la figure 98, qui représente avec un certain grossissement le corps de tous ces petits insectes.

Presque tous ces singuliers Hémiptères habitent la Guyane, le Brésil et les îles de la Floride.

1. *Histoire abrégée des Insectes, dans laquelle ces animaux sont rangés dans un ordre méthodique.* In-4, an VII de la République, t. I, p. 416.
2. *Ibidem*, p. 423.

HÉMIPTÈRES.

Nous allons entrer actuellement dans l'examen d'un groupe des plus intéressants à étudier sous divers points de vue, le groupe des Pucerons.

Ces insectes ont attiré depuis longtemps l'attention des observateurs. Ils sont si abondants en France, que tous nos lecteurs les ont vus. Il est peu de plantes, dans nos champs ou nos jardins, qui ne nourrissent quelque espèce de Puceron. Combien de fois n'hésite-t-on pas à cueillir une rose ou une fleur de chèvrefeuille, de peur de toucher à l'hôte, si peu attrayant, de ces charmantes fleurs?

Pendant tout l'été, on voit sur les branches, sur les feuilles, mais principalement sur les jeunes pousses du rosier, de gran-

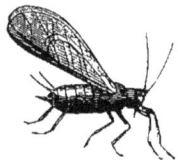 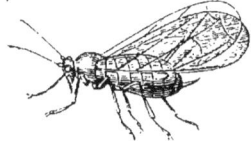

Fig. 99, 100. Pucerons ailés (grossis).

des sociétés de Pucerons verts, qui sont occupés à sucer la sève de l'arbuste.

Il est des Pucerons pourvus d'ailes (fig. 99, 100) et d'autres qui sont sans ailes (fig. 101, 102).

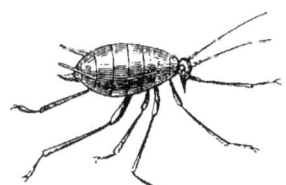 

Fig. 101, 102. Pucerons sans ailes (grossis).

Ces derniers sont les plus grands : ils ont une ligne et demie de longueur. Ils sont entièrement verts, sauf deux parties, dont nous parlerons dans un instant. Leur tête est petite et garnie de deux yeux bruns. Le corps est ovale. La peau est lisse et tendue. Les antennes, très-longues et très-déliées, surpassent presque la longueur du corps. Les six pattes sont longues et grêles. Le pied, terminé par deux crochets, est court. A la partie supérieure du corps, se voient deux sortes de petites cornes, cylindriques, terminées au sommet par un petit bouton. Les antennes et ces cornes sont noires.

Ces Pucerons non ailés font continuellement des petits.

Les Pucerons ailés sont de même grosseur, mais d'un vert obscur, mêlé de noir. Leurs ailes sont transparentes, les supérieures une fois plus longues que le corps. Les jeunes pousses du sureau sont souvent couvertes de Pucerons noirs, ou d'un noir verdâtre, tout autour de leur circonférence, sur une longueur qui peut atteindre un pied à un pied et demi. Les Pucerons se touchent l'un l'autre, et quelquefois même sont disposés sur deux couches superposées et tout à fait noires.

Si on les observe sans agiter la plante, ils paraissent tranquilles et dans l'inaction. Cependant ils tirent alors de la plante la nourriture qui leur est convenable. Ils percent avec la pointe de leur trompe l'épiderme des feuilles ou des tiges, et ils en tirent une liqueur nutritive.

Mais cette occupation est propre aux Pucerons qui marchent sur le tissu même de la plante. Ceux qui, en raison de l'énorme agglomération de ces insectes sur le végétal, marchent, non sur la branche, mais sur un véritable plancher d'autres Pucerons, ne peuvent sucer la séve de la plante. Ils ne travaillent qu'à conserver et à multiplier leur espèce.

Réaumur a vu souvent ces derniers, reconnaissables à leur grande taille, donner naissance à des petits Pucerons, qui sortaient tout vivants de leur mère.

Dès qu'il est né, le petit Puceron suit la file de ses ancêtres, alignés à l'entour d'une branche, par exemple. Il se dirige, soit en montant, soit en descendant, jusqu'à ce qu'il soit arrivé à un but, et prend place, comme un capucin de carte, de manière que sa tête soit derrière le Puceron qui le précède. Là, il enfonce sa trompe dans le tissu végétal, et se met à en aspirer la séve.

Si petite que soit la trompe des Pucerons, dès qu'il existe des milliers de ces petits êtres fixés contre la tige ou les feuilles d'une plante, il est évident que ces parties doivent en souffrir. Aussi le Puceron est-il un des plus terribles ennemis de nos produits agricoles et horticoles, et la liste exacte des ravages qu'il occasionne serait vraiment interminable. Nous nous bornerons à quelques exemples.

Depuis plusieurs années, le *Puceron du tilleul* attaque gravement les tilleuls des promenades publiques de Paris. Le *Puceron du pêcher* produit la *cloque* des feuilles de cet arbre. C'est à ce même et pullulant petit parasite que sont dus, dans un grand nombre de cas, les contournements des feuilles et des jeunes pousses des arbres de toute essence.

Ces insatiables déprédateurs déterminent quelquefois une altération plus remarquable encore. Sur les feuilles des ormes, on voit souvent des vessies, rondes et roses comme des pommes d'api. Si l'on ouvre ces vessies, on les trouve habitées par un peuple de Pucerons.

Sur le peuplier noir naissent des *galles* de différentes espèces. Il en est qui partent des pétioles des feuilles, et d'autres des jeunes tiges. Elles sont arrondies, oblongues, cornues, tournées en spirale. D'autres galles se développent sur la feuille même. Elles sont toutes habitées par des Pucerons, et ces Pucerons diffèrent de ceux dont nous avons donné la description plus haut, en ce que l'extrémité de leur abdomen ne présente pas les deux cornes remarquables sur lesquelles nous aurons plus tard à appeler l'attention. Leur corps est ordinairement recouvert d'un duvet long et épais.

Une des espèces les plus tristement célèbres du genre qui nous occupe est le *Puceron du pommier* (*Myzoxylus mali*) ou *Puceron lanigère*, qui ravage les pommiers.

Cet insecte est d'un brun-roux foncé, avec le dessus de l'abdomen recouvert d'un duvet très-long et très-blanc. Il a été signalé pour la première fois en Angleterre en 1789, et dans le département des Côtes-du-Nord en 1812. En 1818, on le trouva à Paris, dans le jardin de l'École de pharmacie. Il s'était répandu en 1822 dans les départements de la Seine, de la Somme et de l'Aisne. En 1827, on signalait sa présence en Belgique.

Le *Myzoxyle du pommier*, selon M. Blot, ne peut vivre que sur cet arbre. Transplanté sur d'autres, il y périt bientôt. Il n'attaque point les fleurs, les fruits ni les feuilles; mais il se fixe sur l'écorce à la partie inférieure du tronc, d'où il se propage jusqu'aux racines, au bas des greffes et surtout sous leur *poupée*. Il aime encore à se loger dans les plaies du tronc et des grosses branches. Mais partout il recherche l'exposition du midi et fuit celle du nord. Il n'est pas agile, marche fort peu, et sa rapide propagation d'un lieu à un autre ne peut guère s'expliquer que par la facilité avec laquelle le vent peut transporter un si petit insecte, dont la légèreté est encore favorisée par le duvet qui le recouvre.

Le *Puceron lanigère* rend le bois noueux, sec, dur, cassant, et amène rapidement tous les symptômes qui caractérisent la vieillesse et la décrépitude des arbres.

M. Blot conseille les moyens suivants pour préserver les pommiers de l'envahissement du Puceron lanigère : n'employer pour les semis que des graines de pommes amères ; — ne donner aux pépinières et aux plants que l'abri rigoureusement nécessaire ; — éviter pour leur emplacement les terrains trop bas et trop humides ; — favoriser la circulation de l'air et la dessiccation du terrain ; — entourer le pied de chaque pommier avec un mélange de suie ou de tabac et de sable fin.

Quant à la manière de débarrasser un arbre, une fois envahi par ce Puceron, la plus simple c'est de frotter le tronc et les branches, pour écraser les insectes, ou d'employer une brosse ou un balai.

Nous avons parlé plus haut de la reproduction des Pucerons, mais sans entrer dans aucun détail particulier. C'est ici le lieu d'aborder cette question, l'une des plus intéressantes de l'histoire naturelle.

C'est à l'époque où Réaumur écrivait son immortelle *Histoire des Insectes*, c'est au temps où Tremblay publiait ses admirables recherches sur l'Hydre d'eau douce, dont nous avons raconté, dans notre ouvrage sur les *Zoophytes et Mollusques*, la prodigieuse vitalité, qu'un autre naturaliste venait étonner le monde savant par ses expériences sur la reproduction des Pucerons.

Ce naturaliste, dont le nom vivra tout autant que ceux des Réaumur et des Tremblay, c'est Charles Bonnet, de Genève.

Charles Bonnet a fait la découverte extraordinaire que des Pucerons peuvent se reproduire et se multiplier sans accouplement. Lorsqu'un individu est abandonné à lui-même, il produit une série de générations semblables à lui. Nous allons rapporter les curieuses expériences du naturaliste génevois.

Charles Bonnet plaça dans un pot à fleurs de jardin, garni de terre, une fiole pleine d'eau, et fit entrer dans cette fiole une petite branche de fusain, pourvue seulement de cinq à six feuilles, et qui étaient parfaitement exemptes de tout insecte. Sur une de ces feuilles, il posa un Puceron du fusain qui venait de naître sous ses yeux, d'une mère dépourvue d'ailes. Il couvrit enfin la petite branche d'un vase de verre, dont les bords s'appliquaient exactement contre la surface de la terre du pot à fleurs.

Moyennant ces précautions, Ch. Bonnet était assuré de pouvoir renfermer et observer son prisonnier tout à son aise. Il pouvait le tenir sous ses yeux et sous sa main, avec plus de certitude et de sécurité que ne le fut la mythologique Danaé, enfermée, par l'ordre d'Acrisius, dans une tour d'airain.

Ce fut le 20 mai 1740 que Ch. Bonnet emprisonna ainsi, dès sa naissance, le jeune Puceron qui venait d'ouvrir les yeux à la lumière. Nous laisserons maintenant parler l'auteur de cette expérience intéressante.

« J'eus soin, dit Ch. Bonnet, de tenir un journal exact de la vie de mon Puceron. J'y notai jusqu'à ses moindres mouvements, aucune de ses démarches ne me parut indifférente. Non-seulement je l'observai tous les jours d'heure en heure, à commencer ordinairement dès quatre à cinq heures du matin et ne discontinuant guère que vers les neuf ou dix heures du soir, mais même j'y regardais plusieurs fois dans la même heure, et toujours à la loupe, pour rendre l'observation plus exacte et m'instruire des actions les plus secrètes de notre petit solitaire. Mais si cette application continuelle me coûta quelques peines et me gêna un peu, en revanche j'eus de quoi m'applaudir de m'y être assujetti.... Mon Puceron changea de peau quatre fois ; le vingt-troisième sur le soir ; le vingt-sixième à deux heures après midi ; le vingt-neuvième à sept heures du matin ; et le trente et unième sur les sept heures du soir...; délivré heureusement des quatre maladies par lesquelles il devait passer, il était enfin arrivé au terme où j'avais tâché de l'amener par mes soins. Il était devenu un Puceron parfait. Dès le premier de juin, environ les sept heures du soir, je vis avec un grand contentement qu'il était accouché, et dès lors je crois devoir lui donner le nom de *Puceronne*. Depuis ce jour jusqu'au vingt inclusivement, elle fit quatre-vingt-quinze petits, tous bien vivants, et la plupart venus au monde sous mes yeux[1]. »

Charles Bonnet fit bientôt d'autres expériences sur les Pucerons du sureau, afin de s'assurer si des générations de Pucerons, élevées successivement en solitude, conservent la même propriété de procréer leurs semblables, sans accouplement.

« Le 12 juillet, dit-il, sur les trois heures après midi, je renfermai un Puceron de sureau qui venait de naître sous mes yeux. Le 20 du même mois, à six heures du matin, il avait déjà fait trois petits. Mais j'attendis jusqu'au 22 vers midi à renfermer un Puceron de la deuxième génération, parce que je ne pus parvenir plus tôt à être présent à la naissance d'un de ceux dont accoucha cette mère que j'avais condamnée à vivre dans la solitude. J'usai toujours dans la suite de la même précaution : je ne renfermai que des Pucerons venus au jour sous mes yeux. Une troisième génération commença le 1er août ; ce fut ce jour-là qu'accoucha le Puceron qui avait été enfermé le 22 juillet. Le 4 du mois d'août, environ une heure après midi, je mis en solitude un Puceron de cette troisième génération. Le 9 du même

1. *Traité d'insectologie, ou Observations sur les Pucerons*; Ire partie, in-18, Paris, 1745, p. 28 38.

mois, à six heures du soir, une quatrième génération due à ce dernier avait déjà vu le jour : il avait donné naissance à quatre petits. Le même jour, vers minuit, tout commerce avec ceux de son espèce fut interdit à un Puceron de la quatrième génération né à cette heure. Le 18, entre six et sept heures du matin, je trouvai ce dernier en compagnie de quatre petits qu'il avait mis au jour [1]. »

Ici le manque de nourriture détermina la mort du Puceron isolé de la cinquième génération, et l'expérience fut close.

Bonnet mit ensuite en expérience les Pucerons du plantain. Il les suivit pendant cinq générations consécutives, et dans une nouvelle expérience il put suivre dix générations se succédant sans interruption, dans l'espace de trois mois.

Après avoir constaté les faits extraordinaires qu'il nous raconte avec une simplicité et une bonhomie parfaites, Charles Bonnet, examinant à la fin de la belle saison des Pucerons ailés du chêne, put assister à leurs noces. Il conserva avec grand soin les femelles, et ne vit pas sans un profond étonnement qu'elles donnaient naissance, non à des petits vivants, comme cela avait été le cas dans ses premières expériences, mais à des œufs d'une couleur rougeâtre qui étaient collés et attachés, les uns à côté des autres, sur la tige de la plante.

Peu de temps après, cet illustre observateur put se convaincre que les Pucerons du chêne dont il avait vu les noces à l'automne, pouvaient présenter d'ailleurs les mêmes phénomènes de propagation solitaire et vivipare, déjà si souvent constatés par lui.

Enfin de nouvelles observations lui permirent de mettre hors de doute l'enchaînement de ces faits en apparence contradictoires.

Il reconnut que, pendant toute la belle saison, les Pucerons se reproduisent isolément et mettent au monde des petits vivants, mais que vers l'automne ces animaux, rentrant dans les conditions ordinaires, se propagent par des œufs, dont le développement exige le concours d'un père et d'une mère. Ces œufs éclosent au printemps et il n'en sort que des individus vivipares. A l'automne se montrent des mâles et des femelles, et à partir de ce moment l'oviparité reparaît.

Ces faits si curieux, vus et constatés il y a plus d'un siècle, ont été vérifiés plusieurs fois depuis cette époque.

En 1866, M. Balbiani a avancé que les Pucerons sont porteurs des deux sexes, ce qui expliquerait les faits observés par Charles

---

1. *Traité d'insectologie, ou Observations sur les Pucerons*; Ire partie, in-18, Paris, 1745, p. 67-69.

Bonnet. Mais les preuves anatomiques invoquées par M. Balbiani sont loin d'établir l'existence de cette dualité sexuelle chez les Pucerons.

Les observations de Charles Bonnet produisirent chez les naturalistes un étonnement profond, et, sous ce point de vue, l'année 1743 peut être considérée comme une année mémorable.

Fig. 103. Charles Bonnet.

Le simple exposé de quelques expériences de Charles Bonnet que nous avons citées, a suffi pour montrer combien la multiplication est rapide chez les Pucerons. Une seule femelle donne ordinairement 90 jeunes individus. A la seconde génération, ces 90 en auront donné 8100. Ceux-ci donneront une troisième génération, qui sera de 729 000 individus. Ceux-ci à leur tour devront en fournir 65 610 000. La cinquième génération étant de 590 490 000 individus, donnera une progéniture de 53 142 100 000 individus. A la septième, nous aurons ainsi 4 782 789 000 000, et la huitième donnera 441 461 010 000 000. Ce nombre immense peut s'élever bien plus haut quand il y a onze générations dans l'espace d'une année.

Heureusement beaucoup d'insectes carnassiers font une rude guerre aux Pucerons, et en détruisent des masses énormes. Ils opposent ainsi une digue salutaire au débordement de leur multiplication.

Pour montrer avec quelle prodigieuse abondance doit se faire la reproduction de ces petits et redoutables parasites, nous rapporterons un fait qui a été signalé par M. Morren, professeur à l'université de Liége.

L'hiver de 1833 à 1834 avait été extrêmement chaud et sec; des mois entiers s'étaient passés sans pluie. Un savant bien connu, Van Mons, avait prédit dès le 12 mai que tous les légumes seraient dévorés par les Pucerons.

En effet, le 28 septembre 1834, au moment où l'épidémie du choléra venait de commencer à étendre ses ravages en Belgique, tout à coup une nuée de Pucerons se montra entre Bruges et Gand. On les vit le lendemain, à Gand, voltiger par troupes en telle quantité, que la lumière du jour en était obscurcie. En se plaçant sur les remparts, on ne pouvait plus distinguer les murs des maisons de la ville, tant ils en étaient couverts. Toute la route d'Anvers à Gand était noircie de leurs innombrables légions. Partout on les avait vus apparaître subitement. Il fallait se couvrir les yeux de lunettes et le visage de mouchoirs, pour se préserver du chatouillement pénible et désagréable qu'occasionnaient leurs six pattes. La marche de ces insectes était interrompue par des montagnes, des collines, des ondulations de terrain même peu élevées, mais suffisantes pour influer sur le vent. M. Morren pense que ces Pucerons arrivaient de fort loin, et qu'ils étaient venus en Belgique du côté de la mer.

Quelle que soit l'explication du phénomène, il établit suffisamment la prodigieuse multiplication de ces petits insectes.

Il est un dernier trait, et sans nul doute le plus curieux de l'histoire des Pucerons, qu'il nous reste à signaler à l'attention curieuse du lecteur : il s'agit des rapports qui s'établissent entre les Pucerons et les Fourmis.

Il n'est personne qui n'ait vu courir et s'arrêter des Fourmis dans tous les lieux où des Pucerons sont réunis en grand nombre.

Les Fourmis sont-elles simplement les amies des Pucerons, comme le croyaient les anciens? Ou bien leurs visites ont-elles quelque but intéressé?

Linné, Bonnet, Pierre Huber eurent la pensée que les Fourmis ne venaient pas pour rien trouver ces insectes, leurs congénères, et qu'elles avaient quelque chose à leur demander.

Mais qu'avaient-elles donc à demander aux Pucerons? C'est à Pierre Huber que l'on doit cette découverte. Ce naturaliste a fait sur les rapports des Pucerons et des Fourmis les plus jolies observations du monde. Elles sont rapportées dans un chapitre de son admirable ouvrage intitulé : *Recherches sur les mœurs des Fourmis indigènes*.

Les Pucerons portent, comme nous l'avons dit, à l'extrémité de leur abdomen, deux petits tubes mobiles. Ces appendices extérieurs sont, l'un et l'autre, en communication avec une petite glande qui fournit un liquide sucré. Quand on observe avec quelque soin des Pucerons attachés à la tige d'une plante, on voit suinter une petite gouttelette sirupeuse de l'extrémité de ces tubes.

M. Morren, qui a fait d'intéressantes observations sur l'anatomie et sur la génération des Pucerons, dit qu'ayant enfermé des femelles dans des bocaux de verre, pour observer leur accouchement, il vit les petits venir, peu de temps après leur naissance, sucer le suc doux et mielleux qui sortait des petits tubes de l'abdomen des mères. Cette sécrétion paraît donc destinée à servir à la nourriture des jeunes Pucerons, dans les premiers moments de leur existence, avant qu'ils aient pu commencer à se nourrir des sucs végétaux. Le liquide sucré fourni par la mère serait une sorte de lait destiné à la nourriture du jeune animal.

Ceci étant posé, écoutez bien la suite.

Dans tous les lieux où les Pucerons sont réunis en grand nombre, il est facile de constater le goût excessif que les Fourmis ont pour la liqueur sucrée destinée à l'allaitement des petits Pucerons. Mais comment les Fourmis s'y prennent-elles pour que les Pucerons consentent à se laisser traire, pour ainsi dire, par leur visiteuse indiscrète? Nous allons laisser à Pierre Huber le soin de nous apprendre comment s'établissent les rapports, les liaisons d'amitié entre ces deux types d'insectes.

« On avait déjà observé, dit le célèbre observateur, que les Fourmis attendaient le moment où les Pucerons faisaient sortir de leur ventre cette manne précieuse et qu'elles savaient la saisir aussitôt. Mais j'ai découvert que c'était là le moindre de leurs talents et qu'elles savaient encore se faire servir à volonté : voici en quoi consiste leur secret.

« Une branche de chardon était couverte de Fourmis brunes et de Pucerons : j'observai quelque temps ces derniers, pour saisir, s'il était possible, l'instant où ils faisaient sortir de leur corps cette sécrétion; mais je remarquai qu'elle ne sortait que très-rarement d'elle-même et que les Pucerons éloignés des Fourmis la lançaient au loin au moyen d'un mouvement qui ressemble à une espèce de ruade.

« Comment se faisait-il donc que les Fourmis errantes sur les rameaux eussent presque toutes des ventres remarquables par leur volume et remplis évidemment d'une liqueur? C'est ce que j'appris en suivant de près une seule Fourmi dont je vais décrire exactement les procédés. Je la vois d'abord passer sans s'arrêter sur quelques Pucerons que cela ne dérange point, mais elle se fixe bientôt auprès d'un des plus petits : elle semble le flatter avec ses antennes en touchant l'extrémité de son ventre alternativement de l'une et de l'autre avec un mouvement très-vif. Je vois avec surprise la liqueur sortir hors du corps du Puceron et la Fourmi saisir aussitôt la gouttelette qu'elle fait passer dans sa bouche. Ses antennes se reportent ensuite sur un Puceron beaucoup plus gros que le premier : celui-ci, caressé de la même manière, fait sortir le fluide nourricier en plus grande dose. La Fourmi s'avance pour s'en emparer. Elle passe à un troisième qu'elle amadoue comme les précédents en lui donnant plusieurs petits coups d'antennes auprès de l'extrémité postérieure de son corps; la liqueur sort à l'instant et la Fourmi la recueille....

« Il ne faut qu'un petit nombre de ces repas pour rassasier une Fourmi.

« Il ne paraît point que ce soit par importunité que ces insectes obtiennent des Pucerons leur nourriture.

« Le voisinage des Fourmis est agréable aux Pucerons, puisque ceux qui pourraient se soustraire à leur visite (Pucerons ailés) préfèrent demeurer au milieu d'elles et leur prodiguer le superflu de leur nourriture[1]. »

Ce qu'on vient de dire se rapporte non-seulement à la Fourmi brune, mais à la Fourmi fauve, à la noire cendrée, à la fuligineuse, à bien d'autres encore.

La Fourmi rouge est d'une singulière habileté à saisir la gouttelette que lui abandonne le Puceron. Selon Pierre Huber, elle emploie ses antennes, dont l'extrémité est un peu renflée, pour porter cette gouttelette à sa bouche, et elle l'y fait entrer en la pressant tour à tour, en se servant de l'une et de l'autre antenne, comme de véritables doigts.

La plupart des Fourmis vont trouver les Pucerons sur les plantes mêmes où ils ont l'habitude de se fixer, sur les plus basses herbes, comme au sommet des grands arbres. Il en est pourtant qui ne sortent pas de leur demeure, qui ne sont jamais en chasse. Ce sont de petites Fourmis, d'un jaune pâle, un peu transparentes et recouvertes de poils, qui sont extrêmement

---

1. *Recherches sur les mœurs des fourmis indigènes*. Paris, 1810, p. 181-186.

multipliées dans nos prés et dans nos vergers. Ces êtres souterrains sont ruineux pour l'agriculteur.

Pierre Huber se demandait souvent comment subsistent ces Fourmis, de quels aliments elles peuvent s'approvisionner, sans sortir de leur habitation ténébreuse. Ayant un jour retourné la terre dont leur habitation est composée, pour découvrir si quelque provision s'y trouvait renfermée, il n'y trouva que des Pucerons. La plupart étaient fixés aux racines des arbres qui pendaient de la voûte du nid souterrain; d'autres erraient au milieu des Fourmis. Celles-ci s'y prenaient d'ailleurs comme à l'ordinaire pour traire leurs complaisantes nourrices, et toujours avec le même succès.

Pour vérifier sa découverte, Pierre Huber fouilla dans un grand nombre de nids de Fourmis jaunes, et il y trouva toujours des Pucerons.

Afin d'étudier les rapports qui devaient exister entre ces insectes, il enferma des Fourmis avec leurs amis les Pucerons dans une boîte vitrée, en plaçant au fond de la boîte de la terre, mêlée aux racines de quelques plantes, dont les branches végétaient au dehors. Il arrosait de temps en temps la fourmilière. De cette façon, animaux et plantes trouvaient dans son appareil une nourriture suffisante. Voici alors ce qu'il observa :

« Les Fourmis ne cherchaient point à s'échapper. Elles semblaient n'avoir rien à désirer. Elles soignaient leurs larves et leurs femelles avec la même affection que dans leurs véritables nids, elles avaient grand soin des Pucerons et ne leur faisaient jamais de mal. Ceux-ci ne paraissaient point les craindre; ils se laissaient transporter d'une place à une autre, et lorsqu'ils étaient déposés, ils demeuraient dans l'endroit choisi par leurs gardiennes; lorsque les Fourmis voulaient les déplacer, elles commençaient par les caresser avec leurs antennes comme pour les engager à abandonner leurs racines ou à retirer leur trompe de la cavité dans laquelle elle était insérée, ensuite elles les prenaient doucement par-dessus ou par-dessous le ventre avec leurs dents et les emportaient avec le même soin qu'elles auraient donné aux larves de leur espèce. J'ai vu la même Fourmi prendre successivement trois Pucerons plus gros qu'elle et les transporter dans un endroit obscur.

« .... Cependant les Fourmis n'emploient pas toujours les voies de la douceur avec eux; quand elles craignent qu'ils ne leur soient enlevés par celles d'une autre espèce et vivant près de leur habitation, ou lorsqu'on découvre trop brusquement le gazon sous lequel ils sont cachés, elles les prennent à la hâte et les emportent au fond des souterrains. J'ai vu des Fourmis de deux nids se disputer leurs Pucerons : quand celles de l'un pouvaient entrer chez les autres, elles les dérobaient aux véritables possesseurs, et souvent ceux-ci s'en emparaient à leur tour; car les Fourmis connaissent tout le prix de ces petits animaux qui semblent leur être destinés : c'est leur trésor;

une fourmilière est plus ou moins riche selon qu'elle a plus ou moins de Pucerons; c'est leur bétail, ce sont leurs vaches et leurs chèvres : on n'eût pas deviné que les Fourmis fussent des peuples pasteurs[1]. »

Les Pucerons qui servent ainsi de garde-manger à la colonie de Fourmis sont-ils venus se loger d'eux-mêmes, et volontairement, dans ce souterrain ténébreux, eux qui vivent au grand jour, au grand soleil, et sous les caresses de la brise? Leur enfouissement dans ces lieux profonds ne s'est pas fait volontairement. Les pauvres Pucerons sont prisonniers de guerre. Les Fourmis, après avoir creusé des galeries au milieu des racines, ont envahi les gazons, et se sont emparées des Pucerons épars, qu'elles ont amenés avec elles, et rassemblés dans leurs nids. Les insectes captifs prennent leur mal en patience et s'arrangent en philosophes de ce nouveau genre de vie. Ils prodiguent à leurs maîtres, de la meilleure grâce du monde, les sucs nourriciers dont leur corps surabonde.

Charles Bonnet a constaté de vrais miracles d'habileté et d'industrie chez d'autres Fourmis qui font aussi provision de Pucerons.

« Je découvris un jour un tithymale, dit-il, qui supportait au milieu de sa tige une petite sphère à laquelle il servait d'axe. C'était une case que des Fourmis avaient bâtie avec de la terre. Elles en sortaient par une ouverture fort étroite pratiquée dans le bas, descendaient le long de la branche et passaient dans une fourmilière voisine. Je démolis une partie de ce pavillon construit presque en l'air, afin d'en étudier l'intérieur. C'était une petite salle dont les parois en forme de voûte étaient lisses et unies; les Fourmis avaient profité de la forme de cette plante pour soutenir leur édifice. Là la tige passait donc au centre de l'appartement et ses feuilles en composaient toute la charpente. Cette retraite renfermait une nombreuse famille de Pucerons, auprès desquels des Fourmis brunes venaient paisiblement faire leur récolte à l'abri de la pluie, du soleil et des Fourmis étrangères. Nul insecte ne pouvait les inquiéter et les Pucerons n'étaient point exposés aux attaques de leurs nombreux ennemis. J'admirai ce trait d'industrie et je ne tardai pas à le retrouver avec un caractère plus intéressant encore chez des Fourmis d'une espèce différente.

« Des Fourmis rouges avaient construit autour du pied d'un chardon un tuyau de terre de deux pouces et demi de longueur sur un et demi de largeur. La fourmilière était au bas et communiquait sans intervalle avec le cylindre. Je pris la branche avec son entourage et tout ce qu'il renfermait : la portion de la tige comprise dans le tuyau était garnie de Pucerons; je vis bientôt sortir par l'ouverture que j'avais faite à la base les Fourmis, fort étonnées de voir le jour en cet endroit, et je m'aperçus qu'elles y vivaient avec leurs larves ; elles les transportèrent en hâte dans la partie la plus élevée du cylindre qui n'avait pas été altérée. C'est dans ce réduit

---

1. *Recherches*, etc., pages 192-194

qu'elles se tenaient à portée de leurs Pucerons rassemblés et qu'elles nourrissaient leurs petits.

« Ailleurs plusieurs tiges de tithymale chargées de Pucerons s'élevaient au centre même d'une fourmilière appartenant aux Fourmis brunes. Celles-ci, profitant de la disposition particulière des feuilles de cette plante, avaient construit autour de chaque branche autant de petites cases allongées ; et c'est là qu'elles venaient chercher leur nourriture. Ayant détruit une de ces loges, les Fourmis emportèrent aussitôt dans le nid leurs précieux animaux ; peu de jours après elle fut réparée sous mes yeux par ces insectes, et les troupeaux furent ramenés dans leur parc.

« Ces cases ne sont pas toujours à quelques pouces de terre. J'en ai vu une à cinq pieds au-dessus du sol, et celle-ci mérite encore d'être décrite. Elle consistait en un tuyau noirâtre, assez court, qu'environnait une petite branche de peuplier à sa sortie du tronc. Les Fourmis y arrivaient depuis l'intérieur de l'arbre qui était excavé, et sans se montrer elles pouvaient parvenir vers leurs Pucerons par une ouverture qu'elles avaient pratiquée à la naissance de cette branche ; ce tuyau était formé de bois pourri, du terreau même de cet arbre, et je vis plusieurs fois les Fourmis en apporter des brins à leur bouche pour réparer les brèches que je faisais à leur pavillon. Ces traits ne sont pas fort communs et ne sont point du nombre de ceux qu'on pourrait attribuer à une routine habituelle [1]. »

Un jour, Pierre Huber découvrit dans un nid de Fourmis jaunes une loge contenant un amas de petits œufs couleur d'ébène. Ils étaient environnés de plusieurs Fourmis, qui paraissaient en prendre soin et qui cherchèrent à les emporter.

Dès que le nid fut mis au jour par lui, Huber s'empara de la loge, de ses habitants et du petit trésor qu'elle contenait, et plaça le tout dans un couvercle de boîte, recouvert d'une glace, afin de mieux observer. Il vit les Fourmis s'approcher des œufs, faire passer leur langue entre eux, la promener sur chacun de ces œufs et y déposer une substance liquide. Elles paraissaient traiter ces œufs exactement comme ceux de leur espèce ; elles les palpaient avec leurs antennes, les réunissaient et les portaient fréquemment à leur bouche. Elles ne les quittaient pas un instant. Elles les prenaient, les retournaient, et après les avoir visités avec soin, elles les emportaient avec une extrême délicatesse dans la petite case de terre placée auprès d'elles [2].

Ce n'étaient cependant point des œufs de Fourmis. C'étaient des œufs de Pucerons. Les petits qui allaient bientôt éclore devaient donner aux Fourmis prévoyantes la récompense des soins qu'elles leur avaient prodigués.

Quelle histoire admirable que la vie et les mœurs des Pucerons, et leurs rapports avec les Fourmis !

---

1. *Traité d'insectologie*, etc., pages 198-201. — 2. *Recherches*, e c., pages 205-206.

Mais nous serions entraînés trop loin, si nous voulions poursuivre davantage ces détails attrayants. Séparons-nous donc, quoique à regret, de nos industrieuses Fourmis et de leurs complaisants prisonniers.

Nous nous occuperons maintenant d'un puceron presque microscopique, dont les insignifiantes dimensions contrastent étrangement avec l'immense étendue des désastres qu'il a provoqués et qu'il continue d'exercer. Nous voulons parler du *Phylloxera vastatrix*, ce terrible ennemi, qui menace d'enlever à la France un revenu de près d'un milliard de francs, en détruisant les vignes qui, dans le midi de la France seulement, produisent du vin pour cette somme (les départements de l'Hérault, du Gard et de l'Aude en récoltent à eux seuls pour 900 millions).

Les ravages de l'oïdium n'étaient rien, comparés à ceux qui sont propres au fléau nouveau. En effet, l'oïdium ne compromet point l'existence de la vigne ; il ne détruit qu'une récolte, et le cep conserve, à la saison suivante, toute sa vitalité. Au contraire, le *Phylloxera*, quand il s'est emparé d'une vigne, la tue inévitablement. Un remède infaillible a pu être opposé aux ravages de l'oïdium, qui n'affecte que la surface extérieure de l'arbuste, c'est-à-dire les feuilles et les fruits ; mais l'application d'un agent curatif du *Phylloxera* est extraordinairement difficile, car le mal siége, non sur les feuilles, les branches et les parties externes du végétal, mais à l'intérieur, sur les racines, à la profondeur d'un mètre et plus. C'est peut-être le premier exemple d'une affection aussi insidieuse, d'une maladie allant attaquer une plante dans les profondeurs du sol, hors de toute atteinte préventive ou curative.

L'agriculture et le commerce viticole sont en proie aux plus terribles inquiétudes en présence de ce fléau causé par un insecte, qu'il importe de faire bien connaître aux lecteurs de cet ouvrage.

L'invasion du *Phylloxera vastatrix* remonte à l'année 1863. Il fit sa première apparition dans les communes de Pujaut, Roquemaure et Villeneuve-lès-Avignon, situées sur la rive gauche du Rhône, dans le département du Gard. Le mal fut occasionné par la plantation de vignes exotiques, qui avaient été importées d'Amérique, dix ans auparavant, par la *Société d'acclimatation* qui a ses jardins au bois de Boulogne-Paris.

Ainsi c'est à la Société d'acclimatation de Paris que l'Europe doit l'importation de ce mal. Le bien qu'a pu faire cette Société est tristement compensé par l'épouvantable fléau qu'elle a déchaîné sur l'agriculture française et la richesse publique de l'Europe.

La maladie, qui fut reconnue pour la première fois dans les vignobles du Gard, avait pour cause un insecte de très-petite taille, un puceron, qui fut dénommé *Phylloxera vastatrix* par le naturaliste de Montpellier, M. Planchon, qui fut le premier à l'étudier.

Le *Phylloxera vastatrix* appartient à l'ordre des hémiptères et au sous-ordre des homoptères. Il se propage par des œufs. On l'a observé sous trois états différents :

1° *A l'état jeune*. Il est alors beaucoup plus petit qu'une puce, de couleur jaunâtre et difficile à apercevoir à l'œil nu.

2° *A l'état de larve*. Il est alors plus gros, plus allongé et d'un jaune plus vif. A cet état il a près d'un millimètre de long et s'aperçoit assez facilement.

3° *A l'état d'insecte parfait*. Il est alors pourvu d'ailes, aussi bien dans les mâles que dans les femelles, et n'a guère qu'un millimètre de long. Il échappe aux regards quand il vole dans l'air. Son vol est d'ailleurs très-faible; ou plutôt c'est le vent qui, presque toujours, produit son transport à de grandes distances. Le vol du mâle est plus puissant que celui de la femelle.

Le *Phylloxera* se laisse emporter par le vent pendant les mois d'août et de septembre, et chaque femelle venant à tomber sur la feuille d'une vigne, y dépose deux ou trois œufs. Après l'éclosion de ces œufs, chaque jeune puceron pique un point de la feuille. Cette piqûre détermine très-promptement une boursouflure, c'est-à-dire une *galle* (c'est le nom sous lequel on désigne, en général, les excroissances anormales causées par les insectes sur l'écorce, la tige ou les feuilles des végétaux). C'est dans cette petite *galle* que l'insecte se cantonne pour se développer, et plus tard pour pondre ses œufs. Cette ponte se fait en mars ou en avril. Les œufs étant éclos à leur tour, produisent les insectes jeunes, lesquels descendant le long du tronc de la vigne, ou pénétrant dans le sol avant la chute des feuilles, vont se fixer sur les racines, et vivent à leur surface, aux dépens de sa substance.

Le *Phylloxera* a donc deux existences : l'une *aérienne* et l'autre *souterraine*. C'est surtout pendant son existence souterraine, alors qu'il vit sur les racines, que cet insecte produit ses plus cruels ravages. S'attaquant à la base de l'arbuste, la rongeant, la détruisant, il amène promptement l'altération des radicelles, ce qui provoque, dans un intervalle plus ou moins éloigné, la mort du végétal entier.

Les galles produites par le *Phylloxera* sur les feuilles de la vigne ne se voient pas fréquemment dans les vignobles de l'Hérault, du Gard et de l'Aude; mais il n'en est pas de même dans le Bordelais. Dans cette région, les feuilles des vignes sont souvent affectées de ces excroissances. Suivant M. Planchon, chaque galle contiendrait jusqu'à 200 œufs.

Pendant leur vie souterraine, les insectes non ailés qui vivent sur les racines, se multiplient, se reproduisent rapidement, et donnent naissance à des séries de générations voraces qui se répandent d'une souche à l'autre. MM. Planchon et Lichtenstein assurent qu'en trois générations les œufs contenus dans une seule galle peuvent produire 8 millions d'individus.

Ainsi, c'est par la double voie aérienne et souterraine que se fait la dissémination, la multiplication de l'insecte. Le vent emporte à de grandes distances cet infiniment petit insecte, cet hémiptère invisible, qui peut franchir des fleuves tels que le Rhône et la Durance. D'un autre côté, sa propagation se fait aussi souterrainement, et il voyage d'une souche à l'autre. Cet imperceptible et terrible mineur circule dans les profondeurs du sol, le long des racines, ou en suivant les fissures que présente la terre arable.

Nous représentons ici (fig. 104) le *Phylloxera* vu à un fort grossissement; car à l'œil nu, cet insecte, qui n'a qu'un demi-millimètre de long, est presque invisible, et il faut armer son œil de la loupe pour l'apercevoir, et du microscope pour l'étudier.

Suivons maintenant les effets de la piqûre du *Phylloxera*, en d'autres termes, voyons comment une vigne ainsi affectée traverse les différentes périodes qui doivent aboutir à sa mort.

Quand le *Phylloxera* attaque une vigne pour la première fois, rien dans l'apparence extérieure du végétal ne trahit cette atteinte funeste. L'aspect de la végétation est normal; les sarments sont longs et aussi vigoureux qu'à l'ordinaire; les feuilles ou les grappes sont saines et bien développées. Le mal est donc tout intérieur; il ne se révèle que quand on découvre les racines. Mais si l'on arrache un des ceps, on constate, sur les radicelles du chevelu, des renflements, dans les plis desquels se trouve l'insecte dévastateur. Ces renflements, de couleur blanchâtre, sont la suite de la piqûre faite par le *Phylloxera*. Dans ces nodosités anormales on trouve souvent, en même temps que l'insecte, des agglomérations d'œufs.

Le *Phylloxera* passe l'hiver fixé, et comme engourdi, sur les racines de la vigne. Les ravages qu'il a causés sont déjà appréciables pendant la première année, car le chevelu des racines est en partie désorganisé et s'écrase sous la simple pression des doigts.

Pendant la deuxième période de l'envahissement, c'est-à-dire pendant la deuxième année, le mal se traduit par des symptômes extérieurs. Les ceps ont une végétation languissante ; les sarments sont courts, les feuilles petites et pâles, les grappes presque nulles ou peu nombreuses, et parviennent difficilement à la maturité.

Sur les vignes ainsi affectées, le *Phylloxera* est peu abondant : il les a abandonnées en grande partie à la fin de l'hiver, époque où finit son sommeil léthargique, pour se diriger sur les vignes saines avoisinantes. Les racines sont presque pourries et présentent de nombreuses nodosités. On y remarque un foyer central d'attaque, et une désorganisation qui rayonne de ce point central à la périphérie, avec une intensité décroissante, de manière à former comme une sorte de tache d'huile, intense au centre et s'affaiblissant du centre aux extrémités.

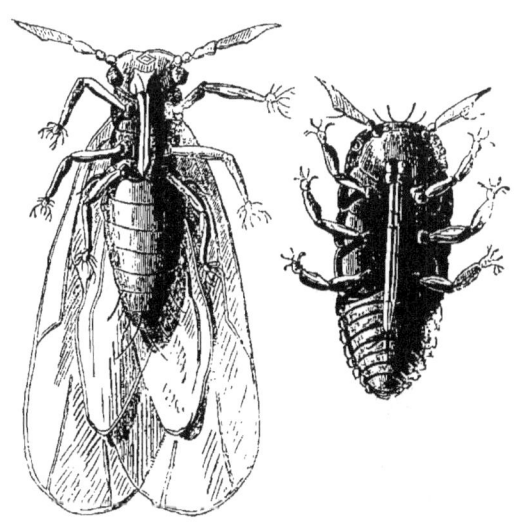

Fig. 104. Phylloxera de la vigne. (Grossi 70 fois.)

Pendant cette seconde année, la végétation extérieure conserve encore l'aspect à peu près normal. Pour constater la présence du puceron, il est toujours nécessaire de découvrir les racines.

Pendant la troisième période, ou troisième année, le mal n'est que trop apparent au dehors. Les racines sont atrophiées ou pourries. La végétation est languissante, les feuilles petites et d'une couleur jaunâtre. L'arbuste ne tarde pas à mourir. Il périt ordinairement pendant la troisième ou quatrième année qui suit le moment où le *Phylloxera* s'est montré pour la première fois dans le vignoble.

Passons aux moyens qui ont été mis en usage pour combattre le mal, c'est-à-dire pour détruire l'insecte fixé sur les racines, ou pour empêcher sa propagation d'un point à un autre.

Disons tout de suite que des nombreux agents insecticides qui ont été essayés jusqu'à ce moment, aucun n'a donné de résultats avantageux. Cet insuccès s'explique d'ailleurs quand on connaît le mode d'existence du parasite qu'il faut aller combattre. Le *Phylloxera*, avons-nous dit, descend dans le sol, à une profondeur de plus d'un mètre. Il faut donc que l'insecticide puisse pénétrer à cette profondeur, en conservant toutes ses propriétés délétères; et cette première condition n'est pas facile à remplir. Il faut ensuite que le liquide employé ne puisse nuire à la végétation, à l'existence de la vigne.

On cite les substances suivantes comme ayant été employées, à titre d'insecticides, contre le *Phylloxera* : 1° les engrais salins; 2° l'acide phénique; 3° l'arsénite de soude; 4° l'acide arsénieux; 5° le sulfure de calcium; 6° l'huile lourde du gaz; 7° le coaltar, ou goudron de houille; 8° l'ammoniaque liquide; 9° la chaux en poudre; 10° la fleur de soufre; 11° l'huile de pétrole; 12° le savon noir; 13° la naphtaline; 14° une décoction de staphisaigre; 15° les cendres de bois; 16° les cendrailles de chaux; 17° la chaux des usines à gaz; 18° le sous-acétate de cuivre, ou verdet; 19° les eaux ammoniacales du gaz; 20° le sulfate de fer; 21° la pyrite de cuivre; 22° le sel marin; 23° l'urine de vache; 24° le jus de tabac; 25° le polysulfure de calcium; 26° l'acide carbonique; 27° la moutarde en poudre; 29° le chlorure de chaux.

Ces différentes substances ont, en général, détruit l'insecte fixé sur les racines; mais, trop souvent, elles ont également fait périr la vigne, ou gravement compromis son existence.

Les deux substances qui ont donné les meilleurs résultats sont le sulfure de calcium et l'acide phénique.

Le sulfure de calcium s'obtient en faisant bouillir dans l'eau, du soufre et de la chaux caustique. Les proportions de ces deux substances sont calculées de manière que l'eau contienne de 10 à 12 pour 100 de sulfure de calcium en dissolution. Quant à l'acide phénique, on le prend chez les marchands de produits chimiques; et comme il ne s'agit que du produit non purifié, son prix est assez bas pour pouvoir se prêter à l'emploi agricole.

D'après M. Planchon, l'acide phénique est inoffensif pour la vigne, lorsqu'il est employé en dissolution dans l'eau, à la dose d'environ 3 pour 100. Il faut, d'après M. Planchon, verser 20 à 25 litres de l'une ou de l'autre de ces dissolutions pour chaque cep, après avoir mis à découvert une partie des racines.

Le sulfure de calcium et l'acide phénique ont réussi en ce sens qu'ils ont fait périr beaucoup d'insectes ; mais ils n'ont pas empêché le *Phylloxera* de se propager et de continuer ses ravages.

En 1874, on a beaucoup recommandé, d'après les expériences de la commission instituée à l'Académie des sciences de Paris, pour étudier les moyens de combattre le *Phylloxera*, le gaz hydrogène sulfuré ou plutôt le sulfhydrate d'ammoniaque, comme agent toxique. Un mélange de sulfate d'ammoniaque et de foie de soufre, ou sulfure de potasse des pharmacies, produit, par double décomposition chimique, du sulfate de potasse et du sulfhydrate d'ammoniaque volatil. Or, ce sulfhydrate d'ammoniaque est le toxique le plus actif contre le *Phylloxera*.

Quant au mode d'emploi de ce mélange, on a opéré de deux manières :

1° En l'introduisant dans des trous verticaux creusés dans le sol au moyen d'une tringle de fer et d'un marteau ou d'un mouton de fer ; 2° en le répandant sur le sol.

Les résultats des expériences faites avec ce mélange, selon l'une ou l'autre méthode, mais particulièrement par la méthode des trous verticaux pratiqués dans le sol, ont paru jusqu'ici très-encourageants.

Il sera cependant toujours très-difficile de faire usage d'un insecticide, en l'absence de tout signe extérieur décelant la partie d'une vigne sur laquelle il faut porter les moyens de défense. Le *Phylloxera* abandonne la souche dès qu'il en a détruit les radicelles, et il se dirige aussitôt vers des vignes saines. Le mal n'apparaît donc au dehors que lorsque l'insecte a disparu. Dès lors on est fort embarrassé de choisir le point où il faut porter les insecticides.

La submersion des vignes est un moyen qui a réussi à un propriétaire de Graveson (Bouches-du-Rhône), M. Faucon. N'admettant pas qu'on pût préserver les vignes du *Phylloxera* par des insecticides, M. Faucon songea à guérir son vignoble en maintenant les souches sous l'eau, qui ferait périr par asphyxie l'insecte dévastateur. Son vignoble était menacé, en 1870, d'une ruine totale ; il noya ses vignes pendant quarante à cinquante jours de l'hiver, et pendant l'été il exécuta des arrosages abondants. En même temps, il soumit la vigne à une taille particulière et nouvelle. Par cette méthode, M. Faucon a toujours sauvé ses vignes.

Les résultats obtenus par M. Faucon sont remarquables; mais on ne saurait en tirer de conclusion générale. Noyer les vignes est un procédé qui peut être praticable dans quelques localités d'un niveau bas; mais comment l'employer dans les lieux élevés ou déclives? Où trouver d'ailleurs l'eau nécessaire pour inonder les vignobles de l'Hérault, qui couvrent des espaces immenses, et sont l'unique culture dans la plus grande partie du département?

Un autre moyen d'arrêter les ravages du parasite a été proposé à Bordeaux par M. Laliman, et à Montpellier par M. Gaston Bazille. Un naturaliste américain, M. Riley, qui est venu de Saint-Louis (Missouri) pour étudier le *Phylloxera* européen, avait appris à nos viticulteurs de l'Hérault que certains cépages américains résistent au *Phylloxera*. MM. Laliman et Gaston Bazille ont donc proposé de greffer les vignes de l'Hérault avec les cépages américains réfractaires au *Phylloxera*. Pour seconder nos viticulteurs dans cette tentative, le ministre de l'agriculture et du commerce a fait venir d'Amérique un grand nombre de plants du cépage appelé *concord grape*, et qui est une variété du *vitis labrusca*, espèce américaine. Mais il est loin d'être prouvé que les cépages américains résisteront mieux que les nôtres aux attaques du terrible parasite.

Tels sont les renseignements les plus récents sur l'insecte qui cause tant d'émoi parmi les vignerons, les commerçants, les particuliers, et qui, menaçant de supprimer le vin, menace par cela même une des sources capitales de l'impôt, et une des matières premières qui sont l'origine d'une foule d'industries secondaires. En raison de l'importance de cette question, nous croyons devoir compléter les indications qui précèdent par une source d'information très-autorisée parce qu'elle est toute scientifique.

Le 12 juin 1874, M. Maxime Cornu, aide-naturaliste du Jardin des Plantes de Paris, qui est chargé, par l'Académie des sciences, d'exécuter les recherches relatives aux mœurs du *Phylloxera*, a fait, à la Société d'encouragement, une conférence qui résume l'état actuel de nos connaissances sur l'ennemi de nos vignobles. En reproduisant l'analyse de cette conférence, donnée par le *Bulletin de la Société d'encouragement*, nous compléterons ce que nous avons dit plus haut sur cette question.

« Lorsqu'on a vu, dit M. Maxime Cornu, la vigne frappée d'une maladie qui, jusqu'à présent, paraît sans remède, et quand on a reconnu que son apparition était accompagnée du développement de nombreux insectes presque microscopiques, le premier sujet de recherches qui s'est présenté à l'esprit a été de connaître si l'insecte était la cause ou la conséquence de la maladie. Un aussi petit être peut-il causer d'aussi grands ravages? N'est-il pas plus naturel de penser que son invasion si considérable provient de la maladie qui, en altérant les sucs de la vigne, produit une nourriture appropriée à sa nature, qu'il n'aurait pas trouvée sur des vignes saines? Quoique cette question soit maintenant résolue aux yeux de tous les observateurs attentifs, il est important de l'examiner avant tout, parce que de sa solution dépendra la direction qu'il faudra donner aux procédés à employer pour combattre le fléau. Cette discussion ne sera d'ailleurs pas inutile, parce qu'elle donnera occasion de décrire les symptômes de la maladie et la marche qu'elle a suivie.

« Dans une plaine sèche et couverte de vignes prospères, on voit tout à coup que les feuilles de quelques ceps languissent, jaunissent et se crispent sur les bords. On est frappé aussitôt de leur état de souffrance, et du contraste qu'ils présentent avec tous ceux qui les entourent. En regardant au pied de ces ceps, on voit que les parties déliées des racines ont des renflements jaunes anormaux, qui n'existent jamais sur les vignes saines, et qu'on ne peut pas s'empêcher de rapporter à la même cause que la maladie. Mais, sans descendre aux racines de la vigne, on remarque que cet état de souffrance des ceps s'étend de proche en proche, en formant dans le vignoble une tache circulaire, comme ferait une tache d'huile sur du papier.

« La cause du mal qui détruit ainsi la vigne est-elle la sécheresse? Non, car les premières atteintes qu'on a remarquées à Bordeaux se sont montrées dans la Palud, plaine humide admirablement arrosée par de nombreux canaux. Cette cause n'est pas l'humidité, car la maladie a gagné les coteaux très-secs de Florac, où elle s'est développée. Elle s'est répandue aussi sur les plateaux très-secs des bords du Rhône et dans la plaine de la Crau, dont on connaît l'aridité habituelle. On ne peut pas davantage relier ce fléau à l'épuisement du sol. En effet, la Société d'agriculture de l'Hérault a pris pour champ d'expérience un vignoble placé près de Montpellier, dans lequel on trouve une épaisseur de 15 mètres d'excellente terre végétale, où la terre a toujours été très-bien fumée et très-bien travaillée, et qui a produit, en 1872, une récolte admirable de 3 hectolitres par are. Dans de pareilles conditions, pourrait-on attribuer une maladie de la vigne à l'épuisement du sol? La contagion cependant a frappé à son tour ce beau vignoble, et il est maintenant complètement improductif. La taille de la vigne n'est non plus pour rien dans ce qui se passe aujourd'hui. Elle est faite, sans modification aucune, comme elle l'a été de tout temps, suivant les méthodes les plus rationnelles, et elle donne les meilleurs résultats dans les environs des lieux mêmes où la maladie s'est montrée tout à coup.

« La propagation de la maladie indique d'ailleurs une cause étrangère à l'état des cultures normales. Elle s'opère de proche en proche, d'un cep à un autre d'une manière circulaire, en partant souvent d'un cep unique pris au milieu d'un beau vignoble, mais toujours aussi lorsqu'il y a contiguïté entre les vignes contaminées et des vignes saines. La dégénérescence de l'espèce, l'altération du sol, les vices de la taille pourraient-ils produire de tels effets? La réponse à cette question ne peut qu'être négative, mais elle est dictée à l'avance par ce qu'on observe, tous les jours, sur les autres plantes qui périssent par des maladies analogues dont la propagation, comme celle d'un incendie, se fait en taches croissant circulairement. La luzerne, le blé, d'autres végétaux présentent des phénomènes semblables, et l'étude des causes de ces désordres a bientôt fait découvrir la cuscute, l'orobanche et d'autres parasites végétaux ou animaux, dont l'existence était liée, par une relation de cause à effet, avec la maladie qui disparaissait quand ils étaient détruits.

« La vigne, en France, est malheureusement dans une situation pareille. La contre-épreuve, qui a été faite involontairement en Camargue et en Corse, confirme la conviction que les observations qu'on vient de rapporter avaient fait acquérir. Dans l'une et l'autre de ces deux contrées, l'introduction de plants de vigne provenant de vignobles malades a amené immédiatement l'explosion de la maladie, qui s'est étendue sur tous les vignobles environnants.

« Mais la démonstration la plus directe résulte du traitement qu'un viticulteur anglais a fait subir aux plants de ses serres qui étaient ravagées par le Phylloxera. Lorsque la végétation a été ralentie, il a arraché ses vignes, les a nettoyées complétement de toute trace d'insectes, les a ensuite replantées, et a vu avec bonheur la végétation en devenir prospère et exempte de toute maladie.

« Il est donc impossible de mettre en doute que la cause de la maladie ne soit l'insecte que M. Planchon a observé sur nos vignes et qu'il a nommé *Phylloxera vastatrix*.

« Nous allons voir maintenant comment la vigne meurt quand elle est attaquée par cet ennemi.

« Si on prend quelques-uns de ces parasites et si on les met sur un cep de vigne, on voit, au bout d'un jour ou deux, des Phylloxeras à l'extrémité du chevelu des racines, mais on n'en observe aucun sur les grosses racines. Les radicelles qui forment le chevelu de la plante sont terminées par des appendices cylindriques très-courts et déliés, d'un tissu tendre, qui présentent, à leur extrémité, des pores d'absorption. De même que, dans l'intestin des animaux, l'absorption s'opère par l'épithélium, sans cesse renouvelé, qui les recouvre, de même, dans les racines des végétaux, l'absorption se fait par l'épithélium terminal des radicelles, qui est aussi sans cesse renouvelé par leur allongement progressif. C'est cet organe essentiel que le Phylloxera attaque; il se porte sur cette extrémité, se place de côté, et enfonce son suçoir sur ce point terminal. Deux jours après, on voit apparaître un dilatation de l'extrémité de la radicelle, qui augmente et se développe en un renflement assez considérable. Au bout de dix à douze jours, ces renflements pourrissent tout à coup; mais on remarque souvent alors un développement des radicelles comme un effort de la végétation pour combattre le mal qui l'attaque. Lorsque deux Phylloxeras se placent au même point, le mal est plus grand et plus rapide. On peut donc dire que l'altération de la vigne est en proportion du nombre des insectes qui l'attaquent. S'il n'y en a qu'un petit nombre, les radicelles attaquées périront seules sans entraîner la perte du cep. S'il y en a beaucoup, la plante cessera d'être nourrie, s'étiolera et périra.

« La vigne, en effet, emmagasine vers l'automne une provision d'amidon

HÉMIPTÈRES. 159

qui lui est nécessaire au printemps pour servir de nourriture au développement nouveau que la plante prend dans cette saison, et l'absorption opérée par les racines est nécessaire pour la production de cette matière amylacée. Quand cette réserve manque, les bourgeons pourrissent, les sarments s'arrêtent et la vigne meurt. C'est ce qui arrive fatalement quand elle est attaquée par le Phylloxera. L'anatomie des tissus d'un pied atteint par la contagion montre, en effet, qu'il ne possède point cette réserve. La nutrition de la plante est dès lors entravée, et la vigne meurt d'épuisement ; elle meurt de faim. C'est une mort analogue à celle des phthisiques, dans lesquels le poumon qui servait à absorber l'air respirable est détruit, et la vigne périt par la destruction des organes dont elle était douée pour l'absorption de matières essentielles à son existence. On a cherché à combattre ces désordres par des engrais et en fumant fortement les vignes ; on a eu d'abord de bons résultats, mais l'invasion du Phylloxera a augmenté aussi, et la vigne a toujours fini par succomber.

« Voyons maintenant quel est cet insecte qui cause d'aussi effrayants ravages.

« On trouve quelquefois sur les vignes malades deux êtres d'apparence différente, mais qui, en réalité, ne constituent qu'une seule et même espèce : le Phylloxera des feuilles et celui des racines. Le premier est ailé, et produit sur les feuilles des galles qui protégent ses œufs ; le second est toujours aptère ; mais, si on dépose une de ces galles sur un cep de vigne sain planté dans un pot, on ne tarde pas à voir pulluler, sur ses racines, des individus aptères en tout semblables aux Phylloxeras des vignes malades. Il est très-rare de trouver cet insecte ailé vivant à l'état normal sur les feuilles. On ne l'a observé encore que chez M. Laliman, près de Bordeaux, et on ne doit en parler que pour mémoire et à un point de vue purement théorique ; mais la forme aptère et les individus ailés spéciaux qui en proviennent, vers l'arrière-saison, se montrent, au contraire, dans toutes les vignes malades.

« Lorsqu'on examine les racines d'un cep envahi, on y trouve un nombre énorme, plus grand qu'on n'aurait pu l'imaginer, de ces insectes aptères qui sont d'un genre voisin de celui des Pucerons, et qui forment quelquefois, sur les fines radicelles auxquelles ils sont attachés, une enveloppe continue comme le doigt d'un gant. Ils pullulent sans cesse, pondent un grand nombre d'œufs, qui éclosent au bout de quelques jours, en fournissant de nouvelles générations, qui sont bientôt, à leur tour, directement fécondes, sans accouplement, suivant un mode spécial qu'on a désigné sous le nom de *parthénogénèse* ; et cette faculté procréatrice se répète ainsi de génération en génération, jusqu'à l'automne. Il eût été peu prudent d'apporter à cette séance des spécimens du *Phylloxera vastatrix* montrant cette prodigieuse fécondité ; mais cet insecte ressemble beaucoup au Phylloxera du chêne, qui n'a pas les mêmes dangers, et qui vit en plein air sur les feuilles ; et on peut voir sur des feuilles apportées dans ce but et distribuées dans l'assemblée, le nombre inouï d'œufs qui les recouvre, autour des points où sont placées les pondeuses.

« M. Cornu donne la description de l'insecte des racines de la vigne, en en montrant les différentes parties sur une figure considérablement grossie. En réalité, le Phylloxera de la vigne n'a qu'un demi-millimètre de longueur et qu'un sixième à un tiers de millimètre d'épaisseur. Il pond des œufs ovales jaunes, qui brunissent bientôt et éclosent trois jours après en produisant de nouveaux êtres qui sont bientôt prêts à pondre à leur tour. Le calcul simple du dernier terme d'une progression géométrique montre qu'on ne peut guère évaluer, en automne, le nombre des insectes sortis d'un seul être éclos au printemps à moins d'un milliard.

« Pour compléter cette description, on doit ajouter que, vers la deuxième quinzaine du mois d'août, on voit apparaître des individus ailés semblables à ceux qui viennent d'être décrits. On ne les trouve jamais sur les racines. C'est une très-petite mouche dont les yeux sont très-remarquables, qui est jaune d'abord, mais qui brunit rapidement et qui a alors, en très-petit, toutes les apparences d'une mouche ordinaire. Dans un flacon, envoyé de Cognac, on a trouvé trente-trois individus ailés pour vingt renflements de racines, ce qui prouve qu'à cette époque il y a beaucoup d'insectes qui prennent cette forme.

« On peut étudier maintenant la manière dont cette maladie se propage, et les moyens que cet insecte possède pour se transporter d'un point sur un autre.

« A petite distance la propagation s'opère par la migration des Phylloxeras qui quittent les vignes épuisées pour se porter sur des ceps nouveaux. Cette progression sur le sol, en troupes nombreuses, a été constatée par divers observateurs. M. Faucon, à Graveson, a vu les Phylloxeras marchant sur le sol en troupe serrée, d'une vigne malade à une vigne saine, et, arrivés au but, s'enfonçant dans les crevasses nombreuses que présentait le terrain. MM. Planchon et Lichtenstein ont placé des Phylloxeras d'un côté d'un pont séparant deux objets et les ont vus franchir ce passage. Il n'est pas rare qu'on puisse assister à ces migrations quand on observe le sol avec attention.

« Dans l'intérieur de la terre, la progression se fait au milieu des fissures sans nombre que présente un sol caillouteux ou un sol argileux fendillé, et même le long de l'écorce qui recouvre les racines sans être partout absolument continue, et elle est facilitée par la très-petite épaisseur de l'insecte, qui lui permet de passer dans des fentes très-petites. Une expérience directe a été faite, à ce sujet, par M. Planchon. Il a mis une racine malade sur un plant de vigne sain, et peu après il a trouvé des Phylloxeras à l'extrémité du chevelu des racines de cette vigne.

« Mais comment se fait le transport de l'espèce à de grandes distances? Il est évident qu'elle doit provenir des individus ailés remarqués au mois d'août. Ils sont très-petits, sont enlevés facilement par le vent et sont transportés à de très-grandes distances. C'est ainsi qu'ils ont pu traverser le Rhône et, ailleurs, être emportés à dix lieues de distance. S'il n'a pas été possible de les suivre dans ces longs voyages aériens, on a pu cependant en constater la réalité, parce qu'on a retrouvé des Phylloxeras ailés dans des toiles d'araignées. Il n'existe donc aucun doute sur la possibilité des émigrations de ces insectes et de leur colonisation, soit dans les lieux voisins, soit à d'assez grandes distances; on peut, dès lors, se rendre un compte exact des variétés que présente l'extension de cette maladie, propagée tantôt par contiguïté, tantôt par des centres isolés, qui naissent tout à coup bien en avant de la frontière des régions malades.

« L'existence du Phylloxera de la vigne étant presque toujours souterraine, et les individus ailés étant difficiles à voir et à suivre, l'observation des moyens de génération et de perpétuation de l'espèce était entourée de beaucoup d'obstacles. M. Balbiani, professeur au Collège de France, a pensé qu'on pourrait retirer des lumières précieuses de l'étude du Phylloxera du chêne, qui se rapproche beaucoup de celui de la vigne, mais qui vit en plein air sur les feuilles, et est, dès lors, plus facile à observer. Il a trouvé que les individus ailés et les aptères, parvenus à la dernière génération d'automne, pondent des œufs de deux grosseurs différentes : les uns jaune clair assez gros, les autres plus foncés et d'un tiers plus petits ; les jeunes qui sortent de ces œufs sont tout à fait différents des Phylloxeras ordinaires. Ils sont sexués, les femelles sortant des plus gros œufs et les mâles des plus petits ; ils sont dépourvus de tout appareil de nutrition, tandis qu'ils ont un très-grand développement de l'appareil de reproduction. Ils sont très-vifs, très-agiles, et s'accouplent peu de temps après leur naissance. Les femelles pondent, quelques jours après, dans une fissure, un seul œuf, qu'on peut appeler *œuf d'hiver*, parce qu'il est destiné à traverser toute cette saison sans éclore. Cet œuf prend bientôt une couleur noirâtre, et son évolution s'arrête jusqu'au printemps. Alors il éclôt et produit une femelle pondeuse munie d'ovaires puissants et de nombreux tubes ovipares, qui recommence, pour l'année suivante, la puissante génération, sans fécondation nouvelle, qui doit propager et développer si abondamment l'espèce jusqu'à l'automne.

« M. Cornu a été assez heureux pour retrouver tout récemment les mêmes faits et les mêmes transformations sur le Phylloxera de la vigne, dont la vie, cachée sous terre ou terminée à grande distance, est beaucoup plus difficile à suivre et se dérobe d'une manière presque absolue à l'observation directe. On peut donc dire qu'on connaît maintenant les nombreuses transformations et la carrière mystérieuse de cet ennemi presque invisible, et qu'on sait dans quel sens doivent être dirigées les recherches qui auront pour objet de le détruire.

« Quand la maladie se déclare, il faut arracher immédiatement la vigne attaquée et les souches, malgré leur apparence saine, qui l'entourent, tant que leurs racines donneront le moindre indice de la présence du Phylloxera, brûler ces souches et leur chevelu, écobuer le sol et employer tous les moyens nécessaires pour y détruire jusqu'au dernier de ces insectes. Malheureusement cette mesure est difficile à faire adopter, et sa mise en pratique exigerait des dispositions législatives spéciales, analogues à celles qui ont été adoptées pour l'extinction de la peste bovine et qui n'ont pas encore été appliquées à la vigne. Si on met à part l'inondation de la vigne, en hiver, qui ne peut être exécutée que dans des situations spéciales, on a essayé sans succès un grand nombre de remèdes proposés pour détruire le Phylloxera. Il semble résulter, cependant, de ce qu'on connaît des mœurs de cet insecte, qu'il faudrait l'attaquer surtout au moment où il est moins nombreux et plus vulnérable, c'est-à-dire en hiver pour les œufs, ou pendant sa première mue du printemps, lorsqu'il est encore engourdi et hors d'état de se soustraire aux actions qu'on veut exercer sur lui. La végétation est alors en repos ; la vigne absorbe très-peu ; on peut couper tout son chevelu parce qu'elle n'en a pas besoin ; sa végétation se réveille plus tard que la vie du Phylloxera, et elle peut résister à des toxiques énergiques.

« Tout donne lieu de croire qu'on trouvera un remède efficace pour débarrasser nos vignobles du fléau qui les a frappés. C'est la conviction profonde de la commission du Phylloxera, qui met son espoir dans les résultats obtenus par l'étude scientifique des conditions d'existence de cet insecte. Cette étude a déjà beaucoup appris, et elle parviendra à découvrir ce qui reste à connaître sur ce sujet si digne d'intérêt. Cette pensée est toujours présente à l'esprit de ceux qui se sont voués à ces recherches, et elle est pour eux un puissant encouragement dans leurs travaux. »

En résumé, si les grosses racines sur lesquelles le Phylloxera se fixe en hiver dépérissent, c'est que l'insecte hibernant n'est pas engourdi et continue à se nourrir de leur suc, son suçoir implanté dans leur tissu.

Si la vigne meurt, c'est que toutes ses radicelles ont été attaquées par l'insecte, et que ses piqûres déterminent la formation de nodosités qui pourrissent en hiver, ce qui prive la vigne de tous ses organes nourriciers.

Dès le milieu d'avril, le Phylloxera commence à pondre, et tous ses œufs, les œufs d'été, ordinairement en nombre effrayant, produisent des femelles voraces et fécondes, se multipliant à l'infini, sous la forme aptère, et destinées à vivre et à mourir dans un étroit rayon.

Pour se transporter au loin et créer de nouvelles familles, l'insecte prend une nourriture choisie, devient ailé et va pondre à distance des œufs capables de donner des individus sexués destinés à l'accouplement et privés de suçoirs et d'organes digestifs.

De ceux-ci sortent des femelles dont les œufs, les œufs d'hiver, passent l'hiver sans éclore et qui, au printemps, deviennent le point de départ d'une nombreuse famille dont toutes les femelles se trouvent fécondes pendant de longues générations.

Nous passerons à l'histoire d'une autre famille, à celle des *Gallinsectes*, comme les appelait Réaumur, ou *Cocodès*, comme on les nomme aujourd'hui, sans aucune allusion aux beaux jeunes gens qui ont reçu cette dénomination parisienne.

Ces animaux (ce sont les *Gallinsectes* que je veux dire) sont d'ailleurs bien étranges. Ils passent la plus grande partie de leur vie, c'est-à-dire plusieurs mois, entièrement immobiles, appliqués contre des tiges ou des branches d'arbrisseaux. Ils s'y tiennent aussi dépourvus de mouvement que la plante à laquelle ils sont attachés. On dirait qu'ils font corps avec elle.

Autre singularité. Leur forme est tellement simple, que rien, à l'extérieur, ne fait soupçonner le corps d'un insecte. Plus il est grand, et moins il a l'air d'un être vivant. Lorsque le *Gallinsecte* est en état de se multiplier, lorsqu'il est occupé à pondre ses milliers d'œufs, il ne ressemble encore qu'à une excroissance d'arbre.

HÉMIPTÈRES.

On rencontre des Gallinsectes sur l'orme, le chêne, le tilleul, l'aune, le houx, l'oranger, le laurier-rose. Certaines de ces espèces sont remarquables par les belles matières colorantes rouges qu'elles fournissent. Telle est la *Cochenille du Nopal* (*Coccus cacti*), — le *Kermès varié* (*Chermes variegatus*) ou *Cochenille du Chêne*, — la *Cochenille de Pologne*.

La *Cochenille du Nopal* ou *Cochenille ordinaire* (*Coccus cacti*) vit au Mexique, sur diverses espèces de nopals (*Opuntia*), particulièrement sur l'*Opuntia vulgaris*, l'*Opuntia coccifera* et l'*Opuntia una*, plantes qui appartiennent à la famille des Cactées.

Ces insectes sont assez remarquables en ce que le mâle et la femelle sont tellement dissemblables, qu'on les prendrait pour des animaux de genres différents. Peut-être même ont-ils de la peine à se reconnaître entre eux! Comprenez-vous un insecte qui n'est pas bien sûr de ne pas se tromper, quand il vient mettre ses hommages aux pieds de sa tendre moitié; ou bien la tendre moitié forcée d'y regarder à deux fois, avant de reconnaître son époux légitime et de lui faire bon accueil!

Le mâle (fig. 105) offre un corps allongé, déprimé, d'un rouge brun foncé. Sa tête petite, munie de deux longues antennes plumeuses, n'a qu'un bec rudimentaire. Son abdomen se termine par deux soies fines et plus longues que le corps. Ses ailes, parfaitement transparentes, dépassent l'extrémité de l'abdomen et se croisent horizontalement sur le dos. Il est vif et agile.

La femelle offre un tableau tout autre. Elle est d'abord deux fois plus grosse que le mâle (fig. 106), bombée en dessus, plane en dessous.

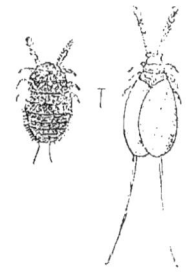

Fig. 105, 106. Cochenilles mâle et femelle.

Elle ressemble à une larve et n'a point d'ailes. Son corps est formé d'une dizaine d'anneaux couverts d'une poussière glauque. Son bec est très-développé et les soies de l'abdomen beaucoup plus courtes que le corps.

Le poids de leur corps, comparé à la brièveté de leurs pattes, indique que ces êtres sont voués à l'immobilité.

Ces pattes ne leur servent, en effet, qu'à se cramponner au végétal où ils puisent leur nourriture.

Les circonstances de la naissance des larves de la Cochenille sont fort curieuses. Ces larves naissent dans le corps desséché de la mère morte. Ainsi le squelette maternel leur sert de berceau. Voici comment. Les œufs sont attachés à la partie inférieure du corps de la mère. Quand le ventre de la mère s'est vidé, sa paroi inférieure se rapproche de la supérieure, et le tout finit par composer une cavité assez vaste. Quand la mère est morte, ce qui ne tarde pas, son ventre se dessèche, sa peau se raccornit, et forme une sorte de coque. C'est dans ce berceau membraneux, dans ce squelette, dans ce cercueil, héritage de famille, que naissent les larves de la Cochenille.

La Cochenille vit à l'état sauvage dans les bois. Mais on peut sans peine la propager, ou l'élever artificiellement.

Personne n'ignore, en effet, que le petit insecte nommé *Cochenille* fournit, quand on a desséché son corps et qu'on l'a mis en poudre, une matière colorante d'un rouge admirable, et que rien ne peut remplacer pour la nuance qui lui est propre.

Cette circonstance a sauvé la Cochenille de la destruction à laquelle tant d'autres genres d'insectes ont été voués, par la main des hommes ou par celle de la nature. Dans les climats chauds où se plaît la Cochenille, on s'est appliqué à la conserver, à la multiplier, pour en retirer la précieuse matière colorante que son corps recèle.

Voici comment on s'y prend au Mexique pour élever la Cochenille, ou faire de la *cocciculture*.

On choisit un terrain découvert, défendu contre les vents d'ouest, et de l'étendue d'environ un hectare. On l'entoure d'une haie de roseaux, et l'on plante, selon des lignes espacées d'un mètre environ, des boutures de nopals écartées les unes des autres de 30 centimètres au plus.

Cette *nopalerie* ainsi constituée, il s'agit d'y établir les Cochenilles. Pour cela, on va chercher dans les bois, ou bien on prend sur des tiges de nopals, que l'on a abrités pendant l'hiver, des femelles de Cochenille prêtes à pondre. On les dépose, par douzaines, dans des nids de bourre de coco, ou dans de petites corbeilles tissées avec des feuilles de palmier nain, et on attache ces nids aux épines des nopals. Ceux-ci sont bientôt couverts de jeunes larves. Il ne s'agit plus que de les abriter de la pluie et des vents.

Les larves se transforment promptement en insectes parfaits, qui se fixent à demeure sur les branches du cactus, comme le représente la figure 107. On se hâte de les *cueillir* dès qu'ils sont à leur dernier degré de développement.

La récolte ne doit pas être difficile, vu l'immobilité de ce petit être.

Une fois recueillies, on enferme les Cochenilles dans des boîtes de bois du pays, et on les expédie en Europe, pour les usages de la teinture.

Telle est la méthode, fort simple, on le voit, d'élever la

Fig. 107. Branche de nopal portant des Cochenilles.

Cochenille, méthode qui est en usage depuis des siècles au Mexique.

Vers la fin de l'année 1700, un Français, nommé Thierry de Menonville, forma le projet d'enlever aux Espagnols ce précieux insecte, pour en doter nos colonies. Il aborda au Mexique, et cacha si bien le motif de son voyage, qu'il parvint à embarquer et à conduire à Saint-Domingue plusieurs caisses renfermant des cactus chargés de Cochenilles vivantes.

Malheureusement, une révolution survenue à Saint-Domingue ne permit pas de mettre à profit le dévouement de Thierry de Menouville. Les Cochenilles moururent, et les Espagnols conservèrent le privilége de cette culture.

En 1806, M. Souceylier, chirurgien de la marine française, réussit à apporter du Mexique en Europe des Cochenilles vivantes. Il les remit au professeur de botanique de Toulon, mais les essais de conservation ne réussirent pas.

En 1827, la naturalisation de la Cochenille fut tentée en Corse, mais sans succès.

Pendant la même année, on réussit à introduire la Cochenille aux îles Canaries. Mais les habitants ne comprirent pas l'importance de cette tentative. Ils mettaient la Cochenille au nombre des insectes nuisibles, et cherchaient à s'en débarrasser de toutes façons. Ce n'est qu'après les résultats obtenus par quelques cultivateurs plus éclairés, que les habitants des îles Canaries reconnurent les profits qu'on pouvait tirer de cet insecte.

Dès lors cette culture s'étendit. A partir de l'année 1831, elle s'accroissait rapidement. Ainsi, les produits importés des îles Canaries, en 1831, n'étaient que de 4 kilogrammes de Cochenilles. En 1832, ils s'élevaient à 60 kilogrammes, en 1833 à 660 kilogrammes, en 1838 à 9000 kilogrammes, en 1850 à 400 000 kilogrammes.

Nos colons d'Algérie ont tenté la même culture. En 1831, M. Limonnet, pharmacien d'Alger, rassembla des Cochenilles, et eut le mérite de les introduire le premier dans notre colonie. Par suite de mauvais temps, ces premiers essais furent infructueux. Mais ils ne tardèrent pas à être repris.

M. Loze, chirurgien de la marine, chargé d'introduire de nouveau cet insecte, et M. Hardy, directeur de la pépinière centrale d'Alger, se consacrèrent, avec une grande intelligence, à cette naturalisation et à la culture de la Cochenille en Algérie.

En 1847, le ministre de la guerre de France, dans le but de faire déterminer par le commerce lui-même la valeur de la Cochenille algérienne, fit vendre sur le marché de Marseille une caisse de Cochenille provenant des récoltes de 1845 et 1846, du jardin d'essai d'Alger, et qui contenait 17 kilogrammes de cette marchandise.

Depuis cette époque, cette culture, dont l'initiative avait été

Fig. 108. Récolte de la Cochenille en Algérie.

due à M. Limonnet, se développa rapidement. En 1853, dans la seule province d'Alger, on comptait quatorze *nopaleries*, contenant 61 500 plantes. L'administration achetait alors les récoltes au prix de 15 francs le kilogramme.

Nous n'avons indiqué que d'une manière sommaire comment se fait la récolte de la Cochenille. C'est ici le lieu d'entrer à ce sujet dans quelques détails.

On ramasse ces insectes au moment où les femelles vont effectuer leur ponte, c'est-à-dire dès qu'on aperçoit sur quelques nopals des Cochenilles nouvellement nées. C'est, en effet, quand les femelles sont pleines, qu'elles renferment la plus grande quantité de matière colorante. Le moment de la récolte arrivé, on étend des toiles sur le sol, au pied des nopals, et on détache les Cochenilles : on racle les tiges de ces plantes avec un pinceau assez dur, ou avec une lame de couteau peu tranchante.

La figure 108 représente la récolte de la Cochenille en Algérie.

Par une saison favorable, on peut répéter cette opération trois fois dans l'année, sur une nopalerie. Les insectes étant ainsi recueillis, on les fait périr, en les trempant dans l'eau bouillante, ou bien en les passant au four, ou en les torréfiant sur une plaque de fer chaude.

Les Cochenilles retirées de l'eau bouillante sont ensuite étalées sur des claies, et séchées, d'abord au soleil, puis à l'ombre, dans un lieu aéré. Pendant leur immersion dans l'eau, elles perdent la poudre blanche qui les recouvre. On les appelle en cet état, au Mexique, *ronagridas*.

Les Cochenilles passées au four se nomment *jaspeadas* et sont d'un gris cendré ; les Cochenilles torréfiées sont noires et se nomment *negras*.

On distingue, dans le commerce, trois sortes de Cochenilles : 1° la *mestèque*, de couleur rougeâtre avec une poussière glauque plus ou moins abondante ; 2° la *noire*, qui est plus grosse et d'un brun noirâtre ; 3° la *sylvestre*, qui est, au contraire, plus petite et rougeâtre. Cette dernière est la moins estimée. On la recueille sur des nopals abandonnés sans culture.

On importe en France, chaque année, 200 000 kilogrammes de Cochenilles, qui représentent une valeur de 3 millions environ.

Tout le monde doit savoir que c'est avec la Cochenille que l'on compose le *carmin*, magnifique couleur rouge, fréquemment employée par les peintres. La *laque carminée* est un autre produit obtenu par la Cochenille. Enfin l'*écarlate* est de la Cochenille précipitée par un sel d'étain.

Avant que la Cochenille du Mexique fût connue en Europe, on se servait, pour la préparation du carmin employé dans les arts, de la *Cochenille kermès* ou *Cochenille du Chêne* (*Coccus ilicis*), connue encore aujourd'hui dans le commerce et dans les pharmacies sous les noms de *Kermès animal*, *Kermès végétal*, *Graine d'écarlate*.

Cette Cochenille vit de préférence, on le croit du moins, sur le Chêne vert (*Quercus ilex*) : de là son nom spécifique.

La Cochenille du Chêne se développe presque exclusivement, non sur le chêne vert, mais sur le *Quercus coccifera*, arbuste commun dans les lieux secs, arides, et qui végète sur un grand nombre de points de la région méditerranéenne, en particulier sur les *garrigues* de l'Hérault.

Les femelles de cet insecte, qui desséchées portent le nom de *graines de kermès*, sont de la grosseur d'une groseille ordinaire, sans traces d'anneaux, à peu près régulièrement sphériques, d'un noir violet et glauque. Elles adhèrent aux rameaux de l'arbuste *Quercus coccifera*, et forment comme des galles sèches et cassantes, que les paysans du midi de la France détachent, et vendent à un prix assez élevé.

Avant que l'on possédât les Cochenilles du Mexique et de l'Algérie, ces Cochenilles étaient très-employées dans le midi de l'Europe, en Orient et en Afrique. Elles fournissaient une belle couleur rouge.

Cette dernière Cochenille et celle du Mexique ont reçu quelques usages en médecine. Elles entrent dans l'*alkermès*, sorte de liqueur ou d'élixir que l'on sert sur les tables en Italie, principalement à Florence et à Naples.

Une autre espèce de Cochenille est la *Cochenille de Pologne* (*Coccus Polonicus*), qu'on rencontre en Pologne et en Russie, plus rarement en France, sur les racines du *Scleranthus perennis*, petite plante de la famille des Paronychiées. On récolte cette Cochenille dans l'Ukraine, vers la fin du mois de juin, lorsque l'abdomen des femelles est gonflé, et rempli d'un suc pourpre et sanguin.

On se servait beaucoup autrefois en Europe du kermès polonais. Ce produit n'a pas d'ailleurs perdu toute son importance dans les contrées où on le rencontre abondamment.

Nous n'avons plus à signaler, parmi les insectes de ce groupe, que la *Cochenille laque* (*Coccus locca*), qui vit dans les Indes, sur plusieurs arbres, entre autres sur le *Figuier des Indes*, sur le *Figuier des pagodes*, sur le *Jujubier cotonneux*, sur le *Croton portelaque*, etc.

Ces derniers insectes produisent une matière colorante connue sous le nom de *laque*. Ils se fixent sur les petits rameaux, se pressent en grand nombre, en formant des lignes à peu près droites. La réunion des corps de plusieurs femelles fécondées, unis entre eux par une transsudation résineuse, qui a été déterminée par la piqûre de l'écorce, constitue la matière désignée dans le commerce et dans l'art de la teinture sous le nom de *laque*, de *résine laque*, de *gomme laque*, etc.

La résine laque se trouve dans le commerce sous quatre formes : 1° la *laque en bâtons*, telle qu'on la trouve concrétée à l'extrémité des branches d'où elle exsude : c'est une croûte irrégulière brunâtre; 2° la *laque en sortes*, détachée des branches et concassée; 3° la *laque en écailles*, fondue et coulée en plaques minces, dont la qualité varie avec la proportion de principe colorant qu'elles renferment; 4° la *laque en fils*, qui ressemble à des fils rougeâtres feutrés et qu'on prépare ainsi dans l'Inde.

Un dernier mot sur les Cochenilles. Le *Coccus manniparus*, qui vit sur les arbustes du mont Sinaï, fait exsuder des branches qu'il a piquées une sorte de manne. Le *Coccus sinensis* en fait découler une espèce de cire, que l'on emploie en Chine à la fabrication des bougies.

IV

ORDRE DES LÉPIDOPTÈRES.

Cet ordre d'insectes est connu plus particulièrement sous le nom de *Papillons*. Linné leur a donné le nom de *Lépidoptères*, qui signifie insectes à ailes farineuses ou écailleuses (λεπίς, écaille, πτερόν, aile).

Cet ordre est abondamment répandu dans toutes les parties du monde. Tous les insectes qui le composent sont remarquables à l'état parfait par l'élégance de leurs formes, la rapidité et la légèreté de leur vol, la multiplicité et la beauté de leurs couleurs.

Pour arriver à cet état parfait, les Lépidoptères doivent subir trois transformations : ils sortent de l'œuf à l'état de larve ou de *chenille;* ils passent ensuite à l'état de nymphe ou de *chrysalide;* ils prennent enfin, après un temps plus ou moins long, leur forme définitive ou aérienne. Nous allons étudier successivement des Lépidoptères sous leurs trois états.

LES CHENILLES.

Lorsque l'hiver a dépouillé les arbres de leurs feuilles, les Lépidoptères ne s'offrent plus à nos regards. Mais dès que les feuilles commencent à se montrer aux arbres et aux arbrisseaux, cette tribu de la gent insecte apparaît au jour. Des chenilles de toute espèce rongent les feuilles, avant même qu'elles soient entièrement dégagées de leurs bourgeons. Ces chenilles viennent de sortir des œufs, que les papillons avaient pondus à une époque antérieure. La nature a tout combiné de façon que la chaleur nécessaire pour l'éclosion de ces œufs soit justement celle

LÉPIDOPTÈRES.

qui déterminera le développement des feuilles des petites plantes et des arbres propres à nourrir les nouvelles venues.

Une fois sorties de l'œuf, les jeunes chenilles ont une forme plus ou moins allongée et cylindrique. Leur corps se compose de douze segments, ou anneaux. En avant, se trouve la tête ; puis viennent trois segments qui portent les pattes antérieures et constituent le tronc. Les autres segments constituent l'abdomen.

La tête est formée de parties écailleuses. Elle est souvent très-profondément échancrée à sa partie supérieure, et divisée en deux lobes qui renferment dans l'angle formé par leur écartement les diverses parties de la bouche. Cette tête est unie et ne présente aucune proéminence dans nos chenilles ; mais dans celles des régions intertropicales elle est souvent armée d'épines, de piquants et d'appendices bizarres. On y observe six petits yeux, simples, isolés les uns des autres. La bouche est armée latéralement d'une paire de mandibules cornées très-solides, articulées au moyen de muscles vigoureux, et se mouvant horizontalement. Les mandibules ont pour fonctions, comme les mâchoires, de diviser les aliments. Sur le milieu d'une large lèvre inférieure, on aperçoit un petit organe allongé, tubulaire, percé d'un orifice microscopique. Cet organe est la *filière*, qui sert à l'animal à fabriquer les fils dont il aura un jour besoin. C'est un tube composé de fibres longitudinales. Il ne présente qu'un

Fig. 109. Pattes écailleuses de la Chenille du chêne et de l'orme.

seul orifice, taillé obliquement en bec de flûte, et susceptible de s'appliquer exactement aux corps sur lesquels la larve est placée. De la nature contractile de cet organe et de la forme de son orifice, combinées avec la faculté que possède l'insecte de le mouvoir dans toutes les directions, résultent les grandes différences que l'on observe dans le diamètre et la forme des fils.

Les organes appendus au tronc et à l'abdomen sont les pattes, les stigmates et divers appendices.

Les pattes sont de deux natures différentes. Les unes, au nombre de six et attachées par paires, au tronc, sont recouvertes d'un cartilage luisant, et armées de crochets. Ce sont les *pattes*

174 LES INSECTES.

écailleuses ou les vraies pattes. La figure 109 représente, d'après les planches du mémoire de Réaumur sur *les différentes parties des chenilles*[1], les pattes écailleuses de la *Chenille à oreilles du chêne et de l'orme*. Les autres sont membraneuses, charnues, ordinairement coniques ou cylindriques, contractiles et prenant, suivant la volonté de l'animal, des formes très-différentes.

La figure 110 représente, d'après le même mémoire de Réaumur, les formes différentes des jambes membraneuses de la chenille du ver à soie. Cette figure donne une idée suffisante de la forme de ces organes, et des crochets, en demi-cercle ou en cercle, qui les garnissent.

On voit dans la figure 111 deux *jambes membraneuses* d'une grosse chenille, dont les crochets des pieds sont cramponnés sur une branche d'arbuste (Réaumur).

Les chenilles ont de deux à dix fausses pattes, les pattes écail-

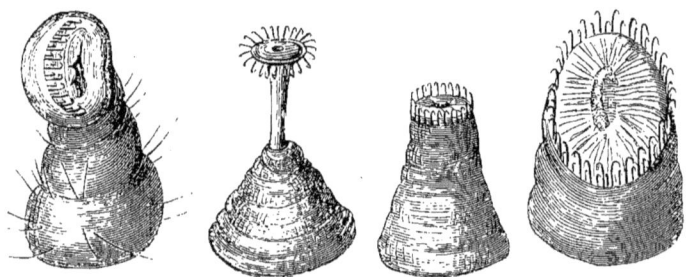

Fig. 110. Jambes membraneuses de la Chenille du ver à soie.

leuses étant toujours au nombre de six. On divise les fausses pattes en *postérieures* et *intermédiaires*. Les premières sont au nombre de deux. Les intermédiaires ne sont jamais au delà de huit.

Dans la chenille qui a ses pattes au grand complet, c'est-à-dire au nombre de seize, il existe deux espaces vides où son corps n'a pas de support : l'un entre les vraies pattes et les fausses pattes, formé par le quatrième et le cinquième anneau; l'autre entre les fausses pattes intermédiaires et les pattes anales, formé par le dixième et le onzième anneau.

Les variations que les chenilles éprouvent quant au nombre et la situation des fausses pattes sont les suivantes.

Le plus grand nombre d'entre elles a dix fausses pattes; d'au-

---

1. Tome I, page 164, planche 3ᵉ, fig. 1 et 2.

tres n'en ont que huit; d'autres que six, comme chez les *Demi-Arpenteuses;* d'autres que quatre, une paire étant située sur le dernier anneau, et l'autre sur le neuvième; c'est ce que l'on voit chez les *Arpenteuses* ou *Géomètres.* Enfin d'autres encore n'ont que deux fausses pattes.

La forme, le nombre et la situation variée de ces organes doivent produire de grandes différences dans le mode de locomotion des chenilles. C'est en effet ce que l'on observe. Les chenilles pourvues de dix ou de huit pattes membraneuses ont en marchant des mouvements onduleux peu prononcés. Leur corps est sensiblement parallèle au plan qui le supporte. Elles peuvent marcher fort vite; mais leurs pas sont petits et se répètent promptement. Chez les autres, au contraire, à mesure que le nombre des fausses pattes diminue, et que les vides où le corps n'est pas soutenu augmentent, la marche devient plus irrégulière et plus bizarre.

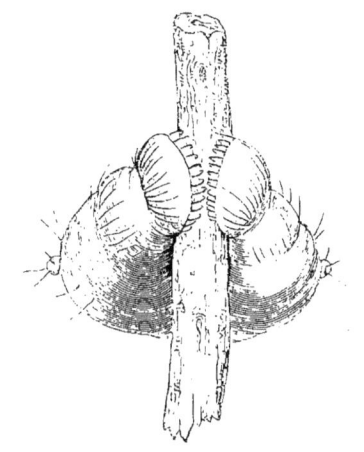

Fig. 111. Jambes membraneuses d'une grosse Chenille embrassant une branche d'arbuste.

Que le lecteur veuille bien jeter les yeux sur la figure 112, empruntée au mémoire de Réaumur sur les *Chenilles en général*[1], qui représente une *Chenille arpenteuse*, à quatre pattes membraneuses. On voit qu'il y a un espace considérable entre les deux dernières pattes écailleuses et les deux premières pattes membraneuses, espace durant lequel le corps n'a pas d'appui. Si une de ces chenilles, tranquille et allongée, se détermine à marcher pour faire le premier pas (fig. 113), elle commence par se faire une sorte de bosse en courbant en arc la partie qui n'a pas de jambes et finit par lui donner l'apparence d'une boucle (fig. 114). On voit que dans cette position elle a ses deux jambes intermédiaires

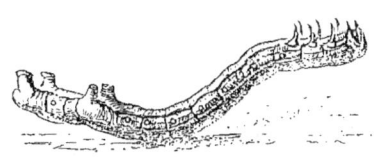

Fig. 112. Chenille arpenteuse.

---

1. Tome I, page 59, planche 1re, fig. 6.

contre les dernières jambes écailleuses, et que, par conséquent, elle a porté en avant la partie postérieure de son corps, sur une longueur égale à l'intervalle de cinq anneaux qui les sépare. Là, elle cramponne ses jambes intermédiaires et les postérieures. Alors elle n'a qu'à redresser, qu'à remettre en ligne droite les cinq anneaux dont elle a formé une boucle, pour porter sa tête en

Fig. 113. Chenille allongée. Fig. 114. Chenille contournée en boucle.

avant, à une distance égale à la longueur de cinq anneaux. C'est un premier pas de fait. La chenille usera du même procédé pour faire le second et les suivants.

Cette sorte d'allure a fait donner à ces chenilles le nom d'*Arpenteuses*, ou de *Géomètres*, parce qu'elles semblent, en effet, mesurer le chemin qu'elles parcourent. Lorsqu'elles font un pas, elles appliquent sur le terrain la partie de leur corps qu'elles viennent de boucler, absolument comme un arpenteur y applique sa chaîne.

Ces arpenteuses ne raccourcissent pas, n'allongent pas leurs anneaux à leur gré, comme le peuvent faire les chenilles des autres divisions. Elles ne peuvent se plier que comme le fait une jeune pousse de bois flexible.

Il en est plusieurs espèces qu'on nomme *Arpenteuses en bâton*, parce que leur corps est cylindrique, raide, couleur de bois. Leurs attitudes trompent encore l'observateur. Elles embrassent une queue de feuille ou une ramille, avec leurs jambes postérieures et intermédiaires, pendant que le reste du corps, élevé verticalement, reste raide et immobile pendant des heures entières. La figure 115 fait voir la *Chenille arpenteuse de l'aune* dans cette étrange posture.

Voilà un tour de force que les plus adroits de nos baladins, ordinaires et extraordinaires, que tous les Léotards présents et futurs, ne feront jamais. Avec une pareille persistance, la *Chenille arpenteuse de l'aune* peut soutenir pendant un temps considérable son corps en l'air, dans toutes les positions qui sont entre la verticale et l'horizontale, et dans toutes les positions inclinées depuis l'horizontale jusqu'à la verticale en bas.

« Si on fait attention, dit Réaumur, combien nous sommes éloignés d'avoir dans les muscles de nos bras une force capable de nous soutenir dans de telles attitudes, on reconnaîtra que la force des muscles de ces insectes est prodigieuse. »

Nous ne nous appesantirons pas sur la longueur variable du corps des chenilles, sur les appendices charnus qu'on y peut remarquer, sur les poils qui peuvent ou les embellir ou les rendre hideuses, selon le préjugé de l'observateur, ni sur les couleurs variées qui les décorent. Nous reviendrons sur ces divers carac-

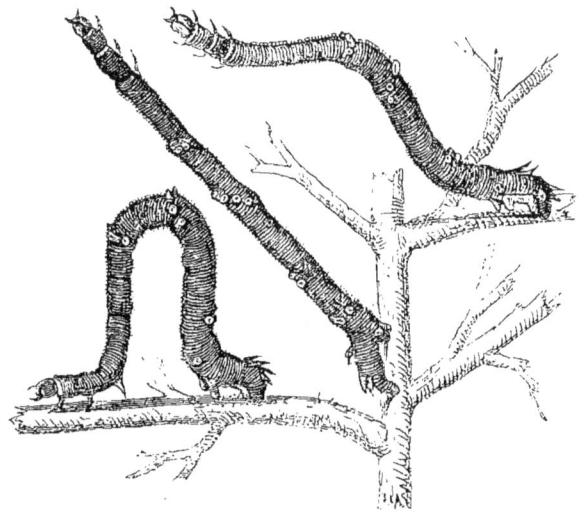

Fig. 115. Chenille arpenteuse de l'aulne.

tères, lorsque nous ferons l'histoire de plusieurs espèces de Lépidoptères remarquables à divers titres.

Beaucoup de chenilles vivent solitaires, sur différentes plantes. Quelques-unes vivent en sociétés plus ou moins nombreuses, soit pendant leur jeune âge, soit pendant toute leur existence.

A l'exception d'un grand nombre de *Teignes*, qui vivent aux dépens de nos pelleteries, de nos étoffes de laine, de cuir ou de matières grasses, toutes les chenilles se nourrissent de plantes. Depuis la racine jusqu'aux graines, aucune partie végétale n'est à l'abri de leurs attaques. Cependant la plupart des espèces préfèrent les feuilles. Celles des plantes les plus âcres, et les plus vénéneuses, ne sont pas plus épargnées que les plus insipides. Il est des chenilles qui mangent les feuilles des Euphorbes, de l'Épurge par exemple.

« Je voulus éprouver sur ma langue, dit Réaumur, le lait de cette plante. Sur-le-champ il n'y fit point d'impression sensible. Mais au bout de quelques quarts d'heure je me trouvai la bouche en feu et ce fut une chaleur que les gargarismes d'eau réitérés pendant plusieurs heures de suite ne purent éteindre. Elle me dura jusqu'au lendemain. La chaleur passait successivement d'un endroit de la bouche à un autre. J'ai pourtant vu plusieurs de mes chenilles qui buvaient avidement les grosses gouttes de lait qui se trouvaient au bout de la tige rompue que je leur avais présentée. »

N'est-il pas extraordinaire qu'il y ait des chenilles qui vivent sur l'Ortie? qu'elles mangent les feuilles de ce végétal, armées de ces poils urticants qui causent des démangeaisons cuisantes à notre peau et y font naître des ampoules?

On a souvent dit que chaque plante a son espèce de chenille particulière. Existe-t-il réellement une seule espèce de chenille à laquelle la nature n'ait assigné pour tout aliment qu'une seule plante? Tout ce qu'on peut dire, c'est qu'un certain nombre de végétaux seulement conviennent à chaque chenille.

Les espèces qui rongent les racines sont peu multipliées; celles qui vivent dans l'intérieur des tiges qu'elles rongent sont les plus nombreuses. Celles qui font leur nourriture de la pulpe des fruits sont assez rares. Celles qui rongent les graines sont nombreuses. En général, après les feuilles, ce sont les fleurs que les chenilles préfèrent; en ceci elles ne font pas preuve de mauvais goût.

Leur accroissement est plus ou moins rapide, suivant les espèces, suivant la nourriture qu'elles prennent et suivant l'époque de l'année. Celles qui vivent de plantes succulentes se développent plus rapidement que celles qui ont pour pâture les sèches Graminées et les Lichens coriaces.

La plupart mangent la nuit, et restent pendant le jour immobiles et comme engourdies. D'autres sont si voraces qu'elles mangent constamment.

Cette voracité est vraiment parfois surprenante. Malpighi a observé qu'un ver à soie mange souvent, dans une journée, un poids de feuilles de mûrier égal au sien. Comment pourrions-nous suffire à la pâture des chevaux et des bœufs, s'il leur fallait chaque jour leur pesant de foin ou d'herbes? Eh bien! il y a des chenilles qui sont encore plus voraces. Réaumur pesa plusieurs chenilles de la belle espèce qui vit sur le chou, et leur donna des morceaux de feuilles de chou qui pesaient deux fois plus que leur corps. En moins de vingt-quatre heures, elles avaient tout consommé. Dans cet espace de temps, elles avaient augmenté d'un dixième de leur poids.

Se figure-t-on un homme pesant 80 kilogrammes, qui mangerait, en un jour, 160 kilogrammes de viande, et du jour au lendemain engraisserait de 8 kilogrammes !

Les chenilles mangent les feuilles à l'aide de dents ou de mandibules, si larges et si épaisses que, vu la petitesse de l'insecte, ces dents équivalent à toutes celles qui arment les mâchoires des grands animaux.

C'est par le mouvement alternatif de ces dents que les chenilles dévorent les feuilles. Elles le font avec autant d'avidité que d'adresse.

« Une chenille qui veut commencer à ronger le bord d'une feuille, dit Réaumur, se contourne le corps de façon qu'au moins une portion du bord de cette feuille est passée entre les jambes écailleuses. Ces jambes tiennent assujettie la portion de feuille que les dents vont couper (fig. 116). Pour en donner le premier coup, la chenille allonge son corps, porte sa tête le plus loin qu'elle peut. La portion de la feuille qui se trouve entre les dents écartées est coupée dans l'instant qu'elles viennent se rencontrer : les coups de dents se succèdent vite; il n'en est point ou il n'en est guère qui ne détache un morceau, et chaque morceau est presque aussitôt avalé que coupé. A chaque nouveau coup de dents,

Fig. 116. Chenilles à dix jambes mangeant des feuilles d'abricotier.

la tête se rapproche des jambes; de sorte que pendant la suite des coups de dents, elle décrit un arc, elle creuse la portion de la feuille en segment de cercle, et c'est toujours dans cet ordre qu'elle la ronge. »

Mais il est un phénomène de la vie des chenilles que nous devons signaler, et qui a attiré l'attention des plus illustres observateurs.

Toutes les chenilles changent de peau, et même en changent plusieurs fois pendant leur vie. Ce n'est même pas assez de dire qu'elles changent de peau; les dépouilles qu'elles laissent sont si complètes, qu'on les prendrait pour des chenilles entières. Les poils, les fourreaux des jambes, les ongles dont les jambes sont armées, les parties dures et solides qui recouvrent la tête, les dents, tout cela se trouve dans la dépouille que l'insecte abandonne.

Quelle opération pour la pauvre petite bête! Ce travail est si énorme, si pénible, qu'on ne saurait s'en faire une juste idée! Un ou deux jours avant cette grande crise, les chenilles cessent de manger. Elles perdent leur activité naturelle. Elles sont immobiles et languissantes. Leurs couleurs s'affaiblissent. Leur peau se dessèche peu à peu. Elles courbent leur dos, gonflent leurs anneaux. Enfin cette peau, séchée, se fend au-dessous du dos, sur le second ou sur le troisième anneau, et laisse entrevoir une petite portion de la peau nouvelle, reconnaissable à la fraîcheur et à la vivacité de ses couleurs.

« Dès que la fente est commencée, dit Réaumur, il est facile à l'insecte de l'étendre : il continue de gonfler la partie de son corps qui est vis-à-vis de la fente ; bientôt cette partie s'élève au-dessus des bords de la fente ; elle fait l'office d'un coin qui l'oblige à s'allonger : aussi la fente parvient-elle dans l'instant à s'étendre depuis la fin ou le commencement du premier anneau jusque par delà la fin du quatrième. La portion supérieure du corps qui répond à ces quatre anneaux est alors à découvert, et la chenille a une ouverture suffisante pour se tirer entièrement de son ancien fourreau. Elle recourbe sa partie antérieure, elle la retire du côté du derrière ; par ce mouvement, elle dégage sa tête de dessous l'ancienne enveloppe et elle l'amène au commencement de la fente ; aussitôt elle l'élève et la fait sortir par cette fente. L'instant d'après, elle étend sa partie antérieure et laisse retomber sa tête. Il ne reste plus alors à la chenille qu'à retirer du fourreau sa partie postérieure. »

Cette opération si laborieuse est finie en moins d'une minute. La livrée nouvelle que vient de revêtir la chenille est fraîche et vive de ton. Mais l'animal est épuisé par la diète et les efforts qu'il a faits. Il a besoin de quelques heures pour reprendre son équilibre, en même temps que sa mobilité et sa voracité premières.

LES CHRYSALIDES.

Arrivée à son entier développement, la chenille cesse de manger. Comme aux approches d'une mue, elle évacue par de copieuses éjections son canal intestinal ; elle perd ses couleurs, devient terne et livide. Elle se prépare, en un mot, à entrer dans une phase nouvelle, dans un autre mode d'existence.

Il est des chenilles qui, pour se transformer en chrysalides, se suspendent à des corps étrangers. D'autres se mettent à l'abri dans un cocon composé de soie ou d'autres substances, qui les garantit de l'attaque de leurs ennemis et des injures de l'atmosphère.

Les chenilles qui se suspendent peuvent être partagées en deux catégories, suivant le mode de suspension : 1° celles qui se suspendent perpendiculairement, par la queue; 2° celles qui, après s'être fixées par la même partie, se suspendent horizontalement, au moyen d'un fil de soie passé autour du corps.

Pour bien concevoir la difficulté que présente la première de ces opérations, il faut considérer nettement le problème vital que la chenille a à résoudre. Ce problème offre deux inconnues. Pour la première, la chenille doit se suspendre d'une manière solide par la queue; pour la seconde, la nymphe renfermée dans son intérieur et sans communication avec l'objet qui sert de support, doit se trouver suspendue de la même manière. Problème difficile à résoudre, presque impossible au premier coup d'œil ! Mais une chenille ne se laisse pas troubler pour si peu.

Ce n'est qu'en voyant opérer ces insectes qu'on peut décou-

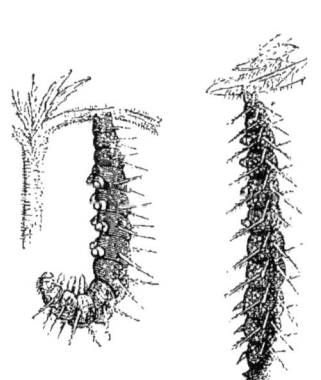

Fig. 117, 118. Chenilles de l'ortie
pendues
par les pattes de derrière.

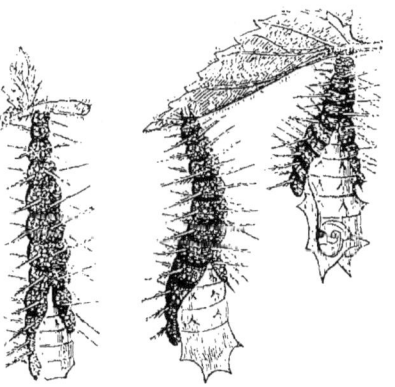

Fig. 119, 120. Chrysalides de l'ortie
se dégageant
de leur enveloppe.

vrir les admirables mystères de leur vie. Swammerdam, Vallisnieri et d'autres observateurs qui ont le plus étudié les insectes, n'avaient pas cependant observé les manœuvres des chenilles dans cette phase curieuse de leur existence. C'est encore à Réaumur que la science doit les plus charmantes et les plus précieuses observations sur le point qui va nous occuper.

Réaumur rassembla un grand nombre de chenilles d'une espèce vulgaire qui se suspendent par la queue : c'étaient ces chenilles noires et épineuses qui sont assez communes sur l'Ortie, où elles vivent en société. Lorsque le temps approche où les chenilles de cette espèce doivent subir leur transformation, elles quittent ordinairement la plante qui avait jusque-là fourni à leur subsistance. Après avoir un peu erré, elles se fixent quelque part, et se pendent la tête en bas (fig. 117, 118).

Pour se pendre de la sorte, la Chenille commence par couvrir de fils tirés en différents sens une assez grande étendue de la surface du corps étranger contre lequel elle veut se fixer. Après l'avoir tapissée d'une espèce de toile mince, elle ajoute différentes couches de fils sur une petite portion de cette surface, de manière que la supérieure soit toujours plus petite que celle sur laquelle elle est appliquée. De cette façon se forme un petit monticule de soie. Le tissu de ce monticule est peu serré. C'est comme un assemblage de fils flottants ou mal entrelacés les uns avec les autres.

Les pieds membraneux de la chenille sont armés de crochets de différentes longueurs. C'est à l'aide de ces crochets qu'elle va se suspendre. Par des mouvements alternatifs de contraction et d'allongement du corps, elle pousse ses dernières jambes contre le monticule de soie, presse les crochets de ses pieds, pour les y mieux engager, et laisse tomber son corps dans une position verticale.

L'insecte reste ainsi suspendu souvent pendant vingt-quatre heures. Pendant ce temps, il se livre au long et rude ouvrage qui consiste à faire fendre sa peau. Pour cela, il courbe et recourbe incessamment ses anneaux (fig. 119).

Enfin une fente paraît sur la peau du dos et par cette fente sort une partie du corps de la chrysalide.

Cette partie agit à la façon d'un coin et peu à peu la fente s'étend depuis la tête jusqu'aux dernières des jambes écailleuses et au delà. Alors l'ouverture est suffisante pour que la chrysalide puisse retirer sa partie antérieure de l'enveloppe, et elle l'en retire aussitôt. Pour achever de se dégager, la chrysalide s'allonge et se raccourcit alternativement (fig. 120). Chaque fois qu'elle se raccourcit et qu'elle gonfle par conséquent la partie de son corps qui est en dehors de la dépouille, cette partie agit contre les bords de la fente, et pousse toujours de plus en plus la dépouille vers le haut. La peau de la chenille remonte, ses plis se rapprochent les uns des autres. Elle est bientôt réduite à un paquet si petit qu'il ne couvre que le bout de la queue de la chrysalide (fig. 121).

Mais c'est ici le point culminant, la partie la plus difficile de l'opération. La nymphe, qui est plus courte que la chenille, est à quelque distance du réseau soyeux auquel elle doit se fixer; elle n'est supportée que par l'extrémité de la peau de la chenille qui n'a pas été fendue. Elle n'a ni bras, ni pattes, et il lui faut se délivrer de ce reste de dépouille et atteindre le lieu de suspension. Ne va-t-elle pas tomber et périr dans sa chute? Le spectateur s'étonne, s'émeut à ce spectacle. Mais qu'il se rassure. Nous sommes ici en présence d'une Saqui, d'un Blondin, dont l'adresse et la force sont incomparables. Et plus fort que Blondin, notre insecte va accomplir son saut périlleux, sans jambes ni bras!

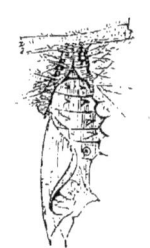

Fig. 121. Chrysalide de l'ortie achevant de se dégager de son enveloppe.

Les segments souples et contractiles de la chrysalide remplacent les membres qui lui manquent. Entre deux des segments, comme avec une espèce de pince, l'insecte saisit une portion de la peau plissée, et serrant ses deux anneaux l'un contre l'autre, il a un appui capable de porter tout son corps. C'est alors qu'il recourbe un peu sa partie postérieure et qu'il achève de tirer sa queue du fourreau.

Après avoir fait tout cela, il est probable que notre prodigieux acrobate sans membres ni jambes prend le repos qui lui est dû. Le lecteur lui-même n'est-il pas fatigué de ses efforts? Toutefois il ne se repose qu'un instant, car il n'en a pas fini avec l'opération laborieuse de sa délivrance. Il faut qu'il se débarrasse entièrement de cette dépouille sèche, qui entoure l'extrémité de son corps. Allons! trêve de repos, et remettons-nous au travail!

L'insecte courbe la partie qui est au-dessous de sa queue en portion d'S, de manière que cette partie puisse embrasser et saisir le paquet sur lequel elle s'applique. Alors il imprime à son corps une violente secousse, qui le fait pirouetter une vingtaine de fois sur sa queue, et cela très-rapidement. Pendant tous ces tours, la chrysalide agit contre la peau, les crochets de ses jambes tiraillent les fils, les cassent ou s'en dégagent.

Quelquefois les fils ne se rompent pas du premier coup. Alors l'animal recommence ses pirouettes, il les fait dans une direction opposée, et cette fois la réussite est presque toujours certaine.

Réaumur a cependant vu une nymphe qui, après s'être lassée inutilement pour faire entièrement tomber sa dépouille, désespérant d'y parvenir, prit le parti philosophique de l'abandonner là où elle était trop solidement cramponnée.

Nous représentons (fig. 121), avec un certain grossissement, la chrysalide arrivée à son état définitif et suspendue à une branche d'arbre à l'aide d'un réseau de soie.

Fig. 122.
Chrysalide angulaire, arrivée à son état définitif.

Arrivons au second mode de suspension que la nature a imposé à d'autres chenilles, à celles qui, après s'être fixées par la queue, se suspendent horizontalement, au moyen d'un cordonnet de soie passé autour de leur corps.

C'est encore à Réaumur, cet infatigable, cet admirable observateur des mœurs des insectes, que nous allons demander les détails de ce mode de suspension.

Selon Réaumur, les chenilles se fabriquent et s'appliquent cette ceinture de trois façons différentes. Mais, de ces trois façons, la plus simple et la moins sujette à accident est celle qui est pratiquée par la chenille du chou, *par la plus belle des chenilles du chou*, dit Réaumur.

Quand le temps de sa métamorphose n'est éloigné que de deux à trois jours, on voit cette chenille occupée à étendre des fils sur les divers endroits du vase dans lequel on la tient renfermée. Ensuite, elle choisit un point qu'elle tapisse entièrement de fils, plus pressés les uns que les autres, et disposés par couches qui se croisent en divers sens. Ces fils forment une toile mince et blanche contre laquelle le ventre de la chenille et celui de la chrysalide sont plus tard appliqués. Bientôt on voit s'élever un petit monticule de soie. La chenille y cramponne les ongles de ses derniers pieds, et se met à s'attacher. Pour comprendre ce procédé, il suffit de savoir qu'après avoir allongé son corps jusqu'à un certain point, cette chenille peut renverser sa tête sur son dos, la porter jusque vers le cinquième anneau, ayant ses trois paires de jambes écailleuses en l'air. Mais sans mettre la chenille dans une position si forcée, prenons-la dans une position où elle soit simplement recourbée sur le côté, de façon que sa tête, avec la filière qui est dessous, puisse s'appliquer vis-à-vis et assez près d'une des jambes de la première paire des membraneuses;

notre chenille commence par fixer en ce point un fil qui sera le premier de ceux qui vont la lier solidement (fig. 123).

« Ce fil, dit l'illustre auteur des *Mémoires pour l'histoire des insectes*, doit passer sur le corps de la chenille et être attaché par son autre bout auprès de la jambe correspondante à celle près de laquelle le premier bout a été collé. Pour filer le fil de longueur convenable, et le mettre en même temps en place, la chenille n'a qu'à conduire circulairement sa tête autour de son cinquième anneau. Le fil sera tiré de la filière à mesure que la tête avancera sur la demi-circonférence du cercle qu'elle a à décrire, et quand elle l'aura décrite, il ne lui restera plus qu'à coller fixement contre le plan immobile le second bout du fil. Ainsi la tête que nous avons d'abord posée contre une des jambes, avance peu à peu sur le contour du cinquième anneau jusques en son milieu (fig. 124). C'est la facilité que la chenille a à renverser le corps qui lui permet de faire faire cette route à sa tête : à mesure qu'elle la conduit sur la circonférence de l'anneau, elle contourne son corps. Et enfin lorsqu'elle l'a portée sur la sommité de l'anneau, son corps est précisément plié en deux, elle la tire peu à peu de cette situation en contournant son corps vers l'autre côté et en faisant parcourir doucement à sa tête le dernier quart de cercle. Enfin, la chenille se trouve liée vers le second côté ; la tête rencontre le plan tapissé et elle y colle le second bout du fil. »

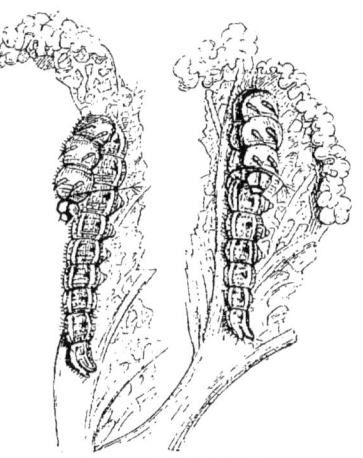

Fig. 123. Chenille du chou.

Fig. 124. Chenille du chou.

La chenille n'a qu'à répéter la même manœuvre autant de fois qu'il faut de fils pour faire un lien solide. Mais chaque fil embrasse la tête ou plutôt le dessous de la tête, car elle sait, à chaque fil qui vient

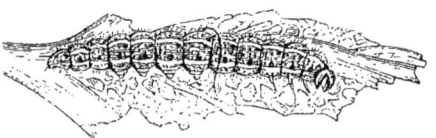

Fig. 125. Chenille du chou.

d'être filé, le faire glisser dans le pli du col par un petit mouvement de tête. Il lui faut dégager cette tête de dessous le lien, et cela ne lui est pas difficile. Elle la fait glisser le long des fils près d'un des endroits où ils sont fixés et elle se trouve dans la position indiquée par la figure 125.

Trente heures environ après que les chenilles qui se suspendent ainsi ont achevé de se lier, elles ont terminé leur transformation en chrysalide (fig. 126). On voit dans cette figure la chrysalide de la chenille précédente dans deux points de vue différents et retenue par le même lien qui assujettissait primitivement la chenille.

Les chenilles qui se construisent des coques, composent ces coques avec de la soie, ou les forment avec d'autres substances que la soie.

Rien de si varié que la figure, la couleur, la texture des cocons de soie.

Ces cocons sont, pour la plupart, ovales ou elliptiques, quelquefois en forme de bateau. Le blanc, le jaune, le brun, sont les couleurs ordinaires des cocons. Les fils peuvent être très-peu adhérents les uns aux autres, ou intimement unis par une substance gommeuse dont la chenille enduit l'intérieur du cocon, et qu'elle rend par la partie terminale de son corps. Quelques cocons sont composés d'une double enveloppe, d'autres sont d'une texture uniforme. Ceux-ci sont d'un tissu si serré qu'ils cachent entièrement la chrysalide qui y est contenue; ceux-là forment à peine une toile légère à travers laquelle on aperçoit la crysalide (fig. 127).

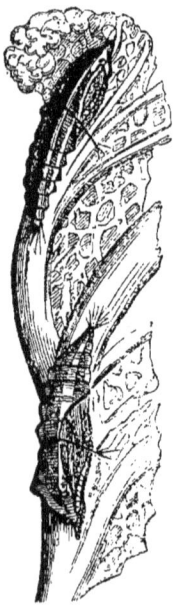

Fig. 126.
Chrysalide de la Chenille du chou.

Parmi les chenilles qui se font une coque très-lâche, il en est qui ramassent en boule deux ou trois feuilles pour la protéger. Telle est la *Lichenée du frêne* (fig. 128).

D'autres chenilles épaississent et rendent opaques leurs cocons, en y ajoutant des grains de terre, ou d'autres substances qu'elles tirent de leur propre corps.

Quelques chenilles, après avoir filé leur coque, rejettent par la partie postérieure de leur corps trois ou quatre masses d'une matière semblable à de la pâte, qu'elles appliquent avec leur tête aux parois de la cavité, et qui, se séchant promptement,

LÉPIDOPTÈRES.

devient pulvérulente. D'autres emploient, dans le même but, les poils dont leur corps est recouvert.

La *Chenille du marronnier d'Inde* (fig. 129) est couverte de touffes de poils jaunes. Réaumur fit travailler ces chenilles chez lui dans des vases de verre. Elles font de pure soie la couche qui doit former la surface extérieure de leur coque. Quand elles la jugent assez épaisse, elles commencent à s'arracher les poils, tantôt d'un endroit et tantôt d'un autre.

Mais laissons l'illustre observateur nous raconter lui-même cette opération, qui sans doute ne laisse pas que d'être pénible au pauvre animal.

Fig. 127.
Coque d'une Chenille d'après Réaumur.

« Les deux dents sont les pinces dont la chenille se sert pour saisir la partie des poils d'une touffe : et dès qu'elle les a saisis, elle les arrache sans grands efforts. Sur-le-champ elle les porte contre le

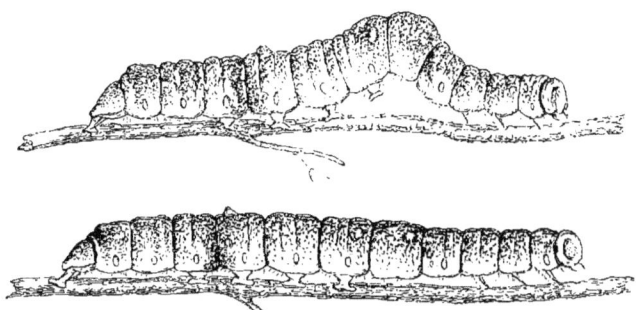

Fig. 128. Lichenée du frêne.

tissu commencé, dans lequel elle les engage d'abord par la seule pression ; elle les y arrête ensuite plus solidement en filant dessus. Elle ne cesse de

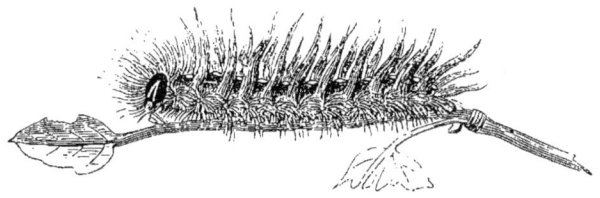

Fig. 129. Chenille du marronnier.

s'arracher les poils que quand elle s'est entièrement épilée. Lorsque la chenille a pris entre ses dents et qu'elle s'est arraché une touffe entière de poils, la tête la porte et la dépose sur quelque endroit de la surface inférieure de la coque ; mais elle ne laisse pas ensemble les poils d'un si gros paquet (fig. 130). Dans l'instant suivant on voit que la tête se donne

Fig. 130. Chenille du marronnier.
(Acronycta aceris.)

Fig. 131. Chenille du marronnier tirée de sa coque.

des mouvements très-vifs, qu'elle va prendre une partie des poils du petit tas, pour les distribuer sur les endroits voisins. Si on ouvre une de ces coques avant que la chenille soit transformée en chrysalide, cette chenille, qui est toute nue, et qu'on ne connaissait que par ses poils, n'est plus reconnaissable. » (Fig. 131.)

Une chenille que Réaumur appelle la *Marte* ou le *Hérisson* (fig. 132) est couverte de longs poils, inclinés parallèlement.

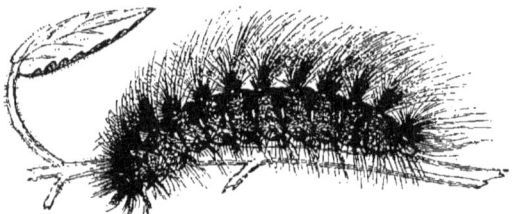

Fig. 132. Chenille de la marte. (Chelonia caja.)

Cette chenille se sert aussi de ses poils pour fortifier le tissu de sa coque ; mais soit qu'elle ressente plus vivement la douleur que la première, soit qu'elle ait beaucoup plus à souffrir, elle n'arrache pas ses poils. Elle prend un autre parti ; elle les coupe. On ne pourrait mieux faire qu'elle, même avec des ciseaux. La chenille est alors enveloppée de toutes parts de ses poils qui vont lui servir à faire son cocon (fig. 133).

Le *Minime à bandes* fait entrer ses poils dans la composition de sa coque ; mais il s'y prend d'une façon toute particulière pour se les arracher, quand le tissu de sa coque est devenu une espèce de réseau à mailles assez serrées.

Réaumur (toujours Réaumur, ce Réaumur dont le nom est à peine cité dans nos ouvrages élémentaires sur l'histoire naturelle), donc Réaumur vit un jour une partie de la coque se hérisser de poils. C'étaient les poils d'une partie du dos de l'insecte, que celui-ci avait fait passer à travers les mailles de sa coque. La chenille se donne alors de petits mouvements comme pour frotter successivement cette partie de son dos en des sens contraires, contre la surface intérieure de la coque. De cette façon les poils sont bientôt arrachés et retenus, comme dans des étaux, dans les mailles de la coque. Celle-ci en est donc hérissée en dedans, ce qui ne convient point à la chrysalide future, laquelle ne veut être touchée que par des surfaces lisses. La chenille travaille donc avec sa tête, à coucher les poils sur les parois intérieures, et à les retenir couchés par des fils qu'elle tire dessus.

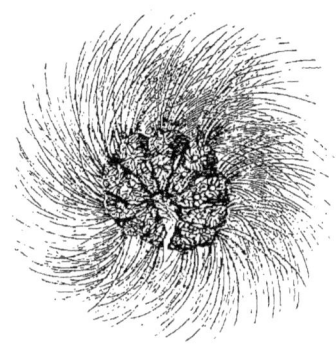

Fig. 133. Chenille de la marte formant son cocon.

Réaumur vit, un autre jour, une chenille, petite et velue, qui paraissait se nourrir de lichens, se servir de ses poils d'une autre façon. Elle se les arrache pour faire sa coque, mais ce n'est pas pour les coucher et les faire entrer dans un tissu. Elle les plante droits comme des piquets de palissades, sur la circonférence d'un espace ovale, dans lequel elle est placée. Renfermée dans cette palissade, elle file une toile blanche, légère. Cette toile soutient les poils, elle contraint même la plupart à se courber par leur bout supérieur, de manière à former une sorte de berceau.

Il nous reste à parler des larves qui fabriquent leurs cocons tout à la fois avec de la soie et avec d'autres matériaux.

Réaumur a vu la chenille du mouron ajuster et attacher les unes contre les autres des feuilles de mouron, et filer par-dessous une coque mince de soie blanche (fig. 134 et 135).

Il est des chenilles qui font leur coque au sein de la terre, et même avec de la terre. Ces coques sont terreuses, sphériques ou oblongues. Leur extérieur est plus ou moins bien façonné, mais leur intérieur est toujours lisse, poli, luisant comme une terre humectée, pétrie et soigneusement unie. Ce cocon est, du reste, tapissé d'une couverture de soie plus ou moins épaisse. Les pa-

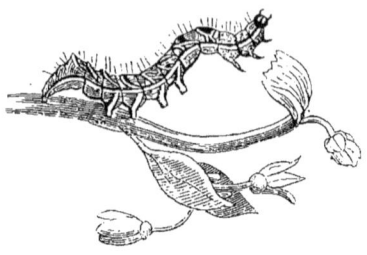 

Fig. 134. Petite chenille du mouron.   Fig. 135. Coque de la chenille du mouron.

rois ne sont pas faites seulement de terre. On y remarque des fils de soie entre-croisés, qui relient entre eux tous les grains de terre.

Ces travailleuses souterraines ne laissent point aisément découvrir leurs procédés aux observateurs ordinaires. Réaumur eut le

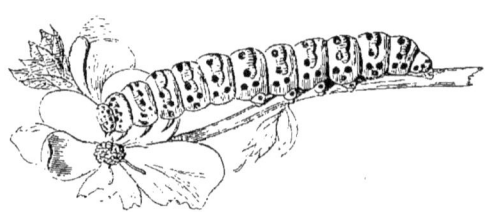

Fig. 136. Noctuelle du bouillon-blanc.

bonheur de pouvoir découvrir l'artifice qu'elles emploient pour la construction des coques. La *Noctuelle du bouillon-blanc* (fig. 136) se fait une coque de la forme d'un œuf, épaisse et bien compacte (fig. 137).

Réaumur la tira de terre au moment où elle n'était pas encore

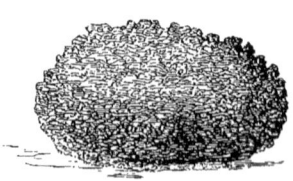

Fig. 137. Coque de la Noctuelle du bouillon-blanc.

fortifiée. Il la déchira et la plaça dans un vase de verre contenant du sable. Le pauvre insecte ne tarda pas à réparer le désordre causé par la rude main de notre naturaliste. Elle ne mit que quatre heures à remettre la coque dans son premier état.

« Elle commença, dit Réaumur, par en sortir presque entièrement et ne laissa dedans que sa partie postérieure. Elle porta sa tête aussi loin qu'il était nécessaire pour que ses dents pussent saisir un grain de terre. Dès qu'elles en furent chargées, elle rentra dans l'intérieur de sa coque, elle y laissa le grain de terre, et elle ressortit sur-le-champ comme la première fois pour prendre un second grain de terre qu'elle porta ainsi dans l'intérieur de sa coque. C'est un manége qu'elle fit pendant plus d'une heure.... La provision des matériaux étant rassemblée, la chenille ne songea plus qu'à les mettre en œuvre. Elle commença par filer sur un endroit de l'ouverture. Après y avoir mis une petite bande de toile très-lâche, la tête quittait les bords de l'ouverture, la chenille rentrait entièrement dans sa

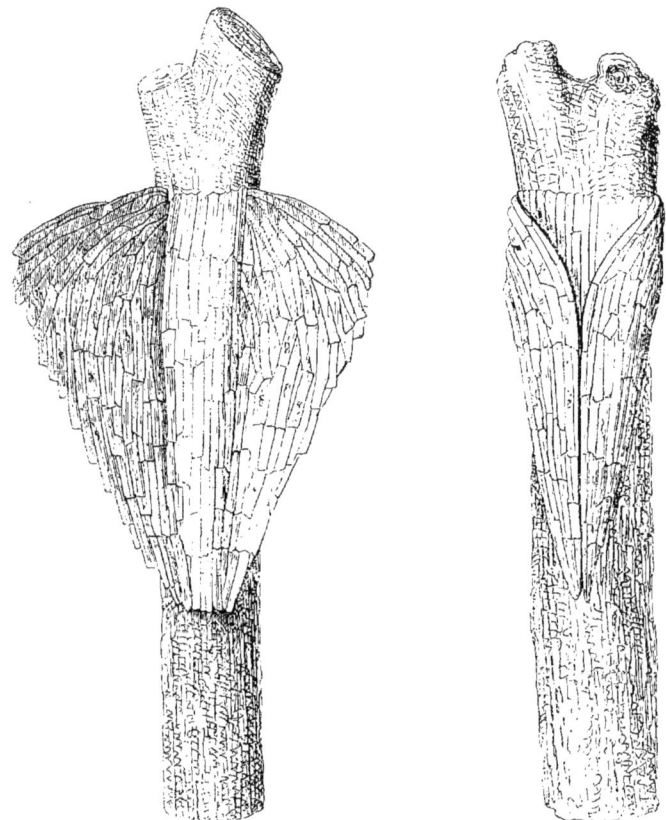

Fig. 138, 139. Coque de la Phalène corticale.

coque et la tête revenait chargée d'un petit grain de terre qu'elle engageait dans les fils de soie. Elle y engageait de suite deux ou trois, ou un plus grand nombre de grains, selon que la quantité des fils le permettait. Elle les y liait aussi avec d'autres fils, après quoi elle tirait des fils sur les bords d'un autre endroit. En parcourant ainsi tout le contour de l'ouverture et en portant et arrêtant des grains de terre dans les fils qui avaient été étendus les derniers, elle rendait le diamètre de l'ouverture de plus en plus petit. »

C'est en frappant avec sa tête que notre maçonne donnait à la paroi nouvelle la courbure qu'elle doit avoir. Il était intéressant de savoir comment, ne pouvant plus sortir sa tête, elle pourrait boucher l'orifice.

> « Elle sut alors changer sa manœuvre. Lorsque l'ouverture fut réduite à un cercle de peu de lignes de diamètre, elle tira des fils d'un endroit du bord à un endroit opposé.... Ainsi l'ouverture fut tapissée d'une toile peu serrée.... Dès que cette toile fut finie, elle alla prendre un grain de terre (qu'elle avait mise en prévision), elle l'apporta contre la toile, et le poussant et le pressant, elle le fit passer au travers de ses mailles jusque sur la surface extérieure. Ainsi successivement toute la toile fut couverte de grains de terre.... Elle ne se contenta pas de rendre l'extérieur de cet endroit entièrement semblable à celui des autres ; elle le fortifia entièrement, elle y ajouta successivement des couches de grains de terre jusqu'à ce qu'elle eût la solidité et l'épaisseur des autres endroits. »

La *Phalène corticale*, que l'on trouve sur les chênes, au mois de mai, est la chenille qui laisse mieux voir jusqu'à quel point ces petites bêtes portent l'industrie dans la construction de leur coque tant pour le choix des matériaux que pour la manière de les mettre en œuvre, ou les formes qu'elles savent leur donner. Réaumur vit un jour cette chenille posée sur une petite branche, au milieu de deux appendices membraneux triangulaires (fig. 138). C'était le commencement d'une coque. Chaque lame triangulaire était composée d'un grand nombre de petites plaques rectangulaires minces, prises de l'écorce même de la petite branche. La chenille détachait avec ses dents une petite bande de l'écorce, et venait l'appliquer, l'ajuster, avec une admirable précision, bord à bord, contre la lame déjà formée. Elle l'y fixait ensuite solidement, avec des fils de soie. Réaumur vit cette chenille travailler et élever ainsi chacune des grandes lames pendant plus d'une heure et demie.

> « Quand on voit, dit notre observateur, un insecte qui, pour rebâtir une coque, commence par assembler une infinité de petits carreaux pour en composer deux lames plates et triangulaires ; un insecte qui, pour arriver à une fin, prend des voies si détournées, quoiqu'elles soient des plus commodes et des plus courtes pour y arriver, on est bien tenté de lui croire du génie ; on le voit agir comme s'il en avait. »

Ces deux lames se transforment finalement en une véritable coque. La petite bête, qui est à la fois architecte, ébéniste et tisserand, les travaille de manière à en faire un cornet ouvert qu'elle n'a plus qu'à fermer. Réaumur appelle ce genre de cocon ou de coque la *coque en bateau*.

Certaines chenilles tissent avec de la soie pure des coques de la même forme.

Pour terminer ce sujet, nous signalerons l'industrie de la *Harpie du hêtre* et celle d'une petite *Tinéide*, qui ronge l'orge emmagasinée dans nos greniers.

La *Harpie du hêtre* emploie pour construire sa coque le bois même de l'arbre sur lequel elle a vécu. Elle le mâche, et, le mêlant à un fluide glutineux que sécrète sa bouche, elle le réduit en une sorte de pâte dont elle se sert ensuite pour en former une enveloppe polie, et d'une telle dureté que le couteau peut à peine l'entamer.

La *Tinéide*, dont nous avons à parler, tapisse l'intérieur d'un grain dont elle a dévoré le contenu, d'une couche de soie, et le divise ainsi en deux chambres distinctes : dans l'une de ces chambres elle doit se changer en nymphe; dans l'autre elle doit placer ses excréments.

Ainsi, notre petit et soigneux architecte construit sa maison de manière à y trouver tranquillité, propreté et *commodité!*

Quand les chenilles n'ont pas en leur pouvoir les matériaux qu'elles ont l'habitude d'employer, elles peuvent, comme des ouvriers d'élite, se contenter de ceux qui se trouvent à leur portée. Réaumur a nourri une larve qui formait son cocon avec des morceaux détachés du papier formant le vase qui lui servait de prison.

Quel état bizarre, quelle étrange situation vitale nous présente la chrysalide, être qui tient le milieu entre la chenille et le papillon! Comme elle ressemble peu à ce qu'elle était précédemment et à ce qu'elle sera plus tard! En apparence, c'est à peine un être vivant. Il ne prend, en effet, aucune nourriture et n'a aucun organe digestif. Il ne peut ni marcher, ni se traîner : il parvient à peine à faire fléchir les jointures de ses anneaux.

La peau extérieure des chrysalides semble cartilagineuse; elle est ordinairement lisse, bien que quelques espèces soient pourvues de poils semés sur leur corps.

On distingue aux chrysalides deux côtés opposés. L'un est celui du dos de l'insecte, l'autre est celui du ventre. Sur la partie antérieure de ce dernier (fig. 140) on aperçoit divers petits reliefs, formés et disposés comme les bandelettes des têtes des momies. Le côté du dos est uni et arrondi dans un grand nombre de chrysalides. Mais beaucoup d'autres ont sur la partie antérieure de ce même côté, tout le long des bords qui séparent les deux côtés ou les deux faces, de petites bosses, des éminences plus larges qu'épaisses qui se terminent en pointe aiguë (fig. 141).

Les chrysalides qui ont cette structure sont dites *angulaires*; celles qui sont simplement arrondies ont été nommées *fèves*. Cette division est très-naturelle, car les premières donnent des papillons diurnes, et les secondes généralement des papillons nocturnes. La tête des chrysalides anguleuses se termine quelquefois par deux parties angulaires qui s'écartent l'une de l'autre comme deux cornes (fig. 141). Dans quelques autres cas, ces deux parties sont courbées en forme de croissant. Ces appendices donnent quelquefois à la chrysalide l'aspect de certains masques de satyre, surtout si l'on remarque qu'une éminence placée au milieu du dos ressemble assez à un nez et que des petites cavités peuvent figurer des yeux (fig. 142).

Les couleurs des chrysalides angulaires sont faites pour attirer nos regards. Il en est de superbement vêtues; on dirait qu'elles sont couvertes de vêtements de soie et d'or. D'autres ont seulement des taches dorées ou argentées, sur le ventre ou sur le dos.

Cependant toutes les chrysalides n'ont pas cet éclat remarquable et ces reflets métalliques. Il en est de vertes, de jaunes, de tachetées de noir. Généralement elles sont brunes.

Réaumur a montré que cette couleur dorée dont nous venons de parler, n'est pas due, comme on l'avait cru longtemps, à de l'or, mais à une petite membrane blanchâtre, placée sous la peau, et qui réfléchit la lumière à travers la mince peau extérieure, de manière à produire l'illusion d'optique qui donne à la robe de cette humble chenille les reflets dorés des vêtements d'une princesse en habit de gala. *Tout ce qui reluit n'est pas or :* c'est ce que prouva littéralement Réaumur, dans le cas de nos chrysalides.

Ajoutons que la chrysalide reste ainsi superbement vêtue tant qu'elle conserve cet état, mais elle prend une couleur commune et terne dès que le papillon l'a quittée.

Les chrysalides de la seconde division ont reçu le nom de *chrysalides coniques*. Elles appartiennent aux Lépidoptères crépusculaires et nocturnes et aux Papillons de jour, dont les chenilles ont été nommées, à cause de leur forme courte et déprimée, *chenilles cloportes*. Elles ressemblent ordinairement à un corps ovale

LÉPIDOPTÈRES.

et arrondi à son extrémité antérieure, plus ou moins conique à son extrémité postérieure. Leur couleur est, en général, d'un brun marron uniforme.

Quel est le mystère qui s'accomplit dans le passage de la chrysalide à l'état de papillon? Ces grands changements de l'état de

Fig. 140. Chrysalide de chenille.

Fig. 141. Chrysalide angulaire d'où sort le papillon diurne.

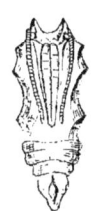

Fig. 142. Chrysalide conique d'où sort le papillon diurne.

chenille à celui de chrysalide et de l'état de chrysalide à celui de papillon, se font avec tant de rapidité, que l'on a vu longtemps dans ces phénomènes de subites métamorphoses, semblables à celles que la mythologie raconte. On a cru aussi qu'il y avait dans ces changements d'état une sorte de résurrection.

Il n'y a ici ni métamorphose brusque, — nous allons le montrer, — ni résurrection. En effet, la chrysalide est un être vivant; elle manifeste même sa vitalité par des mouvements extérieurs. Sous la vieille peau d'une chenille qui va muer, sous l'enveloppe qui sera rejetée bientôt, les nouveaux téguments se préparent. Il n'y a donc là qu'un changement d'habit. Quelques jours avant la mue, fendez la peau de la chenille, et vous trouverez déjà au-dessous la peau qui doit prendre sa place. Si, quelques jours avant la transformation de la chenille en chrysalide, on ouvre cette chenille, on y découvre déjà des rudiments d'ailes et d'antennes.

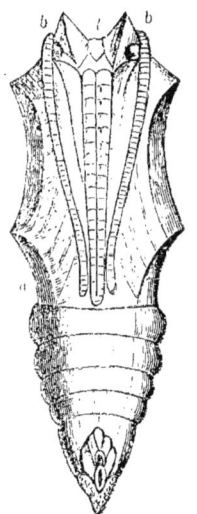

Fig. 143. Chrysalide de Grande Tortue (Vanessa polychloros), grossie, vue du côté du ventre.

Si on se contente de regarder une chrysalide à l'extérieur seulement, on y distinguera sous la peau toutes les parties du papillon futur : les ailes, les jambes, les antennes, la trompe, etc. Seulement, ces parties sont pliées et empaquetées, de façon que la chrysalide n'en saurait faire aucun usage. Elle ne pourrait du reste s'en servir à cause de leur incomplet développement. La figure 143 montre, d'après Réaumur[1], une chrysalide grossie et vue du côté du ventre, sur laquelle on découvre : *a* les ailes, *bb* les antennes, *t* la trompe.

Il est un moment où ces parties, pressées les unes contre les autres, et comme emmaillottées à la façon d'une momie, sont très-faciles à discerner, car elles sont pour ainsi dire à découvert.

Ce moment est celui où la chrysalide vient de naître, lorsqu'elle vient de quitter sa dépouille de chenille.

La chrysalide qui vient de quitter cette dépouille est encore molle et tendre. Son corps est tout mouillé d'une liqueur qui, se desséchant rapidement, devient opaque, se colore et prend la consistance d'une membrane. Il résulte de là que des parties qui ne tenaient nullement ensemble lorsque la chrysalide a commencé à paraître au jour, se trouvent réunies plus tard, de sorte que ces parties qu'on a pu observer dans les premiers instants, à travers une couche de liqueur transparente, se dérobent ensuite sous une sorte de voile ou de manteau. Il faut donc saisir ce moment de la naissance de la chrysalide, pour la bien observer.

En observant la chrysalide avant que la liqueur qui imprègne son corps ait eu le temps de sécher, on reconnaît que cette chrysalide n'est autre chose qu'un papillon. On peut même alors séparer les unes des autres toutes les parties extérieures qui appartiennent au papillon. On y reconnaît, en effet, la tête, qui est alors penchée sur la poitrine ; les deux yeux et les antennes (fig. 144), qui sont ramenées en devant comme deux rubans ; les ailes également ramenées sur la poitrine, mais qui sont écartées artificiellement dans le dessin que nous donnons d'après Réaumur[2] ; enfin, dans l'espace que les ailes laissent entre elles, les six jambes et la trompe du papillon.

En résumé, la chrysalide, quand elle approche de l'époque de l'éclosion, n'est qu'un papillon emmaillotté. Dès qu'il aura la force de se débarrasser de ses langes, le Papillon se délivrera

---

1. Tome I, page 382, planche 26, fig. 6.
2. *Ibidem*, fig. 7.

de ces entraves. Il s'envolera, brillant et libre, faisant reluire au soleil ses ailes diaprées.

La durée de l'état de chrysalide est très-variable selon les espèces, selon la taille de la chrysalide, et surtout selon le degré de température. Généralement les petites espèces restent moins longtemps à attendre leur transformation que les grosses.

Réaumur plaça dans une serre chaude, au mois de janvier, des chrysalides qui ne devaient éclore qu'au mois de mai, et quinze jours après les papillons avaient paru. D'autre part, il renferma pendant tout un été des chrysalides au sein d'une glacière, et il retarda par ce moyen leur éclosion pendant toute une année.

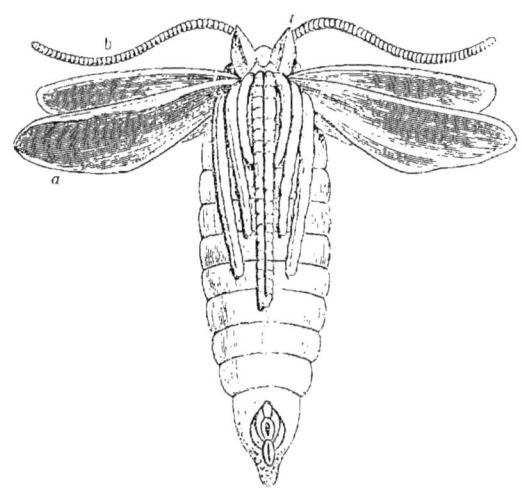

Fig. 144. Chrysalide de Vanessa polychloros, dont on a écarté les différentes parties avant qu'elles soient collées.
(a ailes, b antennes, t trompe.)

L'influence de la température sur la période d'incubation, et partant l'influence des saisons sur la longueur de cette période, sont complétement mises en lumière par ces expériences.

Voyons maintenant comment les papillons se délivrent de leur dépouille dernière. Quitter le fourreau d'une chrysalide n'est pas une opération aussi laborieuse que l'a été pour le même insecte celle de quitter le fourreau de chenille. C'est que le fourreau de la chrysalide est plus sec; il n'adhère pas partout au corps, il est friable.

Les papillons dont la chrysalide est enfermée dans une coque, se débarrassent de cette chrysalide dans la coque même. Pour assister à la dernière opération que nous avons à considérer, on peut ouvrir la coque, et en retirer la chrysalide, avec délicatesse et sans la blesser. Si on la place alors dans une boîte, on voit la métamorphose s'accomplir à l'époque voulue.

Pour étudier plus commodément cette dernière évolution des insectes qui nous occupent, Réaumur avait couvert une assez grande étendue de la tapisserie de son cabinet, avec des chrysalides de la *Grande Tortue* et du *Zigzag de Geoffroy*.

Lorsque les parties du corps du papillon ont pris à l'intérieur de la coque une certaine solidité, l'animal n'a pas de grands efforts à exécuter pour faire fendre en divers endroits la membrane mince et friable qui l'entoure. Pour peu qu'il se gonfle ou qu'il se remue, une petite ouverture se fait dans le fourreau desséché. S'il réitère ses mouvements, l'ouverture s'agrandit, et lui permet bientôt de sortir.

C'est sur le milieu de la partie supérieure du corselet que l'enveloppe commence à se fendre. La fente s'étend sur le milieu du front et du dos. Les pièces du corselet s'écartent, se séparent des autres parties auxquelles elles étaient jointes, et le papillon peut profiter de l'ouverture qui s'est faite et qui peut le laisser sortir. Peu à peu aussi il avance sa tête. La tête se présente la première hors de la dépouille, et il finit par s'en retirer entièrement.

Le papillon emploie un temps assez long à sortir de ses langes; car il faut considérer que, sous l'enveloppe générale de la chrysalide, ses jambes, ses antennes, ses ailes et plusieurs autres parties sont renfermées dans des étuis particuliers. Ces conditions particulières expliquent que l'animal ait quelque peine et doive employer quelque temps à dégager toutes ces parties.

Enfin notre prisonnier est sorti de son étroite cellule. Délivré de sa vieille défroque, il voit briller le jour. Quel poëte nous décrira les sensations de cette charmante et frêle créature qui, nouveau Lazare, vient de sortir du tombeau, et pour la première fois jouit de la lumière éclatante du jour, du ciel radieux et des fleurs aux senteurs enivrantes, qui appellent ses caresses et ses baisers !

Dans cet être nouvellement éclos, les ailes sont ce qui frappe le plus. Elles sont très-petites à l'instant de la naissance.

La figure 145 représente, d'après Réaumur[1], un papillon noc-

---

1. Tome I, page 654, planche 46, fig. 1.

turne, au moment où il vient de sortir du fourreau de sa chrysalide. Mais au bout d'un quart d'heure, d'une demi-heure à peine, les ailes se montrent dans toute leur étendue. Selon Réaumur, une aile naissante, et qui paraît si petite, est pourtant déjà pourvue de toutes ses parties. Seulement elles sont pressées, retirées sur elles-mêmes, comme le représente la figure 146, donnée par Réaumur.

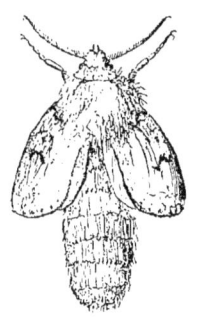

Fig. 145. Papillon nocturne venant de sortir du fourreau d'une chrysalide.

Réaumur ayant pris entre ses doigts une aile très-courte d'un papillon qui venait d'éclore, la tira doucement dans tous les sens; il parvint ainsi à lui donner toute l'étendue qu'elle aurait prise naturellement. Selon Réaumur, une aile naissante, et qui paraît si petite, est pourtant déjà pourvue de toutes ses parties. Seulement elle est pliée et repliée sur elle-même. Il suppose que ce qu'ont fait ses doigts pour allonger l'aile du papillon, est fait naturellement par des liquides chez l'insecte qui vient de naître et dont les ailes ne sont plus

Fig. 146. Papillon dont les ailes sont plus élargies, mais retirées sur elles-mêmes.

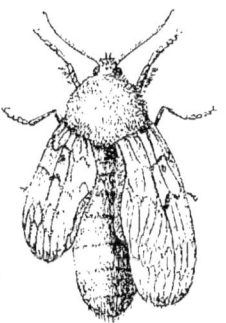
Fig. 147. Papillon nocturne dont les ailes se développent.

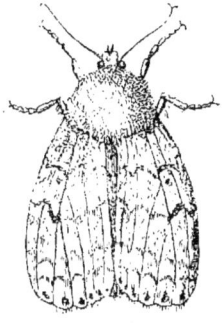
Fig. 148. Papillon nocturne dont les ailes sont développées.

resserrées dans des fourreaux. Au moment de la naissance, les ailes sont planes et épaisses; en croissant petit à petit elles s'étalent et se contournent.

Quand ces ailes sont complètement développées et aplaties, elles s'affermissent et se durcissent insensiblement, et cet affermissement s'étend en même temps à tout le corps.

Les figures 147 et 148, empruntées comme les précédentes au 14ᵉ mémoire de Réaumur (sur la transformation des chrysalides *en papillons*), montrent les états par lesquels passent les ailes du même papillon nocture, avant de prendre leur développement définitif.

Tout ce que nous venons de dire s'applique à ces chrysalides coniques d'où sortent les Phalènes. La sortie du papillon se fait essentiellement de la même façon dans les chrysalides angulaires. Cependant dans celle que nous avons prise pour exemple et dans beaucoup d'autres, les ailes des papillons se développent plutôt que celles des papillons de chrysalides coniques. Elles s'étendent, se contournent dans les premiers, pendant que le papillon est encore logé dans sa chrysalide.

Cette remarque est assez curieuse si l'on considère que les papillons des chrysalides coniques volent presque tous les soirs ou la nuit, tandis que les papillons des chrysalides angulaires volent en plein midi.

Les chrysalides renfermées dans des coques se défont, entièrement ou en partie, de leur dépouille, dans la coque même. Mais le pauvre papillon est toujours prisonnier. Il a franchi une première enceinte, il faut qu'il perce la seconde.

Comment parvient-il à trouer les murs, souvent bien solides, de cette seconde prison, pour recouvrer sa liberté? Réaumur a constaté dans la *Livrée* que la tête est le seul instrument dont l'insecte se serve pour s'ouvrir un passage. Et ce sont les yeux à facettes et cornés qui agissent alors comme des limes. Ces limes coupent les fils très-fins qui composent le cocon. Dès que le bout de la coque est percé, le papillon se sert de son corselet comme d'un coin, pour agrandir le trou. Bientôt il fait sortir ses deux jambes antérieures, se cramponne par elles sur le cocon, et peu à peu sort tout entier de sa prison.

Ce sont ces êtres délivrés de leurs entraves, ce sont les papillons parfaits que nous allons pouvoir considérer maintenant.

LES PAPILLONS.

Qui n'admire l'éclat extraordinaire, la vivacité, la prodigieuse variété de couleurs de ce brillant habitant des airs! Quelques amateurs ont consacré à l'achat de certains papillons des sommes qui auraient payé de beaux diamants. « Les diamants, dit Réaumur à cette occasion, n'ont peut-être pas de beauté plus réelle que celle des ailes d'un papillon ; mais ils en ont une dont on est plus convenu, et qui est plus reçue dans le commerce. »

Le caractère essentiel et distinctif des papillons les fait très-aisément reconnaître parmi les autres insectes. Tous les papillons ont quatre ailes, et ces ailes diffèrent de celles des autres insectes, en ce qu'elles sont couvertes de poussière, qui leur communique les brillantes couleurs qui les décorent. C'est cette poussière qui s'attache aux doigts, quand on saisit un de ces êtres charmants.

On a longtemps considéré cette poussière comme formée de

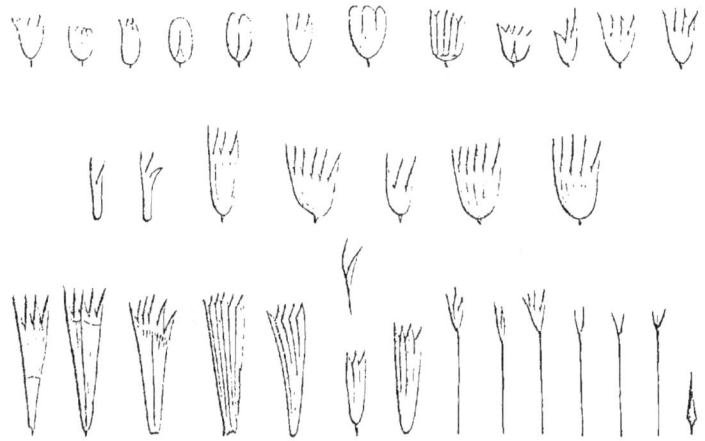

Fig. 149-150. Formes diverses des écailles de papillons, d'après Réaumur.

petites plumes. Mais Réaumur a montré qu'elle est composée de petites écailles. Leur forme et la manière dont elles sont découpées varient singulièrement, comme on peut le voir dans les figures 149-150, empruntées aux mémoires de Réaumur[1] et qui représentent les différentes formes des écailles qui recouvrent les ailes de plusieurs papillons.

M. Bernard Deschamps a étudié de près ces petites écailles. Selon ce naturaliste, elles seraient composées de trois membranes, ou lamelles, superposées, dont la première serait couverte de granulations, de forme arrondie, espèce de pollen qui donne à ces écailles leurs couleurs éclatantes et variées ; la seconde écaille serait chargée de soie formant quelquefois des dessins curieux ; la troisième lamelle, celle qui s'applique sur la membrane de

1. Tome I, planche 7, fig. 1 à 23.

l'aile, aurait la propriété de réfléchir les couleurs les plus brillantes et les plus variées, quoique la surface des écailles visibles à l'œil soit souvent sombre et terne.

« Je suppose, dit M. Bernard Deschamps, qu'un peintre possédât le secret de couleurs assez riches pour pouvoir présenter sur la toile, avec tout leur éclat, l'or, l'argent, l'opale et le rubis, le saphir, l'émeraude et les autres pierres précieuses que produit l'Orient, qu'avec ces couleurs il formât toutes les nuances qui pourraient résulter de leur combinaison, on peut affirmer, sans crainte d'être jamais démenti, qu'il n'y aurait aucune de ces couleurs et de leurs nuances, quel qu'en soit le nombre, que le microscope ne puisse faire découvrir sur la partie des écailles des Lépidoptères que la nature s'est plu à dérober à nos regards. »

La figure 151 représente d'autres aspects des écailles de divers papillons vus au microscope.

Chacune de ces écailles adhère à la membrane de l'aile par un

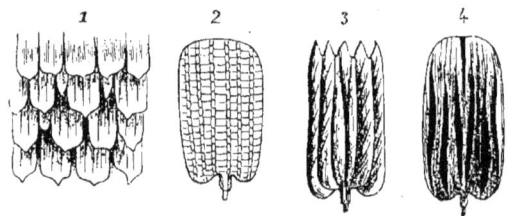

Fig. 151. Écailles des ailes de divers papillons, vues au microscope.

petit tuyau, qui s'y trouve solidement soudé. Réaumur a signalé l'arrangement admirable de ces écailles, qui sont disposées comme celles des poissons, c'est-à-dire de manière que celles d'un rang soient un peu en recouvrement sur celles du rang qui suit.

La figure 152, que nous empruntons au mémoire de Réaumur, est celle d'une portion d'aile du *Grand Paon* grossie sous le microscope. On y voit les écailles disposées en rangées; on en voit d'isolées, et les points où d'autres étaient implantées avant qu'on les eût fait tomber.

La figure 153 représente l'aile d'un papillon vue à la loupe.

La charpente membraneuse qui porte les écailles colorées des papillons vaut bien la peine d'être considérée un instant. Elle consiste en deux lames membraneuses, intimement unies entre elles par leur face interne, et divisées en plusieurs parties distinctes par des filets cornés fistuleux, filiformes, plus ou moins ramifiés, qui semblent destinés à supporter les deux lames membraneuses indiquées plus haut, et qui se ramifient de la base au bord extérieur de l'aile. Leur nombre, en les comptant du bord

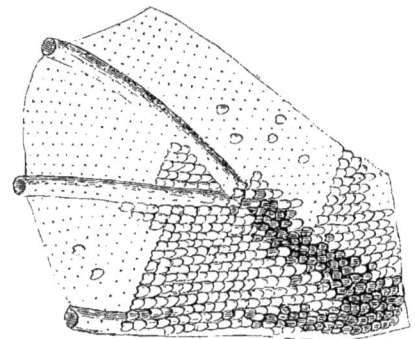

Fig. 152. Portion d'aile du Grand Paon, vue au microscope.

extérieur, n'est pas toujours le même aux ailes du dessus et à celles du dessous. Il varie depuis huit jusqu'à douze.

Avec ses ailes grandes et légères, le papillon (nous parlons des papillons diurnes) peut voler longtemps. Mais ce vol n'est point

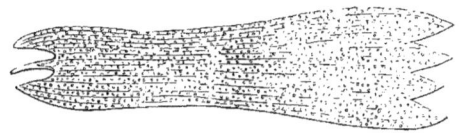

Fig. 153. Aile de papillon vue à la loupe.

régulier, il ne se fait point suivant une ligne droite. Quand l'insecte doit faire un chemin de quelque longueur, il monte et descend alternativement. La ligne de sa route est composée d'une infinité de zigzags, qui vont de haut en bas et de droite à gauche. L'irrégularité de ce vol empêche le petit insecte d'être la proie des oiseaux.

« Je vis un jour avec plaisir, dit Réaumur, un moineau qui poursuivit en l'air un papillon pendant plus d'un demi-quart d'heure sans venir à bout de le prendre. Le vol de l'oiseau était pourtant considérablement plus rapide que celui du papillon, mais le papillon se trouvait ou plus haut ou plus bas que l'endroit où l'oiseau arrivait, et où il avait cru le joindre. »

Mais quittons les ailes, pour passer aux autres parties du papillon. Ces autres parties sont le *corselet*, le *corps* ou *abdomen* et la *tête*.

Le *corselet* est solidement construit pour soutenir les mouvements des ailes et les pattes. Celles-ci sont composées, comme dans les autres insectes, de cinq parties : la hanche, le trochanter, la cuisse, la jambe et le tarse.

Beaucoup de papillons ont les six pattes d'égale longueur. Chez d'autres, les deux pattes antérieures sont très-petites et impropres à la marche. Chez d'autres encore elles sont comme avortées, dépourvues de crochets, très-velues et appliquées sur le bord antérieur de la poitrine en manière de palatine.

On voit très-bien cette différence de structure dans les figures 154 et 155, dont l'une représente, d'après Réaumur, une patte munie de ses crochets, et l'autre une patte impropre à la marche, très-poilue et terminée par une sorte de pinceau, ou de bout de palatine.

 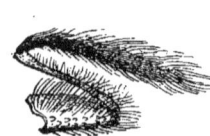

Fig. 154.
Patte de papillon munie de crochets.

Fig. 155.
Patte impropre à la marche.

L'*abdomen* a la forme d'un ovale allongé, ou presque cylindrique, dans la majorité des espèces. Il se compose de cinq anneaux, formés chacun d'un anneau supérieur et d'un anneau inférieur, unis entre eux par une membrane. Les premiers sont plus grands que les autres et en recouvrent le plus souvent les bords, ce qui donne à cette partie du corps la faculté de se dilater considérablement.

Nous nous arrêterons plus longtemps sur la *tête* du papillon.

Cette tête est généralement arrondie, comprimée en avant, plus longue que large, garnie de poils fins ou écailleux. Les organes importants dont cette partie est le siége, sont les yeux, les stemmates, les antennes, les palpes et la trompe.

Les yeux des papillons sont plus ou moins sphériques, bordés de poils et composés d'innombrables petites facettes. On y voit souvent des couleurs aussi variées que celles de l'arc-en-ciel. Mais la couleur qui leur sert de base à toutes, est le noir dans quelques papillons, le brun ou le gris dans d'autres ; encore, ce sont diverses couleurs d'or ou de bronze des plus éclatantes, qui tirent tantôt sur le rouge, tantôt sur le jaune, tantôt sur le vert.

On a compté 17 325 facettes sur l'œil composé d'un papillon. Des yeux simples ou lisses s'observent en outre chez certaines

LÉPIDOPTÈRES. 205

espèces, et sont ordinairement plus ou moins cachés par les écailles.

Les antennes sont situées près du bord supérieur de chaque œil. Réaumur en a indiqué six formes principales. Les unes sont terminées par un *bouton* et appartiennent à un grand nombre de papillons qu'on voit, pendant le jour, se poser sur les fleurs.

Les autres sont *en massue*, et appartiennent à des espèces qui volent en bourdonnant au-dessus des fleurs, sans s'y poser.

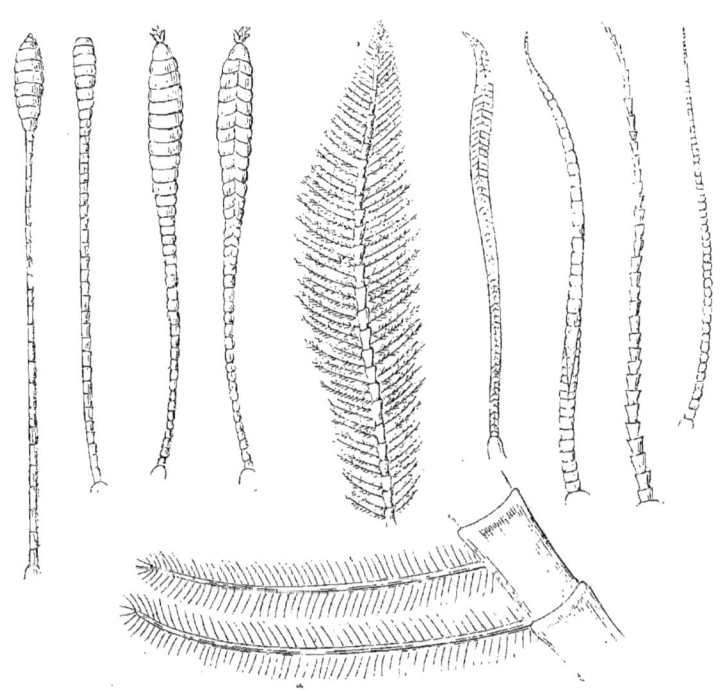

Fig. 156-165. Antennes de papillons.

Les autres sont *prismatiques*, ou en *chapelet*. Les autres enfin sont faites comme des *plumes*.

Nous réunirons dans une même planche (fig. 156-165) les différentes formes d'antennes de papillons que Réaumur a rassemblées dans les planches 8 et 9 de son 5º mémoire[1].

Les palpes sont au nombre de quatre, deux maxillaires et deux labiales. Les premières sont ordinairement excessivement ré-

---

1. *Sur les parties extérieures des papillons*, tome I, page 197.

duites; on ne peut constater leur existence qu'à l'aide d'une forte loupe; les secondes sont en général très-apparentes, redressées, cylindriques, couvertes d'écailles et formées de trois articles, dont le dernier souvent très-petit et parfois assez développé en façon de pointe. On les voit aussi se hérisser de poils raides ou soyeux.

Immédiatement après on trouve la trompe. Si l'on observe même à l'œil nu le dessous de la tête, la trompe est précisément entre les deux yeux.

Tant que le papillon ne veut pas prendre de nourriture, la trompe reste roulée en spirale. Il y a des trompes courtes, qui ne forment guère qu'un tour et demi ou deux tours; il y en a de grandeur moyenne, qui forment trois tours et demi ou quatre tours; enfin il y en a de très-longues, qui font plus de huit ou dix tours.

Voici comment le papillon se sert de sa trompe. Lorsqu'il voltige autour de quelque fleur, il va bientôt se poser dessus ou tout auprès. Il porte ensuite en avant sa trompe, entièrement ou presque entièrement déroulée; bientôt après il la redresse au point de lui laisser à peine un peu de courbure; il la dirige en bas et la plonge dans la fleur. Quelquefois il l'en retire un instant après, pour la courber, pour la contourner un peu, et quelquefois même pour lui faire faire quelques tours de spirale. Sur-le-champ il la redresse pour la plonger une seconde fois dans la même fleur, d'où il la retire pour la recourber. Il répète sept ou huit fois le même manége et vole sur une autre fleur.

Cette trompe, dont le papillon fait si bon usage, se compose de deux filets plus ou moins longs, cornés, concaves à leur face interne, engrenés par leurs bords. Lorsqu'on la coupe transversalement, on voit, d'après Réaumur[1], que l'intérieur se compose de trois petits anneaux. Par conséquent, il y a trois canaux dans la trompe, dont un central et deux latéraux (fig. 166).

Servent-ils tous trois à conduire le suc des fleurs dans le corps du papillon? Réaumur a fait de très-intéressantes observations à cet égard, en étudiant le manége d'un papillon nocturne qui s'était mis à sucer un morceau de sucre, pendant qu'on le dessinait.

« Je tenais d'une main, dit Réaumur, une forte loupe que j'approchais de la partie de la trompe que je voulais considérer. J'étais quelquefois une

---

1. Planche 9, fig. 10, 5ᵉ mémoire *Sur les parties extérieures des papillons.*

demi-minute, ou près d'une minute sans rien apercevoir, après quoi je voyais clairement une petite colonne de liqueur monter avec vitesse tout le long de la trompe. Souvent cette colonne paraissait coupée par de petites bulles qui semblaient être des bulles d'air qui avaient été attirées par la liqueur. Celle-ci montait ainsi pendant trois ou quatre secondes, et cessait de monter. Au bout d'un intervalle d'un plus grand nombre de secondes, ou quelquefois après un intervalle aussi court, on voyait monter de nouvelle liqueur. Mais c'était tout le long du milieu de la trompe que la liqueur paraissait monter, et elle y montait à plein canal.... L'auteur de la nature a donné aux petits animaux des moyens d'opérer très-simples que nous ne savons pourtant pas deviner et que souvent nous ne sommes pas à portée de voir. Pendant que j'observais la trompe de notre papillon, entre les colonnes de liqueur que j'y voyais monter, il y avait, mais plus rarement, des temps où je voyais au contraire de la liqueur descendre à plein canal, depuis la base de la trompe jusqu'à sa pointe. La liqueur qui était ainsi poussée en bas, occupait plus de la moitié ou des deux tiers de la longueur de la trompe. Il n'est plus difficile à présent de voir comment le papillon peut se nourrir du miel, du sirop le plus épais et même du sucre le plus solide. La liqueur qu'il darde en bas est apparemment très-liquide, elle est poussée sur le sucre, elle le mouille, elle le dissout. Le papillon repompe ensuite cette liqueur lorsqu'elle s'est chargée de sucre, il la conduit jusqu'à la base de sa trompe et par delà. »

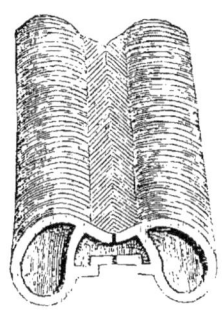

Fig. 166.
Coupe d'une trompe de papillon d'après Réaumur.

L'existence est très-courte chez les Lépidoptères arrivés à l'état parfait. Comme presque tous les insectes, ils meurent dès qu'ils ont assuré leur postérité.

La femelle dépose ses œufs sur la plante qui doit nourrir sa progéniture.

Ces œufs sont un peu oblongs. Leur couleur est très variée, et passe par toutes les nuances. Au moment où ils viennent d'être pondus, ils sont enduits d'une matière gluante, insoluble dans l'eau, qui sert à les fixer sur le végétal nourricier.

Chez quelques espèces, la mère dépose les œufs sur les troncs des arbres, et prend soin de les recouvrir avec du duvet ou avec les poils qui garnissent son abdomen, afin de les préserver du froid et de l'humidité. Elle peut aussi les cacher entièrement sous une substance blanchâtre, écumeuse.

Il est des papillons qui ne pondent pas au delà de cent œufs; il en est qui en pondent plusieurs milliers.

Pour terminer l'histoire des Lépidoptères, il ne nous reste qu'à présenter le tableau de leur classification, et à signaler des espèces remarquables, soit par leur vulgarité, soit par leur beauté, soit par leur utilité.

Nous voyons pendant le jour des papillons voler dans nos jardins, dans les prairies pleines de fleurs ou dans les allées des bois. Vers le soir, à l'heure sombre du crépuscule, le promeneur est quelquefois surpris de voir passer près de lui de gros papillons, au vol lourd et inégal. Enfin, si l'on entre dans un jardin par une belle nuit d'été, à la fois chaude et calme, en se munissant d'une lumière, on voit une foule de petits papillons accourir de toutes parts vers la lumière.

Cette promenade nocturne dans un jardin ou dans la campagne avec un flambeau d'une main, et le filet de l'autre, est même le moyen généralement employé par les amateurs pour chasser les papillons qui ne se montrent que la nuit. C'est la scène que nous représentons dans la planche 170.

C'est en raison de ces heures différentes, où se montrent les papillons, que les naturalistes ont longtemps divisé ces insectes en *diurnes*, *crépusculaires* et *nocturnes*.

Cette division était simple, commode, et paraissait fondée sur la nature. Malheureusement les *nocturnes* des anciens auteurs ne volent pas tous la nuit. D'un autre côté, certaines espèces rangées par les anciens naturalistes parmi les papillons *crépusculaires* ou *nocturnes* se montrent au beau milieu du jour, et butinent aux plus chauds rayons du soleil. D'ailleurs les *nocturnes* ne sortent que pour un moment de leur repos au milieu de la nuit, dont la fraîcheur ordinaire les engourdit. Ajoutons que, dans les régions voisines des pôles, ils paraissent pendant le jour, et que dans d'autres contrées ils sont plus ou moins amis du crépuscule.

C'est pour ces raisons sans réplique que les trois divisions autrefois admises sont rejetées par les naturalistes modernes.

Pour ne pas multiplier les divisions méthodiques, nous nous bornerons à classer les Lépidoptères en deux sections.

La première section renferme les papillons *qui voltigent pendant le jour, qui ont les antennes en forme de massue, et présentent leurs quatre ailes entièrement libres entre elles, et se relevant perpendiculairement l'une contre l'autre, dans l'état de repos.*

Cette section se divise en un certain nombre de familles, et celles-ci comprennent beaucoup de genres. Nous nous contenterons d'appeler l'attention du lecteur sur quelques-uns de ces groupes les plus remarquables, et sur les espèces qui, par leur vulgarité ou leur beauté, frappent ou doivent frapper l'attention de tout le monde.

Dans la famille des *Papillonides*, nous citerons d'abord le genre Papillon, auquel appartiennent les espèces connues sous les noms de *Machaon* ou *Grand porte-queue*, *Flambé*, *Apollon* et *Semi-Apollon*.

Le *Machaon* (fig. 167) se trouve très-communément aux environs de Paris. Il paraît depuis le commencement de mai jusque vers la mi-juin; ensuite depuis la fin de juillet jusqu'en septembre. Il fréquente les jardins, les bois et surtout les champs

Fig. 167. Machaon.

de luzerne. On le prend sans peine lorsqu'il est posé, particulièrement au coucher du soleil.

Le Machaon est un des plus grands et des plus beaux papillons de notre pays. Il est panaché de jaune et de noir. Ses yeux, ses antennes, sa trompe sont noirs. Son corps est jaune sur les côtés et en dessous, noir en dessus. Les ailes supérieures sont à bords arrondis; les inférieures au contraire sont dentelées, et l'une des dentelures se prolonge en une sorte de queue. Les premières sont noires, tachées et rayées de jaune; les secondes ont leur partie supérieure et leur milieu jaunes, avec quelques traits noirs seulement. Vient ensuite une large bande transversale noire, mais couverte d'une poussière azurée; enfin six taches jaunes en forme de croissant règnent sur le bord et aboutissent à un œil magnifique de couleur rougeâtre, bordé de bleu.

La chenille de cette espèce, si belle et si commune, est grande, lisse, munie de seize pattes, d'un beau vert clair, avec une bande

Fig. 168. Chenille du Machaon.

transversale d'un noir foncé sur chaque anneau (fig. 168). Ces bandes sont parsemées de taches orangées. On voit que la livrée de la chenille est très-belle, et bien digne de l'être ailé qu'elle

Fig. 169. Alexanor.

doit produire. Elle vit sur le fenouil, la carotte et d'autres plantes de la famille des Ombellifères. Si on l'importune, elle fait sortir du premier anneau après la tête un tentacule charnu orangé, fait en forme de V.

Fig. 170. Chasse aux papillons nocturnes.

La chrysalide qu'on voit attachée par un fil au-dessous de la branche, est tantôt d'un vert clair, tantôt grisâtre.

Dans les Basses-Alpes, sur les plateaux des environs de Digne et de Barcelonette, existe aux mois de mai et de juillet l'*Alexanor* (fig. 169). En Corse et en Sardaigne se trouvent l'*Hospiton*, espèce rare, voisine de notre Machaon et que nous nous contenterons de signaler.

Le *Flambé* a une forme très-analogue à celle du Machaon. Il est de couleur jaune, un peu pâle (fig. 171) et flambé de noir. Les ailes inférieures portent une queue plus longue et plus fine que celle du Machaon, et sont magnifiquement ornées de lunules

Fig. 171. Flambé.

bleues et d'un œil de couleur orange, bordé de bleu par en bas. Cette belle espèce n'est pas rare à Montmorency, à l'Ile-Adam et à Saint-Germain. Elle paraît pour la première fois à la fin d'avril, et pour la seconde en juillet et en août.

L'*Apollon* (fig. 172) est un beau papillon qui paraît en juin et juillet, et qu'on trouve assez communément dans les Alpes, les Pyrénées, les Cévennes. Ses ailes sont d'un blanc jaunâtre. Le dessus des premières ailes offre cinq taches noires presque rondes; la base et le bord antérieur de ces ailes sont parsemés d'atomes noirs. Le dessus des secondes ailes présente deux yeux d'un rouge vermillon. Le bord interne est garni de poils blanchâtres, largement pointillé de noir et marqué vers son extrémité de deux petites taches noires. Le dessous des premières ailes est à peu près semblable au dessus. Mais le dessous des secondes offre, en outre, quatre taches rouges bordées de noir,

Fig. 172. Apollon.

formant une bande transversale près de la base. Le corps est noir, garni de poils roussâtres; les antennes sont blanches avec la massue noire.

Les chenilles des Apollons vivent sur les Saxifrages. Pour se transformer, elles s'entourent d'un léger réseau de soies, maintenant une ou plusieurs feuilles enroulées autour d'elles. Ces chenilles sont lisses, cylindroïdes, épaisses, munies de petits mamelons un peu velus, ornées sur leur premier anneau d'un tentacule charnu en forme d'Y. Les chrysalides sont cylindro-coniques, saupoudrées, comme le sont les prunes, d'une sorte d'efflorescence bleuâtre.

Le *Semi-Apollon*, ou *Parnassien Mnémosyne*, vit au mois de juin dans les montagnes du Dauphiné, en Suisse, en Sicile, en Hongrie, en Suède, dans les Pyrénées.

Dans la famille des *Piérides*, nous citerons plusieurs espèces remarquables à divers titres, telles que le *Gazé*, le *Grand Papillon du chou*, le *Petit Papillon du chou*, la *Piéride du navet* et la *Piéride Callidice*, l'*Aurore de Provence*, l'*Aurore*, le *Citron*, le *Souci*.

Le *Gazé* (*Pieris crataegi*) est blanc tant en dessus qu'en dessous; les nervures seules des ailes sont noires et s'élargissent un peu au bord des ailes supérieures. Ces nervures noires sur un fond blanc assez transparent font ressembler ce papillon à une gaze. Il voltige au printemps et en été dans les prairies et dans les jardins. Dans le premier volume de ses *Voyages dans le nord de la Russie*, Pallas rapporte qu'il vit voler des individus de cette espèce aux environs de Winofka en si grande abondance, qu'il les prit d'abord pour des flocons de neige.

Le Gazé se fixe, au coucher du soleil, sur les fleurs, où on peut le prendre aisément avec la main. Pendant le jour, au contraire, il est difficile à saisir.

Sa chenille, noire dans le premier âge, se garnit ensuite de poils jaunes et blancs courts. Elle vit en société, sous une toile soyeuse qu'elle file, et dans laquelle elle pratique de petites cases, pour s'y mettre à l'abri de l'humidité et des froids d'hiver. Aux approches du printemps, elle ronge les bourgeons des arbres de nos jardins. Les feuilles de l'aubépine, celles du prunier sauvage, celles du cerisier odorant et de plusieurs arbres fruitiers servent à sa nourriture.

La chrysalide, jaune ou blanche, et quelquefois de ces deux couleurs avec de petites raies et des points noirs, offre des angles arrondis et est terminée antérieurement par une pointe mousse.

Le *Grand Papillon du chou* (*Pieris brassicæ*) est peut-être le plus commun de tous les papillons. Depuis le commencement du printemps jusqu'à la fin de l'automne, on le voit voltiger partout, dans les jardins, quelquefois aux portes et presque à l'intérieur des villes.

On voit quelquefois, avec surprise,

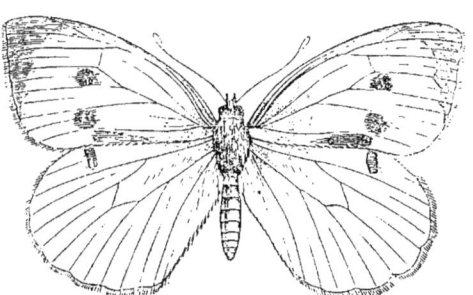

Fig. 173. Grand Papillon du chou.

voler jusqu'au milieu de nos rues ce blanc messager des campagnes. On dirait qu'il vient apporter aux habitants des villes, confinés dans l'étroite enceinte de leurs murs, un échantillon de ce délicieux caprice de la nature qui s'appelle le Papillon.

Le *Grand Papillon du chou* (fig. 173) est d'un blanc mat, tacheté de noir. On l'aperçoit de très-loin, quand il voltige de fleur en fleur, dans une prairie ou dans un jardin. Aussi les enfants font-ils une guerre acharnée à cette proie fuyante. La poursuite du *Papillon blanc* à travers les allées des parcs, le long de la lisière des bois, ou sur le vert gazon des prairies, est la première joie et la première passion de l'enfant dans nos campagnes.

La chenille du *Grand Papillon du chou* (fig. 174) est d'un vert jaunâtre ou d'un jaune un peu verdâtre, avec trois raies jaunes longitudinales séparées par de petits points noirs, donnant naissance chacun à un poil blanchâtre. Elle vit par groupes sur les choux dans les jardins, et sur beaucoup d'autres plantes de la famille des Crucifères. Elle est si vorace qu'elle consomme par jour plus du double de son poids; et comme elle se multiplie très-vite, elle produit de grands ravages dans les potagers.

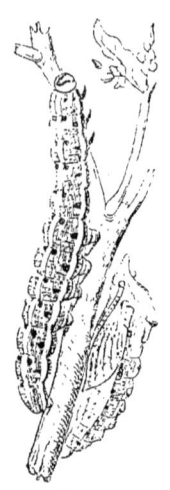

Fig. 174.
Chenille et chrysalide du Papillon du chou.

Sa chrysalide (fig. 174) est d'un cendré blanchâtre, tachetée de noir et de jaune.

La *Piéride de la rave*, ou *Petit Papillon blanc du chou*, ne diffère guère du papillon précédent que par la grandeur. Sa chenille est verte, avec trois lignes jaunes. Elle vit sur le chou, le navet, le réséda, la capucine. Elle n'y fait pas beaucoup de dégâts. Les jardiniers l'appellent *le ver du cœur*, parce qu'elle pénètre entre les feuilles pressées.

La *Piéride du navet* (*Pieris napi*) est assez semblable aux précédentes, mais les ailes, les inférieures surtout, ont en dessous de larges veines, ou bandes, de couleur verdâtre (fig. 175).

La *Piéride Callidice*, dont les ailes sont blanches et tachetées de noir, est commune dans les Alpes de la France, de la Savoie et de la Suisse et dans les Pyrénées. Sa chenille vit près des régions des neiges éternelles, sur de petites plantes crucifères.

Les *Aurores* offrent, chez les mâles, l'extrémité des ailes supérieures d'un beau jaune orange. Le reste des ailes est blanc dans l'espèce des environs de Paris, qu'on trouve dans les bois, depuis la fin d'avril jusqu'au milieu de mai, et jaune soufre chez l'*Aurore de Provence* (fig. 176), qu'on trouve si communément dans les *garrigues*, c'est-à-dire les collines incultes de nos départements méridionaux.

Une espèce extrêmement commune et qui paraît sans interruption depuis le commencement du printemps jusqu'à la fin de l'automne, est le *Citron* (*Rhodocera rhamni*). Ses ailes ont le dessus d'un jaune citron, avec un point orangé sur le milieu des quatre ailes. Le bord supérieur est terminé par une série de très-petites taches ferrugineuses. Le corps du papillon est noir avec des poils argentés.

Le *Souci* (*Colia edusa*), ainsi nommé de la couleur du dessus de ses ailes, est commun dans les prairies et les champs d'Europe. Le dessus des ailes est d'un jaune-souci ; les supérieures offrent vers le milieu de leur bord d'en haut un gros point noir foncé. Il existe à l'extrémité des unes et des autres une large bande noire, continuée dans le mâle, divisée dans sa compagne

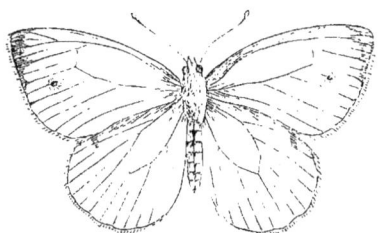

Fig. 175. Piéride du navet.

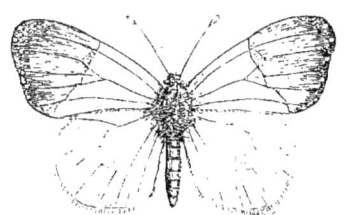

Fig. 176. Aurore de Provence.

par des taches jaunes. Le dos du corps est jaune, les pattes rosées comme les antennes.

Dans la famille des *Lycénides* se trouvent un grand nombre d'espèces, que nous signalerons rapidement.

Les *Petits porte-queue* sont ainsi nommés à cause des dents qui frangent le bord postérieur des secondes ailes dont l'une se prolonge ordinairement en une petite queue, plus ou moins large. Ils habitent les bois. Leurs chenilles se trouvent sur le bouleau, le chêne, le prunellier, la ronce. On les nomme aussi *Thécla*.

Le *Thécla du bouleau*

Fig. 177. Thécla du bouleau.

(*Thecla betulæ*), qui a le dessous des ailes d'un vert vif, est commun dans tous les bois des environs de Paris (fig. 177).

Le *Thécla du chêne* (fig. 178), que Geoffroy appelle le *Porte-queue bleu à une bande blanche*, n'est pas rare dans les bois ; mais il est très-difficile à prendre, parce qu'il vole presque toujours par couple, à la cime des arbres.

Nous représentons encore ici le *Thécla du prunier* (fig. 179) et le *Thécla de la ronce* (fig. 180).

Dans les prairies volent les *Bronzés*, papillons à ailes d'un fauve vif en dessus, avec dessins noirs. Tel est le *Polyommate xanthé*, vulgairement nommé *Argus myope*, qui se trouve très-communément aux environs de Paris, et surtout au bois de Boulogne, aux mois de mai et d'août. Il se plaît sur le genêt à balais, et se montre fréquemment dans les clairières des bois secs, où abonde cette plante. Le dessus des ailes (fig. 181) est brun, mais tacheté de noir et de couleur fauve, surtout aux ailes supérieures. La couleur fauve domine sur le bord de ces ailes et les termine en formant une bande de points. Le dessus de l'aile est d'un gris jaunâtre, parsemé de petits yeux et bordé d'une zone de taches fauves. Linné a compté quarante-deux petits yeux noirs sur le dessous des ailes. Citons encore dans ce groupe, le *Bronzé*, l'*Argus satiné*, le *Grand Argus bronzé*.

Fig. 178. Thécla du chêne.

Fig. 179. Thecla du prunier.

Fig. 180. Thecla de la ronce.

Nous représentons ici les *Polyommatus phlœas* (fig. 181), *virgaureœ* (fig. 182), et *gordius* (fig. 183).

C'est dans les prés, les jardins, les luzernes, les trèfles que voltigent les charmants *Azurins*, à ailes bleues en dessus chez les mâles, brunes chez les femelles. Les *Azurins* rentrent dans le genre *Lycène*. Nous nous contenterons ici de figurer quelques espèces de ce genre, à savoir : le *Lycæna corydon* ou *Argus bleu* (fig. 184) qui est très-commun aux environs de Paris, dans les bois, en mai et en août. Le *Lycæna de l'orpin* ou *Argus brun* (fig. 185), le *Lycæna ægon* qui vole dans les clairières de nos bois remplies de bruyères et de genêts (fig. 186).

Fig. 184.
Polyommate bronzé (*Polyommatus phlæas*).

Les chenilles de ce genre, comme celles du genre précédent, sont élargies et aplaties, ressemblant à de petits cloportes, à pattes très-courtes et lentes dans leurs mouvements.

Dans la riche famille des *Vanessides* se rangent les belles espè-

Fig. 182. Polyommate verge d'or (*Polyommatus virgaureæ*).

ces connues sous les noms de *Grande* et *Petite Tortue*, *Paon de jour*, *Morio*, *Vulcain*, *Io*, *Belle-Dame* et *Robert le Diable*.

La *Vanesse grande tortue* (fig. 187) a des ailes anguleuses, de couleur fauve en dessus, d'un brun noirâtre en dessous, tachées de noir, bordées d'une bande noire rayée de jaune dans son épaisseur. Elle se trouve en juillet et en septembre sur le chêne, l'orme, le saule et plusieurs arbres à fruit.

La chenille (fig. 188) est bleuâtre ou brunâtre, avec une ligne latérale orangée, et hérissée d'épines jaunâtres.

La chrysalide, anguleuse, et de teinte incarnate, est ornée de taches métalliques dorées.

220 LES INSECTES.

Nous donnons ici la figure de la *Vanesse petite tortue* (fig. 189),

Fig. 183. Polyommatus gordius.

papillon qui ressemble au précédent, mais qui est plus petit.

Fig. 184. Lycœna corydon.

Sa chenille, épineuse, noirâtre avec quatre lignes jaunâtres, vit en famille sur les orties.

Fig. 185. Lycœna de l'orpin.   Fig. 186. Lycœna ægon.

La *Vanesse paon de jour* ou *œil de paon* (fig. 190) est très-aisée à reconnaître par les yeux de paon qu'elle porte en dessus, au

Fig. 187. Vanesse grande tortue.

nombre de quatre, un sur chaque aile, ce qui lui a fait donner

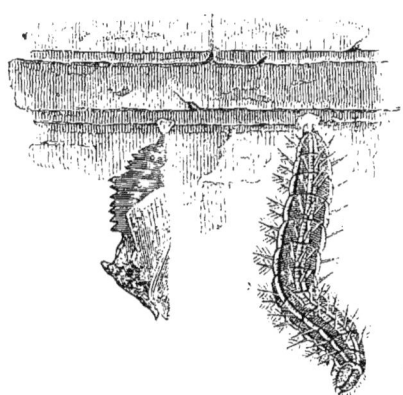

Fig. 188. Chenille de la Vanesse grande tortue.

le nom qu'elle porte. L'œil des ailes supérieures est rougeâtre

Fig. 189. Vanesse petite tortue.

au milieu et entouré d'un cercle jaunâtre. Celui des inférieures est noirâtre, avec un cercle gris autour, et renferme des taches bleuâtres. Le dessus des ailes est d'un fauve roux; le dessous

Fig. 190. Vanesse paon de jour, ou Vanesse Io.

noirâtre. Cette Vanesse se rencontre dans les bois, les champs de

Fig. 191. Vanesse morio.

luzerne et les plates-bandes des jardins. Sa chenille est d'un noir luisant avec des points blancs; elle vit en société sur plusieurs espèces d'orties et sur le houblon. La chrysalide, d'abord verdâtre, puis brunâtre, est ornée de taches dorées.

La *Vanesse morio* (fig. 191), une des grandes raretés entomologiques de l'Angleterre, n'est pas très-commune dans les bois des environs de Paris ; mais on la trouve fréquemment aux environs de Bordeaux et surtout à la Grande Chartreuse (département de l'Isère). Les chasseurs de papillons parisiens vont jusqu'à Fontainebleau à la poursuite de cette belle espèce, aux ailes anguleuses, d'un noir pourpre foncé, avec une bande jaunâtre ou blanchâtre au bord postérieur et une suite de taches bleues au-dessus. Sa chenille est noire, épineuse, avec des taches rouges. Elle vit en société sur le bouleau, le tremble, l'orme, diverses espèces de saules.

Sa chrysalide est noirâtre, saupoudrée de bleuâtre, avec des points ferrugineux. Le papillon éclôt à la fin de février et paraît pour la seconde fois en juillet et en août. Il vole très-rapidement et est très-difficile à prendre.

La *Vanesse Vulcain* (fig. 192) doit sans doute son nom aux taches ou bandes couleur de feu qui sont sur ses ailes, noires en dessus et tachetées de blanc, marbrées de diverses couleurs en dessous. La chenille épineuse est noirâtre, avec une suite de trous de couleur citron sur les côtés. Elle vit isolément sur

Fig. 192. Vanesse Vulcain.

l'ortie piquante et sur l'ortie dioïque. Sa chrysalide est noirâtre, avec des points dorés.

Cette magnifique flamme vivante est commune sur la fin de l'été, et facile à prendre. Si on l'a manquée, elle revient presque aussitôt se poser en quelque sorte sous le filet du chasseur.

La *Belle-Dame* (fig. 193) doit son nom à la grâce de ses couleurs. Les ailes supérieures sont, en dessus, mêlées de taches fauves, un peu couleur de cerise vers le bord intérieur, et de taches blanches au bord extérieur, vers le bout de l'aile ; le tout sur un fond noir peu foncé. Les ailes inférieures sont de couleur fauve rougeâtre avec plusieurs taches noires, dont il y a une rangée de forme ronde qui borde l'aile.

La chenille est épineuse, brunâtre avec des lignes jaunes latérales et interrompues. Elle vit isolée sur plusieurs espèces de

Fig. 193. Belle-Dame.

chardons, sur l'artichaut, la mille-feuille, etc. Elle se fait un tissu assez semblable à un nid d'araignée et s'y renferme. La chrysalide est grisâtre, avec de nombreux points dorés. L'insecte parfait se montre presque sans interruption depuis le printemps jusqu'à l'automne. Il vole rapidement. On le trouve par toute la terre.

Fig. 194. Vanesse gamma.

La *Vanesse gamma* ou *Robert le Diable* (fig. 194) est assez commune aux mois de juillet et de septembre. En dessus, ses ailes sont fauves et tachées de noir. En dessous, elles sont plus ou moins brunes, ondées de diverses nuances, et quelquefois d'un peu de bleu, et de plus, les ailes inférieures ont chacune dans leur milieu en dessous une tache blanche de la forme d'un G. « Cette tache, dit le vieux Geoffroy, a fait donner à ce

Fig. 195. Vanesse grande tortue quittant sa chrysalide et répandan un liquide colore.

papillon le nom de *gamma*, et sa couleur de *Diable enrhumé* (sic), ainsi que la coupure singulière de ses ailes, l'ont fait nommer par d'autres *Robert le Diable.* »

Sa chenille vit sur l'ortie; le chèvrefeuille, le groseillier, le noisetier, l'orme. Elle est d'un brun rougeâtre, avec une bande blanche sur le dos. Réaumur l'appelle la *Bedeaude*, la comparant aux bedeaux des églises, qui s'habillent de costumes à deux couleurs tranchées.

Ces brillantes Vanesses, dont nous venons de décrire succinctement quelques espèces remarquables, ont inspiré dans certaines circonstances une véritable terreur superstitieuse. Le fait doit paraître incroyable. Aussi avons-nous hâte de prouver la vérité de notre assertion.

Lorsque les Vanesses viennent de quitter leur chrysalide, elles répandent un liquide coloré en rouge. Si beaucoup de papillons éclosent en même temps, et sur le même point, ce lieu est comme parsemé de gouttes de sang (fig. 195). Là est l'origine des prétendues *pluies de sang* qui, à diverses époques, ont épouvanté des populations ignorantes, trop imbues de superstitions religieuses.

Au commencement du mois de juillet 1608, une de ces prétendues *pluies de sang* vint à tomber dans les faubourgs d'Aix, en Provence, et cette pluie s'étendit à une demi-lieue de la ville. Quelques prêtres de la ville, trompés, ou désireux d'exploiter la crédulité du peuple, n'hésitèrent pas à voir dans cet événement des influences sataniques (fig. 196). Heureusement un homme instruit, M. de Peiresc, qui n'était pas seulement versé dans la connaissance des littératures anciennes, mais qui était encore familier avec les sciences naturelles, découvrit qu'une multitude prodigieuse de papillons voltigeait dans les endroits miraculeusement ensanglantés. Il recueillit des chrysalides dans une boîte, les fit éclore, et remarqua leurs déjections, de couleur en apparence sanguine. Il s'empressa de montrer le fait aux amis du miracle. Il constata, et fit constater que les prétendues gouttes de sang ne se trouvaient que dans des cavités, des interstices, sous le chaperon des murs, jamais à la surface des pierres tournées vers le ciel. Il prouva par ces diverses observations que les prétendues gouttes de sang étaient des gouttes de liqueur rouge déposées par les papillons.

Cependant, en dépit des remarques rassurantes du savant Peiresc, le peuple des faubourgs d'Aix continua de ressentir une véritable terreur à la vue de ces larmes sanglantes qui tachaient le sol de la campagne.

Peiresc attribua à cette même cause quelques autres pluies de sang rapportées par les historiens, et qui se sont produites à peu près dans la même saison.

Telle fut une pluie qui parut tomber, au temps de Childebert, à Paris et dans une maison du territoire de Senlis. Telle fut encore une prétendue pluie de sang qui se manifesta vers la fin de juin, sous le règne du roi Robert.

Réaumur signale la *Grande Tortue* comme la plus capable de répandre ces sortes d'alarmes fondées sur une déplorable ignorance et l'esprit de superstition.

« Il y en a des milliers, dit-il, qui se transforment en chrysalides vers la fin de mai ou le commencement de juin. Pour se transformer, elles quittent les arbres, elles vont souvent s'appliquer contre les murs, elles entrent même dans les maisons de campagne, elles pendent aux cintres des portes, aux planchers. Si les papillons qui en sortent vers la fin de juin ou au commencement de juillet volaient ensemble, il y en aurait assez pour former de petites nuées, et, par conséquent, il y en aurait assez pour couvrir les pierres de certains cantons de taches d'un rouge couleur de sang, et pour faire croire à ceux qui ne cherchent qu'à s'effrayer et qu'à voir des prodiges, que pendant la nuit il a plu du sang. »

Réaumur avait réellement découvert la cause de ces pluies extraordinaires qui ont tant surpris les observateurs. Quelques papillons, peu de moments après avoir quitté leur étui de chrysalides, rejettent un fluide épais coloré en rouge, qui s'est amassé dans l'intestin pendant leur reclusion et qui s'écoule, tachant de rouge ce qu'il touche. Les Vanesses, et surtout la *Vanesse Grande Tortue*, sont dans ce cas.

Dans la famille des *Nymphalides*, nous signalerons le *Petit Sylvain*, ou le *Deuil* (fig. 197). Le dessus de ses ailes est d'un brun presque noir et traversé au milieu par une bande blanche divisée en taches très-rapprochées. Le dessous des ailes est ferrugineux, avec une bande et des taches blanches, comme en dessus, plus une double rangée postérieure et transverse de points noirs. Ces points sont suivis aux secondes ailes de quelques taches blanches et les mêmes ailes ont tout le bord abdominal d'un bleu cendré luisant, avec la base tachetée de noir. Ce papillon n'est pas rare au mois de juin dans les forêts des environs de Paris, où il tournoie et se pose sur les branches des taillis.

La chenille est d'un vert tendre, avec une raie blanche latérale

Fig. 186. — Une prétendue pluie de sang en Provence en 1608.

et un peu épineuse. Elle vit sur le chèvrefeuille des bois. La chrysalide est anguleuse, verdâtre, avec des taches dorées.

Le *Sylvain azuré* (fig. 198), dont le noir sur les ailes a un reflet bleu, ne se trouve pas aux environs de Paris.

Le *Grand Sylvain* se montre dans les mêmes contrées, au mois de juin. Il arrive d'un vol rapide, planant au milieu des rou-

Fig. 197. Petit Sylvain.

tes, après avoir traversé les vastes forêts du nord de l'Europe. On le trouve, près de Paris, dans les bois d'Armainvilliers, de

Fig. 198. Sylvain azuré.

Villers-Cotterets, de Compiègne. Cependant il n'est pas commun. Il repose sur les bouses de vache et les crottins de cheval. C'est là qu'il faut le prendre, sans chercher à le poursuivre.

Le dessus des ailes de ce beau papillon de jour est d'un brun noirâtre, avec une bande blanche sur le milieu. Une rangée de lunules fauves se voit en avant du bord postérieur. Une double ligne d'un bleu ardoisé règne le long de ce même bord, lequel a les échancrures blanches. La bande des premières ailes est tortueuse, tachetée de cinq points blancs. La bande des secondes a presque la forme d'un S.

La chenille de ce papillon est verdâtre, et porte sur son dos des éminences charnues, épineuses, hérissées de poils courts. Elle vit sur le tremble et sur les peupliers noir et blanc. Elle se tient toujours à la cime de ces arbres, et se cramponne par des fils de soie à leurs feuilles.

La chrysalide est ovoïde, obtuse antérieurement, jaunâtre, mouchetée de noir, gibbeuse au milieu du dos.

On rencontre au mois de juillet, avec les mêmes habitudes, le *Grand Mars* et le *Petit Mars* (fig. 199), dont les ailes ont un beau

Fig. 199. Petit Mars.

reflet, d'un bleu violacé, quand on les examine dans un sens convenable. On trouve ces deux espèces aux environs de Paris.

Le *Charaxes Jasius* (fig. 200), qu'on trouve sur tout le littoral de la Méditerranée, a les ailes inférieures terminées par deux pointes. Aussi les paysans appellent-ils ce papillon le *Pacha à deux queues*. Le dessus de ses ailes est d'un brun chatoyant. Le bord terminal des premières est longé par une bande fauve finement lisérée de noir. Les secondes ailes ont leur bord postérieur noir, et garni d'une petite frange blanche. Les deux queues sont noires et la gouttière du bord interne d'un gris cendré. Le dessous des quatre ailes est ferrugineux vers la base avec des taches d'un brun olivâtre et encadrées de blanc.

La chenille (fig. 201) est verte, aplatie en limace avec quatre cornes jaunes bordées de rouge. Elle vit sur l'arbousier, arbrisseau commun sur les collines et les montagnes qui bordent la Méditerranée.

A la famille des *Satyrides* appartiennent l'*Érébie Euryale* (fig. 202),

Fig. 200. Charaxes Jasius.

qu'on trouve au mois de juillet dans les régions subalpines ; —

Fig. 201.
Chenille du Charaxes Jasius.

Fig. 202.
Érébie Euryale.

le *Chionobas Aello* (fig. 203), qui vit dans les Alpes de la Suisse,

Fig. 203. Chionobas Aello.

Fig. 204. Satyre myrtil.

du Tyrol et de la Savoie, et qui est assez commun, au mois de juillet sur le sommet du Montanvers, près de la *mer de glace;* — le *Satyre myrtil* (fig. 204), très-commun, aux mois de juin et de juillet, dans les bois et les prairies.

Passons à la deuxième section des Lépidoptères.

Elle renferme les papillons chez lesquels *le vol est nocturne ou crépusculaire dans un grand nombre d'espèces, et diurne dans les autres. Leurs antennes sont plus ou moins renflées au milieu ou avant l'extrémité, et, indépendamment de cela, tantôt prismatiques, tantôt cylindriques, tantôt pectinées ou dentées. Le corps, qui était petit relativement aux ailes et présentait un rétrécissement notable entre le thorax et l'abdomen dans la première section des Lépidoptères, est ici très-gros relativement aux ailes et non étranglé. Les ailes sont étroites, en toit horizontal ou légèrement inclinées dans le repos; les supérieures recouvrent alors les inférieures, qui sont généralement très-courtes et retenues par un frein aux premières, dans les mâles seulement.*

Le genre *Sésie* sera pour nous le représentant de la famille des Sésiides.

Ces singuliers papillons ont les ailes vitrées et le vol aussi rapide que celui des Mouches. On voit voler, à l'ardeur du soleil, un grand nombre de petites espèces de ce groupe, auprès des grands arbres, sur les arbustes de nos jardins et sur les fleurs des prairies.

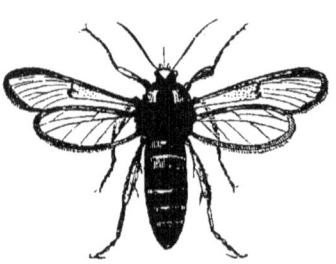

Fig. 205. Sésie apiforme.

La plus grosse espèce et la plus commune est la *Sésie apiforme* (fig. 205), c'est-à-dire semblable à l'abeille, qu'on trouve aux environs de Paris, et qui se plaît sur le tronc des saules et des peupliers, depuis la fin de mai jusqu'à la mi-juillet. Elle ressemble à une guêpe-frelon. C'est la même taille, la même livrée; seulement les couleurs sont plus vives. Lorsque ce papillon vient d'éclore, ses ailes sont ferrugineuses; mais ses écailles, légères et caduques, tombent aux premiers coups d'aile de l'insecte.

La chenille vit dans la tige ou les racines des saules et des peupliers. Elle se tient toujours au pied du tronc, ras de terre. Elle est de couleur jaunâtre.

La chrysalide est allongée, brunâtre, renfermée dans une coque faite avec de la sciure de bois agglutinée provenant des érosions de la chenille.

A la fin du printemps et au milieu de l'été, nos prairies sont fréquentées par des papillons à ailes brillantes, noires et veloutées, marquées de rouge, au vol pesant et peu prolongé, et qui demeurent immobiles pendant la grande chaleur du jour. Ce sont les *Zygènes*, de la famille des *Zygénides*.

Le *Sphinx bélier* de Geoffroy, ou *Zygène de la filipendule* (fig. 206),

Fig. 206.
Zygène de la filipendule.

Fig. 207.
Cocon de la Zygène de la filipendule.

n'est pas rare aux environs de Paris, depuis la fin de juin jusqu'au commencement d'août. Ses pattes, ses antennes, sa tête et son corps sont noirs et un peu velus. Les ailes supérieures sont d'un vert bleuâtre brillant, avec six taches d'un beau rouge sur chacune, rangées deux à deux. Les ailes inférieures sont toutes d'un beau rouge, bordées d'un peu de vert.

Sa chenille est jaune, tachée de noir. Son cocon est allongé, sillonné longitudinalement en forme de bateau et d'un jaune paille (fig. 207).

A côté des Zygènes se placent les *Procris*, qui volent pendant le jour, dans les prairies humides. Nous signalerons la *Procris turquoise* (fig. 208), qui se trouve assez communément aux environs de Paris, entre la mi-juin et la

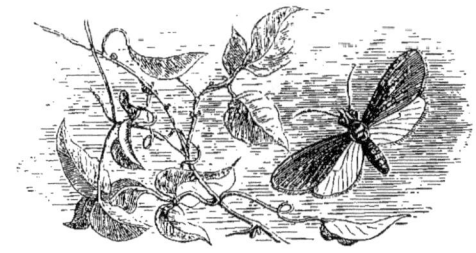

Fig. 208. Procris turquoise.

mi-juillet, dans les parties arides des bois et sur le penchant des coteaux. Ses ailes supérieures, ses antennes et tout son corps sont d'un vert doré en dessus. Les mêmes ailes sont de la même couleur en dessous, et les surfaces des inférieures sont d'un brun cendré.

Les *Sphinx*, c'est-à-dire les espèces qui forment la famille des

Sphingides, ont reçu ce nom général d'après l'attitude que présentent souvent leurs chenilles. Redressant la moitié antérieure de leur corps, elles conservent très-longtemps cette immobilité, que l'on prêtait au Sphinx de la mythologie.

Les papillons du genre *Sphinx* ont le vol rapide et brusque. Ils ne paraissent qu'après le coucher du soleil. Leurs chenilles se métamorphosent dans la terre, sans former de coque.

Dans ce nouveau groupe, les chenilles sont pourvues de poils, et ont presque toujours une corne sur le onzième anneau de leur corps. Les chrysalides sont rarement enveloppées d'une coque, qui, lorsqu'elle existe, est formée de parcelles de terre, ou de débris de végétaux liés ensemble par des fils.

Cette famille, extrêmement naturelle, se compose d'espèces généralement remarquables par leur grandeur et leur beauté.

Le genre *Macroglosse* comprend quelques espèces au vol très-rapide et soutenu pendant le jour. Nous citerons particulièrement le *Moro-Sphinx* ou *Sphinx du caille-lait* (*Macroglossa stellatarum*).

Ce papillon (fig. 209) a frappé l'attention de tous ceux qui ont vécu dans un jardin fleuri. En Bourgogne, les enfants l'appellent *Oiseau-mouche*. Lorsqu'il va d'une fleur à l'autre, il a des mouvements brusques et rapides; mais il reste en état de *vol stationnaire* devant chacune. Il ne se pose pas; il vole sans cesse, tout en enfonçant sa longue trompe dans les corolles des fleurs, contre-balançant l'action de la pesanteur par la vibration continue de ses ailes.

Décrivons en quelques traits ce robuste habitant des airs, ce charmant *Oiseau-mouche*.

Le *Sphinx-moineau*, ou *Moro-Sphinx*, se montre dans toute la belle saison et jusqu'au milieu de l'automne, dans nos climats. On le voit souvent pénétrer, en plein jour, dans nos maisons, et venir se heurter contre les vitres des fenêtres, où les enfants vont le saisir.

Ses premières ailes sont d'un brun cendré, chatoyant en dessus, avec trois lignes noires transverses et ondulées. Les inférieures, plus courtes, sont d'un jaune couleur de rouille. Toutes les ailes sont jaunâtres en dessous près du corps, ferrugineuses au milieu, et d'un brun obscur à leur extrémité. Le corps est gros, brun, velu et terminé par un faisceau de poils divergents qui rappelle une petite queue d'oiseau. C'est pour cela qu'il a été appelé aussi *Sphinx-moineau*.

La chenille de ce remarquable Lépidoptère (fig. 210) est d'un vert tendre, avec huit rangées transversales de petits points blancs et quatre raies longitudinales, dont deux blanches et deux

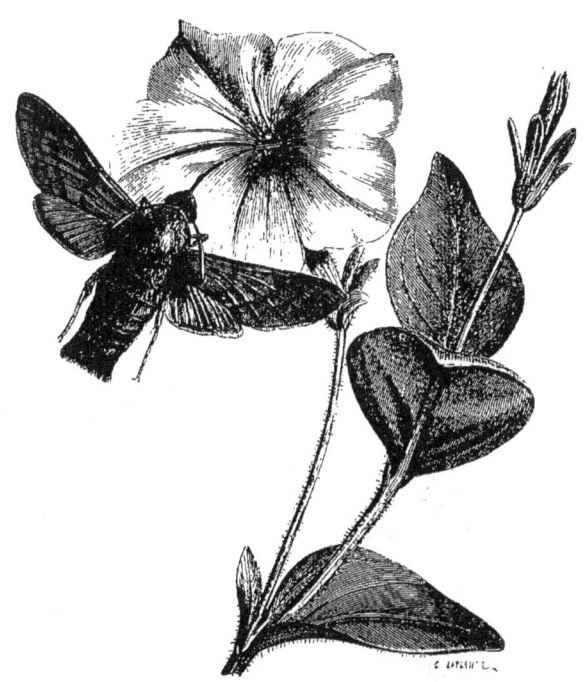

Fig. 209. Moro-Sphinx.

jaunâtres. Elle porte une corne d'un bleu obscur avec son extrémité orange. Elle vit sur différentes espèces de caille-lait, mais de préférence sur le *Galium mollugo*. Avant de se métamorphoser, elle se renferme dans une informe coque, qu'elle se fabrique avec des débris de feuilles retenues par quelques fils, et qu'elle place à la superficie de la terre.

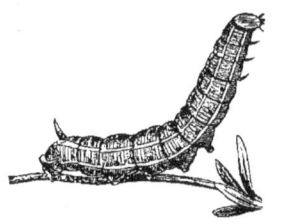

Fig. 210.
Chenille du Sphinx-moineau.

La chrysalide (fig. 211) est d'un gris blond parsemé de points bruns et rayée de noir. Sa peau est si fine et si transparente qu'on peut suivre au travers toutes les phases de la transformation du papillon.

Le genre *Déiléphile* se compose d'espèces dont le vol est rapide après le coucher du soleil. Telles sont les *Déiléphiles* de l'*Euphorbe*, du *Laurier-rose* et de la *Vigne*.

Fig. 211. Chrysalide du Sphinx-moineau.

Le *Déiléphile de l'Euphorbe*, ou *Sphinx du Tithymale* (fig. 212), a les ailes supérieures d'un gris rougeâtre, avec trois taches verdâtres ou couleur olive le long du bord supérieur, et une large bande noire oblique le long du bord inférieur. Les ailes inférieures sont rouges avec la base noire et une bande transverse noire vers la partie inférieure. Elles ont, de plus, une grande tache blanche,

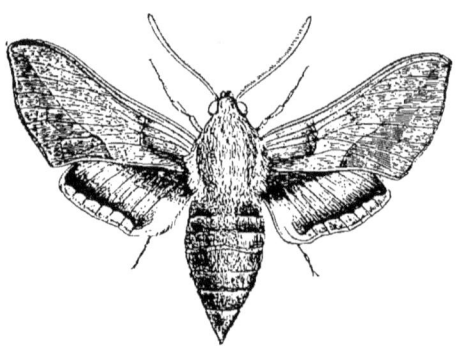

Fig. 212. Sphinx du Tithymale.

ronde au côté intérieur. En dessous, les ailes sont rouges, ainsi que le corps, qui est couvert en dessus de poils verdâtres.

Ce papillon se trouve aux environs de Paris, pendant les mois de juin et de septembre.

Sa chenille (fig. 213) est une des plus remarquables du genre par l'éclat et la vivacité de ses couleurs, qui semblent recouvertes d'un vernis. Le fond en est d'un noir luisant, avec une foule de petits points jaunes très-rapprochés et rangés en lignes circulaires dans le sens des anneaux. De chaque côté du corps sont deux rangées longitudinales de taches ordinairement de la couleur des points. En outre, une bande étroite d'un rouge carmin règne sur le milieu du dos, et une bande semblable se remarque au-dessus des pattes, mais celle-ci est entrecoupée de jaune.

Cette chenille vit particulièrement sur l'*Euphorbe à feuilles de cyprès*, aux environs de Paris. On commence à la trouver à la fin de juin. Ordinairement la chrysalide passe l'hiver, et le papillon n'en sort qu'en juin de l'année suivante.

Fig. 213. Chenille du Sphinx Tithymale.

Le *Déiléphile* ou *Sphinx du Laurier-rose* (fig. 214) est une charmante espèce propre aux pays chauds, où croît spontanément

Fig. 214. Sphinx du Laurier-rose.

l'arbuste qui lui donne son nom, c'est-à-dire en Afrique, dans les parties méridionales de l'Asie, dans la Grèce, l'Espagne, etc. Emportés par un vol rapide et s'aidant des courants atmosphériques, ces beaux papillons arrivent accidentellement dans les contrées de l'Europe centrale. On les a rencontrés plusieurs fois à Paris, au jardin du Luxembourg, où le laurier-rose se cultive en caisse. Mais les individus qui naissent dans les environs de Paris ne s'y reproduisent point, en raison de la rigueur du climat. Ils abondent dans le midi de la France. Combien, dans notre enfance, n'en avons-nous pas saisi, à l'heure du crépuscule, sur les lauriers-roses des jardins !

La chenille de cette espèce (fig. 215) est du nombre de celles

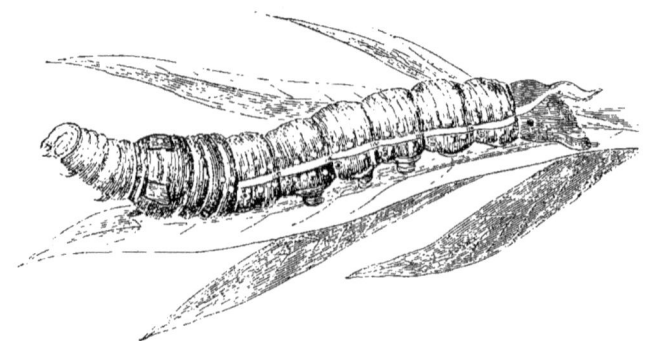

Fig. 215. Chenille du Sphinx du Laurier-rose.

que l'on nomme vulgairement *Cochonnes*, parce que leurs deux premiers anneaux, qui sont rétractiles et rentrent sous le troisième dans l'état de repos, s'allongent de manière à imiter le groin d'un cochon, lorsqu'elles se déplacent ou qu'elles mangent. Elle est d'un beau vert, rayée et ponctuée de blanc sur ses côtés, et marquée sur le troisième anneau de deux grandes taches oculaires, d'un bleu d'azur, cernées de noir et pupillées de blanc. Une corne courte et orangée se dresse à l'extrémité du corps. Quelques jours avant sa transformation, cette admirable chenille perd entièrement sa riche livrée. Elle devient brune sur le dos et d'un jaune sale sur le reste du corps. Elle se fabrique une espèce de coque avec des débris de feuilles qu'elle réunit par des fils au pied de l'arbuste sur lequel elle a vécu.

Cette coque renferme une chrysalide (fig. 216) d'un brun noisette, finement striée de brun plus foncé, avec une tache noire très-apparente sur chaque stigmate.

Le *Sphinx de la Vigne* (*Déiléphile Elpenor*, fig. 217) n'est pas rare aux environs de Paris pendant les mois de juin et de septembre. Ses premières ailes sont d'un rouge pourpré, luisant en dessus, avec trois bandes, d'un vert d'olive clair; à la base des

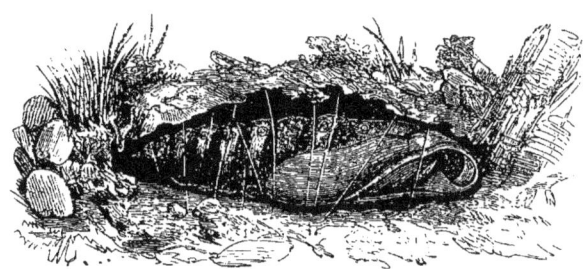

Fig. 216. Chrysalide du Sphinx du Laurier-rose.

premières ailes, on voit une petite tache noire. Le bord interne

Fig. 217. Sphinx de la Vigne (*Deilephile Elpenor*).

est garni de poils blancs. Les secondes ailes sont d'un rose foncé

Fig. 218. Chenille du Sphinx de la Vigne.

en dessus, avec la base noire et le bord terminal liséré de blanc.

Les quatre ailes sont roses en dessous avec le bord d'en haut et le milieu d'un jaune olivâtre ; les supérieures ont le bord interne teinté de noirâtre. Le corps est rose, avec deux bandes longitudinales d'un vert olive sur l'abdomen et cinq lignes divergentes de cette couleur sur le corselet. Les côtés du ventre son longés par une double série de points jaunâtres.

La chenille de ce Sphinx (fig. 218) est d'un brun obscur, finement strié de noir. Deux lignes grises règnent de chaque côté du corps. Sur le quatrième et le cinquième anneau sont deux yeux noirs bordés de blanc violacé.

Cette chenille vit plus souvent sur certaines espèces d'Épilobe que sur la Vigne. Il faut la chercher dans les endroits humides, au bord des ruisseaux et des mares, depuis la fin de juillet jusqu'en septembre. Elle se construit, à la surface du sol, une coque informe avec de la mousse et des feuilles sèches, qu'elle réunit à l'aide de quelques fils soyeux. Sa chrysalide (fig. 219), d'un

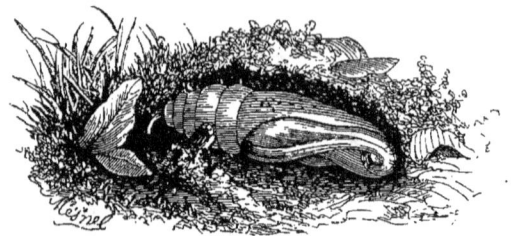

Fig. 219. Chrysalide du Sphinx de la Vigne.

brun jaunâtre, offre de petites épines sur les anneaux de l'abdomen. La chenille possède au plus haut degré la faculté rétractile qui a fait donner à certaines espèces de ce genre le nom trivial de *Cochonnes*.

Le *Sphinx du Troène* (*Sphinx ligustri*, fig. 220) a les ailes supérieures assez étroites, longues de deux pouces, d'un gris rougeâtre et comme veinées de noir en dessus, avec le milieu d'un brun obscur, le bord interne garni de poils roses et le bord postérieur longé de deux lignes blanchâtres, flexueuses. Les secondes ailes sont d'une teinte rosée avec trois bandes noires. Les quatre ailes sont d'un gris rougeâtre en dessous, avec une bande noire commune. Le corselet est brun avec le milieu grisâtre et les côtés d'un blanc rosé. L'abdomen est annelé de noir et de rose en dessus, et présente dans son milieu une bande brunâtre entièrement divisée par une ligne noire.

LÉPIDOPTÈRES. 243

Cette espèce, répandue dans toute l'Europe, n'est pas rare aux environs de Paris. On la rencontre dans les jardins, pendant les mois de juin et de septembre.

De toutes les chenilles du genre Sphinx, c'est celle qui, par son

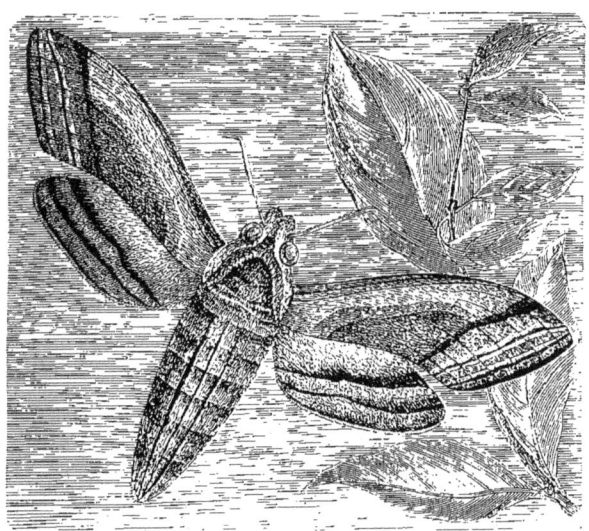

Fig. 220. Sphinx du Troène.

attitude dans l'état de repos, ressemble le plus au Sphinx de la fable, d'où le genre a tiré son nom. Elle est d'un beau vert

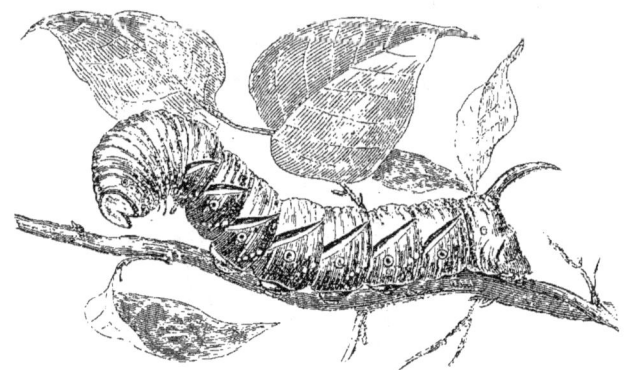

Fig. 221. Chenille du Sphinx du Troène.

pomme, avec sept raies obliques, moitié violacées et moitié blanches, placées de chaque côté du corps. Trois ou quatre petites perles blanches continuent ces raies. Les stigmates sont orangés

La tête est verte et bordée de noir. L'extrémité du corps est surmontée d'une corne lisse, noire en dessus, jaune en dessous (fig. 221).

Cette admirable chenille n'est pas rare. Elle vit sur une foule

Fig. 222. Chrysalide du Sphinx du Troène.

d'arbres et d'arbustes. Mais c'est principalement sur le troène, le lilas, le frêne qu'il faut la chercher. Trois ou quatre jours avant

Fig. 223. Sphinx du Liseron (*Sphinx convolvuli*).

qu'elle s'enfonce en terre, pour se changer en chrysalide, ses belles couleurs se ternissent. Mais bientôt elle renaît sous une autre forme, « plus charmante et plus belle, » comme la Jérusalem nouvelle !

On rencontre aux environs de Paris, pendant les mois de juin et de septembre, le *Sphinx du Liseron* (fig. 223), aux ailes brunes, au ventre rayé de bandes transversales alternativement noires et rouges. La chenille de ce Sphinx, qui présente un grand nombre de variétés, vit sur plusieurs espèces de Liserons, mais particulièrement sur celui des champs.

C'est dans le genre *Achérontie* que se place le papillon nocturne le plus vulgairement connu. Nous voulons parler du *Sphinx tête de mort* (*Acherontia atropos*).

Le *Sphinx tête de mort* (fig. 224) est la plus grosse espèce de

Fig. 224. Sphinx tête de mort.

Sphinx. Cet insecte présente, grossièrement figuré en jaune clair, sur le fond noir de son corselet, un crâne humain. Ce funèbre symbole, joint au cri plaintif que ce papillon nocturne émet lorsqu'il est effrayé, ont quelquefois jeté la terreur dans des populations entières. L'apparition de ce papillon dans certaines contrées ayant coïncidé avec l'invasion d'une maladie épidémique, on crut voir dans ce lugubre sylphe des nuits le messager de la mort, car il en portait la livrée. L'*Acherontia atropos* joue un grand rôle dans les croyances superstitieuses qui courent les campagnes de la vieille Angleterre. On entend dire, dans les veillées champêtres, que ce farouche habitant des airs est en rapport avec les sorcières, et qu'il va murmurant à leur oreille, de sa voix triste et plaintive, le nom de la personne que la mort doit bientôt emporter.

Par quel fatal préjugé cet innocent insecte est-il ainsi voué à l'anathème? Pourquoi la superstition des campagnes veut-elle l'associer au principe du mal? Malgré sa noire livrée, l'*Atropos* ne vient pas des sombres bords; ce n'est pas un envoyé de la mort, un messager de la tristesse et du deuil. Comme les papillons qui font briller au soleil leurs couleurs diaprées, il vient du sein béni de l'auteur de la nature : il remonte aux sources divines et communes de la vie. Il ne nous apporte pas des nouvelles d'un autre monde; il nous apprend, au contraire, que la nature sait peupler toutes les heures; qu'elle a voulu, pour consoler leur tristesse, accorder au crépuscule et à la nuit ces mêmes sylphes ailés qui font la joie et l'ornement des heures de la lumière et du jour.

Quelle heureuse mission pour la science, quelle joie paisible pour le cœur du naturaliste, de pouvoir dissiper un de ces préjugés, une de ces mille superstitions, inutiles et dangereuses, qui égarent un peuple ignorant!

Le gigantesque *Atropos* a des ailes d'une couleur brune, noirâtre, sinuées en haut et en bas, par des bandes irrégulières plus claires, variées de brun et de gris. Sur le milieu de l'aile est un point blanc bien marqué. Les ailes de dessous ont deux bandes noires, une supérieure plus étroite et l'inférieure plus large; le reste de l'aile est d'un beau jaune. Le ventre a pareillement cinq à six bandes jaunes, et autant de noires transversales, placées alternativement. Sur son milieu est une longue bande longitudinale noirâtre. Nous ne revenons pas ici sur la funèbre figure qui se dessine sur le corselet.

Ce papillon n'est pas rare aux environs de Paris, pendant les mois de mai et de septembre. Son vol est lourd et ne se fait, comme nous l'avons déjà dit, qu'après le coucher du soleil. Si on le prend, ou si on le tourmente, il jette des cris très-appréciables.

L'*Atropos* serait un être bien inoffensif s'il ne pénétrait dans les ruches des abeilles, pour y voler le miel, dont il est friand. Les abeilles ont beau cribler cet intrus de coups d'aiguillon : leurs dards s'émoussent contre son épaisse fourrure, et bientôt, épouvantées de sa présence, elles se dispersent de toutes parts.

LÉPIDOPTÈRES. 247

La terreur des abeilles à l'aspect du *Sphinx tête de mort* se comprend, car elle a un motif ; celle de l'homme ne se comprend pas.

La chenille de l'*Atropos* (fig. 225) est la plus grande de toutes celles de l'Europe. Elle atteint jusqu'à quatre pouces et demi de longueur, sur huit lignes de diamètre. Le fond de sa couleur est d'un jaune citron, qui se change en vert sur les côtés et sur le ventre. Depuis le quatrième anneau jusqu'au dixième inclusivement, elle est ornée latéralement de sept bandes obliques, d'un

Fig. 225. Chenille du Sphinx tête de mort.

bleu d'azur, qui sont teintées de violet, et lisérées de blanc sur le côté postérieur. Ces bandes, en se joignant sur le dos de chaque anneau, sont comme autant de chevrons, parallèles entre eux. Le corps est, en outre, pointillé de noir. A son extrémité est une corne, recourbée en crochet, jaunâtre et hérissée de tubercules. La tête est verte et marquée latéralement d'un trait noir.

Elle vit principalement sur la pomme de terre et le lyciet d'Europe, arbrisseau épineux de la famille des Solanées. Elle s'enfonce dans la terre, pour se changer en une chrysalide (fig. 226) d'un brun marron brillant.

248 LES INSECTES.

Nous citerons encore dans la famille des Sphingides trois espèces du genre *Smérinthe*, au vol lourd et crépusculaire.

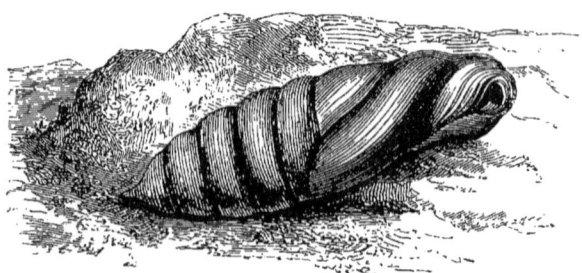

Fig. 226. Chrysalide du Sphinx tête de mort.

Le *Sphinx du Tilleul* (*Smérinthe du Tilleul*, fig. 227) a les ailes supérieures grises, avec quelques nuances vertes, et de plus, sur le milieu de l'aile, on voit une bande irrégulière d'un vert brun. Le corselet couvert de poils est gris, avec trois bandes longitudinales vertes. Le ventre est gris.

Ce papillon vole lourdement, après le coucher du soleil. On le

Fig. 227. Smérinthe ou Sphinx du Tilleul.

trouve sur les arbres des boulevards de Paris et des routes, pendant les mois de mai et de juin.

Sa chenille (fig. 228) est d'un beau vert pomme, chagriné de jaune, et marquée de chaque côté de sept lignes obliques de même couleur. Sa corne rugueuse est bleue en dessus et jaune en dessous. Elle vit sur le tilleul et l'orme. Elle s'enterre au pied de l'arbre qui l'a nourrie, pour se changer en chrysalide sans faire de coque.

Nous nous contentons de donner ici les figures de deux autres

Fig. 228. Chenille du Smérinthe du Tilleul.

espèces du même genre : le *Smérinthe ocellé*, ou *demi-paon* (*Smerinthus ocellatus*), qui n'est pas rare aux environs de Paris pen-

Fig. 229. Smérinthe demi-paon.

dant les mois de mai et d'août (fig. 229), et dont la chenille vit sur les saules, les peupliers et les arbres fruitiers ; et le *Smérinthe du Peuplier*, ou *Sphinx à ailes dentelées* (fig. 230), dont la chenille (fig. 231) vit sur les peupliers, les trembles, et quelquefois les saules et les bouleaux.

La famille des *Bombyciens* renferme les plus grands papillons

Fig. 230. Smérinthe du Peuplier.

connus; mais elle renferme aussi des espèces de taille moyenne et de petite taille.

Fig. 231. Chenille du Smérinthe du Peuplier.

Ces papillons ne prennent point de nourriture. Ils vivent quelques jours seulement, pour conserver l'espèce. Ils volent rarement pendant le jour, et ne se montrent guère que le matin et le soir.

Le groupe des Bombyciens est dispersé dans presque toutes les régions du globe. On les reconnaît à leurs antennes ordinairement taillées en dents de peigne dans le mâle, à leur corps épais, robuste; dans le plus grand nombre des cas, à leur tête volumineuse, à leurs ailes plus ou moins étendues, à leur vol pesant.

Dans la famille des Bombyciens se trouvent les genres *Sericaria*, *Attacus*, *Bombyx*, *Orgya*, *Liparis*, etc.

C'est au genre *Sericaria* (ouvrier en soie) que se rapporte le Ver à soie, cet insecte célèbre que Linné appela *Bombyx mori*, nom qui rappelait à la fois sa dénomination la plus ancienne, et le Mûrier, arbre sur lequel vivent ses chenilles.

Guérin-Méneville a appelé le ver à soie « le chien des insectes ». En effet, il a été réduit à l'état domestique dès les temps les plus anciens, et l'homme l'a dépouillé d'une bonne partie de sa force et de sa volonté. Il en a fait un animal dégénéré. Le papillon du ver à soie ne peut plus se tenir en plein air, sur les feuilles inclinées et mobiles du mûrier agité par le vent. Il n'a plus l'adresse de se dérober, sous les feuilles, à l'ardeur du soleil et aux ennemis des insectes. La femelle, toujours immobile, semble ignorer qu'elle a des ailes. Le mâle ne vole plus; il volette autour de sa compagne, sans quitter le plancher. Cependant il doit avoir à l'état sauvage un vol assez puissant. M. Ch. Martins a reconnu qu'après trois générations d'élevage en plein air les mâles avaient repris la faculté de voler.

Avant de parler des diverses phases de la vie des vers à soie et de l'éducation de ce précieux insecte, nous raconterons l'origine et les progrès de l'admirable industrie de la soie, l'une des branches les plus importantes de l'industrie du midi de l'Europe et de l'Orient.

On ne connaît pas plus la patrie du ver à soie que l'on ne connaît exactement celle de la plupart des plantes et des animaux qui sont la base de notre industrie agricole. Il est cependant probable que sa patrie fut la Chine. C'est positivement, en effet, dans ce vaste empire que naquit, il y a bien longtemps, l'industrie de la fabrication de la soie. On lit ce qui suit dans l'*Histoire générale de la Chine* par le P. Mailla :

« L'empereur Hoang-ti, qui vivait 2600 ans avant notre ère, voulut que Si-ling-chi, sa légitime épouse, contribuât au bonheur de son peuple; il la chargea d'examiner les vers à soie, et d'essayer à utiliser leurs fils. Si-ling-chi fit ramasser une grande quantité de ces insectes, qu'elle voulut nourrir elle-même dans un lieu qu'elle destina uniquement à cet usage; elle trouva non-seulement la façon de les élever, mais encore la manière de dévider leur soie et de l'employer à faire des vêtements. »

On peut se demander pourtant si les lettrés qui ont composé ce récit, n'ont pas réuni sous le règne de l'empereur Hoang-ti tous les événements et toutes les découvertes dont la date se perdait dans l'obscurité des temps les plus reculés de l'histoire. L'impératrice Si-ling-chi n'est-elle pas un personnage de convention? une sorte de Cérès chinoise, à laquelle on aurait ensuite élevé des autels sous le nom de déesse des vers à soie?

Voici du reste comment Duhalde[1] analyse le récit des annalistes chinois sur le fait remarquable de l'introduction du ver et de ses riches produits dans l'empire chinois. L'usage qu'il décrit forme le sujet de la figure 232.

« Jusqu'au temps de cette reine (Si-ling-chi), dit-il, quand le pays était nouvellement défriché, le peuple employait les peaux des animaux pour se vêtir. Mais ces peaux ne furent plus suffisantes pour la multitude des habitants : la nécessité les rendit industrieux; ils s'appliquèrent à faire des toiles pour se couvrir, mais ce fut à cette princesse qu'ils eurent l'obligation de l'utile invention des soieries. Ensuite, les impératrices, que les auteurs chinois nomment selon l'ordre des dynasties, se firent une agréable occupation de faire éclore les vers à soie, de les élever, de les nourrir, d'en faire de la soie, de la mettre en œuvre. Il y avait même un verger dans le palais destiné à la culture des mûriers.

« L'impératrice, accompagnée des reines et des plus grandes dames de la cour, se rendait en cérémonie dans ce verger, et cueillait de sa main les feuilles de trois branches que ses suivantes abaissaient à sa portée; les plus belles pièces de soie qu'elle faisait elle-même, ou qui se faisaient par ses ordres et sous ses yeux, étaient destinées à la cérémonie du grand sacrifice qu'on offrait à Chang-si.

« Il est à croire, ajoute Duhalde, que la politique eut plus de part que toute autre raison aux soins que se donnaient les impératrices. L'intention était d'engager, par ces grands exemples, les princesses et les dames de qualité, et généralement tout le peuple, à élever des vers à soie; de même que les empereurs, pour ennoblir en quelque sorte l'agriculture et exciter le peuple à des travaux si pénibles, ne manquent pas, au commencement de chaque printemps, de conduire en personne la charrue, d'ouvrir en cérémonie quelques sillons et d'y semer des grains.

« Pour ce qui est des impératrices, il y a longtemps qu'elles ont cessé de s'appliquer aux travaux de la soie; on voit néanmoins dans l'enceinte du palais de l'empereur un grand quartier rempli de maisons, dont l'avenue porte encore le nom de *chemin qui conduit au lieu destiné à élever les vers à*

---

[1]. *Description de la Chine*, t. II, p. 205.

Fig. 232. L'impératrice de la Chine, Si-ling-chi, cueillant des feuilles de mûrier dans les jardins du Palais impérial.

soie pour le divertissement des impératrices et des reines. Dans les livres du philosophe Mencius, on trouve un sage règlement de police, fait sous les premiers règnes, qui détermine l'espace destiné à la culture des mûriers, selon l'étendue de terrain que chaque particulier possède. »

Stanislas Julien[1] nous a fait connaître plusieurs des règlements portés par les empereurs de la Chine pour rendre obligatoires les soins qu'exige l'industrie de la soie.

Tchin-iu, étant gouverneur de l'arrondissement de Kien-Si, ordonna que chaque homme du peuple plantât quinze pieds de mûrier[2].

L'empereur (sous la dynastie de Witei) donna à chaque homme vingt arpents de terre, à la condition de planter cinquante pieds de mûrier[3].

L'empereur Hien-tsang (qui monta sur le trône en 806) ordonna que les habitants des campagnes plantassent deux pieds de mûrier dans chaque arpent de terre[4].

Le premier empereur de la dynastie des Song (qui commença à régner vers l'an 960) rendit un décret pour empêcher d'abattre des mûriers[5].

A l'aide de tous les moyens qui viennent d'être rappelés, d'après le témoignage de Stanislas Julien, l'industrie de la fabrication de la soie se généralisa en Chine. Ce grand empire put bientôt fournir à ses voisins cette précieuse matière textile, et créer à son profit le monopole d'une branche très-importante de commerce. Il était interdit, sous peine de mort, d'exporter de la Chine des œufs de vers à soie, ou de fournir les renseignements nécessaires sur l'art d'obtenir la matière textile. Le produit seul pouvait être vendu au dehors de l'empire.

C'est ainsi que les nations asiatiques connurent bientôt la soie, et que dans plusieurs cités on se mit à tisser des étoffes de cette précieuse substance. Les tapis et les tentures de Babylone, mélangés d'or et de soie, ont joui dans l'antiquité d'une renommée sans égale.

La Chine n'était pourtant pas la seule contrée qui fournît alors de la soie aux villes de l'Asie Mineure. A une époque très-reculée, l'Inde leur en envoyait, par ses caravanes, des quantités très-considérables. M. Émile Blanchard (de l'Institut) a fait remar-

---

1. *Résumé des principaux traités chinois sur la culture des mûriers et l'éducation des vers à soie*, traduit par Stanislas Julien. Paris, Imprimerie royale, 1837.
2. *Annales de la dynastie des Liang.* — 3. *Annales de la dynastie des Wei.*
4. *Annales de la dynastie des Thang.* — 5. *Histoire de la dynastie des Song.*

quer toutefois que les tissus de l'Inde devaient être confectionnés avec une soie différente de celle de la Chine, c'est-à-dire avec la soie de quelques-uns de ces *Bombyx* dont on a beaucoup occupé le public dans ces dernières années, et dont nous aurons bientôt à parler.

La soie conserva pendant des siècles un prix prodigieusement élevé. Au temps d'Alexandre, sa valeur dans la Grèce était exactement son pesant d'or. Aussi la matière était-elle très-parcimonieusement employée dans les tissus de soie. Ces tissus étaient d'une transparence telle, que les femmes qui en portaient étaient à peine couvertes.

La soie resta inconnue aux Romains avant Jules César. C'est à lui que Rome dut la connaissance de cette matière nouvelle. Il la produisit d'ailleurs avec un singulier éclat.

Un jour, dans une fête donnée au Colisée, dans un combat d'animaux et de gladiateurs, le peuple vit la grossière tente de toile destinée à le garantir des rayons du soleil remplacée par un magnifique *velum* de soie orientale.

Le peuple murmura de cette prodigalité fastueuse ; mais il ne put s'empêcher de trouver César un grand homme.

L'introduction de la soie chez les Romains fut le signal de luxueuses dépenses. Les patriciens étalaient des manteaux de soie d'un prix incalculable. Aussi, du temps de Tibère, le sénat se crut-il obligé de défendre aux hommes les habits de soie. L'exemple de la simplicité partit quelquefois de haut ; car l'empereur Aurélien refusa à l'impératrice Sévérina une parure si coûteuse.

Le commerce de la soie pesait doublement sur l'Europe, et par la valeur de la matière, et par le grand usage qu'on en faisait. Les Perses avaient l'entrepôt et le monopole de cette marchandise.

L'empereur d'Orient Justinien Ier, qui régna à Constantinople de 527 à 565, cherchait tous les moyens de soustraire ses États à cette tyrannie ruineuse, lorsqu'une circonstance fort heureuse pour le commerce national vint déterminer l'introduction de la sériciculture en Europe.

Deux moines de l'ordre de Saint-Basile, dans leur ardeur pour la propagation de la foi, s'étaient avancés jusqu'en Chine. Là ils avaient été initiés aux opérations qui fournissent la matière textile si recherchée. De retour à Constantinople, et apprenant le projet que nourrissait Justinien, d'enlever aux Persans le commerce de la soie, les deux moines proposèrent à l'empereur d'enrichir ses États de l'art de la fabrication de la soie.

La proposition fut acceptée avec transport par Justinien, et les deux moines retournèrent en Chine, dans le but de se procurer les œufs de l'insecte producteur de la soie.

Arrivés au terme de leur voyage, ils parviennent à s'emparer d'une certaine quantité de graines de ver à soie. Ils les cachent entre les nœuds de leur bâton, et reprennent le chemin de leur patrie, sans être inquiétés.

Deux ans après, ils rentraient à Constantinople avec leur précieuse capture [1].

Les vers à soie, ainsi apportés à Constantinople, furent placés, pour opérer leur éclosion, dans du fumier. Il en sortit des vers, que l'on nourrit avec des feuilles de mûrier. Tout aussitôt on commença l'éducation des vers et la préparation de la soie, d'après les instructions que donnèrent nos courageux voyageurs.

Les premières éducations réussirent parfaitement. Aussi vit-on les plantations de mûrier se multiplier et se répandre dans tout l'empire d'Orient.

C'est surtout dans la Grèce méridionale que cette industrie prit une immense extension. C'est alors que le Péloponèse perdit son nom. On l'appela *Morée*, du nom latin du mûrier, *morus*.

Constantinople et la Grèce sont les pays qui, pendant des siècles, ont fourni les vers à soie à toute l'Europe. Cette diffusion se fit toutefois assez lentement. Le peuple grec tenait à conserver son monopole, et l'empereur Justinien avait fait établir à Constantinople même des manufactures de soieries, où les ouvriers les plus habiles de l'Asie travaillaient, avec l'interdiction absolue de révéler leurs procédés aux étrangers.

Vers le commencement du huitième siècle, les Arabes apportèrent le ver à soie en Espagne. Mais cette industrie y demeura confinée dans d'étroites limites.

Ce ne fut réellement qu'à partir du douzième siècle que la sériciculture commença à se répandre en Europe.

Roger, roi des Deux-Siciles, possédant une marine qui dominait la Méditerranée, l'employait surtout à des excursions et à des conquêtes. Il ravagea la Grèce, et non content du butin qu'il

---

[1]. D'après de Gasparin, auteur d'un excellent *Essai sur l'histoire de l'introduction des vers à soie en Europe* (Paris, in-8, 1841), ce ne serait pas en Chine, mais seulement en Tartarie, à Serinde, que les deux moines seraient allés chercher la graine des vers à soie (pages 37-39).

enlevait à ces malheureuses contrées, il voulut encore leur ravir, au profit de ses États, l'industrie de la soie, source de leur richesse. Roger transporta en Sicile et à Naples un grand nombre de prisonniers, parmi lesquels se trouvaient des tisserands et des hommes adonnés à l'éducation des vers à soie. En 1169, il établit ces ouvriers dans un local attenant à son palais de Palerme. Là on teignait la soie de diverses couleurs; on y entremêlait l'or, les perles et les pierreries.

De la Sicile, l'art de préparer la soie se répandit dans le reste de l'Italie.

En 1204, les *artisans de soie* se constituaient en syndicat, à Florence.

Ce n'est pourtant qu'en 1423, plus de deux cents ans après l'introduction de cette industrie en Italie, qu'on trouve la première mention de l'existence de la culture du mûrier en Toscane. En 1440, chaque paysan de la Toscane était forcé de planter au moins cinq mûriers sur le terrain qu'il cultivait. En 1474, le commerce de la fabrication de la soie était devenu extrêmement prospère à Florence. Les produits étaient expédiés dans toutes les parties du monde.

En 1314, les manufactures vénitiennes commencèrent à prendre beaucoup d'importance. Trois mille ouvriers en soie étaient établis alors dans l'intérieur de Venise.

Sans insister plus longtemps sur la propagation de l'industrie de la soie en Italie, arrivons à son établissement en France.

C'est en 1340 que des gentilshommes français qui avaient séjourné à Naples, plantèrent à Avignon les premiers mûriers [1]. D'après Olivier de Serres, le mûrier ne fut transporté que beaucoup plus tard en Dauphiné. Il ne fut introduit à Alan, près de Montélimar, qu'en 1465, par le seigneur Guyape de Saint-Aubain [2].

Louis XI s'efforça de développer l'industrie de la soie en France, en y appelant des ouvriers italiens, et l'on commença sous son règne à fabriquer des soieries dans la Touraine et à Lyon.

François Ier donna beaucoup de développement à l'industrie lyonnaise. En 1554, sous Henri II, les maîtres et les ouvriers de la *manufacture d'or, d'argent et de soie* de Lyon étaient au nombre de douze mille.

---

1. De Gasparin, *Essai sur l'introduction des vers à soie en Europe*, page 70.
2. *Théâtre d'agriculture d'Olivier de Serres*, t. II, p. 158, in-8.

Sous Henri II furent plantés les mûriers de la Bourdezière, Tours, Chenonceaux, Toulouse et Moulins. Ces plantations toutefois furent peu étendues. Il n'y avait pas là un effort général et vraiment populaire. D'ailleurs la guerre civile vint bientôt écarter les esprits des tentatives isolées de quelques particuliers.

La sériciculture ne prit réellement une grande importance en France que sous Henri IV.

Ce roi voyait avec chagrin sortir de France, chaque année, des sommes considérables pour les achats de soie grége ou de soieries. Deux hommes servirent merveilleusement son projet de favoriser l'industrie de la soie. L'un de ces hommes était Barthélemy Laffemas, dit *Beausemblant*.

Depuis longtemps Barthélemy Laffemas écrivait mémoires sur mémoires pour démontrer les avantages de la plantation de force mûriers en France. Cet écrivain émérite nous apprend qu'on élevait alors avec succès des vers à soie à Mantes, à Poissy et même à Paris.

Le second appui que trouva Henri IV dans la propagation de la sériciculture, est un homme bien autrement illustre que messire Laffemas. Ce fut Olivier de Serres, l'excellent auteur du *Théâtre de l'agriculture*, celui que Henri IV appelait son *seigneur et maître en fait de mesnage des champs*.

Le premier parmi ses compatriotes, Olivier de Serres avait publié des instructions relatives à la culture du mûrier et à l'éducation du ver à soie. Henri IV, qui avait remarqué ses écrits, l'appela à Paris. Sur l'indication d'Olivier de Serres, le roi fit venir d'Italie vingt mille mûriers, et une grande quantité de graines, dont on fit une gigantesque distribution dans toute la France.

Dès ce moment la sériciculture se propagea rapidement dans les Cévennes, en Provence, en Languedoc, dans la Touraine et plusieurs autres provinces. On planta des mûriers à Fontainebleau, au parc royal des Tournelles, et même au jardin des Tuileries, où une Italienne, la dame Julle, *femme des plus entendues qu'on puisse trouver*, nourrissait des vers à soie pour Henri IV.

L'essor donné à la sériciculture s'affaiblit beaucoup après la mort de Henri IV. Il reprit de nouvelles forces sous le grand ministre Colbert, qui sut faire naître dans notre pays l'esprit du commerce et de l'industrie. De nouvelles fabriques s'établirent en France; des pépinières de mûriers furent créées dans plusieurs de nos provinces.

Tous ces progrès furent brusquement anéantis par l'immorale et inique révocation de l'Édit de Nantes, qui vint priver la France de l'élite de ses commerçants. Chassées de leur patrie, les familles protestantes des Cévennes allèrent établir à l'étranger des concurrences à notre production nationale.

Au dix-huitième siècle, les intendants des provinces essayèrent, mais avec peu de succès, de réveiller en France l'industrie séricicole. L'abbé Boissier de Sauvages publia, vers 1760, divers ouvrages où il se montre observateur patient, esprit juste et éducateur habile. Boissier de Sauvages est le père de la magnanerie moderne.

Pendant notre première révolution, les esprits avaient des préoccupations plus graves que celles de la culture du mûrier. Mais au retour de la paix on se mit à l'œuvre de toutes parts. En 1808, le ministre Chaptal porte à cinq ou six mille kilogrammes le poids de la récolte des cocons, pendant que l'invention du *métier Jacquart* vient donner au tissage des étoffes de soie une immense impulsion.

Parmi les initiateurs et les bienfaiteurs de l'art séricicole, nous ne saurions oublier Dandolo. Né à Venise en 1758, mort en 1819, Dandolo est le premier qui, au commencement de ce siècle, se soit sérieusement occupé d'améliorer les pratiques de la sériciculture. Il chercha à régulariser le chauffage, à introduire plus d'ordre dans la distribution des aliments du ver, plus d'espacement dans les locaux et un certain degré de ventilation.

Il y aurait aussi de l'ingratitude à ne pas citer, à ce propos, les noms de nos contemporains qui ont rendu d'importants services à l'art séricicole, tels que M. Camille Beauvais, qui a fait sortir l'art du magnanier de l'état d'immobilité dans lequel il était plongé; — M. Eugène Robert, qui a fondé, dans le midi de la France, la première magnanerie salubre; — Guérin-Méneville, qui a consacré sa vie à l'étude des mêmes questions, et à qui l'on doit l'introduction et l'acclimatation d'espèces qui nous rendront peut-être un jour de grands services; — enfin M. Robinet, qui a élucidé différentes questions pratiques de l'art séricicole.

En terminant ce rapide aperçu historique, nous dirons que la France consomme annuellement trente mille kilogrammes d'œufs de ver à soie, chaque kilogramme valant aujourd'hui de trois cents à cinq cents francs, et même davantage. La valeur des soies manufacturées représente annuellement environ huit millions, et l'on trouve dans les tableaux officiels que la France a exporté, en 1863, pour une valeur de trois cent quatre-vingt-quatre millions de ce produit.

Cette exportation immense montre combien la soie est aujourd'hui appréciée partout. Dans ces tissus nombreux qui se nomment taffetas, satin, velours, tout semble avoir un charme, un attrait particulier. Consistance de l'étoffe, douceur glissante de sa surface, manière dont elle reçoit l'impression des couleurs, éclat, finesse, reflet, bruissement ou *frou-frou*, plis cassés ou plis lourds, tout cela, c'est la beauté, l'élégance et le luxe, de quelque façon que l'on entende ce mot.

Le *Bombyx* du mûrier n'a pourtant rien de séduisant dans sa personne. D'autres chenilles du Bombyx ont de brillantes livrées ; elles se parent de globules bleus comme des saphirs, verts comme des émeraudes, rouges comme des rubis, mais ne produisent que des fils sans éclat ni finesse. L'humble ver à soie, vêtu d'une blouse blanche, comme un ouvrier, n'a rien de brillant dans son vêtement, et il donne au monde entier ses plus belles parures.

Étudions un peu de près cet artisan inimitable.

Le corps du ver à soie se compose de dix anneaux distincts, qui forment neuf plis. En avant, sont trois paires de pattes articulées qui deviendront plus tard celles du papillon. Au milieu et en arrière, sont cinq paires de pattes membraneuses, armées d'un cercle d'épines très-fines, armature mignonne qui permet à l'animal de s'accrocher aux feuilles et aux tiges. Sur les deux côtés du corps sont dix-huit stomates ou bouches respiratoires.

La tête du ver à soie se fait remarquer principalement par le museau qu'elle présente à sa partie antérieure. Ce museau est écailleux, corné et formé d'une seule pièce. La bouche est pourvue de six petites pièces articulées. En dessous est une lame simple, la lèvre supérieure, présentant une échancrure dans son milieu. L'animal fait entrer dans l'échancrure de cette pièce le bord de la feuille qu'il ronge, et la maintient ainsi sans efforts. Au-dessous de la lèvre sont insérées deux grosses mâchoires qui taillent la feuille comme le ferait une paire de ciseaux. Au-dessous, des mâchoires plus faibles achèvent la division des fragments, et une petite tige, articulée à chaque mâchoire, c'est-à-dire un palpe, repousse vers la bouche et empêche de tomber les plus petites parcelles de feuilles. Enfin, dans l'espace compris entre les mâchoires, est une lèvre inférieure, qui complète en dessous la clôture de la bouche. A l'extrémité de cette pièce, on remarque un petit prolongement, une sorte de papille percée d'un trou ; ce trou est l'orifice qui donne issue au fil soyeux.

Les organes qui servent à l'élaboration et à l'émission de la soie sont pour nous d'un intérêt particulier.

Si l'on dissèque un ver à soie sous l'eau, on parvient bientôt, après avoir écarté d'autres parties, à mettre à découvert un double appareil, couché des deux côtés du canal intestinal et au-dessous de ce canal. C'est l'appareil sécréteur de la soie ; c'est la double glande *séricipare*.

Chacune de ces glandes se compose d'un tube formé de trois parties distinctes (fig. 233). La partie qui se trouve la plus rapprochée de la queue du ver est une sorte de tube flexueux A B C, d'un millimètre de diamètre et de vingt-sept centimètres de longueur, contourné un grand nombre de fois en zigzags arrondis et sans ordre. Cette partie de l'organe soyeux se continue en un renflement D E, qui est le réservoir de la matière soyeuse. A l'extrémité E de ce réservoir s'ajuste un nouveau tube capillaire E F.

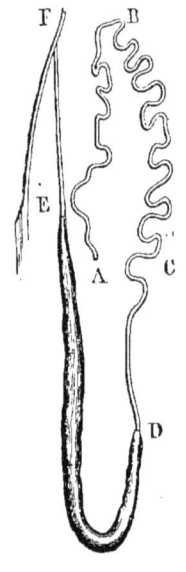

Fig. 233.
Appareil sécréteur de la soie.

Ces deux tubes capillaires, venant des deux glandes, se réunissent comme deux troncs veineux, ainsi que le montre la figure, en un canal unique, court, F, qui s'ouvre dans la bouche du ver, à sa lèvre inférieure.

C'est dans les tubes grêles postérieurs que se forme la matière soyeuse. Elle se rassemble dans la partie renflée D E, qui est le réservoir proprement dit. Elle existe là à l'état gélatineux. Parvenue dans les tubes capillaires, elle commence à prendre de la consistance ; elle forme deux fils qui se soudent au point de jonction des tubes et sortent par l'orifice soyeux, avec l'apparence d'un fil simple, pour être conduits et dirigés par l'animal sur les points qu'il a choisis.

On avait espéré qu'en prenant dans le corps du ver la matière visqueuse contenue dans les glandes, on parviendrait à faire de la soie ; mais cet espoir a été déçu. On a pu, il est vrai, amener de la soie au dehors ; on a pu l'étirer en fils plus ou moins déliés ; mais on n'a obtenu ainsi qu'une matière qui, desséchée, ressemble plus ou moins à de la corde à boyau, et se laisse attaquer assez rapidement par l'eau. Ce n'est pas de la soie.

La substance visqueuse contenue dans les glandes a donc besoin d'être travaillée par l'insecte lui-même. Lorsqu'elle arrive dans le conduit commun des deux tubes capillaires, sous la forme de fils, ces fils sont imprégnés en ce point d'une sorte de vernis qui est versé par deux petites glandes voisines. Le vernis réunit les deux en un seul, et donne à ce fil le brillant de la soie et la propriété de résister à l'action de l'eau.

C'est pendant les dernières phases du développement du ver que la matière soyeuse devient abondante dans les glandes. A cette époque, l'animal mange beaucoup, et il est certain que la substance qui sera convertie est fournie par la feuille de mûrier dont l'insecte se nourrit.

Comme conséquence de cette remarque, il s'est trouvé des industriels qui ont voulu retirer directement de la soie de la feuille du mûrier, mais on n'a obtenu ainsi qu'une mauvaise filasse. C'est que la soie n'est pas, tant s'en faut, toute formée dans la feuille du mûrier. Les organes des insectes sont des laboratoires vivants où se font des manipulations inconnues à l'homme et qu'il ne saurait reproduire.

Après ce coup d'œil rapide jeté sur les parties fondamentales de l'organisme du ver à soie, nous allons successivement nous occuper de l'histoire naturelle proprement dite de cet insecte, et de son éducation, faite en vue de la production de la soie.

Pour répondre à la première partie de ce programme, nous avons à parler de la *mue*, des *âges* du ver à soie, de sa maturité,

Fig. 234. Tête du ver
à soie pendant la mue.

Fig. 235. Position
du ver à soie pendant la mue.

de sa *montée*, de la formation du cocon, de la chrysalide, du papillon et des œufs.

On donne le nom de *mue* à une sorte de crise pendant laquelle a lieu le renouvellement de la peau du ver à soie. Quand elle approche, le ver à soie change de couleur : sa robe, qui était blanche ou grise et opaque, devient jaune et plus transparente. La tête se tuméfie considérablement, surtout en dessus; la peau se plisse et se ride (fig. 234). Le ver se met volontairement à la diète ; il se prépare à son dépouillement. Il pose çà et là des fils de soie sur les corps environnants ; il se glisse sous ces fils, afin que pendant ses mouvements la vieille peau qu'il abandonnera se trouve pour ainsi dire ramassée. Puis il prend une position particulière, celle qui est représentée dans la figure 235, et y demeure dans un état d'immobilité auquel on a donné le nom de *sommeil*.

C'est pendant ce sommeil que la nouvelle peau se forme sous l'ancienne. Il s'opère entre les deux membranes le suintement d'un liquide qui les sépare et permet au ver de quitter son ancien vêtement.

Pour y arriver, le ver commence par lever la tête et par faire des contorsions. L'ancienne peau se fend autour du museau, sur la tête et dans le dos ; puis, par divers mouvements, l'animal sort de sa peau, qui demeure retenue par les fils de soie.

La durée de la *mue* varie avec le degré de chaleur ou d'humidité ; mais, en général, l'état de *sommeil* dure de douze à vingt-quatre heures. Une heure après la crise, le ver recommence à manger.

Les *âges* du ver à soie sont les périodes de temps qui s'écoulent d'une mue à l'autre. Si l'on considère une éducation dans une bonne condition de température, on observera quatre mues, par conséquent cinq âges.

Au premier âge (fig. 236), le ver à soie du mûrier est noir, poilu ; puis de couleur noisette, au moment où va s'opérer la première mue.

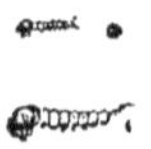

Fig. 236.
Premier âge.

« L'aspect de ces vers réunis sur une feuille, dit Dandolo, est celui d'une superficie lanugineuse, de couleur châtain foncé, au milieu de laquelle on ne voit qu'un moment de petits animaux ayant la tête levée, la remuant, et présentant un museau noir, luisant. Leur corps est tout couvert de poils rangés en ligne, entre lesquels on aperçoit dans toute la longueur du corps d'autres poils plus longs [1]. »

Le premier âge dure cinq jours.

Au second âge (fig. 237), le ver paraît gris, presque sans duvet, puis blanc jaunâtre, et on voit se dessiner les croissants sur le second et le cinquième anneau de l'abdomen.

Au troisième âge (fig. 238), il n'y a plus aucun poil, et le ver devient d'un blanc terne qui va toujours s'éclaircissant.

---

1. *L'Art d'élever les Vers à soie*, par le comte Dandolo. In-8, 2ᵉ édit. Lyon, 1825.

Le troisième âge dure six jours, ainsi que le quatrième âge (fig. 239).

Au cinquième âge (fig. 240), le ver est arrivé très-près du terme de sa carrière à l'état de chenille, et c'est alors le temps

Fig. 237. Fig. 238. Fig. 239.
Deuxième âge. Troisième âge. Quatrième âge.

de sa plus grande voracité. Cet âge est le plus long ; il dure neuf jours.

A chacune de ces périodes de la vie du ver à soie, on remarque

Fig. 240. Cinquième âge du ver à soie.

un phénomène physiologique auquel on a donné le nom de *frèze*.

Quand le ver à soie vient de muer, il mange peu. Mais il arrive bientôt un moment où il dévore la feuille de mûrier avec une avidité extraordinaire. Il est vraiment insatiable. La *frèze* du dernier âge porte le nom de *grande frèze;* elle arrive vers le septième jour. Pendant cette journée, les vers issus de trente grammes de graines consomment, en poids, autant que quatre chevaux, et le bruit que font leurs petites mâchoires ressemble à celui d'une grande averse de pluie.

C'est à la fin du cinquième âge que l'insecte se prépare l'abri au sein duquel doit s'opérer sa métamorphose en chrysalide.

Peu de temps avant, il cesse de manger ; il jaunit et devient transparent comme un grain de raisin : aussi dit-on qu'il a alors atteint sa *maturité*. Jusque-là, le ver n'a jamais essayé de quitter sa litière ; il vivait sédentaire et ne pensait point à s'écarter de sa salle à manger, abondamment fournie. Maintenant, il est pris comme d'un besoin impérieux de déplacement : il lève, il dodeline, il promène sa petite tête dans tous les sens, pour chercher des points d'appui ; il chemine sur tous les corps qu'il peut atteindre, particulièrement sur ceux qui sont posés verticalement. Il aspire, non à descendre, comme le héros de la tragédie classique, mais à s'élever, à *monter*.

C'est pour cela que cette période de la vie du ver à soie a reçu le nom de *montée*.

Avant de construire son cocon, l'insecte commence par expulser de son corps tout ce qui devient inutile à ses nouvelles fonctions. Il rend un dernier excrément, plus mou, plus vert, plus volumineux que celui qu'il rend d'ordinaire, accompagné de plusieurs gouttes d'un liquide blanc, clair et ammoniacal. On dit alors et avec raison que le ver à soie *se vide*.

Il cherche ensuite une place convenable pour l'établissement de son cocon. Tout le monde a remarqué comment l'animal s'y prend pour accomplir son travail. Il commence par jeter de divers côtés des fils destinés à fixer le cocon ; c'est ce que nous appelons la *bourre de soie*. L'espace convenable étant circonscrit au moyen de cette *bourre*, le ver commence à dérouler son fil, — un fil continu de mille mètres de longueur environ.

On a calculé, disons-le en passant, que quarante mille cocons suffiraient pour entourer d'un fil de soie le globe terrestre à son équateur.

Replié sur lui-même à peu près comme un fer à cheval, le dos en dedans, les pattes en dehors, le ver dispose son fil tout autour de son corps en décrivant avec sa tête des tours ovales. Il rapproche de plus en plus les points d'attache. Tant que la paroi du cocon n'est pas bien épaisse, on le voit à travers des mailles du tissu appliquant et fixant son fil, encore à un certain degré de mollesse, de façon à lui faire contracter une adhérence intime avec les parties déjà établies.

« On a pu constater, dit M. Robinet, que le ver à soie fait environ par seconde un mouvement d'une étendue de cinq millimètres à peu près. La longueur des fils étant connue, il en résulte que le ver fait trois cent mille mouvements de tête pour former son cocon. S'il emploie soixante-douze heures à ce travail, c'est cent mille mouvements par vingt-quatre heures, quatre mille cent soixante-six par heure et soixante-neuf par minute, c'est-à-dire un peu plus d'un par seconde [1]. »

Le quatrième jour environ, après avoir déposé toute sa soie, le ver renfermé dans le cocon est devenu d'un blanc cireux. Il est

---

1. *Manuel de l'éducateur du Ver à soie*, p. 37.

tuméfié dans sa partie moyenne. Les pattes abdominales se flétrissent; les six pattes antérieures se rapprochent et noircissent; les parties de la bouche se portent en dessous, la peau se ride. Bientôt elle se détache et se trouve refoulée vers la partie postérieure. La chrysalide paraît sous les déchirures de cette peau. Elle est d'abord blanche, puis devient rapidement d'un rouge brun.

Le ver à soie reste, en général, quinze à dix-sept jours à l'état de chrysalide. Au moment de l'éclosion, le papillon commence par rompre la pellicule dans laquelle il est renfermé et qui est assez mince.

Mais comment pourra-t-il sortir de la prison soyeuse qu'il s'est construite lui-même? Il fait usage pour cela d'une liqueur particulière, contenue dans une vésicule dont sa tête est munie, et qui a été découverte par Guérin-Méneville. Il humecte les parois du cocon avec cette liqueur; il en imbibe et en pénètre toute l'épaisseur de ces parois. Les fils de soie qui les composent

Fig. 241. Papillon de ver à soie mâle.   Fig. 242. Papillon de ver à soie femelle.

sont ramollis, décollés, disjoints, mais non rompus. Le papillon se fraye un passage au travers de ces fils écartés et il paraît au jour.

Ses ailes sont repliées sur elles-mêmes, et il est encore tout mouillé. Mais il cherche aussitôt une bonne place pour se sécher, et prend en peu de temps son aspect définitif (fig. 241).

La femelle (fig. 242) a les ailes blanches, les antennes peu développées et pâles, le ventre volumineux, cylindrique et bien rempli. Elle est calme, lourde, stationnaire. Le mâle est plus petit; ses ailes sont nuancées de gris, ses antennes noirâtres; il s'agite, il bat des ailes, il est vif et pétulant.

Après l'accouplement, la femelle cherche une place convenable pour pondre. Quand elle a trouvé cette place, elle expulse un œuf enduit d'un liquide visqueux, qui le fait adhérer au corps qui le reçoit. Bientôt elle dépose un second œuf à côté du premier, puis un troisième à côté du second, et ainsi de suite. Il est très-rare qu'elle les entasse l'un sur l'autre.

La ponte dure trois jours environ. Le nombre des œufs est de 300 à 700 par femelle. Ces œufs sont généralement lenticulaires et déprimés vers le centre. Au moment de leur expulsion, ils sont d'un jaune jonquille. Au bout de huit jours, ils deviennent bruns. La couleur passe ensuite au gris roussâtre; enfin elle devient gris d'ardoise. Cette teinte persiste pendant l'automne, l'hiver et une grande partie du printemps. Alors et à mesure que la température s'élève, la couleur des œufs passe successivement par les tons suivants : bleuâtre, violet, cendré, jaunâtre. Enfin ils blanchissent de plus en plus lorsque l'éclosion est prochaine.

Cependant, en y regardant de plus près, on remarque dans cet œuf un point noir et un croissant brunâtre, qui s'étend à son pourtour. Le point noir est la tête du ver qui touche immédiatement la coquille. Le croissant est le corps du ver qui est déjà couvert de petits poils.

Lorsqu'il veut sortir de l'œuf, le ver à soie ronge la coquille sur le côté, jamais sur sa face plate. Quand l'ouverture est assez grande, il la franchit, la tête en avant, et fixe immédiatement un fil de soie au corps qu'il peut atteindre, sans doute pour ne pas tomber. Quelquefois l'ouverture est trop petite pour donner passage à la tête, et le malheureux est forcé de sortir à reculons, c'est-à-dire par la queue. Sa tête d'autres fois ne peut se dégager, et le pauvre animal meurt bientôt de fatigue et de faim.

Nous donnerons maintenant une idée sommaire de l'éducation du ver à soie, c'est-à-dire des soins qu'il faut donner à cet insecte, pour l'amener à former son cocon dans de bonnes conditions. Nous nous aiderons, pour cet aperçu très-rapide, des ouvrages ou notices de MM. Robinet, Guérin-Méneville et Eugène Robert, Louis Leclerc, et sans oublier l'excellent et classique Dandolo [1].

---

[1]. *L'A·t d'élever les Vers à soie*, par le comte de Dandolo, traduit par Philibert Fontaneilles. In-8, Lyon, 1825. — Robinet : *Manuel de l'éducation des Vers à soie*. In-8, Paris. — Guérin-Méneville et Eugène Robert : *Manuel de l'éducation des Vers à soie*. In-18, Paris. — Louis Leclerc : *Petite Magnanerie*. In-18, Paris.

Quand on veut élever des vers à soie, des *magnans*, comme on les nommait dans le vieux français, et comme on les nomme encore en patois languedocien, la première chose à faire, c'est de se procurer de bons œufs, de la *bonne graine*, suivant l'expression des ateliers, et de choisir ensuite un local convenable.

Le principe essentiel, fondamental, de cette éducation, c'est de posséder un local dans lequel l'air se renouvelle facilement. Il faut donner aux vers le plus d'air possible, sans jamais les refroidir. Il n'y a pas de meilleur moyen pour atteindre ce but, que de faire un feu continuel de cheminée, dans une pièce, en faisant arriver dans cette pièce l'air d'une autre chambre qui la sépare de l'extérieur. On a, de cette façon, le meilleur atelier pour une petite éducation.

On dispose dans l'atelier plusieurs rangées de pièces de bois légères, à l'aide desquelles on place, à la distance de 50 centimètres l'un de l'autre, des châssis faits avec des roseaux. Ces châssis, ou *canisses*, comme on les nomme dans les Cévennes, peuvent avoir de 1^m,75 à 1^m de large. Ils doivent être placés de manière qu'on puisse aisément circuler à l'entour, pour placer et déplacer les vers, et leur distribuer uniformément la feuille. Ils doivent être munis d'un rebord de quelques centimètres de hauteur, pour empêcher les vers de tomber. Enfin on les recouvre, au fond, de grandes feuilles de papier.

Un magnanier prévoyant a toujours à sa disposition une cave ou une salle fraîche, afin d'y déposer la feuille à mesure qu'on l'apporte de la campagne.

Ce que nous venons de dire s'applique spécialement à une petite éducation. Dans les grands ateliers, ou dans les ateliers d'importance moyenne, toute chose est d'avance et mathématiquement réglée : exposition et disposition des pièces, et ameublement de ces pièces, chauffage, aération. Ainsi, pour une magnanerie de 300 grammes d'œufs, le bâtiment doit être construit de manière que les deux grandes faces regardent l'est et l'ouest, pour éviter les inégalités d'échauffement par le soleil. Il doit se composer d'un rez-de-chaussée, d'un premier étage très-élevé et d'un comble peu considérable. Le rez-de-chaussée comprend la chambre d'incubation, le magasin aux feuilles, la chambre d'air avec le poêle destiné au chauffage et à l'aération. Le premier étage forme la magnanerie proprement dite.

Mais laissons ces grandes exploitations industrielles, pour

revenir à notre petite éducation, telle qu'elle se fait chez les paysans des Cévennes (fig. 243).

On reçoit ordinairement la graine de vers à soie avant la fin de l'hiver. Pour la conserver jusqu'au moment de l'éclosion, il faut la placer en couches minces, dans un morceau d'étoffe de laine plié, que l'on suspend dans un lieu frais, mais non humide, exposé au nord.

Dès que les bourgeons des mûriers commencent à s'entr'ouvrir, il faut procéder au travail de l'incubation des œufs de vers à soie.

On étend les œufs sur des feuilles de papier, en couches très-minces, que l'on place sur une table dans une chambre exposée au midi. On les laisse ainsi pendant trois ou quatre jours, en ayant soin d'éviter que les rayons du soleil ne viennent les toucher. Il faut aussi ouvrir de temps en temps les fenêtres.

Au bout de trois ou quatre jours, on allume le feu de la cheminée, de manière à ne pas avoir plus de 13° centigrades de chaleur autour de la table qui porte les graines et qui doit être placée aussi loin que possible de la cheminée. Chaque jour, on chauffe un peu plus, de manière que la température s'élève de 1° à 2° par jour, tant qu'on n'a pas atteint le chiffre de 25° centigrades, température qu'on maintiendra, une fois arrivé au dernier âge, et jusqu'à ce que l'éclosion soit terminée.

Le premier jour peu de vers éclosent. Mais l'éclosion du second jour est très-abondante, ainsi que celle du troisième.

De ces vers nouveau-nés, on fait deux catégories, ou divisions, séparées par un intervalle de vingt-quatre heures. On jette ordinairement les vers qui naissent ensuite, à moins qu'ils ne soient si abondants qu'on en puisse faire une troisième catégorie, que l'on fusionnera avec la seconde, à l'époque de la mue.

Dans les grandes magnaneries, il y a une chambre spéciale pour l'incubation. On a proposé pour la petite magnanerie divers appareils simples, commodes, peu coûteux, dont le principe fondamental est de créer une atmosphère permanente, chaude et humide et dont le degré de chaleur puisse se régler à volonté.

M. Louis Leclerc, dans sa notice intitulée *Petite Magnanerie*, a donné la description et la figure d'une petite boîte fort commode pour faciliter l'éclosion des graines. Nous renvoyons à cet ouvrage pour connaître la disposition de cet appareil d'incubation.

Fig. 243. Une éducation de vers à soie chez un paysan des Cévennes.

Lorsque les vers viennent d'éclore, on recouvre les œufs de filasse ou de tulle, et l'on place par-dessus quelques rameaux de mûriers, munis de feuilles tendres, sur lesquels les petits vers se réunissent tous. On enlève ensuite ces rameaux avec un crochet en fil de fer mince, et on place les vers sur une table garnie de papier, en les espaçant convenablement.

On donne un premier repas, des feuilles tendres, que l'on a coupées en menus morceaux, à l'aide d'un couteau. C'est ainsi qu'on opère pour les deux levées de vers, faites le deuxième et le troisième jour de l'éclosion. Dans ce premier âge, on donne aux vers six à huit repas par jour, en ayant soin de leur distribuer la nourriture le plus également possible. Le premier repas a lieu à cinq heures du matin, le dernier à onze heures ou minuit.

Lorsqu'on s'aperçoit que la mue approche, il faut faire monter les jeunes sur les rameaux de feuilles tendres, de manière qu'ils puissent être transportés sur des litières aussi minces et aussi propres que possible, et s'y endormir dans de bonnes conditions de salubrité.

Quand la masse des vers est bien réveillée, il s'agit de les enlever de la litière sur laquelle ils ont mué et de leur donner à manger.

Si l'on posait à une personne étrangère à l'industrie qui nous occupe, ce problème : séparer les vers de la litière flétrie sur laquelle ils reposent sans les toucher, — cette personne serait certainement fort en peine. La solution de ce problème a présenté longtemps de grandes difficultés, et occasionné de nombreux revers dans les éducations. Aujourd'hui, grâce à l'emploi du *filet*, le *délitement* est devenu une opération facile, sûre et peu coûteuse.

Sur les vers qui garnissent une table, on étend un filet, dont les mailles sont assez larges pour que les vers puissent les traverser. Sur ce filet, on répand les feuilles qui doivent composer un repas. Les vers quittent aussitôt la vieille litière, et montent sur la feuille nouvelle. On enlève alors le filet avec les vers, et l'on jette la vieille feuille devenue libre. On nettoie la table et on replace le filet avec les vers. Au délitement suivant on retrouve le premier filet sous la litière.

Les figures 244 et 245 représentent deux formes de ces filets qui sont tressés en fil.

Les filets de fil, qui ont rendu de grands services, ont été remplacés, dans ces derniers temps, avec un véritable avantage, par des filets de papier, imaginés par M. Eugène Robert. Ce sont des feuilles de papier, d'une fabrication spéciale, percées de trous, proportionnés à la taille des vers qui doivent les traverser.

Ce même papier-filet peut réussir aussi à *éclaircir* les vers trop rapprochés, ou, comme on dit encore, à les *dédoubler*.

Anciennement on *délitait* et on *dédoublait* à la main, travail pénible et qui présentait de graves inconvénients. Aujourd'hui, comme on vient de le voir, les vers se chargent eux-mêmes de ces deux périlleuses opérations.

Au second âge, on coupe encore la feuille aux vers, mais en morceaux moins menus et proportionnés à leur grosseur.

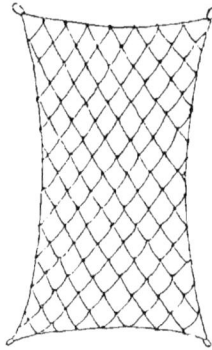
Fig. 244. Filet losange.

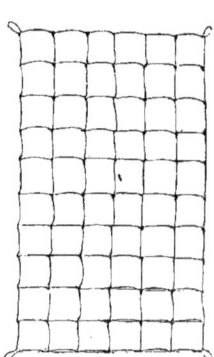
Fig. 245. Filet carré.

Pendant la journée, la température de la chambre doit être maintenue à 21° centigrades. Mais elle peut descendre de 1 ou 2° pendant la nuit.

Vers la fin de cet âge, on ne donne que quatre repas. Lorsque les vers sont sur le point de s'endormir, on leur donne des repas de plus en plus légers.

Pendant le troisième âge, le nombre des repas est maintenu à quatre, le premier étant donné vers cinq heures du matin et le dernier entre dix et onze heures du soir. La feuille est coupée en morceaux beaucoup plus gros et distribuée le plus également possible. On procède au délitement et au dédoublement comme dans l'âge précédent.

On commence assez souvent à trouver, pendant cette période de la vie des vers, des *luisettes*, c'est-à-dire des vers qui n'ont pas eu la force de muer. Ils sont plus gros que les vers qui viennent de se réveiller, et qui n'ont pas encore mangé; ils deviennent de plus en plus luisants. Il faut les enlever avec soin, car ils ne tarderaient pas à périr, et à infecter l'atelier.

Pendant le quatrième âge, on ne coupe plus les feuilles du mûrier. On en donne aussi aux vers beaucoup plus à la fois. Il résulte de là que les litières s'épaississent et qu'il faut déliter plus souvent. Au reste quatre repas sont toujours nécessaires. On observe assez souvent des *luisettes* pendant le quatrième âge.

La *mue* qui suit le quatrième âge est la phase la plus critique de la vie des vers à soie. Pendant leur sommeil on les voit en proie à une vive souffrance; ils sont plongés dans un état léthargique, qui ressemble à la mort. Les litières les plus sèches et les plus propres répandent bientôt une odeur nauséabonde. Cette mue dure de trente-six à quarante-huit heures. Pendant ce temps l'atelier doit être maintenu au moins à 22° centigrades.

Quand les vers sont sortis de ce dernier sommeil, le magnanier doit toujours être sur ses gardes. C'est alors, en effet, que les maladies se déclarent.

Les vers en proie à ces diverses maladies ont reçu différents noms. Il y a, outre les *luisettes*, les *arpians*, c'est-à-dire les vers qui ont dépensé toute leur énergie dans le travail de la dernière mue et n'ont pas même la force de manger; — les *jaunes* ou *gras*, qui sont gonflés, jaunâtres et se crèvent facilement; — les *flats* ou *mous*, qui, après avoir bien mangé et bien grossi, meurent misérablement et entrent en putréfaction. Enfin c'est à cet âge que la *muscardine*, qu'on a à peine entrevue dans les autres âges, peut apparaître avec une grande intensité.

La *muscardine* est un fléau redoutable pour les éducateurs. On estime à un sixième au moins des produits annuels les pertes qui en résultent pour les éducateurs français. Aucun symptôme particulier ne permet de reconnaître l'existence de cette maladie sur des vers qui en contiennent cependant le germe. Seulement le ver, qui a mangé jusque-là comme à l'ordinaire, paraît presque tout d'un coup d'un blanc plus mat; ses mouvements se ralentissent; il devient mou et ne tarde pas à mourir. Sept à huit heures après la mort, il est devenu rougeâtre et complétement rigide. Vingt-quatre heures après, une efflorescence blanche se manifeste autour du museau et des anneaux. Bientôt tout le corps est farineux.

Cette farine n'est autre chose qu'un champignon qui se nomme *Botrytis Bassiana*, dont le mycelium se développe dans le tissu graisseux de la chenille, envahit l'intestin et vient fructifier à l'extérieur.

On a considéré ce champignon comme la cause immédiate de la muscardine. Cette végétation cryptogamique a été regardée aussi comme le symptôme ultime ou la terminaison du mal. On a tour à tour admis et nié la communication de la maladie par voie de contagion.

Comme la véritable cause de ce mal et les moyens efficaces de le combattre sont encore inconnus, il faut se borner à appliquer dans les magnaneries, pour prévenir ou combattre ce redoutable fléau, les préceptes de l'hygiène : une bonne aération, une propreté excessive, des délitements fréquents, et une bonne nourriture convenablement préparée.

Après la muscardine, il faut mentionner une autre maladie épidémique plus terrible encore : la *gattine*. Cette maladie se montre dès le début de l'éducation, et augmente d'intensité à chaque âge, de manière que le nombre des vers pouvant entrer régulièrement en mue est de plus en plus petit.

Nous sommes encore dans une ignorance absolue sur la cause de cette dernière affection, qui a occasionné, depuis dix ans, des pertes incalculables dans nos magnaneries, qui menace nos races de vers à soie d'une destruction complète, et qui, en attendant, a ruiné nos malheureuses contrées des Cévennes, siége principal de la sériciculture en France.

Pendant le cinquième âge, les vers grossissent tellement vite qu'au cinquième ou sixième jour il faut les dédoubler sur la litière. On délite tous les deux jours ou même tous les jours, à cause de la quantité énorme des déjections des vers. En même temps, on pratique sans relâche une bonne ventilation.

La température de l'atelier doit alors être maintenue à 24°, sans jamais dépasser ce degré de chaleur. Lorsqu'on s'aperçoit que les vers veulent monter, on place sur les tables, de distance en distance, de petits brins de bruyère, ou des branchages de bois léger bien secs.

Quand les vers commencent à monter dans la bruyère, il faut *encabaner*, c'est-à-dire former avec ces branchages de petites haies recourbées *en cabane* ou *en berceau* de cinquante centimètres d'ouverture en moyenne (fig. 246). Au bout de vingt-quatre heures, tous les bons vers sont montés. Les traînards qui restent sous les cabanes sont enlevés à la main, et placés sur une table, que l'on encabane aussitôt.

Les cocons que le ver à soie a filés sur ces branches de bruyère doivent être gros, lourds et bien conformés. Les bons cocons sont réguliers. Leurs bouts sont arrondis et non percés. Ils sont durs surtout aux extrémités. Ils ont un grain fin. Ils sont cylindriques. Les meilleurs sont étranglés vers le milieu (fig. 247 et 248). Chacun sait qu'il existe des cocons blancs et des cocons jaunes. Ils proviennent de différentes races de vers.

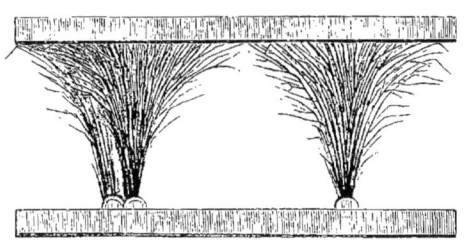

Fig. 246. Rameaux de bruyère disposés pour faire monter les vers à soie.

On distingue dans le commerce deux espèces de soies blanches : celles de *premier blanc* et celles de *second blanc*.

La soie de *premier blanc* est produite par la race *Sina*, dont les cocons sont d'une blancheur parfaite et azurée. Ils donnent la soie la plus belle et la plus précieuse. Elle sert à fabriquer les blondes et quelques autres tissus aux couleurs tendres.

La soie de *deuxième blanc* est fournie par deux races : l'*Espagnolet* et le *Roquemaure*.

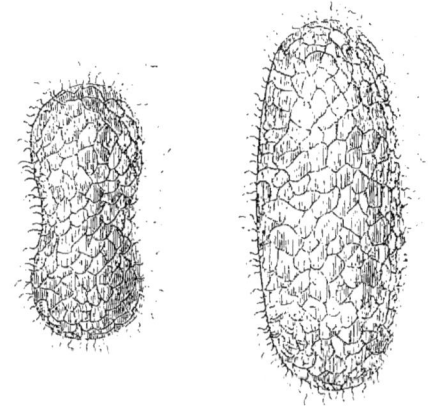

Fig. 247. Cocon étranglé de Bombyx mori.

Fig. 248. Cocon sphérique de Bombyx mori.

Les races à cocons jaunes sont plus nombreuses que celles à cocons blancs.

On distingue trois groupes de races jaunes : celui à petits cocons, celui à cocons moyens, enfin celui à gros cocons. Le premier et le second sont plus robustes et plus estimés que les derniers.

Le plus grand nombre des races de vers à soie ont, disons-nous, des cocons blancs et jaunes ; il en est pourtant dont le cocon est blanc verdâtre, ou même tout à fait vert, ou jaune roussâtre. Une race élevée en Toscane, près de Pistoie, a des cocons d'un rose pâle. On a mentionné enfin des cocons de couleur pourpre.

278 LES INSECTES.

Quand les cocons sont achevés, les éducateurs les séparent de la bruyère et les vendent aux filateurs de soie. Mais ils doivent mettre ces cocons en état de se conserver intacts pendant un temps plus ou moins long. Il faut, en d'autres termes, tuer

Fig. 249. Ver à soie à ses divers états (chenille, chrysalide et papillon).

les chrysalides, pour prévenir le percement des cocons par le papillon.

Tuer les chrysalides afin de prévenir le développement du papillon est une opération qui porte le nom d'*étouffage*.

Pour *étouffer* les cocons, on les expose à une chaleur élevée. Autrefois, dans les Cévennes, on plaçait les cocons dans un four de boulanger, chauffé pour la cuisson du pain. Mais on était exposé à brûler des cocons, ou à laisser la vie sauve à un certain nombre de chrysalides. Aujourd'hui on fait usage, pour tuer les chrysalides, de la vapeur à 100° produite par l'eau mise en ébullition dans un bassin, et qui traverse des corbeilles d'osier garnies de cocons.

La figure 250 représente l'appareil le plus en usage dans les Cévennes pour l'*étouffage des cocons* au moyen de la vapeur de l'eau bouillante.

L'éducateur doit aussi se préoccuper de séparer, dans sa récolte, les cocons qui serviront à préparer la provision d'œufs pour l'année suivante. Comme les cocons femelles ont plus de poids que les cocons mâles, on fait aisément ce triage avec la balance.

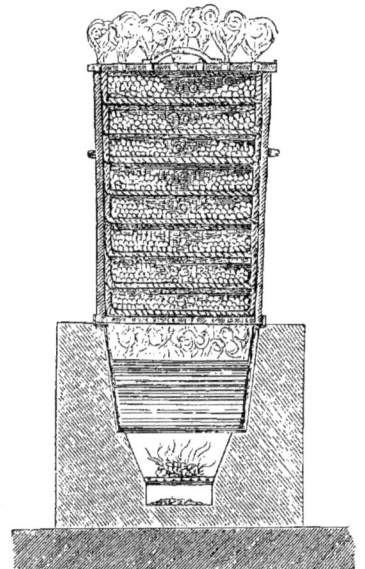

Fig. 250. Appareil pour l'étouffage des cocons.

Pour recueillir ces œufs, ou la *graine*, on fixe les cocons sur des feuilles de papier gris collé, recouvertes d'une légère couche de colle de farine. Ils sont rangés de manière que les papillons ne trouvent pas d'obstacle quand ils sortent, la tête la première, et que, d'autre part, ils puissent atteindre avec leurs pattes le cocon qui se trouve en face d'eux pour s'y accrocher et faciliter leur sortie (fig. 251).

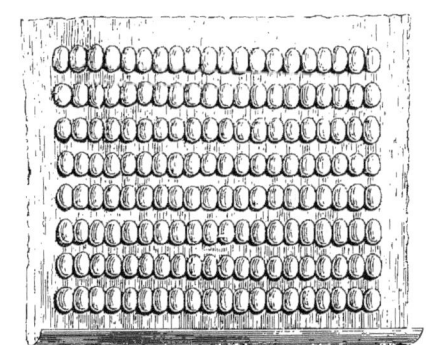

Fig. 251. Feuilles de papier avec rangées de cocons préparées pour recueillir le papillon destiné au *grainage*.

On colle sur des feuilles séparées les cocons mâles et les cocons femelles.

C'est quinze à vingt jours après la *montée* et lorsque la température des chambres a été maintenue entre 20 et 25°, que les papillons commencent à éclore. A mesure qu'ils paraissent, on les saisit par les ailes et on les pose sur des toiles tendues où on les laisse une heure environ, jusqu'à ce que leurs ailes soient retombées à plat sur leur corps.

Dès que les papillons ont évacué une liqueur rousse, on rapproche les mâles des femelles, jusque-là séparés.

Après l'accouplement, on les sépare de nouveau. On attache des feuilles de papier sur des claies, en mettant vingt-cinq à trente femelles sur chaque feuille (fig. 252). C'est là qu'elles pondent. On suspend ensuite les feuilles de papier garnies d'œufs sur des fils de fer, à peu de distance du plafond d'une pièce exposée au nord, qu'on ne chauffe jamais. Les œufs restent ainsi exposés à toutes les variations de la température, jusqu'au retour de la belle saison.

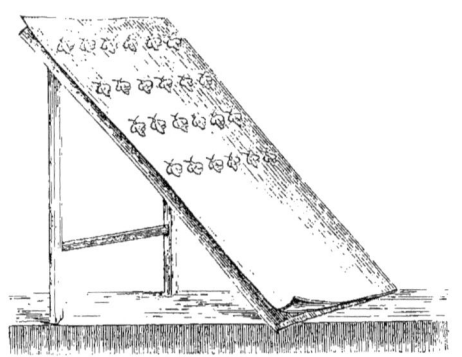
Fig. 252. Feuilles de papier attachées sur des claies et inclinées pour recevoir les papillons.

Nous dirons un mot, pour terminer ce sujet, du dévidage des cocons et de la filature de la soie.

Le dévidage des cocons est une opération qui, au premier abord, paraît fort simple, mais qui ne laisse pas d'être difficile et délicate. Elle demande une attention soutenue, une grande expérience et une délicatesse de tact qu'on ne saurait trouver que dans les doigts de la femme, et même dans ceux de certaines femmes.

La fileuse s'établit devant une sorte de métier, qu'on nomme *tour* (fig. 253). Sous sa main est une bassine contenant de l'eau, qu'elle échauffe au degré voulu, en ouvrant le robinet d'un tube, qui apporte un courant de vapeur. Elle plonge les cocons dans l'eau chaude, et les y agite, pour ramollir la substance gommeuse qui agglutine entre eux les fils de soie du cocon. Ensuite elle les bat, d'une main légère, avec un petit balai de bouleau. Les fils des cocons s'accrochent à l'extrémité des brindilles du

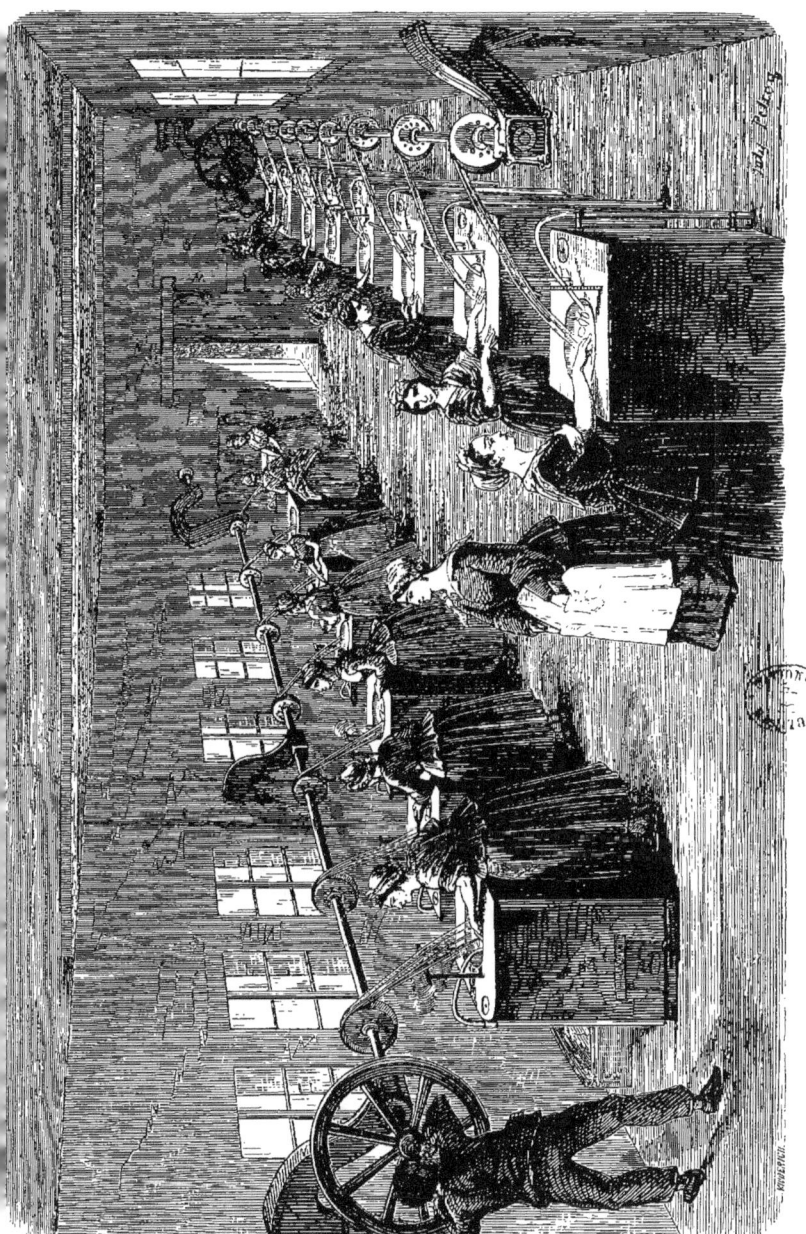

Fig. 253. Un atelier de filature de soie dans les Cévennes.

petit balai. L'ouvrière saisit avec les doigts le faisceau de fils, et les secoue jusqu'à ce qu'elle s'aperçoive qu'ils sont tous simples et propres à être associés entre eux.

Supposons que l'ouvrière veuille maintenant composer un *brin* en collant et unissant ensemble les bouts de cinq cocons. Elle

Fig. 254. Olivier de Serres.

choisit cinq bouts dans la masse, en fait un faisceau et l'introduit dans le trou d'une filière. Elle fait deux brins à la fois, l'un à sa droite, l'autre à sa gauche. Elle rapproche ensuite les deux brins, elle les croise, les roule, et les tord l'un sur l'autre à plusieurs tours; après quoi, elle les sépare du haut et les maintient bien écartés, en les faisant passer chacun dans un crochet, d'où ils vont, au loin, s'enrouler en écheveau, à part, sur une roue. Les deux fils ainsi tordus se serrent, se compriment, n'en font qu'un et s'arrondissent en roulant l'un sur l'autre, en allant toujours, attirés qu'ils sont par le mouvement rapide de la roue.

La difficulté que présente le dévidage du fil de soie du cocon fait comprendre celle qu'ont dû éprouver les industriels qui, de nos jours, ont essayé de retirer de la tige du mûrier une sorte de filasse de soie. Nous n'entrerons pas dans le détail des tentatives qui ont été faites dans ce but à notre époque, et qui n'ont d'ailleurs été couronnées d'aucun succès. Nous nous bornerons à rappeler que ces tentatives sont loin d'être récentes, puisqu'elles remontent à Olivier de Serres, le père de la sériciculture française.

Dans un opuscule publié par Olivier de Serres, en 1603, sous le titre de *Cueillette de la soie*, on lit un mémoire intitulé : *La seconde richesse du Mûrier qui se trouve en son escorce, pour en faire des toiles de toute sorte, non moins utile que la soie provenant d'icelui*. Olivier de Serres prouve dans ce mémoire que la seconde écorce ou le *liber* du mûrier contient une filasse propre à remplacer le chanvre ou le lin, et il donne les procédés qui permettent d'extraire cette filasse.

Les procédés qui ont été proposés par Olivier de Serres, en 1603, ont été repris dans les Cévennes, il y a une vingtaine d'années, par M. Duponchel d'une part, et d'autre part par M. Cabanis[1], qui a opéré avec l'écorce au lieu de prendre le bois entier du mûrier. Mais aucun de ces essais n'a donné de bons résultats jusqu'à ce moment.

Les diverses maladies qui, depuis quinze ans, ont si gravement atteint les vers à soie du mûrier, ont fait naître la pensée d'acclimater en Europe d'autres Bombyx sétifères, sinon comme émules, au moins comme auxiliaires de celui du mûrier.

C'est le genre *Attacus* qui a fourni ces auxiliaires.

Parmi les espèces qui ont, sous ce rapport, le plus de droit à notre intérêt, il faut placer en première ligne celles qui se nourrissent des feuilles du chêne. En effet, les arbres qui pourraient se prêter à leur exploitation sont très-répandus chez nous, et de plus la soie provenant de ces vers paraît avoir des qualités supérieures.

---

1. Voir notre *Année scientifique*, 7ᵉ année, p. 432.

On connaît trois espèces d'*Attacus* qui mangent les feuilles du chêne. Ce sont l'*Yama-Maï*, le *Pernyi* et le *Mylitta*.

La soie de l'*Yama-Maï* est aussi brillante que celle du mûrier, mais un peu moins fine et moins forte. Elle occupe le premier rang après celle-ci. Si on parvient à acclimater cette espèce d'*Attacus*, elle pourra suppléer à l'insuffisance de nos récoltes de soie ordinaire.

Les œufs de l'*Attacus Yama-Maï* furent rapportés du Japon en 1862. Ce ver est, en effet, élevé au Japon, concurremment avec celui du mûrier. Les insectes éclos à Paris en 1863 donnèrent des chenilles vertes, de grande taille, qui vivent quatre-vingt-deux jours et s'élèvent facilement. Leur cocon ressemble à celui

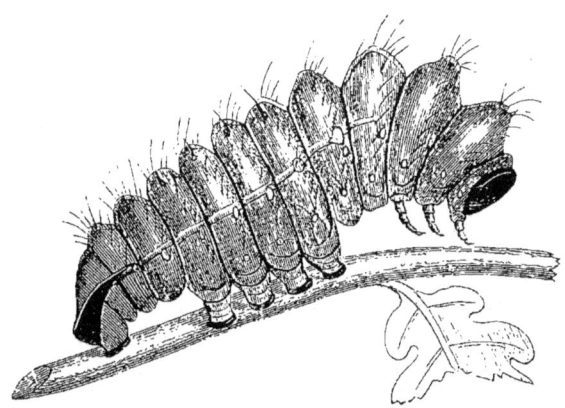

Fig. 255. Chenille du Bombyx ou Attacus Yama-Maï.

du ver à soie du mûrier. Il est composé d'une belle soie d'un blanc argenté dans ses couches internes, et d'un vert plus ou moins vif extérieurement. Le papillon est très-grand, très-beau, d'un jaune vif tirant un peu sur l'orangé.

Nous représentons l'*Attacus Yama-Maï*, l'un des vers à soie du chêne, d'après les planches qui accompagnent le mémoire de Guérin-Méneville[1].

La figure 255 représente la chenille aux deux tiers de sa grandeur naturelle ; la figure 256, le cocon, dessiné à la même échelle, et la figure 257, le papillon qui sort de ce cocon.

M. Camille Personnat a publié, en 1866, une très-intéressante

---

1. *Sur le Ver à soie du Chêne et son introduction en Europe*, in-8. Extrait du *Magasin de Zoologie*, 1855, n° 6.

monographie de l'*Yama-Maï*, qui sera consultée avec profit par les sériciculteurs et les naturalistes[1].

L'*Attacus Pernyi* donne une soie remarquablement belle, fine,

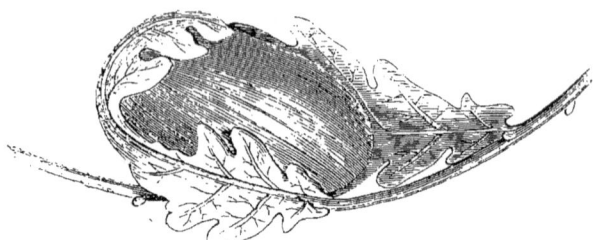

Fig. 256. Cocon du Bombyx ou Attacus Yama-Maï.

forte et brillante. Elle se laisse filer et teindre avec facilité. Les tissus obtenus participent à la fois de la soie ordinaire, de la laine et du coton. Cette espèce d'*Attacus* qui est élevée sur le

Fig. 257. Papillon de l'Attacus Yama-Maï.

chêne, en Mandchourie, a fait concevoir en France de grandes espérances.

C'est à l'Exposition universelle de 1855 que l'on vit pour la première fois des cocons et des papillons de ce ver. Ils provenaient d'une éducation faite par M. Jordan, de Lyon, à la suite

---

1. *Le Ver à soie du Chêne (Bombyx Yama-Maï), son histoire, sa description, ses mœurs*, in-8, avec planches coloriées. A Laval, à l'école de sériciculture.

d'un envoi de cocons expédiés de la Chine par les missionnaires. Il serait bien à désirer que cette espèce pût s'acclimater sur notre sol.

Les figures 258 et 259 représentent, d'après les planches du

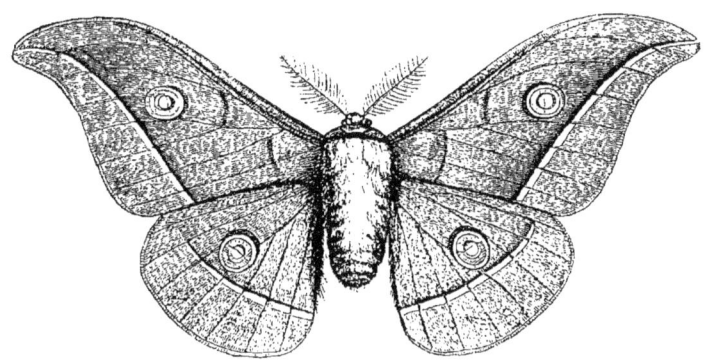

Fig. 258. Papillon de l'Attacus Pernyi.

mémoire, déjà cité, de Guérin-Méneville, le cocon et le papillon de l'*Attacus Pernyi*.

La soie que donnent les cocons de l'*Attacus mylitta* est peut-être supérieure à celle du *Pernyi*. Quand les cocons sont con-

Fig. 259. Cocon de l'Attacus Pernyi.

venablement préparés, ils se dévident d'un bout à l'autre avec facilité.

Ce ver se rencontre dans plusieurs parties du Bengale et de Calcutta, et à Lahore. Sa soie est exportée en quantité considérable sous le nom de *tussah*. On en a fait, dans les Indes, des étoffes brunâtres, fermes et brillantes, qui servent pour vêtements d'été ou pour meubles.

Les deux figures suivantes représentent le papillon et le cocon de l'*Attacus mylitta*, d'après Guérin-Méneville.

En 1855, M. de Chavannes éleva cette espèce en plein air, près de Lausanne, en Suisse. Ces éducations en plein air réussirent parfaitement, sans dégénérescence, pendant plusieurs années. Cependant tout périt ensuite, par l'effet peut-être d'une différence

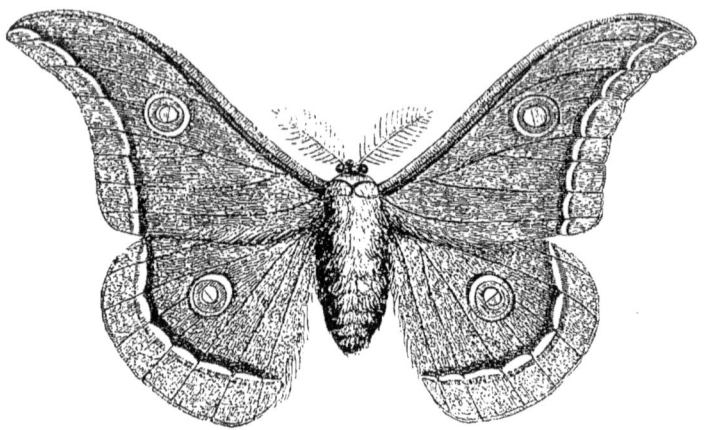

Fig. 260. Papillon de l'Attacus mylitta.

trop grande dans les climats, ou par des accidents encore mal connus, qui sont propres même à nos papillons indigènes. Quoi qu'il en soit, cette espèce est une de celles dont on doit le plus

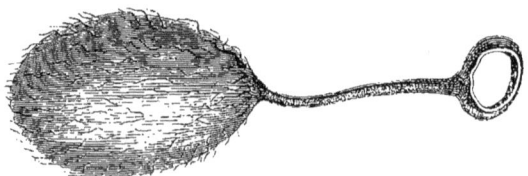

Fig. 261. Cocon de l'Attacus mylitta.

désirer l'acclimatation chez nous, car elle pourrait rendre de grands services à l'industrie séricicole.

Il nous reste à parler de deux autres espèces fort importantes, en ce que leur domestication en Europe est maintenant un fait accompli. Nous voulons parler de l'Attacus, ou Bombyx de l'Ailante et de celui du Ricin.

Tout le monde a entendu parler du ver à soie de l'Ailante (*Bombyx Cynthia*), dont l'acclimatation chez nous est due aux admirables et persévérants efforts de Guérin-Méneville.

Le ver de l'Ailante est originaire du Japon et du nord de la

Chine. Il fut rapporté en 1858 par le P. Annibale Fantoni, et envoyé à Guérin-Méneville par MM. Griseri et Colomba, de Turin.

Il porte sur chaque anneau des points noirs. Quand il approche de son entier développement, il est vert émeraude, avec la tête, les pattes et le dernier anneau d'un beau jaune d'or.

On voit ce ver, à l'état adulte, dans la figure 262. Sur la même figure sont la chenille et le cocon de ce même *Attacus*. Le papillon a le ventre jaunâtre en dessus, avec de petites houppes blanches. Ses ailes sont traversées par une grande ligne blanche,

Fig. 262. Ver à soie de l'Ailante (chenilles, cocons et œufs sur une branche d'Ailante).

qui est suivie extérieurement d'une autre ligne d'un rose vif, et elles offrent quatre lunules.

C'est en 1858 que Guérin-Méneville présenta à l'Académie des sciences de Paris les premiers papillons et les premiers œufs éclos en France de l'*Attacus cynthia*. Ce savant entomologiste prouva bientôt après : 1° que les chenilles de cet insecte peuvent s'élever en plein air, et presque sans frais de main-d'œuvre ; 2° qu'ils peuvent donner deux récoltes par an, sous le climat de Paris et du nord de la France; 3° que la culture de l'ailante, ou *vernis du Japon*, sur lequel vit cet insecte domestique, est facile dans les terrains les plus ingrats.

Guérin-Méneville montrait encore que l'*ailantine*, matière textile fournie par le cocon de *Cynthia*, est une bourre de soie qui tient le milieu entre la laine et la soie du mûrier; que, produite presque sans frais, elle serait d'un très-bas prix et servirait à la fabrication des étoffes dites de fantaisie, où l'on fait usage de bourre de soie.

En 1862, Guérin-Méneville adressa un rapport au ministre de l'agriculture sur les progrès de la culture de l'ailante et de l'éducation du Ver à soie que l'on élève en plein air sur cet arbre. Il mentionnait dans ce rapport le rapide développement de la culture des ailantes en France, le chiffre considérable de la vente des œufs du ver à soie de l'ailante, la fondation d'une magnanerie modèle à Vincennes, et ce fait capital, qu'on avait trouvé le moyen de dévider les cocons du *Cynthia* en soie grége ou continue.

Jusque-là l'industrie européenne n'avait pu retirer des cocons du ver de l'ailante qu'une bourre, composée de filaments plus ou moins courts, obtenue par le cardage, et ne pouvant donner, au moyen de la torsion, que de la filoselle, c'est-à-dire de la soie de rebut. C'est à Mme la comtesse de Vernède de Corneillan d'une part, et d'autre part à M. le docteur Forgemol, que revient le mérite d'avoir obtenu de la soie grége du cocon du *Cynthia*.

Une monographie du ver à soie de l'ailante a paru en 1866. Elle a pour titre : *l'Ailante et son Bombyx*, par Henri Givelet[1]. C'est un exposé complet de tous les résultats obtenus jusqu'ici, tant pour l'éducation de ce ver à soie que pour la culture en grand de l'ailante, ou *vernis du Japon*.

L'*Attacus du Ricin* est une espèce très-voisine du ver de l'ailante, peut-être même une simple race de ver. Il provient des Indes.

La soie qu'il donne est, à très-peu de chose près, pareille, sous tous les rapports, à celle du *Cynthia*.

L'éducation de ce dernier ver ne saurait prendre une grande importance en France, en raison de la nécessité de renouveler chaque année les plantations du ricin. Elle pourrait cependant apporter un revenu de plus aux agriculteurs qui cultivent, dans

---

1. In-8 avec plans et planches coloriées. Paris, 1866.

nos provinces du midi de la France, le ricin, en vue de la vente de sa graine [1], qui est d'un grand emploi en pharmacie.

Le genre *Attacus* qui nous fournit tous ces précieux auxiliaires de ver à soie du mûrier contient, outre ces espèces sélifères, un assez grand nombre d'autres types, tant indigènes qu'exotiques, qui sont remarquables par leur grande taille, et abondent dans nos climats.

Le *Grand Paon de nuit* (fig. 263) est le plus grand papillon de l'Europe. Il ne dépasse guère la latitude de Paris. Ses ailes sont

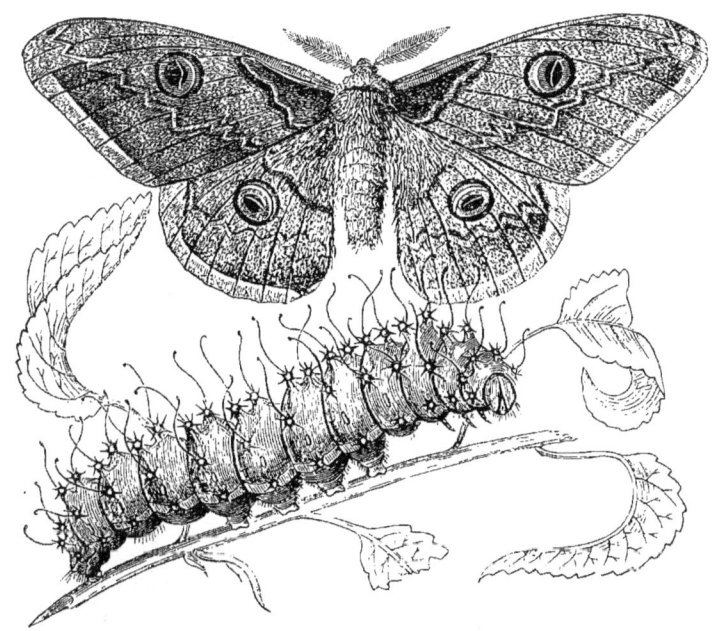

Fig. 263. Grand Paon de nuit (chenille et papillon).

brunes, ondées et variées de gris. Elles offrent chacune un grand œil noir, entouré d'un cercle fauve, surmonté d'un demi-cercle blanc et d'un autre rougeâtre, et enfin complétement cerclé de noir. « Ces phalènes, dit Geoffroy, sont fortes, grandes; elles ont l'air fourré et, quand elles volent, on est tenté de les prendre pour des oiseaux. »

Le Grand Paon provient d'une chenille très-grande, qui est

---

1. On peut consulter aussi sur le même sujet une brochure de Guérin-Méneville : *Éducation des Vers à soie de l'Ailante et du Ricin*, in-12, Paris, 1860.

d'un beau vert, avec des tubercules d'un bleu de turquoise, surmontés chacun de sept poils raides et divergents. Cette chenille vit principalement sur l'orme, mais se nourrit aussi des feuilles du poirier, du prunier, etc. Elle file un cocon brun, formé d'une matière soyeuse grossière, mais très-résistante.

Fig. 264. Petit Paon de nuit.

Ce n'est qu'au printemps suivant qu'elle se métamorphose en papillon.

Le *Petit Paon de nuit* (fig. 264) ressemble beaucoup, sauf la taille, au précédent.

Fig. 265. Attacus atlas.

Parmi les *Attacus* étrangers à l'Europe, nous citerons l'*Atlas* (fig. 265), dont l'envergure dépasse seize centimètres. Ce magnifique papillon, l'un des plus grands que l'on connaisse, provient de la Chine.

Le genre *Bombyx* comprend plusieurs espèces que nous ne pouvons nous dispenser de citer.

La *Livrée* (*Bombyx neustria*) tire son nom des couleurs de la chenille, sur laquelle on remarque des lignes longitudinales bleues étranges. Ces chenilles vivent en société sur un grand nombre d'arbres de nos forêts et de nos jardins, auxquels elles font beaucoup de mal.

Le papillon de la Livrée (fig. 266) a le corps brunâtre, les ailes d'un jaune plus ou moins fauve, avec deux lignes plus foncées sur les ailes antérieures.

Les *Processionnaires* (*Bombyx processionea*) sont de petits papillons grisâtres, dont les chenilles vivent en troupes nombreuses sur les chênes, et en rongent les feuilles au moment

Fig. 266. Livrée.

de leur développement. Le soir, ces chenilles sortent de leur nid commun, et forment une sorte de procession : de là leur nom de *Processionnaires*.

« J'en ai gardé pendant quelque temps chez moi à la campagne, dit Réaumur ; j'apportai une branche de chêne qui en était couverte dans mon cabinet, et c'est là où j'ai mieux suivi l'ordre et la régularité de leur marche que je n'aurais pu le faire dans les bois. Je me suis amusé avec plaisir à les voir pendant plusieurs jours. J'attachai la branche sur laquelle je les avais apportées contre un des volets de mes fenêtres. Quand les feuilles se furent desséchées, quand elles furent devenues trop coriaces pour les dents des chenilles, elles tentèrent d'aller chercher ailleurs de meilleure nourriture. Il y en eut une qui se mit en mouvement, une seconde la suivit en queue, une troisième suivit celle-ci, et ainsi de suite elles commencèrent à défiler et à monter le long du volet, mais étant si proches les unes des autres que la tête de la seconde touchait le derrière de la première. La file était partout continue, elle formait un véritable cordon de chenilles sur une longueur d'environ deux pieds ; après quoi la file se doublait. Là deux chenilles marchaient de front, mais aussi près de celle qui les précédait que l'étaient les unes des autres celles qui marchaient une à une. Après quelques rangs de nos processionnaires qui étaient de deux de front, venaient des rangs de trois de front; à quelques-uns de ceux-ci il en succédait de quatre de front; enfin il y avait des rangs de cinq, d'autres de six, d'autres de sept, d'autres de huit chenilles. Cette troupe si bien ordonnée était conduite par la première; s'arrêtait-elle, tout s'arrêtait; recommençait-elle à marcher, tout se mettait en mouvement et la suivait exactement.... Ce qui se passait dans mon cabinet se passe tous les jours dans les bois où sont nos chenilles.... Quand le soleil est près de se coucher, on en voit sortir une de quelque nid par l'ouverture qui est à sa partie supérieure, et qui suffirait à peine à en laisser sortir deux de front. Dès qu'elle est sortie, elle est suivie à la file dar plusieurs autres; arrivée environ à deux pieds du nid, elle fait une

Fig. 267. Chenilles processionnaires.

pause pendant laquelle celles qui sont dans le nid continuent d'en sortir; elles prennent leur rang, le bataillon se forme; enfin la conductrice marche et toute la suite. Ce qui se passe dans ce nid se passe dans tous les nids des environs, on les voit tous se vider à la fois. »

On voit sur une partie de la figure 267 l'arrangement que prennent les chenilles en sortant du nid, et dans une autre partie, un arrangement différent dans lequel chaque rang n'a qu'une chenille de moins que celui qui le précède.

Ces chenilles sont garnies de poils longs, peu touffus, qui tombent avec la plus grande facilité et qui, s'ils pénètrent dans la peau, y déterminent de vives démangeaisons. En 1865, plusieurs allées du bois de Boulogne furent interdites aux promeneurs, pour leur éviter ce désagrément.

Pour se transformer, ces chenilles construisent une toile commune, dans laquelle chaque insecte se forme un petit cocon particulier.

Les *Orgyies* renferment un grand nombre de petites espèces, de couleur sombre, qui nuisent beaucoup aux arbres de nos forêts. On voit souvent dans les jardins de Paris voler, en septembre et octobre, le mâle, à ailes fauves, de l'*Orgyie antique*. La femelle de cette espèce (fig. 268) est remarquable parce qu'elle n'a que des rudi-

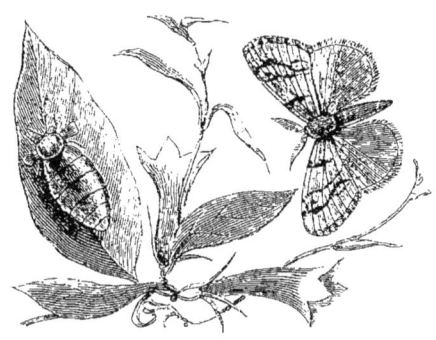

Fig. 268. Orgyie antique (mâle et femelle).

Fig. 269. Orgyie pudibonde.

ments d'ailes et ne sort seulement que sur le bord de son cocon.

Les chenilles de l'*Orgyie pudibonde* (fig. 269) attaquent presque tous les arbres. Quand les circonstances atmosphériques favorisent leur propagation, elles se montrent en quantité effrayante, et causent les plus grands ravages. Pendant l'automne de 1828, aux environs de Phalsbourg, on les compta par millions. La superficie des bois ravagés dans ce pays fut évaluée à quinze cents hectares.

Parmi les *Liparis*, qui sont également très-nuisibles aux arbres, nous citerons le *Liparis chrysorrhé*, la plus commune de ces espèces de Lépidoptères (fig. 270). Ces chenilles vivent par masses, sur les pommiers, les poiriers, les ormes, et dévastent les plantations des promenades de Paris.

Fig. 270. Liparis chrysorrhé.

Les femelles des *Liparis* s'arrachent les poils de leur abdomen, pour en faire un lit moelleux à leurs œufs, et préserver du froid les jeunes. Cependant elles ne doivent jamais les voir, car elles meurent après la ponte. O nature!

Une autre tribu des Bombyciens renferme des espèces peu volumineuses, qui sont remarquables en ce que les chenilles se fabriquent avec les corps étrangers des fourreaux, à l'intérieur desquels elles vivent et se métamorphosent.

Les chenilles des *Psychés*, par exemple, se tiennent cramponnées aux parois internes de ce fourreau, qu'on trouve attaché aux arbres, et qui se compose de fragments de feuilles, de brins d'herbe, de fétus de paille, de bûchettes de bois ou de petites

Fig. 271.
Fourreau de la chenille
Psyché graminelle.

Fig. 272.
Fourreau de la chenille
Psyché rubicolelle.

pierres appliquées sur une pâte faite avec ces substances, et entremêlée de fils soyeux.

Nous représentons (fig. 271, 272 et 273) les fourreaux des chenilles de trois espèces.

Les femelles des papillons de ce genre sont complétement dépourvues d'ailes et ressemblent aux chenilles. En général, elles ne sortent pas du fourreau de celles-ci. Les mâles (fig. 274, 276) sont d'un gris noirâtre et volent très-vivement.

LÉPIDOPTÈRES.

Les chenilles des *Hépiales* sont difficiles à observer, parce qu'elles vivent dans l'intérieur des racines de divers végétaux.

Fig. 273.
Fourreau de la chenille Psyché muscella.

Fig. 274.
Psyché graminelle.

Telles sont les *Hépiales* du houblon, qui causent quelquefois les

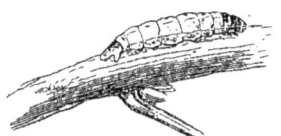
Fig. 275.
Chenille de Psyché graminelle.

Fig. 276.
Psyché graminelle.

plus grands dégâts. Nous donnons la figure de ce papillon (fig. 277).

Fig. 277. Hépiale du houblon.

L'espèce type des *Zeuzères* est le *Zeuzère du marronnier* à ailes blanches (fig. 278), avec une multitude de gros points d'un bleu noirâtre sur les antérieures et de petits points noirs sur les postérieures. La chenille, d'un jaune livide, ponctué de noir, vit dans l'intérieur du tronc d'un assez grand nombre d'arbres, principalement du marronnier, de l'orme, du tilleul, du poirier, etc. On voit le papillon connu sous le nom de *Coquette* voler le soir dans nos jardins publics.

L'espèce la plus célèbre du genre *Cossus* est le *Cossus gâte-bois* (*Cossus ligniperda*). Le papillon a un corps épais brunâtre et des ailes grisâtres striées de noir. On le rencontre communément dans toute l'Europe.

La chenille rougeâtre, grosse comme le doigt, comme cuirassée, exhalant une odeur désagréable, dégorgeant une liqueur qu'on croit propre à ramollir les fibres ligneuses, ronge l'inté-

Fig. 278. Zeuzère du marronnier.

rieur des saules et d'autres arbres. C'est sur cette chenille que Lyonnet a fait ses admirables travaux anatomiques.

La figure 279 représente le *Cossus ligniperde*, ou *Gâte-bois*, sous ses états de papillon, de larve et de chenille.

Les Bombyciens d'une autre tribu comprennent certaines chenilles très-bizarres, chez lesquelles les dernières pattes se sont changées en prolongements fourchus, qu'elles agitent d'un air menaçant. Ces espèces de chasse-mouches sont peut-être destinées à éloigner les insectes qui auraient quelque velléité de pondre sur leur corps. Telles sont les chenilles du genre *Dicranure*. Nous représentons la chenille et le papillon de la *Dicranure vinule* (fig. 280 et 281), ainsi que le papillon de la *Dicranure de la Molène* (fig. 282) et la chenille de la *Harpyie du hêtre* (fig. 283)

Fig. 279. Cossus ligniperde (1 et 2, papillon; 3, larve; 4, chenille).

dont l'aspect est vraiment étrange. Les papillons n'ont, au contraire, rien de remarquable.

Fig. 280. Chenille du Dicranure vinule (*Dicranura vinula*).

La famille des *Noctuelles* comprend des Lépidoptères de taille moyenne, qui se trouvent ordinairement dans les bois, les prai-

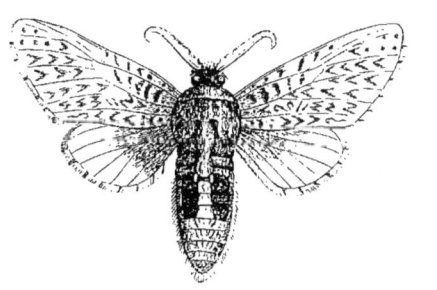

Fig. 281. Dicranure vinule.

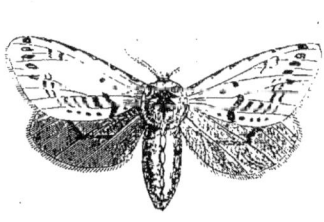

Fig. 282. Dicranure de la Molène.

ries et les jardins où leurs chenilles ont vécu. Ils ne volent généralement que vers le coucher du soleil, ou pendant la nuit. Leurs ailes supérieures sont de couleur sombre, avec des taches au milieu, en forme de rein. Les ailes inférieures, colorées de manière variable, sont souvent blanchâtres, quelquefois rouges ou jaunes.

On voit ici représentées les principales espèces de cette famille : *Noctuelle tégamon* (fig. 284), *Noctuelle nébuleuse* (fig. 285),

Noctuelle mosaïque (fig. 286); *Noctuelle brune* (287), *Lichénée bleue* (fig. 288), *Lichénée américaine* (fig. 289), *Lichénée paranymphe* (fig. 290), *Lichénée du saule* (fig. 291), *Érèbe chouette* (fig. 292).

Fig. 283. Chenille de la Harpyie du hêtre.

Le corps de ces papillons est robuste et quelquefois massif; il est plus écailleux que laineux. Le corselet est quelquefois hérissé de crêtes velues.

Ce genre renferme encore huit cents espèces, dont trois cents environ en France.

Les chenilles des Noctuelles, lisses ou très-peu velues, habituellement de couleur pâle, vivent de plantes basses dont elles rongent, les unes les feuilles, les autres les racines, et sont alors très-nuisibles à nos cultures. Il en est qui mangent les chenilles qu'elles peuvent rencontrer, et même celles de leur propre espèce. Elles n'en laissent que la peau. Les unes s'entourent d'un léger cocon pour devenir chrysalides, les autres s'enfoncent dans la terre meuble.

Fig. 284. Noctuelle tégamon.

La famille des *Phaléniens* comprend des papillons essentiellement nocturnes, de moyenne taille, qui ne volent qu'après le coucher du soleil ou pendant la nuit. Ils fréquentent les allées des bois humides, où ils deviennent la proie des Libellules et des autres insectes carnassiers. Leur corps et leur abdomen sont grêles, leurs ailes grandes, minces, fragiles, souvent de couleur sombre et parées de dessins brillants.

Les chenilles des Phalènes sont connues sous le nom d'*arpenteuses* ou *géomètres*. Nous avons décrit plus haut leur organisation singulière. Elles filent continuellement une soie, qui les tient attachées à la plante sur laquelle elles vivent. Si l'on touche la feuille qui les porte, elles se laissent aussitôt tomber.

Fig. 285. Noctuelle nébuleuse.

« Néanmoins elles ne tombent pas ordinairement à terre, dit Réaumur, il y a une corde prête à les soutenir en l'air (fig. 293), et une corde qu'elles peuvent allonger à leur gré. Cette corde n'est qu'un fil très-fin, mais qui a de la force de reste pour porter une chenille (fig. 294, 295). Tout ce qui semblerait à craindre, c'est que le fil ne s'allongeât trop vite, et que la chenille

Fig. 286. Noctuelle mosaïque.

ne tombât plutôt à terre qu'elle n'y descendît. Mais ce que nous devons remarquer d'abord et même admirer, c'est que la chenille est maîtresse de ne pas descendre trop vite; elle descend à plusieurs reprises; elle s'arrête en l'air quand il lui plaît. Ordinairement elle ne descend de suite que d'un pied de haut au plus, et quelquefois d'un demi-pied ou de quelques pouces, après quoi elle fait une pause plus ou moins longue à sa volonté. »

C'est de cette façon que ces chenilles se laissent tomber du haut des plus grands arbres. Elles y remontent avec non moins de facilité.

Écoutons Réaumur décrivant les procédés employés par cette chenille pour descendre de ces hauteurs.

Fig. 287. Noctuelle brune.

Les figures 296 et 297, dessinées, comme les trois précédentes, d'après les planches du mémoire de Réaumur, permettent de sui-

Fig. 288. Lichénée bleue.

vre les explications que donne l'illustre naturaliste, des évolutions de notre petit acrobate :

« Pour se remonter, dit Réaumur, la chenille saisit le fil entre ses deux dents, le plus haut qu'elle peut le prendre; aussitôt la tête se contourne, se couche d'un côté, et cela de plus en plus. Elle semble descendre au-dessous de la dernière des jambes écailleuses qui est du même côté. Le vrai est pourtant que ce n'est pas la tête qui descend, l'endroit du fil qu'elle tient saisi est un point fixe pour elle et pour tout le reste du corps; c'est la partie du

Fig. 289. Lichénée américaine.

dos qui répond aux jambes écailleuses que la chenille recourbe en haut; par conséquent ce sont les jambes écailleuses et la partie à qui elles tiennent qui remontent alors. Quand celles de la dernière paire se trouvent au-dessus

Fig. 290. Lichénée paranymphe.

des dents de la chenille, une de ces jambes, celle qui est du côté vers lequel la tête est inclinée, saisit le fil et l'amène à la jambe correspondante qui s'avance pour prendre ce même fil. Si la tête alors se redresse, ce qu'elle ne manque pas de faire dans l'instant, elle est en état d'aller saisir le fil dans un endroit plus élevé que celui où elle l'avait pris d'abord, ou, ce qui est la même chose, la tête et par conséquent tout le corps de la chenille se trouve remonté d'une hauteur égale à la longueur du fil qui est entre l'endroit où

LES INSECTES. 20

les dents l'avaient saisi la première fois et celui où elles le saisissent la seconde fois. Voilà, pour ainsi dire, le premier pas fait en haut. A peine est-il achevé que la chenille en fait un second.... Si on saisit la chenille qui est arrivée à son terme, on lui voit un paquet de fils mêlés entre les quatre dernières jambes écailleuses. Ce paquet est plus ou moins gros selon qu'elle s'est plus ou moins remontée; tous les tours du fil qui le composent sont mêlés. Aussi la chenille n'en tient-elle aucun compte; dès qu'elle peut marcher, elle s'en défait, elle en débarrasse ses jambes, et elle le laisse avant que de faire un premier ou au plus un second pas. Chaque fois donc qu'elle

Fig. 291. Lichénée du saule.

se remonte, il en coûte la corde dont elle s'est servie pour se remonter, mais c'est une dépense à laquelle elle fournit tant qu'elle veut; elle a en elle-même la source de la matière nécessaire à la composition du fil, et c'est une source où ce qui en a été tiré se répare continuellement. D'ailleurs, la façon du fil lui coûte peu, aussi les arpenteuses sont si peu ménagères de ce fil que la plupart en laissent sur tous les chemins qu'elles parcourent. »

On rencontre ces chenilles sur plusieurs arbres, mais particulièrement sur les chênes, dont elles rongent souvent presque en entier le feuillage. Elles entrent dans la terre, pour se changer en chrysalides, et subissent toutes leurs métamorphoses dans le courant de l'été qui les a vues naître. D'autres ne deviennent insectes parfaits qu'en automne, ou même seulement au printemps qui suit. Quelques-unes ne donnent leur papillon qu'en hiver.

Il est même de ces papillons, tels que les mâles des *Hibernies* (fig. 298), qui volent par les soirées brumeuses de novembre. Les femelles, dans ce genre, sont entièrement dépourvues d'ailes ou ne présentent que des moignons rudimentaires. Deux espèces, la *Phalène défeuillée* (fig. 300), et la *Phalène hiémale* (fig. 302, 303), sont fort communes aux environs de Paris.

M. Maurice Girard dit dans son ouvrage sur les *Métamorphoses des insectes* qu'on trouve facilement les femelles de ces phalènes au commencement de novembre, dans une station assez singu-

Fig. 292. Érèbe chouette.

lière : sur les candélabres à gaz des promenades publiques, par exemple le long des routes du bois de Boulogne. Sans doute elles ont grimpé en ce haut lieu, attirées par la lumière, ou bien les mâles ailés les y ont transportées.

En février et mars apparaissent d'autres espèces analogues. On trouve, dit M. Maurice Girard, près de Paris, dans les prairies qui entourent le confluent de la Seine et de la Marne, à la fin du mois de mars, la *Nyssia zonaria* (fig. 304), dont les mâles restent pendant le jour immobiles sur l'herbe.

Il est des espèces de cette famille chez lesquelles les ailes des femelles sont développées comme celles des mâles. Telles sont la *Phalène du bouleau*, le *Zérène du groseillier*, dont la chenille vit sur le groseillier rouge et le groseillier à maquereau.

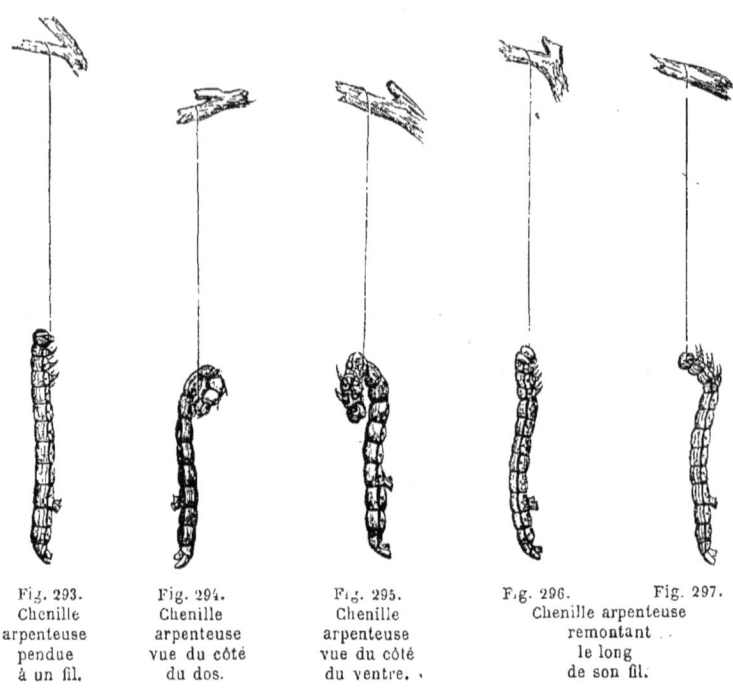

Fig. 293. Chenille arpenteuse pendue à un fil. — Fig. 294. Chenille arpenteuse vue du côté du dos. — Fig. 295. Chenille arpenteuse vue du côté du ventre. — Fig. 296. — Fig. 297. Chenille arpenteuse remontant le long de son fil.

Les Phalènes sont les plus redoutables ennemis des forêts; leurs ravages sont souvent incalculables, car elles s'attaquent surtout aux arbres vigoureux et âgés.

Fig. 298. Hibernie grisâtre.

La *Phalène du pin* (*Phalœna bombyx pini*) que nous représentons ici (fig. 299) et que les agronomes allemands ont appelée *Fileuse du pin*, à cause des nombreux cocons dont elle tapisse les feuilles du pin, est la terreur des forestiers, qui emploient tous les moyens pour l'écarter ou pour la détruire.

La famille des *Pyraliens* renferme les plus petits Lépidoptères nocturnes, et presque toutes ces espèces mignonnes qui viennent, le soir, voltiger autour de nos lumières.

Fig. 299. Bombyce, ou fileuse du pin (*Phalæna bombyx pini*). Larve, cocons et papillon.

LÉPIDOPTÈRES.

Voici l'image de quelques-unes des nombreuses espèces de cette famille, remarquables par leur petitesse et leur gentillesse :

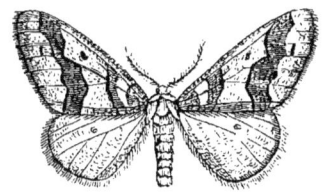

Fig. 300. Phalène défeuillée (mâle).

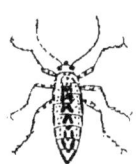

Fig. 301. Phalène défeuillée (femelle).

Penthine du prunier (mâle) (fig. 305), *Œdie mignonnette* (fig. 306), *Tordeuse du rouvre* (fig. 307), *Phalène du hêtre* (fig. 308), *Xylo-*

Fig. 302. Phalène hyémale (mâle).

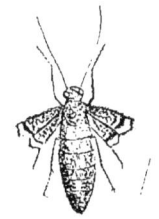

Fig. 303. Phalène hiémale (femelle).

pode des forêts (fig. 309), *Tordeuse automnale* (fig. 310), *Tordeuse du sorbier* (fig. 311), *Tordeuse de l'osier* (fig. 312), *Pœdisque bou-*

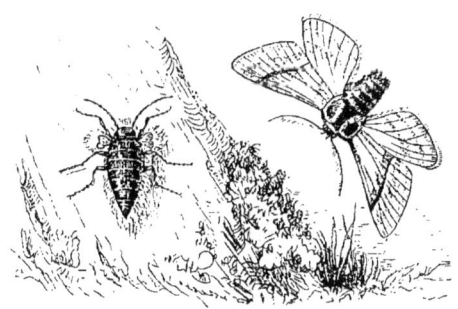

Fig. 304. Nyssia zonaria.

clier (fig. 313), *Coccyx alpicole* (fig. 314), *Séricore de Zincken* (fig. 315), *Sarrothryspée de Hervay* (fig. 316), *Cochylis riante* fig. 317), *Choreutes dolosane* (fig. 318).

Dans un livre tel que celui-ci, nous ne pouvons signaler parmi ces derniers insectes que quelques types qui s'imposent à notre attention d'une manière, pour ainsi dire, tyrannique. Nous nous contenterons en conséquence de dire quelques mots de la *Tordeuse verte*, de la *Pyrale de la vigne*, de la *Gallérie des ruches*, des diverses espèces de *Teignes*, enfin des *Œcophores*.

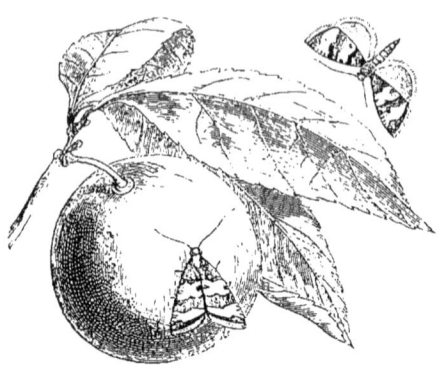

Fig. 305. Penthine du prunier.

La *Tordeuse verte* (*Tortrix virida*) a des ailes d'un vert noir, avec la côte et la frange blanchâtres sur les ailes antérieures, et d'un gris cendré sur les postérieures. Le dessous des quatre ailes est d'un blanc luisant et comme argenté.

Ce joli papillon éclôt au mois de mai. Il est si commun dans

Fig. 306. Œdie mignonnette.

Fig. 307. Tordeuse du rouvre.

les environs de Paris, qu'il suffit à cette époque de secouer les branches des chênes qui bordent les allées des bois pour en faire partir des centaines.

La chenille est verte, avec des points noirs verruqueux, portant chacun un poil de cette couleur. Elle est d'une vivacité extraordinaire. Dès qu'on l'inquiète, elle se réfugie dans une feuille roulée, qui lui sert de demeure. Si on l'y poursuit, elle se laisse tomber, à l'aide d'un fil, et ne remonte que quand elle croit pouvoir compter sur le repos et la sécurité.

Cette espèce, et plusieurs autres voisines, font beaucoup de mal à nos arbres. Elles les dépouillent de leurs feuilles, et quelquefois leur donnent, pendant les premiers jours de l'été, l'aspect triste et désolé qu'ils offrent en plein hiver.

Nous venons de signaler le tuyau formé d'une feuille roulée

dans lequel la chenille se réfugie et qu'elle habite. Ce tuyau, elle l'a construit elle-même. Réaumur a consacré un magnifique cha-

Fig. 308. Phalène du hêtre.

Fig. 309. Xylopode des forêts.

pitre de ses *Mémoires* à ses *Observations sur la mécanique avec la-*

Fig. 310. Tordeuse automnale.

Fig. 311. Tordeuse du sorbier.

quelle diverses espèces de chenilles plient, roulent et lient les feuilles

Fig. 312.
Tordeuse de l'osier.

Fig. 313.
Pœdisque bouclier.

Fig. 314.
Coccyx alpicole.

de plantes et d'arbres, surtout celles de chêne. Ecoutons le grand observateur :

« Si l'on considère les feuilles des chênes vers le milieu du printemps, on en aperçoit plusieurs roulées de différentes manières. La partie supérieure du bout des unes paraît avoir été ramenée vers le dessous de la feuille, pour y décrire le premier tour d'une spirale qui ensuite a été recouvert de plu-

Fig. 315. Séricore de Zincken.

Fig. 316. Sarrothryspée de Hervay.

sieurs autres tours (fig. 319). D'autres feuilles sont roulées vers le dessus.... d'autres sont roulées vers le dessous de la feuille, mais dans des directions totalement différentes. La longueur ou l'axe des premiers rouleaux est perpendiculaire à la principale côte et à la queue de la feuille, la longueur de

Fig. 317. Cochylis riante.

Fig. 318. Choreutes dolosane.

ceux-ci est parallèle à la même côte.... (fig. 320). Des ouvrages pareils ne seraient pas bien difficiles à faire à qui a des doigts ; mais les chenilles n'ont ni doigts ni parties qui semblent équivalentes. D'ailleurs avoir roulé les feuilles, c'est avoir fait au plus la moitié de la besogne, il faut les main-

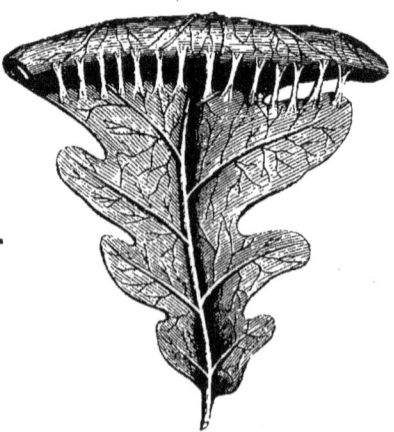

Fig. 319. Feuille de chêne
roulée perpendiculairement à la côte.

Fig. 320. Feuille de chêne
roulée parallèlement à la côte.

tenir dans un état d'où leur ressort naturel tend continuellement à les tirer. La mécanique à laquelle les chenilles ont recours pour cette seconde partie de l'ouvrage est aisée à observer. On voit des paquets de fils attachés par un bout à la surface du rouleau, et par l'autre au plat de la feuille. Ce sont autant de liens, autant de petites cordes qui tiennent contre le ressort de la feuille. Il y a quelquefois plus de dix à douze de ces liens rangés à peu près sur une même ligne. Chaque lien est un paquet de fils de soie blanche pressés les uns contre les autres, mais qu'on juge pourtant tous séparés [1]. »

Réaumur fit travailler chez lui les rouleuses de feuilles du chêne. Il a décrit admirablement toutes leurs petites manœuvres ; mais la place nous manquerait pour transmettre au lecteur le résultat de ses délicates observations.

En somme, les chenilles rouleuses se construisent une espèce de cellule cylindrique, qui ne reçoit le jour que par les deux bouts.

Ce qu'il y a de commode dans cette verte et fraîche habitation, c'est que ses murs fournissent la nourriture à l'animal qui l'habite. La chenille, ainsi mise à l'abri, commence à ronger le bout qui a été contourné le premier ; elle mange ensuite tout ce qui a été tortillé, jusqu'au dernier tour.

Réaumur trouva aussi des rouleaux qui avaient été formés de deux ou trois feuilles roulées suivant leur longueur, et vit que les feuilles qui en avaient occupé le centre, avaient été presque entièrement mangées. Il vit des chenilles qui continuaient de manger tout en faisant leur rouleau.

Ajoutons que l'un des bouts du rouleau est l'ouverture par laquelle la chenille jette ses excréments ; — que cette chenille sait se préparer un nouveau rouleau, si elle a été chassée du premier ; — enfin que c'est dans un rouleau de feuille que la chenille se métamorphose en chrysalide et en papillon.

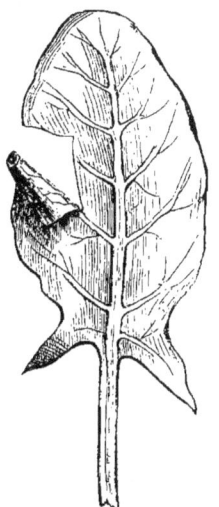

Fig. 321. Feuille d'oseille dont une partie a été coupée, roulée et posée perpendiculairement sur la feuille par une chenille.

Réaumur a étudié d'autres rouleuses, par exemple celle de l'ortie et celle de l'oseille.

Cette dernière travaille d'une manière qui mérite une mention. Son rouleau n'a rien de singulier dans sa forme, mais c'est sa position qui est remarquable. Il est planté sur la feuille comme une quille (fig. 321). Il faut que la chenille contourne non-seule-

---

1. *Mémoires pour servir à l'histoire des Insectes*, t. II, p. 210 (5ᵉ Mémoire).

ment le rouleau, mais encore qu'elle le pose perpendiculairement sur la feuille.

A côté des chenilles rouleuses, signalons celles qui se contentent de plier les feuilles. Ces chenilles se tiennent donc dans une espèce de boîte plate.

Outre les chenilles rouleuses et plieuses, il y a encore celles qui réunissent plusieurs feuilles en un seul paquet. On trouve de ces paquets sur presque tous les arbres et tous les arbrisseaux. La chenille, nichée vers le milieu de ce paquet, se trouve à couvert, et environnée d'une bonne provision de nourriture.

Nous nous contenterons de donner, d'après Réaumur, la figure du joli arrangement qu'on peut observer sur les feuilles d'une espèce d'osier (fig. 322-323). Dans la figure 322, on voit le paquet de feuilles liées ensemble par la chenille. Dans la figure 323, on voit la coupe transversale du paquet de feuilles, grossi à la loupe. On reconnaît que les deux bords de chaque feuille sont contournés en dehors. On voit les tours du fil qui retiennent ces feuilles ensemble, et la cavité occupée par la chenille.

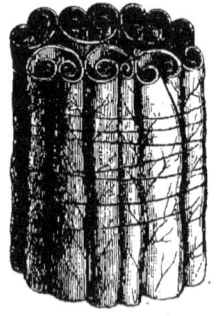

Fig. 322-323. Feuilles d'osier liées ensemble par une chenille, et coupe transversale des mêmes feuilles.

La *Pyrale de la vigne* est un papillon provenant d'une chenille tordeuse, qui mérite de fixer notre attention à cause des ravages qu'elle a occasionnés depuis longtemps, et qu'elle occasionne encore dans les vignobles.

C'est à la fin du seizième siècle que la *Pyrale* se montra pour la première fois, aux environs de Paris, sur le teritoire d'Argenteuil.

« Les habitants de cette commune, écrit l'abbé Lebœuf, regardèrent en 1562 comme un fléau de Dieu les insectes qui gâtaient leurs vignes dans le printemps. L'évêque de Paris ordonna qu'ils feraient des prières publiques pour la diminution de ces insectes et qu'on y joindrait des exorcismes sans sortir de l'église. »

Des prières, des processions, des exorcismes furent de nouveau mis en jeu, en 1629, en 1717, en 1733, pour arrêter les ravages de ces insectes dans les vignes de Colombes et sur le territoire d'Aï.

Le Mâconnais et le Beaujolais devinrent à leur tour le théâtre des ravages de la Pyrale. Ces ravages ne firent bientôt que s'augmenter et s'étendre. En 1836, 1837, 1838, le fléau sévissait dans les départements de Saône-et-Loire, du Rhône, de la Côte-d'Or, de la Marne, de Seine-et-Oise, de la Charente-Inférieure, de la Haute-Garonne, des Pyrénées-Orientales et de l'Hérault.

Pour donner une idée des pertes qui peuvent être occasionnées par la Pyrale, nous dirons que dans une période de dix années (1828-1837), vingt-trois communes, comprises dans les deux départements de Saône-et-Loire et du Rhône, perdirent soixante-quinze mille hectolitres de vin par an, que l'on peut évaluer à un million cinq cent mille francs. Si l'on calcule les fournitures de tout genre que ce grand nombre de pièces de vin aurait nécessitées, les droits de circulation, d'entrée, de débit qu'elles auraient dû payer, les transports par terre et par eau qui auraient amené des recettes pour le Trésor, enfin les dégrèvements de droits qu'il fallut accorder pendant sept ans aux propriétaires de vignes dans le département de Saône-et-Loire, et en 1837 dans le département du Rhône, et qui s'élevèrent à un total de plus de cent mille francs, on trouvera que les ravages de la Pyrale ont amené dans ces deux départements une perte annuelle de trois millions quatre cent huit mille francs. Et comme ce fléau dura dix ans, on arrive au total énorme de trente-quatre millions perdus par les ravages d'une seule espèce d'insecte!

Le papillon de la Pyrale (fig. 324) se montre du 10 au 20 juin. Il est jaunâtre, à reflets plus ou moins dorés. Pendant le repos ses ailes sont repliées en toit l'une sur l'autre. Son vol est de peu de durée. Il se contente d'aller d'un cep de vigne à l'autre.

C'est au coucher du soleil qu'on voit voltiger le plus de papillons de Pyrale. Ils demeurent tranquilles pendant le jour, et surtout au moment de l'ardeur du soleil. Ils vivent en moyenne dix jours. Les femelles déposent leurs œufs, qui sont d'abord verts, puis jaunâtres, puis bruns, à la face inférieure des feuilles.

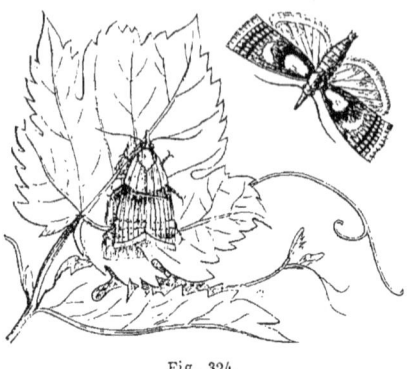

Fig. 324.
Papillon de la Pyrale de la vigne.

La chenille de la Pyrale (fig. 325) porte vulgairement, et suivant les divers pays où on la rencontre, les noms de *ver de la vigne*, *ver de l'été*, *ver de la vendange*, *conque*. Dans le midi de la France, on la nomme, en patois languedocien, *babota*.

A peine sorties de l'œuf, les petites chenilles se cachent dans

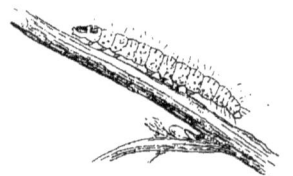 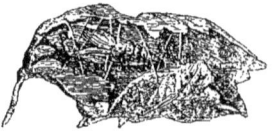

Fig. 325. Chenille de la Pyrale de la vigne. Fig. 326. Chrysalide de la Pyrale de la vigne.

les fissures du tronc des ceps ou des échalas. Elles se filent un petit cocon, d'une soie grisâtre, et y demeurent blotties jusqu'au mois de mai. Dès que les feuilles commencent à se développer, elles jettent des fils, çà et là, enchevêtrent tous les jeunes organes du végétal, ce qui donne aux vignobles un aspect désolé. Elles mangent de préférence les feuilles de la vigne, mais attaquent aussi les grains du raisin. On prétend que le matin on peut entendre le bruit que ces chenilles font en mangeant les feuilles. Comme elles augmentent tous les jours de grosseur, leurs dégâts vont sans cesse croissant, et n'ont atteint le maximum de leur intensité que lorsque les chenilles sont au moment de se transformer en chrysalides. Elles sont alors longues de trois centimètres et d'un vert jaunâtre.

Du 20 juin au 10 juillet, elles cherchent un abri dans les feuilles desséchées et entrelacées de fils qui leur ont servi précédemment de refuge et en partie de nourriture, ou bien elles se font un nouveau nid.

Au bout de deux ou trois jours, la chenille est devenue une chrysalide (fig. 326) qui prend, en peu de temps, une couleur brune. Renfermée dans l'intérieur du cocon que la chenille a filé

Fig. 327. Pyrale de la vigne à ses trois états.

1. Feuille ayant reçu des pontes. — 2. Pontes récentes. — 3. Œuf dans lequel on aperçoit les chenilles. — 4. Plaque d'où sont sorties les chenilles. — 5. Petites chenilles suspendues par un fil. — 6. Feuille avec des chrysalides. — 7. Chenille. — 8. Papillon.

avant de se métamorphoser, cette chrysalide se change, au bout de quatorze à seize jours, en papillon.

Le meilleur moyen de diminuer les ravages de la Pyrale, c'est d'enlever les feuilles chargées de plaques d'œufs, et de brûler ces feuilles, ou de les enfouir dans des trous profonds.

La planche 327, que nous consacrons au redoutable insecte dont nous n'avons pu qu'esquisser ici très-légèrement la triste histoire, donne toutes les particularités relatives à ce dangereux hôte de nos vignobles. On y voit, sur un rameau de vigne, la Pyrale à l'état de chenille, les œufs qui ont été pondus par ces chenilles, les chrysalides et les papillons. Les œufs y sont figurés à deux époques de leur développement.

La *Gallérie des ruches* ou *de la cire* se rencontre dans toutes les contrées où l'on élève des abeilles.

Le papillon (fig. 328) se cache pendant le jour autour des ruches, et essaye d'y pénétrer après le coucher du soleil. La chenille est d'un blanc sale, avec des points verruqueux bruns, surmontés chacun d'un poil fin. Elle se nourrit de cire, enlace les gâteaux de ses fils et fait bientôt périr les larves qui y sont contenues.

Fig. 328. Gallérie de la cire.

A la sortie de l'œuf, que la femelle est venue déposer dans les gâteaux de miel et de cire, la chenille se fabrique, avec de la cire, un tuyau arrondi, dans lequel elle est à l'abri du dard des abeilles. Ce tuyau, d'abord très-petit, s'allonge et s'élargit à mesure que grossit la chenille. Il a ordinairement dix à quinze centimètres de long. C'est dans son intérieur que la chenille se construit une coque dure, ressemblant à du cuir, et qu'elle se change en une chrysalide brunâtre.

Une espèce du genre Butale, la *Butale* ou *Alucite des grains*, est, en certains cantons de la France, un des plus grands fléaux de l'agriculture. La chenille de l'*Alucite des grains* se métamorphose à l'intérieur même des grains d'orge et de froment, qu'elle ronge sans qu'on s'en aperçoive au dehors.

La femelle du papillon de l'*Alucite* dépose ses œufs sur les grains des céréales avant leur maturité. Quatre à six jours après, les œufs éclosent, et les jeunes chenilles sont à peine grosses comme un cheveu. Chacune s'empare d'un grain, et y pénètre par une imperceptible ouverture. Elle mange la farine, sans entamer les téguments du grain.

Quand elle a atteint toute sa taille, elle se file une coque de soie blanche, à l'intérieur de ce même grain, qui, après avoir été son logement et son garde-manger, va lui servir de tombeau pour quelque temps. Toutefois, avant ce moment, elle a eu le soin de pratiquer à l'extrémité du grain une ouverture circulaire, par laquelle le papillon sortira lorsque les grains seront battus et emmagasinés dans le grenier.

Le genre *Teigne* est fort important à signaler ici, non parce que ces petits papillons sont beaux, — ils sont fort laids au contraire, — mais parce que c'est dans ce groupe que se trouvent des insectes qui causent les plus grands dégâts à nos récoltes.

Les papillons du genre *Teigne* sont très-petits. Leurs ailes, grisâtres ou brunâtres, sont le plus souvent marquées de taches ou de lignes blanchâtres et jaunâtres. Ce sont ces petits papillons qui, dans nos demeures, viennent se brûler à la flamme des bougies.

Leurs chenilles sont petites, voraces, et méritent, par les dégâts qu'elles causent, d'être comparées aux rats et aux souris. Munies de mâchoires puissantes, elles détruisent tout ce qui se trouve à leur portée, en lainage, crin, pelleteries, étoffes, plumes, grains, etc.

On divise les Teignes en trois groupes : 1° les espèces nuisibles à nos étoffes et à nos fourrures; 2° l'espèce qui détruit les céréales; 3° les espèces phytophages, c'est-à-dire qui mangent les plantes.

Dans la première subdivision se rangent la *Teigne des pelleteries*, la *Teigne des tapisseries*, la *Teigne du crin*.

Le papillon de la *Teigne des tapisseries* est représenté dans la figure ci-contre. Sa chenille a la forme d'un ver. Elle est d'un blanc gras et luisant, avec quelques poils clair-semés et une ligne grise sur le dos. Elle est renfermée dans un tuyau, ou étui, ouvert par les deux bouts, dont l'intérieur

Fig. 329. Teigne des tapisseries.

est une sorte de tissu de laine, tantôt bleue, tantôt verte, tantôt rouge, selon la couleur de l'étoffe à laquelle l'insecte s'est attaché et qu'il a dépouillée. L'intérieur de cet étui est, au contraire, formé d'une soie propre à l'insecte, de couleur blanchâtre.

Les vers sont à peine nés qu'ils commencent à se vêtir. Réaumur observa un de ces vers au moment de son accroissement. Il s'occupait journellement à allonger son étui. Pour cela, il faisait sortir sa tête par un des bouts de l'étui, et cherchait avec vivacité, à droite et à gauche, les poils de laine les plus convenables pour en tisser son fourreau. Dans la figure 330, on voit deux Teignes occupées à ronger le drap.

« La Teigne change de place continuellement et prestement, dit Réaumur. Si les poils qui sont proches ne sont pas tels que la Teigne les veut, elle tire quelquefois plus de la moitié de son corps hors du fourreau pour aller choisir mieux plus loin. A-t-elle trouvé un poil tel qu'elle le veut, sa tête se fixe pour un instant, elle le saisit avec deux dents qu'elle a au-dessous de la tête, elle arrache ce poil après des efforts redoublés, aussitôt elle l'apporte au bout de son tuyau, contre lequel elle l'attache. Elle répète plusieurs fois de suite une pareille manœuvre, sortant tantôt en partie du tuyau et y rentrant ensuite pour coller contre un de ses bords un nouveau brin de laine.... »

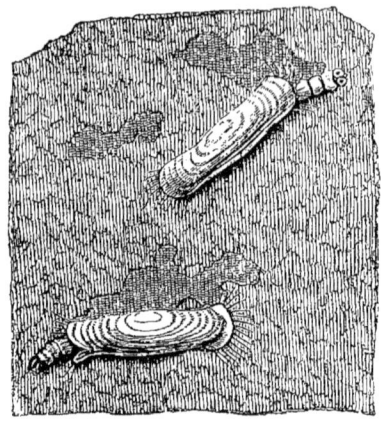

Fig. 330. Deux Teignes occupées à ronger un morceau de drap.

Après avoir travaillé pendant une minute à un des bouts du tuyau, elle songe à l'allonger de l'autre. Elle se retourne dans son tuyau, avec une telle promptitude qu'on n'imagine pas qu'elle ait eu le temps de le faire, et l'on croirait que le bout de sa queue est fait comme sa tête, et possède la même adresse pour choisir et arracher les brins de laine.

Au reste, quand la Teigne qui travaille à allonger son fourreau ne trouve pas de poils à son goût là où sa tête peut atteindre, elle change de place. Réaumur a vu cet insecte marcher, même assez vite, emportant avec lui son fourreau. Il marche au moyen de ses six jambes antérieures (fig. 331). Les intermédiaires et les postérieures lui servent pour se cramponner contre le fourreau.

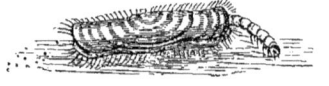

Fig. 331. Teigne dans son fourreau et se tirant sur ses jambes antérieures.

En même temps que l'insecte devient plus long, il grossit. Bientôt son vêtement sera trop étroit pour lui. Quittera-t-il son habit? S'en fera-t-il un neuf? Réaumur a reconnu qu'il préfère l'élargir.

C'est ce que vit notre naturaliste, en plaçant des Teignes à fourreau bleu, par exemple, sur une étoffe de couleur rouge.

Des bandes qui s'étendaient en ligne droite d'un bout à l'autre du fourreau montraient la partie qui avait été ajoutée.

« A force de les observer en différents temps, dit cet admirable observateur, j'ai vu que le moyen qu'elles emploient est précisément celui auquel nous aurions recours à pareil cas. Nous n'y saurions autre chose pour élargir un étui, un fourreau d'étoffe trop étroit, que de le fendre tout du long et de rapporter une pièce de grandeur convenable entre les parties que nous aurions séparées ; nous rapporterions une pareille pièce de chaque côté si la figure du tuyau le demandait. C'est aussi précisément ce que font nos Teignes, avec une précaution de plus, et qui leur est nécessaire pour ne pas rester à nu pendant qu'elles travaillent à élargir leur vêtement. Au lieu de deux pièces qui auraient chacune la longueur du fourreau, elles en mettent quatre, qui ne sont pas plus longues chacune que la moitié d'une des précédentes : ainsi elles ne fendent jamais que la moitié de la longueur du fourreau, qui a assez de soutien pendant que cette fente reste à boucher. »

Les laines de nos étoffes ne fournissent pas seulement aux Teignes de quoi se vêtir, elles leur fournissent aussi de quoi se nourrir. Elles mangent et digèrent les étoffes. Leurs excréments sont de petits grains, qui ont la couleur de la laine qu'elles ont mangée.

Quand elles sont parvenues au terme de leur accroissement, et que le temps de leur métamorphose approche, les Teignes abandonnent les étoffes, et vont s'établir dans l'angle des murs. Elles grimpent jusqu'aux plafonds, et s'y suspendent par une extrémité de leur tube. Les deux bouts du tube sont clos avec un tissu de soie (fig. 332). L'insecte ainsi renfermé change bientôt de forme, il devient chrysalide ; puis, au bout de trois semaines environ, il se dégage papillon.

Fig. 332. Fourreau de Teigne attaché à un morceau de drap.

La *Teigne des pelleteries* travaille comme celle des tapisseries ; elle se fait des fourreaux de même forme, et les construit de la même manière. Seulement ici ces fourreaux sont des espèces de feutres qui ressemblent à ceux de nos chapeaux.

Tandis que la *Teigne des tapisseries* ne détache des étoffes que la laine qu'il lui faut pour se vêtir et se nourrir, celle des pelleteries occasionne des dégâts bien plus considérables et bien plus rapides. Elle coupe tous les poils qui la gênent à fleur de peau, et il semble qu'elle se plaise à les couper. Ce qui lui est nécessaire pour ses besoins n'est rien en comparaison des gros flocons de poils qu'on voit tomber d'une peau où elle s'est établie et qu'on secoue. A mesure qu'elle va en avant, elle coupe, et plus nettement que ne le pourrait un rasoir, tous les poils qui sont sur son passage.

Les *Teignes du crin* (fig. 333) se montrent en grand nombre à l'état de papillon, depuis la fin d'avril jusqu'au commencement de juin. Elles apparaissent de nouveau en septembre et se tiennent habituellement au dossier des meubles.

La chenille, cylindrique, blanche, nue, rayée de brun, vit principalement dans le crin dont on rembourre les meubles, et quelquefois dans celui des matelas. Parvenue à toute sa taille, elle abandonne sa demeure, perce l'étoffe qui recouvre le crin, et se construit, avec cette étoffe, un fourreau de soie, ouvert seulement du côté de la tête. Au commencement d'avril, elle ferme ce fourreau, et s'y change en chrysalide.

Fig. 333. Teigne du crin.   Fig. 334. Teigne des grains.

A l'état de chenille, la *Teigne des grains* (fig. 334) ne se nourrit que de blé, d'orge et de seigle; mais elle produit moins de dégâts que l'*Alucite des grains*, dont nous avons parlé plus haut.

C'est lorsque la récolte est placée dans les greniers que ce petit papillon vient y déposer ses œufs. La chenille ne se loge pas dans l'intérieur des grains de blé, mais elle en réunit plusieurs par des fils, en laissant entre eux un espace suffisant pour s'y fabriquer un fourreau de soie blanchâtre, percé seulement en haut, pour donner passage à sa tête, qui ronge les grains environnants.

Nous ne pouvons que signaler ici les espèces phytophages, comme la *Teigne du cerisier*, celle de l'*aubépine*, celle de la *bardane* et la *Teigne rustique*.

Les *Œcophores* ont des chenilles qui ressemblent à des vers blanchâtres. Elles attaquent les feuilles, les fleurs, l'écorce et certaines parties du fruit des arbres. Les unes se creusent des galeries dans l'épaisseur et entre les deux épidermes des feuilles, dont elles ne mangent que le parenchyme. D'autres perforent également des galeries, mais seulement dans les chatons du bouleau ou dans les parties les plus tendres de son écorce. Certaines se renferment dans une ou plusieurs feuilles roulées en cornet. D'autres se tiennent au sommet des plantes, dont elles réunissent les feuilles en paquet par des fils. Il en est enfin qui dévorent le noyau des fruits, tels que celui de l'olivier.

Les papillons de ces chenilles sont très-petits, et presque tous ornés de couleurs métalliques brillantes. On les trouve dans les bois, et surtout dans les vergers, depuis le commencement de juin jusqu'au mois de septembre.

Les *Œcophores* ont une forme svelte très-élégante. Leurs ailes antérieures, très-étroites, sont souvent ornées de lignes argentées longitudinales. Les ailes postérieures ont littéralement la forme de deux plumes.

Les chenilles de ces insectes vivent et se métamorphosent dans des fourreaux portatifs, qu'elles se fabriquent avec la partie membraneuse des feuilles, dont elles mangent seulement le parenchyme. Ces fourreaux sont ordinairement d'un brun de feuille morte. Ils sont attachés perpendiculairement sous les feuilles de plusieurs arbres, mais principalement sur celles de nos arbres fruitiers.

Une certaine espèce d'*Œcophore* possède un fourreau qui est en partie recouvert par des pièces flottantes légèrement superposées, formées de parcelles de feuilles, et disposées de telle sorte que Réaumur les compare aux falbalas que les dames attachaient autrefois au bas de leur robe.

V

ORDRE DES ORTHOPTÈRES.

Orthoptères coureurs : les Perce-Oreille. — Les Blattes. — Les Mantes. — Les Bléphares. — Les Empuses. — Les Phasmes. — Orthoptères sauteurs : les Grillons. — Les Sauterelles. — Les Criquets. — Les invasions et les ravages des Criquets en différents pays.

C'est parmi les Orthoptères que nous rencontrons quelques-unes des plus grandes espèces d'insectes, et particulièrement les espèces aux formes bizarres et insolites. Les insectes les plus connus de cet ordre sont les Mantes, les Blattes ou Cancrelats, les Perce-Oreille, les Sauterelles, les Grillons, les Criquets, etc.

Les Orthoptères ont les ailes antérieures longues, étroites, demi-cornées ; ce sont des *élytres*, qui servent de fourreaux aux secondes ailes, comme chez les Coléoptères. Mais les élytres des Orthoptères sont moins solides, moins complets que ceux des Coléoptères. De plus, ils sont ordinairement croisés l'un sur l'autre à l'état de repos, ce qui est encore un caractère distinctif des Orthoptères. Les secondes ailes sont membraneuses, très-larges et veinées ; elles se ploient en éventail pendant le repos. La bouche est composée de pièces libres. Les mandibules, les mâchoires, les deux lèvres, toujours bien développées, annoncent des insectes broyeurs. Leur voracité et leur rapide multiplication font quelquefois de ces insectes les fléaux des campagnes. On les rencontre surtout dans les pays chauds, où ils causent des ravages tels que toute végétation disparaît sur leur passage.

Les Orthoptères ne sont pas très-nombreux en espèces. Ce sont des insectes à métamorphoses incomplètes. Ils ne subissent que des changements peu importants, depuis le moment de l'éclosion de l'œuf jusqu'à celui où l'insecte est *fait*.

A sa sortie de l'œuf, l'individu ressemble déjà à ses parents; il n'en diffère que par la taille et l'absence des ailes. Après quatre ou cinq mues successives, l'Orthoptère a presque sa taille définitive, et les ailes commencent à paraître sous une sorte de membrane. C'est l'état de nymphe. Une dernière mue dégage aussi les ailes. L'insecte est alors parfait, et s'élance dans l'air, avec ses congénères.

Tous les Orthoptères connus sont funestes aux récoltes de l'homme, ou aux produits qu'il emmagasine pour son usage. On les divise en deux grandes sections : celle des *coureurs* et celle des *sauteurs*. Nous commencerons par les *coureurs*, qui comprennent les *Forficules*, les *Blattes*, les *Mantes* et les *Phasmes*.

Les *Forficules*, ou *Perce-Oreille*, que nous représentons dans les figures 335-337, sous leurs trois états, ont les élytres très-

Fig. 335-337. Forficule ou Perce-Oreille sous ses trois états : de larve, de nymphe et d'insecte parfait.

courts. Les ailes de dessous sont très-larges et se plissent à la fois en éventail et en travers. Leur abdomen se termine par une sorte de pince, qui ressemble à celle dont se servaient autrefois les bijoutiers pour percer les oreilles des jeunes filles, à l'effet d'y introduire des anneaux. De là sans doute est venu leur nom; car rien ne justifie la croyance vulgaire que ces insectes s'introduisent dans les oreilles, et les percent à l'intérieur, pour pénétrer dans le cerveau. Ce sont des insectes fort innocents, qui ne font aucun mal. Ils vivent de substances végétales et mangent surtout l'intérieur de certaines fleurs.

Les *Forficules* fuient la lumière. On les trouve dans les trous des arbres, sous les écorces, sous les pierres. Les femelles veillent sur leurs œufs avec une sollicitude maternelle, et les transportent ailleurs lorsqu'on y touche. Elles protègent aussi es larves et les nymphes, jusqu'au jour où celles-ci sont assez fortes pour se passer de tout soin.

Les *Blattes* sont des insectes très-nuisibles; leur nom le dit assez, car il vient du grec βλάπτω, je nuis. Elles sont omnivores, et s'attaquent à toutes les substances mortes, végétales ou animales. Horace leur reproche de dévorer les étoffes comme les Teignes :

> *Cui stragula vestis,*
> *Blattarum ac tinearum epulæ,*
> *Putrescit in arca* [1].

Ces insectes désagréables dévorent nos provisions de bouche. Ils abondent dans les cuisines, dans les boulangeries, à bord des navires marchands, etc. Leur corps aplati leur permet de s'introduire facilement dans les fentes des caisses et des barils; de sorte que, pour s'en garantir, on est obligé, dans les voyages au long cours, d'enfermer les objets dans des boîtes de zinc ou de tôle bien soudées.

Chamisso raconte que des marins ayant ouvert des barriques qui devaient contenir du riz et du blé, les trouvèrent remplies de la *Blatte germanique :* cette transsubstantiation fut peu agréable à l'équipage!

D'autres naturalistes ont vu cet insecte se fourrer par milliers dans des flacons qui avaient contenu de l'huile.

La Blatte aime aussi le cirage des bottes, qu'elle ronge jusqu'au cuir inclusivement.

Les nymphes mangent quelquefois la peau abandonnée par une autre nymphe, mais on n'a jamais vu des Blattes s'attaquer entre elles, pour s'entre-dévorer.

Ces Orthoptères ont un corps plat et large, un corselet très-développé, des antennes très-longues, des pattes grêles, mais fortes. D'une extrême agilité, ils courent avec une vitesse remarquable. Ils répandent une odeur nauséabonde, qui souvent persiste sur les objets qu'ils ont touchés. Le poëte comique grec Aristophane mentionne cette particularité dans sa comédie de la *Paix*.

Les Blattes sont pour la plupart nocturnes, et se cachent pendant le jour. Mais ce sont les plus cosmopolites de tous les in-

---

1. De qui la tente pourrit dans un coffre, faisant les délices des Blattes et des Teignes.

sectes. Transportés par les navires, ils se perpétuent partout où ils sont amenés, comme de la mauvaise herbe!

La *poudre persane*, composée de diverses parties du *pyrèthre* pulvérisées, est un moyen excellent pour les faire périr.

La plupart des espèces de Blattes sont plates, noires ou brunâtres. Deux d'entre elles, la *Blatte germanique* et la *Blatte laponne*, que l'on rencontre dans les bois des environs de Paris, se sont domestiquées dans les habitations des pays du nord. Elles arrivent à une taille d'un centimètre.

Les Russes prétendent que la *Blatte germanique* fut importée de la Prusse par leur armée, à son retour de l'Allemagne, après la guerre de Sept Ans (1756-1762). Jusqu'à cette époque, elle était inconnue à Saint-Pétersbourg, où on la rencontre aujourd'hui en grand nombre. Elle habite les maisons, et mange à peu près tout; mais elle préfère le pain blanc à la farine et à la viande.

La *Blatte laponne* dévore les poissons fumés préparés pour l'hiver.

Le naturaliste allemand Hummel a fait d'intéressantes observations sur le développement et les mœurs de la *Blatte germanique*. Les femelles sont très-fécondes. Elles pondent leurs œufs dans une capsule soyeuse, qui a la forme d'un haricot ou d'une fève, avec deux valves à l'intérieur. Elles la traînent pendant quelque temps, appendue à l'extrémité de leur abdomen; puis elles finissent par l'abandonner.

Hummel plaça sous une cloche de verre une Blatte femelle et une coque toute fraîche, qui venait d'être abandonnée par une autre femelle. Il vit alors la Blatte s'approcher de l'œuf, le tâter et le retourner en tous sens. Elle le prit ensuite entre ses pattes de devant, et y pratiqua une ouverture longitudinale. A mesure que la fente s'élargissait, on en vit sortir de petites larves blanches, roulées et attachées deux à deux. La femelle présidait à cette opération. Elle aidait les larves à se dégager, en les tirant doucement avec ses antennes. En quelques secondes, elles furent en état de marcher; alors la femelle ne s'en occupa plus.

Ces larves changent six fois de peau avant de parvenir à l'état d'insecte parfait. En sortant de leur peau, elles sont incolores, mais les couleurs leur viennent au bout de quelques minutes. A la cinquième mue, qui a lieu trois mois après la naissance, on peut dire qu'elles deviennent nymphes, car on aperçoit alors le commencement des ailes, et toutes les formes de l'insecte sont déjà bien arrêtées. La sixième et dernière mue a lieu au bout de six semaines; la nymphe se change alors en insecte parfait.

La femelle se distingue du mâle par un abdomen plus renflé.

Les Blattes les plus nuisibles sont les *Kakerlacs* ou *Cancrelats*, qui ont été importés en Europe par les navires venant des colonies.

Le *Kakerlac américain* a de 4 à 5 centimètres. Ses ailes sont très-longues. Il infeste les navires, court, la nuit, sur les passagers endormis, et dévore les comestibles. On le rencontre dans toutes les parties du monde. Il abonde particulièrement dans les parties chaudes de l'Amérique.

Le *Kakerlac oriental* (*Blatta orientalis*, fig. 338) est encore plus répandu que le précédent. Il pullule dans les cuisines, les boulangeries, les magasins de vivres, etc., où il se cache dans les fentes des murailles, ou contre les gonds des portes.

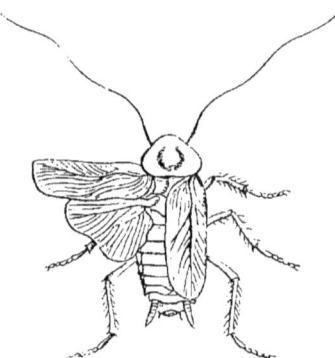

Fig. 338. Kakerlac oriental.

C'est une petite bête hideuse, d'une odeur repoussante, d'une couleur d'un brun rougeâtre. Sa taille est un peu au-dessus de celle du *Kakerlac américain*. On lui donne, en France, les noms de *Cafard*, *Panetière*, *Noirot*, *Bête noire*, etc. Si, au milieu de la nuit, on entre à l'improviste, avec une lumière, dans des cuisines basses, on voit souvent ces bestioles courir sur les tables, dévorant les restes d'aliments, avec une prestesse étonnante.

La plus grande espèce du genre qui nous occupe est la *Blatte géante*, qui habite Cayenne et le Brésil, et dont la longueur dépasse quelquefois 7 centimètres et l'envergure 18 centimètres. On dit qu'elle ronge, pendant la nuit, les ongles des hommes endormis.

C'est principalement dans les pays chauds que les Kakerlacs exercent de grands ravages. Dans les Antilles, dont ils sont le fléau, on assure qu'ils peuvent, en une seule nuit, percer des malles, des caisses, des valises, et y détruire les objets qu'on croyait tenir le mieux à l'abri. A certains moments, les murs, les planchers, les lits, les tables, tout en est infesté, et on ne sait comment préserver les mets de leur contact repoussant.

On parvient toutefois à les détruire en partie à l'aide des poudres insecticides. Ils ont, en outre, des ennemis naturels. Les oiseaux de basse-cour et les chouettes en sont très-friands. Une espèce de guêpe, le *Chlorion*, approvisionne ses larves de Blattes, qu'il engourdit par une piqûre. Plusieurs espèces de *Chalcidiens* se nourrissent également des œufs de ces Orthoptères.

On compte aussi parmi les Blattes certaines espèces exotiques aux couleurs vives. Ces couleurs annoncent qu'elles ne fuient pas la lumière. Nous citerons, comme exemples, le *Brachycole robuste* et la *Corydie*.

Les *Mantes* sont de jolis insectes, de mœurs bien différentes. Ce sont les seuls carnassiers parmi les Orthoptères. Ils se nourrissent de proie vivante, qu'ils saisissent au passage. Ils se tiennent ordinairement sur les arbustes, demeurant pendant des heures entières dans une immobilité complète, pour mieux tromper les insectes qui passent et qui deviendront leurs victimes.

C'est cette attitude posée et comme méditative qui leur a valu le nom de *Mantes*, dérivé du grec μάντις, devin. On s'est imaginé que dans cette attitude elles interrogent l'avenir. La manière dont elles tiennent leurs longues pattes antérieures élevées en l'air comme des bras, a encore contribué à accréditer cette croyance superstitieuse, que rappellent suffisamment les dénominations données aux diverses espèces de Mantes : *religieuse, sainte, prêcheuse, oratoire, mendiante*, etc.

Au dire du voyageur Caillaud, une Mante serait, dans l'Afrique centrale, l'objet d'un véritable culte. Suivant Sparmann, une autre espèce serait adorée par les Hottentots. Si par hasard une Mante vient à se poser sur une personne, celle-ci est considérée, par les Hottentots, comme ayant reçu une faveur particulière du ciel : dès ce moment elle compte parmi les saints!

En France, les habitants des campagnes croient que ces insectes indiquent le chemin aux passants. Un naturaliste du dix-septième siècle, Mouffet, dit à ce sujet, dans une description de la Mante : « Cette petite bête est réputée si divine, qu'à l'enfant qui l'interroge sur son chemin, elle l'enseigne en étendant une de ses pattes, et se trompe rarement, ou jamais. »

Aux yeux des paysans du Languedoc, la *Mante religieuse* est presque un animal sacré : ils l'appellent *Prega-Diou* (Prie-Dieu), et croient fermement qu'elle fait ses dévotions.

Son attitude, lorsqu'elle est à l'affût d'une proie, imite, en effet, assez bien celle de la prière. Posée sur le sol, elle redresse la tête et le corselet, joint les articulations des pattes de devant, et demeure ainsi immobile des heures entières. Mais qu'une mouche imprudente arrive à portée de notre belle dévote, vous la verrez s'en rapprocher en tapinois, à la manière d'un chat qui guette une souris, et avec tant de précaution qu'on s'aperçoit à peine de ses mouvements. Puis tout à coup, rapide comme l'éclair, elle saisit sa victime entre ses pattes garnies d'épines acérées qui s'entre-croisent, et la porte à sa bouche, pour la dévorer. Notre prétendue Religieuse, Prêcheuse, etc., notre *Prega-Diou* n'est qu'une guetteuse patiente et impitoyable.

La *Mante religieuse* (fig. 339, *a*), assez commune dans le midi de la France, s'avance jusqu'aux environs de Fontainebleau. La *Mante oratoire*, un peu plus petite, est moins répandue.

Ces élégants insectes se font remarquer par leur corps élancé, leurs grandes ailes et leurs couleurs généralement assez vives. Dans quelques espèces, les élytres verts ou jaunâtres imitent, à s'y méprendre, les feuilles desséchées des arbres.

Les Mantes pondent leurs œufs à la fin de l'été, dans des coques arrondies, assez friables, qu'elles attachent aux branches. L'éclosion n'a lieu que l'été suivant. Les larves subissent plusieurs mues successives.

Rien n'égale la férocité de ces Orthoptères. Lorsqu'on enferme deux Mantes ensemble, elles se livrent un combat, se portent des coups avec leurs pattes de devant, et ne cessent de s'escrimer que lorsque la plus forte des deux est parvenue à manger la tête de l'autre.

Dès leur naissance, les larves s'attaquent entre elles. Le mâle étant plus petit que la femelle, est souvent sa victime.

Kirby nous apprend qu'en Chine les enfants achètent des Mantes, comme dans nos pays ils achètent des Hannetons, et les enferment dans de petites cages de bambou, pour se donner le spectacle émouvant de leurs combats.

L'*Acanthops* est une Mante qui vit au Brésil.

Aux Mantes se rattachent les *Érémiaphiles*, qui vivent dans les déserts de l'Afrique et de l'Arabie. Elles se traînent lentement sur le sable, dont elles ont la couleur, au point qu'il est très-difficile de les en distinguer à l'état de repos. Le voyageur Lefebvre rapporte qu'il a toujours trouvé ces Orthoptères dans les endroits privés de toute végétation, et où il n'y avait aucune autre espèce d'insectes qui aurait pu leur servir de pâ-

ORTHOPTÈRES. 333

ture : il est donc probable qu'ils vivent d'insectes microscopiques.

Les *Empuses*, qui forment une autre famille parmi les Mantes,

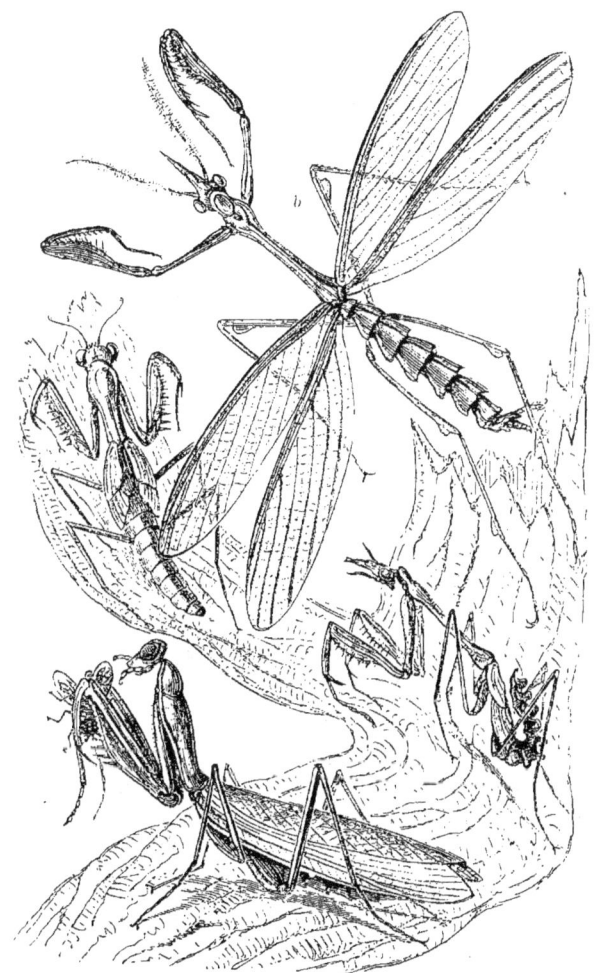

Fig. 339. Mante religieuse et sa larve (*a*). Empuse pauvresse et sa larve (*b*).

ont les antennes pectinées chez les mâles, plus petites chez les femelles.

Le genre *Blepharis*, auquel appartient l'*Empuse pauvresse* (*Blepharis mendica*), se rencontre en Égypte, en Arabie, aux îles Canaries.

L'*Empuse pauvresse*, qui est d'un vert pâle, n'est pas rare dans le midi de la France. On la voit représentée, avec la *Mante religieuse*, dans la figure 339.

L'*Empuse gongylode*, qui habite l'Afrique, porte des manchettes à ses bras et des volants à sa robe.

Les **Phasmes** ou *Spectres* se distinguent des **Mantes** par leur corps très-allongé, droit et raide comme un bâton, par l'absence des pattes préhensibles et par leur genre de nourriture, qui est exclusivement végétal. Ils se nourrissent de feuilles fraîches. Leurs œufs sont pondus à nu, sans enveloppe soyeuse. Quant aux mœurs de ces insectes, elles sont peu connues, parce que la plupart des espèces sont exotiques; ils habitent principalement l'Amérique méridionale, l'Asie, l'Afrique et la Nouvelle-Hollande.

C'est dans cette tribu que l'on rencontre les formes les plus bizarres et les plus monstrueuses, comme le prouvent les dénominations populaires qu'elles ont reçues en différents pays : *spectres, fantômes, chevaux du diable, soldats de Cayenne, feuilles ambulantes, bâtons animés*, etc.

On trouve aussi parmi les Phasmes les plus grands insectes connus, car il en est qui atteignent une longueur de trente centimètres.

Les plus beaux Phasmes sont ceux de la Nouvelle-Hollande et de la Tasmanie. Nous citerons comme exemple le *Phasme géant* (*Cyphocrana gigas*).

Quelques espèces sont dépourvues d'ailes, et ressemblent, à s'y méprendre, à des tiges de bois sec.

Le type le plus connu est le *Bacille* de Rossi (fig. 340), que l'on rencontre aux environs de Cannes et d'Hyères. Cet insecte inoffensif marche lentement sur les branches des arbres, et aime à se reposer au soleil, ses longues pattes antennaires étendues en avant.

D'autres espèces, pourvues d'ailes, ont tout à fait l'aspect des feuilles dont elles se nourrissent; telles sont les *Phyllies* ou *Feuilles ambulantes* des Indes orientales.

D'après Cuningham, tous ces insectes ont des habitudes solitaires et paisibles. On ne les rencontre qu'au nombre d'un ou de deux individus seulement, se traînant avec lenteur sur les arbrisseaux, où ils passent les mois les plus chauds de l'année. Quelques-uns, lorsqu'on les saisit, lancent un liquide laiteux d'une odeur forte et désagréable.

Les Orthoptères dont nous avons parlé jusqu'ici avaient les six pattes appropriées à la course. C'étaient les Orthoptères *coureurs*.

ORTHOPTÈRES.

Les Orthoptères *sauteurs*, auxquels nous arrivons maintenant, ont les pattes postérieures plus fortes et renflées, ce qui les rend propres à exécuter des sauts.

Cette section comprend trois familles, qui ont pour principaux types les Grillons, les Sauterelles et les Criquets.

Fig. 340. Bacille de Rossi, mâle, femelle et larve.

Tous ces insectes se ressemblent par la disproportion qui existe entre les pattes postérieures et les deux paires de devant. Un autre caractère qui leur est commun consiste dans le chant des mâles. Ce chant, bien connu, qui paraît avoir pour but d'appeler les femelles, n'est qu'une sorte de stridulation, produite par le frottement des élytres. Mais le mécanisme varie un peu pour les trois espèces. Chez les Grillons, les élytres tout entiers sont sillonnés de nervures épaisses, très-saillantes et très-dures, qui sont la cause du bruit que l'insecte produit en frottant ses élytres l'un contre l'autre. Chez les Sauterelles, ou *Locustes*, il existe seulement à la base des élytres une membrane transparente, appelée le *miroir*, qui est garnie de nervures saillantes et sert à produire la stridulation. Enfin, les *Acridiens* ont les cuisses et les élytres garnis de stries élevées et très-dures. Les cuisses, en passant rapidement et avec force sur les nervures des élytres, produisent le son, à la manière d'un archet qui frotte les cordes d'un violon. Chez tous ces insectes, le mâle seul est doué de la faculté de faire du bruit.

Les Grillons et les Sauterelles ont des antennes très-longues et minces, tandis que les Acridiens (Criquets) ont des antennes courtes, soit aplaties, soit filiformes, soit renflées en forme de massue. Chez les deux premières espèces, la femelle est munie d'une tarière, qui est plus forte chez les Sauterelles que chez les Grillons. Les femelles des Criquets n'ont pas de tarière.

Étudions successivement les trois types de ces familles, à savoir : les *Grillons*, les *Sauterelles* et les *Criquets*.

Les Grillons sont répandus dans toutes les parties du monde. Ce sont ces insectes que le peuple désigne, en France, sous le nom de *Cri-cri*.

Le *Grillon des champs* (fig. 341) vit solitairement, dans un trou qu'il se creuse en terre, et où il se tient pendant le jour. Il ne quitte sa retraite qu'à la nuit, pour chercher sa nourriture. Il est très-timide. Au moindre bruit, il cesse son chant. S'il est posté au bord de son terrier, il y rentre dès qu'on approche.

Les trous des Grillons sont bien connus des enfants de la campagne, qui savent prendre ces insectes en leur présentant une paille. L'imprudent Grillon la saisit aussitôt avec ses mandibules et se laisse tirer hors de son trou. C'est pour cela qu'on dit : *plus sot qu'un grillon*.

Cet insecte est très-frileux. Il tourne toujours vers le midi l'orifice de son trou. Il se nourrit d'herbes, peut-être aussi d'insectes.

Le *Grillon domestique*, long d'environ deux centimètres, d'une teinte cendrée, se rencontre surtout dans les boulangeries et dans les cuisines de campagne, où il se cache, le jour, dans les crevasses des murailles ou derrière les plaques des cheminées.

ORTHOPTÈRES.

Il mange de la farine, peut-être aussi les petits insectes qui vivent dans la farine.

Lorsqu'on place plusieurs Grillons dans une boîte, ils s'entredévorent. Cela ne prouve pas précisément qu'ils soient carnassiers, car il y a plusieurs espèces ne se nourrissant que de végétaux et qui se détruisent également dans ce cas.

Quelques auteurs prétendent que ces insectes sont toujours altérés, car on les trouve souvent noyés dans les vases qui renferment un liquide quelconque. Tout ce qui est humide est de leur goût. C'est pour cela qu'ils font quelquefois des trous aux vêtements mouillés qu'on suspend près du feu pour les sécher. Ils habitent de préférence les maisons nouvellement construites; car le mortier encore humide leur permet d'y creuser plus facilement leurs demeures.

Fig. 341. Grillon des champs.

Les habitudes du *Cri-cri domestique* sont nocturnes, comme celles de son congénère des champs. Ce n'est qu'à la nuit qu'il sort de sa retraite, pour aller à la recherche de sa nourriture. Quand on l'expose malgré lui à la lumière du jour, il paraît engourdi.

Cet insecte rappelle, parmi les Oiseaux, la Chouette, non-seulement par ses habitudes lucifuges, mais encore par son chant monotone, auquel le vulgaire attache, on ne sait pourquoi, un présage de mauvais augure pour la maison dans laquelle on l'entend. Autrefois ce singulier préjugé était bien plus enraciné qu'il ne l'est aujourd'hui. Le chant du *Cri-cri* n'a cependant pour but que d'appeler la femelle.

Le *Grillon sylvestre*, beaucoup plus petit que le précédent, se rencontre en grand nombre dans les bois, où ses sauts produisent quelquefois le bruit de gouttes de pluie.

Les femelles des Grillons ont une longue tarière, pour déposer leurs œufs dans les fentes et crevasses du sol. Chacune pond environ trois cents œufs, vers le milieu de l'été.

Les larves passent l'hiver et ne deviennent nymphes ou insectes parfaits que l'été suivant.

Mouffet rapporte que, dans certaines régions de l'Afrique, les Grillons sont un objet de commerce. On les élève dans de petites cages, comme nous faisons pour les Serins Canaris, et on les vend aux habitants, qui se plaisent à entendre leur chant amoureux. Ce chant les dispose au sommeil. On dit que certaines peuplades mangent ces insectes. Chez nous, ils sont recherchés comme appâts pour la pêche. On s'en sert dans les ménageries, pour nourrir de petits reptiles.

On range près des Grillons les *Œcanthes*, insectes du midi de l'Europe, qui vivent sur les plantes, et qu'on voit souvent volti-

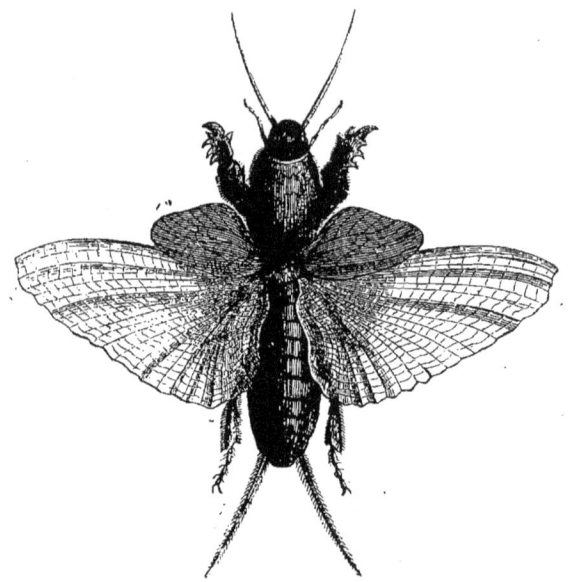

Fig. 342. Grillon-Taupe, ou Courtilière.

ger sur les fleurs; les *Sphœries*, qui vivent dans les fourmilières; — les *Platydactyles*; — enfin les *Courtilières* ou *Taupes-Grillons*, dont les mœurs méritent de nous arrêter un instant.

Les Courtilières se distinguent de tous les autres insectes par la structure de leurs pattes antérieures, qui sont élargies et dentées, de manière à représenter une sorte de main, analogue à celle des Taupes. Cette main trahit leurs mœurs, bien mieux que nos mains ne trahissent les nôtres; on n'a pas besoin de chiromancie pour y lire des habitudes de fouisseur. Les Courtilières s'en servent, en effet, comme d'une pelle, pour creuser des gale-

ORTHOPTÈRES. 339

ries souterraines, et pour accumuler à côté de l'orifice les débris qu'elles en retirent. Leur nom vulgaire vient du vieux mot français *courtille*, qui signifie jardin; il rappelle le séjour favori de ces insectes nuisibles.

Si les Courtilières, ou Grillons-Taupes, ont des pelles aux

Fig. 343. Nid de Courtilière.

pattes de devant, en revanche leurs pattes de derrière sont peu développées; de sorte qu'il leur est tout à fait impossible de sauter, d'autant plus que leur abdomen volumineux s'y opposerait. Les ailes sont larges et se replient en forme de lanières;

elles servent peu, et ce n'est qu'à la tombée de la nuit qu'on voit la Courtilière prendre ses ébats, en décrivant dans l'air des courbes peu élevées. On la rencontre surtout dans les terrains cultivés : potagers, pépinières, champs de blé, etc., où elle se creuse une cavité ovale communiquant avec la surface par un trou vertical (fig. 343). A ce trou aboutissent de nombreuses galeries horizontales, plus ou moins inclinées, qui permettent à l'insecte de gagner sa retraite par beaucoup de chemins, lorsqu'il est poursuivi.

On comprend sans peine qu'un insecte qui mine de la sorte les terrains doive causer de grands dommages aux cultures. Que les végétaux lui servent ou non de nourriture, ils n'en sont pas moins détruits sur son passage.

On reconnaît à la couleur de la végétation, qui est jaune et flétrie, les terrains infestés par les Taupes-Grillons. En outre, les déblais que ces fouisseurs entassent à côté des orifices de leurs galeries, et qui ressemblent en miniature aux taupières, dévoilent leur présence aux cultivateurs. Pour les détruire, on verse de l'eau ou d'autres liquides dans leurs nids, ou bien on enterre, à différentes distances, des vases remplis d'eau, dans lesquels les Courtilières viennent se noyer.

Dès le mois d'avril, les mâles se rendent à l'entrée de leurs terriers, et font entendre leur cri d'appel. Ce sont des notes lentes, vibrantes, monotones, qu'ils répètent longtemps sans interruption et qui ressemblent vaguement au cri de la Chouette et de l'Engoulevent.

La femelle fécondée pond ses œufs, au nombre de deux à trois cents, à l'intérieur d'une sorte de chambre creusée dans un terrain assez compact pour résister aux pluies. L'éclosion a lieu au bout d'un mois.

Ce n'est qu'au printemps suivant que les larves passent à l'état de nymphe, et que les organes du vol commencent à se dessiner. Il faudrait, selon M. Féburier, trois ans pour le développement complet de la Taupe-Grillon, ce qui indiquerait chez ces insectes une longévité remarquable. Tous les auteurs s'accordent d'ailleurs à vanter la sollicitude avec laquelle la Courtilière prend soin de ses petits. Elle les surveille et va, dit-on, leur chercher leur nourriture.

Les *Tridactyles*, qui ont beaucoup d'analogie avec les Taupes-Grillons, sont les plus petits Orthoptères connus : ils n'ont pas plus de cinq millimètres de longueur. On les rencontre dans le midi de la France, sur les bords du Rhône et des autres rivières, où ils prennent leurs ébats dans le sable exposé au soleil.

Les Tridactyles sautent avec une agilité remarquable, même à la surface de l'eau, car leurs pattes sont munies d'appendices fortement aplatis, véritables battoirs.

Les Sauterelles, ou *Locustes*, exécutent des sauts plus étendus que les Grillons, grâce à la conformation de leurs jambes postérieures. Elles s'aident souvent de leurs ailes, qui sont très-développées. Ces insectes sont incapables de marcher, à cause de la disproportion qui existe entre leurs différentes paires de pattes. On ne les voit jamais avancer que par bonds. La femelle est pourvue d'une tarière recourbée, à deux valves, que les enfants appellent son sabre. Elle lui sert à entamer la terre afin d'y déposer ses œufs. Le mâle produit une stridulation aiguë, en frottant l'un contre l'autre ses élytres munis de plaques résonnantes, que l'on pourrait comparer à des cymbales.

Le chant des Sauterelles, connu de tout le monde, est un *zic-zic-zic* monotone, qu'on peut entendre le soir dans les prairies. C'est à cause de ce chant qu'on donne quelquefois, à tort, le nom de Cigale à notre grande Sauterelle verte. Comme nous l'avons déjà dit en parlant de la Cigale, c'est la Sauterelle verte que la Fontaine avait en vue dans sa fable de *la Cigale et la Fourmi*, car toutes les figures qui ornent les anciennes éditions de fables de cet auteur représentent une Sauterelle et non une Cigale.

Les Sauterelles sont répandues dans toutes les parties du monde, mais surtout dans l'Amérique du Sud, qui renferme à peu près les trois quarts des espèces connues. Au contraire, les espèces européennes sont peu nombreuses.

Leurs habitudes sont celles des autres Orthoptères herbivores. Elles vivent dans les prairies, dans les champs, sur les arbres, dévorant les feuilles et les tiges des végétaux; mais elles ne sont jamais en assez grand nombre pour causer des ravages comparables à ceux des Acridiens. On les voit apparaître dès le mois de juillet et disparaître aux premiers froids. Vers la fin de l'été, leur chant se fait entendre dans les prairies et les champs de blé. Les femelles, appelées par les mâles, ne tardent pas à s'accoupler et à pondre leurs œufs dans la terre.

Les œufs passent l'hiver, et les larves n'en sortent qu'au printemps suivant. Après quatre mois, elles se transforment en nymphes qui montrent déjà des ailes rudimentaires, et qui, par une cinquième mue, passent à l'état parfait.

La *grande Sauterelle verte* (*Locusta viridissima*) est fort commune en Europe. Elle se tient pendant le jour sur les arbres, et va le soir prendre ses ébats dans les prairies, où elle chante le soir.

Le *Dectique verrucivore* (fig. 344) est une espèce plus courte et un peu plus trapue, qui se distingue par une tête fort large, offrant des couleurs grises mélangées. On l'entend chanter, pendant le jour, dans les blés mûrs. Son nom lui vient de l'usage qu'en font les paysans en Suède et en Allemagne contre les verrues.

« Les paysans, dit Charles de Geer, font mordre à ces Sauterelles les verrues qu'ils ont souvent sur les mains, et la liqueur que l'insecte verse en même temps de la bouche dans la plaie, fait sécher et disparaître les verres. C'est pourquoi ils leur ont donné le nom de *Wartbit*, qui veut dire *ronge-verrue*. »

Les *Phanéroptères* et les *Copiphores* sont des Sauterelles exotiques.

Les *Éphippigères* sont de petites espèces dont le corselet, fortement excavé, ressemble à une selle de cheval. On rencontre assez fréquemment aux environs de Paris l'*Éphippigère des vignes*, qui est verdâtre, avec quatre raies brunes sur la tête. Chez cette espèce, les élytres sont à peu près nuls et les ailes sont réduites à de simples écailles voûtées dont le frottement produit une stridulation. Les femelles partagent cette disposition avec les mâles : les Éphippigères peuvent donc exécuter des duos[1].

La famille des *Grillacris* ressemble beaucoup aux Grillons. Elle comprend les *Anostostomes* de la Nouvelle-Hollande, qui, à ce que l'on prétend, sont dépourvus d'ailes, même à l'état parfait.

Nous arrivons à la redoutable tribu des *Acridiens*, ou *Criquets*, dont les affreux ravages sont ordinairement endossés par les Sauterelles.

Les Criquets sont, parmi les Orthoptères, les mieux conformés pour sauter. La cuisse et la jambe, repliées ensemble au repos, s'étendent brusquement, sous l'action de muscles très-puissants. Le corps, posant alors sur les tarses et sur les épines mobiles des jambes, se trouve lancé en l'air à une grande hauteur. Les Criquets volent très-bien, mais la course leur est interdite, comme

---

1. Le genre Saga atteint quelquefois des dimensions extraordinaires. Ainsi, en 1863, on a recueilli en Syrie, à la suite d'une pluie de Sauterelles ordinaires, un exemplaire de Saga qui avait une longueur de 13 centimètres. Il a été offert au Muséum d'histoire naturelle de Paris par M. L. Delair.

ORTHOPTÈRES. 343

elle l'est aux Sauterelles. Les femelles n'ont point de tarière. Cette particularité, et la configuration des antennes, qui sont très-courtes, distinguent les Criquets des Sauterelles.

Les mâles, comme nous l'avons déjà dit, exécutent une stridulation perçante, en frottant leurs cuisses sur les élytres. Ce n'est jamais qu'une seule cuisse qui est en mouvement; l'insecte se sert tour à tour de la cuisse gauche et de la droite. Le son est renforcé par une sorte de tambour rempli d'air et recouvert d'une peau très-mince, qui se trouve de chaque côté du corps, à la base de l'abdomen. Le chant des Criquets est plus varié que celui des Sauterelles. Il comporte plusieurs notes différentes; c'est un vé-

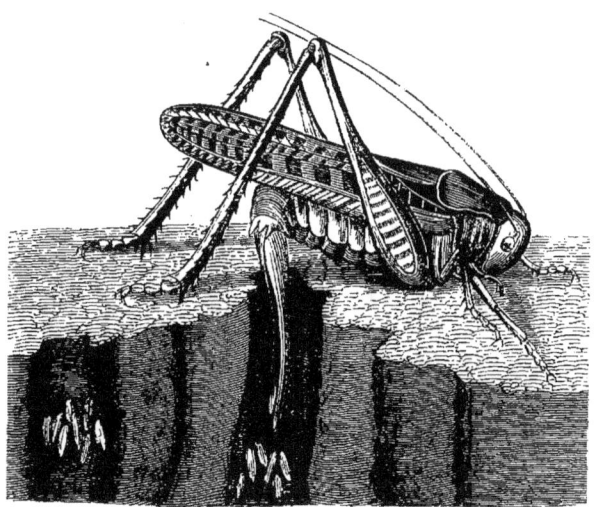

Fig. 344. Dectique verrucivore pondant.

ritable bruit de crécelle, mais avec des timbres très-divers, selon les espèces.

Les Acridiens sont diurnes : ils fréquentent les lieux secs et aiment à se poser sur les herbes, en plein soleil. Certaines espèces, qui habitent les régions chaudes du Midi, remuent les jambes sans qu'on entende le bruit qu'elles produisent; il n'est perceptible que pour les oreilles délicates. Dans ces pays, la Cigale est donc la musicienne brevetée, et les Criquets mettent une sourdine à leur musique de carrefour.

Les Criquets sont très-abondants dans toutes les parties du monde. Dans les pays du Nord, où ils se multiplient moins rapidement, leurs dégâts sont moins désastreux, quoique encore considérables. Mais dans les parties méridionales du globe ils constituent un véritable fléau : la huitième des plaies d'Égypte. Certaines espèces se multiplient d'une manière si prodigieuse, qu'elles ravagent de vastes champs, et dans un temps très-court réduisent des contrées entières à la dernière misère.

Ces insectes se gonflent d'air et entreprennent des voyages, pendant lesquels ils font plus de six lieues en un jour, dévastant sur leur parcours toute la végétation.

L'espèce la plus nuisible est le *Criquet nomade* (*Acridium* ou *OEdipodium migratorium*, fig. 345), très-commun en Afrique, aux Indes, dans tout l'Orient. On trouve des individus isolés dans les prairies des environs de Paris, surtout à la fin de l'été. Cette espèce est verdâtre, avec des élytres transparents, d'un gris sale, des ailes blanchâtres et des jambes roses.

Le *Criquet nomade* a le corps rouge, les élytres gros, tachetés de noir, les jambes rougeâtres.

Une seconde espèce, le *Criquet d'Italie* (*Calliptamus*), fait aussi beaucoup de dégâts dans le Midi.

Toutes ces espèces ont cinq mues, qui prennent un mois et demi ; la dernière a lieu à la fin de la belle saison, vers l'automne.

C'est surtout dans les pays chauds que les Criquets deviennent le fléau de l'agriculture. Là où ils s'abattent, ils changent tout à coup en désert aride la contrée la plus fertile. On les voit arriver en bandes innombrables, qui de loin ont l'aspect de nuages orageux. Ces nuées sinistres cachent le soleil. Aussi haut et aussi loin que les yeux peuvent porter, le ciel est noir, et le sol inondé de ces insectes. Le bruissement de ces millions d'ailes est comparable au bruit d'une cataracte. Quand l'horrible armée se laisse tomber à terre, les branches des arbres cassent. En quelques heures, et sur une étendue de plusieurs lieues, toute végétation a disparu. Les blés sont rongés jusqu'à la racine, les arbres dépouillés de leurs feuilles. Tout a été détruit, scié, haché, dévoré. Quand il ne reste plus rien, le terrible essaim s'enlève, comme à un signal donné, et repart, laissant derrière lui le désespoir et la famine.

Il va à la recherche d'un autre pâturage : *quærens quem devoret!*

Ordinairement, pendant l'année qui suit celle où une contrée a été dévastée par une pluie de Criquets, les dégâts de ces insectes sont moins à craindre ; car il arrive souvent qu'après avoir tout ravagé, ils périssent de faim avant l'époque de la ponte.

Mais leur mort devient la cause d'un mal plus grand. Leurs innombrables cadavres, amoncelés et échauffés par le soleil, ne tardent pas à entrer en putréfaction. Par les exhalaisons infectes qui s'en dégagent, des maladies épidémiques se déclarent, qui déciment les populations.

Les Criquets naissent dans les déserts de l'Arabie et de la Tartarie ; les vents d'est les amènent en Afrique et en Europe. Les navires qui se trouvent dans les parages de l'est de la Méditer-

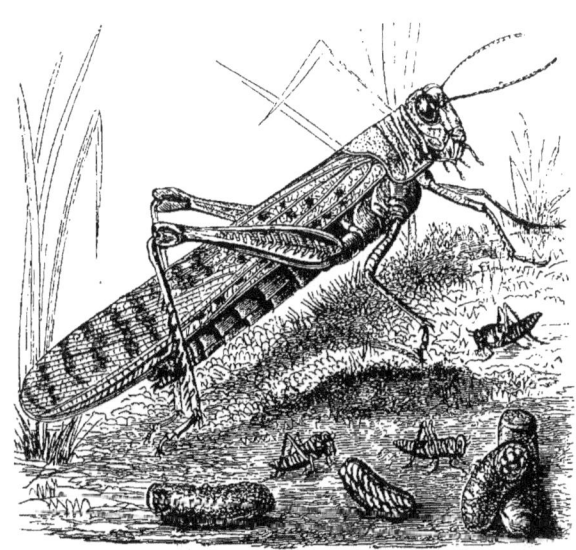

Fig. 345. Grand Criquet d'Afrique (Acridien voyageur).
Petites larves sortant de l'œuf, et œufs.

ranée en sont parfois couverts, à une grande distance des continents.

La Bible rapporte, au dixième chapitre de l'*Exode*, que Jéhovah ordonna à Moïse d'étendre la main, pour faire venir sur tout le pays d'Égypte les Sauterelles (*Arbeth*), comme huitième plaie, destinée à intimider Pharaon, rebelle à sa volonté. Ces insectes arrivèrent, amenés par un vent d'orient, et couvrirent à ce point la surface du pays, que l'air en était obscurci. Ils broutèrent toute l'herbe de la terre et tout le fruit des arbres que la grêle (la septième plaie) avait laissé. Un vent d'occident les emporta, lorsque Pharaon eut enfin promis de laisser partir le peuple d'Israël[1].

Pline rapporte que dans plusieurs pays de Grèce une loi obligeait les habitants à faire la guerre aux Criquets trois fois par an, c'est-à-dire sous leurs trois états d'œuf, de jeune et d'adulte.

Dans l'île de Lemnos, les citoyens étaient imposés à un certain nombre de mesures de Criquets.

L'an 170 avant notre ère, les Criquets dévastèrent les environs de Capoue. L'an 181 après Jésus-Christ, ils exercèrent leurs ravages dans le nord de l'Italie et dans la Gaule.

En 1690, les Sauterelles arrivèrent en Pologne et en Lithuanie, par trois endroits et comme en trois corps.

« Il s'en trouva en certains lieux, écrivait l'abbé de Ussans, témoin oculaire, où elles étaient mortes les unes sur les autres, jusqu'à quatre pieds de hauteur. Celles qui étaient vivantes se perchant sur les arbres, faisaient ployer les branches jusqu'à terre, tant leur nombre était grand. Le peuple crut qu'il y avait des espèces de lettres hébraïques sur leurs ailes ; un rabbin prétendit y lire les mots qui signifient en français : *Colère de Dieu*. Les pluies faisaient mourir ces insectes, ils infectèrent l'air, et les bestiaux qui en mangeaient parmi l'herbe, mouraient aussitôt. »

En 1749, les Criquets arrêtèrent l'armée de Charles XII, roi de Suède, en retraite dans la Bessarabie, après sa défaite de Pultawa. Le roi se croyait assailli par un orage de grêle, lorsqu'une nuée de ces insectes s'abattit brusquement sur son armée, engagée dans un défilé. Hommes et chevaux étaient aveuglés par cette grêle vivante, tombant d'un nuage qui cachait le soleil. L'arrivée des Criquets avait été annoncée par un sifflement pareil à celui qui précède une tempête, et le bruissement de leur vol couvrait la voix de la mer Noire. Toutes les campagnes furent bientôt désolées sur leur passage.

Pendant la même année, une grande partie de l'Europe fut envahie par ce fléau. Les journaux du temps sont remplis de récits relatifs à cette calamité publique.

En 1755, le Portugal fut atteint. C'était l'année du tremblement de terre de Lisbonne. Tous les fléaux semblaient donc s'acharner sur ce malheureux pays.

---

1. « Moïse étendit sa verge sur le pays d'Égypte et l'Éternel fit passer sur le pays un vent oriental, tout le jour et toute la nuit, et au matin le vent oriental avait amené les sauterelles. Elles étaient en très-grand nombre. Elles couvrirent la surface de tout le pays, tellement que la terre en fut couverte, et elles broutèrent toute l'herbe de la terre, et tout le fruit des arbres que la grêle avait laissé, et il ne demeura aucune verdure aux arbres, ni aux herbes des champs dans tout le pays. »

En 1780, le mal prit, en Transylvanie, des proportions telles qu'il fallut réclamer l'aide de l'armée. Des régiments ramassaient les insectes et les enfermaient dans des sacs. Quinze cents personnes s'employèrent à les écraser, à les enterrer, à les brûler. Malgré tout, leur nombre ne paraissait pas diminué. Un vent froid, qui s'éleva heureusement, les fit disparaître. Mais au printemps suivant le fléau reprit son cours. Tout le pays s'employa à le combattre. On poussait les Sauterelles avec de grands balais, dans des fossés, au fond desquels on les brûlait. Le pays n'en fut pas moins ruiné.

Les Sauterelles se montrèrent à la même époque dans l'empire du Maroc, où elles causèrent une famine affreuse. Les pauvres erraient de tous côtés, déterrant les racines des végétaux, se jetant sur les fientes des chameaux, pour y chercher les grains d'orge conservés....

Barrow et Levaillant, dans leurs *Voyages à travers l'Afrique centrale*, parlent de semblables calamités arrivées plusieurs fois, de 1784 à 1797. Ils ajoutent que les rivières sont alors masquées par les cadavres de Criquets qui couvrent tout le pays.

D'après Jackson, en 1739 les Criquets couvrirent toute la surface du sol, de Tanger à Mogador. Toute la région voisine du Sahara fut ravagée, tandis que de l'autre côté de la rivière El Kos on ne voyait pas un seul de ces insectes. Quand le vent vint à souffler, ils furent poussés dans la mer, et leurs cadavres occasionnèrent une peste qui désola la Barbarie.

Les Indes et la Chine sont souvent la proie de ces insectes dévastateurs. En 1735, des nuages de Criquets cachaient aux Chinois le soleil et la lune. Non-seulement les récoltes sur pied, mais encore les céréales en magasin et les vêtements dans les maisons furent dévorés.

Dans le midi de la France, les Criquets se multiplient quelquefois si prodigieusement, qu'on peut remplir en peu de temps plusieurs barils de leurs œufs. Ils ont causé, à diverses époques, d'immenses dégâts. C'est notamment dans les années 1613, 1805, 1820, 1822, 1825, 1832 et 1834 que leurs apparitions ont été redoutables dans cette région.

Mézeray rapporte qu'au mois de janvier 1613, sous Louis XIII, les Sauterelles firent invasion dans la campagne d'Arles. En sept ou huit heures, les blés et les fourrages furent dévorés jusqu'à la racine, sur une étendue de pays de 15 000 arpents. Elles passèrent ensuite le Rhône, vinrent à Tarascon et à Beaucaire, où elles mangèrent les plantes potagères et la luzerne. Puis elles se transportèrent à Aramon, à Monfrin, à Valabrègues, etc., où elles furent heureusement détruites en grande partie par les Étourneaux et autres oiseaux insectivores, accourus, par bandes immenses, à cette curée formidable.

Les consuls d'Arles et de Marseille firent ramasser les œufs. Arles dépensa, pour cette chasse, 25 000 francs, et Marseille 20 000 francs. 3000 quintaux d'œufs furent enterrés ou jetés dans le Rhône. En comptant 1 750 000 œufs par quintal, cela donnerait un total de 5 milliards 250 000 000 de Sauterelles détruites en germe, et qui, sans cela, auraient bientôt renouvelé les ravages dont le pays venait d'être victime.

En 1822, on dépensa encore en Provence 2227 francs pour le même objet. En 1825, la chasse coûta 6200 francs. On payait une prime de 50 centimes pour chaque kilogramme d'œufs, et la moitié pour chaque kilogramme d'insectes. Ces œufs recueillis étaient brûlés, ou bien on les écrasait avec de pesants rouleaux.

La chasse aux Criquets, qui se faisait en Provence à l'époque dont nous parlons, était confiée aux femmes et aux enfants. Elle consistait à promener à ras de terre de grands draps, dont on tenait les coins relevés. Les Criquets venaient s'y poser, et on s'en emparait en roulant le drap.

Dans le territoire des Saintes-Maries, situé non loin d'Aigues-Mortes, sur le bord de la Méditerranée, on remplit 1598 sacs à blé de Sauterelles mortes, d'un poids de 68 861 kilogrammes, et à Arles 165 sacs, ou 6600 kilogrammes. Les primes accordées aux chasseurs s'élevèrent à 5542 francs. Mais l'année suivante les Sauterelles causèrent plus de dégâts encore.

On trouve toujours des Sauterelles en Algérie, dans les provinces d'Oran, Bone, Alger, Bougie; mais elles ne vont pas jusqu'à produire ces invasions terribles qui changent en désert les lieux cultivés. Il y a en Algérie des années à Sauterelles, comme il y a chez nous des années à Hannetons, à Altises, à Chenilles, etc. Ces fléaux sont heureusement assez rares. Les plus terribles ont eu lieu en 1845 et en 1866.

En 1845, une invasion formidable de Sauterelles arriva en Algérie. Elle dura cinq mois, de mars à juillet. Chaque jour amenait de nouvelles bandes de ces insectes dévastateurs. M. Henry Berthoud, qui habitait alors Alger, en vit une colonne, dont le passage, commencé avant le jour, était à peine terminé à quatre heures de l'après-midi.

Le docteur Guyon, médecin de l'armée, correspondant de l'Institut, adressa à cette compagnie savante la relation de quelques particularités de l'invasion des Sauterelles de 1845, dont il fut témoin. Il parle d'une bande de Sauterelles qui passa le 16 mars au-dessus de la plaine de Sebdou, se dirigeant vers le désert d'Angard. Ce passage dura trois heures. Les Sauterelles, n'ayant rien trouvé à dévorer dans le désert, revinrent sur leurs pas, et le lendemain elles s'abattaient dans la plaine de Sebdou, qui a 30 kilomètres de long sur 12 à 15 kilomètres de large. En quatre heures, toutes les récoltes furent dévorées, toute la végétation détruite. « Les Sauterelles, dit le docteur Guyon, laissèrent après leur départ une odeur infecte d'herbes putréfiées produites par leurs excrétions. »

A Alger, dans le faubourg Bab-Azoum, on les vit pénétrer en masses dans les magasins d'orge, et l'on eut toutes les peines du monde à les en chasser. On élevait devant ces magasins des barricades, pour empêcher l'invasion de ces barbares volants.

Les Sauterelles ne dévorent donc pas seulement des plantes vertes : les grains deviennent aussi leur proie. On les vit en 1845 pénétrer dans les silos où les indigènes conservent les blés.

D'après le rapport du commandant de la place de Philippeville, M. Levaillant, une colonne de Sauterelles s'abattit sur cette région le 18 mars 1845. Cette colonne avait une étendue de 30 à 40 centimètres. On trouvait sur le sol une épaisseur de Sauterelles qui avait jusqu'à 3 centimètres de hauteur.

Les soldats et les colons faisaient à ces envahisseurs une guerre incessante. On les pourchassait à coups de fusil.

Les résultats de cette guerre d'un nouveau genre méritent bien d'être rappelés. Aux environs d'Alger seulement, on détruisit, en 1845, 369 quintaux de Sauterelles. On comptait 400 Sauterelles par kilogramme : c'est donc un total de 14 760 000 individus qui furent détruits. Comme dans ce nombre il se trouve généralement moitié de femelles, et que chaque femelle pond en moyenne 70 œufs, il résulte que cette chasse empêcha la production de 516 600 000 larves de Sauterelles sur le seul territoire d'Alger.

L'invasion de Sauterelles qui a eu lieu en 1866 dans notre colonie d'Afrique, a été tout aussi désastreuse que celle de 1845.

C'est dans le courant d'avril 1866 que parurent les premières phalanges de ces insectes dévastateurs. Débouchant par les gorges des montagnes et par les vallées dans les plaines fertiles du littoral, elles s'abattirent d'abord sur la plaine de la Mitidja et sur le Sahel d'Alger. Leur masse, sur certains points, interceptait la lumière du soleil, et ressemblait à ces tourbillons de neige qui, pendant les tempêtes d'hiver, dérobent aux regards les objets les plus rapprochés. La végétation offrait à leur voracité un appât qui les attirait. Bientôt les colzas, les avoines, les orges, les blés tardifs, les plantes maraîchères furent en partie détruits. Sur certains points, les Sauterelles pénétrèrent dans l'intérieur des habitations.

Le gouvernement général de l'Algérie s'efforça de ranimer le courage des populations. Par ses ordres, les troupes se joignent aux colons pour combattre le fléau. Les Arabes, atteints eux-mêmes dans leurs intérêts, se lèvent pour apporter leur concours contre l'ennemi commun. Des quantités immenses de Sauterelles sont détruites en quelques jours. Mais que peuvent les efforts humains contre ces multitudes ailées, qui s'échappent dans l'espace, et n'abandonnent un champ que pour aller retomber sur le champ voisin!

Il n'était pas possible d'empêcher la fécondation de ces insectes. La ponte donnant promptement naissance à des larves innombrables, les premiers essaims furent bientôt centuplés et remplacés par une génération nouvelle.

L'apparition des jeunes Sauterelles est particulièrement redoutable, en raison de leur voracité. Ces masses affamées se précipitent sur tout ce qui a été épargné par leurs devancières. Elles encombrent les sources, les canaux, les ruisseaux, et l'on a grand'peine à débarrasser les eaux de ces causes d'infection.

Presque en même temps, les provinces d'Oran et de Constantine furent envahies. A Tlemcen, où de mémoire d'homme les Criquets n'avaient encore paru, le sol en était jonché. A Sidi-bel-Abbès, à Sidi-Brahim, à Mostaganem, ils attaquèrent les tabacs, les vignes, les figuiers, les oliviers même, malgré l'amertume de leur feuillage. A Relizane et à l'Habra, ils envahirent les cultures de cotonniers. La route de 80 kilomètres qui relie Mostaganem à Mascara en fut couverte dans tout son parcours.

Dans la province de Constantine, les Sauterelles apparurent presque simultanément du Sahara à la mer, et depuis Bougie jusqu'à la Calle. A Batna, à Sétif, à Constantine, à Guelma, à Bone, à Philippeville, à Djidjelli, les populations luttaient avec énergie contre cette invasion. Mais ni le feu, ni les obstacles opposés à la marche de ces phalanges ailées ne purent empêcher les désastres.

Pour alléger autant que possible la ruine qui avait ainsi atteint notre colonie, le gouvernement français ouvrit, à la fin de l'année 1866, une souscription publique.

Une invasion de Sauterelles qui eut moins de conséquences désastreuses, mais qui causa de grands ravages, eut lieu dans la province d'Alger, aux mois de juin et juillet 1874. Tous les environs d'Alger et une partie de la province furent ruinés par ce fléau. Les colons se réunirent, firent de grands feux, tirèrent des décharges d'artillerie, le tout sans résultat. La voie ferrée fut tellement obstruée par les innombrables masses de Sauterelles, que les convois furent forcés de s'arrêter devant cet obstacle insurmontable.

N'est-il aucun moyen d'empêcher ces terribles invasions?

Les nègres du Soudan s'efforcent d'effrayer les Sauterelles dans leur vol, en jetant des cris sauvages. En Hongrie, on a employé, dans le même but, le bruit du canon. Au moyen âge, à défaut du canon, on exorcisait les Sauterelles.

Un voyageur du seizième siècle, le moine Alvarez, rapporte qu'il employa aussi les exorcismes contre une immense nuée de ces insectes destructeurs, qu'il rencontra en Éthiopie. Quand il les eut aperçus, il fit former en procession les Portugais et les indigènes, et leur ordonna de chanter les psaumes.

« Ainsi chantant, dit-il, nous nous acheminâmes en une campagne, là où étoient les fromens. Où parvenu, je fey prendre assez de ces locustes, auxquelles je fey une conjuration, que je portois sur moi en écrit, par moi composée la nuit précédente, les requérant, anfonétant et excommuniant, puis les enchargeay que dans trois heures eussent à vider de là et tirer à la voile de la mer, ou de prendre la route de la terre des Maures, abandonnant les terres des chrétiens. En refus de quoy, j'adjurois et convoquois tous les oyseaux du ciel, les animaux de la terre et toutes les tempestes de l'air, à les dissiper, détruire et dévorer, et pour cette amonition fey saisir une certaine quantité de ces locustes, prononçant ces paroles en leur présence, afin qu'ils n'en ignorent, puis les laissey aller pour avertir les autres. »

Si l'on songe qu'à leur arrivée dans la terre des Maures, ces mêmes Criquets avaient peut-être été accueillis par des prières qui les renvoyaient dans la terre des chrétiens, on conviendra que ces insectes durent se trouver bien embarrassés entre ces deux adjurations contradictoires.

Les Arabes ont aussi un moyen « infaillible » pour éloigner les Sauterelles. Voici ce que le général Daumas nous apprend à cet égard.

D'après Ben Omar, le Prophète lut un jour, sur les ailes d'une Sauterelle, écrit en caractères hébraïques : « Nous sommes les troupes du Dieu le plus grand; nous pondons chacune quatre-vingt-dix-neuf œufs. Si nous en pondions cent, nous dévasterions le monde entier. » Alors Mahomet effrayé fit une ardente prière, par laquelle il suppliait Dieu de détruire ces ennemis des musulmans. A cette invocation, l'ange Gabriel vint dire à Mahomet qu'une partie de ses vœux serait exaucée. Depuis cette époque, en effet, les paroles d'invocation au Prophète, écrites sur un papier, et renfermées dans un roseau, que l'on plante au milieu des blés ou des vergers, ont le pouvoir de détourner les Sauterelles[1].

Cette recette est infaillible, au dire des dévots musulmans.

Il en existe une autre tout aussi efficace. On prend quatre Sauterelles, et l'on écrit sur les ailes de chacune un verset du Koran (quatre versets du Koran sont affectés à cet usage). On lâche les Sauterelles ainsi stigmatisées au milieu de l'essaim; et l'armée volante prend aussitôt une autre direction.

A en croire les Arabes, les Sauterelles auraient une foule de vertus. Quand on les voit en songe, elles annoncent l'avenir; si vous rêvez que vous en mangez, c'est bon augure; si vous rêvez qu'il pleut des Sauterelles d'or, Dieu vous rendra ce que vous avez perdu, etc.

Sous le califat d'Omar-ben-el-Khotthal, les Sauterelles semblaient avoir complétement disparu. Grande tristesse dans le pays. Le calife éprouvait surtout une vive affliction. Il expédia des courriers dans l'Yemen, dans le Cham et dans l'Irak, pour voir si l'on n'en trouverait pas quelques-unes.

Un des envoyés réussit dans sa mission. Il rapporta une poignée de Sauterelles. « Dieu est grand ! » s'écria Omar, qui dès lors resta sans inquiétude sur le sort du genre humain.

Il faut savoir, pour comprendre et le désespoir et la satisfaction du calife Omar, qu'il est écrit, selon les musulmans, que l'espèce humaine disparaîtra de la terre après l'extinction des Sauterelles. Car ces insectes ont été formés du reste du limon

---

1. *Le Grand Désert*, par le général E. Daumas et E. de Chancel. In-18, Paris, 1860.

Fig. 346. Invasion des Sauterelles en Algérie, au mois de juin 1874.

qui a servi à faire l'homme, et ils sont destinés à lui servir de nourriture.

Aussi les Sauterelles avec les poissons sont-ils les seuls animaux que Dieu permette aux musulmans de manger sans les écorcher. Encore faut-il qu'ils aient été tués par un croyant, sans cela leur chair serait impure !

Les Arabes mangent d'ailleurs avec délices les Sauterelles.

Quand on lui demandait son avis sur cet aliment, le calife Omar-ben-el-Khotthal disait : « J'en voudrais avoir un panier plein pour les croquer ! »

D'après le général Daumas, les Sauterelles, fraîches ou conservées, sont une bonne nourriture pour les hommes et pour les chameaux. On les mange grillées ou bouillies, et préparées au couscoussou, après leur avoir enlevé les pattes, les ailes et la tête. Quelquefois on les sèche au soleil, et on les réduit en poudre, que l'on mélange avec du lait, ou que l'on pétrit avec de la farine ; puis on en fait une pâte, avec de la graisse ou beurre et du sel.

Les chameaux en sont très-friands ; on leur donne à manger les Sauterelles desséchées ou rôties entre deux couches de charbon.

Séchées et salées, les Sauterelles sont en Asie et en Afrique un objet de commerce. A Bagdad, elles font quelquefois baisser le prix de la viande. Le goût de leur chair est comparable à celui de l'Écrevisse.

C'est d'ailleurs de tout temps que les Orientaux ont mangé les Sauterelles.

Le poëte comique grec Aristophane nous apprend, dans les *Acharniens*, que les Grecs en vendaient au marché. Moïse en permettait aux Juifs quatre espèces, qui sont indiquées dans le Lévitique. Saint Jean-Baptiste, à l'exemple du prophète Amos, en fit sa nourriture dans le désert, où il ne trouvait que des Sauterelles et un peu de miel.

La salubrité de cet aliment fut pourtant contestée chez les anciens. Strabon raconte qu'il existe sur les bords du golfe Arabique un peuple *Acridophage* ou *Mangeur de Sauterelles*. Or ces mangeurs de Sauterelles ont tous une fin malheureuse. Ce peuple se procurait les Sauterelles en allumant de grands feux, quand les vents d'équinoxe apportaient les essaims voyageurs. Aveuglées et suffoquées par la fumée, les Sauterelles tombaient à terre et étaient ramassées avidement par ces nègres, qui les mangeaient fraîches ou salées.

Ces Acridophages, dit Strabon, sont, il est vrai, agiles, bons coureurs ; mais leur vie ne dépasse point quarante ans ! Lorsqu'ils approchent de cet âge, il sort de leur corps une horrible vermine, qui les ronge, à commencer par le ventre, et ils meurent ainsi misérablement.

Le même conte se retrouve dans la relation du *Voyage de circumnavigation* de l'amiral Drake. Ce voyageur parle des naturels de l'Éthiopie, qui, se nourrissant de Sauterelles, meurent rongés par des insectes ailés nés au sein de leur corps.

Il est difficile d'expliquer l'origine de pareilles fables.

Les voyageurs qui ont visité l'Arabie s'accordent à déclarer que la Sauterelle est un aliment des plus sains. On assure même qu'il fait engraisser. Dans tous les cas, c'est une bonne pâture pour les bestiaux et la volaille.

Les anciens employaient les Sauterelles en médecine. Dioscoride déclare que les cuisses de Sauterelles mises en poudre et mélangées avec du sang de bouc guérissent la lèpre ; que, mélangées avec du vin, elles sont un spécifique contre la piqûre des scorpions, etc. Nous ne pensons pas néanmoins que nos médecins soient jamais tentés de les administrer à leurs malades.

Il nous reste à décrire quelques autres espèces de Criquets moins nuisibles par leurs ravages que les Criquets nomades.

Dans les déserts de l'Égypte, on rencontre la grande *Érémobie*, et dans l'Amérique méridionale l'*Ommexèque*, qui marche plutôt qu'elle ne saute.

Au contraire, les *Tétrix* sautent très-bien. Ils sont remarquables par la conformation du corselet, qui se prolonge en pointe et recouvre tout le corps. Ce sont de petits insectes aux couleurs vives et brillantes, qui se tiennent sur les feuilles des plantes basses et échappent facilement à la main qui les veut saisir.

Le *Tétrix subulé*, de couleur brunâtre, est commun au printemps aux environs de Paris, dans les bois et les champs arides et secs.

Les *Pneumores* sont des insectes assez singuliers. Les mâles ont un abdomen très-gonflé, qui ressemble à une vessie remplie d'air, et des ailes bien développées. Les femelles ont un abdomen de forme ordinaire ; leurs ailes sont très-courtes ou même tout à fait rudimentaires. Ces insectes produisent une stridulation aiguë, en frottant leurs cuisses postérieures contre une rangée de petits tubercules ou de crénelures, que l'on remarque de chaque côté de l'abdomen. Le son est d'autant plus pénétrant qu'il est renforcé par un abdomen vésiculeux, tendu comme la peau d'un tambour.

Les *Pneumores* habitent l'Afrique méridionale, comme aussi les *Truxales*, dont quelques variétés se rencontrent cependant en Espagne, en Sicile et dans le midi de la France.

Nous passerons sous silence un grand nombre d'autres espèces d'Orthoptères moins intéressantes. Celles que nous avons décrites suffisent pour justifier ce que nous avons dit plus haut, à savoir que cet ordre renferme les insectes aux formes les plus singulières et les plus anomales.

VI

ORDRE DES HYMÉNOPTÈRES.

Les Abeilles; leur organisation et leurs mœurs. — L'Apiculture. — Les Mélipones. — Les Bourdons. — Les Guêpes. — Les Fourmis; leur organisation et leurs mœurs. — Les Gallinsectes.

L'ordre des *Hyménoptères* comprend les insectes qui ont quatre ailes nues, croisées horizontalement sur le corps, entièrement membraneuses et pourvues de nervures sans réticulations. Leur nom dérive des deux mots grecs : ὑμήν (membrane) et πτερόν (aile).

Les Hyménoptères ont une bouche composée de deux mandibules cornées, de mâchoires et de lèvres propres à la succion.

C'est parmi les Hyménoptères que se rencontrent les insectes les plus industrieux, des insectes qui possèdent une véritable intelligence.

Ces petits animaux nous offrent les plus admirables exemples de la sociabilité. Nés architectes, ils construisent des demeures merveilleusement agencées, qui leur servent à la fois à élever leur progéniture et à accumuler leurs provisions. Rien n'égale la maternelle sollicitude avec laquelle ils surveillent leurs jeunes larves, encore incapables de se mouvoir et de subvenir elles-mêmes aux besoins de leur existence.

Ils forment des républiques, gouvernées par des lois immuables. Ils font la guerre à leurs ennemis, en corps de bataille. Ils ont des prédilections ou des antipathies pour l'homme, qui recherche leur société, par suite des avantages matériels qu'il en retire.

Les *Abeilles*, les *Bourdons*, les *Guêpes* et les *Fourmis* sont les types les plus connus de cet ordre d'insectes.

Chez la plupart des Hyménoptères, les femelles sont armées d'un aiguillon, ce qui leur a fait donner le nom de *porte-aiguillon*. La piqûre produite par cet aiguillon sur l'homme ou les animaux est douloureuse. Les Hyménoptères sont donc en état de se défendre et même d'attaquer.

Tous ces insectes subissent des métamorphoses complètes.

A l'état de larve, ils sont incapables de se mouvoir et de chercher leur nourriture ; mais la nature a pourvu, de différentes manières, à leur conservation. Les uns sont logés et nourris par les *ouvrières* de la tribu, femelles infécondes qui, par un exemple d'abnégation bien rare dans la nature, ne paraissent avoir d'autre vocation que de se sacrifier au bien-être des larves. Les *ouvrières* construisent le nid et apportent les provisions de bouche. C'est là ce qui s'observe chez les Abeilles et les Fourmis.

Il est des Hyménoptères qui établissent le berceau de leur postérité dans la carcasse d'autres insectes, et qui meurent au moment où leurs larves, placées dans ce corps étranger, ont acquis leur développement complet.

Les larves de la *Chalcide* et de l'*Ichneumon* fournissent des exemples d'Hyménoptères qui habitent l'intérieur même du corps d'un autre insecte. Proie vivante du parasite, ce dernier continue d'exister, renfermant en lui-même les germes de sa mort !

D'autres Hyménoptères parasites sont moins bien organisés pour cette sorte d'exploitation d'autrui. Ils se contentent de déposer leurs œufs dans les nids d'autres espèces, qui ont sur eux l'avantage de savoir construire [leurs retraites. Leurs larves vivent ainsi sur le bien du prochain ; elles se nourrissent de la provision qui a été amassée par d'autres. Ainsi vivent les Cleptes, les Chrysis, etc.

Enfin, quelques Hyménoptères, tels que les *Gallinsectes* et les *Tenthredo*, ou *Fausses-Chenilles*, vivent dans leur premier état, à découvert sur les végétaux, et se nourrissent de leurs feuilles.

Nous ne décrirons ici que les familles principales de l'ordre des Hyménoptères, qui renferme un nombre considérable d'espèces. Ces familles seront : 1° les *Apides*, comprenant les *Abeilles*, les *Mélipones*, les *Bourdons*; 2° les *Vespides*, c'est-à-dire les Guêpes ; 3° les *Formicides*, qui comprennent les Fourmis ; 4° les *Cynipsides* ou *Gallinsectes*.

Les Abeilles. — L'homme, de toute antiquité, avant toute civilisation, a connu les Abeilles, et a tiré parti des produits de ces industrieux insectes. Il a su profiter de leur travail, en s'emparant de leur cire et de leur miel.

La Bible fait mention des Abeilles. Leur nom hébraïque est *Deborah*. Les Grecs les désignaient sous le nom de *Melissa* ou *Melitta*.

Les étonnantes facultés d'architecte qui se manifestent chez les Abeilles, leur prévoyance économique, la combinaison surprenante de leurs raisonnements, qui dénote une véritable intelligence, leur admirable organisation sociale, ont de tout temps fixé l'attention des naturalistes, comme celle des poëtes et des penseurs. Virgile les a célébrées dans le quatrième chant de ses *Géorgiques*. Le poëte latin a parfaitement résumé les connaissances que les anciens avaient sur les Abeilles. Il peint avec beaucoup de vérité plusieurs traits de leur histoire, signale leurs ennemis et expose avec justesse tous les soins qu'il faut leur donner. Aux yeux du poëte de Mantoue, les Abeilles sont un don du ciel, *dona cœlestia*. Leur intelligence excita son admiration :

> *His quidam signis atque hæc exempla secuti,*
> *Esse apibus partem divinæ mentis et haustus*
> *Æthereos dixere* [1]....

Hâtons-nous de dire pourtant que tout ce que les anciens naturalistes ou poëtes, grecs et latins, rapportent au sujet des Abeilles, est un mélange de vérité et d'erreur, et ne repose, en général, que sur des suppositions.

Aristote connaissait bien les trois sortes d'individus qui constituent les sociétés d'Abeilles, et quelques autres faits principaux de leur histoire ; mais ces faits ne sont pas précisés nettement dans son récit, et ils sont surtout mal interprétés. Le philosophe grec a fort mal compris les insectes en général. Il les fait naître des feuilles des arbres, et met en avant à leur sujet une foule d'erreurs, que la plus simple observation aurait suffi pour dissiper.

Pline nous apprend qu'Aristomaque de Soles consacra cinquante-huit années à observer les mœurs de l'Abeille, et que Philiscus de Thrace passa, pour le même motif, toute sa vie dans les forêts. Mais ce dévouement ne paraît pas avoir porté de grands fruits, si l'on rapproche des découvertes de notre temps toutes les erreurs que Pline, Aristote et Columelle ont enregistrées sur les Abeilles.

---

1. Frappés de ces traits, quelques-uns ont dit qu'un rayon de l'intelligence divine, une sorte d'émanation du ciel, avait été départi aux Abeilles.

HYMÉNOPTÈRES.

Pline dit que les Abeilles occupent le premier rang parmi les insectes, qu'elles ont été créées pour l'homme, auquel leur travail procure le miel et la cire. Il ajoute qu'elles forment des associations politiques, qu'elles ont des conseils, des chefs, et même une morale et des principes.

On voit par cette opinion du naturaliste romain dans quelle haute estime les anciens tenaient les Abeilles. Mais les anciens avaient les plus singulières idées sur la production de ces petits êtres. Comme personne n'avait jamais vu leur génération, on inventait fables sur fables pour expliquer leur origine. Les uns prétendent que les Abeilles naissent d'un bœuf, tué récemment et enterré dans du fumier. D'autres ajoutent qu'elles ne prennent naissance qu'au sein du corps d'un jeune bœuf tué par violence. Les plus courageuses Abeilles sortaient du ventre d'un lion putréfié. C'est de la tête de ce même animal, corrompu, que se formaient les *rois* (c'est-à-dire les *reines*) des Abeilles. Le cadavre de vache fournissait des Abeilles douces et traitables; un veau ne pouvait fournir que des Abeilles petites et faibles.

D'autres naturalistes, ou plutôt d'autres rêveurs, faisaient naître ces insectes du calice des fleurs odorantes. Combinées et disposées d'une certaine manière, les fleurs engendraient les Abeilles. On disait encore que les Abeilles allaient chercher sur les fleurs de l'olivier et sur celles du roseau une semence qu'elles rendaient propre à former leurs larves.

Toutes ces fables, sorties de l'imagination des anciens, furent développées par un écrivain de la Renaissance, par Alexandre de Montfort, auteur du *Printemps de l'Abeille*. A l'en croire, le roi des Abeilles se forme aux dépens du suc que les ouvrières tirent des plantes. Ces dernières sont créées au moyen du miel; et les *tyrans*, c'est-à-dire les femelles, qui ne parviennent pas à devenir souveraines d'une ruche, sont formées de gomme seulement.

On voit qu'Alexandre de Montfort avait trop bien profité de ses lectures des auteurs grecs et romains.

L'Abeille était fort affectionnée dans l'ancienne Égypte. On la trouve souvent représentée sur les monuments, au-dessus des cartouches qui renferment des noms propres, avec deux demi-cercles et une sorte de faisceau. Champollion-Figeac pense que ce groupe, dans son ensemble, représente un titre, ajouté au nom propre.

D'après Hor-Apollon, autre commentateur des hiéroglyphes

égyptiens, l'Abeille, dans le pays des Pharaons, était l'emblème d'un peuple doucement soumis aux ordres de son roi. Rien n'est plus juste d'ailleurs que cette assimilation. C'est pour cela sans doute que Napoléon Ier a semé de symboliques Abeilles sur le manteau impérial qui supporte les armes de la dynastie.

Toutes les fables, toutes les hypothèses, répandues et caressées chez les anciens sur le compte de ce peuple industrieux, se sont dissipées en un clin d'œil, lorsqu'il a été permis d'observer ses opérations et ses mœurs. Et ce qui permit de se livrer à ces observations, ce fut l'invention des ruches de verre, faite, au commencement du siècle dernier, par Maraldi, mathématicien de Nice. C'est de cette époque seulement que datent nos connaissances exactes sur la vie, véritablement merveilleuse, de ces insectes.

Avant Maraldi, le naturaliste hollandais Swammerdam avait écrit une excellente *Histoire des Abeilles*. Il mourut avant d'avoir publié son ouvrage, et lorsque, longtemps après sa mort, son livre fut enfin imprimé, d'autres savants avaient déjà poussé plus loin que lui les observations sur ce sujet. Grâce à l'invention de Maraldi, Réaumur, John Hunter, Schirach, François Huber, ont dévoilé, par leurs admirables recherches, les mœurs étonnantes des Abeilles.

Les découvertes de François Huber semblent tenir du miracle, quand on considère que cet observateur était aveugle depuis l'âge de dix-sept ans.

Privé du spectacle du monde extérieur, François Huber n'en voulut pas moins consacrer sa vie à l'observation et à l'étude de la nature. Il se faisait lire les meilleurs ouvrages de son temps sur l'histoire naturelle et la physique.

Son lecteur habituel était son domestique, nommé François Burnens, natif du pays de Vaud.

L'honnête Burnens s'intéressait singulièrement à tout ce qu'il lisait, et il révélait par ses réflexions judicieuses un véritable talent d'observateur. Huber résolut de cultiver ce talent. Bientôt il put accorder toute confiance à son compagnon, et voir par ses yeux comme par les siens propres.

Les deux naturalistes (nous n'hésitons pas à donner ce titre au pauvre paysan du canton de Vaud, qui seconda si bien son maître dans ses longues heures d'étude) imaginèrent une foule d'expériences originales, qui leur firent découvrir des vérités que personne n'avait soupçonnées jusque-là. Les résultats de leurs recherches furent publiés, en 1789, dans un volume qui produisit, parmi les naturalistes, une sensation profonde [1].

Burnens fut plus tard rappelé au sein de sa famille, et investi, par ses concitoyens, de fonctions importantes. François Huber continua alors ses observations, par les yeux de l'excellente

Fig. 347. François Huber.

femme qu'il avait épousée. Un second volume fut ainsi composé par lui, à vingt ans de distance du premier.

Ce volume fut publié par son fils Pierre Huber, à qui l'on doit

---

1. *Nouvelles observations sur les Abeilles*, par François Huber. Paris et Genève, in-8 2ᵉ édition, 1814.

les admirables recherches sur les fourmis, dont nous aurons à parler plus loin.

Arrivons maintenant à l'exposé des mœurs des Abeilles. Les travaux des Réaumur, des Schirach, des Huber nous les ont parfaitement révélées, et nous ont initiés, d'une manière complète, aux habitudes de ces précieux Hyménoptères, qui sont en quelque sorte pour nous des animaux domestiques.

Commençons par décrire l'*Abeille* ordinaire, ou *Mouche à miel* (*Apis mellifica*).

Pendant la plus grande partie de l'année, la population des ruches se compose exclusivement de deux sortes d'individus : la femelle, ou *mère Abeille*, appelée aussi *reine*, et les *ouvrières*, ou *neutres*, qui sont, à proprement parler, des femelles incomplètement développées. Une troisième catégorie d'individus, les mâles, appelés aussi *faux-bourdons*, ne se rencontrent en général que depuis le mois de mai jusqu'en juillet.

L'*Abeille ouvrière* (fig. 348), c'est le peuple, la foule, le *servum pecus*, la force vive de la nation apienne. On la reconnaît à sa petite taille, à sa couleur d'un roux brun, et surtout aux palettes et aux brosses dont ses jambes postérieures sont munies.

Fig. 348.
Abeille ouvrière.

Les trois paires de pattes qui s'insèrent à son corselet sont ses instruments de travail. Les deux dernières jambes sont plus longues que les quatre antérieures. Elles présentent à la partie externe une dépression triangulaire, nommée *palette*, qui est surmontée, sur les côtés, de poils raides, formant comme les bords d'une sorte de corbeille, où l'insecte dépose le pollen des fleurs. La partie la plus large de la jambe s'articule avec le tarse, de forme carrée, lisse à l'extérieur et garni de poils à sa face interne, ce qui lui a fait donner le nom de *brosse*.

Cet article sert à récolter le pollen. Il se replie sur la jambe (fig. 349) et forme avec elle une sorte de petite pince. Enfin la patte se termine par cinq articles plus petits, dont le dernier est armé de crochets.

Un autre outil de l'*Abeille ouvrière* consiste en une paire de mandibules mobiles, qui ferment la bouche des deux côtés, et dans une trompe (fig. 350), qui peut être considérée comme une langue.

Avec ses mandibules, l'Abeille ouvrière saisit les matières

qu'elle veut broyer. La trompe lui sert à recueillir le suc répandu à la surface des feuilles, ou au fond de la corolle de la fleur.

Lorsqu'une Abeille s'est posée sur une fleur bien épanouie, on la voit se diriger vers l'intérieur de la corolle. Elle avance sa trompe, et l'applique contre les pétales ; elle l'allonge, la raccourcit, la contourne et l'infléchit avec une ardeur infatigable. Quand la surface velue de cet organe s'est enduite du suc végétal, l'Abeille le rentre dans la bouche, et dépose son butin dans un conduit, d'où le suc passe dans son premier estomac. La trompe est donc une véritable langue, avec laquelle l'Abeille aspire, lèche, pompe le miel des fleurs.

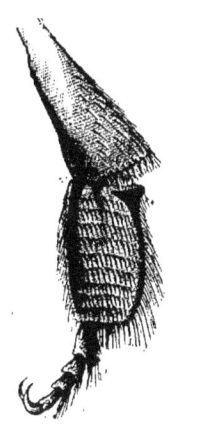 

Fig. 349 Terminaison d'une patte d'abeille (grossie).

Fig. 350. Trompe de l'abeille.

Mais sa récolte se compose encore de la poussière pollinique. Lorsqu'elle entre dans une fleur, l'Abeille s'enfarine de la tête aux pieds. Elle se passe alors soigneusement ses brosses sur tout le corps, enlève la poussière qui adhère partout, et l'empile sur les palettes triangulaires de ses jambes postérieures, de manière à en former des pelotes, plus ou moins volumineuses. Si la fleur est incomplètement épanouie, l'Abeille se sert de ses mandibules pour ouvrir les anthères de cette fleur. Les pattes antérieures transmettent le butin à la seconde paire de pattes, qui le charge dans les corbeilles de la troisième paire. Quand sa récolte est faite, l'ouvrière rentre dans la ruche, les jambes pleines de thym : *Crura thymo plena*, dit Virgile.

L'outillage si complet que nous venons de décrire ne se rencontre que chez les Abeilles ouvrières. Les mâles, ou *faux-bourdons* (fig. 351), plus gros et plus velus que les ouvrières, à vol sonore et

Fig. 351. Faux-bourdon, ou Abeille mâle.

bourdonnant, n'ont pas de palettes aux pattes. Les poils de leurs brosses ne sont pas appropriés au travail de la récolte. Leurs mandibules sont plus courtes. Ils sont dépourvus d'aiguillon, ou *dard à venin*, qui est l'arme des ouvrières.

La *femelle*, ou *reine* (fig. 352), moins grosse que les mâles, a le corps plus allongé que les ouvrières. Les ailes, relativement courtes, ne couvrent que la moitié du corps, tandis qu'elles l'abritent en entier chez les autres Abeilles.

Fig. 352.
Reine ou mère abeille.

Le rôle unique, exclusif, de la reine, c'est la ponte. Aussi est-elle dépourvue de palettes et de brosses.

Notre souveraine est, comme il convient au rang suprême, dispensée de tout travail. Elle est toujours escortée d'un certain nombre d'ouvrières, qui la brossent, la lèchent, lui présentent du miel avec leur trompe, lui épargnent toute espèce de fatigue, et lui font un cortège digne de sa majesté féminine.

Fait bien remarquable, une seule reine vit dans chaque ruche. Véritable souveraine de cet état mignon, elle commande à un peuple de quelques milliers d'ouvrières. Il n'est pas rare de trouver vingt mille ouvrières dans une ruche. Toutes, elles obéissent docilement à la souveraine du lieu.

Le nombre des mâles est à peine le dixième de celui des ouvrières; encore ne vivent-ils guère que trois mois. Les ouvrières représentent donc la vie active de ce petit monde ailé.

« Les dehors d'une ruche, dit M. Victor Rendu, donnent la plus haute idée de ce peuple essentiellement travailleur. Depuis le lever du soleil jusqu'à son déclin, tout y est mouvement, diligence, empressement; c'est une série incessante d'allées et venues, d'opérations variées qui commencent, continuent, s'achèvent pour recommencer encore. Des centaines d'abeilles arrivent des champs, chargées de matériaux et de provisions; d'autres les croisent et vont à leur tour en campagne. Ici, de prudentes sentinelles explorent chaque nouvel arrivant; là, des pourvoyeuses, pressées de retourner au travail, s'arrêtent à l'entrée de la ruche, où d'autres abeilles les déchargent de leur fardeau; ailleurs, c'est une ouvrière qui engage une lutte corps à corps avec un téméraire étranger; plus loin, les agents voyers de la ruche la débarrassent de tout ce qui gêne la circulation ou nuit à la salubrité; sur un autre point, des ouvrières sont occupées à traîner au dehors le cadavre d'une de leurs compagnes; toutes les issues sont assiégées par une foule d'entrants et de sortants, les portes suffisent à peine à cette multitude pressée, affairée. Tout paraît désordre et confusion aux abords de la ruche, mais le tumulte n'est qu'apparent : un ordre admirable préside à cette émulation dans le travail qui distingue les Abeilles [1]. »

---

1. *L'Intelligence des bêtes*, in-18, Paris, 1864.

Un calcul fort simple peut servir à donner une idée de cette prodigieuse activité. L'ouverture d'une ruche bien peuplée livre passage à une centaine d'Abeilles par minute; ce qui fait, depuis cinq heures du matin jusqu'à sept heures du soir, environ quatre-vingt mille rentrées, ou quatre excursions pour chaque Abeille, en supposant une population de vingt mille ouvrières.

Suivons maintenant les occupations de ce peuple bourdonnant, depuis le moment où il s'établit dans une ruche.

Les ouvrières commencent par boucher toutes les ouvertures, excepté une porte qui doit toujours rester ouverte. Un certain nombre part à la recherche d'une substance résineuse et odorante, connue sous le nom de *propolis*, qui est destinée à revêtir les parois de la ruche, comme l'indique son nom, tiré d'un mot grec qui signifie *avant-cité* ou *faubourg*.

Huber a constaté que le *propolis* est recueilli sur les bourgeons des plantes. Cette substance n'a pas trouvé d'emploi jusqu'ici dans les arts, bien qu'elle offre les qualités de la cire, comme le fait remarquer M. de Frarière dans son ouvrage sur *les Abeilles et l'Apiculture*[1]. Le propolis n'est employé qu'en Italie, pour faire des vésicatoires.

Cette espèce de gomme est visqueuse et très-adhérente. L'Abeille la pétrit en boulettes, et la rapporte, sous cette forme, à la ruche, où d'autres ouvrières s'en emparent. Celles-ci saisissent, avec leurs mandibules, les pelotes, et vont l'appliquer sur les fentes qu'il s'agit de calfeutrer.

Les Abeilles se servent encore du propolis pour un autre usage, qui mérite d'être mentionné.

Il arrive assez souvent que des ennemis pénètrent dans la ruche. Les Abeilles ne sont pas assez fortes pour jeter cet intrus hors du logis commun. Que font-elles? Dès qu'elles ont remarqué l'invasion de leur domicile, elles s'abattent sur l'impudent, et le tuent à coups d'aiguillon. Mais comment traîner au dehors l'animal défunt, qui est souvent fort lourd? tel est le cas de la limace. D'un autre côté, il y aurait danger à abandonner ce cadavre au milieu de la ruche.

Un empereur romain disait que le corps d'un ennemi tué sent toujours bon. Ce n'est pas l'avis de nos abeilles. Elles savent que si l'on abandonnait ce cadavre dans la ruche, il l'empesterait, au

---

1. In-18, 2ᵉ édition, Paris, 1865.

grand danger de l'hygiène publique de l'endroit. Que faire donc de ce corps mort? On l'embaume. On le fait disparaître sous une enveloppe de propolis, qui le préserve de la putréfaction.

On prétend que l'art de l'embaumement fut pratiqué pour la première fois par les anciens Égyptiens. C'est une erreur : les inventeurs de cet art sont les Abeilles.

Si, au lieu d'une limace, c'est un colimaçon que sa mauvaise étoile a conduit dans l'intérieur d'une ruche, le procédé est plus simple. Dès qu'il a reçu un seul coup d'aiguillon, le colimaçon se retire promptement sous le toit protecteur de sa maison ambulante. Tout aussitôt les Abeilles murent ou ferment l'ouverture de sa coquille avec du propolis. La coquille est ensuite cimentée, avec le même propolis, au plancher de la ruche. La maison du pauvre Mollusque, devenue son tombeau, demeure ainsi au milieu de la ruche, comme une sorte d'édifice et de tumulus décoratif.

Quand les parois de la future ruche sont bien closes, les Abeilles jettent les fondements de leur nid.

Il n'était pas facile d'observer, comme on est parvenu à le faire, les détails des travaux des Abeilles. En effet, ces insectes, une fois dans leur ruche, ont une grande aversion pour la lumière. Si on les introduit dans une ruche vitrée, leur premier soin est d'en boucher les fenêtres, soit en les plâtrant avec du propolis, soit en formant, grâce à l'attroupement prémédité d'un bataillon d'ouvrières, une sorte de rideau vivant. Pour les surprendre et pouvoir les observer à sa convenance, Huber construisit une *ruche à feuillets*, qui s'ouvrait à la manière d'un livre.

La figure 353, qui représente la *ruche à feuillets* dont on se sert quelquefois, donne une idée de la disposition qu'adopta Huber pour pouvoir, à volonté, ouvrir la ruche et surprendre ses habitants.

Huber avait aussi recours dans certains cas à une cage de verre placée dans l'intérieur de la ruche, et que l'on pouvait aisément ramener à la lumière.

Grâce à ces procédés ingénieux, Huber put suivre les ouvrières dans toutes les phases de leurs travaux.

Lorsque les Abeilles commencent à construire leur ruche, elles se divisent le travail. Un premier détachement est chargé de recueillir la cire, qui est la véritable pierre à bâtir de nos petits architectes.

On a cru pendant longtemps que la cire était purement et simplement le pollen des fleurs, élaboré dans l'estomac des Abeilles, puis dégorgé par la bouche. Il était réservé à un paysan de la

Fig. 353. Ruche à feuillets.

Lusace de reconnaître le premier la nature de cette sécrétion. Cet observateur, qui n'appartenait à aucune académie, tout au plus et à son insu à l'académie des *Curieux de la nature*, trouva les lamelles de cire engagées entre les arceaux inférieurs des anneaux de l'abdomen ou du ventre de l'Abeille ouvrière. La cire est donc un produit d'exsudation de l'insecte et non le simple pollen des fleurs recueilli.

De son côté, Huber a constaté que les Abeilles exclusivement nourries de pollen ne sécrètent pas de cire, et qu'au contraire elles en fournissent lorsqu'elles mangent des matières sucrées.

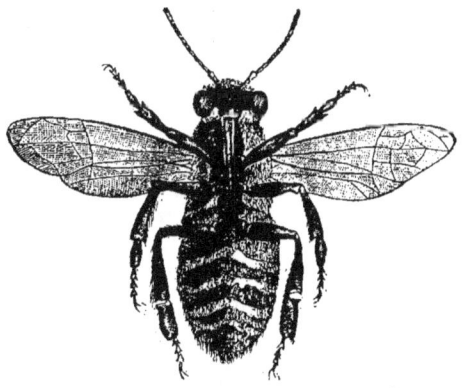

Fig. 354. Abeille vue à la loupe, au moment où les lames de cire se laissent apercevoir entre les anneaux de l'abdomen.

Il est facile d'apercevoir les petites plaques de cire en soulevant un peu les derniers anneaux du ventre de l'Abeille. La figure 354 représente une Abeille très-chargée de cette matière transparente et blanchâtre.

Les Abeilles *ouvrières* se suspendent à la voûte de la ruche, de manière à y former, avec la cire qu'elles sécrètent, comme des guirlandes, ou des festons entrelacés.

La première se cramponne au toit avec ses pattes de devant,

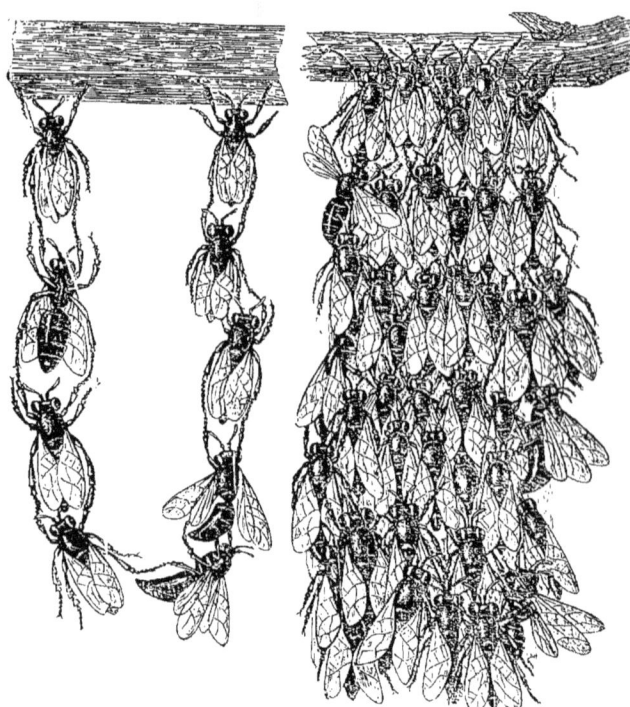

Fig. 355. Grappes d'abeilles.

la suivante s'accroche aux pattes postérieures de la première, et ainsi de suite, comme le montre la figure 355. Elles composent ainsi des chaînes, fixées par les deux bouts à la voûte, et qui servent de pont ou d'échelle aux Abeilles qui viennent se joindre à l'assemblée.

Il résulte, en fin de compte, de tout cela, une grappe (fig. 355) qui pend jusqu'au bas de la ruche. Dans cette attitude les Abeilles se tiennent d'abord immobiles, attendant que le miel déposé dans leur estomac se soit changé en cire. Bientôt l'une d'elles se détache du groupe dont elle fait partie. La cire est alors élaborée suffisamment dans ses organes. L'Abeille prend avec ses pattes une des lamelles de cire engagées dans ses anneaux, la triture avec ses mandibules, l'humecte de salive, et lui donne l'apparence d'un filament mou, qu'elle applique sur un point saillant de la voûte. A cette première assise, elle en ajoute de nouvelles, jusqu'à ce qu'elle ait épuisé sa provision de cire. Alors elle quitte sa place et retourne aux champs. Une autre ouvrière, une autre *maçonne*, comme on l'appelle quelquefois, lui succède et continue les fondations. Bientôt des blocs de cire informes descendent au-dessous de la voûte. C'est dans ces blocs que d'autres ouvrières creuseront, avec leurs mandibules, les premières cellules ou *alvéoles*.

Pendant ce temps les *ouvrières* continuent à prolonger le mur de fondation, et à mesure que ces premières cellules se construisent, de nouvelles sont ébauchées. L'ouvrage avance avec une merveilleuse rapidité.

Chaque alvéole constitue un petit godet hexagonal, fermé, d'un côté seulement, par un fond pyramidal résultant de la réunion de trois rhombes. Les *gâteaux* sont le résultat de l'adossement de deux couches d'alvéoles, disposées de telle sorte que le fond des uns devienne le fond des autres, la base de chaque cellule étant formée par la réunion de trois cellules opposées.

Les Abeilles commencent par façonner les rhombes qui formeront la base de l'alvéole ; puis elles ajoutent successivement les six pans de mur qui doivent compléter le godet hexagonal. En même temps, d'autres ouvrières attaquent la face opposée du gâteau, et y construisent des cellules adossées par leur fond aux cellules de la face antérieure.

Elles ne les finissent pas du premier coup. Les murs sont d'abord très-épais. De nouvelles ouvrières qui succèdent aux *ébaucheuses* s'occupent de limer et de raboter les cellules dégrossies et d'en réduire les parois à l'épaisseur voulue. Ce travail s'accomplit avec une incroyable célérité, car les Abeilles peuvent bâtir jusqu'à quatre mille alvéoles en vingt-quatre heures.

La forme hexagonale des cellules d'Abeilles a sa raison d'être. Elle tient à une question d'économie, que ces insectes ont résolue de la manière la plus admirable.

« Quand on a bien vu, dit Réaumur[1], la véritable figure de chaque alvéole, quand on a bien étudié leur arrangement, la géométrie semble avoir

---

1. *Mémoires pour servir à l'histoire des insectes*, t. V, p. 379.

donné le dessin de tout l'ouvrage et en avoir conduit l'exécution. On reconnaît que tous les avantages qui pouvaient y être souhaités s'y trouvent réunis. Les Abeilles paraissent avoir eu à résoudre un problème qui rassemble des conditions qui en eussent fait regarder la solution comme difficile à bien des géomètres. Ce problème peut être énoncé ainsi : une quantité de matière, de cire, étant donnée, en former des cellules égales et semblables, d'une capacité déterminée, mais la plus grande qu'il est possible par rapport à la quantité de matière qui y est employée, et des cellules tellement disposées qu'elles occupent dans la ruche le moins d'espace possible. Pour satisfaire à cette dernière condition, les cellules doivent se toucher de manière qu'il ne reste entre elles aucun espace angulaire, aucun vide à remplir. Les Abeilles y ont satisfait, et en même temps elles ont satisfait aux premières conditions en faisant des cellules qui sont des tuyaux à six pans égaux, des tuyaux hexagones.... On voit encore que tout ce que les Abeilles pouvaient faire de mieux pour ménager le terrain et la matière, était de composer leurs gâteaux de deux rangs d'alvéoles tournés vers des côtés opposés. »

Cette disposition leur permet, en effet, d'économiser la moitié de la cire destinée à former les fonds. Elles ménagent, en outre, la matière, en faisant les pièces du fond et les parois des tubes extrêmement minces ; les bords seuls des cellules sont fortifiés par un excès de cire.

C'est ainsi que l'Abeille a résolu un problème qui aurait embarrassé bien des architectes humains.

Les gâteaux, ou rayons à deux faces, descendent de la voûte de la ruche, en séries parallèles. Leur épaisseur est d'environ deux centimètres. Ils sont fixés au sommet par une espèce de pied en cire, et assujettis aux parois par de nombreuses attaches.

Les Abeilles circulent dans les interstices des gâteaux. Elles y réservent, en outre, des ouvertures circulaires, qui servent de portes de communication. La forme et la disposition générale de ces édifices sont d'ailleurs très-variées, suivant les circonstances. Les Abeilles s'accommodent toujours aux données du problème, c'est-à-dire à la nature de la ruche.

Dans toutes ces opérations, ces admirables ouvrières ont preuve d'un grand jugement. Il est impossible, lorsqu'on les a vues travailler, de les regarder comme de simples machines organisées, dont l'instinct serait le ressort moteur. On est forcé de leur accorder l'intelligence.

Les cellules des gâteaux sont de trois dimensions. Les *petites* sont destinées aux larves des ouvrières, les *moyennes* aux larves des mâles, et les *grandes* aux larves des reines (fig. 357).

Ces dernières, c'est-à-dire les *cellules royales*, ne sont d'ordinaire qu'au nombre d'une vingtaine, dans une ruche qui en renferme vingt mille. Construites avec un mélange de cire et de propolis, semblables à un dé arrondi, elles forment des tubes de

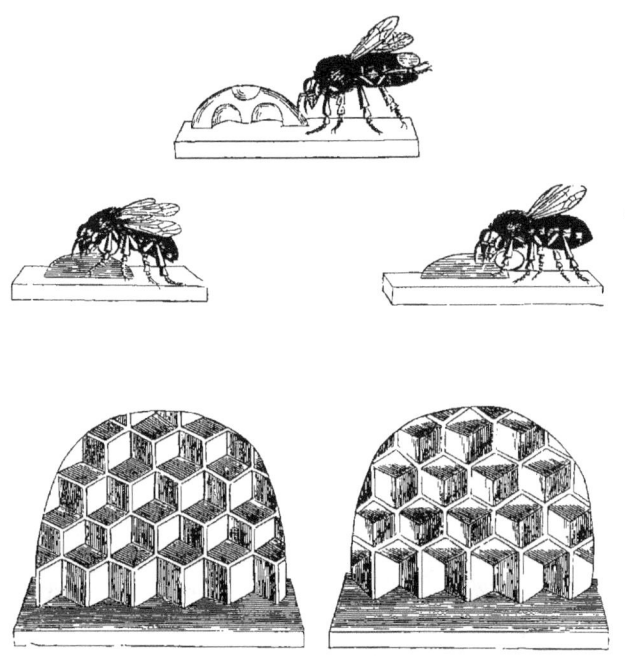

Fig. 356. Alvéoles construits par les Abeilles.

2 centimètres de long, guillochés à l'extérieur, et placés toujours verticalement, de manière à paraître détachés du gâteau.

Le poids d'une *cellule royale* équivaut à celui d'une centaine d'autres cellules. Les Abeilles n'épargnent rien pour la rendre commode et spacieuse; « c'est tout un Louvre, » dit Réaumur.

Mais, indépendamment de leur usage comme berceaux, les cellules servent encore de magasins à miel. Quelques-unes reçoivent tour à tour ces deux destinations, mais un grand nombre sont

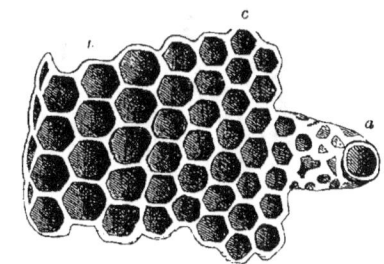

Fig. 357. Alvéoles d'une ruche.

a, grands alvéoles destinés aux larves des *reines*; — *b*, alvéoles moyens destinés aux larves des *mâles*; — *c*, petits alvéoles destinés aux larves des *ouvrières*.

réservées uniquement pour les provisions de miel et de pollen.

Le pollen est apporté, avons-nous déjà dit, sous forme de

pelotes, dans les espèces de corbeilles que forment les jambes postérieures. L'ouvrière qui l'a récolté, le pousse dans la cellule, en y rentrant avec les jambes de derrière. Une autre arrive ensuite et pétrit la masse, pour la faire bien tenir.

Quant au miel, l'Abeille l'apporte dans son premier estomac, et le dégorge dans une des cellules destinées à le conserver. Cependant ce n'est pas toujours en portant son miel dans une cellule que l'ouvrière s'en défait. Souvent elle en trouve le débit en chemin.

« Quand elle rencontre, dit Réaumur[1], de ses compagnes qui ont besoin de nourriture et qui n'ont pas eu le temps d'en aller chercher, elle s'arrête, elle redresse et étend sa trompe, afin que l'ouverture par laquelle le miel peut sortir se trouve un peu par delà des dents. Elle pousse du miel vers cette ouverture. Les autres mouches, qui savent bien que c'est là qu'il faut le prendre, y portent le bout de leur trompe et le sucent. La mouche qui n'a pas été arrêtée en chemin, se rend souvent aux ateliers des travailleuses, c'est-à-dire aux endroits où d'autres Abeilles sont occupées, soit à construire de nouvelles cellules, soit à polir et à border des cellules déjà faites ; elle leur offre du miel, comme pour empêcher qu'elles ne soient dans la nécessité de quitter leur travail pour en aller chercher. »

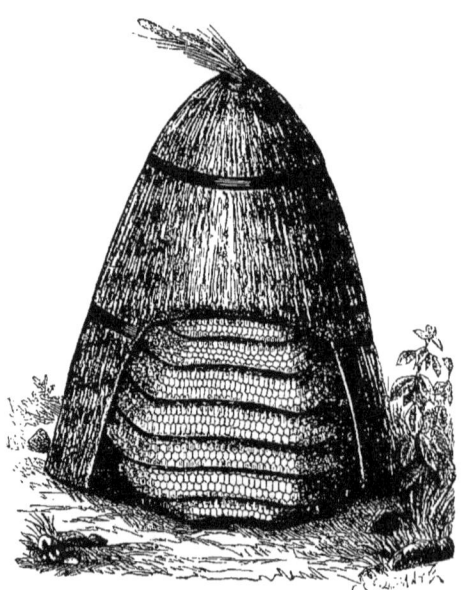

Fig. 358. Intérieur d'une ruche.

Le miel qui remplit les magasins est destiné à la consommation journalière. Il doit aussi servir de réserve pour l'époque où les plantes n'en fourniront plus. Les cellules en vidange sont ouvertes. Les ouvrières y puisent au besoin, surtout pendant les jours de pluie, qui les consignent au logis.

Mais les cellules qui contiennent le miel de réserve sont fermées. « Elles sont, dit Réaumur, comme autant de petits pots de confiture ou de sirop, qui ont chacun leur couvercle, et un couvercle bien solide. »

1. Ouvrage cité, page 449.

Ce couvercle, composé de cire, bouche hermétiquement les pots de réserve. Il a pour but de maintenir le miel dans une certaine liquidité, en empêchant l'évaporation de l'eau qu'il renferme. Il est à remarquer que le miel ne s'écoule pas des alvéoles ouverts, quoique leur position soit presque toujours horizontale. C'est qu'il a toujours dans les parois de ces tubes étroits des points d'attache suffisants pour le retenir, et qu'en outre la dernière couche présente toujours une consistance plus grande que le liquide intérieur, sur lequel elle forme une espèce de croûte.

Quand la récolte a été abondante, on trouve dans chaque ruche plusieurs gâteaux de cellules bouchées, véritables greniers d'abondance tout garnis pour les besoins de la mauvaise saison.

Quand la construction des cellules marche bon train, — souvent dès le lendemain de l'installation des Abeilles dans leur ruche, — la reine sort, pour aller à la rencontre des mâles. A l'heure où ceux-ci ont coutume de s'ébattre au soleil, c'est-à-dire de midi à cinq heures du soir, elle quitte la ruche, tournoie pendant quelques instants et disparaît dans les airs. Au bout d'une demi-heure, elle revient fécondée.

Lorsque la femelle revient à la ruche, elle est l'objet de toute l'attention, de tous les soins des ouvrières, qui se pressent autour d'elle, et lui forment un véritable cortége. Il n'est sorte de bons offices qu'on ne lui prodigue. Plusieurs ouvrières s'approchent d'elle, et lèchent la surface de son corps; d'autres la brossent, la caressent, et lui présentent leurs trompes pleines de miel.

Quarante-huit heures après sa rentrée à la ruche, la mère Abeille commence à pondre. Parcourant les gâteaux, elle dépose un œuf dans chaque cellule vide, et le fixe dans le fond au moyen d'une matière agglutinante, de telle sorte que l'œuf paraît suspendu dans l'air à l'intérieur de l'alvéole.

Ces œufs offrent l'aspect de petits corps oblongs, d'un blanc bleuâtre. Si la reine, pressée de pondre, laisse tomber plus d'un œuf dans la même cellule, les ouvrières qui l'accompagnent se hâtent d'enlever et de détruire ceux qui sont de trop. C'est ce qui arrive souvent quand les gâteaux n'offrent pas assez de loges pour contenir tous les œufs pondus.

On a reconnu que la reine ne pond d'abord que des œufs d'ouvrières. Les autres œufs viennent plus tard.

La reine Abeille ou Abeille mère continue ses pontes jusqu'aux approches des premiers froids. La ponte cesse alors, pour ne reprendre qu'au printemps suivant. Dans les premiers temps, elle est très-abondante.

La reine produit, en moyenne, deux cents œufs par jour, si bien que dans l'espace de deux mois on en compte plus de douze mille.

Vers le onzième mois de son existence comme femelle ailée, la reine se met à pondre des œufs de mâles, dont le nombre varie de quinze cents à trois mille. La ponte des œufs mâles dure environ un mois.

Vers le vingtième jour, les ouvrières posent les fondements de quelques cellules royales. Quand ces cellules ont atteint une certaine longueur, la reine dépose un œuf dans chacune, en laissant cependant un à deux jours d'intervalle entre les pontes de ces œufs privilégiés, afin que les jeunes reines auxquelles ils doivent donner naissance n'éclosent pas toutes à la fois, ce qui ferait naître des difficultés et même des guerres de succession. Cette complication, le gouvernement des hommes n'a pas su toujours l'éviter,

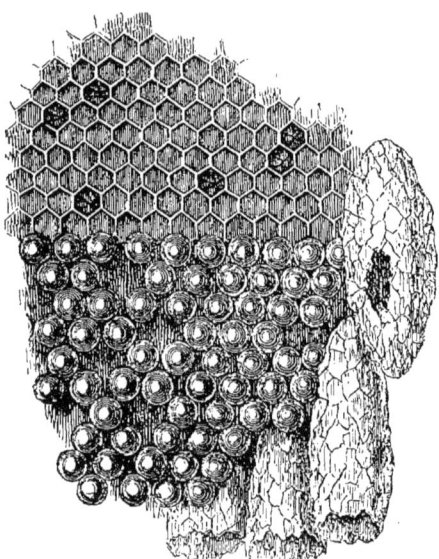

Fig. 359. Portion de ruche dans laquelle les œufs remplissent les alvéoles. Cellules royales, dont l'une a été entr'ouverte par la reine.

comme le montre l'histoire de France; mais la sagesse des Abeilles sait parfaitement la prévenir.

La distribution des œufs dans les alvéoles n'est pas abandonnée au hasard. Chaque œuf, suivant le sexe auquel il appartient, est déposé dans la cellule qui l'attend. Les œufs de femelles ne diffèrent toutefois en rien de ceux d'ouvrières. La différence de leur développement dépend uniquement de l'espace et de la nourriture qui leur est accordée.

Nous représentons ici (fig. 359) une portion de ruche contenant les œufs placés dans les alvéoles ainsi que les cellules royales.

L'ordre régulier de la ponte est tel que nous venons de l'indiquer. Mais le résultat est tout autre lorsque la fécondation de la reine a été retardée, par suite d'une captivité accidentelle de deux à trois semaines. Plus ce retard est long, plus le nombre des œufs mâles sera considérable. Si la reine est enfermée durant plus de vingt jours après sa naissance, elle ne peut plus pondre que des œufs de mâles, pendant toute la durée de son existence. Il paraît aussi que ce retard trouble son intelligence : elle se trompe alors souvent de cellules. Elle pond des œufs de mâles ou *faux bourdons* dans les berceaux de reines, et met ainsi le désarroi dans la communauté future.

Les œufs, une fois pondus, sont abandonnés aux ouvrières que Réaumur a appelées *nourrices*, par opposition aux *cirières*, qui sont chargées des travaux de construction. Selon beaucoup d'apiculteurs, et notamment d'après M. Hamet[1], la division des fonctions n'est pas absolue. Les jeunes ouvrières sont cirières; les vieilles, butineuses et nourrices. En outre, au plus fort de la récolte, toutes les ouvrières vont butiner. Tout est bon à la récolte en ce moment critique, de même que tout est panier en temps de vendanges.

Les œufs pondus par la reine ne tardent pas à éclore et à donner des larves.

Depuis le moment où la larve sort de l'œuf jusqu'à celui de sa métamorphose en nymphe, la reine se tient dans sa cellule, roulée sur elle-même, immobile comme une idole indienne dans son temple vénéré. Elle y repose sur une litière de bouillie.

Heureuse reine, qui a pour lit sa table, et qui dort sur sa nourriture! Nos rois de la terre n'ont pas encore inventé une combinaison aussi raffinée!

Les ouvrières visitent de temps à autre la reine, pour voir si rien ne lui manque, et pour renouveler ses provisions.

Fig. 360.
Larve d'abeille
(grossie).

Elles inspectent aussi avec soin les différentes cellules, et s'assurent du bon état de leurs nourrissons. La bouillie qu'elles leur servent comme aliment est blanchâtre, et ressemble à de la colle de farine. Selon toute apparence, c'est une sorte de décoction de pollen, préparée dans le corps de l'insecte.

A mesure que les larves grandissent, leur bouillie prend un

---

1. *Cours d'apiculture.* 1 vol. in-18, Paris, 1864.

goût de miel plus prononcé, et devient même légèrement acide. Il semble donc que les Abeilles savent graduer la nourriture des larves, de manière à la rapprocher de plus en plus du miel.

Dans l'espace de cinq jours, les larves sont développées. Elles ont absorbé toute la pâtée, et n'ont plus besoin, dès lors, de prendre aucune nourriture, car elles vont se métamorphoser en nymphes.

Alors les nourrices leur rendent un dernier soin. Elles les murent dans leurs cellules, dont elles ferment les orifices, par un petit couvercle de cire.

Ces larves blanchâtres, molles et sans pieds, s'avancent alors petit à petit, jusqu'à proximité du couvercle. Dans l'espace de trente-six heures, elles se filent un cocon soyeux, dans lequel elles subissent leur transformation en nymphes, après s'être dépouillées de leur peau. Cette *mue*, qui précède leur métamorphose, constitue une crise, comme chez la chenille des papillons.

L'insecte parfait éclôt sept ou huit jours après sa transformation en nymphe. Les organes se sont développés peu à peu, la jeune Abeille est prête à paraître au grand jour. Elle déchire le voile mince et transparent dans lequel elle est encore emmaillottée; puis, avec ses mandibules, elle perce le couvercle ou la porte de sa prison, et se fraye une issue au dehors.

Aidée de ses jambes de devant, elle se cramponne sur les bords du trou, et se tire en avant, jusqu'à ce que son corps entier se trouve dégagé. Les autres Abeilles prodiguent à la nouvelle arrivée tous les soins imaginables, pour lui faciliter l'entrée dans le monde. Elles l'aident et la soutiennent jusqu'à ce qu'elle soit bien raffermie. Bientôt elle a pris toute la force nécessaire. Si c'est une ouvrière, elle ne tarde pas à se mettre à l'ouvrage et à se mêler à ses laborieuses compagnes.

Voilà comment a lieu l'éclosion des Abeilles ordinaires, ouvrières et mâles, vingt jours après la ponte pour les premières, vingt-quatre jours après pour les mâles.

L'éducation et la naissance des jeunes reines est un peu différente. Au fur et à mesure que leurs larves se développent, les ouvrières agrandissent les cellules qui les renferment, puis elles les rétrécissent graduellement, lorsque approche le moment de la métamorphose suprême.

Les larves des reines reçoivent une nourriture toute spéciale, et fort différente de celle qui est donnée aux larves d'ouvrières.

C'est une substance plus épaisse, plus sucrée, une sorte de ragoût épicé, que l'on désigne sous le nom de *gelée royale*.

Cette nourriture spéciale paraît exercer une influence si énergique sur le développement des ovaires, que de simples ouvrières, qui en ont reçu accidentellement quelques bribes, pendant leur état de larve, peuvent devenir fécondes et pondre quelques œufs. Mais ce développement anomal demeure imparfait, parce que la gelée prolifique n'a été administrée qu'en petite quantité. En outre, le volume des cellules est d'une plus grande importance au point de vue du développement des larves qui y sont emprisonnées. Aussi les larves d'ouvrières ayant vécu dans les petites cellules ne peuvent-elles jamais atteindre les proportions des reines, ni acquérir leur fécondité.

Mais tout change si les larves d'ouvrières sont transportées dans les grandes cellules, et nourries de *gelée royale*. Alors elles deviennent elles-mêmes de véritables reines. Si, chez nous, l'habit ne fait pas le moine, il est certain que chez les Abeilles le berceau fait la reine.

C'est à Schirach que l'on doit cette dernière découverte. Elle explique comment le peuple des Abeilles peut facilement remplacer sa reine quand il vient accidentellement à la perdre.

Ainsi, chez les Abeilles, le président de la république compte des milliers de vice-présidents. Pour remplacer un Lincoln, enlevé par une mort imprévue et violente, on a sous la main tous les Johnson nécessaires.

Quand la reine a péri par un accident, les citoyens de la ruche s'aperçoivent bien vite de ce malheur, et sans perdre leur temps en regrets inutiles, ils s'appliquent à le réparer.

On choisit une larve d'ouvrière, âgée de moins de trois jours, à laquelle on donne l'éducation, c'est-à-dire la nourriture propre à en faire une femelle. Les ouvrières agrandissent la cellule de ce ver, en démolissant les alvéoles environnants, et lui administrent, à forte dose, la *gelée royale*, pour opérer sa transformation.

Cette métamorphose merveilleuse s'accomplit comme celles qu'on lit dans les contes de fées, où tant de pauvres mendiantes sont changées, d'un coup de baguette, en belles princesses, couvertes d'or et de pierreries. Seulement ici le conte de fées est une vérité; le rêve du poëte est un phénomène réel.

Selon François Huber, qui a confirmé les observations de Schirach, la larve destinée à donner une femelle doit changer de position. Les ouvrières ajoutent donc à son domicile une sorte de tube vertical, dans lequel elles poussent et retournent le jeune ver, espoir de la patrie.

Pendant douze jours, une Abeille, espèce de garde du corps, est spécialement affectée à la personne de notre infante. Elle lui offre à manger, elle est pour elle aux petits soins.

Quand le moment de la métamorphose est venu, on ferme l'orifice du tube, et on attend l'éclosion de la nouvelle reine.

C'est ainsi que la perte de la reine est heureusement remplacée, et que la cour apienne peut dire, en son bourdonnant langage : *La reine est morte; vive la reine!*

Les larves des reines, quand elles sont renfermées dans leurs cellules, ont la tête en bas, tandis que les larves des mâles ont la tête en haut. Leur éclosion a lieu treize jours après la ponte des œufs.

Dès qu'elles ont quitté leur berceau, les jeunes reines sont en état de prendre leur vol. Les autres, ouvrières et mâles, sont moins fortement organisées. Avant de pouvoir prendre part aux ébats et aux travaux des *anciens*, elles ont besoin d'un repos de vingt-quatre heures, pendant lequel les nourrices les lèchent, les brossent et leur offrent du miel. Mais les jeunes ouvrières n'ont besoin d'aucun apprentissage pour accomplir les travaux qui leur incombent. Elles vont tout de suite à leur travail, et suppriment tout apprentissage. La nature est leur guide et leur conseil.

Quand les éclosions ont commencé, chaque jour ajoute quelques centaines de jeunes abeilles à la population de la ruche, qui ne tarde pas à devenir trop étroite pour le nombre de ses habitants.

C'est alors qu'ont lieu les curieuses émigrations de ce peuple ailé, que l'on désigne sous le nom d'*essaims*. La reine quitte la ruche, avec une partie de ses sujets, et va fonder ailleurs une colonie nouvelle.

Sous le climat de France, les Abeilles *essaiment* ordinairement aux mois de mai et de juin. Dans le Midi, les ruches très-peuplées peuvent fournir jusqu'à quatre essaims de suite; mais dans le Nord elles en donnent rarement plus d'un ou deux. Il est même des années où l'*essaimage* n'a pas lieu, faute de population suffisante. Alors les ouvrières ne construisent pas de cellules royales à l'époque de la ponte des œufs de mâles, et l'essaimage est remis au printemps suivant.

Il arrive aussi, d'une part, qu'une ruche qui regorge d'Abeilles ne se décide pas néanmoins à jeter un essaim, et d'autre part, que des ruches faiblement peuplées essaiment bravement. Il y a donc encore d'autres causes que l'excès de la population qui exercent une influence sur cette crise annuelle de la vie des Abeilles.

Le premier essaim est toujours conduit par la vieille reine. S'il est suivi d'autres essaims, ce sont les jeunes femelles nouvellement écloses qui en prennent la direction.

Plusieurs signes annoncent la sortie prochaine d'un essaim L'apparition des mâles, ou *faux bourdons* ailés, en est un premier indice. Un autre signe, mais qui est loin d'être infaillible, c'est l'exubérance de la population dans le domicile commun. Les mouches à miel semblent alors se trouver si mal à leur aise dans leur ruche trop remplie, qu'une partie en sort et se tient au dehors, soit contre le support de la ruche, soit contre la ruche elle-même. On voit des tas d'Abeilles amoncelées les unes sur les autres au dehors de la ruche, et qui n'attendent plus que le signal du départ.

Mais le moins équivoque de tous les signes, celui qui annonce l'événement pour le jour même, dit Réaumur, c'est lorsque les Abeilles d'une ruche ne vont pas à la campagne en aussi grand nombre que d'ordinaire, quoique le temps soit favorable et semble les inviter à butiner les fleurs.

« Il n'y a point de signe, dit Réaumur, qui indique aussi sûrement qu'il y a un essaim qui se dispose à prendre l'essor, que lorsque le matin, à des heures où le soleil brille, et où le temps est favorable au travail, les Abeilles sortent en petit nombre d'une ruche dont elles sortaient en grande quantité les jours précédents, et qu'elles y rapportent peu de cire brute. Une telle façon de se comporter semble forcer d'accorder à ces mouches plus d'esprit et de prévoyance qu'on ne voudrait ; elle embarrasse extrêmement celui qui veut expliquer toutes leurs actions par un pur mécanisme. Ne paraîtrait-il pas prouvé que dès le matin toutes les habitantes d'une ruche sont instruites d'un projet qui ne sera exécuté que vers midi ou quelques heures après ?... C'est une histoire très-connue que celle de ce vieux grenadier qui, étant dans un repos parfait pendant que ses camarades étaient occupés à établir leurs tentes, répondit à son général, M. de Turenne, qui le questionnait sur sa tranquillité, *qu'il savait bien que l'armée ne devait pas rester dans le camp où elle était*. Toutes nos mouches, ou presque toutes, semblent avoir prévu la marche que leur reine veut leur faire faire, comme ce vieux soldat avait prévu celle que le général devait faire faire à l'armée [1]. »

1. *Mémoires pour servir à l'histoire des insectes*, t. V, p. 611.

Dans une ruche qui va *jeter*, comme on dit en termes de l'art, souvent on entend le soir, et même pendant la nuit, un bourdonnement particulier. Tout semble y être dans l'agitation. Quelquefois, pour y entendre du bruit, il faut en approcher bien près l'oreille, et l'on n'entend que des sons clairs et aigus qui paraissent être produits par le bruissement des ailes d'une seule mouche.

« Ceux qui savent mieux que moi le langage des Abeilles, dit Réaumur, ont dit des merveilles de ces sons. Ils prétendent que c'est la nouvelle reine qui fait ce bruit, qui harangue peut-être la troupe qu'elle veut engager à sortir, ou qui, avec une espèce de trompette, les anime pour leur donner le courage de tenter une grande aventure. Charles Butler, l'auteur de la *Monarchie féminine*, donne à ce bruit une tout autre signification. Il dit qu'il semble que l'Abeille qui aspire à devenir reine supplie la reine mère par des lamentations et par des gémissements de lui accorder la permission de conduire une colonie hors de la ruche ; que la reine ne se rend quelquefois à de si touchantes prières qu'au bout de deux jours ; que quand elle y acquiesce, elle répond à la suppliante d'une voix plus pleine et plus forte ; que lorsque l'on a entendu la mère accorder cette permission, on peut espérer, dès le lendemain, d'avoir un essaim.... Le même Butler a déterminé toutes les modulations du chant de l'Abeille suppliante, les différentes clefs sur lesquelles elles sont composées, et de même celles des chants de la reine mère. Il prétend qu'il n'est pas permis à celle qui veut s'élever au rang supérieur d'imiter les chants de la souveraine ; malheur à la jeune femelle si cela lui arrive ! elle ne le fait que par esprit de révolte ; elle en est punie sur-le-champ par la perte de sa tête. L'ancienne reine fait plus : dans le même moment elle fait ôter la vie à plusieurs des Abeilles qui avaient été séduites [1]. »

La véritable cause de ce bruit insolite est l'agitation des ailes d'un grand nombre d'Abeilles, qui sont en émoi au cœur de la ruche.

On a remarqué qu'aux approches de l'essaimage, les Abeilles semblent comme frappées de vertige. Elles perdent la tête, et la reine leur en donne l'exemple. François Huber a fait à ce sujet les plus curieuses remarques. Voici, d'après cet immortel observateur, ce qui se passe dans la ruche quand une émigration se prépare.

La reine s'émeut la première du bruissement que font dans leurs cellules les jeunes femelles prêtes à éclore. Elle parcourt les rues de la cité, examine les alvéoles, veut se jeter sur ceux qui contiennent des femelles ; mais elle rencontre une résistance très-ferme de la part des ouvrières auxquelles est confiée la garde

---

1. *Mémoires pour servir à l'histoire des insectes*, t. V, p. 616, 617.

de ces prisons. Elle fait çà et là une tentative pour pondre encore un œuf, mais le plus souvent se retire sans l'avoir déposé dans la cellule qui l'attendait. Elle court, s'arrête, reprend sa course, marche sur le corps des ouvrières qu'elle rencontre; quelquefois, lorsqu'elle s'arrête, les Abeilles qui sont près d'elle s'arrêtent aussi, comme pour la regarder. Elles s'avancent brusquement vers elle, la frappent de leur tête et montent sur son dos. Elle s'élance alors, portant en croupe quelques-unes de ses ouvrières. Aucune ne lui offrant du miel, elle en prend elle-même dans les cellules ouvertes, qui sont abandonnées à la discrétion de tout le monde. On ne fait plus haie sur son passage, on ne l'entoure plus d'une cour d'honneur; elle semble déchue du rang suprême.

Cependant les premières Abeilles, que ces courses ont troublées, la suivent en courant comme elle, et répandent l'émoi à leur tour parmi le reste de la population.

Le chemin que la reine a parcouru est reconnaissable par la fermentation qu'elle a laissée sur son passage, et qui ne peut plus se calmer. Bientôt elle a visité tous les recoins de la ruche, si bien que la fièvre est devenue générale. *Quantum mutata!* la reine ne pond plus dans les cellules. Elle laisse tomber ses œufs au hasard. Elle paraît frappée de vertige. Qu'est devenue cette sage et prudente souveraine, cette mère attentive et prévoyante?

Les nourrices, à leur tour, sont atteintes par cette contagion du délire et du mal. Elles ne s'occupent plus du couvain. Celles qui reviennent de la campagne ne sont pas plutôt entrées dans la ruche, qu'elles prennent part à ces mouvements tumultueux, et s'abandonnent au tourbillon général. Ne songeant plus à se débarrasser des pelotes de pollen qu'elles portent à leurs jambes, elles courent dans tous les sens, comme de petites folles : ce sont bien les *folles du logis*. Le délire s'est emparé de toute la république.

Cette valse infernale, ce vertige commun se termine par une sortie générale. Toutes les mouches, la reine à leur tête, se précipitent vers les portes, et vont au dehors créer un nouvel essaim.

Une fois au grand air, nos jeunes folles reviennent à des sentiments meilleurs. Leur ivresse se dissipe. Elles se fixent à une branche d'arbre, et nos échappées, redevenues captives volontaires, reprennent leur travail, conformément à leurs habitudes.

Est-il rien de plus curieux que cette partie de l'histoire de notre petit peuple bourdonnant!

François Huber a remarqué bien des fois que, dans un essaim

qui s'élance, si l'on vient à saisir, à tuer la reine, qui dirige la marche, placée en tête de la cohorte ailée, aussitôt toutes les Abeilles rentrent dans la ruche, et reprennent le domaine abandonné. On dirait qu'ayant perdu leur chef, elles se reconnaissent incapables de faire prospérer et mener à bien la colonie future.

On ne voit jamais sortir d'essaim que par un beau jour, ou, pour parler plus exactement, à une heure de la journée où le soleil luit, où l'air est calme et le ciel favorable. C'est ordinairement entre dix heures du matin et trois heures de l'après-midi.

« Il nous est arrivé, dit François Huber, d'observer dans une ruche tous les signes avant-coureurs du jet, le désordre, l'agitation ; mais un nuage passait devant le soleil, et le calme renaissait dans la ruche ; les Abeilles ne songeaient plus à essaimer. Une heure après, le soleil s'étant montré de nouveau, le tumulte recommençait, il s'accroissait très-rapidement, et l'essaim partait [1]. »

Dans le moment qui précède la sortie de l'essaim, le bourdonnement augmente dans la ruche. Quelques ouvrières sortent les premières, comme pour interroger l'état de l'atmosphère. Dès que la reine a passé le seuil, les émigrantes se précipitent en foule à sa suite. En un clin d'œil, l'air est tout noir d'Abeilles, qui se pressent, en formant comme un nuage épais. L'essaim s'élève en tourbillonnant dans l'air ; il se balance pendant quelques minutes au-dessus de la ruche, pour laisser aux traînards le temps de se rallier, et pour reconnaître la situation du terrain ; puis il s'élance à tire-d'aile dans la campagne.

Ce n'est pas la reine qui fait le choix du lieu où s'abritera la société qui vient de prendre ainsi la clef des champs. Quand une branche d'arbre a plu à un certain nombre de nos voyageuses, elles se déterminent à se fixer en ce séjour nouveau. Beaucoup d'autres les suivent. Quand elles sont en nombre, la reine vient se joindre à l'assemblée, et entraîne avec elle le reste de la troupe.

Le peloton, déjà formé, se grossit d'instant en instant. Les Abeilles qui sont encore dispersées dans l'air s'empressent d'adhérer au choix qui a été fait par la majorité, et bientôt toutes ensemble ne composent plus qu'un seul massif d'Abeilles, cramponnées les unes aux autres par les jambes.

---

1. En général les Abeilles craignent beaucoup l'apparition du mauvais temps. Lorsqu'elles butinent dans la campagne, la seule apparition d'un nuage devant le soleil les fait rentrer précipitamment chez elles. Cependant, si le ciel est uniformément couvert, et s'il n'y a pas d'alternatives brusques d'obscurité et de lumière, elles ne s'en inquiètent pas, et les premières gouttes d'une pluie douce les chassent à peine du théâtre de leurs ébats.

HYMÉNOPTÈRES.

Cette grappe (fig. 361) est tantôt sphérique, tantôt de forme pyramidale. Son poids peut atteindre jusqu'à quatre kilogrammes, et elle peut renfermer environ quarante mille Abeilles. A partir de ce moment, quoiqu'elles soient à découvert, elles se tiennent tranquilles. En un quart d'heure tout devient calme, et on ne voit guère voltiger plus d'Abeilles autour de cette grappe que près d'une ruche ordinaire.

C'est le moment où l'agriculteur ou l'amateur qui veut élever des Abeilles, pour en récolter le miel, doit s'emparer de l'essaim et lui offrir une ruche préparée d'avance. S'il tarde trop à profiter de l'occasion, la troupe s'envole et va s'établir dans quelque cavité naturelle, dans le creux d'un arbre, etc. Les Abeilles retournent alors à l'état sauvage.

Sous un climat chaud où les fleurs abondent, les ruches peuvent *jeter* plusieurs fois de suite. Cependant le premier essaim est toujours le meilleur. Il est plus nombreux, et il a devant lui plus de temps pour s'approvisionner. Si l'état du ciel demeure fa-

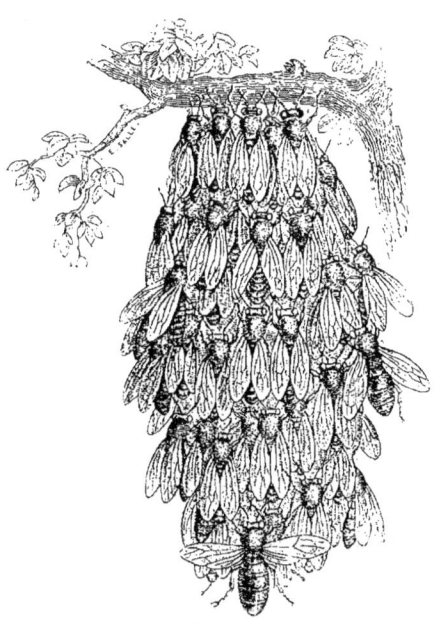

Fig. 361. Grappe d'Abeilles suspendue à une branche d'arbre, après l'essaimage.

vorable, il n'est pas rare de le voir *jeter* lui-même trois semaines après sa sortie. La vieille reine conduit alors l'émigration du second essaim, en abandonnant la colonie qu'elle a fondée.

Si la ruche mère jette plusieurs essaims, l'intervalle entre le premier et le deuxième est de six à sept jours ; le troisième et le quatrième suivent à des intervalles plus courts. Mais ces jets tardifs ont rarement assez de vitalité pour subsister.

Les Abeilles qui composent un essaim ne rentrent pas dans la ruche qu'elles viennent de quitter. On peut donc s'étonner qu'une ruche puisse fournir un second essaim à quelques jours d'intervalle, sans s'affaiblir outre mesure. Mais la vieille reine, en quittant son ancien domaine, y laisse une quantité considérable de couvain. Ces larves ne tardent pas à repeupler la ruche, de manière à fournir un second essaim.

Le troisième et le quatrième jet affaiblissent la population d'une manière plus sensible ; mais il reste toujours encore assez d'ouvrières pour continuer les travaux. Dans quelques cas, l'agitation du jet est assez vive pour que toutes les Abeilles sortent à la fois, en laissant la ruche déserte; mais cette désertion ne dure qu'un instant, une partie de l'essaim rentre sagement au logis.

Il s'en faut bien que toutes celles qui prennent la clef des champs deviennent membres de la colonie nouvelle. Quand le délire général dont nous avons parlé vient les saisir, elles se précipitent, s'entassent toutes à la fois vers les portes de la ruche, et s'échauffent jusqu'à transpirer abondamment. Celles qui sont au centre de la mêlée, supportent la charge de toute la cohue, et paraissent baignées de sueur. Leurs ailes deviennent humides, elles ne sont plus capables de voler. Lors même qu'elles parviennent à s'échapper, elles ne vont pas plus loin que l'appui de la ruche, et ne tardent pas à rentrer au bercail, sans suivre le gros de la troupe qui vient d'émigrer. Il ne faut pas oublier enfin qu'une partie de la population, un tiers environ, est toujours dehors aux heures de la journée où se forment les essaims, occupée à butiner dans les champs. Leur récolte faite, ces ouvrières reviennent à la ruche abandonnée par la plupart de leurs compagnes, et reprennent leurs occupations comme si de rien n'était. Elles forment le noyau de la population nouvelle de la ruche, qui se complète bientôt par l'éclosion des larves.

Nous avons déjà dit que le premier essaim est toujours conduit par la vieille reine ou mère, et que celle-ci part avant l'éclosion des jeunes femelles. Si elle n'était pas sortie avant leur naissance, elle les détruirait, et la ruche ne pourrait s'organiser, faute de chef.

Le premier essaim parti, les Abeilles qui restent dans la ruche soignent particulièrement les cellules royales. Si les jeunes reines font des efforts pour sortir, leurs gardiennes les surveillent de plus près. Elles rétablissent le couvercle de cire à mesure que les prisonnières le détruisent. Seulement, comme elles ne veulent pas la mort du pécheur, elles leur passent du miel à travers l'ouverture avant de la refermer, afin d'adoucir leur captivité.

A un moment donné, la femelle issue du premier œuf pondu

quitte son berceau. Bientôt elle cède à l'instinct meurtrier qui la pousse à détruire ses rivales, pour régner seule et sans partage dans la communauté. Elle va donc à la recherche des cellules où ces dernières se trouvent enfermées. Mais dès qu'elle s'en approche, les ouvrières la pincent, la tiraillent, la chassent, l'obligent à s'éloigner, et comme les cellules royales sont nombreuses, à peine trouve-t-elle dans sa ruche un coin où elle soit tranquille. Sans cesse tourmentée par le désir d'attaquer les autres femelles, et sans cesse repoussée par la garde, elle s'agite alors, traverse en courant les divers groupes d'ouvrières, et leur communique son agitation. Ce manége se répète fréquemment dans la journée.

Parfois la jeune reine, à bout de moyens, fait entendre un chant aigu, analogue à celui de la Cigale. Ce chant, si insolite dans notre peuple ailé, a la vertu de pétrifier tout l'auditoire. Voici ce que François Huber raconte à ce propos, en parlant d'une reine qui venait d'éclore, et qui cherchait en vain à satisfaire ses instincts jaloux :

« Elle chanta, dit-il, deux fois. Lorsque nous la vîmes produire e ce son, elle était arrêtée, son corselet appuyait contre le gâteau, ses ailes étaient croisées sur son dos, elle les agitait sans les décroiser et sans les ouvrir davantage. Quelle que fût la cause qui lui faisait choisir cette attitude, les Abeilles en paraissaient affectées, toutes baissaient alors la tête et restaient immobiles. Le lendemain, la ruche présentait les mêmes apparences, il y restait encore vingt-trois cellules royales qui étaient toutes assidûment gardées par un grand nombre d'Abeilles. Dès que la reine s'en approchait, toutes ces gardes s'agitaient, l'environnaient, la mordaient, la bouspillaient de toutes les manières, et finissaient ordinairement par la chasser ; quelquefois elle chantait dans ces circonstances en reprenant l'attitude que j'ai décrite tout à l'heure ; de ce moment les Abeilles devenaient immobiles [1]. »

Mais la fièvre qui a saisi la jeune reine finit par se communiquer à ses sujettes, et, à un moment donné, un nouvel essaim part sous sa conduite.

Cette émigration effectuée, les ouvrières qui sont restées à la maison mettent en liberté une autre femelle. Celle-ci recommence le même manége que la première. Elle en veut à ses rivales encore incarcérées, et qu'elle flaire dans leurs berceaux ; mais les gardiennes la repoussent avec vigueur et paralysent toutes ses tentatives, jusqu'à ce qu'elle se décide à émigrer avec un nouvel essaim.

1. *Observations sur les Abeilles*, t. I, p. 260.

Cette scène curieuse se répète, avec les mêmes circonstances, trois ou quatre fois dans l'espace de quinze jours, si le temps est favorable et si la ruche est bien peuplée.

A la fin, le nombre des Abeilles qui restent se trouve tellement réduit, qu'elles ne peuvent plus faire autour des cellules royales une garde aussi vigilante. Il arrive alors que deux femelles sortent à la fois de leurs berceaux. Aussitôt, moment terrible! nos deux rivales se cherchent, se combattent, et la reine qui sort victorieuse de ce duel à mort règne paisiblement sur le peuple conquis.

Si, dans le tumulte qui précède l'essaimage, une femelle surnuméraire parvient à s'échapper de sa prison, il se peut aussi qu'elle soit entraînée avec l'essaim. Alors les déserteurs se partagent en deux camps séparés. Mais le moins fort en nombre ne tarde pas à être délaissé, et les transfuges vont grossir l'essaim principal. Finalement, toute la troupe se trouve réunie, et elle renferme alors deux reines.

Tant que l'essaim reste fixé sur sa branche, tout se passe tranquillement malgré la présence de deux reines. Mais dès que l'essaim a pris possession d'un domicile définitif, l'affaire devient très-sérieuse. Un combat à mort s'engage entre les deux prétendantes; le trône doit rester à la plus forte. Deux reines, en effet, ne sauraient exister en liberté dans la même ruche. L'une est de trop sur la terre, et il faut nécessairement que le Dieu des combats décide entre les deux rivales.

François Huber est le premier qui ait décrit ces *duels de reines*. Voici le récit intéressant qu'il nous a laissé d'un combat qu'il observa le 12 mai 1790 :

« Deux jeunes reines, dit-il, sortirent ce jour-là de leurs cellules, presque au même moment, dans une de nos ruches les plus minces. Dès qu'elles furent à portée de se voir, elles s'élancèrent l'une contre l'autre, avec l'apparence d'une grande colère, et se mirent dans une situation telle que chacune avait ses antennes prises dans les dents de sa rivale; la tête, le corselet et le ventre de l'une étaient opposés à la tête, au corselet et au ventre de l'autre; elles n'avaient qu'à replier l'extrémité postérieure de leur corps, elles se seraient percées réciproquement de leur aiguillon, et seraient mortes toutes les deux dans le combat. Mais il semble que la nature n'a pas voulu que leurs duels fissent périr les deux combattantes; on dirait qu'elle a ordonné aux reines qui se trouveraient dans cette situation (c'est-à-dire en face et ventre contre ventre) de se fuir à l'instant même avec la plus grande précipitation. Aussi, dès que les deux rivales sentirent que leurs parties postérieures allaient se rencontrer, elles se dégagèrent l'une de l'autre, et chacune s'enfuit de son côté....

« Quelques minutes après qu'elles se furent séparées, leur crainte cessa, et elles recommencèrent à se chercher ; bientôt elles s'aperçurent, et nous les vîmes courir l'une contre l'autre ; elles se saisirent encore comme la première fois, et se mirent exactement dans la même position : le résultat en fut le même ; dès que leurs ventres s'approchèrent, elles ne songèrent plus qu'à se dégager, et elles s'enfuirent. Les Abeilles ouvrières étaient fort agitées pendant ce temps-là, et leur tumulte paraissait s'accroître lorsque les deux adversaires se séparaient ; nous les vîmes, à deux différentes fois, arrêter les reines dans leur fuite, les saisir par les jambes, et les retenir prisonnières plus d'une minute. Enfin, dans une troisième attaque, celle des deux reines qui était la plus acharnée ou la plus forte courut sur sa rivale au moment où celle-ci ne la voyait pas venir ; elle la saisit avec ses dents à la naissance de l'aile, puis monta sur son corps, et amena l'extrémité de son ventre sur les derniers anneaux de son ennemie, qu'elle parvint facilement à percer de son aiguillon ; elle lâcha alors l'aile qu'elle tenait entre ses dents, et retira son dard ; la reine vaincue tomba, se traîna languissamment, perdit ses forces très-vite et expira bientôt après [1]. »

Ces combats singuliers, dont on vient de lire la description, ont lieu entre les jeunes reines vierges. François Huber, en introduisant dans une ruche quelques reines étrangères, s'est assuré que la même animosité porte les femelles fécondes à se combattre et à se détruire.

Dès que la jeune reine, à laquelle la souveraineté est échue, est fécondée, elle n'a rien de plus pressé que de détruire toutes les nymphes royales qui existent encore dans la ruche, et qui lui sont dès lors livrées, sans résistance, par les ouvrières.

(ὁ: ἀγαθὸν πολυκοιρανίη· εἶς κοίρανος ἔστω,
Εἷς βασιλεύς [2]....

La femelle devenue mère attaque donc l'une après l'autre les cellules qui contiennent encore des femelles. On la voit se jeter avec fureur sur la première cellule qu'elle rencontre. Elle y pratique, avec ses dents, une ouverture suffisante pour y introduire son ventre, et se contourne jusqu'à ce qu'elle ait réussi à frapper d'un coup d'aiguillon la femelle qui s'y trouve logée. Elle s'éloigne alors, satisfaite. Les ouvrières, qui jusque-là sont restées spectatrices indifférentes de ses efforts, se chargent du reste de la besogne. Elles se mettent à agrandir le trou fait par la reine victorieuse, et à retirer de la cellule royale le cadavre de la victime.

Pendant ce temps, la farouche et jalouse souveraine se jette

---

1. *Observations sur les Abeilles*, t. I, p. 174-178.
2. La domination de plusieurs ne fait pas bien ; il faut un seul chef, un seul roi (Homère, *Iliade*, II, 110).

sur une autre cellule, et en fait l'effraction avec violence. Si elle n'y trouve pas d'insecte parfait, mais seulement une nymphe, elle dédaigne de faire usage de son royal aiguillon. Les ouvrières se chargent de vider la cellule et de sacrifier son contenu.

Ces exécutions accomplies, la reine peut s'occuper de la ponte, sans avoir désormais à craindre de rivales.

Disons, en passant, que l'homme n'est pas tout à fait en reste de cruauté avec les insectes dont nous venons de raconter les exploits sauvages. Chez quelques tribus de l'Éthiopie, le premier soin du chef nouvellement couronné est de mettre en prison tous ses frères, afin d'éviter les guerres de prétendants.

Délivrée des soucis de la rivalité, notre reine se met à pondre avec un zèle infatigable, et les ouvrières, animées par l'espoir d'un nombreux couvain, entassent joyeusement des provisions autour d'elle.

Mais ici va s'accomplir un nouveau drame. Les *faux bourdons*, c'est-à-dire les mâles, sont maintenant de trop dans la colonie. Leur mission est finie. Par une logique inexorable de la nature, il faut se débarrasser d'eux.

Les ouvrières procèdent au massacre général des *faux bourdons*. C'est dans les mois de juillet et d'août qu'a lieu cet affreux carnage. On voit alors, au milieu des airs, les ouvrières donner avec fureur la chasse aux mâles, et les poursuivre jusqu'au fond des ruches, où les malheureux vont chercher un asile. Trois ou quatre ouvrières s'élancent à la poursuite d'un mâle. Elles le saisissent, le tirent par les jambes, par les ailes, par les antennes, et le tuent à coups d'aiguillon.

Ce carnage impitoyable comprend même les larves et les nymphes de mâles. C'est bien le *massacre des innocents*. Les bourreaux les arrachent de leurs cellules, les percent de leur dard, et sucent avidement les liquides contenus dans leurs corps; puis ils jettent au vent leurs dépouilles vides.

La tuerie se poursuit plusieurs jours. Elle dure jusqu'à l'extinction complète des mâles, pauvres diables qui ne peuvent se défendre, étant privés d'aiguillons!

Ils ont pourtant la vie sauve quand ils ont le bonheur d'habiter une ruche privée de reine. Ils y trouvent même un asile assuré, s'ils sont chassés d'une autre ruche. On les rencontre alors en certain nombre, dans cet asile, jusqu'au mois de janvier.

On accorde également la vie aux *faux bourdons* dans les ruches qui, au lieu d'une véritable reine, n'ont qu'une femelle à demi féconde, qui ne pond que des œufs de faux bourdons. Mais une telle ruche, dont la population active ne peut plus s'augmenter, finit par être abandonnée de ses habitants. La stérilité de la reine, ou son absence, entraîne la dissolution de la société. La mère Abeille est, en effet, l'âme et la vie de la ruche. Sans elle, plus d'espoir, plus de courage, plus d'activité. Le peuple, abandonné à lui-même, tombe dans l'anarchie. La famine, le pillage, la ruine et la mort sont à ses portes. N'ayant plus de couvain à espérer, les Abeilles vivent au jour le jour, sans souci du lendemain. Elles cessent de travailler, ne vivent plus que de vol et de rapine, et finissent par disparaître. C'est une société qui se décompose et se dissout par l'absence d'un lien moral.

Si la perte de la mère Abeille, ou reine mère, a lieu à une époque où il existe encore dans la ruche des larves d'ouvrières âgées de moins de trois jours, les nourrices, comme nous l'avons déjà dit, adoptent quelques-unes de ces larves, et en font des reines, grâce à l'éducation physique et à la nourriture spéciale qu'elles leur donnent. Dans ce cas, le mal est donc réparable, les ouvrières s'en tirent toutes seules. Mais si la ruche possède une reine dégénérée, qui ne pond que des mâles, l'intervention de l'homme est nécessaire pour sauver cette ruche, par la substitution d'une reine féconde. Si, en effet, une reine étrangère voulait pénétrer seule dans une ruche qui renferme une mère régnante, elle serait infailliblement arrêtée à la porte, et étouffée par les sentinelles qui gardent la ruche. Celles-ci l'entourent aussitôt, et la retiennent captive sous elles, jusqu'à ce qu'elle périsse d'asphyxie ou de faim. Elles n'emploient point leurs dards contre la reine intruse, excepté dans le cas où l'on chercherait à la délivrer de leurs étreintes. C'est en l'étouffant qu'elles la font disparaître.

Lorsqu'on veut introduire dans une ruche une reine étrangère, après avoir enlevé l'ancienne souveraine, il faut user de beaucoup de précautions pour la faire pénétrer dans le domicile commun.

Les Abeilles ne s'aperçoivent qu'au bout de quelque temps de la disparition de leur reine ; mais alors elles manifestent un grand émoi. Elles courent çà et là comme des folles ; elles quittent leurs travaux, et font entendre un bourdonnement singulier. Si on leur rend leur souveraine naturelle, elles la reconnaissent, et le calme renaît à l'instant même dans l'atelier.

La substitution d'une reine nouvelle à la souveraine primitive ne produit pas le même effet dans toutes les circonstances. Si l'on introduit la nouvelle reine une demi-journée seulement après l'enlèvement de l'ancienne reine, la nouvelle venue est fort mal reçue. Elle est sur-le-champ environnée, cernée; les ouvrières cherchent à l'étouffer. D'ordinaire elle succombe à ces mauvais traitements. Mais si on laisse s'écouler un intervalle plus considérable avant d'introduire la remplaçante, les Abeilles, rendues plus traitables par l'attente, se montrent mieux disposées à son égard.

Si, enfin, on laisse passer un interrègne de vingt-quatre heures, la reine étrangère est toujours reçue avec les honneurs dus à son rang. Un bourdonnement général annonce l'événement à toute la population de la ruche. On décerne à la reine adoptive un cortége choisi. On forme la haie sur son passage; on la caresse du bout des antennes; on lui offre du miel. Un petit trémoussement joyeux de l'escorte annonce que tout le monde est satisfait dans la petite république. Les travaux des champs et ceux de l'intérieur recommencent avec plus d'activité que jamais.

C'est surtout pendant les jours orageux, alors que la chaleur et l'électricité de l'atmosphère favorisent la sécrétion du pollen dans les plantes, que les Abeilles vont à la récolte dans la campagne. Elles pressent, elles entassent dans la ruche les provisions pour la froide saison, tout en élevant avec soin le couvain, l'espoir de l'avenir, *spem gentis*, comme dit Virgile.

Ces occupations pacifiques, et pour ainsi dire pastorales, sont interrompues quelquefois par les dures nécessités de la guerre. Il arrive que les Abeilles d'une ruche appauvrie, poussées par la faim, mauvaise conseillère, se décident à attaquer, pour en piller les trésors, une ruche voisine, qui abonde en provisions de bouche.

Alors s'engage entre les deux bataillons un combat acharné. Chacun se précipite avec furie sur son adversaire. Deux abeilles se pressent et se mordent jusqu'à ce que l'une soit terrassée. Le vainqueur grimpe sur le dos du vaincu, il le serre au cou avec ses mandibules, et le perce de son dard, entre les anneaux du ventre. L'Abeille victorieuse se place auprès du corps de son ennemi terrassé. Posée sur quatre pattes, elle frotte orgueilleusement l'une contre l'autre ses pattes de derrière, signe suprême du triomphe.

Réaumur raconte un fait assez bizarre, qu'il dit avoir observé plusieurs fois, et qui prouve que nos insectes ne se battent pas pour satisfaire un instinct sanguinaire et farouche, mais, ce qui est moins blâmable, pour satisfaire leur faim. Les Abeilles attaquées par une force supérieure ont la vie sauve si leurs ennemis parviennent à leur faire rendre gorge, c'est le mot propre. Trois ou quatre Abeilles s'acharnent après une seule. Elles la tirent par les jambes, et la mordent au corselet. La malheureuse objet de cette agression n'a alors rien de mieux à faire, pour sortir vivante de ce mauvais pas, que d'allonger sa trompe, toute chargée de miel odorant. Les pillards viennent l'un après l'autre boire ce miel ; puis, repus, satisfaits, n'ayant plus rien à demander et la conscience tranquille, ils s'en vont, laissant l'Abeille retourner à sa demeure champêtre.

Il est aussi des combats singuliers, de véritables duels, entre les Abeilles d'une même ruche. Les fortes chaleurs ont pour effet d'irriter nos Hyménoptères, de les exciter, de mettre leur petite tête en ébullition. Elles sont alors dangereuses pour l'homme, qu'elles attaquent hardiment. Mais, le plus souvent, c'est entre elles qu'elles se prennent de querelle et de bec, autrement dit d'aiguillon. On voit souvent deux Abeilles qui se rencontrent, se saisir au collet, dans l'air. Il arrive aussi qu'une Abeille furieuse se jette sur une autre, qui se promène tranquillement et sans penser à mal sur le bord de sa ruche tranquille.

Quand deux Abeilles sont ainsi aux prises, elles descendent à terre, car elles n'auraient pas en l'air assez d'appui pour se porter des coups assurés. Elles luttent alors corps à corps, comme autrefois les gladiateurs dans le cirque. Elles dardent continuellement leur aiguillon, mais, presque toujours, la pointe glisse sur les écailles dont elles sont revêtues. Le combat se prolonge quelquefois pendant une heure avant que l'une des deux ait trouvé chez l'autre le défaut de la cuirasse naturelle, et lui ait enfoncé dans les chairs son terrible dard. Le vainqueur laisse souvent ce dard dans la plaie qu'il a faite, et alors il meurt dans son triomphe par suite de la perte de cet organe.

Quelquefois aussi nos deux combattants, malgré des assauts longs et acharnés, ne peuvent parvenir à entamer leur solide armure. Ils se quittent, de guerre lasse, et s'envolent, chacun de son côté, désespérant d'obtenir une victoire complète.

C'est ainsi, *si parva licet componere magnis*, — en d'autres termes, entendons-nous bien, s'il est permis de comparer les œuvres infimes de l'homme aux œuvres admirables de la nature, —

c'est ainsi que l'on a vu, de nos jours, deux navires cuirassés, après avoir lutté, une journée entière, l'un contre l'autre, après avoir échangé, sur les eaux frémissantes de la mer, des centaines de coups de canon dont les boulets rebondissaient inoffensifs et inertes sur leurs cuirasses de fer et d'acier, se retirer lentement, s'éloigner l'un de l'autre, avec une majesté tranquille, devant l'évidente impuissance de s'anéantir réciproquement, en perçant l'énorme ceinture métallique qui entoure et protége leurs flancs robustes.

A la fin de l'automne, quand les Abeilles ne trouvent plus dans les champs de fleurs à butiner, elles achèvent d'élever le couvain avec le pollen qu'elles conservent en magasin, et la ponte de la reine mère s'arrête.

Engourdies par le froid de l'hiver, les ouvrières finissent par ne plus sortir. Serrées les unes contre les autres, elles se réchauffent mutuellement, et résistent ainsi, quand le froid n'est pas trop intense, à la rigueur des gelées. Blotties entre les gâteaux, elles attendent le retour de la belle saison, pour recommencer les travaux dans la campagne et chez elles.

Après deux ou trois ans de cette existence laborieuse, l'Abeille meurt, mais pour revivre dans une nombreuse postérité, comme le dit Virgile en ces beaux vers :

> *At genus immortale manet, multosque per annos*
> *Stat fortuna domus, et avi numerantur avorum* [1].

On a beaucoup discuté sur la question de savoir si les Abeilles constituent des monarchies ou des républiques. C'est, à notre avis, une véritable république. Comme toute la population est issue d'une mère commune, et que chaque larve de sexe féminin peut devenir reine, c'est-à-dire Abeille mère, si elle reçoit une nourriture appropriée, il est manifeste que le titre de reine a été donné à tort à l'Abeille mère. Au fond, elle n'est que présidente d'une république. Les vice-présidentes, comme nous l'avons déjà fait remarquer, sont toutes ces femelles, qui, à un moment donné, peuvent être appelées, par choix, c'est-à-dire par élection populaire, à remplir les fonctions de la souveraine, quand la mort ou un accident a supprimé le titulaire.

« Il n'y a point de roi dans la nature, » disait un jour Dauben-

---

1. Mais sa race est immortelle, la fortune de la maison reste debout pendant de longues années, et l'on compte les ancêtres des ancêtres.

ton, dans son cours au Jardin des Plantes. Tout aussitôt, l'auditoire d'applaudir et de crier bravo!

L'honnête savant s'arrête tout troublé, et demande à son aide-naturaliste la cause de ces applaudissements, peut-être ironiques.

« J'aurai dit quelque sottise, répétait entre ses dents le pauvre Daubenton, se rappelant le mot de Phocion en pareille circonstance.

— Non, lui répondit son aide-naturaliste, vous n'avez rien dit que de très-vrai; mais, sans vous en douter, vous avez fait une allusion politique. Vous avez parlé contre les rois, et nos jeunes républicains croient que vous faites allusion à Louis XVI.

— Vraiment, s'écria le collaborateur de Buffon, je ne me doutais guère d'avoir fait de la politique! »

La république des Abeilles, cette petite société animale, est admirablement constituée, et tous ses citoyens obéissent docilement à ses lois archiséculaires.

Les Abeilles ont souvent servi d'exemple pour démontrer, selon les uns, l'intelligence merveilleuse de certains petits animaux; selon d'autres, un instinct merveilleusement développé. Nous n'avons jamais bien compris, quant à nous, ce que l'on entend par le mot *instinct*, et nous accordons très-nettement l'intelligence à l'Abeille, comme à beaucoup d'animaux. La plupart des actes de leur vie semblent résulter d'une idée, d'une délibération mentale, d'une détermination prise après examen réfléchi.

La construction de leurs cellules, toujours uniforme, est, dit-on, le résultat de l'instinct. Pourtant il arrive que, dans des circonstances particulières, ces petits architectes savent abandonner l'ornière de la routine, se réservant de revenir, en temps utile, aux grands principes traditionnels qui assurent la beauté et la régularité de leurs constructions. On a vu, en effet, des Abeilles s'écarter de leurs pratiques ordinaires, pour corriger certaines irrégularités qui résultaient d'accidents, ou de l'intervention de l'homme qui était venu déranger leurs travaux.

François Huber raconte qu'il a vu des abeilles étayer par des piliers et des arcs-boutants de cire un rayon qui venait de tomber. En même temps, averties par cet accident néfaste, elles se mirent à fortifier les principales charpentes des autres rayons et à les lier plus fortement à la voûte de la ruche. Cela se passait au mois de janvier, c'est-à-dire à une époque où le travail n'est plus de saison, et lorsqu'il ne s'agissait que de pourvoir à une éventualité lointaine.

Une observation tout à fait analogue a été rapportée par M. Walond.

N'y a-t-il pas là, d'abord un véritable et excellent raisonnement, ensuite un acte, une opération, un travail, exécutés par suite de ce même raisonnement? Or une opération qui se fait comme conséquence d'un raisonnement est toujours le résultat de l'intelligence.

L'Abeille donne une autre nourriture aux différentes espèces de larves. Elle sait changer cette nourriture à temps, lorsqu'un accident a privé la ruche de sa reine, et qu'il s'agit de la remplacer. Elle fait donc encore ici preuve de jugement, d'intelligence.

Mais c'est surtout en face d'un ennemi que se montrent les facultés intellectuelles de notre insecte. Il y a toujours à l'entrée de chaque ruche trois ou quatre Abeilles qui n'ont d'autre fonction que de garder la porte, pour surveiller les allants et venants, et empêcher qu'un ennemi ou un intrus ne se glisse dans la communauté. Lorsqu'une de ces sentinelles aperçoit un ennemi aux environs de la ruche, elle s'élance vers lui, et, par un bourdonnement menaçant et significatif, le somme de se retirer. S'il ne comprend pas l'avertissement, ce qui est rare, car hommes, chevaux, chiens, et animaux de toute espèce, connaissent parfaitement le danger auquel ils s'exposent en approchant trop d'une ruche en travail [1], l'Abeille va chercher du renfort, et revient bientôt avec un bataillon déterminé au combat. Tout cela s'appelle, il nous semble, intelligence.

M. de Frarière, dans son ouvrage sur *les Abeilles et l'Apiculture*, raconte l'anecdote suivante.

Un amateur d'Abeilles avait établi un rucher dans son jardin. Mais bientôt il reconnut que certains oiseaux, que l'on nomme *Abeillers* ou *Guêpiers*, avaient élu domicile chez lui. Perchés sur les arbres, ils croquaient toutes les Abeilles qu'ils pouvaient saisir au passage. Les coups de fusil n'éloignaient que les oiseaux utiles, tandis que nos Guêpiers se montraient indifférents à l'odeur de la poudre : ils semblaient invulnérables.

Un jour, comme le propriétaire, embarrassé, cherchait en sa cervelle le moyen de chasser les ennemis de ses Abeilles, il en-

---

1. Les piqûres produites par des Abeilles ont des suites assez graves. Il arrive souvent que de gros animaux, tels que des chevaux ou des bœufs, attachés dans le voisinage d'un rucher, et qui ont inquiété les Abeilles, meurent des suites de leurs piqûres.

tendit tout à coup un grand bourdonnement. Quelques Abeilles qui avaient heureusement échappé au bec vorace de leurs agresseurs emplumés, s'étaient empressées d'aller répandre l'alarme dans la ruche, et y demander vengeance. Une véritable armée d'Abeilles menaçantes se dirigeait, en bon ordre, contre deux de ces oiseaux, désignés à leurs coups.

Ces derniers eurent raison de la phalange apienne, et se gor-

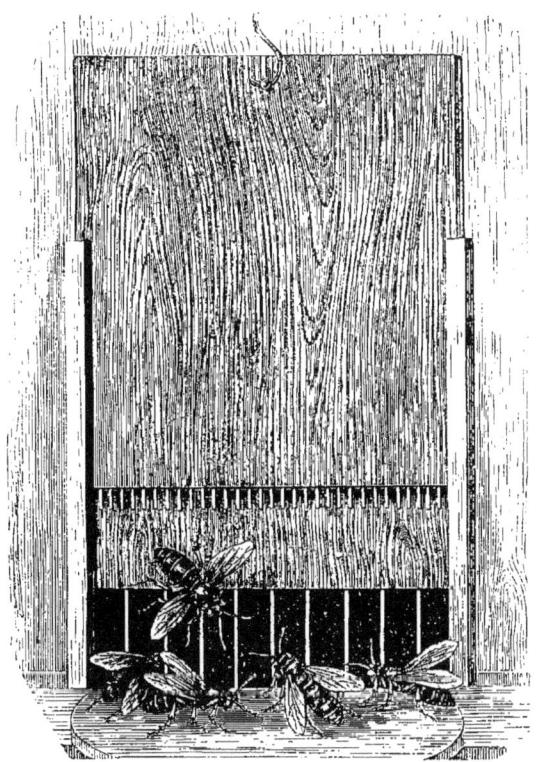

Fig. 362. Abeilles portières gardant l'entrée d'une ruche.

gèrent de cette proie ; puis ils reprirent leur position, pendant que les Abeilles, vaincues, retournaient au rucher.

Mais bientôt il se fit un grand tapage au sein de la ruche, et l'on vit les Abeilles, rassemblées en masse serrée, s'élancer avec la vitesse d'un boulet de canon vers l'ennemi, qui, cette fois, s'enfuit à tire-d'aile et ne revint plus. Alors nos Abeilles firent dans leur demeure une rentrée triomphale, satisfaites du succès de leur tactique [1].

1. *Les Abeilles et l'Apiculture*, in-8, 2ᵉ édition. Paris, 1865. Page 107.

Nous venons de dire qu'il y a des sentinelles à l'entrée de chaque ruche. Ce portier attentif, cet incorruptible cerbère, touche de ses antennes chaque individu qui veut pénétrer dans la maison. Les *Frelons*, les papillons dont nous avons parlé sous le nom de *Sphinx tête de mort*, des Limaces, etc., cherchent souvent à s'introduire dans la ruche. Dans ce cas, à l'appel des portiers vigilants, toutes les Abeilles réunissent leurs efforts pour défendre l'entrée du sanctuaire.

Il leur serait, en effet, impossible de s'opposer aux dégâts de ces ennemis, une fois entrés au cœur de la place. Quand un Sphinx a réussi à s'introduire dans une ruche, il s'attable et boit le miel à grandes lampées ; il dévore toutes les provisions, et les malheureuses propriétaires du logis sont forcées d'émigrer.

Des Teignes, des Crabronides, etc., font la guerre aux Abeilles. Virgile, dans ses *Géorgiques*, fait une longue énumération de ces ennemis divers.

Pour empêcher l'entrée des papillons nocturnes, les Abeilles rétrécissent et barricadent quelquefois leur porte avec un mélange de cire et de propolis. Quand une limace ou une autre grosse bête est parvenue à s'introduire dans l'intérieur, elles la tuent et l'ensevelissent dans le propolis, ainsi que nous l'avons déjà raconté.

Cependant elles restent sans défense contre certains parasites microscopiques qui les attaquent quelquefois. Le *Pou de l'abeille*, qui a été décrit et dessiné par Réaumur dans un de ses Mémoires [1], le parasite qui a été décrit en 1866 par M. Duchemin, c'est-à-dire l'*Acarus de sucre*, que l'on trouve aussi dans le miel liquide des ruches atteintes par la maladie qu'on nomme *pourriture*, sont les ennemis les plus sérieux de l'Abeille.

Les *Fausses Teignes* (*Galleries*) sont aussi de terribles ennemies de notre peuple industrieux. Toute ruche attaquée par les *Galleries* est perdue. Ces insectes destructeurs s'attaquent aussi aux Abeilles sauvages, les chassent de leurs nids et détruisent la cire des gâteaux. La *Gallerie* fait maison nette dans les édifices des Abeilles, tant sauvages que domestiques.

Les mœurs des Abeilles sauvages, qui font leurs nids dans les troncs d'arbres et autres cavités, ne diffèrent pas de celles des Abeilles réduites en domesticité. Seulement ces dernières s'ap-

---

1. Tome V, planche 36.

privoisent avec l'homme. Elles s'habituent aux personnes qui les soignent, et deviennent moins agressives envers les personnes étrangères.

L'*apiculture*, ou culture des Abeilles, est encore aujourd'hui une industrie importante, quoique le miel ait beaucoup perdu de son utilité depuis l'introduction du sucre en Europe.

Sans entrer dans beaucoup de détails sur l'apiculture, c'est-à-dire sur les soins à donner aux Abeilles, nous mentionnerons les principales occupations de l'apiculture.

Quand, au printemps, les ruches *font la barbe*, c'est-à-dire se disposent à essaimer, on les surveille de près, afin de ne pas perdre les essaims. Dès qu'un essaim s'est fixé sur un arbre, ou sur un reposoir artificiel, que l'on a préparé dans le voisinage, on s'en approche, après s'être couvert la figure d'un linge transparent, d'un canevas ou d'un *camail*, et on fait tomber la grappe dans une ruche qu'on lui présente ouverte et renversée. On retourne ensuite cette ruche, et on la met en place, ou bien, si elle ne doit servir qu'au transport de l'essaim, on la secoue devant la porte de la ruche qui lui est destinée. Les Abeilles battent alors le rappel, et se mettent à entrer, en colonne serrée, dans leur nouvelle habitation.

Fig. 363. Réception d'un essaim.

La figure 363 représente la manière dont il faut s'y prendre pour recueillir un essaim qui s'est fixé sur une branche d'arbre, et l'introduire ensuite dans la ruche qu'on lui a préparée.

Écoutons, à ce sujet, un savant *apiculteur*, M. Hamet :

« Dès qu'un essaim s'est fixé quelque part et qu'il n'y a plus que quelques Abeilles qui voltigent autour de la grappe, il faut s'apprêter à la loger dans une ruche qu'on aura disposée à cet effet. Quelques personnes frottent intérieurement cette ruche de plantes aromatiques ou de miel, dans le but d'y faire fixer plus sûrement les Abeilles. Cette précaution n'est pas indispensable. L'essentiel est que la ruche soit propre et n'ait pas de mauvaise odeur. Il est bon de la passer au préalable sur la flamme d'un feu de paille, qui détruit les œufs d'insectes et les insectes qui auraient pu s'y loger.

« Après s'être recouvert d'un camail si l'essaim est placé dans un lieu difficile et si l'on craint d'être piqué, on présente la ruche sous la grappe d'Abeilles que l'on fait tomber dedans, soit en secouant fortement la branche à laquelle cet essaim est attaché, soit au moyen d'un petit balai, ou même avec la main, car alors elles piquent très-rarement; il n'est presque jamais nécessaire de prendre de précautions pour en approcher, excepté pour les essaims qui sont fixés depuis plusieurs heures ou depuis la veille. Lorsque les Abeilles sont tombées en masse au fond de la ruche, on retourne doucement celle-ci, que l'on place sur un linge étendu à terre, près de l'endroit où était l'essaim, ou sur un plateau, ou simplement sur le sol, s'il est sec et propre. On a eu soin de placer sur ce linge une petite cale, un bâton ou un caillou pour soulever un peu la ruche, et par là laisser plus d'entrée aux Abeilles. Une grande partie des Abeilles tombées dans la ruche s'accrochent aux parois; mais bon nombre sont versées sur le linge lorsqu'on retourne cette ruche. On agit ainsi lorsqu'elle est destinée à loger l'essaim; mais lorsque celui-ci doit être logé dans une autre ruche, ainsi que nous le verrons plus loin, aussitôt que les Abeilles reconnaissent le logement qu'on leur a destiné, elles se mettent à battre le rappel et à entrer en colonne serrée dans ce logement; celles qui voltigent dans l'air sont appelées par ce rappel et ne tardent pas à s'abattre où se trouvent celles de leurs compagnes déjà fixées. Au bout d'un quart d'heure ou d'une demi-heure au plus, toutes, ou à peu près toutes, sont entrées dans la ruche. Quelques-unes voltigent encore autour de l'endroit où s'est fixé l'essaim. Si le nombre en est assez grand et si plusieurs sont demeurées à cet endroit, il faut les en faire déguerpir en y plaçant quelque herbe puante, telle que l'éclaire chélidoine, la maroube, la camomille des champs, etc., ou bien y projeter de la fumée de chiffon, qui éloignera les Abeilles et les contraindra à chercher la colonie ou à retourner dans leur ruche mère. On peut aussi projeter de la fumée, mais modérément, aux Abeilles groupées autour et aux environs du logement qu'on vient de leur donner, et qui tardent trop à y entrer [1]. »

Un bon essaim pèse de 2 à 4 kilogrammes; 1 kilogramme contient environ 10 000 Abeilles. Les essaims secondaires pèsent rarement plus de 1 kilogramme, et les troisièmes moins encore.

On peut aussi former des essaims artificiels, par le transvase-

---

1. *Cours d'Apiculture*, in-18, p. 73, 74.

HYMÉNOPTÈRES. 401

ment d'une ruche dans une autre, opération qui est facile avec les ruches vulgaires dites *en cloche*.

L'inspection de la figure 364, qui représente la ruche vulgaire du nord de la France, c'est-à-dire la *ruche en cloche*, fait comprendre combien il est facile d'opérer ce transvasement en accolant par leur base deux ruches, l'une vide, l'autre renfermant l'essaim.

Pour maîtriser les Abeilles pendant l'opération, on les engourdit légèrement, par la fumée d'un chiffon allumé.

Les ruches dans lesquelles on loge les Abeilles ont mille formes différentes, dont chacune a ses avantages particuliers. On les fait en bois ou en paille. Les formes usitées dans différents

Fig. 364. Ruche en cloche ou ruche villageoise.   Fig. 365. Ruche anglaise.

pays sont très-variées. Nous citerons comme exemples : la *ruche anglaise* (fig. 365), la *ruche suisse* (fig. 366), la *ruche polonaise* (fig. 368), la *ruche des jardins* (fig. 369).

L'emplacement des ruches, c'est-à-dire le lieu où on les installe, n'est pas indifférent.

On croit généralement qu'il faut établir les Abeilles en plein soleil, et dans les lieux les plus exposés à la grande chaleur du jour. C'est une erreur. M. de Frarière, dans son ouvrage sur *les Abeilles et l'Apiculture*, recommande de placer les ruches sous les arbres, de manière à les maintenir à l'ombre des feuilles, c'est-à-dire comme elles sont placées au milieu des forêts. La figure 370 montre la disposition que M. de Frarière conseille de donner aux ruches.

M. le docteur Monin, auteur d'une intéressante monographie de l'Abeille, publiée en 1866, après avoir parlé des différentes expositions ou dispositions qui ont été conseillées pour les ruches, conclut en ces termes :

Fig. 366. Ruche suisse.

« C'est pour concilier toutes ces exigences que les apiculteurs expérimentés recommandent tant pour les ruches l'exposition *au soleil de dix heures*, c'est-à-dire qu'elles soient tournées de façon que le soleil donne sur l'entrée lorsqu'il a atteint déjà une certaine hauteur sur l'horizon, et assez échauffé l'air ambiant pour que les Abeilles, que l'éclat de ses rayons engage à se lancer au dehors, ne soient point saisies par le froid, et engourdies avant d'avoir pu regagner assez tôt leur demeure[1]. »

Au mois de mars, on fait la récolte de la cire, en taillant la partie inférieure des ruches, dont les rayons ont vieilli.

La principale récolte du miel a lieu vers la fin de mai, en juin ou juillet, suivant les localités. On opère la taille plus ou moins forte, selon la quantité du miel préparé et l'état de la saison.

Seulement les Abeilles ne verraient pas sans colère cette violation de leur domicile, et ce vol prémédité de leurs provisions d'hiver. Pour s'emparer des gâteaux de miel qui remplissent la ruche, il faut

Fig. 367. Soufflet.

mettre ces insectes irritables hors d'état de nuire à l'homme. On y parvient, on les rend paisibles, en les enfumant. On envoie la fumée dans l'intérieur de la ruche, à l'aide d'un soufflet, dont la figure 367 représente les dispositions.

---

1. *Physiologie de l'Abeille, suivie de l'art de soigner et d'exploiter les Abeilles d'après une méthode simple, facile.* In-18. Paris, 1866. Page 94.

HYMÉNOPTÈRES. 403

Si l'on prolonge l'action de la fumée, on entend bientôt les Abeilles battre des ailes d'une façon particulière : elles son en *état de bruissement*. Quand on les voit se redresser sur leurs pattes de derrière et agiter les ailes, on peut en faire à peu près ce qu'on veut : tailler les rayons, extraire du couvain ou enlever le miel, sans qu'elles s'en inquiètent. Seulement il ne faut pas faire trop du-

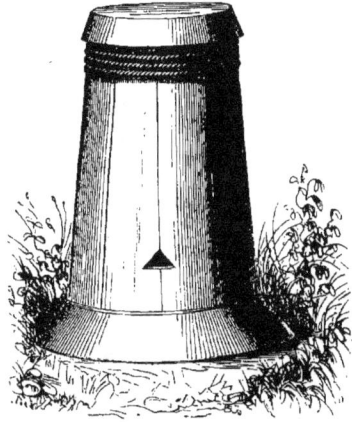

Fig. 368. Ruche polonaise.   Fig. 369. Intérieur de la ruche des jardins.

rer cet état, parce qu'on pourrait asphyxier les Abeilles. C'est une espèce d'anesthésie que l'on provoque ainsi chez notre Hyménoptère ; et, de même que pour l'anesthésie provoquée chez l'homme, il ne faut pas trop prolonger cet état physiologique.

Certains apiculteurs, pour faire leur récolte, étourdissent leurs Abeilles avec des mèches de soufre allumées. C'est là une mauvaise pratique.

« Les auteurs qui conseillent d'étouffer les Abeilles, dit M. Hamet, sous prétexte que leurs colonies deviendraient trop nombreuses, et qui ajoutent : on ne peut manger de bœuf sans tuer la bête, sont plus stupides que l'animal qu'ils choisissent pour comparaison. »

Une ruche produit souvent de 6 à 8 kilogrammes de miel chaque année, et une quantité de cire presque égale. Elle peut donc fournir à l'agriculteur un revenu important, d'autant plus que l'éducation des Abeilles donne peu de peine et de travail. Il suffit d'avoir un endroit convenablement exposé et bien garni de fleurs.

On possède en Europe deux espèces ou races d'Abeilles, l'*Abeille commune* (*Apis mellifica*) et l'*Abeille ligurienne* (*Apis ligustica*), à abdomen fauve, avec des anneaux bordés de noir. C'est cette espèce que Virgile a chantée, et qui se trouve en Italie et en Grèce. On a remarqué que les *Abeilles liguriennes* percent à leur base les calices des fleurs trop longues pour qu'elles puissent y pénétrer commodément, et qu'elles s'emparent ainsi du miel, tandis que nos Abeilles ordinaires passent à côté de ces

Fig. 370. Rucher ombragé.

fleurs sans en profiter. Cette observation prouve plus d'intelligence chez la première espèce. On peut d'ailleurs croiser ces deux races.

On élève en Égypte l'*Abeille à bandes* (*Apis fasciata*).

Dix ou douze autres espèces d'Abeilles existent au Sénégal, au cap de Bonne-Espérance, à Madagascar, aux Indes orientales, à Timor (l'*Abeille de Péron*), etc.

On a acclimaté en Amérique l'Abeille d'Europe, mais elle y reprend vite l'état sauvage, comme du reste tous nos animaux domestiques transportés dans l'autre hémisphère.

Au cap de Bonne-Espérance, les Hottentots recherchent avidement les nids d'Abeilles sauvages. Un oiseau, nommé pour cette raison l'*Indicateur*, les guide dans cette chasse.

Cet oiseau vient de lui-même au-devant des hommes. On le voit voleter d'arbre en arbre, en poussant un petit cri significatif. On n'a dès lors qu'à suivre l'oiseau délateur. Il ne tarde pas à s'arrêter devant quelque arbre creux, qui renferme un nid d'Abeilles. Les Hottentots reconnaissent toujours ses services en lui laissant une part du butin.

Le romancier Fenimore Cooper nous a appris, dans son ouvrage intitulé *la Prairie*, comment les chasseurs d'Abeilles en Amérique savent découvrir les ruches sauvages. Ils placent sur une planche recouverte de peinture blanche encore fraîche un morceau de pain sucré, ou recouvert de miel. Les Abeilles en butinant ce pain s'embarbouillent le corps, et on les suit plus facilement du regard quand elles retournent à leur ruche.

Dans l'Amérique du Nord, les abeilles sont, pour ainsi dire, les messagères de la civilisation. Quand les Indiens aperçoivent un essaim cherchant à s'établir dans les solitudes de leurs forêts, ils se disent entre eux : « L'homme blanc s'approche ; il va venir. » Véritables pionniers de la civilisation, ces insectes semblent donc annoncer aux forêts et aux déserts du Nouveau-Monde que le règne de la nature est passé, et que le rôle de l'état social a commencé, pour ne jamais prendre fin.

Les Abeilles qui sont propres à l'Amérique méridionale sont dépourvues d'aiguillon : ce sont les *Mélipones*.

Les *Mélipones* (fig. 371) ont une forme plus ramassée que celle de nos Abeilles, un corps plus velu, une taille plus petite. Très-nombreuses dans les forêts vierges de l'Amérique, elles font leurs nids dans le creux des arbres.

La cire provenant des *Mélipones* est brune et de médiocre qualité.

Fig. 371.
Mélipone.

Sous d'épais feuillets de cire, on trouve des gâteaux, à alvéoles hexagonaux, renfermant des mâles, des femelles et des neutres. Les cellules de larves sont bouchées par les ouvrières, et les larves s'y filent un cocon. Tout autour des berceaux sont de grands pots arrondis, de toute autre forme que les berceaux, et où s'amasse le miel.

On peut supposer que les mâles, les ouvrières et les femelles vivent ensemble en bonne harmonie, et même qu'il y a dans chaque nid plus d'une femelle, car l'absence d'aiguillon doit empêcher les combats.

Si l'on transporte quelques gâteaux de Mélipones dans un

creux d'arbre, il s'y fonde toujours une nouvelle colonie. On peut conclure de là que les ouvrières se procurent à volonté des femelles au moyen d'une nourriture spéciale.

Les sauvages habitants des forêts américaines récoltent le miel des Mélipones ; mais ils détruisent en même temps les nids de ces précieux insectes avec l'insouciance de l'homme non civilisé. On a commencé de nos jours, en Amérique, à domestiquer certaines espèces de Mélipones, en les introduisant dans des pots de terre ou des caisses de bois.

On a amené des Mélipones en Europe, mais elles ont toujours péri aux premiers froids. Pendant l'été de 1863, on possédait, au Muséum d'histoire naturelle de Paris, un nid de *Mélipones scutellaires du Brésil;* mais il ne prospéra point.

Les Bourdons. — Si l'on parcourt, au mois de mars, les prairies qui commencent à verdir, ou les bois encore privés de feuilles, on voit voltiger çà et là de gros insectes velus, qui ressemblent à des Abeilles géantes. Ce sont les femelles des *Bourdons* (ainsi nommés à cause du bruit qu'ils produisent). Ces femelles ont été réveillées par le soleil du printemps. Elles examinent les cavités des pierres, les amas de mousse, les trous creusés par les rongeurs, cherchant un endroit convenable pour y construire le nid de leur postérité.

Les Bourdons sont de la même famille que les Abeilles, auxquelles ils ressemblent par leur organisation.

Comme les Abeilles, les Bourdons se divisent en mâles, femelles et neutres, ou *ouvrières*. Mais leurs sociétés ne durent qu'un an. A la fin de l'automne, tout le peuple s'éteint, à l'exception des femelles fécondées, qui passent l'hiver dans un état d'engourdissement, au fond de quelque trou, où elles attendent le printemps, pour perpétuer leur race.

Les sociétés de Bourdons ne comprennent ordinairement qu'un petit nombre d'individus : de cinquante à trois cents. Ce sont des peuplades aux mœurs paisibles et pastorales, dont l'existence éphémère commence et finit avec la saison des fleurs.

Les *Bourdons* (fig. 372) se reconnaissent à leur grande taille, à leur corps trapu, entouré de bandelettes de couleurs éclatantes, et à leur vol bruyant. Leurs jambes postérieures sont armées de deux éperons. Les femelles et les ouvrières sont organisées pour butiner comme les Abeilles : elles ont la trompe et es pattes façonnées en brosses et en corbeille, pour la récolte du pollen. Les mâles sont dépourvus d'aiguillon, comme les mâles des Abeilles.

La plupart des Bourdons se logent sous terre. D'autres font leurs nids à la surface du sol, dans les fentes des murs, dans les tas de pierres, etc. Les premiers s'établissent dans des cavités situées jusqu'à un demi-mètre sous terre, et qui sont précédées par une galerie longue et étroite. C'est presque toujours une femelle solitaire qui a été l'architecte du nid. Elle nettoie la cavité qu'elle a choisie, la rend aussi lisse que possible, et la tapisse de feuilles et de mousse, pour embellir les souterrains où doit se passer son existence presque tout entière.

Le *Bourdon des mousses* (*Bombus muscorum*), appelé aussi *Abeille cardeuse*, choisit pour y faire son nid une excavation peu profonde, ou bien il entreprend lui-même de le creuser dans le

Fig. 372. Bourdon mâle.

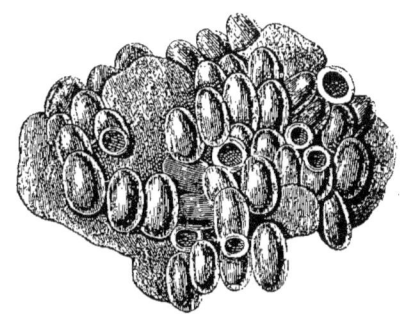
Fig. 373. Cellules du nid des Bourdons.

sol. Il recouvre ce trou d'un dôme de mousse ou d'herbes sèches. Mais il ne transporte pas la mousse au vol, il la traîne sur la terre. Le dos tourné du côté du midi, il saisit un paquet de mousse, se met à en tirer les brins avec ses mandibules, les pousse ensuite sous son corps, et les lance dans la direction du nid, par une espèce de ruade de ses pattes de derrière.

On voit quelquefois dans l'arrière-saison plusieurs Bourdons travailler à la file. Le premier saisit la mousse; après l'avoir cardée, il la passe sous son ventre, et la lance au deuxième, qui la lance au troisième, et ainsi de suite, jusqu'au nid.

Quand les matériaux sont prêts, l'insecte s'en sert pour fabriquer une espèce de calotte feutrée, qui recouvre le nid, et qui est revêtue de cire à l'intérieur. Si l'on soulève cette calotte, ce qui n'est pas dangereux, car les Bourdons sont peu agressifs, on trouve au-dessous un nid, composé d'un gâteau grossier, qui est surmonté d'une voûte en cire.

Les cellules qui entrent dans les compartiments de ce nid, et qui doivent recevoir la larve de l'insecte, sont de forme ovoïde, d'un jaune pâle ou bien noirâtre. La figure 373 représente ces cellules.

La cire qui les compose n'a point les qualités de celle des Abeilles. Elle est molle, tenace, brunâtre.

Quand la mère Bourdon, qui d'abord est seule à édifier son nid, a confectionné un certain nombre de cellules, elle va chercher du miel et du pollen sur les fleurs, et prépare une pâtée, qu'elle dépose dans les futurs berceaux. Ensuite, elle pond six ou sept œufs dans chaque cellule. Les larves qui en sortent vivent en commun, à la même table, sous la même tente. La cellule n'a d'abord que la grosseur d'un pois; elle devient bientôt trop étroite, se fend, et a besoin d'être agrandie et réparée à plusieurs reprises, besogne dont s'acquittent avec beaucoup de soin et d'attention nos industrieux insectes.

Avant de passer à l'état de nymphe, chaque ver se file une coque de soie blanche, très-fine. Il cesse de manger, se tient d'abord roulé, puis se relève peu à peu, et change de peau après trois jours. Il passe quinze jours à l'état de nymphe, dans une immobilité complète.

A quoi songe, en son tombeau temporaire, notre Bourdon, devenu chrysalide? Demandez-le à la nature.

Après le temps normal écoulé dans son gîte, notre nymphe se réveille. Elle se délivre de ses enveloppes de momie, avec le secours de la mère ou des ouvrières. Le Bourdon paraît alors au jour, robuste et déterminé, le corps recouvert d'un duvet grisâtre. Il se raffermit sur ses jambes et se rend au réfectoire de la communauté. C'est évidemment ce qu'il a de mieux à faire, après une abstinence de deux semaines.

Quand les éclosions successives ont fourni à la mère Bourdon le renfort qu'elle attend, les ouvrières qu'elle a pondues s'occupent de construire de nouvelles cellules, et d'élever le mur d'enceinte qui doit abriter le nid. Ce mur, formé de cire, part de la base et s'élève, comme un rempart vertical, de tous les points de la circonférence. On le surmonte ensuite d'une première toiture plate, soutenue par quelques piliers, et dans laquelle on a conservé une ou deux ouvertures irrégulières. Le tout est enfin protégé par un couvercle hémisphérique, en mousse feutrée et revêtue de cire à l'intérieur.

La figure 374 représente, dans son ensemble, un nid de *Bourdons cardeurs*.

Les ouvrières prennent aussi leur part à l'éducation du couvain. Elles apportent aux larves leur pâtée, qu'elles glissent dans les cellules, par un petit trou, qui est refermé aussitôt après. Plus tard, elles aident encore les nymphes à se débarrasser

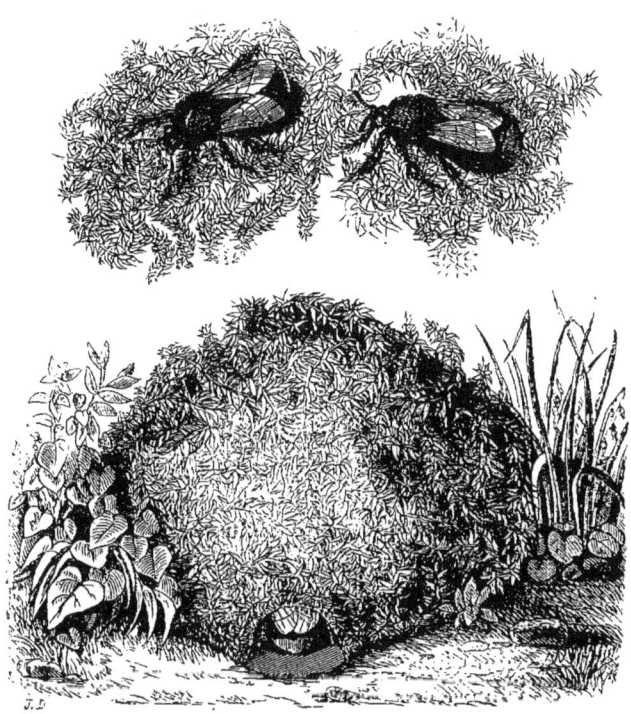

Fig. 374. Nid de Bourdons cardeurs.

de leurs enveloppes. Bref, elles se rendent utiles de toutes les manières.

Seulement, elles ont un vilain défaut : elles sont très-friandes des œufs que pond la mère. Elles cherchent à les saisir à la sortie du corps de la pondeuse émérite, ou à les tirer des alvéoles pour en humer, avec délices, le contenu. Aussi la mère est-elle sans cesse obligée de défendre ses œufs contre la voracité des ouvrières, et de faire bonne garde, pour chasser les maraudeuses des cellules nouvellement remplies.

On doit à un naturaliste anglais, Newport, la connaissance d'un autre fait curieux, relatif à la ponte des Bourdons. C'est l'expédient qu'emploient les femelles et les mâles pour hâter l'éclosion des œufs.

Les femelles et les mâles se placent, comme des poules couveuses, au-dessus des coques de cire qui contiennent les nymphes prêtes à éclore. En respirant avec activité, ces industrieux insectes élèvent la température de leur corps, et par suite celle de l'air des cellules. Grâce à cette chaleur supplémentaire, la métamorphose des nymphes est beaucoup plus prompte.

Newport, en glissant des miniatures de thermomètres entre les coques à nymphes et les Bourdons couveurs, constata que la température de ces derniers était d'environ 34 degrés, pendant que la température des coques abandonnées à elles-mêmes était seulement de 27 degrés; celle de l'air, dans le reste du nid, était seulement de 21 à 24 degrés.

Après plusieurs heures de ces incubations, à la fois naturelles et artificielles, dans lesquelles l'art et la nature se donnent si étroitement la.... patte, lorsque les insectes couveurs se sont bien des fois relayés les uns les autres, les jeunes Bourdons sortent de leurs coques. Ils sont d'abord mous, grisâtres, humides et très-impressionnables par le froid. Mais au bout de quelques heures ils se raffermissent, et l'on voit se dessiner les bandelettes jaunes et noires dont leur ventre est entouré.

La ponte du printemps produit exclusivement des ouvrières. Elle est surtout abondante en août et septembre. La ponte des femelles commence en juillet. Les mâles suivent de près.

Jusqu'à l'automne, les Bourdons agrandissent sans cesse leur nid, et y multiplient leurs petits pots de miel. Sans accumuler de grandes provisions, dont ils n'auraient que faire, ils tiennent pourtant toujours en réserve une quantité de pollen et de miel pour les besoins du jour.

Ces pots à miel ont les formes les plus diverses. Quelques espèces de Bourdons leur donnent des cols longs et étroits. D'autres, moins recherchés dans leur style architectural, fabriquent des vases simplement cylindriques. Il y a dans les Bourdons des races d'artistes et des races de simples bourgeois. Les uns construisent avec goût, les autres ne cherchent que l'utile.

Pendant la journée, les Bourdons vont butiner les fleurs. Ils rentrent le soir au logis; mais un certain nombre se permet de découcher. Surpris par l'arrivée de la nuit, au sein du calice d'une odorante fleur, ils prennent le parti philosophique de dormir à la belle étoile, couchés sous le regard du ciel, dans ce lit parfumé. C'est là que la main cruelle de l'homme peut venir les prendre : ils se laissent enlever sans opposer de résistance.

L'accouplement des Bourdons a lieu vers la fin de septembre. Il coûte la vie aux mâles, comme nous l'avons raconté pour les Abeilles.

Les femelles fécondées ne pondent qu'au printemps suivant. Ce sont elles qui, après l'hivernage, seront les mères des nouvelles générations. Elles prendront les rênes de la famille lorsque la mère fondatrice de la colonie actuelle, les mâles ainsi que les ouvrières, auront, d'après la loi de la nature, passé de vie à trépas. Cette maternité latente est cause qu'elles vivent en paix ensemble.

Il y a souvent, au contraire, quelques ouvrières qui, nées au printemps, deviennent fécondes, et pondent dans l'année même, mais seulement des œufs de mâles. Celles-ci se voient en butte à la jalousie de la mère régnante, qui les poursuit avec fureur, et dévore leurs œufs.

Du reste, ces femelles retardataires ont, elles aussi, le cœur assez cruel. Animées les unes contre les autres d'une jalousie profonde, elles se disputent les cellules avec acharnement pour y déposer quelques œufs, qui sont aussitôt détruits par leurs méchantes sœurs.

Toutefois, dans ces diverses attaques, elles ne se servent jamais de leurs aiguillons. Le peuple des Bourdons est pacifique, même en ses combats.

Aux premiers froids de l'automne, tous ces insectes, comme nous l'avons dit plus haut, périssent, sauf les femelles fécondées. Ces dépositaires privilégiées de la postérité bourdonnienne, *spes altera domi*, cherchent une retraite, et y dorment jusqu'au printemps suivant. Elles se réveillent alors et fondent de nouvelles colonies, qui continueront la race.

On a longtemps confondu avec les Bourdons certains insectes qui ont la même apparence, c'est-à-dire un corps velu, à bandes de diverses couleurs, mais dont les pattes postérieures ne sont conformées ni pour récolter, ni pour construire. Ce sont les *Psithyres*, dont Lepelletier de Saint-Fargeau a découvert le véritable rôle.

Les *Psythyres* sont des parasites. Ils n'ont que des mâles et des femelles fécondes et pas d'ouvrières. Ils vont pondre leurs œufs dans les nids des Bourdons.

Les *Psithyres* sont, en effet, tellement semblables aux Bourdons, qu'ils peuvent s'introduire chez eux sans éveiller de soupçon. On les admet sans défiance, on les accueille comme s'ils étaient de la famille ; si bien que les pauvres Bourdons élèvent eux-mêmes les larves de ces hôtes impudents. Chez les insectes de l'ordre des Hyménoptères, on rencontre beaucoup d'exemples de ces sortes de parasites qui installent leur progéniture dans un nid étranger, comme le fait le Coucou dans les nids des autres oiseaux.

Les Apiens solitaires. — Nous avons trouvé jusqu'ici les insectes de la grande famille des Apiens réunis en sociétés parfaitement organisées. Mais il est un grand nombre d'espèces de la même famille qui vivent solitaires. Nous mentionnerons brièvement les plus intéressantes de ces espèces.

Les femelles des *Abeilles solitaires* sont fécondées comme celles des Bourdons, à la fin de septembre, et pondent au printemps, après avoir passé l'hiver à dormir. Elles construisent un nid, divisé en cellules, le remplissent d'œufs et de pâte mielleuse, le bouchent et meurent sans avoir vu éclore leur postérité.

Les *Anthophores* (fig. 375, 376, 377) ressemblent aux Abeilles,

Fig. 375.
Anthophore ditusar.

Fig. 376-377.
Anthophore pariétine.

mais elles sont plus velues et grisâtres. Elles font leurs nids, composés de terre gâchée et agglutinée par leur salive, dans les fentes des vieux murs ou dans la terre. Elles donnent à ce nid la forme d'un tuyau courbe. Ce tuyau est divisé en compartiments, ou cloisons, qui doivent recevoir chacun une larve. Chaque insecte qui éclôt perce sa paroi et profite du trou de sortie du frère qui l'a précédé.

Les Anthophores abondent dans les ravins de la Provence, où ils ont été desséchés par un soleil brûlant. Si l'on vient les déranger, ils s'élèvent en quantités innombrables, et entourent, en bourdonnant, l'importun qui trouble leur solitude. Mais ce bruit n'est qu'une vaine menace, car ils ne font pas usage de leur aiguillon.

Ces insectes ne vivent pas en société. Voisins indifférents, ils ne se prêtent pas une mutuelle assistance. Ils ont d'ailleurs leurs parasites comme les Bourdons. Ces parasites sont les *Mélectes*. Ces insectes poilus, noirâtres et tachetés de blanc déposent leurs œufs chez les Anthophores, qui les laissent faire, et élèvent leurs petits aux dépens de leur propre progéniture.

L'*Abeille charpentière* ou *perce-bois* (*Xylocopa*) creuse des galeries dans le bois vermoulu, et y construit des cellules super-

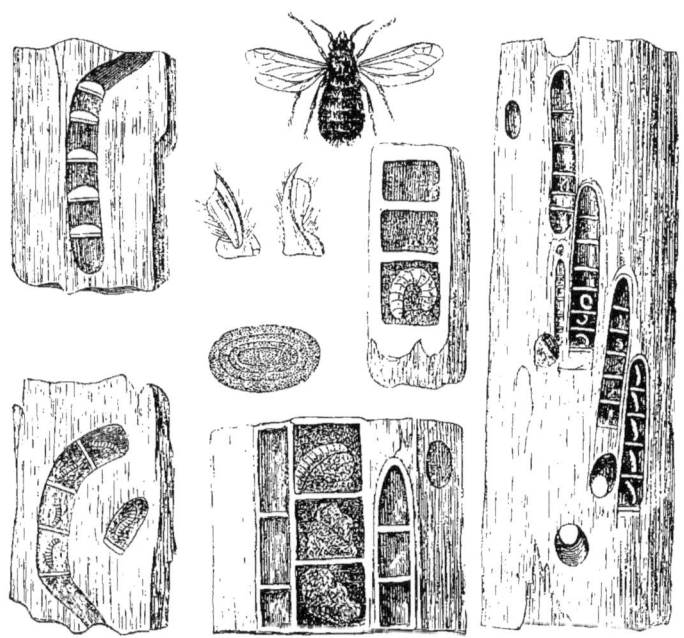

Fig. 378. Abeilles charpentières. — Nymphes, œufs, galerie et nids.

posées, travail qui lui coûte souvent plusieurs semaines. Elle en garnit ensuite le fond de pollen pétri avec du miel, dépose un œuf au milieu de cette pâtée, et ferme la cellule par un plafond de sciure de bois agglutinée avec sa salive. Sur ce plafond, elle établit une nouvelle loge, et ainsi de suite jusqu'à l'orifice qui est fermé de la même manière.

Réaumur s'étonne avec raison de l'instinct admirable qui fait reconnaître à cette mère prévoyante la quantité exacte de nourriture qui sera nécessaire à sa larve.

Quand celle-ci a absorbé toute sa provision, elle remplit à elle seule toute sa loge, et se métamorphose en nymphe. Il est à remarquer que la tête de la jeune *Xylocope* est toujours tournée en bas, de sorte que c'est par le fond de sa loge qu'elle cherche à sortir. Le fond de la première est très-rapproché de la surface du bois, de sorte que l'insecte qu'elle renferme n'a qu'une mince lame de bois à percer pour s'affranchir. Chacun de ceux qui naissent ensuite n'a qu'à percer le plancher de sa crypte, et trouve le chemin libre devant lui.

Les nymphes des Xylocopes passent l'hiver, et éclosent au printemps, sous la forme de gros insectes à ailes enfumées, d'un beau violet métallique, que l'on voit butiner sur les fleurs des arbres fruitiers.

D'autres Abeilles solitaires ont les pattes postérieures im-

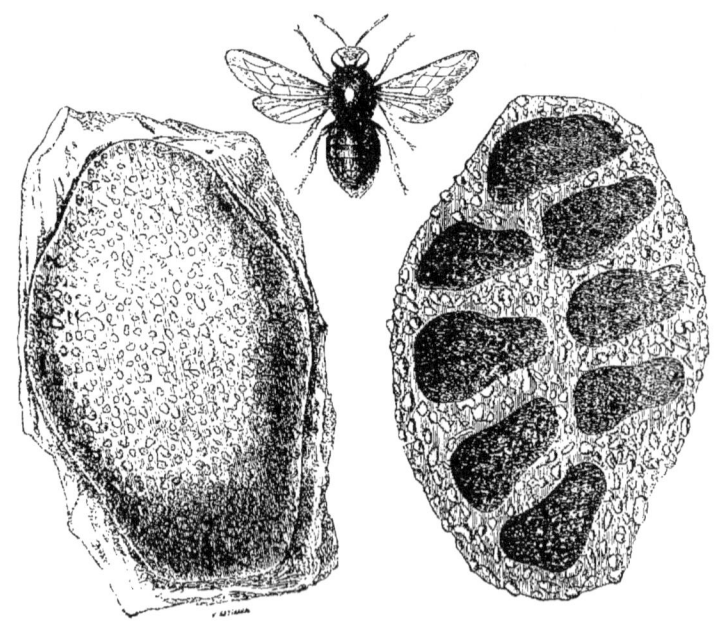

Fig. 379. Abeille maçonne et son nid.

propres à la récolte du pollen. Elles le ramassent entre les anneaux de l'abdomen, qui est muni de poils. Telles sont les *Abeilles maçonnes* de Réaumur (*Osmia* et *Chalicodoma*) (fig. 379), qui construisent leurs nids contre les murs, en terre gâchée qui devient très-dure.

Ces nids (fig. 379 et 380) sont remplis de cellules disposées assez irrégulièrement et de forme oblongue. Au premier abord, on les prendrait pour des mottes de terre plaquées contre le

HYMÉNOPTÈRES. 415

mur. Quand l'insecte parfait veut sortir de sa crypte, il est obligé de ramollir le mortier avec sa salive, et de l'enlever, grain par grain, avec ses mandibules.

Les nids de *Chalicodomes* sont communs aux environs de Paris, sur les murs en moellons exposés au midi. On en trouve souvent dans les parcs de Meudon, de Conflans, du Vésinet, etc.

Les *Abeilles coupeuses de feuilles* (*Mégachiles*) ne sont pas moins dignes de remarque dans leurs habitudes. Ces insectes nidifient dans des tubes enroulés, faits avec des feuilles de rosier, de poi-

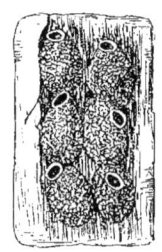
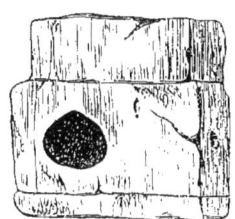

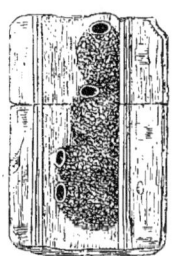
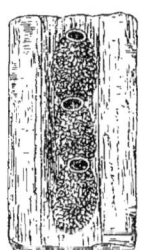

Fig. 380. Intérieur de nids de l'Abeille maçonne.

rier, de bourdaine, etc., et qui remplissent un terrier cylindrique ou oblique. Chaque nid contient ordinairement de trois à six loges, séparées par des fragments de feuilles.

Les *Mégachiles* coupent les morceaux de feuilles qui leur sont nécessaires avec leurs mandibules. Les entailles sont d'une netteté parfaite, comme si elles avaient été pratiquées à l'emporte-pièce.

Les *Mégachiles* confectionnent jusqu'à huit ou dix enveloppes successives avec les feuilles qu'elles ont apportées, et ces feuilles en se desséchant se resserrent davantage, tout en conservant la forme que l'insecte leur a donnée. Les loges destinées à recevoir les œufs acquièrent ainsi une certaine solidité élégante.

La figure 381 représente le nid de la *Mégachile du rosier*.

Les *Anthocopes*, ou *Abeilles tapissières*, revêtent leurs nids avec

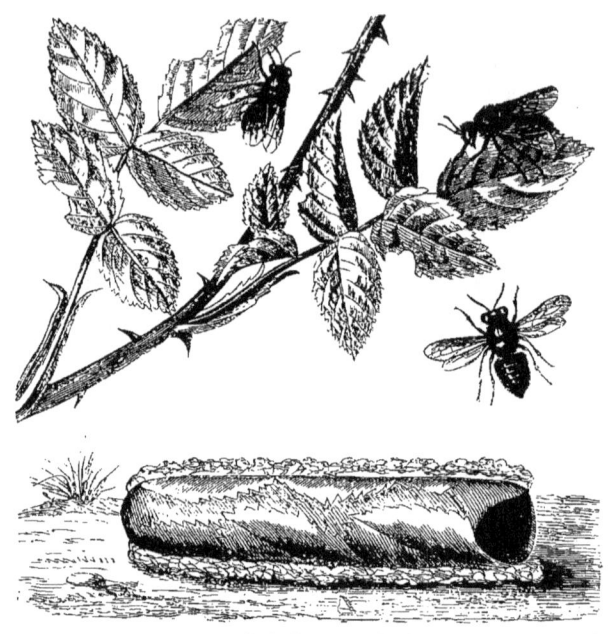

Fig. 381. Nid de la Mégachile du rosier.

des pétales de fleurs, par exemple de coquelicot. Leurs terriers sont creusés perpendiculairement dans la terre battue des chemins, et chacun contient un seul alvéole tapissé de morceaux de pétales. Quand l'œuf a été déposé au fond de cette loge, l'Abeille comble le reste du trou avec de la terre pour le dérober aux regards.

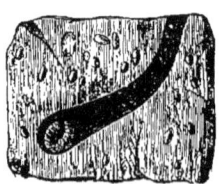

Fig. 382.
Galerie de l'Abeille mineuse.

Les *Abeilles mineuses* (*Andrena*) creusent dans le sol des galeries tubulaires (fig. 382). Elles ne sont pas plus grosses que nos mouches ordinaires. On connaît encore un grand nombre d'autres insectes qui appartiennent à la famille des Abeilles. Leurs mœurs sont peu connues, et nous ne nous en occuperons pas.

Les Guêpes. — Tout le monde connaît les Guêpes comme une race de brigands dangereux, qui vivent de rapine, bataillent sans cesse et n'existent que pour nuire. Cependant les Guêpes, comme Figaro, valent mieux que leur réputation. Leurs sociétés sont admirablement organisées. Leurs nids sont des modèles d'industrie et de fantaisie artistique. Elles ont même certaines vertus domestiques qui leur méritent notre estime. Seulement, c'est une gent excitable, à laquelle il ne fait pas bon de se frotter. Si les grandes chaleurs viennent s'ajouter à leur irritabilité naturelle, elles s'acharnent après ceux qui les gênent, et les pour-

Fig. 383. Guêpe commune. — Fig. 384. Nid de guêpe. — Fig. 385. Guêpe des arbustes.

suivent très-loin. Personne n'ignore d'ailleurs que leur piqûre est très-douloureuse. Par les temps froids, et à l'entrée de la nuit, les Guêpes sont moins vives et moins redoutables.

Les Guêpes se distinguent des Abeilles par un caractère assez tranché. A l'état de repos, elles plient en deux les ailes supérieures, qui alors paraissent très-étroites. Elles ne les étalent que pour voler, tandis que les Abeilles conservent, au repos, les ailes supérieures étalées.

Les Guêpes vivent en sociétés, qui ne durent qu'un an et sont composées de mâles, de femelles et d'ouvrières. Mais la Guêpe femelle ne passe pas sa vie entière dans l'oisiveté, en reine, comme la mère Abeille. Elle s'occupe de la nidification et des soins de ses petits, comme la mère Bourdon.

Les mâles ont aussi leurs charges. Ils veillent à la propreté de l'habitation et la débarrassent des cadavres. Ce sont les agents voyers et les croque-morts de la cité.

On reconnaît facilement les Guêpes à leur corps oblong, élégamment suspendu au corselet comme par un fil (fig. 383). Leur aiguillon est plus grand que celui des Abeilles. Il puise le venin dans une poche placée à sa base; les mâles en sont dépourvus. Les Guêpes ne sécrètent pas de cire. Leurs mandibules leur servent à couper les végétaux, dont elles savent agglutiner les fragments, de manière à former une espèce de carton très-résistant, sur lequel on peut écrire. On voit que les Guêpes ont inventé, bien avant les hommes, la fabrication du papier.

Voici comment le Suédois Charles de Geer, dans son ouvrage célèbre, résume les habitudes de ces insectes :

« Les Guêpes, dit-il, aiment les douceurs et le miel, comme les Abeilles, quoiqu'elles n'aillent que rarement les chercher sur les fleurs; mais leur principale nourriture consiste en bien d'autres matières, comme les fruits de toute espèce, la chair crue et les insectes vivants, dont elles se saisissent pour les dévorer. Elles font quelquefois de terribles dégâts dans les ruches des abeilles en dévorant le miel et tuant les abeilles mêmes. Elles ne font point de récolte de cire, leurs nids et leurs gâteaux à cellules sont composés d'une matière qui ressemble à du papier gris, et qu'elles vont chercher sur le vieux bois, qu'elles raclent avec leurs dents; elles font une espèce de pâte de cette raclure en l'humectant avec une certaine liqueur qu'elles dégorgent. Les cellules des gâteaux sont hexagones et très-régulières comme celles des abeilles [1]. »

Avant de commencer leur construction, les Guêpes entassent des matériaux près de l'endroit qu'elles ont choisi pour y établir leur domicile. Ces matériaux sont des fibres ligneuses, pétries avec de la salive, à l'aide desquelles ces insectes préparent une substance papyracée, très-résistante, destinée à former les parois des cellules et leur enveloppe extérieure.

La plupart des Guêpes établissent leur habitation dans la terre. De ce nombre est notre *Guêpe commune* (*Vespa vulgaris*), qui est

---

[1]. *Mémoires pour servir à l'histoire des Insectes*, Stockholm, 1771, in-4, t. II, p. 765.

noire et agréablement variée de jaune vif. La *Guêpe des arbustes* ou *Guêpe rousse* (*Vespa rufa*), qui habite nos bois, construit son nid entre les branches des arbrisseaux. Elle est plus petite que l'espèce commune, et son ventre est roussâtre.

Le Frelon (*Vespa crabro*, fig. 386) est la plus grosse espèce européenne de la famille des Vespiens. La substance de son nid est jaunâtre et très-fragile. L'insecte le construit sous un toit, dans

Fig. 386. Frelon.

un grenier, ou dans le trou d'un vieux mur, le plus souvent dans le creux d'un arbre vermoulu.

La *Poliste française* (*Polistes gallica*, fig. 387) fixe son petit nid par un pédicule, à la tige d'une plante quelconque.

La ponte des Guêpes commence au printemps, et dure tout l'été. Chaque cellule reçoit un seul œuf, et, comme chez les Abeilles, les œufs d'ouvrières sont les premiers pondus. Huit

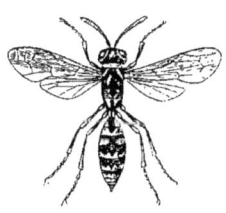

Fig. 387.
Poliste française.

Fig. 388. Nymphe
de Guêpe commune.

jours après la ponte, il sort de chaque œuf une larve sans pieds, plus grosse que sa coque, et dont la tête laisse déjà apercevoir deux mandibules.

Ces larves reçoivent leur nourriture sous la forme de boules, que les femelles ou les ouvrières pétrissent avec leurs mandibules et leurs pattes, avant de les présenter à leurs nourrissons, à peu près comme les oiseaux qui donnent la becquée à leurs petits. Au bout de trois semaines, les larves cessent de prendre des aliments, et commencent à se cloîtrer dans leurs alvéoles, dont elles tapissent l'intérieur d'une coque soyeuse. Dans cette mue, elles changent de forme, et prennent l'aspect de l'insecte parfait, avec ses six pattes et ses ailes, mais le tout immobile, contracté, ramassé sur soi-même. Une sorte de sac tient tous les organes emmaillottés (fig. 388). Cet état de nymphe dure huit ou neuf jours. Au bout de ce temps, l'insecte est mûr. Il se dépouille de son enveloppe, brise la porte de sa prison et s'élance dans les airs.

Une cellule n'est pas plutôt abandonnée, qu'une ouvrière la visite, la nettoie, et la met en état de recevoir une génération nouvelle.

Pendant l'été, la Guêpe femelle reste constamment au nid, absorbée par les soins de famille. Elle est occupée à pondre, et à donner la becquée au couvain, avec le concours actif des ouvrières, ou *mulets*, comme les appellent Réaumur et Ch. de Geer, parce qu'elles sont infécondes.

Dans l'intérieur des nids, on voit régner d'ordinaire l'entente la plus cordiale et un ordre parfait, malgré les instincts belliqueux de ces insectes. Ce n'est que très-rarement que la paix intérieure est troublée par des rixes de mâle à mâle ou d'ouvrière à ouvrière, mais ces combats ne sont point meurtriers. Jamais non plus on ne voit un guêpier déclarer la guerre à un autre guêpier, pour le piller.

« Le gouvernement des Guêpes, dit M. Victor Rendu, explique très-bien la douceur de leurs mœurs publiques. Parmi elles, point de despotes; personne ne règne ni ne gouverne; chacun vit librement dans une cité libre, sous la seule condition de n'être jamais à charge à l'État. Tous agissent de concert, sans priviléges ni monopoles, sous l'influence d'une loi commune, la grande loi du bien public, dont personne n'est dispensé [1]. »

Mais cette meilleure des républiques est fatalement vouée à une chute rapide. A l'approche de l'hiver, toute la gent ouvrière, ainsi que les mâles, périssent. Quelques femelles fécondées résistent seules au froid, et traversent l'hiver, pour propager et perpétuer l'espèce.

Avant de mourir eux-mêmes, ces insectes détruisent toutes les larves qui ne sont pas encore écloses à l'époque des premiers froids.

Les femelles se réveillent au printemps, et commencent seules la construction d'un nouveau guêpier. Elles y pondent des œufs

---

1. *L'Intelligence des bêtes*, in-18, Paris, 1864.

d'ouvrières, qui ne tardent pas à leur fournir tout un régiment d'aides, dévoués et actifs.

Ces traits de mœurs sont à peu près les mêmes pour les diverses espèces de Guêpes. Les différences se rencontrent seulement dans la nidification.

Nous avons déjà dit que la *Guêpe commune* fait son nid en

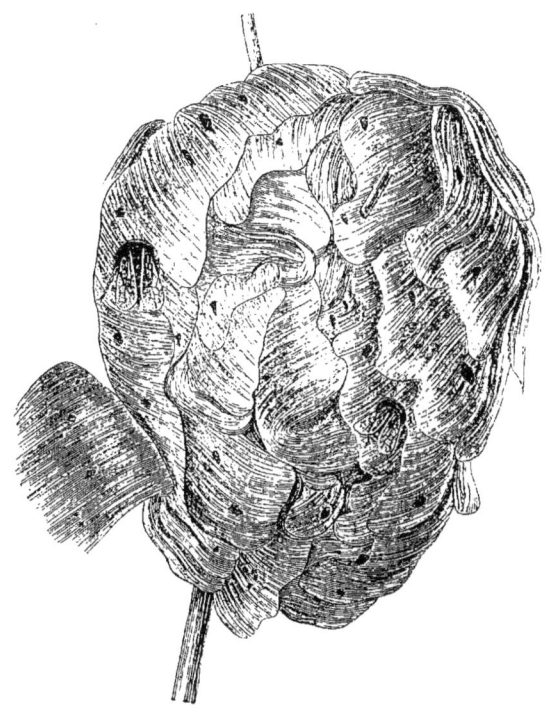

Fig. 389. Guêpier vu à l'extérieur.

terre. Une galerie, de deux à trois centimètres de diamètre, conduit au guêpier, situé à une profondeur qui varie de 15 à 50 centimètres :

« C'est, dit Réaumur, une petite ville souterraine qui n'est pas bâtie dans le goût des nôtres, mais qui a sa symétrie ; les rues et les logements y sont régulièrement distribués ; elle est même entourée de murs de tous côtés ; je ne donne point ce nom aux parois du creux où elle est située, les murs dont je veux parler ne sont que des murs de papier, mais forts de reste pour les usages auxquels ils sont destinés. »

Communément, la figure extérieure du nid, ou *Guêpier*, est sphérique ou ovale, quelquefois conique. Son diamètre est d'environ

3 ou 4 décimètres. Sa surface d'aspect moutonné, et semblable à un amas de coquilles bivalves, est percé d'un trou d'entrée et d'un trou de sortie, assez grands pour laisser passer tout juste une seule Guêpe (fig. 389).

Le *guêpier* se compose, à l'intérieur, de quinze ou seize gâteaux horizontaux, distribués par étages et soutenus par de nombreux piliers de séparation. Nous en donnons ici (fig. 390) la coupe et la vue intérieure d'après le mémoire de Réaumur [1].

Les gâteaux sont formés de cellules hexagones, dont l'architecture rappelle la science géométrique des Abeilles, et qui ne servent que comme berceaux, jamais comme magasins. Elles s'ouvrent en bas. L'enveloppe extérieure du nid est fabriquée avec des feuilles d'une sorte de papier grisâtre, fortement gommé, qui s'appliquent couche sur couche.

Réaumur a donné une description très-détaillée de la manière dont ces insectes exécutent ces constructions [2].

Les Guêpes vont chercher à la campagne les fibrilles de vieux bois qui en forment la matière première. Elles les mettent en charpie, les réduisent en boules, et les emportent, entre leurs jambes, au nid. Ces boules sont ensuite appliquées sur les ouvrages commencés; puis l'insecte les étire, les aplatit et les étend en couches minces, comme un maçon étend du mortier avec sa truelle.

La Guêpe travaille avec une extrême vitesse, et toujours à reculons, afin d'avoir sans cesse devant les yeux l'ouvrage qui est fait. Le mouvement de ses mandibules est encore plus prompt que celui de ses jambes.

Vers la fin de l'été, le guêpier peut renfermer jusqu'à trois mille ouvrières, et jusqu'à trois cents femelles, qui vivent en bonne harmonie. Le nombre des mâles égale celui des femelles. Une femelle pèse, à elle seule, autant que trois mâles, ou que six ouvrières.

A l'exception de celles qui s'occupent de la bâtisse et de l'éducation du couvain, toutes les Guêpes vont à la chasse pendant la journée. Elles sont carnassières. On les voit s'attaquer à d'autres insectes, qu'elles dépècent, après les avoir tués, afin d'en emporter les quartiers au nid, où les milliers de bouches béantes réclament leur nourriture.

---

1. Tome VI, planche 14, p. 167.
2. *Mémoires*, t. VI, p. 177.

La Guêpe affectionne les vignes dans nos campagnes. Elle pénètre aussi dans l'intérieur de nos maisons. Elle infeste les étals des bouchers. Mais ces derniers ne s'en plaignent pas trop, car la Guêpe éloigne les mouches, qui déposeraient leurs œufs sur la viande fraîche, et contribueraient ainsi à la corrompre.

Quand l'hiver approche, les sorties des Guêpes deviennent de plus en plus rares, et elles cessent bientôt tout à fait. La plupart meurent alors, blotties dans leur nid. Quelques femelles seules, comme nous l'avons dit, traversent la froide saison. Elles dor-

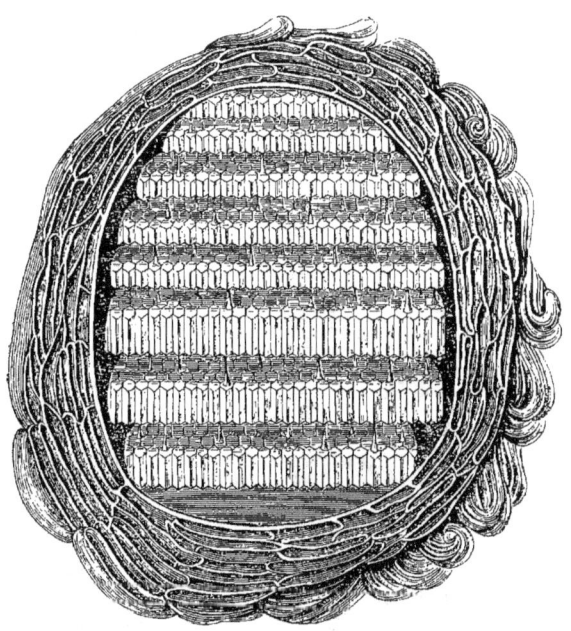

Fig. 390. Coupe et vue intérieure d'un Guépier, d'après Réaumur.

ment, les ailes et les pattes repliées sous le corps, ce qui leur donne l'aspect de chrysalides.

Elles peuvent néanmoins encore piquer dans cet état, ainsi que Guérin-Méneville en a fait la douloureuse expérience.

Le printemps les réveille, et elles fondent alors de nouvelles colonies.

« C'est dans cette saison, dit M. Maurice Girard dans son livre sur les *Métamorphoses des insectes*, qu'avec un peu d'entente il serait aisé de diminuer singulièrement le nombre des Guêpes si nuisibles plus tard aux fruits, en chassant au filet les mères Guêpes, qu'on attirerait en abondance au moyen de groseilliers-cassis en fleurs. »

Avis aux cultivateurs.

Les *Frelons* se distinguent des autres Guêpes par leur grande taille. Ils aiment à faire leur nid dans les troncs des vieux arbres. Ils perforent le bois sain, pour arriver au noyau carié, où ils creusent un trou, qu'ils déblayent par la galerie d'entrée. Dans ce trou, ils construisent d'abord une calotte, suspendue à la voûte par un pédicule, puis une série de gâteaux composés de cellules et suspendus le premier à cette calotte, le deuxième au premier, et ainsi de suite, par des tiges ou piliers d'une substance papyracée.

Les nids logés sous des toits ont souvent la forme d'une poire allongée. La figure 391 représente un de ces nids, d'après Réaumur.

Les sociétés de Frelons sont encore moins nombreuses que celles des Guêpes ordinaires. Elles comprennent au plus deux cents individus.

Les *Polistes* sont des Guêpes particulières, plus petites que les autres, élancées, à abdomen aminci à sa base.

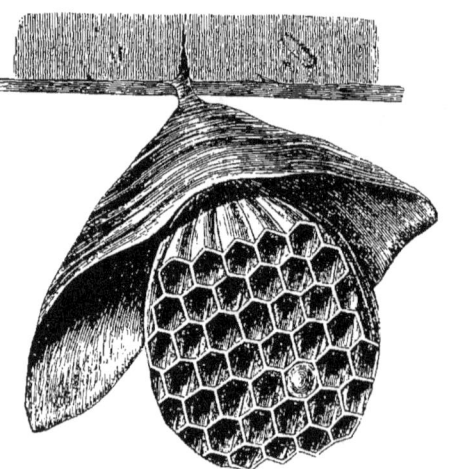

Fig. 391. Nid de Frelon.

Elles emploient moins de façons pour construire leurs nids, qui sont dépourvus d'enveloppes, comme le montre la figure 392. Elles les attachent aux tiges de genêts ou d'autres arbustes, par un pédicule. Ce sont des espèces de petits bouquets papyracés, composés de vingt à trente cellules groupées en cercle ou en éventail, dans une position oblique.

La *Guêpe cartonnière* de Cayenne (*Chartergus nidulans*, fig. 393) est un artiste consommé. Son nid représente une sorte de boîte ou de sac, fabriqué avec un carton si fin et si blanc, que le meilleur ouvrier cartonnier s'y méprendrait.

Le nid de *Chartergue* ou *Guêpe cartonnière* offre un seul trou au centre de sa base; chacun des gâteaux qu'il contient est également percé d'un trou à son milieu, afin de donner passage aux Guêpes.

HYMÉNOPTÈRES.

Au point de vue de l'architecture, la Guêpe cartonnière est presque supérieure à l'Abeille, car l'Abeille ne *bâtit* pas sa demeure, elle ne fait que la *meubler*, comme le fait remarquer, avec raison, Latreille.

Le *Chartergue brésilien*, que les habitants du Brésil nomment

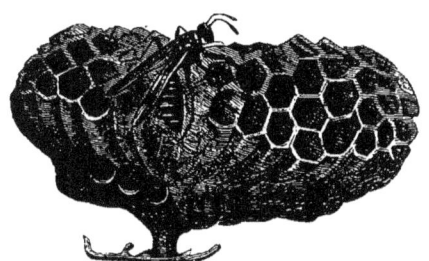

Fig. 392. Nid de Poliste française.

Fig. 393. Guêpe cartonnière.

Lecheguana, fabrique un miel dont l'usage n'est pas sans danger. Il occasionne le vertige et de vives douleurs d'estomac. Le naturaliste Auguste Saint-Hilaire, pendant son séjour au Brésil, en ressentit lui-même les effets fâcheux.

Il y a encore des Guêpes solitaires, qui font leurs cellules dans des trous qu'elles creusent dans la terre, ou dans les tiges de certaines plantes. A l'état adulte, elles se nourrissent de miel; mais leurs larves sont carnassières, et la femelle est obligée de leur apporter des insectes vivants.

Les plus communes de ces Guêpes solitaires sont les *Odynères*.

Fig. 394.
Odynère rubicole
adulte.

Fig. 395.
Larve
de l'Odynère rubicole.

Fig. 396.
Nymphe
de l'Odynère rubicole.

L'*Odynère rubicole* (fig. 394) fait son nid dans une tige de ronce avec du mortier qu'elle prépare. La larve (fig. 395) tapisse sa loge d'un cocon soyeux; puis elle devient nymphe (fig. 396). C'est l'œuf le dernier pondu qui éclôt le premier; puis viennent les autres dans l'ordre inverse de leur ponte. S'il en était autrement, les insectes ne pourraient pas sortir de leurs cryptes sans détruire sur leur passage les nymphes moins avancées.

Nous représentons (fig. 397) le nid de l'*Odynère* bâti par ce petit insecte à l'intérieur d'une tige de ronce.

Fig. 397. Nid de l'Odynère dans une tige de ronce.

Les Fourmis. — Les mœurs des Fourmis sont aussi remarquables que celles des Abeilles. Dans leurs merveilleuses républiques, chacun a ses attributions déterminées, dont il s'acquitte par sentiment et sans contrainte. Confiée à tous les citoyens, l'autorité s'exerce au profit de tous. Par suite des habitudes de prévoyance et de frugalité, l'aisance règne dans les demeures de ces petits animaux, qui s'attachent à leur patrie souterraine avec une sorte de patriotisme exalté. Malheur à celui qui viendrait les troubler dans leurs occupations, ou démolir leur maison! Les Fourmis sont un peuple guerrier qu'on n'attaque pas impunément.

Les Fourmis, comme les Abeilles, forment une véritable république, composée : 1° des mâles; 2° des femelles; 3° des neutres ou ouvrières. Nous verrons plus loin les travaux et le rôle de chacun de ces trois ordres de membres de la république. Parlons d'abord des espèces.

Les Fourmis se divisent en un grand nombre d'espèces, qui ont été décrites avec soin par Réaumur, de Geer, Latreille, et Pierre Huber, le fils du célèbre aveugle qui a si admirablement écrit l'histoire des Abeilles.

Toutes ces espèces ont cependant quelques traits généraux communs qui les font distinguer aisément de tous les autres insectes.

Les Fourmis ont un corps svelte porté sur de longues jambes. Les ouvrières sont plus trapues et plus petites que les mâles; et ces derniers plus petits que les femelles. Les mâles ont les yeux gros et saillants, tandis que les yeux des ouvrières et des femelles sont petits.

Tous ces insectes sont pourvus d'antennes coudées, avec lesquelles ils examinent tout ce qu'ils rencontrent, et qui paraissent leur servir à se communiquer leurs idées. Deux mandibules cornées, très-vigoureuses, leur tiennent lieu, à la fois, de pinces, de tenailles, de ciseaux, de pioche, de fourchette et d'épée. Un cou mince et court joint la tête au corselet, qui, chez les mâles et les femelles, donne attache à quatre ailes grandes, inégales et veinées. Les ouvrières seules sont dépourvues d'ailes.

Des trois paires de pattes, les postérieures sont les plus longues. Chaque paire de pattes est armée d'un éperon, et frangée de poils très-courts, qui tiennent lieu de brosses. L'abdomen, gros, court, ovale ou carré, est toujours plus volumineux dans les femelles.

On distingue trois groupes principaux de Fourmis. Les *Myrmiques* (fig. 398, 399) ont deux nœuds au pédicule, par lequel

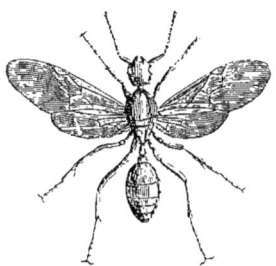 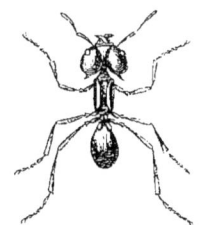

Fig. 398.
Myrmique rouge mâle (grossi).

Fig. 399.
Myrmique ouvrière (grossie).

l'abdomen s'attache au corselet; les *Ponères* n'y ont qu'un nœud. Dans ces deux groupes, les femelles et les neutres ont un aiguillon, et les larves ne filent pas de cocon pour se changer en nymphes. Enfin, les *Fourmis proprement dites* (*Formica*) n'ont qu'un nœud au pédicule de l'abdomen, comme les Ponères. Leurs larves se filent une coque soyeuse. Elles n'ont point d'aiguillon, mais elles versent dans les blessures que font leurs mandibules une liqueur acide, dont l'odeur pénétrante est bien connue. Cette liqueur, c'est l'acide formique, produit naturel que le chimiste sait aujourd'hui fabriquer artificiellement, par la combustion de matières ligneuses et amylacées. Tout leur corps est imprégné de cette liqueur acide, et a une forte saveur aigre. Quelques personnes aiment à mâcher des Fourmis, à cause de ce goût aigrelet. « On en fait aussi, dit Ch. de Geer, des crèmes pour entremets, auxquelles ces Fourmis donnent, dit-on, le goût de jus de citron. » Nous connaissons, dans le midi de la France, des personnes qui ont mangé de ces *crèmes aux Fourmis!*

Les *Polyergues* forment un sous-genre des Fourmis proprement dites.

Chez toutes ces espèces, les ouvrières, ou *neutres*, sont chargées des constructions, des approvisionnements, de l'éducation des larves, enfin de tous les soins du ménage et de la défense du nid. Dépourvues d'ailes, elles sont attachées à la glèbe et condamnées au travail. En revanche, c'est à elles qu'appartiennent la force, l'autorité, la puissance. Rien ne se fait que par elles.

« Tutrices nées d'une immense famille au berceau, dit M. Victor Rendu, par leur vigilance, leur tendresse et leur sollicitude, sans être mères elles-mêmes, elles participent aux fonctions et aux jouissances de la maternité. Seules, elles décident de la paix ou de la guerre; seules, elles prennent part aux combats : tête, cœur et bras de la république, elles assurent sa prospérité, veillent à sa défense, fondent des colonies et dans leurs œuvres se montrent grands et courageux artistes. »

Les nids de Fourmis (fig. 400-401) sont connus sous le nom de *fourmilières*. Ils varient beaucoup, quant à la forme et à l'emploi des matériaux. Le bois ou la terre en font surtout les frais.

Ce qui frappe au premier abord dans les fourmilières, c'est la grandeur de ces demeures, qui forment un curieux contraste avec l'exiguïté de l'ouvrier. Il est certain que sous ce rapport l'homme ne saurait comparer ses œuvres à celle d'un humble insecte.

Chaque espèce de Fourmi a un ordre d'architecture qui lui est propre. La *Fourmi fauve*, ou *Fourmi rousse* (*Formica rufa*), l'une des plus communes dans nos bois, construit un monticule arrondi, avec tous les objets qu'elle peut ramasser sur son chemin : fragments de bois, brins de paille, feuilles sèches, grains de blé, débris d'insectes, etc. Ce monticule, dont la base est protégée par des matières plus solides, n'est que l'enveloppe extérieure du nid, qui se prolonge sous terre, à une profondeur assez grande. Des avenues, habilement ménagées, conduisent du sommet à l'intérieur. Les ouvertures de la fourmilière sont plus ou moins larges; mais à l'approche de la nuit elles sont barricadées avec soin. On les ouvre chaque matin, excepté les jours de pluie, où les portes restent fermées et les habitants consignés à l'intérieur.

La fourmilière n'est d'abord qu'un simple trou creusé dans le sol, et dont l'entrée est masquée par des matériaux de construction. Mais les ouvrières mineuses ne cessent de creuser des galeries et des chambres, disposées par étages. Les déblais terreux sont portés au dehors, et servent à élever l'édifice supérieur, qui grandit en même temps que l'excavation s'approfondit. C'est un labyrinthe miné de toutes parts. Il renferme des corridors, des carrefours, des chambres et des salles spacieuses, qui communiquent entre elles par des passages souvent verticaux. Les corridors aboutissent tous à une grande salle centrale, moins basse que les autres, et soutenue par des piliers ; c'est là que se tiennent la plupart des Fourmis. Les fourmilières ont souvent 60 centimètres d'élévation, sur une profondeur égale. La figure 408

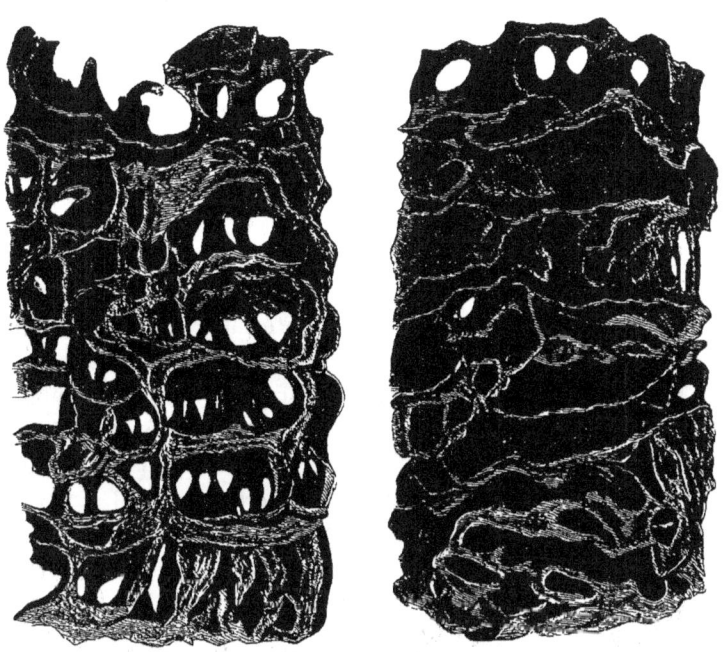

Fig. 400-401. Coupe de nids de Fourmis.

montre l'intérieur d'une fourmilière, dessinée d'après nature dans le bois de Meudon. On voit à l'extérieur quelques Fourmis, occupées à traire des Pucerons.

La catégorie des *Fourmis maçonnes* comprend un grand nombre de variétés : la *Fourmi noire cendrée* (*Formica fusca*, fig. 402-404), la *brune*, la *jaune*, la *sanguine*, la *roussâtre* (*Polyergus rufescens*), la *noire*, la *mineuse* (*Formica cunicularia*), la *Fourmi des gazons*, etc.

Toutes ces espèces emploient un mortier plus ou moins fin pour élever leurs monticules, en même temps qu'elles creusent des souterrains. La Fourmi *fuligineuse*, d'un noir luisant, sculpte le bois ; elle creuse son labyrinthe dans le tronc d'un arbre avec une habileté consommée. La *Fourmi rouge* (*Myrmica rubra*) exerce, suivant les circonstances, le métier de maçon ou de sculpteur.

Les *maçonnes* procèdent à leurs constructions en profitant de la pluie ou de la rosée du soir pour faire du mortier. Elles ne

Fig. 402-404. Fourmis noires cendrées, mâle, femelle et ouvrière.

sortent qu'après le soleil couché, ou lorsqu'une pluie fine vient mouiller le toit. Alors elles se mettent au travail. Elles roulent des pelotes de terre, les rapportent entre leurs mandibules, et les appliquent aux points où les constructions ont été arrêtées. De toutes parts, on voit arriver des terrassiers chargés de matériaux. Tout cela s'agite, s'empresse, se remue, mais toujours dans le plus grand ordre, et avec une entente parfaite. Tout s'exécute à la fois. Les appartements s'élèvent les uns au-dessus des autres, et l'édifice monte à vue d'œil. La pluie, le soleil et le vent se chargent de consolider et de durcir le savant édifice de ces industrieux ouvriers, qui ont reçu de Dieu seul leur merveilleuse science.

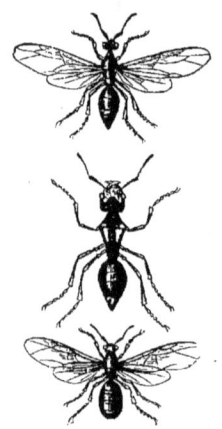

Fig. 405-407. Fourmis cendrées, mâle, femelle, ouvrière.

Sans autre outil que leurs mandibules, les *Fourmis sculpteuses* viennent à bout du bois le plus dur. Elles le percent à jour et le réduisent en guipure, en y creusant de nombreux étages de galeries horizontales.

La *Fourmi jaune* a deux sortes d'habitations : elle passe l'été dans un arbre, et l'hiver dans un terrier.

Indépendamment des entrées principales, il existe, dans quelques nids, de petites portes, dissimulées, gardées par des sentinelles. Beaucoup d'espèces creusent aussi des galeries couvertes, que l'on ne démasque que dans un danger pressant, soit pour ouvrir une issue aux assiégés, soit pour tourner l'ennemi qui a déjà envahi la place.

Les fourmilières sont, en effet, de véritables forteresses défen-

Fig. 408. Vue d'une fourmilière

HYMÉNOPTÈRES.

dues par mille artifices ingénieux, et gardées par des postes toujours sur le qui-vive.

La vie d'intérieur est à peu près la même chez les différentes espèces. La naissance et l'éducation des petits, les fonctions des adultes ne diffèrent pas sensiblement d'une variété de Fourmi à l'autre.

Les femelles vivent ensemble en bonne harmonie. Elles pondent, sans cesser de marcher, des œufs de dimensions microscopiques, blancs et de forme cylindrique. Les ouvrières les ramassent et les emportent, pour les amonceler dans des chambres spéciales.

Quinze jours après la ponte, la larve apparaît (fig. 409). Son corps est transparent. On y distingue une tête et des anneaux, mais point de pattes. Leur bouche est un mamelon rétractile, bordé de mandibules rudimentaires. Les ouvrières y dégorgent les sucs qu'elles ont élaborés dans leur estomac. Comme elles ne font pas de provisions, il leur faut récolter chaque jour les liquides sucrés destinés à l'alimentation des larves.

Dès la naissance des larves, une troupe de nourrices est chargée des soins que réclame leur éducation. Ces nourrices les mettent à l'air pendant le jour. A peine le soleil s'est-il levé, que

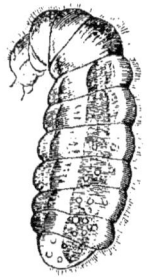

Fig. 409.
Larve de Myrmique rouge (grossie).

les Fourmis placées sous le toit vont avertir celles qui sont au dedans, en les touchant avec leurs antennes, ou les remuant avec leurs mandibules. En peu d'instants, toutes les issues sont encombrées par des ouvrières qui portent des larves à l'extérieur Elles vont les placer au sommet de la fourmilière, pour les exposer à la chaleur bienfaisante du soleil. Quand les larves sont restées quelque temps à la même place, leurs gardiennes les soustraient à l'action directe des rayons solaires, et les mettent dans des loges peu profondes, où elles peuvent encore ressentir une chaleur plus douce. On voit ensuite les Fourmis elles-mêmes s'accorder pendant quelques instants les douceurs d'un repos bien gagné, en s'entassant les unes sur les autres en plein soleil.

Il n'est aucun habitant de la campagne qui n'ait vu le curieux spectacle que nous venons de rappeler, c'est-à-dire la peuplade d'une fourmilière portant au soleil les jeunes nourrissons, pour leur faire éprouver l'action bienfaisante de la chaleur solaire

Nous conseillons à l'habitant des villes, transporté pour un jour à la campagne, de s'allonger près d'une fourmilière, dans la belle saison, pour assister à ce spectacle, l'un des plus curieux de la nature.

Les soins que les Fourmis ouvrières prodiguent aux jeunes ne consistent pas seulement à les nourrir et à leur procurer une température convenable; elles doivent encore les entretenir dans une extrême propreté. Avec leurs palpes, elles les nettoient, les brossent, distendent leur peau, et les préparent ainsi à l'épreuve critique de leur seconde métamorphose.

A ce moment les larves des Fourmis proprement dites se filent une coque soyeuse, d'un tissu serré, de couleur grise ou jaunâtre; celles des *Myrmiques* et des *Ponères* ne s'entourent pas d'une coque avant de se changer en nymphes.

Les nymphes sont d'abord d'un blanc pur, mais elles prennent bientôt une couleur de plus en plus foncée, qui va jusqu'au brun noir. Elles possèdent tous les organes de l'adulte, enveloppés d'une membrane si mince qu'elle paraît irisée. La figure 410 représente la nymphe de la Fourmi rouge.

Ce sont les coques de Fourmis qui renferment ces nymphes qu'on appelle improprement dans les campagnes des *œufs de fourmis*. On les recherche pour les donner aux jeunes faisans et aux jeunes perdreaux.

Les nymphes restent immobiles jusqu'à leur délivrance, qui s'accomplit avec le secours des autres ouvrières. Ce sont celles-ci qui déchirent le manteau de la nymphe, et achèvent de l'en dégager. Elles surveillent ensuite le nouveau-né. Pendant quelques jours, elles le nourrissent, le promènent, et ne l'abandonnent que lorsqu'il peut se passer de leurs bons offices.

Les mêmes ouvrières, quand les provisions manquent, ou que la fourmilière est menacée d'un grand danger, mettent sur leurs épaules les œufs, les larves, les nymphes, et quelquefois les femelles et les mâles qui refuseraient de les suivre. Ainsi chargées, elles s'en vont, nouveaux Anchises, chercher une autre patrie. Elles n'oublient jamais, dans cette émigration précipitée, les ouvrières infirmes ou malades, qui périraient dans le logis abandonné et désert.

Les femelles et les mâles qui viennent d'éclore ne jouissent pas de la même liberté que les jeunes ouvrières. On les cantonne dans la fourmilière, où ils sont gardés à vue jusqu'au jour du départ général.

HYMÉNOPTÈRES.

C'est vers la fin du mois d'août qu'on voit apparaître au dehors les essaims de Fourmis ailées des deux sexes. Les mâles sortent les premiers, agitant leurs ailes irisées et transparentes. Les femelles, moins nombreuses, les suivent de près. On voit tout à coup cette troupe s'enlever sur un signal donné, et disparaître dans les airs où se fait l'accouplement. Les mâles périssent immédiatement après. Les femelles fécondées retournent à la maison paternelle, ou bien vont fonder de nouvelles colonies, avec l'aide de quelques ouvrières, qui leur font cortége.

A partir de ce moment, les femelles n'ont plus besoin de leurs ailes. Les ouvrières s'empressent de les leur couper, ou bien, et le plus souvent, elles se les arrachent elles-mêmes.

Elles ont perdu, avec leurs ailes, le désir de la liberté. Désormais elles ne quitteront plus leur retraite. Les soins de la maternité future doivent seuls les occuper. Les ouvrières leur réservent des chambres souterraines, où elles sont gardées à vue par des sentinelles. A certaines heures seulement, on les rencontre dans les étages supérieurs. Lorsqu'elles veulent marcher, un cortége de gardes se presse sur leurs pas et les enveloppe de tous côtés, de manière à les empêcher d'avancer trop vite. Il n'est sorte d'attentions qu'on ne leur prodigue, pour leur faire oublier la captivité. On les caresse, on les brosse, on les lèche, on leur offre continuellement des victuailles. A la moindre apparence de danger, les ouvrières s'emparent, avant tout, des femelles fécondées, et les entraînent par des issues secrètes, pour mettre en sûreté leur précieuse personne, espoir de la nation formicienne.

Fig. 410.
Nymphe de Myrmique rouge.

La tâche des ouvrières est immense, car la besogne augmente à mesure que la population s'accroît. Mais la division du travail et l'entente cordiale qui existe entre les membres de la communauté, leur permettent de faire face à tous les événements, de parer à toutes les nécessités.

Rien n'est amusant comme d'observer les manéges que les Fourmis emploient pour transporter des objets d'un certain volume. Elles trébuchent, elles culbutent, elles roulent dans les précipices. Mais en dépit de tous les accidents, elles reviennent à leur tâche, et finissent toujours par l'amener à bonne fin.

Les tranquilles habitants de ces républiques souterraines sont liés entre eux par une affection mutuelle et une fraternité dévouée, qui rendent l'assistance facile. Tout le monde s'entr'aide dans la mesure de ses forces. Si une Fourmi est fatiguée, une camarade la porte sur son dos. Celles qui sont absorbées par l'ouvrage, et n'ont pas le temps de songer à leur repas, sont nourries par leurs compagnes. Lorsqu'une Fourmi est blessée, la première qui la rencontre lui porte secours et la ramène à la maison.

Latreille, ayant arraché les antennes à une Fourmi, en vit une autre s'approcher de la pauvre blessée, et verser, avec sa langue, quelques gouttes d'un liquide jaunâtre sur la plaie saignante de la victime.

Hélas ! combien les sentiments des hommes sont différents de ceux de l'humble insecte que foule son pas distrait, et combien cet Hyménoptère, si petit par la taille, est grand par le cœur !

Huber fils prit un jour une fourmilière, afin d'en peupler un des appareils vitrés qui lui servaient à faire ses observations, et qui consistait en une sorte de cloche de verre superposée au nid. Notre naturaliste mit en liberté une partie des Fourmis, qui alla se fixer au pied d'un marronnier voisin. Le reste fut conservé pendant quatre mois dans l'appareil. Au bout de ce temps, Huber transporta le tout dans le jardin. Quelques Fourmis parvinrent à s'évader de l'appareil. Ayant rencontré leurs anciennes compagnes, qui habitaient toujours le pied du marronnier, elles les *reconnurent*. On les vit, en effet, toutes gesticuler, se caresser mutuellement avec leurs antennes, se prendre par les mandibules, comme pour s'embrasser en signe de joie, puis rentrer ensemble dans le nid, au pied du marronnier. Bientôt, elles vinrent en foule chercher les autres Fourmis qui se trouvaient sous la cloche, et en quelques heures l'appareil de notre observateur se trouva complétement vide de ses prisonniers.

Lorsqu'une Fourmi a découvert une riche proie, loin de s'en délecter seule, comme une égoïste, elle convie toutes ses compagnes au festin. La communauté de biens et d'intérêts existe parmi tous les membres de cette société modèle. C'est la réalisation pratique du rêve formé par certains philosophes de nos jours, qui n'ont jamais pu concevoir l'idée, la possibilité, le projet, de cette communauté d'intérêts et de biens, qui chez les Fourmis est la société même.

Comment ces pauvres insectes parviennent-ils à s'entendre pour tant de rapports continuels, pour ces secours, ces conseils, ces invitations? Il faut qu'ils aient un langage propre, ou bien qu'ils se communiquent leurs impressions par le jeu de leurs antennes.

Quand une Fourmi a faim, et qu'elle ne veut pas se déranger de son travail, elle en prévient une *butineuse* qui passe, en la touchant avec ses antennes. Celle-ci, s'approchant aussitôt, lui présente au bout de sa langue des sucs qu'elle dégorge à cet effet.

Les antennes servent donc aux Fourmis pour se faire comprendre les unes des autres. Le docteur Ébrard, qui a beaucoup étudié ces insectes, est d'avis qu'elles s'en servent aussi, comme l'aveugle de son bâton, pour se conduire, parce qu'elles n'ont pas bonne vue.

La durée de l'existence des Fourmis n'est pas bien connue. On admet que les ouvrières vivent plusieurs années.

Les Fourmis se nourrissent de toutes les substances. On les voit se repaître de viandes fraîches ou corrompues, de fruits et de fleurs, particulièrement de tout ce qui est sucré. Elles attaquent les insectes vivants, et les tuent pour les sucer.

Comme plusieurs insectes, les Fourmis aiment beaucoup les liquides sucrés, le miel, les sirops, le sucre pur, etc. Dupont de Nemours raconte dans ses *Mémoires* que, pour mettre son sucrier à l'abri de l'invasion des Fourmis, il n'avait rien trouvé de mieux que de le placer « dans une île », c'est-à-dire au milieu d'une cuvette pleine d'eau. Il croyait bien avoir ainsi mis la forteresse à l'abri de toute attaque; mais voici le parti que prirent les assiégeants.

Les Fourmis montèrent le long du mur jusqu'au plafond, bien perpendiculairement au-dessus du sucrier. De là elles se laissèrent tomber dans l'intérieur de la place, pénétrant ainsi de vive force, et sans faire de mal à personne, dans la *tour au sucre*.

Comme le plancher était assez élevé, le courant d'air faisait dévier nos petits adversaires, dont un certain nombre tombaient dans les fossés de la citadelle, c'est-à-dire dans l'eau de la cuvette, à côté du sucrier. Leurs compagnes, placées sur le rivage, faisaient tous les efforts imaginables pour repêcher les noyées. Mais elles craignaient de se mettre à l'eau sur un aussi grand lac. Tout ce qu'elles pouvaient faire, c'était de s'allonger le plus possible, en se tenant au rivage, pour tendre aux noyées une patte secourable.

Néanmoins le sauvetage n'allait pas grand train, lorsqu'il vint à la troupe inquiète une bonne idée.

On en vit quelques-unes courir à la fourmilière, puis reparaître. Elles amenaient avec elles une escouade de huit grenadiers, qui se jetèrent à l'eau sans balancer, et qui, nageant vigoureusement, saisirent avec leurs pinces et rapportèrent tous les noyés sur la terre ferme.

Onze Fourmis à demi mortes furent ainsi ramenées au rivage, c'est-à-dire au bord de la cuvette. Elles auraient probablement succombé toutes si leurs compagnes ne se fussent hâtées de leur prodiguer à peu près les mêmes secours qui servent à rappeler nos noyés à la vie. On les roula dans la poussière, on les frotta, on les frictionna, on s'étendit sur les moribondes pour les réchauffer; puis on les roula et on les frotta encore. Quatre revinrent à la vie. Une cinquième, à demi rétablie et remuant encore un peu les pattes et les antennes, fut reconduite chez elle avec toutes sortes de précautions. Les six autres étaient mortes. Elles furent portées dans la fourmilière par leurs compagnes attristées.

On croit rêver en lisant ces choses-là, et pourtant Dupont de Nemours nous dit : « Je l'ai vu! »

Les Fourmis sont aussi très-friandes d'un liquide particulier que les Pucerons sécrètent par une poche de leur abdomen. Quand elles se sont emparées d'un Puceron, elles le harcèlent et l'excitent pour le forcer à dégorger cette liqueur, mais sans lui faire aucun mal. Elles emportent les Pucerons dans la fourmilière, ou dans des étables particulières. Là, elles les entretiennent, leur donnent des aliments, puis elles tettent ces bonnes vaches laitières. Nous avons déjà mentionné ces curieux rapports des Fourmis avec les Pucerons en parlant de ces derniers. Nous nous bornerons, en conséquence, à rappeler par une figure les curieux rapports qui s'établissent entre les Fourmis et les Pucerons. La figure 411 montre des Fourmis mâles, femelles et neutres occupées à traire des Pucerons.

Les *Gallinsectes* contribuent également à fournir aux Fourmis des liquides sucrés.

Pendant les froids de l'hiver, les Fourmis dorment au fond de leurs nids, sans prendre aucune nourriture. Un petit nombre d'espèces seulement résistent à la saison rigoureuse en s'enfermant dans la fourmilière avec un troupeau de Pucerons. C'est ainsi que nos pâtres passent l'hiver dans leur cabane enfermés avec un troupeau de moutons et de brebis, pour subvenir à leur nourriture.

HYMÉNOPTÈRES. 439

Il faut dire toutefois que l'hibernation n'a pas lieu chez les Fourmis dans les pays chauds.

Fig. 411. Fourmis occupées à traire des Pucerons.

Nous venons de décrire la société formicienne pendant les périodes tranquilles de paix extérieure. Mais nos petits Hyménoptères ne sont pas plus exempts que les autres animaux des nécessités et des dangers de la guerre.

Les Fourmis comptent beaucoup d'ennemis parmi les populations des bois. Il faut donc qu'elles songent à repousser leurs attaques. Elles déploient dans ce cas les plus savantes ressources de l'art militaire appliqué à la défense des places.

Il est presque inutile de dire que des sentinelles sont, en tout temps, postées à une distance raisonnable de la fourmilière, pour observer les alentours. Lorsque la forteresse est inopinément attaquée, soit par de gros insectes, des Coléoptères, par exemple, soit par une fourmilière voisine, aussitôt nos sentinelles vigilantes se replient, et vont donner l'alarme dans le camp, non toutefois sans avoir fait d'abord bonne contenance devant l'ennemi, et lui avoir opposé une résistance honorable.

Rentrées en toute hâte dans la fourmilière, elles se précipitent dans les couloirs, frappant de leurs antennes toutes les Fourmis qu'elles rencontrent et répandant ainsi l'alarme dans la cité. Bientôt l'agitation est devenue générale et des milliers de combattants sortent de la citadelle, prêts à repousser l'attaque et à faire mordre la poussière à l'ennemi.

La possession d'un troupeau de Pucerons est quelquefois un sujet de discorde et devient un *casus belli* entre deux fourmilières voisines. Mais le plus souvent la guerre a pour but de faire des prisonniers dans d'autres fourmilières, et d'emmener comme esclaves une partie des habitants d'un nid voisin.

Telle est l'origine des *fourmilières mixtes* qui, indépendamment de leurs fondateurs naturels, contiennent une ou deux espèces étrangères, ilotes que les vainqueurs ont enlevées à leur berceau pour en faire des auxiliaires et des serviteurs.

Dans ces *fourmilières mixtes*, l'espèce importée dépasse en nombre la population première, comme il arrive quelquefois sur les navires qui se livrent à la traite des nègres, et où les esclaves se trouvent en plus grande proportion que les matelots de l'équipage.

La phalange des Fourmis réduites en esclavage rend toutes sortes de soins aux maîtres du logis. Ils sont léchés, brossés, caressés, voiturés, nourris par leurs bons et fidèles serviteurs, qui s'occupent même d'élever leur progéniture.

Les maîtres rejettent sur les esclaves toute espèce de travail. Ils ne se réservent que la guerre. De temps en temps, ils entre-

Fig. 412. Retour des Fourmis après la bataille.

prennent des expéditions contre quelque fourmilière voisine. S'ils sont vaincus, et reviennent sans emmener de prisonniers, les esclaves, ou *auxiliaires*, les boudent, et leur défendent pendant quelque temps l'entrée du nid. S'ils reviennent, au contraire, chargés de butin, on les flatte, on leur donne à manger, on les débarrasse de leurs prisonniers, que l'on emmène à l'intérieur de la forteresse. Les tribus belliqueuses n'enlèvent d'ailleurs que des larves et des nymphes d'ouvrières, dans les fourmilières qu'elles vont piller.

Ces jeunes captives s'habituent à leurs ravisseurs. Élevées dans la crainte des maîtres, elles ne songent jamais à les abandonner.

Deux espèces constituent les tribus guerrières qui forment des sociétés avec les espèces qu'elles réduisent en esclavage. Ce

Fig. 413. Fourmis roussâtres.

sont : la *Fourmi roussâtre* (fig. 413) et la *Fourmi sanguine* (fig. 414). Elles s'attaquent toujours aux nids des noires cendrées et des mineuses.

Fig. 414. Fourmis sanguines.

Les Fourmis *roussâtres* ont les mandibules façonnées pour la guerre. Elles ne respirent que luttes et combats. Les Fourmis *sanguines* sont moins féroces. Elles travaillent elles-mêmes, et ne font point de ces razzias générales par lesquelles les *roussâtres* dépeuplent les fourmilières voisines.

Pierre Huber a été l'*Homère des Fourmis*, comme François Huber, son père, fut le grand historiographe des Abeilles. C'est donc à François Huber que nous emprunterons la description qu'il nous reste à faire des mœurs des Fourmis en temps de guerre.

François Huber raconte ainsi une de ces expéditions, dont il fut témoin :

« Le 17 juin 1804, dit-il, en me promenant aux environs de Genève, entre quatre et cinq heures de l'après-midi, je vis à mes pieds une légion d'assez grosses Fourmis roussâtres qui traversaient le chemin. Elles marchaient en corps avec rapidité, leur troupe occupait un espace de huit à dix pieds de longueur sur trois ou quatre pouces de large; en peu de minutes, elles eurent entièrement évacué le chemin; elles pénétrèrent au travers d'une haie fort épaisse, et se rendirent dans une prairie où je les suivis; elles serpentaient sur le gazon sans s'égarer, et leur colonne restait toujours continue, malgré les obstacles qu'elles avaient à surmonter. Bientôt elles arrivèrent près d'un nid de Fourmis noires cendrées, dont le dôme s'élevait dans l'herbe, à vingt pas de la haie. Quelques Fourmis de cette espèce se trouvaient à la porte de leur habitation. Dès qu'elles découvrirent l'armée qui s'approchait, elles s'élancèrent sur celles qui se trouvaient à la tête de la cohorte; l'alarme se répandit au même instant dans l'intérieur du nid, et leurs compagnes sortirent en foule de tous les souterrains. Les Fourmis roussâtres, dont le gros de l'armée n'était qu'à deux pas, se hâtaient d'arriver au pied de la fourmilière; toute la troupe s'y précipita à la fois et culbuta les noires cendrées qui, après un combat très-court, mais très-vif, se retirèrent au fond de leur habitation. Les Fourmis roussâtres gravirent les flancs du monticule, s'attroupèrent sur le sommet, et s'introduisirent en grand nombre dans les premières avenues; d'autres groupes travaillaient avec leurs dents à se pratiquer une ouverture latérale. Cette entreprise leur réussit, et le reste de l'armée pénétra, par la brèche, dans la cité assiégée. Elle n'y fit pas un long séjour; trois ou quatre minutes après, les Fourmis roussâtres ressortirent à la hâte par les mêmes issues, tenant chacune à leur bouche une nymphe ou une larve de la fourmilière envahie. Elles reprirent exactement la route par laquelle elles étaient venues, et se mirent sans ordre à la suite les unes des autres; leur troupe se distinguait aisément dans le gazon par l'aspect qu'offrait cette multitude de coques et de nymphes blanches portées par autant de Fourmis rousses. Celles-ci traversèrent une seconde fois la haie et le chemin, et se dirigèrent ensuite dans des blés en pleine maturité où j'eus le regret de ne pouvoir les suivre[1]. »

Huber ajoute qu'étant retourné au nid pillé, pour l'examiner en détail, il y vit quelques ouvrières *noires cendrées* qui rapportaient au domicile les quelques larves qu'elles avaient réussi à sauver. Ayant découvert plus tard le nid de ces *Amazones*, c'est le nom qu'il donne aux Fourmis guerrières, il y trouva beaucoup de *noires cendrées* qui vivaient en parfaite intelligence avec leurs ravisseurs.

Les *Amazones* commencent leurs expéditions à la fin de juin, aux heures les plus chaudes de la journée. Elles sortent en longues files, huit ou dix de front, précédées par des éclaireurs.

---

1. *Recherches sur les mœurs des fourmis indigènes.* Paris, 1810, p. 210.

Ces colonnes s'élancent au pas de course, en ligne droite, et sans tâtonner. Elles n'ont pas de chef. La tête se reforme à chaque instant. Celles qui sont en avant n'y restent pas; elles vont au bout de quelque temps se ranger en arrière, et sont remplacées par celles qui les suivaient. Toute la troupe reste ainsi en com-

Fig. 415. Pierre Huber.

munication constante avec le reste de l'armée et sait à chaque instant ce qui s'y passe. Rarement l'armée expéditionnaire se divise en deux corps.

Arrivée sous les murs de la place, la colonne s'arrête pour se masser en un seul corps. L'assaut a lieu avec une impétuosité incroyable. En un clin d'œil, la place est escaladée, prise et pillée, et les Fourmis *noires cendrées* mises en fuite ou emmenées en captivité.

La même fourmilière peut être envahie jusqu'à trois fois de suite dans la même journée. Mais alors les *noires cendrées*, averties, se sont barricadées chez elles, et dans ce cas, les agresseurs s'en retournent sans les attaquer.

Les *Fourmis mineuses* (fig. 416), moins timides que les noires cendrées, se défendent avec plus d'énergie. Il y a alors des combats meurtriers. Le champ de bataille demeure jonché de têtes, de pattes, de membres épars, de cadavres et de blessés. Les *mineuses* poursuivent les pillards, pour leur arracher leur butin. Mais elles sont quelquefois repoussées vigoureusement, et les *roussâtres* regagnent leur repaire avec le fruit de leur rapine, de leur vol à *patte armée*.

La tactique des *Fourmis sanguines* diffère de celle des *Fourmis roussâtres*. Elles ne sortent que par petits détachements, qui commencent par engager des escarmouches de tirailleurs, autour de la fourmilière ennemie. Des courriers expédiés, de temps à autre, au camp des *Fourmis sanguines*, en ramènent du renfort. Quand la troupe se sent en force, elle envahit le nid des *Fourmis noires cendrées*, et emporte le couvain que celles-ci n'ont pas eu le temps de mettre à l'abri.

Quelquefois aussi les *sanguines* s'installent dans le nid, dont elles ont mis en fuite les habitants, et y transbordent toute leur population.

Le motif de ces émigrations, de ces attaques, c'est que l'ancien nid est devenu hors d'usage, ou qu'il est exposé à quelque danger.

Les *sanguines* ne sont pas les seules, parmi les Fourmis, qui désertent ainsi leur berceau. Plusieurs espèces l'abandonnent également pour des motifs analogues, et vont se construire ailleurs un nouveau gîte, où elles transportent toute la population du premier nid.

Quand on réfléchit aux mœurs des Fourmis, on est forcé de reconnaître que l'intelligence et la raison apparaissent encore plus dans leurs actes que dans ceux des Abeilles. La vie des Fourmis, aussi bien que celle des Abeilles, est pour nous une énigme indéchiffrable. Les actes des animaux, en général, sont quelquefois un abîme où se confond notre raison.

Les Orientaux disent : « On écrira le dernier mot sur l'homme ; sur l'éléphant, jamais ! » Ajoutons qu'on ne dira pas plus le dernier mot sur l'éléphant, ce colosse du règne animal, que sur cet être infime et chétif qui s'appelle la Fourmi.

Fig. 416. Fourmis mineuses.

Les Fourmis sont des Hyménoptères *fouisseurs* qui vivent en société; mais il y a aussi des fouisseurs solitaires.

Les plus connus de ces Hyménoptères sont les *Cerceris*, le *Philante apivore* (fig. 417), qui nourrit ses larves avec des Abeilles qu'il a engourdies par un vigoureux coup d'aiguillon;— les *Pompiles* et les *Sphex*, qui s'attaquent aux Araignées;— les *Mutilles*, dont les femelles ressemblent à des Fourmis agréablement variées de rouge et de jaune; les mâles, ailés et plus petits, sont noirs.

Les *Mutilles* (fig. 418-419) vivent parasites dans les nids des

Fig. 417. Philante apivore.   Fig. 418-419. Mutilles.

Abeilles solitaires. Leurs larves dévorent les larves de ces Abeilles.

Tous ces Hyménoptères alimentent leurs petits de proie vivante engourdie. D'autres déposent leurs œufs sous la peau de certains insectes, surtout lorsque ceux-ci se trouvent à l'état de larves ou de chenilles. Ils rendent ainsi service à l'agriculture en détruisant beaucoup d'insectes nuisibles. Au lieu d'aiguillon, ils ont une tarière destinée à percer la peau de leurs victimes. C'est ainsi que les *Ichneumoniens* introduisent leurs œufs sous la peau des chenilles, d'où l'on voit plus tard sortir des Hyménoptères au lieu d'un papillon, ce qui avait fait croire à d'anciens observateurs à quelque transmutation d'espèce.

Les *Pimples* (fig. 420), qui appartiennent à cette famille d'insectes, ont une tarière très-longue qui, avec ses deux appendices, figure trois serres, et leur permet d'atteindre les larves dans les nids où elles sont cachées.

Les *Ophions* (fig. 421) ont l'abdomen aminci en faucille. Ils pondent leurs œufs sur la peau des chenilles, qu'ils attaquent au moyen d'une tarière courte et tranchante dont ils sont pourvus.

Les *Cynips*, ou *Gallinsectes*, sont de petits Hyménoptères noirs ou fauves dont la femelle a une tarière roulée en spirale et cachée dans une fissure de l'abdomen, avec laquelle elle pique les végétaux.

Une liqueur particulière qu'elle verse dans la piqûre autour de l'œuf qu'elle y a déposé fait naître une excroissance végétale, qui a reçu le nom de *galle*. La larve se développe au centre de cette boule, et se transforme en nymphe, puis en insecte parfait, qui

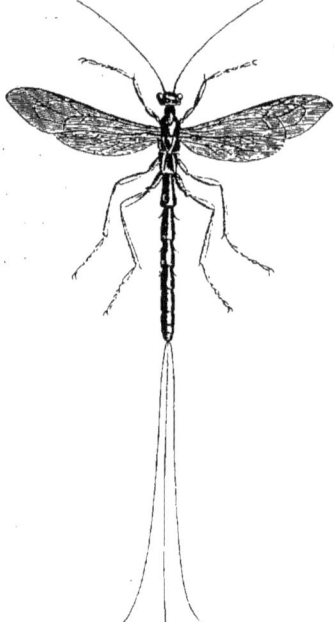

Fig. 420. Pimples.

Fig. 421. Ophions.

ne tarde pas à percer sa prison. La figure 422 représente le *Cynips du chêne*, et les figures 423 et 424 les Galles qu'il produit.

Les Galles des églantiers sont chevelues. La *noix de galle*, riche en tannin, qui sert à faire l'encre, provient d'un Cynips étranger, qui vit sur un chêne d'Orient.

Les *Pommes de Sodome*, que les voyageurs rapportent des bords de la mer Morte, sont de grosses noix de galle, remplies de poussière et de larves sèches.

Les *Siriciens* et les *Tenthrédiniens* forment deux tribus d'insectes dont les premiers sont d'assez grande taille, qui ont un corps cylindrique, l'abdomen étant attaché au thorax dans toute sa largeur, sans pédicule.

HYMÉNOPTÈRES.

Les *Sirex* (fig. 425) percent le bois vert. Leurs larves vivent plusieurs années à l'intérieur de ce bois. On les rencontre en grand nombre dans les forêts de sapins. Ils bourdonnent comme les Bourdons et les Frelons. D'après Latreille, ces insectes se montrent parfois en si grande quantité, qu'ils deviennent pour le peuple un sujet d'effroi.

La femelle du *Sirex géant* possède une longue tarière recti-

Fig. 422.
Cynips du chêne.

Fig. 423.
Noix de galle.

Fig. 424.
Noix de galle coupée.

ligne. Ses larves ont une très-grande force dans leurs mandibules. Elles sont capables de perforer jusqu'à du plomb. Ce fait a été observé plusieurs fois.

En 1857, le maréchal Vaillant présenta à l'Académie des sciences des paquets de cartouches dont les balles avaient été percées par les larves d'un *Sirex*, pendant le séjour de nos troupes en Crimée. Quelques-uns de ces insectes étaient encore enfermés dans la galerie qu'ils s'étaient creusée au sein du métal. Duméril — et ce fut là un des derniers travaux du vénérable et savant naturaliste — écrivit sur ce sujet un rapport, dans lequel étaient consignés plusieurs faits analogues.

Duméril rappelait, par exemple, que le marquis de Brême, en 1844, avait montré à la Société zoologique plusieurs cartouches de guerre au sein desquelles les balles avaient été perforées par des insectes, dans une profondeur de quatre à cinq millimètres. Ces cartouches provenaient de l'arsenal de Turin. On les avait déposées dans des barils construits en bois de mélèze, dont les douelles avaient été attaquées par des insectes. On reconnut que c'était après avoir quitté le bois que ces animaux avaient rongé les enveloppes des cartouches, et enfin les balles mêmes.

En 1833, Audouin présenta à la Société entomologique de France une plaque de plomb, provenant de la toiture d'un bâtiment, sur laquelle ce naturaliste supposait que des larves de Callidies avaient pratiqué des sinuosités profondes, pour s'y loger, comme dans le bois. On avait vu antérieurement, à la Rochelle, des parties entières de couvertures de plomb, non-seulement rongées, mais percées de part en part, par des larves de Bostriches.

En 1844, Desmarest fit connaître l'érosion et la perforation de lames de plomb, opérées par une espèce de Bostriche (le *Bostriche capucin*) et par des Callidies.

En 1843, Du Boys présenta à la Société d'agriculture de Limoges des clichés typographiques, alliage très-dur, comme on sait, formé d'antimoine et de plomb, qui avaient été percés et criblés de trous par deux Bostriches. Les trous étaient de quatre millimètres de diamètre, sur quatorze de profondeur. Les clichés subirent ces perforations, bien qu'ils se trouvassent enveloppés de plusieurs doubles de papier et de carton.

Comme ces clichés servaient à l'impression de l'ouvrage des *Fastes militaires de la France*, on peut dire que nos braves reçurent ainsi d'un vil insecte plus de blessures que ne leur en avaient causé les ennemis.

Pour constater que ces insectes ont, en effet, la propriété de perforer les métaux, comme d'autres perforent et traversent les matières ligneuses, l'entomologiste de Limoges fit l'expérience suivante.

Il plaça dans un creuset de plomb, à parois minces, un individu vivant de la *Lepture couleur de feu* de Geoffroy (*Callidium sanguineum*), coléoptère qui se trouve communément l'hiver dans nos appartements, parce que sa larve se développe en grand nombre dans les bois destinés à nos foyers. Au-dessus de ce creuset, on en emboîta un autre, contenant aussi un individu semblable, qu'on enferma et recouvrit par un troisième creuset. Quelques jours après, on sépara les creusets; celui du milieu avait été percé et on trouva réunis les deux Callidies : l'insecte inférieur avait fait un trou, pour s'introduire dans le creuset intermédiaire.

Du Boys fit une expérience chimique qui permit de constater que l'insecte qui avait rongé le métal, ne l'avait pas fait servir à sa nourriture. On analysa le corps desséché de l'un des *Bostriches capucins*. Après l'avoir dissous dans l'acide azotique, on le fit complétement brûler, et l'on ne put découvrir dans les cendres, reprises par l'acide azotique, la moindre trace de plomb.

Cette expérience prouve que les insectes perforants ont seulement pour but de sortir des galeries dans lesquelles ils se trouvent accidentellement déposés à l'état de larve, et que ce n'est qu'autant qu'ils ont subi leur complète transformation, qu'ils cherchent à conquérir leur liberté.

Les observations du même genre s'étant multipliées après le rapport de Duméril, l'Académie des sciences reçut, au mois de juin 1861, deux mémoires, l'un de M. Heriot, capitaine d'artillerie, l'autre de M. Bouteille, conservateur du musée d'histoire naturelle de Grenoble, contenant plusieurs observations nouvelles de perforations, par les insectes, de balles de plomb contenues dans des cartouches de guerre. M. Milne Edwards a lu à l'Académie des sciences un court rapport sur ces travaux.

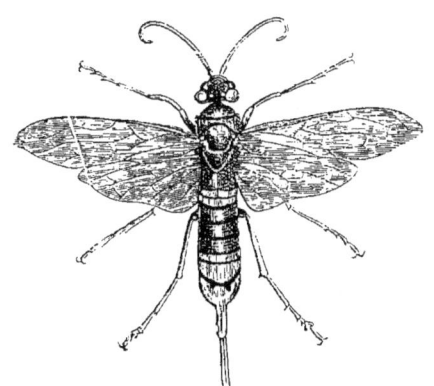

Fig. 425. Sirex géant.

L'insecte qui avait produit les perforations observées sur les balles des cartouches envoyées en Crimée en 1857, et que Duméril avait particulièrement étudié, était le *Sirex juvencus*. Il avait été apporté de France dans le bois formant les caisses qui contenaient les cartouches. Dans le cas nouveau dont nous parlons, c'est-à-dire pour les cartouches qui furent envoyées en 1861 à l'Académie par M. le capitaine Heriot et par M. Bouteille, les perforations avaient été produites par une autre espèce d'Hyménoptères. M. Milne Edwards, qui avait trouvé en place, sur plusieurs de ces cartouches, l'insecte cause de ce singulier dégât, n'eut pas de peine à y reconnaître le *Sirex gigas*, qui, à l'état de larve, vit dans l'intérieur des vieux arbres ou des pièces de bois, et qui, après l'achèvement de ses métamorphoses, sort de sa retraite, pour se reproduire.

Pour se frayer un chemin en dehors, les Sirex rongent, avec leurs mandibules, les substances ligneuses, ou les autres corps durs qu'ils rencontrent sur leur passage. C'est en poursuivant un travail de ce genre, que les insectes emprisonnés accidentellement dans les paquets de cartouches, lorsqu'ils n'étaient encore qu'à l'état d'œuf ou de larve, ont dû attaquer les balles de plomb ainsi que le papier et les autres corps qui se rencontraient sur leur route et s'opposaient à leur passage.

M. Boutcille établit, dans son mémoire, que Duméril avait commis une erreur en admettant que l'organe perforant employé par les Sirex pour attaquer les balles de plomb dans les cartouches de Crimée était la *tarière*, située à l'extrémité de l'abdomen de la femelle, et destinée à entailler la partie du bois où elle doit déposer ses œufs. M. Bouteille a constaté, en effet, que ce ne

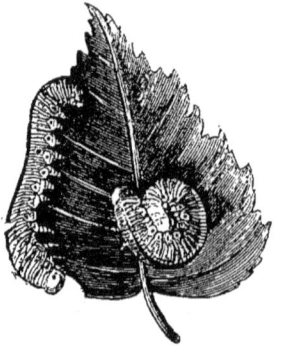 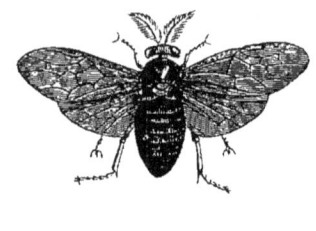

Fig. 426. Fausses chenilles.   Fig. 427. Lophyre du pin.

sont pas seulement les Sirex femelles qui ont attaqué les cartouches, mais que des mâles, dépourvus de tarière, ont occasionné les mêmes dégâts.

Les *Tenthrédiniens* sont appelés *Porte-scies*, parce que les femelles sont munies d'une tarière double, dentelée en scie, pour inciser les végétaux où elles déposent leurs œufs. Les larves de ces insectes ont une ressemblance frappante avec les chenilles des papillons. Elles ne s'en distinguent que par une grosse tête globuleuse, non échancrée, et par leurs pattes abdominales en général au nombre de plus de dix. On les appelle *Fausses chenilles* (fig. 426). La plupart, lorsqu'on les touche, se redressent et s'agitent d'un air menaçant. Elles se filent des cocons de soie avant de se changer en nymphes.

La *Lophyre du pin* (fig. 427), qui dévore les feuilles des arbres verts dans nos forêts, appartient à cette même famille.

VII

ORDRE DES NÉVROPTÈRES.

Le Termite, son organisation et ses mœurs. — Ravages occasionnés en France par le Termite. — Les Perles et les Némoures. — L'Éphémère. — Les Cloës. — Les Libellules ou Demoiselles. — L'Æshne. — Les Caloptéryx. — Les Agrions. — Les Raphidies. — Les Mantispes. — Les Semblides. — Le Fourmi-lion. — Les Ascalaphes. — Les Hémérobes. — Les Panorpes. — Le Bittaque et le Borée. — Les Phryganes. — Le Rhyacophile et l'Hydropsyche.

Les *Névroptères*, dont le type vulgaire nous est donné par les *Libellules*, ou *Demoiselles*, ont quatre ailes membraneuses, ordinairement assez larges, pourvues d'une fine et délicate réticulation de petites nervures transversales, qui leur donnent l'aspect d'une dentelle.

Quoique cet ordre soit l'un des moins étendus, des moins nombreux, il offre cependant, chez les insectes qui s'y trouvent compris, de très-grandes modifications de formes et d'habitudes.

Une section de Névroptères comprend des insectes à métamorphoses incomplètes. Les *Libellules*, les *Éphémères*, les *Termites* appartiennent à cette catégorie. Les insectes appartenant à l'autre section, dans laquelle se rangent les *Phryganes*, les *Panorpes*, les *Fourmi-lions*, subissent des métamorphoses complètes. Les nymphes des premiers marchent et vivent absolument comme les larves ; seulement, au moment de la dernière transformation, la peau de la nymphe se fend, et il en sort l'insecte parfait. Chez les seconds, au contraire, la nymphe est immobile, inactive, et ne prend aucune nourriture, comme celles des Hyménoptères et des Coléoptères.

Malgré cette diversité dans leur mode de développement, tous ces insectes se ressemblent trop pour qu'on puisse scinder en deux l'ordre des Névroptères. D'où il suit qu'il ne faut pas attacher une trop grande importance à ces différences de transformations par lesquelles l'insecte arrive à son dernier état.

Les insectes les plus intéressants dans l'ordre des Névroptères sont les *Termites*, improprement appelés *Fourmis blanches*, à cause de la grande analogie qui existe entre leurs mœurs et celles de nos Fourmis.

Les *Termites* forment, par leur genre de vie, une anomalie frappante parmi l'ordre dans lequel les place leur conformation. En effet, ils vivent en sociétés très-nombreuses et construisent des demeures très-solides et très-étendues, véritables ouvrages de Cyclopes ou de Titans, si on les compare aux dimensions infimes et à l'apparence molle et faible de cette vermine blanchâtre.

Beaucoup de voyageurs ont parlé de ces insectes. On les rencontre dans les savanes de l'Amérique du Nord, à la Guyane, en Afrique, dans la Nouvelle-Hollande, et même aujourd'hui en Europe, où ils ont été importés par des navires du commerce.

M. de Préfontaine raconte que, voyageant en Guyane, il vit des nègres faire le siége de certains édifices bizarres, qu'il appelle fourmilières. Les nègres n'osaient les attaquer que de loin et avec des armes à feu, quoiqu'ils eussent eu la précaution de creuser tout autour un petit fossé rempli d'eau, où se noyaient les assiégés lorsqu'ils faisaient une sortie. C'étaient des *termitières*.

Peut-être faut-il voir aussi des Termites dans ces fourmis qui, au dire d'Hérodote, habitaient la Bactrie, et qui, plus grandes qu'un renard, mangeaient une livre de viande par jour[1]. Retirés dans des déserts de sable, ces insectes gigantesques se creusaient, disait-on, des demeures souterraines, et soulevaient des collines de sable d'or, que les Indiens venaient enlever au péril de leur vie.

Pline, qui rapporte ces mêmes fables, ajoute qu'on voyait dans le temple d'Hercule des cornes de ces fourmis.

De nos jours encore, quelques voyageurs ont répété sur les Termites des fables absurdes. Ils leur ont attribué un venin, qu'on ne respire pas sans être empoisonné; ils ont dit qu'une seule morsure allumait une fièvre mortelle. La vérité, telle qu'elle nous est révélée par des observateurs consciencieux, est bien plus étrange que ces fictions ou ces erreurs.

Les Termites offrent, dans les espèces, de curieuses modifica-

---

1. De Quatrefages, *Souvenirs d'un naturaliste*, in-18. Paris, 1854, t. II, p. 377.

tions sur la nature desquelles les savants ne sont pas d'accord.

Il y a d'abord les insectes parfaits, mâles et femelles, qui sont pourvus d'ailes. Ensuite il y a les neutres, qui se partagent en *soldats*, chargés de la défense du nid, et en ouvriers, auxquels incombent les travaux d'architecture et le soin du ménage. Ces derniers sont plus petits que les soldats.

Latreille et quelques autres naturalistes pensaient que les ouvriers sont les larves des Termites. Smeathman croit que les soldats sont les nymphes. M. de Quatrefages admet que les soldats sont des neutres, et que les ouvriers se recrutent à la fois parmi les larves et les nymphes. On peut admettre, avec d'autres naturalistes, que les soldats et les ouvriers sont des neutres : les premiers des mâles avortés, les seconds des femelles avortées. Voici, en effet, ce que M. Lespès a observé sur les Termites des Landes.

Parmi ces insectes, les plus nombreux sont les ouvriers. Leur taille est celle d'une forte fourmi. Ils sont chargés de creuser les galeries, d'aller à la recherche des provisions, de soigner les œufs, les larves et les nymphes. Les ouvriers ont une tête arrondie et des mandibules courtes; ils sont aveugles. Les soldats, moins nombreux, ont une énorme tête, presque aussi grande que le reste du corps, et de très-fortes mandibules croisées. Ils sont aveugles comme les ouvriers. L'anatomie a fait voir à M. Lespès que les uns et les autres sont des *neutres*, à savoir, les soldats des mâles et les ouvriers des femelles, à organes avortés.

Les larves de ces derniers Termites ressemblent beaucoup aux ouvriers. Celles qui doivent devenir des mâles ou des femelles se distinguent de celles qui deviendront des neutres, par de très-légers rudiments d'ailes, et leurs nymphes montrent déjà des ailes imparfaites, cachées dans des fourreaux plus ou moins longs; de plus, elles ont des yeux cachés sous la peau. Les mâles et les femelles seuls ont des yeux; ils portent des ailes, qu'ils perdent aussitôt après l'accouplement. Ceux qui proviennent des nymphes à longs fourreaux alaires, deviennent les *petits rois* et les *petites reines*, après leur essaimage, qui a lieu à la fin de mai. Les nymphes à fourreaux courts éclosent au mois d'août; elles donnent des mâles et femelles plus volumineux, qui deviennent les *rois* et les *reines*. Tous ces couples sont recueillis par les neutres, et les reines grandes et petites se mettent aussitôt à pondre; les grandes sont beaucoup plus fécondes. Les ouvriers ne paraissent avoir pour elles de soins d'aucune sorte.

A cette dernière particularité près, tout se passe probablement de la même manière chez les Termites exotiques. Mais chez ces dernières la reine est l'objet d'un véritable culte.

La figure 428 représente les quatre types de la république des *Termites lucifuges* ou *des Landes*. On voit à gauche un ouvrier, à droite un soldat, au centre un mâle ailé, tous les trois très-grossis. Les traits dessinés à côté indiquent leur grandeur naturelle. Au-dessous du mâle on voit la reine féconde d'un Termite, en grandeur naturelle, avec le ventre monstrueux dont nous allons parler.

Plusieurs espèces de Termites ont été étudiées avec soin par le voyageur anglais Smeathman, à la fin du siècle dernier, dans l'Afrique australe.

Ses récits constituent ce que nous avons de plus exact et de plus complet sur ces insectes[1].

La plus grande des espèces observées est le Termite belliqueux (*Termes bellicosus*). Les ouvriers ont cinq millimètres de long. Leur corps est mou et d'une délicatesse extrême; mais leurs mandibules acérées attaquent les corps les plus durs. Les soldats ont une longueur double, et pèsent autant que quinze ouvriers; ils s'en distinguent par leur énorme tête cornée, armée de pinces aiguës. Le mâle pèse autant que trente ouvriers, et atteint une longueur de dix-huit millimètres.

Mais la femelle féconde laisse bien loin derrière elle toutes ces dimensions. Son ventre devient deux mille fois plus gros que le reste du corps! Elle atteint alors jusqu'à quinze centimètres de long et pèse autant que trente mille ouvriers. Par un contraste hideux, la tête seule ne grossit pas. On voit ici (fig. 428) la représentation exacte de ce monstre.

Cette reine phénoménale est toujours immobile et captive dans sa cellule, occupée uniquement à pondre. Sa fécondité dépasse toutes les bornes : soixante œufs par seconde, plus de quatre-vingt mille par jour. Smeathman est porté à croire que cette ponte prodigieuse dure toute l'année!

« Cette bête molle et blanchâtre, dit M. Michelet, un ventre plutôt qu'un être, est grosse au moins comme le pouce ; un voyageur prétend en avoir vu une de la taille de l'écrevisse. Plus grosse, elle est plus féconde, plus

---

1. *Some account of the Termites*, etc., dans les *Philosophical Transactions*, t. LXXI, 781.

intarissable ; cette terrible mère des poux semble d'autant plus adorée de sa vermine fanatique. Elle paraît leur idéal, leur poésie, leur enthousiasme. Si vous l'emportez avec un débris, une ruine de la cité, vous les voyez sous le bocal se mettre à l'instant au travail, bâtir une arche qui protége la tête vénérée de la mère, lui refaire sa salle royale, qui deviendrait, si les matériaux le permettaient, le centre, la base de la cité ressuscitée. Je ne m'étonne pas, au reste, de la rage d'amour que montre ce peuple pour cet instrument de fécondité. Si toutes les espèces ensemble ne travaillaient à les détruire, cette mère vraiment prodigieuse les ferait maîtres du monde, et que dis-je ? ses seuls habitants. Les poissons resteraient seuls ; mais les in-

Fig. 428. Termites belliqueux. Soldat, travailleur, mâle et femelle gonflée d'œufs.

sectes eux-mêmes périraient. Il suffit de se rappeler que la mère abeille ne fait pas en un an ce que la mère termite peut faire en un jour. Par elle, ils engloutiraient tout ; mais ils sont faibles et savoureux : c'est tout qui les engloutit [1]. »

En effet, les oiseaux sont avides des Termites ; les basses-cours en détruisent d'immenses quantités. Les Fourmis leur donnent la chasse et en mangent des légions. Les nègres, dans l'Afrique australe, ne peuvent s'en rassasier. Ils recueillent ceux qui

1. J. Michelet, *l'Insecte*, p. 238.

tombent dans les eaux et les torréfient comme le café; ainsi préparés, ils les mangent à pleines mains et les trouvent délicieux. Les Indiens enfument les termitières et arrêtent au passage les individus ailés. Ils les pétrissent avec de la farine et en font une sorte de pâtisserie. Les voyageurs s'accordent d'ailleurs à parler des Termites comme d'une nourriture agréable. Ils comparent leur saveur à celle de la moelle des os ou d'une crème sucrée. Smeathman les préfère aux fameux *Vers palmistes*, friandise connue dans les Indes, qui n'est autre chose que la larve du *Calandre des palmiers*. Il paraît cependant que l'abus des Termites frits engendre une dyssenterie qui peut devenir mortelle.

Toutes les espèces de Termites sont, avant tout, mineuses; mais la plupart sont, en outre, architectes et maçonnes. Quelques-unes font leur nid autour d'une branche d'arbre.

Ce nid est de dimensions énormes, il est aussi gros qu'un tonneau. La figure 429, dessinée d'après l'ouvrage de Smeathman, montre un nid de *Termite belliqueux*, composé de parcelles de bois solidement collées avec de la gomme. Au-dessus des galeries souterraines, la plupart des Termites construisent de vastes édifices, qui renferment leurs magasins et leurs couvoirs.

Le *Termite mordant* et le *Termite atroce* (*Termes mordax* et *atrox*) élèvent ainsi de véritables colonnes, surmontées d'un chapiteau qui les déborde, et qui leur donne un aspect de monstrueux champignons. Ces colonnes atteignent une hauteur de soixante-quinze centimètres, sur vingt centimètres de diamètre; elles sont construites avec une argile noirâtre, qui, pétrie par ces insectes, acquiert une grande dureté. L'intérieur est creux, ou plutôt perforé de cellules irrégulières.

Mais les édifices les plus curieux sont ceux du *Termite belliqueux*. Ce sont des monticules irrégulièrement coniques, en forme de dôme arrondi, flanqués d'un certain nombre de clochetons décroissants de hauteur. Smeathman leur donne de dix à douze pieds d'élévation; mais Johnson[1] affirme en avoir vu qui atteignaient vingt pieds.

Ces monticules sont réunis quelquefois en très-grand nombre, et constituent alors ce que Smeathman appelle des *villages de Termites belliqueux*, que représente la figure 430.

Si les hommes construisaient des monuments aussi dispro-

---

1. *Histoire de la Gambie.*

Fig. 429. Un nid de Termites belliqueux dans l'Afrique australe, d'après Smeathman.

portionnés avec leur taille, la grande pyramide de Gisch (Égypte), au lieu d'avoir cent quarante-six mètres de hauteur, devrait en avoir seize cents, et dépasser la montagne du Puy-de-Dôme!

Ces buttes de terre sont d'une solidité à toute épreuve. Non-seulement plusieurs hommes y montent sans les ébranler, mais les taureaux sauvages s'y établissent en vedette, pour voir par-dessus les hautes herbes qui couvrent la plaine, si le lion ou la panthère ne les menace pas. Ces édifices sont creux; mais leurs parois ont une épaisseur de soixante à quatre-vingts centimètres et sont dures comme la pierre. Ils sont creusés de galeries plus ou moins larges qui aboutissent sous terre.

Sous le dôme est un assez grand vide, espèce de comble qui occupe le tiers de la hauteur totale, et qui entretient dans l'édifice une température plus uniforme que si tout ce pâté était plein. Au niveau du sol est la cellule royale, oblongue, à fond plat et à voûte arrondie, percée de fenêtres rondes. Tout autour se distribuent les salles de service : ce sont des chambres, également rondes et voûtées, communiquant par des corridors. Sur les côtés s'élèvent les magasins, adossés aux murailles de la maison; ils sont remplis de gomme et de sucs végétaux solidifiés et en poudre. Sur le plafond de la chambre royale s'élèvent des piliers, hauts d'un mètre, qui supportent les *couvoirs*. Ce sont de petites cellules à cloisons de sciure de bois gommée qui subdivisent à l'orifice de grandes chambres aux murailles d'argile. Placée entre les combles et la grande nef qui surmonte la salle royale, la *nourricerie* se trouve dans toutes les conditions désirables d'égalité de température et de ventilation.

La cellule royale renferme un couple unique, objet des soins les plus empressés, mais retenu dans une étroite captivité, car les portes sont trop étroites pour donner passage à la monstrueuse reine, et même au mâle, qui se tient d'ordinaire blotti à ses côtés. Des milliers de serviteurs s'empressent autour de la mère. Ils lui donnent à manger, et emportent, nuit et jour, les myriades d'œufs qu'elle pond. Les œufs sont placés dans les couvoirs, où ils donnent naissance à des larves blanches, semblables aux ouvriers, et qui se nourrissent d'abord des moisissures qui poussent sur les cloisons de leurs cellules. Elles deviennent nymphes, puis neutres, ou mâles et femelles. A ces dernières il pousse plus tard des ailes.

Par une soirée d'orage, ces individus sexués sortent de leur nid par millions, pour s'accoupler dans l'air; puis aussitôt ils retombent sur le sol et perdent leurs ailes. Ils sont alors détruits par d'autres insectes, leurs ennemis. Quelques couples seulement, recueillis par des ouvriers, sont mis à l'abri, et deviennent le noyau d'une nouvelle colonie.

Les soldats n'ont d'autre occupation que de veiller à la défense du nid. Si l'homme veut l'attaquer, au premier coup de pioche qu'il donne, on les voit accourir furieux. Ils attaquent les agresseurs et les percent jusqu'au sang, de leurs pinces acérées; s'attachent à la blessure et se font écraser plutôt que de lâcher prise. Les nègres, qui n'ont pas de vêtements, sont bientôt mis en fuite; les Européens ne se retirent qu'avec leurs pantalons largement tachés de sang.

Pendant le combat, les soldats frappent de temps à autre, sur le sol, avec leurs pinces, et produisent un petit bruit sec, auquel les ouvriers répondent par une sorte de sifflement. Les ouvriers paraissent aussitôt, et, avec des boulettes de mortier, se mettent à boucher les trous, à réparer les dégâts. Les soldats rentrent alors, à l'exception d'un petit nombre, qui restent pour surveiller le travail des maçons; il donnent, par intervalles, le signal accoutumé, et les ouvriers répondent par un sifflement qui veut dire : « Nous y sommes ! » en redoublant d'activité.

Si l'attaque recommence, les soldats sont à leur poste, défendant le terrain pied à pied. Pendant ce temps, les ouvriers masquent les passages, bouchent les galeries, et murent avec soin la cellule royale. Si l'on pénètre jusqu'à ce sanctuaire, on peut enlever et emporter la cellule qui renferme le précieux couple sans que les ouvriers de service auprès de la reine interrompent leur besogne, car ils sont aveugles.

Ils ne cheminent jamais à découvert, excepté dans les cas extrêmes. Personne n'ignore les terribles dégâts qu'ils occasionnent aux ouvrages de l'homme. Invisibles pour ceux qu'ils menacent, ils poussent leurs galeries jusqu'aux murs des maisons. Ils perforent les planches, les poutres, les boiseries, les meubles, en respectant toujours la surface des objets attaqués, de sorte qu'il est impossible de s'apercevoir de leurs ténébreux ravages. Ils ont même l'attention d'empêcher la chute des constructions qu'ils rongent, en remplissant de mortier les vides qu'ils ont faits. Mais ces précautions ne sont employées que si la place leur semble bonne, et s'ils comptent y faire un séjour prolongé. Dans le cas contraire, ils détruisent le bois avec une rapidité incon-

Fig. 430. Village de Termites belliqueux, d'après le mémoire de Smeathman.

cevable. On les a vus, en une seule nuit, percer de bas en haut tout un pied de table, puis la table elle-même, et toujours perçant, descendre par le pied opposé, après avoir dévoré le contenu d'une malle placée sur cette table. La figure 431 représente la coupe verticale d'un des nids de Termite que nous venons de décrire.

A cause des dévastations qu'ils produisent, Linné a appelé les Termites le plus grand fléau des Indes.

Certaines espèces de Termites, au lieu de se fabriquer des

Fig. 431. Habitation de Termites des arbres (du Muséum de Rouen).

nids en forme de dôme conique, les suspendent entre les grosses branches des arbres. Tel est le *Termite des arbres*. M. Pouchet, dans son intéressant ouvrage *l'Univers*, donne la figure d'un nid de *Termite des arbres* (fig. 331), qui existe au Muséum d'histoire naturelle de Rouen.

Il existe en France deux espèces de Termites, le *Termite lucifuge* ou *Termite des Landes*, petit insecte d'un noir brillant (au moins le mâle), avec des jambes roussâtres, qui est assez répandu dans les landes de la Gascogne, et le *Termite à cou jaune* (*Termes flavicollis*), qui vit dans l'intérieur des arbres, et nuit beaucoup, en Espagne et dans le midi de la France, aux oliviers et autres arbres précieux, tandis que le premier s'attaque aux chênes et aux sapins.

Latreille a admis que c'est le *Termite lucifuge* qui exerce ses ravages à la Rochelle, à Rochefort, à Saintes, à Tonnay-Charente, dans l'île d'Aix, etc., où beaucoup de maisons ont été complétement minées par ces terribles insectes. Mais M. de Quatrefages[1] a fait voir que les mœurs des Termites citadins diffèrent, en plusieurs points essentiels, de ceux des Termites campagnards. Aussi est-il plus probable que les premiers appartiennent à une espèce exotique, qui aura été malheureusement importée en France par un navire de commerce.

D'après M. Bobe-Moreau[2], c'est seulement en 1797 qu'on découvrit, pour la première fois, les Termites, à Rochefort, dans une maison restée longtemps inhabitée, et qu'ils avaient minée complétement. En 1804, Latreille rapportait, *comme ouï-dire*, que les Termites ont, pendant quelques années, inquiété les habitants de Rochefort. Mais en 1829 le même auteur tient un bien autre langage. Il parle avec effroi des ravages exercés par cet insecte dans les ateliers de la marine royale. L'invasion du Termite en France est donc récente.

Une note qui a été remise à M. de Quatrefages par M. Beltrémieux, précise encore davantage la date de l'importation des Termites : elle aurait eu lieu vers 1780, époque où les frères Poupet, riches armateurs, firent venir des ballots de Saint-Domingue à Rochefort, à la Rochelle, et sur quelques autres points de notre littoral où ils possédaient des magasins.

Les ravages que les Termites exercent dans les villes de la Saintonge sont vraiment effrayants. Comme Valencia, dans la Nouvelle-Grenade, ces villes se trouveront peut-être un jour suspendues sur des catacombes.

A Tonnay-Charente, une salle à manger s'écroula, et l'amphitryon et ses convives tombèrent ensemble dans la cave. On peut voir, dans les galeries du Muséum d'histoire naturelle de Paris,

---

1. *Notes sur les Termites de la Rochelle. Annales des sciences naturelles*, 3ᵉ série, t. XX, p. 18. — 1853.
2. *Mémoires sur les Termites observés à Rochefort.* Saintes, 1843.

les colonnes de bois qui soutenaient cette salle, et qui furent rapportées par Audouin, envoyé en mission pour constater les dégâts. Audouin rapporta aussi, comme objet curieux, le voile de noces d'une dame, qui avait été entièrement troué par les Termites.

A la Rochelle, ces insectes se sont emparés de la préfecture (construite par les frères Poupet) et de l'arsenal. Là ils ont envahi bureaux, appartements, cour et jardin. On ne peut planter un piquet ou laisser une planche dans le jardin sans les voir attaqués le lendemain. Un beau jour, les archives du département se trouvèrent détruites sans que la moindre trace de dégât parût au dehors. Les Termites avaient miné les boiseries, percé les cartons, mangé les parchemins et les papiers administratifs, mais toujours en respectant scrupuleusement la feuille supérieure et les bords des feuillets. C'est par hasard qu'un employé, moins *superficiel* que ses collègues, souleva un jour une de ces feuilles qui cachaient des détritus, et découvrit ainsi le triste *pot aux roses*, c'est-à-dire la destruction des archives. On est forcé aujourd'hui d'enfermer tous les papiers de la préfecture dans des boîtes de zinc.

Ces Termites ne se hasardent pas plus que leurs congénères à la lumière du jour. Ces terribles mineurs s'enveloppent toujours de ténèbres. Ils construisent partout des galeries couvertes, à mesure qu'ils s'avancent dans un bâtiment. M. Blanchard et M. de Quatrefages ont vu, à la Rochelle, les tranchées pratiquées par les Termites. Ce sont des tubes formés de matières agglutinées, qui sont collés le long des murs, dans les caves et les appartements, ou bien suspendus aux voûtes, en manière de stalactites.

Certains quartiers d'Agen et de Bordeaux commencent aussi à souffrir des ravages de ces insectes. Le danger paraît imminent.

On doit à M. de Quatrefages d'intéressantes expériences sur les Termites de la Rochelle. Non-seulement le savant naturaliste a contribué à faire connaître les mœurs de ces insectes ténébreux, mais encore il a donné les moyens de les détruire.

On avait essayé en vain, contre ces terribles ravageurs, différentes substances : l'essence de térébenthine, le savon arsenical, la lessive bouillante, etc. M. de Quatrefages a eu recours aux injections gazeuses. Il a successivement expérimenté le bioxyde d'azote, l'acide nitreux, le chlore et l'acide sulfureux. Le chlore surtout a répondu pleinement à ses espérances. Pur, il tue les Termites instantanément; mêlé à neuf dixièmes d'air, il les asphyxie au bout d'une demi-heure.

« Pour attaquer les Termites, dit M. de Quatrefages, on devra choisir de préférence l'époque de la reproduction, afin de faire périr les femelles fécondées. Il est probable que, comme leurs congénères exotiques, les Termites de nos climats chercheront à se défendre en murant l'intérieur de leurs galeries au premier signe d'attaque. Il faudra donc agir avec beaucoup de promptitude, et porter les appareils, autant que possible, au centre même de leur habitation, là où les galeries sont plus larges et plus nombreuses.

« Avec quelque soin que l'on opère et quel que soit le succès d'une première tentative, il me semble impossible de détruire en une seule cam-

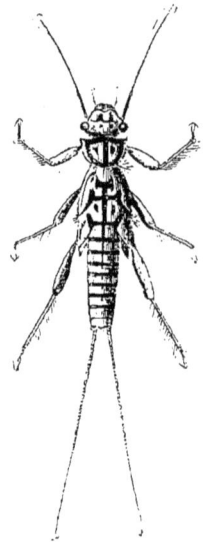 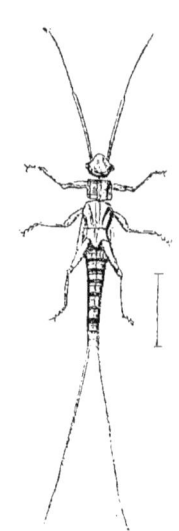

Fig. 432. Perle à deux points (larve).   Fig. 433. Némoure trifaciée (larve).

pagne tous les Termites d'une localité. Ici, comme dans toutes les opérations du même genre, une certaine persévérance sera nécessaire, surtout si l'on agit dans une ville ou dans une contrée infestées d'une manière très-générale; dans ce cas, on sera même forcé de recommencer de temps à autre. Lorsque, au contraire, les Termites sont encore cantonnés, le succès me semble devoir être durable. Cette circonstance heureuse existe à la Rochelle, et en sachant la mettre à profit, on préviendrait sans doute l'extension du fléau, qui, d'un moment à l'autre, peut atteindre la ville entière[1]. »

En 1864, les lords de l'amirauté anglaise ont fait une enquête

---

1. *Mémoires sur la destruction des Termites. Annales des sciences naturelles*, 3ᵉ série, t. XX, p. 15.

auprès de la Société entomologique de Londres, pour connaître les meilleurs moyens de préservation du bois contre les attaques des Termites indiens. En réponse à cette consultation, la Société entomologique a recommandé plusieurs procédés : injection de

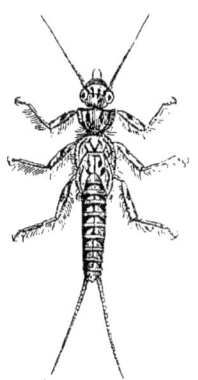

Fig. 434. Perle bordée (larve, nymphe).

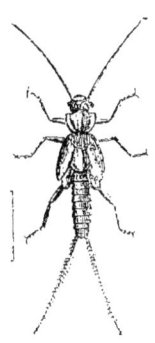

Fig. 435. Némoure bigarrée.

chaux vive ou de créosote, application du savon arsenical, etc. Mais il ne paraît pas que ces procédés soient d'une efficacité infaillible, ni surtout d'un emploi facile.

Parmi les autres Névroptères à métamorphoses incomplètes,

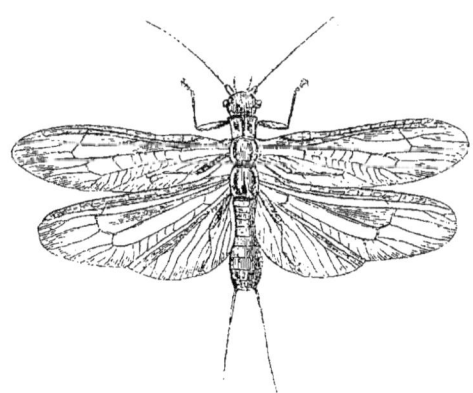

Fig. 436. Perle à deux points adulte.

nous citerons d'abord les *Perles* et les *Némoures*, qui voltigent au bord des eaux, et se posent sur les pierres, les buissons, les plantes aquatiques. Leurs larves sont nues, sans fourreaux et vivent toujours dans l'eau. Elles se cachent sous les pierres, pour guetter les petits insectes, car elles sont carnassières. On les voit souvent balancer leur corps, en s'accrochant par leurs pattes à un caillou. Elles passent l'hiver et ne deviennent nymphes qu'au printemps, après une mue; il leur pousse alors des rudiments d'ailes. Bientôt après, les nymphes se métamorphosent en sortant de l'eau.

L'adulte ne vit que peu de jours, car sa bouche n'est pas propre à l'alimentation. Les larves ont au bout du corps deux longs filets, qui restent aux adultes des Perles, mais non pas à ceux des Némoures; ces dernières perdent les deux soies caudales à l'état adulte.

Une espèce de Perles est très-commune sur les quais de Paris.

Les *Éphémères* ont le corps long, grêle, muni de deux ou trois longues soies. Leur nom indique la courte durée de leur existence. On les voit paraître en grand nombre, à certaines époques de

Fig. 437. Némoure bigarrée.

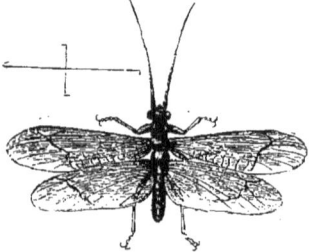

Fig. 438. Éphémère vulgaire adulte.

l'année. Leur éclosion a lieu au coucher du soleil : ils ont eu le temps de s'accoupler et de pondre leurs œufs quand le soleil reparaît le lendemain. Ils ont alors cessé de vivre, de sorte que les bords des rivières, des étangs, des lacs, sont jonchés de leurs corps. Leur nombre est quelquefois si considérable, que, selon Réaumur, le sol paraît comme couvert de neige et qu'on les recueille pour fumer les terres.

L'*Éphémère vulgaire*, ou *Mouche de mai* (fig. 438), est de couleur brune, tachetée de jaune, avec les ailes enfumées à taches brunes. Ces insectes se font remarquer par leur vol élégant : ils s'élèvent et s'abaissent continuellement. En agitant les ailes, ils s'élèvent; mais si leurs ailes, quoique déployées, restent immobiles, ainsi que les filets de la queue, ils retombent. On les voit par myriades dans les lieux aquatiques.

Nous avons dit que les Éphémères ne vivent que quelques heures : telle est la règle générale ; mais on peut prolonger leur existence pendant dix ou quinze jours en empêchant la reproduction. Au reste, si la durée de la vie de ces insectes est si courte quand ils sont à l'état parfait, alors que la conformation de leur bouche les empêche de prendre aucune nourriture, cette durée est fort longue à l'état de larve. Ainsi que Swammerdam l'a consigné dans son curieux mémoire intitulé *Vita Ephemeri*, elle n'est pas de moins de trois ans.

Les femelles pondent leurs œufs en une seule masse, et les

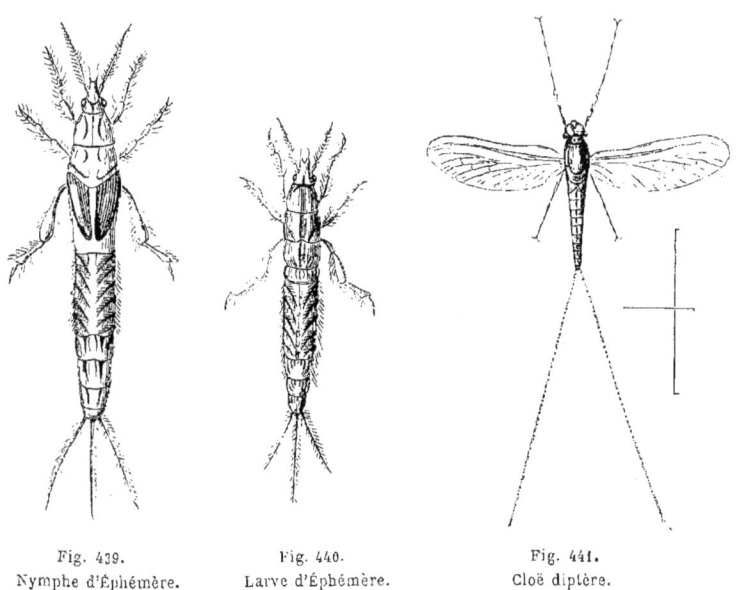

Fig. 439. Fig. 440. Fig. 441.
Nymphe d'Éphémère. Larve d'Éphémère. Cloë diptère.

laissent tomber dans l'eau, sous forme de paquet. Les larves qui en sortent sont très-agiles, et nagent avec beaucoup de facilité ; mais d'ordinaire elles se cachent sous les cailloux du fond. Les côtés de l'abdomen sont garnis de branchies très-frangées, qui leur servent, non-seulement pour respirer l'air dissous dans l'eau, à la manière des poissons, mais encore pour nager. Ces larves ont, à l'extrémité de leur corps, deux ou trois filets, comme les insectes parfaits. Elles se creusent des galeries dans la vase des rivières et des étangs et se nourrissent de petits insectes.

Les nymphes (fig. 439) ne diffèrent des larves (fig. 440) que par des rudiments d'ailes. Pour se métamorphoser, elles sortent de l'eau et s'accrochent aux plantes. La peau se fend sur le dos lorsqu'elle est desséchée; et il en sort un insecte lourd, qui vole mal et dont les ailes sont opaques. Il est encore enveloppé d'une peau très-fine, dont une dernière mue le débarrasse au bout de quelques heures. Cette peau reste attachée sur la plante où s'opère la mue; elle conserve la forme de l'insecte.

La mue des nymphes est un fait spécial aux Éphémères; c'est la transition de la *fausse image* (*pseudoimago*) à l'*image* (*imago*) de Linné.

On compte dans la même famille les *Cloés*, dont les larves chassent les petits insectes en nageant.

La *Cloé diptère* (fig. 441), qui n'a que deux ailes, se rencontre souvent dans les maisons, collée contre les vitres et les rideaux des fenêtres.

Tous ces insectes se conservent mal dans les collections; la dessiccation leur fait perdre leurs formes, et la fragilité de leurs membres devient telle, que le moindre choc suffit pour les briser.

Les *Libellules* sont des insectes au type bien caractérisé. L'élégance de leurs formes, la grâce de leurs mouvements, leur ont valu la dénomination vulgaire de *Demoiselles*. Elles sont toujours d'une assez grande taille. Plusieurs offrent des couleurs vives et métalliques, qui ne le cèdent pas en beauté à celles des papillons. Leurs ailes, d'une délicatesse extrême, toujours lisses et brillantes, présentent des teintes variées; quelquefois elles sont complétement transparentes et agréablement irisées. Souvent la coloration des mâles diffère de celle des femelles. On les voit voltiger au bord de l'eau pendant tout l'été, surtout en plein soleil. Elles volent avec une rapidité extrême, rasant par intervalles le liquide, et s'échappant toujours sans peine, quand on veut les saisir. Rien de plus joli qu'une troupe de *Demoiselles* prenant ses ébats au bord d'un étang ou d'une rivière, par un beau jour d'été, alors qu'un soleil ardent vient lustrer leurs ailes des nuances les plus vives.

Tant à l'état parfait qu'à celui de larve ou de nymphe, les *Libellules* sont carnassières. Leur vol rapide en fait d'habiles chasseresses. Grâce à leurs yeux énormes, elles embrassent tout l'horizon. Elles saisissent au passage les mouches, les papillons, et les déchirent aussitôt avec leurs fortes mandibules. Quelquefois l'ardeur de la chasse les entraînant loin des ruisseaux, on les rencontre dans les champs.

La femelle pond ses œufs dans l'eau. Il en sort des larves, qui rappellent un peu la forme de l'insecte ; seulement, leur corps est plus ramassé et la tête plus aplatie.

Larves et nymphes habitent le fond des étangs et des ruisseaux. Là, tapies dans la fange, elles guettent les insectes, les mollusques, les petits poissons. S'il passe une proie à leur portée, elles débandent, comme un ressort, une arme fort singulière qui représente chez elles la lèvre inférieure. C'est une sorte de masque animé, armé de fortes pinces dentelées et porté par des pièces articulées, dont l'ensemble égale la longueur du corps lui-

Fig. 442. Larve de Libellule et éclosion de l'adulte.

même. Ce masque agit à la fois comme une lèvre et comme un bras ; il saisit la proie au passage et l'amène à la bouche.

« Quand quelque insecte aquatique s'approche d'elles, dans le temps qu'elles sont en humeur de manger, dit Ch. de Geer, elles poussent le masque en avant très-subitement et comme un trait, et s'en saisissent avec les deux serres ; ensuite, retirant le masque, elles approchent la proie de leurs dents, et commencent d'abord à la ronger. J'ai remarqué qu'elles n'épargnent pas même leurs semblables, mais qu'elles s'entre-mangent quand elles le peuvent, et je les ai vues aussi dévorer de très-petits poissons que j'avais mis auprès d'elles. Il est très-difficile aux autres insectes d'éviter leurs coups, parce que, marchant ordinairement dans l'eau fort doucement et comme à pas comptés, à peu près comme les chats qui sont à l'affût des petits oiseaux, elles allongent subitement leur masque et arrêtent leur proie tout d'un coup [1]. »

La figure 442 représente, à gauche, la larve de la Libellule, avec l'instrument d'attaque que nous avons appelé *masque* et dont elle se sert pour happer un petit insecte; à droite, la Libellule adulte, sortant de la nymphe.

La respiration de ces larves est fort singulière. Leur abdomen est terminé par des appendices qu'elles écartent pour laisser pénétrer l'eau dans le tube digestif, dont les parois sont garnies de branchies communiquant avec les trachées. L'eau, privée d'oxygène, est ensuite rejetée en dehors, et la larve s'avance ainsi, au

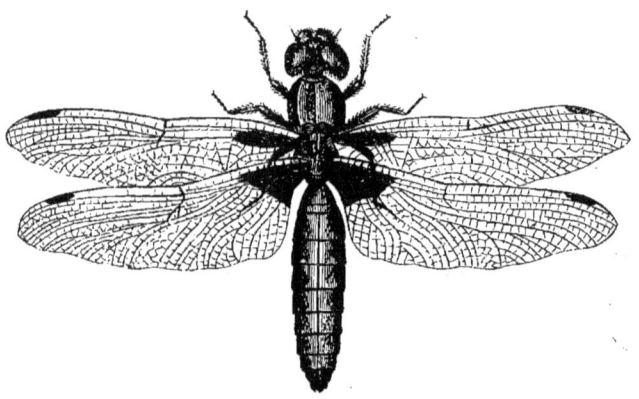

Fig. 443. Libellule deprimee

milieu de l'eau, par un effet de recul. Elle n'a pas les panaches de branchies latérales qui font l'office de nageoires chez les Éphémères.

La nymphe offre déjà des moignons d'ailes. Pour se métamorphoser, elle se traîne hors de l'eau, où elle a vécu près d'une année, grimpe lentement sur quelque plante voisine, et s'y suspend la tête en bas. Bientôt le soleil dessèche et durcit sa peau, qui tout d'un coup éclate et se fend. La *Libellule* dégage alors sa tête et son corselet. Ses pattes, ses ailes, encore molles et sans vigueur, se raffermissent au contact de l'air; au bout de quelques heures, elles ont pris toute leur force. Aussitôt l'insecte abandonne, comme un vêtement usé, la peau terne et limoneuse

---

1. Ch. de Geer, *Mémoires pour servir à l'histoire des Insectes*, t. II, 2ᵉ partie, p. 674.

Fig. 444 Métamorphoses de la Libellule déprimée. A. Insecte parfait; B, insecte abandonnant sa dépouille de nymphe; C, D, larves et nymphes.

qui la couvrit si longtemps et qui en garde la forme, et s'élance à la recherche de sa proie.

C'est alors que nous voyons le féroce *Dragon ailé* (*Dragon-fly*, c'est le nom qu'elle porte en anglais) errer à la surface de ses eaux natales, tantôt planant à la façon de l'aigle, tantôt décrivant des cercles rapides, tantôt s'élançant, comme une flèche, sur une victime, qu'il dévore sans s'arrêter.

Les Libellules sont répandues dans le monde entier. Leur type est la *Libellule déprimée* (*Libellula depressa*, fig. 443), très-commune en Europe. Le mâle est brun, avec l'abdomen bleu en dessus; la femelle, d'un jaune olivâtre, bordée de jaune sur les côtés. Tous deux ont l'abdomen large et déprimé.

La figure 444 représente les divers états, larve, nymphe et insecte parfait, de la *Libellule déprimée*.

L'*Æshne* a l'abdomen cylindrique et en forme de baguette. Elle

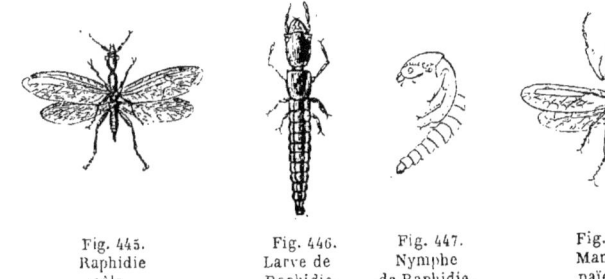

Fig. 445. Raphidie mâle.

Fig. 446. Larve de Raphidie.

Fig. 447. Nymphe de Raphidie.

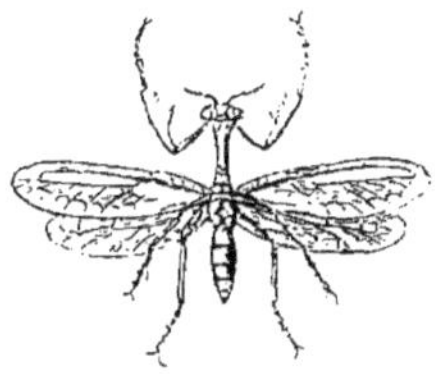

Fig. 448. Mantispe païenne.

atteint un décimètre de longueur; son vol est plus rapide que celui des hirondelles.

Les *Caloptéryx* volent plus lentement. Le mâle est d'un bleu métallique, ses ailes diaphanes sont traversées d'une bande bleu verdâtre; la femelle, d'un vert bronzé, a les ailes d'un vert métallique, avec une tache jaunâtre au bord. Ces insectes aiment à se poser sur les roseaux, ils tiennent alors les ailes relevées.

Les *Agrions*, qui sont de la même famille, ont le corps blanc, brun ou vert, et les yeux très-saillants. Ils sont plus sveltes, plus gracieux que les Libellules proprement dites; leurs larves sont très-allongées et minces.

Au printemps, on rencontre dans les bois des insectes à grosse tête et à corselet allongé. Les femelles ont une longue tarière, pour déposer leurs œufs sous l'écorce des arbres, où vivent leurs larves. Ces larves se nourrissent d'insectes. Elles se tordent comme de petits serpents. Les nymphes sont aussi très-agiles ; elles ressemblent beaucoup aux adultes, et ont des ailes appliquées contre le corps.

Ces insectes qui se rencontrent partout, mais toujours en petit nombre, sont les *Raphidies*, que l'on voit représentées (fig 445, 446, 447) à l'état de larve, de nymphe et d'adulte, et les *Mantispes* (fig. 448), qui sont communes dans le Midi.

M. Blanchard range dans la même tribu les *Semblides*, dont les larves sont aquatiques, à tête écailleuse, pourvues d'yeux, de mandibules arquées et de courtes antennes.

Les larves et les nymphes des *Semblides* respirent, comme celles des Éphémères, par des filets articulés externes, ou branchies, analogues à ceux des poissons. Cependant les nymphes sont terrestres. Elles s'enfoncent dans la terre au pied des arbres, et

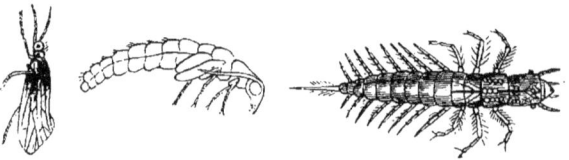

Fig. 449. Semblide de la boue, adulte, nymphe, larve.

l'adulte en sort au bout de quinze jours, en laissant sa peau de nymphe dans son nid. Il ne vit que peu de jours. La femelle pond ses œufs sur les roseaux, les pierres, etc. La figure 449 représente la *Semblide de la boue* dans ses trois états. C'est l'espèce la plus commune dans notre pays.

Nous arrivons aux Névroptères qui subissent des métamorphoses complètes : ce sont les *Myrméléoniens*, dont le *Fourmi-lion* est le type le plus saillant, et les *Phryganes*.

Les larves des *Myrméléoniens* sont terrestres et carnassières. Au moment de subir leur transformation en nymphes, elles se filent un cocon soyeux. Les larves des Phryganes, au contraire, sont aquatiques. Elles s'entourent d'une sorte de fourreau protecteur, composé d'une coque soyeuse et d'incrustations de toute sorte. Les nymphes, aussi bien que les larves de ces insectes, respirent au moyen de branchies.

Le *Fourmi-lion* (*Myrmeleo formicarius*, fig. 450) se trouve aux environs de Paris. C'est un élégant insecte, qui ressemble aux

Demoiselles; il s'en distingue par ses antennes. Sa larve est d'un gris rosé un peu sale, avec de petits bouquets de poils noirâtres sur son abdomen très-volumineux. Ses pattes sont assez longues et grêles, les antérieures divisées en avant, tandis que les postérieures sont très-serrées contre le corps et ne permettent à l'animal que de marcher à reculons.

Ces larves se rencontrent en grande abondance dans les en-

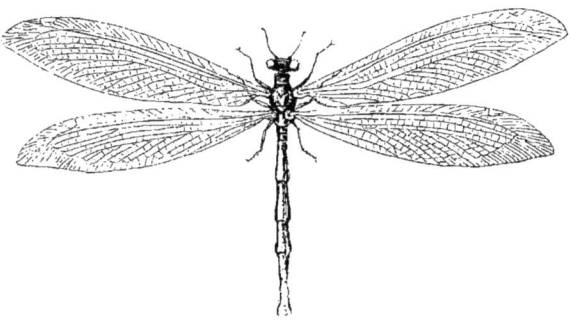

Fig. 450. Fourmi-lion.

droits sablonneux les plus exposés à l'ardeur du soleil. Là, elles se construisent une espèce d'entonnoir dans le sable mouvant (fig. 448), en décrivant, à reculons, des tours de spire dont le

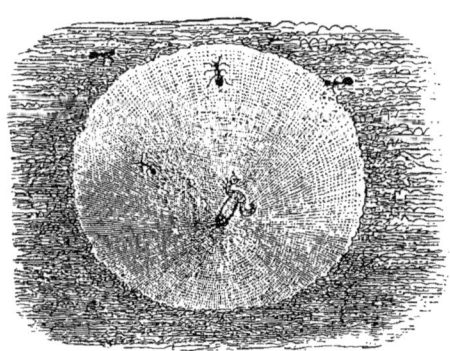

Fig. 451.
Entonnoir du Fourmi-lion.

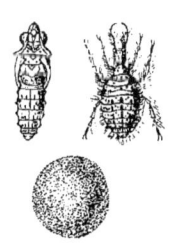

Fig. 452. Larve, cocon, nymphe de Fourmi-lion.

diamètre diminue graduellement. Leur robuste tête carrée leur sert de pelle, pour lancer le sable au loin. Elles se cachent alors au fond du trou, la tête seule en dehors, et attendent avec patience qu'un insecte vienne rôder autour de l'abîme mouvant.

A peine cette araignée des sablières a-t-elle aperçu sa victime au bord de son entonnoir, qu'elle lui lance une pluie de poussière pour l'étourdir et la faire glisser au fond du précipice, ce qui ne manque pas d'arriver. Alors elle la saisit avec ses mandibules acérées, et la suce; puis elle rejette la dépouille vide

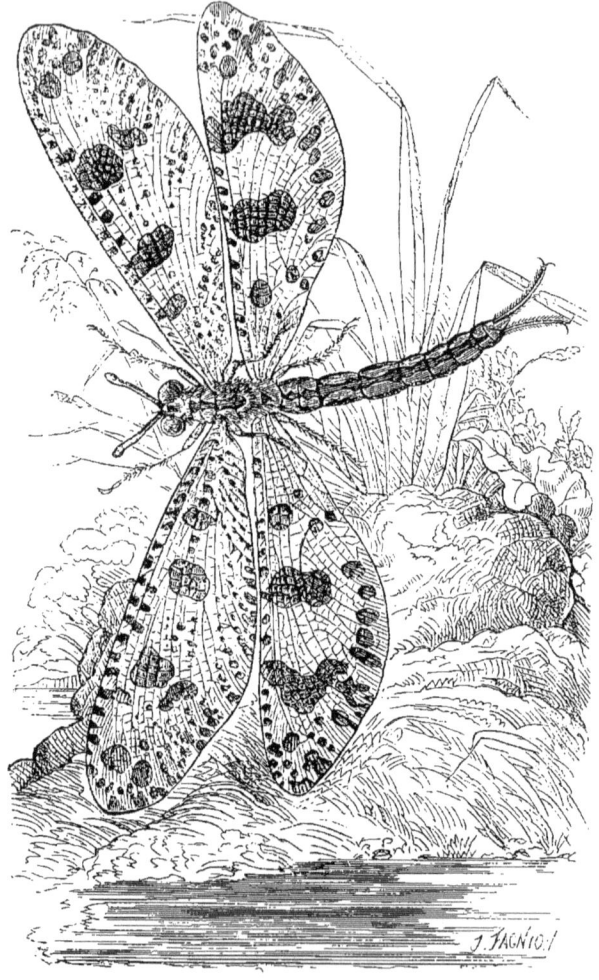

Fig. 453. Myrméléon libelluloïde.

hors de son trou et se remet à l'affût. Ce sont surtout les Fourmis qui deviennent sa proie. De là son nom de *Fourmi-lion*.

Vers le mois de juillet, les larves de Fourmi-lion se fabriquent un cocon sphérique, mêlé de grains de sable, où elles se transforment en nymphe, qui éclosent vers la fin d'août.

NÉVROPTÈRES. 481

Les Fourmis-lions adultes répandent une odeur de rose. Leur vol est faible, ce qui les fait distinguer des Libellules.

On rencontre dans le Midi une espèce très-belle de Fourmilion : c'est le *Myrméléon libelluloïde* (fig. 453). Sa larve (fig. 454) peut se diriger en avant, et ne creuse pas d'entonnoir.

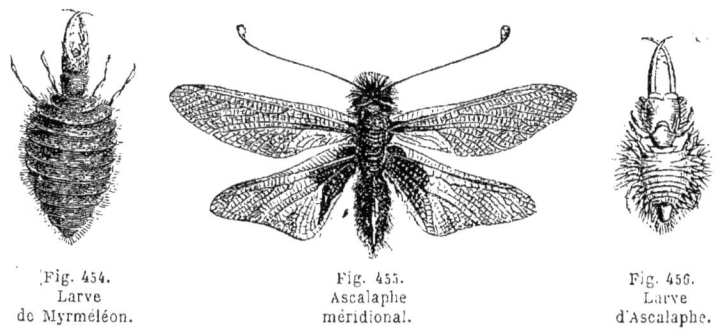

Fig. 454.
Larve
de Myrméléon.

Fig. 455.
Ascalaphe
méridional.

Fig. 456.
Larve
d'Ascalaphe.

Les *Ascalaphes* (fig. 455) se font remarquer par leurs longues antennes à massue et par un vol rapide. Ils aiment le soleil, et habitent surtout les pays chauds; cependant on rencontre des *Ascalaphes* au mois de juillet, près de Paris, sur les coteaux secs de Lardy et de Poquency. Leurs larves (fig. 456) ont des mandi-

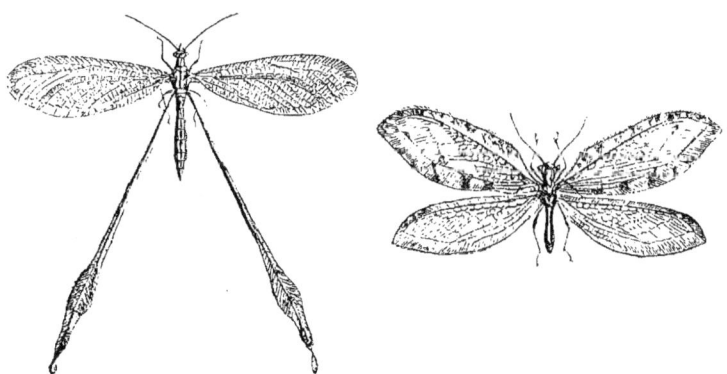

Fig. 457. Némoptères de Cos.

Fig. 458. Osmyle tachetée.

bules propres à la succion. Elles guettent les insectes sous les tas de pierres et sautent sur leur proie.

Les premiers états de *Némoptères* (fig. 457) sont encore peu connus. Ce sont des insectes à ailes maculées de jaune et de noir, et dont les ailes inférieures sont presque linéaires. On les rencontre dans les pays méridionaux, mais très-rarement dans le midi de la France.

Les *Hémérobes*, auxquels on donne aussi le nom de *Demoiselles terrestres*, sont de petits insectes très-délicats, d'une couleur *vert pomme*, aux yeux d'un rouge doré, qui laissent entre les doigts, si on les saisit, une odeur infecte. Réaumur les appelle les *Lions des pucerons*, parce que leurs larves, qui ressemblent aux larves

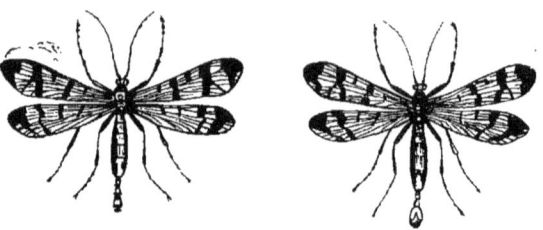

Fig. 459. Panorpe femelle et mâle.

des Fourmis-lions, et qui vivent sur les plantes, se nourrissent de Pucerons. Elles attaquent aussi les chenilles. Leurs mandibules sont percées d'un canal pour la succion, comme chez les espèces précédentes.

L'*Osmyle* (fig. 458), insecte assez rare, qu'on trouve au mois

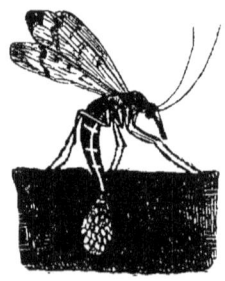

Fig. 460. Pince du Panorpe mâle.   Fig. 461. Panorpe femelle pondant.

d'août dans les arbustes qui bordent les mares, appartient à la même famille. Sa larve vit dans la terre humide.

Les *Panorpides* constituent une petite famille assez singulière, à cause de la forme de leur tête, qui se prolonge en une sorte de bec, long et grêle. Aristote les appelle *Mouches-scorpions* et croit que ce sont des scorpions ailés.

Les *Panorpes* proprement dits (fig. 459) se tiennent dans les haies et sur les plantes pendan tout l'été. Ils ont le corps grêle, tacheté de jaune et de noir, et quatre ailes droites, maculées de noir. Chez les mâles, l'abdomen se termine par une pince (fig. 460), qui rappelle vaguement une queue de scorpion, et qui est destinée à saisir des Libellules, qu'ils tuent en les perçant de leur bec. La femelle dépose ses œufs dans la terre (fig. 461). Au bout de huit jours, la larve paraît; elle met un mois à se développer, puis s'enfonce davantage sous terre, et enfin se change en nymphe, qui, au bout de quinze jours, remonte à la lumière sous forme d'insecte parfait.

Deux autres genres de Parnopides nous sont donnés par le *Bittaque tipulaire* (fig. 462), qui ressemble à un grand Cousin muni de quatre ailes, et le *Borée hyémal* (fig. 463), d'un noir luisant,

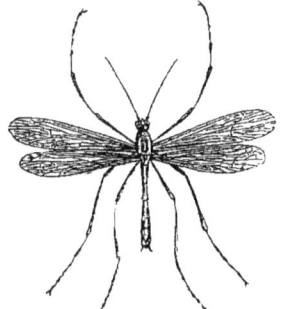
Fig. 462. Bittaque tipulaire.

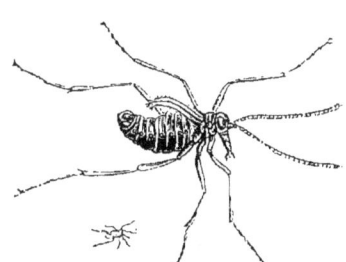
Fig. 463. Borée hyémal.

que l'on rencontre en Suède et dans les parties élevées des Alpes, sautant sur les champs de neige, en troupes considérables.

Les *Phryganes*, ou *Mouches-Caddis*, sont surtout connues par leurs larves, dont les pêcheurs à la ligne font une grande consommation, et que Réaumur plaçait dans ses *Teignes aquatiques* Leur corps mou et délicat est protégé par des fourreaux, dans lesquels elles se cramponnent par deux crochets, placés à l'extrémité de l'abdomen. Le peuple les désigne sous différents noms qui font allusion à leurs habitudes : il les appelle *casets*, *charrés*, *porte-bois*, *porte-sable*, etc., parce qu'elles vivent dans une case couverte de parcelles de bois ou de sable, et qu'elles traînent souvent après elles. Leur nom latin *Phryganea* signifie *fagot*.

Les Phryganes, à l'état adulte, ressemblent beaucoup aux papillons de nuit. Elles s'en rapprochent encore par leur bouche rudimentaire, ainsi que par leurs ailes sans articulations, mais garnies de petits poils, analogues aux écailles des Lépidoptères.

On peut dire que les Phryganes forment une sorte de transition des Lépidoptères aux Névroptères. On les appelait autrefois *Mouches papilionacées*.

Les œufs que pondent les femelles des Phryganes sont renfermés dans des capsules gélatineuses, qui se gonflent dans l'eau et s'attachent aux pierres. La larve s'y aperçoit, comme un petit ver sans pieds. Elle éclôt bientôt et ressemble d'abord à une petite ligne noire. Il est facile de l'élever dans un aquarium. On voit alors qu'elle se construit un fourreau soyeux, qu'elle traîne après elle et qui protége son abdomen. Quand on l'inquiète, elle rentre tout entière dans son étui. L'intérieur de cet étui est lisse et formé de vase; à l'extérieur, il est fortifié par des matières étrangères.

Fig. 464. Phrygane rhombique au repos.

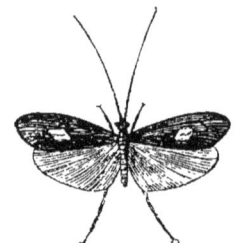

Fig. 465. Phrygane rhombique.

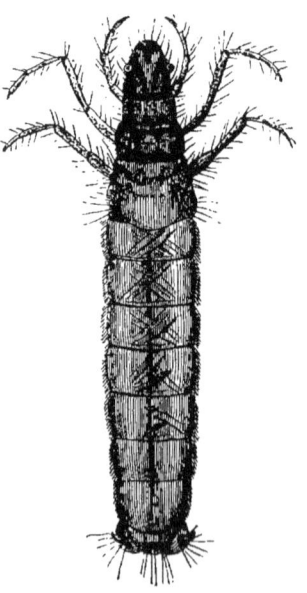

Fig. 466. Larve de Phrygane rhombique.

La *Phrygane rhombique* (fig. 464, 465, 466) garnit son fourreau de brins de bois ou d'herbes, disposés comme le montre la figure 467. D'autres espèces disposent ces brins en spirale, d'autres en séries parallèles.

La *Phrygane flavicorne* tapisse sa demeure de petites coquilles.

« Ces sortes d'habits, dit Réaumur, sont très-jolis, mais ils sont aussi des plus singuliers. Un sauvage qui, au lieu d'être couvert de fourrures, le serait de rats musqués, de taupes, et autres animaux vivants, aurait un habillement bien extraordinaire; tel est en quelque sorte celui de nos larves. »

D'autres Phryganes emploient, pour construire l'étui qui leur sert de demeure, du sable et de petits cailloux. Chaque espèce se sert toujours des mêmes matériaux, à moins qu'elle ne s'en trouve privée et obligée d'en employer d'autres. Ces fourreaux protégent les larves contre la voracité de leurs ennemis.

Les larves des Phryganes ont une tête écailleuse; les trois premiers anneaux de leur corps sont plus coriaces que le reste. Elles vivent dans l'eau, et respirent par des sacs branchiaux, disposés sur l'abdomen en houppes molles et flexibles. Elles mangent tout ce qu'on leur offre : des feuilles, et même des insectes, des larves de leur propre espèce. Les nymphes sont immobiles. Elles restent environ quinze jours dans le fourreau, dont l'orifice a été fermé par des grilles de soie, puis elles rompent ces grilles, et quittent leur prison. Dans cet état (fig.

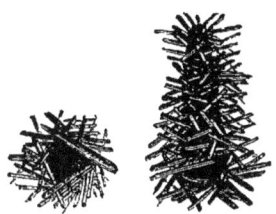

Fig. 467. Fourreaux réguliers de l'étui d'une Phrygane.

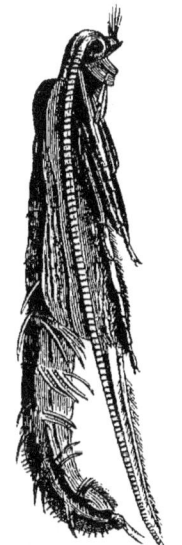

Fig. 468. Nymphe de Phrygane poilue (grossie).

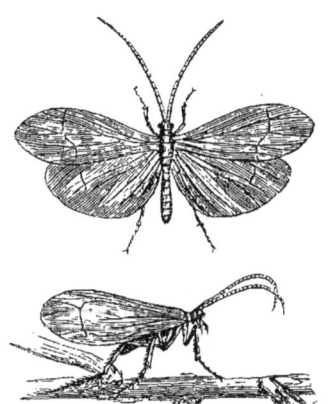

Fig. 469. Phrygane poilue adulte.

468), elles nagent sur l'eau jusqu'à ce qu'elles rencontrent un appui auquel elles puissent s'accrocher pour sortir de l'eau. Dès lors elles se boursouflent, leur peau se fend sur le dos, et l'insecte parfait s'en échappe.

Les Phryganes adultes (fig. 469) sont d'un gris jaunâtre. Leurs ailes sont poilues, peu propres au vol. Elles ne nagent pas, et ne quittent guère le bord de l'eau. Pendant le jour, elles se tiennent accroupies sous les feuilles, sur les murs, sur les troncs d'arbres, les ailes repliées et les antennes accolées. Le soir, on les voit voler, en nuées épaisses, au-dessus des ruisseaux et des mares. La lumière les attire, comme tous les insectes nocturnes,

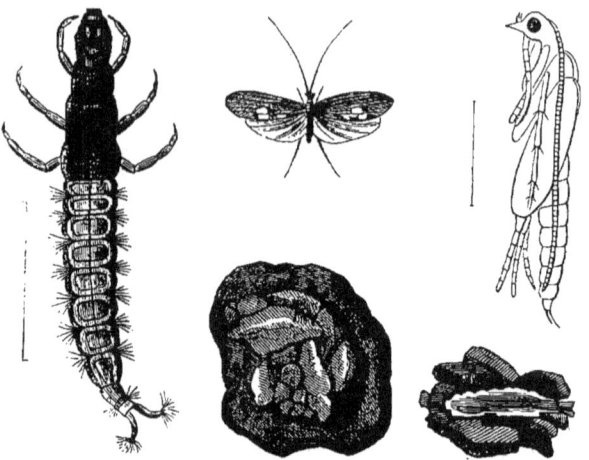

Fig. 470. Hydropsyche atomaire, larve, adulte, nymphe. Sa maison.

et on les trouve quelquefois en nombre sur les réverbères des quais.

Les *Hydropsyches* et les *Rhyacophiles* sont de petits insectes qui

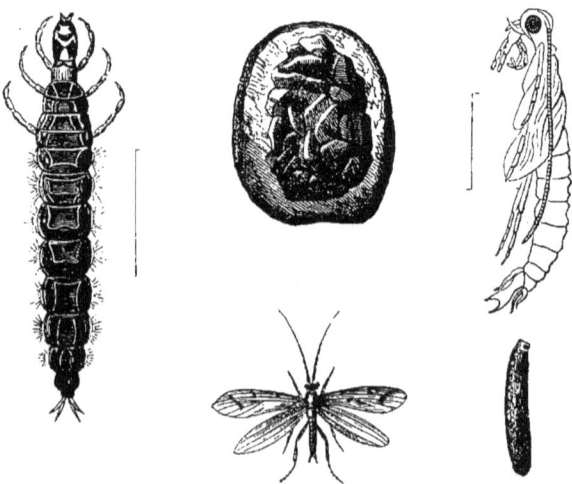

Fig. 471. Rhyacophile vulgaire, larve, nymphe, abri, cocon et adulte mâle.

ressemblent beaucoup aux Phryganes. Leurs larves ont, pour respirer, les unes des branchies, les autres des tubes rétractiles.

Elles se construisent des abris fixes, plus ou moins imparfaits, contre le sol et les grosses pierres, et elles les quittent momentanément. Quelquefois ces calottes renferment plusieurs larves à la fois.

La figure 470 représente les métamorphoses d'une Hydropsyche. La larve se voit à gauche, la nymphe à droite, l'insecte ailé au milieu. Deux tentes ou abris de l'insecte sont représentées en bas.

La figure 471 montre les divers états du Rhyacophile vulgaire : larve, cocon, nymphe et insecte adulte.

Les *Rhyacophiles* offrent cette particularité, que la larve se file un cocon dans l'intérieur de sa demeure, avant de se changer en nymphe.

VIII

ORDRE DES COLÉOPTÈRES.

Les Cétoines. — Les Goliaths. — Les Trichies. — Le Hanneton. — Ravages qu'occasionnent les larves du Hanneton. — Les Scarabées proprement dits. — Les Scarabées sacrés. — Les Bousiers. — Les Lucanes. — Les Sylphes. — Les Nécrophores. — Les Hydrophiles. — Les Dytiques. — Les Colymbètes. — Les Gyrins. — Les Carabes. — Les Calosomes, etc., etc.

Dans les collections d'insectes, les Coléoptères occupent presque toujours la plus grande place. Ils sont recherchés par les amateurs, à cause de l'éclat de leurs couleurs, de la solidité de leurs téguments, et de la facilité avec laquelle on peut les conserver. Cette circonstance a beaucoup contribué à donner à l'ordre des Coléoptères une prépondérance marquée dans l'immense série des insectes connus. On en a recueilli beaucoup plus qu'on n'a pu encore en décrire, et les collections sont encombrées d'espèces dont aucun naturaliste n'a encore donné le signalement. En admettant que les collections de premier ordre renferment chacune environ vingt-cinq mille espèces parfaitement distinctes, et qu'une certaine fraction de ces trésors soit particulière à chaque collection, M. Blanchard est arrivé à évaluer à plus de cent mille le nombre des espèces de Coléoptères que l'on obtiendrait si l'on réunissait les diverses collections entomologiques de France, d'Angleterre et d'Allemagne. Mais tous les jours nous voyons arriver des différentes régions du globe de nouvelles richesses, à peine soupçonnées jusqu'alors, et ce ne sont pas seulement les petites espèces, mais également les plus grandes et les plus belles, qui fournissent leur contingent. Il est donc permis de croire que, si la surface entière de la terre était explorée avec soin, on

COLÉOPTÈRES.

obtiendrait une quantité incalculable de Coléoptères assez bien caractérisée pour constituer des espèces ou des genres distincts.

Les *Coléoptères* (de κολεός, étui, et πτερόν, aile) sont des insectes à quatre ailes. Les ailes antérieures, ou *élytres*, ne servent pas au vol; ce sont des étuis plus ou moins coriaces, quelquefois tachetés de vives nuances, et ne se croisant jamais l'un sur l'autre. Les ailes postérieures sont membraneuses, offrant des nervures ramifiées, et se repliant sous les élytres, qui les protégent pendant le repos. La bouche des Coléoptères est garnie de mandibules, de mâchoires et de deux lèvres bien distinctes, propres à la mastication.

Les métamorphoses de ces insectes sont complètes. Une larve ou un petit ver sort de l'œuf pondu par la femelle. Après une existence plus ou moins longue dans ce premier état (il dure trois ans chez le Hanneton), l'insecte se transforme en nymphe, qui se tient dans une immobilité complète. Au bout d'un certain temps, la nymphe déchire son enveloppe et revêt la forme d'insecte parfait.

Les Coléoptères présentent les mœurs les plus variées sous le rapport de l'habitation et de la nourriture. On ne retrouve pas, dans cet ordre, ces admirables instincts, ces manifestations d'intelligence, qui rapprochent certains Hyménoptères des êtres les plus élevés dans l'échelle animale. Mais leur existence offre des particularités très-dignes d'une étude sérieuse et approfondie. Quelques-uns sont carnassiers; c'est par là qu'ils se rendent utiles à l'homme. Ils détruisent d'autres insectes nuisibles, auxquels ils font la chasse sur le sol, sur les plantes basses, dans les arbres et jusqu'au sein des eaux. Beaucoup de ces Coléoptères se nourrissent de cadavres; ils recherchent les matières animales en putréfaction. On peut les considérer comme d'utiles auxiliaires : ce sont les croque-morts de la nature.

Un grand nombre de Coléoptères habitent les excréments des animaux. Les bouses de bœufs, de buffles, de chameaux donnent asile à des Coléoptères de diverses familles, qui vivent ainsi de matières végétales plus ou moins animalisées. D'autres attaquent les peaux, et en général les animaux desséchés; ils sont le fléau des collections entomologiques. Enfin, d'immenses légions de Coléoptères sont phytophages, c'est-à-dire attaquent les racines, les écorces, le bois, les feuilles et les fruits, et font le désespoir des agriculteurs.

Ce sont surtout les larves qu'il faut redouter. Celles qui vivent dans le bois peuvent, en quelques années, occasionner la perte d'arbres vigoureux et pleins de vie, ou détruire complétement les poutres d'un bâtiment. Certaines larves, telles que celles du Hanneton, rongent les racines des végétaux, et font périr les récoltes. D'autres, enfin, dévorent les feuilles et les tiges des plantes sur pied, détruisent les fleurs dans les jardins, ou attaquent les céréales dans nos magasins. Aussi l'homme leur fait-il une guerre acharnée. Il bénit les oiseaux qui lui viennent en aide, en détruisant ces dangereux rongeurs.

Dans l'immense variété des Coléoptères connus, nous devrons nous contenter de choisir les types les plus saillants et les mieux caractérisés.

Nous commencerons par les *Scarabées*, au corps épais et ramassé, aux antennes courtes, terminées par une massue foliacée.

C'est à cette tribu qu'appartiennent la belle Cétoine dorée qui vit sur les roses, le Hanneton, le Nasicorne, le Scarabée des Égyptiens, le Bousier, etc. C'est la tribu la plus intéressante de tout l'ordre des Coléoptères. Elle correspond à la grande division des *Lamellicornes* de Latreille. Ce nom de *Lamellicorne* était destiné à rappeler la disposition en lames, plus ou moins serrées, des extrémités des antennes de ces insectes.

Beaucoup de Scarabées ont des mandibules membraneuses, au moins partiellement, et toujours petites. Cette particularité est en rapport avec leurs habitudes. Jamais, en effet, ils n'ont à triturer de corps durs; ils se nourrissent tous, soit de fleurs ou de feuilles, soit de matières stercoraires.

Leurs larves se ressemblent beaucoup, même pour des familles assez éloignées entre elles à l'état parfait. Ce sont de gros vers blanchâtres, à peau diaphane, à tête écailleuse, garnie de mandibules dentées, qui vivent dans la terre ou dans les bois pourris.

Les nymphes sont grosses et trapues; elles laissent déjà apercevoir toutes les formes de l'insecte parfait. Elles se fabriquent une loge ou crypte, pour subir leur métamorphose. Les larves des Scarabées restent ordinairement trois ans sous cet état.

La durée de la vie de nymphe est très-courte, comme aussi celle de la vie d'insecte parfait.

Les différences de sexes sont souvent très-marquées à l'extérieur, par des saillies, cornes, etc., qui font l'ornement distinctif du mâle.

Dans le groupe des Scarabées, nous aurons à parler surtout des *Cétoines*, des *Hannetons* et des *Scarabées* proprement dits.

La famille des *Cétoines* est l'une des plus remarquables, par la beauté des insectes qui la composent et par la richesse des reflets de leur corps. Les uns ont des couleurs métalliques d'un grand éclat, les autres des teintes veloutées, richement assorties.

Leurs larves vivent dans des morceaux de bois en décomposition ;

Fig. 472. Cétoine dorée.

les insectes parfaits fréquentent les fleurs et aiment le soleil.

Cette famille comprend un très-grand nombre d'espèces, dont le type est l'*Éméraudine* ou *Cétoine dorée* (*Cetonia aurata*), d'une belle couleur vert doré, avec de petites lignes transversales blanchâtres.

La *Cétoine dorée* fréquente surtout les roses, dont elle mange les

  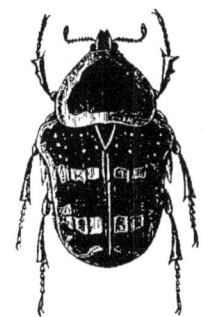

Fig. 473. Larve et coque de Cétoine dorée.   Fig. 474. Cétoine argentée.

pétales et les étamines. C'est le *Mélolonthe doré* d'Aristote, qui nous dit que cet insecte infortuné partageait avec le Hanneton le privilége d'amuser les enfants. La Cétoine vole jour et nuit sans difficulté, en se servant de ses ailes inférieures sans ouvrir les élytres (fig. 472). Lorsqu'on la saisit, elle répand, par l'extrémité de l'abdomen, une liqueur fétide, seul moyen de défense que possède ce pauvre insecte.

Les larves de la Cétoine dorée (fig. 473) ressemblent beaucoup aux larves des Hannetons, mais leurs pattes sont plus courtes. On les trouve dans les bois pourris, et souvent dans les fourmilières. Quand elles ont acquis tout leur développement, elles se fabriquent une coque de forme ovale (fig. 473), où elles se transforment en nymphes ; la coque se compose de parcelles de bois agglomérées avec une matière soyeuse que les larves sécrètent.

La larve de la *Cétoine splendide*, qui est la plus magnifique de France, se rencontre quelquefois dans les nids d'Abeilles sauvages.

En Russie, la *Cétoine dorée* passe pour un remède très-efficace contre la rage. Dans le gouvernement de Saratow, que traverse le Volga, la rage se déclare assez fréquemment, par suite des chaleurs qui règnent pendant tout l'été dans ces steppes arides. Les habitants, sans cesse exposés à être mordus par des chiens enragés, ont essayé successivement bien des préparations pour combattre les suites de ces terribles accidents. Il paraît que la Cétoine, séchée et réduite en poudre, a produit plusieurs fois de bons effets.

Voici la recette qu'un habitant de Saratow a publiée dans un journal russe, en ajoutant qu'il s'en servait depuis trente ans, qu'aucun des sujets traités par lui n'était mort, et que son remède pouvait s'employer avec succès dans toutes les phases de la maladie.

Au printemps, on cherche au fond des fourmilières de la Fourmi rousse certaines larves blanches, que l'on conserve avec soin dans un pot, avec la terre où on les a trouvées, jusqu'au moment de leur métamorphose, qui a lieu au mois de mai. L'insecte, qui n'est autre que la *Cétoine dorée*, est tué, desséché, et gardé dans des pots hermétiquement fermés, pour qu'il conserve l'odeur forte qu'il exhale au printemps, et qui paraît être une condition de l'efficacité du remède. Quand un cas de rage se présente, on pulvérise quelques-unes de ces Cétoines desséchées, et on étend la poudre sur une tartine de beurre, que l'on fait manger au malade. Toutes les parties de l'insecte doivent entrer dans la composition de cette poudre, qui, par cela même, ne peut pas être très-fine.

Pendant toute la durée du traitement, il faut éviter, autant que possible, de boire, ou si la soif est trop impérieuse, ne boire qu'un peu d'eau pure ; mais on peut manger. Ordinairement, ce remède procure un sommeil plus ou moins long, qui peut durer trente-six heures, et qu'il ne faut pas empêcher. Au réveil, le malade est, dit-on, guéri. La morsure doit être traitée localement par les moyens chirurgicaux ordinaires.

Quant à la dose du remède, elle dépend de l'âge du malade et du développement de la maladie. On donne à un sujet adulte, immédiatement après la morsure, de deux à trois Cétoines; à un enfant, de une à deux; à un individu chez lequel la maladie

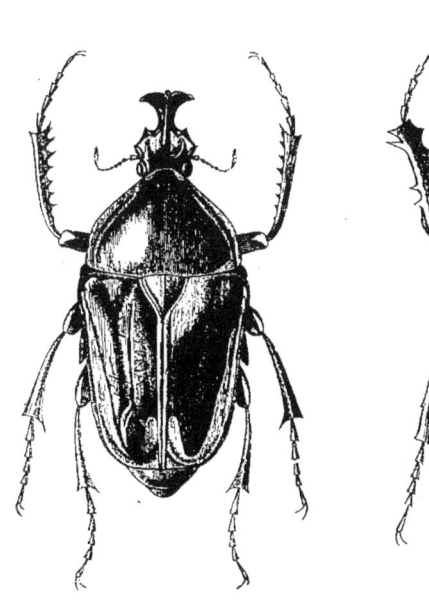

Fig. 475. Goliath de Derby.

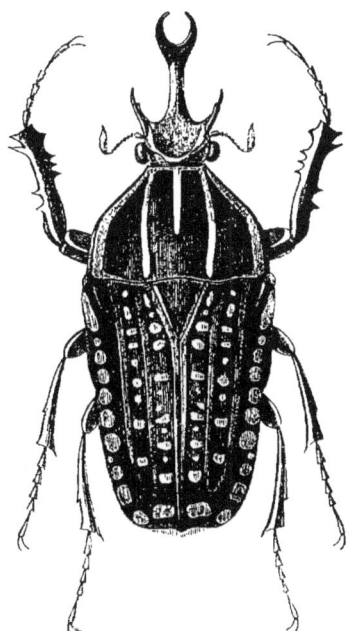

Fig. 476. Goliath polyphème.

s'est déjà déclarée, de quatre à cinq. Donné à un individu sain, le remède n'offrirait d'ailleurs aucun danger.

Dans le cas où des symptômes d'hydrophobie se manifesteraient quelques jours après l'emploi du remède, on recommencerait le traitement.

On a aussi essayé de préparer ce remède avec des Cétoines recueillies, non à l'état de larve, mais à l'état d'insecte parfait, en les prenant sur des fleurs, et il paraît que les tentatives ont réussi.

D'après M. Bogdanoff, dans plusieurs gouvernements de la Russie méridionale, les amateurs de chasse ont l'habitude de faire avaler de temps en temps à leurs chiens, comme préservatif, une moitié de Cétoine en poudre avec du pain, ou avec un peu de vin. Tout le monde, dans ces contrées, est persuadé de l'efficacité de ce moyen pour empêcher le développement de l'hydrophobie.

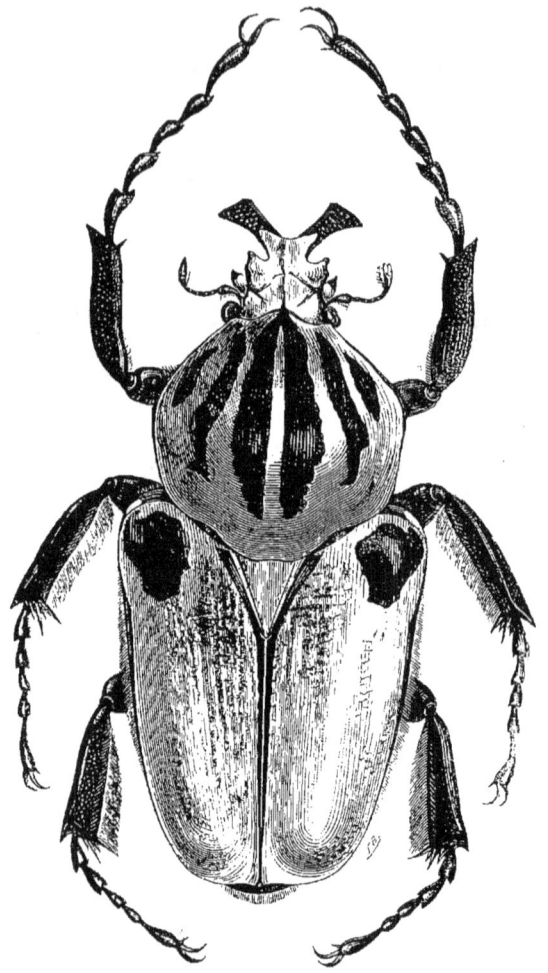

Fig. 477. Goliath cacique mâle.

On ne devrait peut-être pas rejeter une croyance aussi répandue et aussi enracinée, sans s'appuyer sur quelques expériences, car la médecine ne possède encore aucun remède contre la rage. Il ne serait donc pas inutile d'essayer celui-ci.

Deux espèces plus petites que la Cétoine dorée, la *Cétoine pi-*

quetée et la *Cétoine velue* à poils jaunâtres, vivent sur les fleurs de chardons. L'Afrique occidentale, le Cap, Madagascar, etc., sont très-riches en espèces de Cétoines.

On compte parmi les Cétoines les *Goliaths*, insectes gigantesques qui habitent l'Afrique et les Indes orientales. Leur lon-

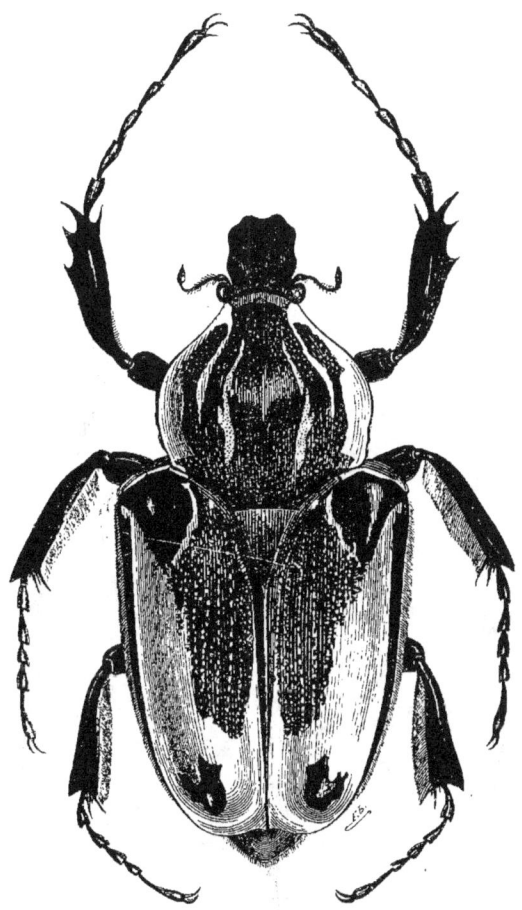

Fig. 478. Goliath cacique femelle.

gueur totale peut atteindre de dix à quinze centimètres. Leurs couleurs sont ordinairement un blanc ou un jaune mat, qui n'ont rien de métallique, avec des taches d'un noir velouté; elles sont dues à une sorte de duvet d'une extrême ténuité, qui s'enlève assez facilement.

La tête de ces énormes Coléoptères est d'ordinaire découpée ou échancrée. Elle est ornée parfois d'une ou deux cornes. Leurs pattes, fortes et robustes, sont armées d'éperons, et présentent sur leur arête externe des dentelures aiguës, qui donnent à ces

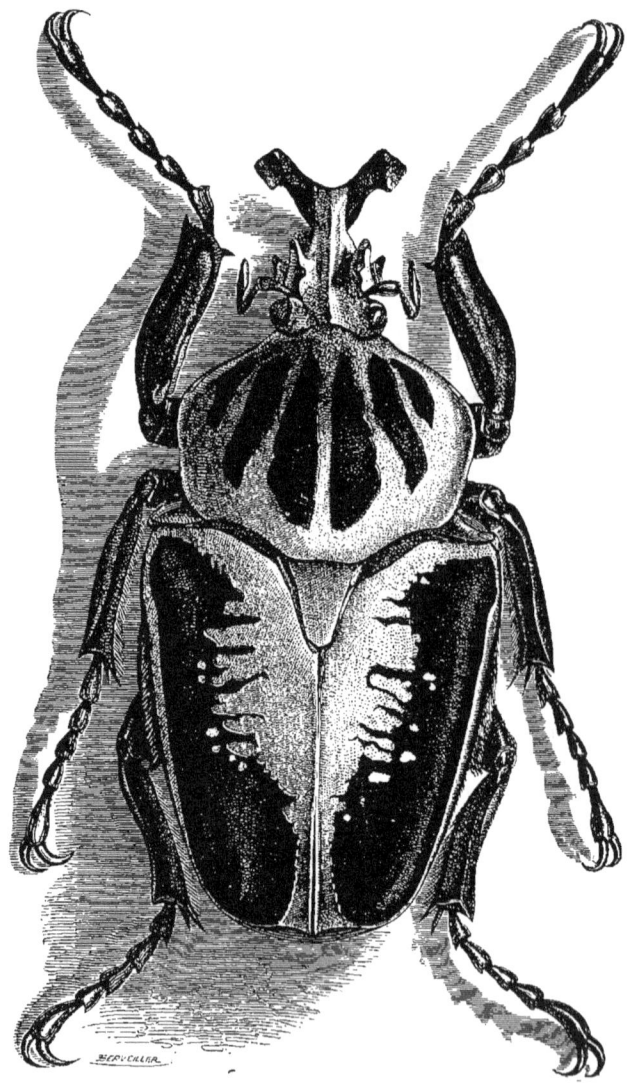

Fig. 479. Goliath de Drury (grandeur naturelle).

insectes une physionomie rébarbative, que leurs mœurs inoffensives sont loin de justifier.

Toutes ces cornes, et toutes ces dents à l'aspect terrible, ne sont, en effet, pour un assez grand nombre de ces insectes, que de simples ornements. Ils composent le pittoresque uniforme des mâles. C'est l'équivalent des bonnets à poil, des casques à flamme et des épaulettes à graines d'épinards de nos militaires. La tenue des Goliaths femelles est beaucoup plus modeste, comme il convient à leur sexe.

Nous représentons le *Goliath de Derby* (fig. 475) et le *Goliath polyphème* (fig. 476).

Les *Goliaths* étaient autrefois excessivement rares dans les collections et d'un prix inaccessible aux amateurs ordinaires. Un seul exemplaire se payait jusqu'à 500 francs. Mais depuis quelque temps les Goliaths de la côte de Guinée et du cap des Palmes se vendent aux amateurs d'Europe à un prix modeste, grâce aux voyageurs qui, à l'exemple du docteur Savage, les ont recueillis par centaines dans les pays qui les produisent.

On voit sur la côte de Guinée ces énormes Coléoptères voltiger au sommet des arbres, dont ils recherchent les fleurs. Pour les attraper, on abat les arbres, ou bien on tire sur eux avec un fusil chargé de sable, comme on le fait pour les Colibris. L'espèce que le docteur Savage a rendue commune est le *Goliath cacique*, dont nous représentons le mâle et la femelle (fig. 477-478). On le rencontre sur la côte de Guinée. Le *Goliath de Drury* (fig. 479) habite la Sierra Leone (côte de la Guinée occidentale).

Les nombreuses expéditions qui visitent actuellement l'intérieur de l'Afrique ne manqueront pas d'accroître le nombre des espèces connues de ces splendides insectes, qui font l'ornement des collections.

Le groupe des *Trichies*, qui compte dans nos pays quelques représentants, est très-voisin de celui des Cétoines.

Les Trichies ont les élytres plus courts, l'abdomen plus gros, les pattes plus grêles. La *Trichie à bandes* (*Trichius fasciatus*), qui est noire et couverte d'un duvet cendré, avec les élytres jaunes, à trois bandes noires, se rencontre en masse sur le rosier des jardins, aux mois de juin et de juillet. Les larves vivent à l'intérieur des vieilles poutres, en respectant leur surface.

Dans un jardin, à quelques lieues de Paris, on avait construit un petit pont en bois. Il paraissait extérieurement dans un parfait état de conservation; rien au dehors n'aurait fait croire à la possibilité d'une rupture des poutres de chêne qui le composaient. Cependant plusieurs de ces poutres se brisèrent tout à coup. On vit alors que le bois était creusé jusqu'à la surface, qui n'était plus qu'une mince feuille, d'une épaisseur imperceptible. Tout l'intérieur était rempli de Trichies, à l'état de larve, de nymphe et d'insecte parfait.

La *Trichie à bandes* est l'espèce la plus commune aux environs de Paris. Geoffroy l'a décrite sous le nom assez bizarre de la *Livrée d'Ancre*, parce que le marquis d'Ancre faisait porter à ses valets des habits jaunes bordés de galons alternativement coupés de vert et de jaune.

La *Trichie ermite* (*Osmoderma eremita*) est un gros insecte, d'une couleur lie de vin, autrefois commun aux environs de Paris, et qu'on ne trouve guère plus près que Fontainebleau. Il faut le chercher dans le terrain qui remplit la cavité des vieux troncs de saules ou de poiriers. L'odeur de cuir de Russie ou de prune qu'il exhale lui a fait donner, dans quelques pays, le nom de *prunier*.

La *Trichie noble* (*Gnorimus nobilis*) ressemble beaucoup à la Cétoine dorée, et se trouve sur les fleurs du sureau, dont cet insecte doré relève la blancheur.

Une espèce beaucoup plus petite, longue seulement de 4 à 5 millimètres, est le *Valge hémiptère* (*Valgus hemipterus*), que l'on rencontre fréquemment au printemps, dans la poussière des chemins. La femelle porte une longue tarière, qui lui sert à déposer ses œufs dans les bois pourris.

Duméril a décrit longuement les singuliers manéges de ce petit insecte : les mouvements saccadés et comme convulsifs par lesquels il se transporte d'un endroit à l'autre; son attitude chancelante, suite de la longueur démesurée de ses pattes postérieures; le port vertical de celles-ci, qui, par leur singulière direction, gênent beaucoup moins la marche qui est dirigée par les quatre autres pattes. Il faut admirer surtout l'artifice que le Valge emploie, comme du reste beaucoup de Coléoptères, pour échapper à ses persécuteurs, en faisant le mort. Aussitôt qu'il est appréhendé par quelque ennemi, ses membres se raidissent et deviennent immobiles. Le corps, abandonné à lui-même, porte à faux de quelque côté qu'il tombe, car ses pattes ne se fléchissent plus; si on les fait plier, elles restent dans l'inclinaison qu'on leur donne. Rien ne trahit donc la vie, la volonté dans ce petit être sec et grêle glacé par la peur et qui contrefait le mort, peut-être sans s'en douter lui-même.

Nous mentionnerons encore ici les *Incas*, beaux insectes du même groupe, qui se rencontrent dans l'Amérique méridionale, et dont les mâles ont une tête biscornue. Ils volent pendant le jour autour de grands arbres, sur lesquels ils vivent. La figure 480 représente l'*Inca treillissé*.

L'insecte le plus vulgairement connu de la famille qui nous occupe est le *Hanneton*.

Le mot Hanneton, d'après M. Mulsant, vient du latin *Alitonus* (qui a des ailes sonores), dont on a fait d'abord *Halleton*. Linné lui a donné d'abord le nom de *Mélolontha*, qu'il portait probablement chez les Grecs, ainsi que cela semble résulter de ce passage d'Aristophane, dans sa comédie des *Nuées* :

« Donnez l'essor à votre esprit, dit l'auteur grec, laissez-le voler où il voudra, comme le *Mélolonthe* attaché par la patte à un fil. »

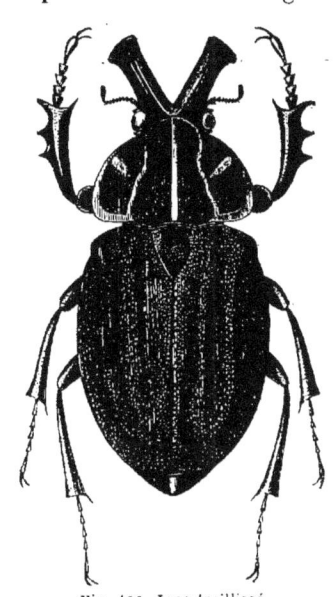

Fig. 480. Inca treillissé.

On voit que l'habitude de martyriser le Hanneton date de loin.

Le *Hanneton vulgaire* (fig. 481) est un des plus grands fléaux de l'agriculture. A l'état d'insecte parfait, il dévore les feuilles de beaucoup d'arbres, et principalement celles des ormes. Aussi les enfants désignent-ils les fruits de l'orme sous le nom de *pains de Hanneton*. Mais les dégâts qu'ils occasionnent à l'état d'insecte parfait sont encore peu de chose à côté de ceux qui sont causés par leurs larves, c'est-à-dire par ces *vers blancs* si redoutés des agriculteurs.

On voit paraître les Hannetons dès le mois d'avril si la saison est chaude. Mais c'est surtout au mois de mai qu'ils se montrent en grande quantité. Aussi portent-ils en Allemagne le nom de *Maikæfer* (scarabée de mai). On les trouve jusqu'en juin. La durée de leur vie d'insecte est de six semaines. Ils craignent la chaleur du jour et les rayons brillants du soleil; car ils se tiennent accrochés à la face inférieure des feuilles. Ce n'est que le matin, de bonne heure, et au coucher du soleil, qu'on voit voltiger les Hannetons autour des arbres qu'ils fréquentent. Ils volent avec rapidité, en produisant un bruit monotone, par le frottement de leurs ailes. Mais le Hanneton se dirige mal en volant. Il se cogne à chaque instant contre les obstacles qu'il rencontre. Il tombe alors lourdement à terre, et devient le jouet des enfants qui le guettent. On connaît le dicton : *Étourdi comme un Hanneton*.

Ce qui contribue encore à rendre le vol de ces insectes lourd et peu soutenu, c'est qu'ils ont besoin de se gonfler, comme des montgolfières, pour s'élever dans l'air. C'est une particularité qu'ils partagent avec le *Criquet voyageur*. Avant de prendre son essor, le Hanneton agite ses ailes pendant plusieurs minutes, et gonfle son abdomen, de manière à absorber le plus d'air possible. Les enfants, qui s'aperçoivent de ce manége, disent alors que le Hanneton *compte ses écus*, et ils lui chantent ce refrain, qui s'est conservé depuis bien des générations :

> Hanneton, vole, vole,
> Va-t'en à l'école.

Une variante qu'on entend dans les provinces de l'Ouest est celle-ci :

> Barbot, vole, vole, vole,
> Ton père est à l'école,
> Qui m'a dit, si tu ne voles,
> Il te coupera la gorge
> Avec un grand couteau de saint George.

Pendant le jour, les Hannetons se tiennent sous les feuilles, dans une immobilité parfaite; car la chaleur qui donne de l'activité aux autres insectes, paraît, au contraire, les engourdir. C'est pendant la nuit seulement qu'ils dévorent les feuilles des ormes, des peupliers, des chênes, des hêtres, des bouleaux, etc. Dans les années où leur nombre est peu considérable, on s'aperçoit à peine de leurs dégâts; mais à certaines époques ils se montrent en légions innombrables, et alors on voit des parties entières de jardins ou de bois dépouillées de leur verdure, et présenter, au milieu de l'été, l'aspect d'un paysage d'hiver. Les arbres ainsi dépouillés ne périssent pas en général; mais ils reprennent difficilement leur première vigueur, et ceux des vergers restent un an ou deux sans porter de fruits. Ce sont surtout les arbres des lisières, placés le long des champs cultivés, qui sont exposés aux ravages des Hannetons, parce que les larves de ces insectes se développent dans les champs. A l'intérieur des forêts, on ne les rencontre jamais en grand nombre.

Dans certaines années, les Hannetons se multiplient d'une manière si effrayante qu'ils dévastent toute la végétation d'une contrée. Dans les environs de Blois, quatorze mille Hannetons furent recueillis par les enfants, en quelques jours. A Fontaine-

Fig. 481. Hanneton vulgaire.

bleau, on aurait pu en recueillir autant, une certaine année, en quelques heures.

Parfois les Hannetons se réunissent en essaims, comme les Sauterelles, et ils émigrent d'un canton à un autre, lorsqu'ils ont tout dévasté et qu'ils n'y trouvent plus de nourriture.

Pour donner une idée du nombre prodigieux auquel les Hannetons arrivent dans certaines circonstances, nous rapporterons quelques dates historiques.

En 1574, ces insectes furent si abondants en Angleterre, qu'ils empêchèrent plusieurs moulins de tourner sur la Savern.

En 1688, dans le comté de Galway, en Irlande, ils formaient un nuage si épais, que le ciel en était obscurci l'espace d'une lieue, et que les paysans avaient peine à se frayer un chemin dans les endroits où ils s'abattaient. Ils détruisirent toute la végétation, de sorte que le paysage revêtit l'aspect désolé de l'hiver. Leurs mâchoires voraces faisaient un bruit comparable à celui que produit le sciage d'une grosse pièce de bois; et le soir, le bourdonnement de leurs ailes ressemblait à des roulements lointains de tambours. Les malheureux Irlandais furent réduits à faire cuire leurs envahisseurs et à les manger à défaut d'autre nourriture.

En 1804, d'immenses nuées de Hannetons, précipitées par un vent violent dans le lac de Zurich, formèrent sur le rivage un banc épais de corps amoncelés, dont les exhalaisons putrides empestaient l'atmosphère.

En 1832, le 18 mai, à neuf heures du soir, une légion de Hannetons assaillit une diligence sur la route de Gournay à Gisors, à sa sortie du village de Talmoutiers, avec une telle violence, que les chevaux aveuglés et épouvantés refusèrent d'avancer, et que le conducteur fut obligé de rétrograder jusqu'au village, pour y attendre la fin de cette grêle d'un nouveau genre.

M. Mulsant, dans sa *Monographie des Lamellicornes de la France*, raconte qu'en mai 1841 on vit des nuées de Hannetons traverser la Saône, dans la direction du sud-est au nord-ouest, et s'abattre sur les vignobles du Mâconnais. Les rues de la ville de Mâcon en étaient jonchées au point qu'on les ramassait avec des pelles. A certaines heures, on ne pouvait passer sur le pont sans exécuter un rapide moulinet avec un bâton, pour se garantir de leur contact.

L'accouplement a lieu chez les Hannetons vers la fin de mai. Les femelles une fois fécondées, les mâles meurent. Les femelles ne leur survivent que le temps nécessaire pour assurer la propagation de leur espèce. Elles meurent après la ponte.

Le nombre des œufs que pond une femelle est de vingt à trente. Avec ses pattes de devant, la femelle creuse dans le sol un trou de dix à vingt centimètres de profondeur; c'est là qu'elle dépose ses œufs, d'un blanc jaunâtre, de la grosseur d'un grain de chènevis. Son instinct la conduit à choisir les terres douces, légères et bien fumées, qui sont, en même temps, les terres les mieux aérées et les plus fertiles.

Fig. 482. Diligence assaillie près de Gisors, par une troupe de Hannetons, le 18 mai 1832.

COLÉOPTÈRES.

Il est facile de conclure de là que les cultures et les labours ont rendu le Hanneton plus commun qu'il ne l'était autrefois. C'est l'enfant de la civilisation, le parasite de l'agriculture, et les cultivateurs peuvent dire : *Mea culpa, c'est ma faute.*

Dans un intervalle de quatre à six semaines après la ponte, les petites larves éclosent (fig. 483-484) et s'attaquent immédiatement aux racines des végétaux. Ces larves sont connues dans les différentes localités sous les noms de *Ver blanc, Turc, Engraisse-Poule,* etc. Recourbées, contournées en demi-cercle, elles ont une tête dure et cornée, des pattes grêles et noires, plus longues que chez les autres espèces de Scarabées. Leur corps est gonflé par une graisse blanchâtre, sous une peau transparente. La tête et la bouche ont une nuance rougeâtre.

La durée de leur existence est de trois et quelquefois de quatre

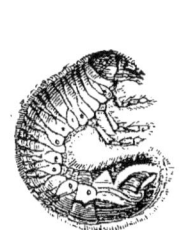
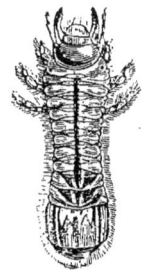

Fig. 483-484. Larve du Hanneton. Fig. 485-486. Nymphe du Hanneton.

ans. De l'œuf pondu au mois de juin, il éclôt une larve au mois de juillet. Elle commence à grandir pendant les six derniers mois de l'année, et continue pendant les deux années suivantes. Pendant cet espace de temps, elle change plusieurs fois de peau.

Vers la fin de la troisième année, la larve se transforme en nymphe, après s'être entourée d'une coque consolidée par une bave glutineuse et par quelques fils de soie.

La nymphe (fig. 485-486) est d'une couleur pâle, jaune roussâtre, avec deux petites pointes à l'extrémité du corps. Les élytres et les ailes, couchées, recouvrent les pattes et les antennes.

Vers la fin d'octobre, l'insecte parfait se dessine déjà ; mais il est encore mou et sans force. Il passe l'hiver dans sa loge, durcit et se colore à la fin de l'hiver, et se montre peu à peu à la surface du sol. Au mois d'avril, trois mois après sa naissance, le Hanneton sort de terre, et va s'attaquer aux feuilles des arbres.

Cette longue durée du développement des Hannetons explique pourquoi on ne les voit pas chaque année en même nombre. Lorsqu'ils ont paru une fois en grande quantité, ce n'est qu'au bout de trois ans qu'on doit s'attendre à revoir leur progéniture en nombre proportionné. C'est donc tous les trois ans que nous avons une *année à Hannetons*, comme celle qui s'est montrée en 1865. Dans les années intermédiaires, ils ne sont jamais très-abondants.

La première année, les petites larves mangent peu. Elles se nourrissent alors principalement de parcelles de fumier et de détritus de végétaux, et se tiennent réunies en familles. En hiver, elles s'enterrent profondément, pour se mettre à l'abri de la gelée et des inondations. Au printemps suivant, le besoin d'une nourriture plus abondante les force à se disperser. C'est alors qu'elles pratiquent des galeries souterraines dans toutes les directions, sans s'éloigner toutefois beaucoup du lieu où elles sont nées. Elles commencent à s'attaquer aux racines qu'elles trouvent à leur portée; leurs dégâts augmentent avec leur grosseur et la force de leurs mandibules. Parmi les racines, elles semblent préférer celle des fraisiers, des salades, des rosiers; mais elles ne dédaignent pas les autres végétaux, et s'attaquent aussi bien aux légumes et aux céréales qu'aux arbustes. Les ravages qu'elles exercent sont parfois incalculables. Les jardins maraîchers sont quelquefois entièrement dévastés. On a vu des champs de luzerne détruits en partie ; des prairies d'une grande étendue perdre leur herbage ; des pièces d'avoine périr sur pied avant la maturité; le quart, le tiers et jusqu'à la moitié des épis de blé tomber avant d'être coupés.

Ces larves voraces ne bornent pas leurs dégâts à la destruction des plantes herbacées. A mesure qu'elles croissent en âge et en force, dans leur dernière année surtout, elles attaquent aussi les végétaux ligneux. Quand elles ont rongé les racines latérales d'un jeune arbre, on voit pendre, desséchées, les pousses nouvelles qui leur correspondent. Les larves attaquent ensuite la racine principale, et amènent ainsi la perte de l'arbre. On trouve autour de chaque souche, ainsi minée, jusqu'à dix litres de vers blancs.

M. Deschiens rapporte qu'il a vu six hectares de glandées,

semés trois fois dans l'espace de cinq ans, avec une réussite parfaite, être autant de fois entièrement détruits par les *vers blancs*.

Un pépiniériste de Bourg-la-Reine éprouva, en 1854, par les ravages de ces terribles larves, des pertes qu'il évaluait à trente mille francs. D'autres ne conservaient que la centième partie de leurs plants.

En Prusse, les *vers blancs* ont détruit, en 1835, un semis considérable de bois de l'*Institut forestier*. Dans la forêt de Kolbetz, plus de mille mesures de pins sauvages furent dévastées de la même manière.

On ne sera donc pas étonné d'apprendre que les foudres de l'excommunication furent autrefois lancées contre les Hannetons, comme elles l'avaient été contre les Chenilles et les Sauterelles. Nous ne savons pas si cela leur causait grande impression. En 1479, les Hannetons, ayant occasionné une famine dans le pays, furent cités devant le tribunal ecclésiastique de Lausanne. L'avocat de Fribourg qui les défendit ne trouva pas sans doute dans les ressources de son éloquence des arguments assez puissants en leur faveur; car le tribunal, après mûre délibération, condamna la troupe inculpée, et la bannit du territoire.

Mais il ne suffit pas de rendre un arrêt, il faut encore avoir le moyen de le faire exécuter. Ces moyens coercitifs manquaient au tribunal de Lausanne. Aussi les Hannetons condamnés continuèrent-ils de vivre sur la terre de Suisse, sans paraître se douter de la condamnation qui venait d'être fulminée contre eux.

Les larves des Hannetons ont la vie dure. Elles résistent parfaitement à des fléaux qui sembleraient devoir leur être funestes. C'est ainsi que les inondations qui dévastèrent les rives de la Saône, il y a une quinzaine d'années, n'eurent aucune influence sur les *vers blancs*. Des terres et des prairies qui étaient restées quatre à cinq semaines sous l'eau, n'en furent nullement débarrassées pour cela.

La seule circonstance qui leur soit réellement nuisible, et qui l'est aussi pour les Hannetons adultes, ce sont les gelées tardives des mois d'avril et de mai. Quand ces gelées arrivent après un temps doux, elles surprennent les larves à la surface du sol, et les font périr. Malheureusement, les mêmes causes font aussi du tort aux plantes qui ont déjà commencé à se réveiller.

La nature n'a donc pas suffisamment avisé aux moyens de détruire ces êtres malfaisants. On dirait qu'elle n'a pas prévu leur multiplication extraordinaire, qui a été, il faut le dire, favorisée par les progrès de l'agriculture et par le défrichement.

Les animaux ne contribuent pas beaucoup à limiter le nombre des Hannetons, quoique ces derniers ne manquent pas d'ennemis naturels. Parmi les insectes, ce sont les grandes espèces de Carabes qui recherchent les *vers blancs*, aussi bien que les Hannetons adultes. Le Carabe doré, qu'on appelle aussi *Couturière* et *Jardinier*, s'attaque aux Hannetons, avec un sang-froid admirable. M. Blanchard a vu un Carabe tenir au milieu d'un chemin un Hanneton, lui ouvrir le ventre avec ses mandibules, et lui dévorer les intestins. Le Hanneton s'agitait, et même marchait encore, tout en subissant ce cruel supplice; et le Carabe le suivait, sans interrompre son opération sanglante. Quelques reptiles, plusieurs mammifères carnassiers, tels que les musaraignes, les fouines, les belettes, les rats et certains oiseaux, surtout les oiseaux nocturnes, font aussi leur proie du Hanneton ou de sa larve. Les corbeaux et les pies, qu'on voit picorer de motte en motte, font aux *vers blancs* une guerre acharnée, mais bien insuffisante. En effet, tous ces animaux réunis ne détruisent pas la centième partie des Hannetons qui naissent chaque année.

Voici un exemple qui montrera toute l'étendue du mal. Dans une pièce de terre de 29 ares, on a fait trois labours à 72 raies. Au premier labour, on a ramassé par raie 300 *vers blancs;* au deuxième, 250; au troisième, encore 50 : ce qui fait 600 par raie, et 43 200 en tout. Il y avait donc au moins 150 000 *vers blancs* dans un hectare, car le labour ne pouvait atteindre ceux qui étaient à une grande profondeur.

L'homme, victime de ces dégâts, a dû nécessairement songer à la destruction de cet ennemi volant. On a proposé bien des moyens *infaillibles*, lesquels n'ont donné aucun résultat. On a offert des primes, mais le mal n'a pas diminué. Voici quelques-uns des procédés recommandés.

Aussitôt après le labour, on mène sur le champ infesté une bande de dindons, qui se font fête de dévorer les vers blancs. Ou bien on sème dans le champ du colza très-épais, qu'on enterre par un labour profond, lorsqu'il est haut comme la main. Le colza fait, dit-on, périr les larves, tout en fumant le sol. Ou bien encore, on laboure la terre à l'approche des fortes gelées, pour exposer les vers au froid. Enfin, on peut arroser le champ avec de l'huile de houille, ou y répandre des cendres de buis.

Tout cela est dispendieux. Les moyens les plus simples sont

ici les meilleurs. Il faut plutôt compter sur les labours que sur des substances destructives, dont l'emploi présente toujours des inconvénients.

Vu les difficultés qui s'opposent à la recherche des larves, il faudrait recueillir les Hannetons à l'état adulte, en secouant fortement les branches des arbres sur lesquelles ils sommeillent pendant le jour, et les faire périr ensuite par un moyen quelconque. On détruirait ainsi de 20 à 40 œufs avec chaque femelle. Un *hannetonnage* général, rendu obligatoire par une loi, et favorisé par des primes, serait donc le seul moyen efficace de combattre un fléau qui coûte bien des millions à l'agriculture. Ce moyen serait aussi moins dispendieux que le bouleversement des terres qui recèlent les larves, attendu que celles-ci se tiennent de préférence dans les terrains en plein rapport.

En 1835, le conseil général de la Sarthe vota une somme de vingt mille francs pour la chasse aux Hannetons. Près de six cent mille litres en furent livrés, grâce à une prime de 3 centimes par litre. Comme un litre contient environ 500 Hannetons, on détruisit ainsi environ 300 millions de Hannetons !

Il est vrai que M. Romieu, alors préfet de la Sarthe, qui était le principal promoteur de cette excellente mesure, devint la pâture des petits journaux, et fut représenté costumé en Hanneton, dans le *Charivari*. La dérision et le ridicule sont trop souvent, dans notre pays, la récompense des idées utiles !

En Suisse, on prit, en 1807, plus de 150 millions de ces insectes. Mais ces mesures isolées ne peuvent pas produire un résultat durable.

On a essayé de tirer parti des Hannetons dans l'industrie. D'après M. Farkas, on a réussi, en Hongrie, en les faisant bouillir dans l'eau, à en retirer une huile, qui sert à graisser les roues des voitures ; et d'après M. Mulsant, on a pu utiliser pour la peinture le liquide noirâtre que renferme leur œsophage. Mais le produit de ces industries n'est pas assez considérable pour leur assurer une certaine extension ; cela est à regretter, car on débarrasserait ainsi l'agriculture d'un de ses plus redoutables fléaux. Dans les basses-cours, on nourrit quelquefois les volailles avec ces insectes. Les porcs en sont aussi très-friands.

Le *Hanneton du châtaignier* diffère de l'espèce commune par ses pattes noires.

Le *Hanneton foulon*, d'une taille double de celle de l'espèce commune, est bigarré de fauve et de blanc. On le rencontre sur les rivages de la mer, dans les dunes du nord et du midi de la France; car ses larves se nourrissent des racines des plantes salées.

Parmi les genres très-voisins du Hanneton, nous citerons les petits *Rhizotrogues*, blonds et poilus, qui volent le soir dans les

Fig. 488.
Tête de l'Oryctès nasicorne mâle.

Fig. 487. Oryctès nasicorne.

Fig. 489. Tête de la femelle.

prairies, et les *Euchlores* ou *Anomales*, aux couleurs métalliques éclatantes.

L'*Euchlore de la Vigne* est un insecte long de 15 à 20 millimètres, d'un beau vert, bordé de jaune, avec des élytres profon-

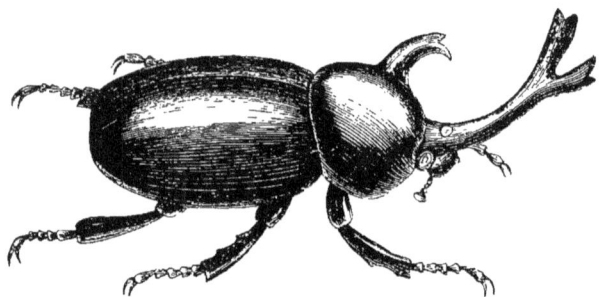

Fig. 490. Oryctès dichotome.

dément sillonnés. Il cause parfois des ravages assez étendus dans nos vignobles.

Après les Cétoines et les Hannetons, nous arrivons aux Scarabées proprement dits.

L'*Oryctès nasicorne* (fig. 487) est très-commun dans toute l'Europe. C'est un Scarabée d'une taille d'environ 3 centimètres, d'un brun marron, parfaitement lisse. Le mâle porte sur le front une corne, qui manque à la femelle (fig. 488-489). Sa larve, qui est un gros ver blanchâtre, plus gros que celui du Hanneton, vit dans le bois pourri et dans la tannée qu'on employait autrefois dans les serres chaudes et dans les couches des jardins. On en trouvait ainsi par centaines dans les anciennes serres du Jardin des Plantes de Paris. Les cultures maraîchères, qui emploient la tannée de l'écorce de chêne, ont rendu ce coléoptère très-commun aux environs de la capitale.

On donne souvent à l'*Oryctès nasicorne* les noms de *Rhinocéros* ou de *Licorne*.

La figure 490 représente une espèce exotique, l'*Oryctès dichotome*.

Parmi les vrais Scarabées, nous rencontrons plusieurs espèces d'une taille gigantesque, surtout en Amérique. Le *Scarabée hercule*, grand insecte d'un beau noir d'ébène, avec les élytres d'un gris olivacé, n'est pas rare aux Antilles. Son corselet se prolonge en une corne aussi longue que le corps, et recour

Fig. 491. Scarabée claviger.

bée à l'extrémité; la tête porte également une longue corne élevée. Les femelles sont dépourvues de ces appendices.

La figure 491 représente le *Scarabée claviger*, de la Guyane; la figure 492, le beau *Scarabée de Porter*.

Les *Géotrupes* sont des insectes presque aussi gros que nos Hannetons communs. Ainsi que leur nom le rappelle, ils fouissent ou percent la terre. Ils la creusent particulièrement dans les prairies, sous les bouses de vache desséchées à leur surface. C'est sous les excréments des ruminants et des chevaux qu'il faut les chercher. Ils volent surtout le soir. On les entend bourdonner, par les belles soirées d'été, dans le voisinage des fumiers.

Le *Géotrupe stercoraire* est d'un noir bleuâtre brillant; il atteint une longueur d'environ deux centimètres. On peut regarder ce Coléoptère comme un utile auxiliaire de l'homme, parce qu'il débarrasse le sol des excréments qui y sont répandus.

Les *Trox*, qui appartiennent au même groupe, habitent, en

général, les terrains sablonneux, et ont le corps presque toujours couvert de terre ou de poussière; ils se nourrissent de substances végétales ou animales en décomposition.

Les mœurs des *Bousiers* (*Copris*) ressemblent à celles des Géotrupes. Ils vivent dans les excréments. La forme du chaperon,

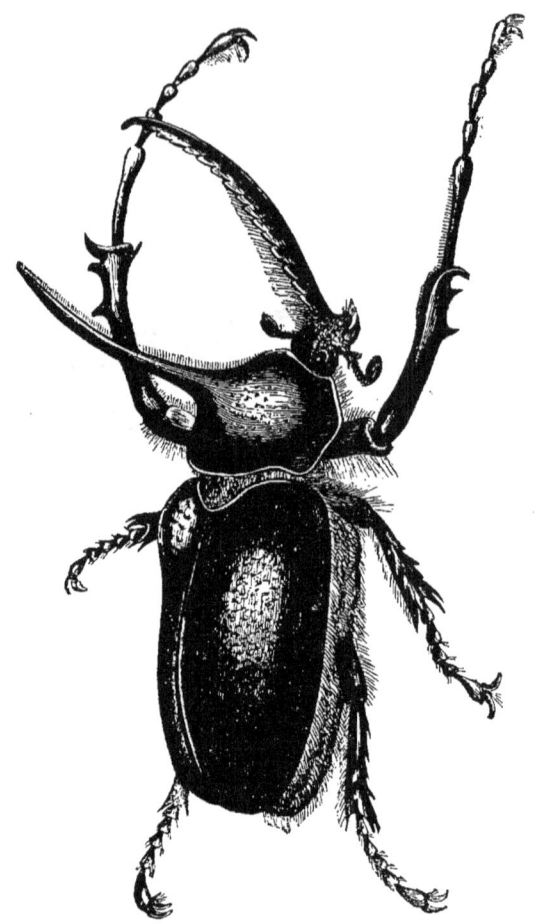

Fig. 492. Scarabée de Porter.

large, arrondie, sans dentelure, et s'avançant au-dessous de la bouche, suffit pour les faire distinguer des genres voisins. On ne trouve aux environs de Paris qu'une seule espèce de *Copris*, le *Copris lunaire*.

Les larves de ces insectes se forment une coque composée de terre et de bouse, avant de se transformer en nymphes; cette

Fig. 493. Scarabée sacré des Égyptiens.

coque est plus ou moins ronde, et acquiert une grande dureté. Les espèces du genre *Ateuchus* ramassent des portions d'excréments, qu'elles façonnent en boules où elles déposent leurs œufs ; elles les roulent jusqu'à ce qu'elles soient parfaitement arrondies comme des pilules. C'est ce qui a valu à ces insectes le nom de *Pilulaires*. Leurs pattes postérieures semblent spécialement conformées pour ce manége. Elles sont fort longues et assez éloignées des autres pattes, ce qui donne aux *Ateuchus* un aspect étrange et une démarche pénible. Ils semblent marcher à reculons, et font souvent des culbutes. On les voit ordinairement sur les coteaux, exposés aux plus grandes chaleurs du midi, réunis au nombre de quatre ou cinq, occupés à rouler une même boule ; de sorte qu'on ne peut pas savoir quel est le véritable propriétaire de l'objet roulant. Ils ne paraissent pas le savoir eux-mêmes ; car ils roulent indifféremment la première boule qu'ils rencontrent, ou près de laquelle on les place.

Les *Ateuchus* sont de gros insectes aplatis, à large chaperon denté ; ils appartiennent tous à l'ancien continent. Le type du genre est l'*Ateuchus sacer*, le *Scarabée sacré* des Égyptiens (fig. 493). Il est noir, et atteint une longueur d'un peu moins de trois centimètres. On le trouve assez communément dans le midi de la France, dans toute l'Europe méridionale, la Barbarie et l'Égypte. Les peintures et les amulettes des anciens Égyptiens le représentent très-souvent, et quelquefois en lui donnant une taille gigantesque. Il n'est donc pas douteux que ce ne soit cette espèce qui était un objet de vénération pour les Égyptiens.

Il existe une autre espèce qui est toujours représentée avec une couleur vert doré magnifique, et à laquelle Hérodote attribue aussi cette couleur. Comme on ne la rencontrait pas en Égypte, on a cru longtemps que les Égyptiens avaient voulu peindre l'espèce noire avec une couleur plus éclatante, pour lui rendre en quelque sorte hommage. Mais, en 1819, M. Caillaud trouva effectivement à Méroé, sur les rives du fleuve Blanc, l'*Ateuchus doré*, qui ressemble beaucoup, à la couleur près, à l'*Ateuchus* ordinaire. Depuis, on l'a aussi rapporté du Sennaar. On lui a donné le nom d'*Ateuchus des Égyptiens*. Les deux espèces étaient probablement sacrées l'une et l'autre.

Hor-Apollon, savant commentateur des hiéroglyphes des Égyptiens, croit que ce peuple, en adoptant comme symbole religieux le Scarabée, a voulu représenter tout à la fois : *une naissance unique*, — *un père*, — *le monde*, — *un homme*.

La *naissance unique* exprime que le Scarabée n'a pas de mère. Un mâle voulant procréer, disaient les Égyptiens, prend de la fiente de bœuf, la pétrit en boule, et lui donne la forme du monde, la roule avec ses pattes de derrière, du levant au couchant, et la dépose dans la terre, où elle reste vingt-huit jours.

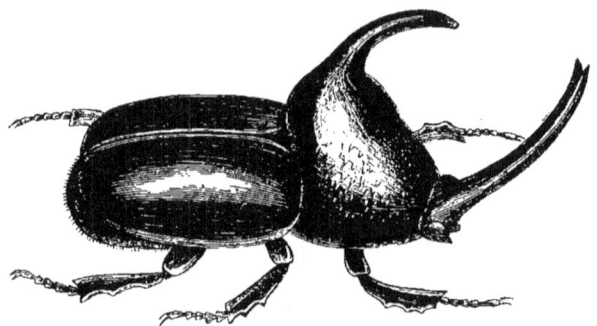

Fig. 494. Scarabée chema.

Le vingt-neuvième jour, il jette dans l'eau sa boule ouverte et il en sort un Scarabée mâle.

Cette explication montre aussi pourquoi le Scarabée était employé à représenter à la fois un père, un homme, et le monde. Il y avait d'ailleurs, d'après le même auteur, trois sortes de Scara-

Fig. 495. Scarabée chorinee.

bées : l'un avait la forme d'un chat et jetait des rayons éclatants (probablement l'*Ateuchus doré*); les deux autres avaient des cornes : leur description paraît se rapporter à un Bousier et à un Géotrupe.

L'*Ateuchus sacré* ne se trouve pas seulement en Égypte; il se rencontre dans le midi de la France, avec quelques espèces plus

COLÉOPTÈRES. 517

modestes et plus petites que cet *Ateuchus sacré* sur lequel on a

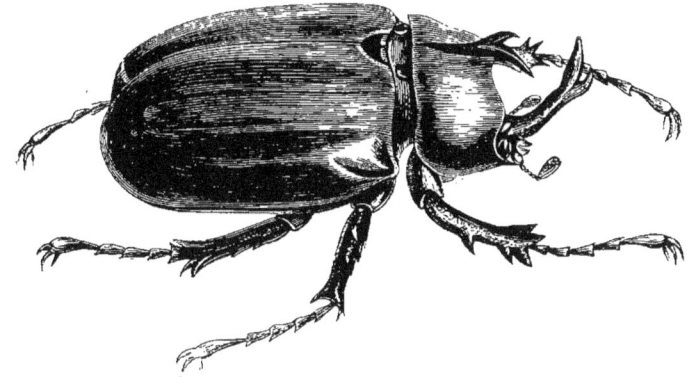

Fig. 496. Scarabée anubis mâle.

fait tant de commentaires, plus ou moins justes, plus ou moins tirés par les cheveux.

Comme autres espèces remarquables de Scarabées, nous représentons le *Scarabée chema* (fig. 494), aux cornes robustes et permanentes, le *Scarabée chorinée* (fig. 495), le *Scarabée anubis* (fig. 496 et 497), et le *Scarabée hercule* (fig. 498).

La dernière famille des Scarabéiens comprend les *Lucanes* ou *Cerfs-volants*. Ces Coléoptères sont de grande taille, et leur tête est armée de robustes et énormes mandibules. Tout cela leur donne un air féroce, que ne justifient aucunement

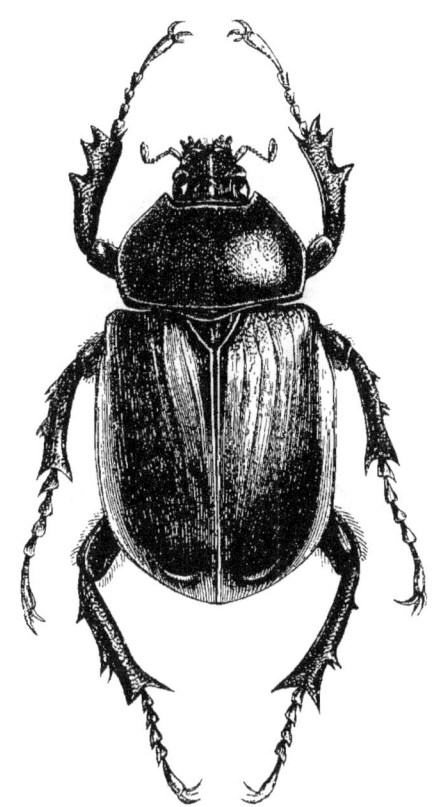

Fig. 497. Scarabée anubis femelle.

leurs mœurs inoffensives. Ils vivent dans les arbres à demi décomposés, dont ils accélèrent la ruine. Leurs mandibules, apanage exclusif du mâle, les gênent plus qu'elles ne leur servent; elles les empêchent de voler avec facilité. La force de ces mandibules leur permet de soulever des poids considérables. Mais cet insecte ne s'en sert guère que pour montrer sa force, qui est énorme. Il n'attaque pas les autres insectes, et ne vit que de détritus de végétaux.

Le *Lucane commun* (fig. 499) atteint une longueur de sept centimètres en y comprenant les mandibules. Il est d'un brun marron foncé. On le rencontre, pendant les mois de mai, juin, juillet, dans les grandes forêts, grimpant le long des arbres et s'accrochant aux tiges avec ses mandibules.

Charles de Geer dit que le Cerf-volant suce la liqueur mielleuse qui se trouve sur les feuilles du chêne, arbre qu'il recherche particulièrement, ce qui lui a fait donner en Suède le nom de *Ek-Oxe* (bœuf du chêne). On suppose qu'il mange aussi des feuilles. Dans quelques cas, il attaque des insectes. Westwood dit qu'on a vu un Lucane descendre un arbre en emportant une chenille dans ses mandibules. Le Lucane peut s'apprivoiser. Swammerdam en avait un qui le suivait comme un chien, quand il lui présentait du miel.

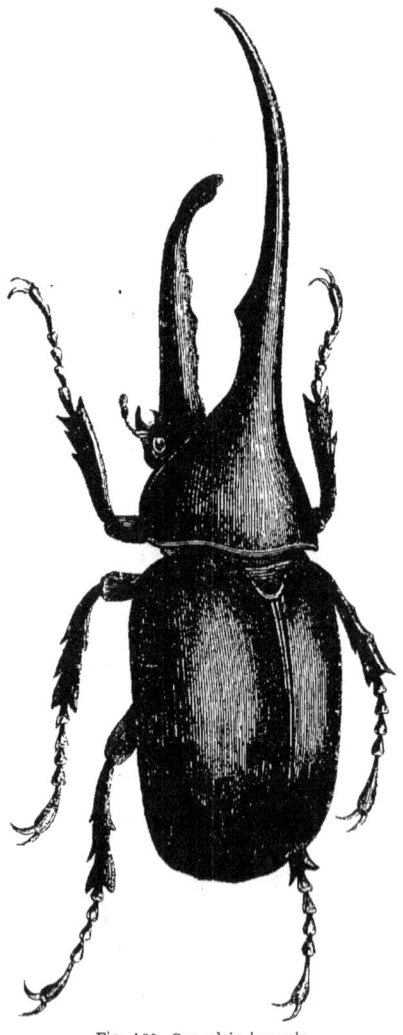

Fig. 498. Scarabée hercule.

Les Lucanes ne volent que le soir, se tenant presque droits, pour ne pas basculer. Leurs larves, blanchâtres, à tête rousse, vivent dans l'intérieur de morceaux de bois, qu'elles triturent avec leurs mandibules. Leur vie dure près de quatre ans. Plusieurs naturalistes pensent que les larves de Lucanes étaient les *Cossus* des Romains, qui figuraient sur la table des riches patriciens, et particulièrement de Lucullus.

La figure 500 représente le *Lucane belliqueux*; la figure 501, le *Lucane d'Europe;* la figure 502, une espèce exotique, le *Lucane*

Fig. 499. Lucane cerf-volant, larve, nymphe, insecte mâle et femelle.

Melly du Gabon, et la figure 503, une autre espèce exotique, le *Lucane des Célèbes* (Malaisie) ou *Lucane Titan*.

Le *Syndèse* de Tasmanie (*Syndesus cornutus*, fig. 504) et le *Chiasognathe*, de la côte du Chili (fig. 505), d'un beau vert doré, à reflets cuivreux, constituent des genres voisins des Lucanes.

Nous arrivons à la tribu des *Silphes*, qui sont pour l'homme des auxiliaires encore plus utiles que les Bousiers, puisque beaucoup d'entre eux débarrassent le sol des cadavres d'animaux en putréfaction.

Les insectes les plus remarquables de cette tribu sont les *Escarbots*, les *Silphes* proprement dits et les *Nécrophores*.

L'*Escarbot* (*Hister*) est un petit insecte reconnaissable à son corps presque rond, lisse et brillant, avec les élytres marqués

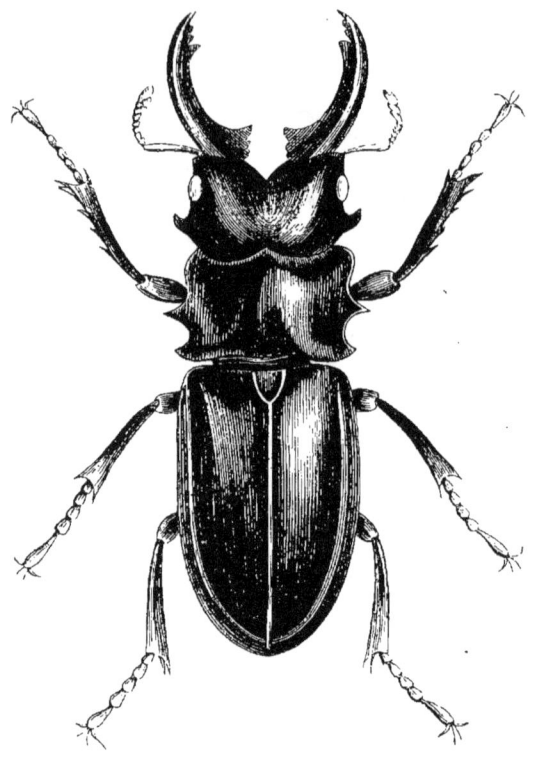

Fig. 500. Lucane belliqueux.

de stries. Ses mandibules sont assez développées. Il atteint une longueur de 5 à 6 millimètres.

Les *Silphes* ou *Boucliers*, ainsi nommés à cause de leur forme large et arrondie, sont d'une taille plus grande (15 à 18 millimètres), de couleur foncée, et exhalent une odeur nauséabonde. Quand on les saisit, ils dégorgent un liquide noirâtre. Ils s'introduisent sous la peau des cadavres d'animaux, et en dévorent les chairs jusqu'aux os. Les larves, plates et dentelées, vivent, comme les adultes, dans les charognes. L'espèce la plus commune est le *Silphe obscur*, d'un noir foncé, finement ponctué.

Deux espèces que l'on rencontre aux environs de Paris, le *Silphe à quatre points* (fig. 507) et le *Silphe thoracique* (fig. 508), grimpent sur les arbres et vivent de chenilles. Il paraît certain que la larve du *Silphe obscur* fait beaucoup de tort aux betteraves, dont elle dévore les feuilles.

Les *Nécrodes* s'éloignent peu des Silphes. Ils s'en distinguent

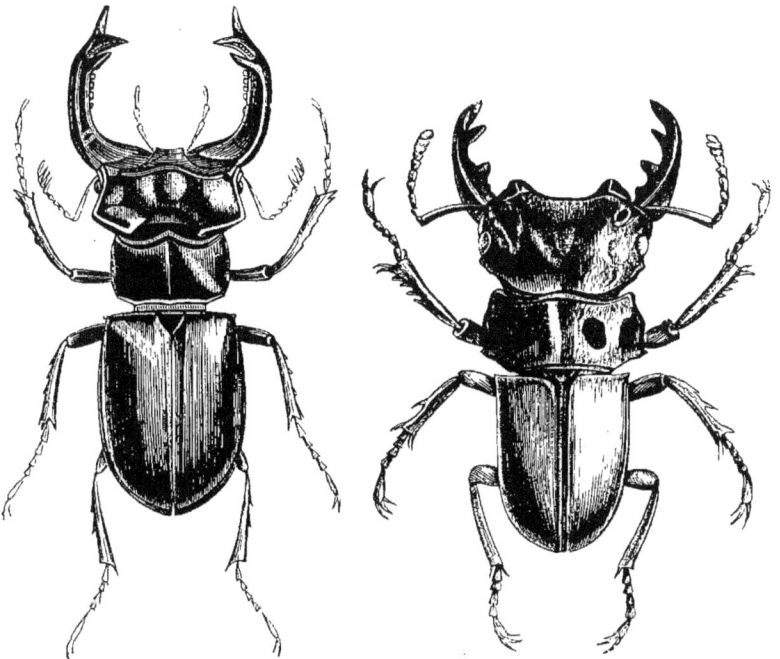

Fig. 501. Lucane cerf-volant (Europe).   Fig. 502. Lucane Melly (Gabon).

par des pattes postérieures plus grandes. On ne rencontre en Europe que le *Nécrode littoral* (fig. 509, 510); la figure 511 représente le *Nécrode à larmes*, de l'Australie.

Les *Nécrophores*, ou *fossoyeurs*, sont d'honnêtes croque-morts, qui enterrent avec soin les cadavres abandonnés sur le sol.

Lorsqu'ils flairent un mulot, une taupe, un poisson en décomposition, on les voit arriver, par troupes, pour procéder à l'inhumation. Ils se glissent sous le cadavre, et creusent la terre avec leurs pattes, projetant en tous sens les déblais qu'ils retirent. Peu à peu le cadavre s'enfonce; au bout de vingt-quatre heures, il a d'ordinaire disparu dans un trou de 20 centimètres de profondeur ; mais les Nécrophores le descendent encore plus bas, jusqu'à 30 ou 40 centimètres au-dessous de la surface. Alors nos fossoyeurs remontent, chassent la terre dans la fosse de manière à la remplir, et les femelles pondent leurs œufs dans la tombe, où les larves trouveront plus tard une nourriture abondante.

Quand le terrain est trop dur pour être entamé, les Nécrophores poussent le cadavre plus loin, jusqu'à ce qu'ils trouvent un sol perméable.

On a percé une taupe d'un bâton, ou bien on l'a attachée à une ficelle, pour voir comment les Nécrophores s'en tireraient. Ils ont creusé le sol au-des-

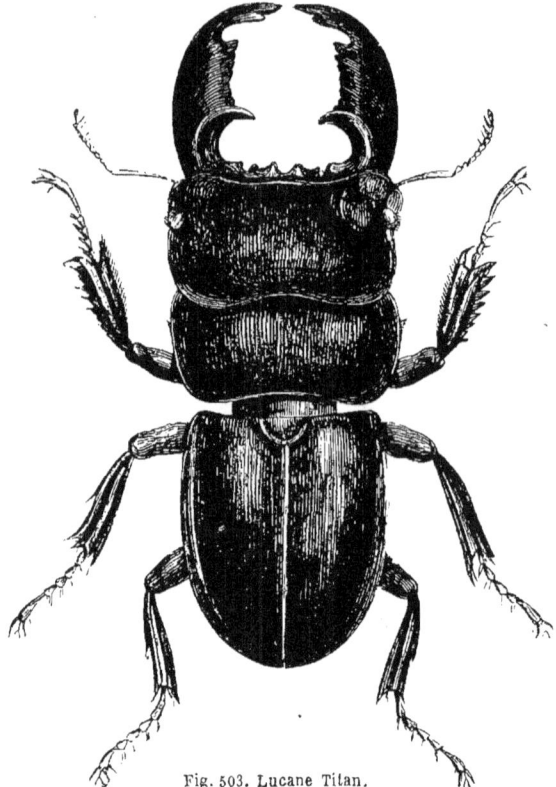

Fig. 503. Lucane Titan.

Fig. 504. Syndesus cornutus.

sous du bâton et coupé le fil, et la taupe a été enterrée malgré les obstacles qu'on avait suscités aux pauvres fossoyeurs

La figure 512 représente une troupe de Nécrophores enterrant un petit rat.

Le *Nécrophore fossoyeur* (fig. 513) est bigarré de jaune et de noir ; le *Nécrophore germanique* (fig. 514) est plus grand, tout noir, et plus rare. Tous ces insectes exhalent une odeur musquée désagréable. Leur corps est souvent couvert de petits importuns, les *Gamases*, qui se font voiturer par eux, en s'accrochant à leurs poils, et qui se servent des Nécrophores comme d'un omnibus, pour aller à la recherche de leur nourriture.

Les *Staphylins* vivent de cadavres d'animaux, de fumier et de détritus. Ils attaquent aussi des insectes vivants. Ils sont, pour la plupart, de petite taille, et se distinguent par leurs élytres trop courts, qui ressemblent à une veste ou une jaquette. Mais les

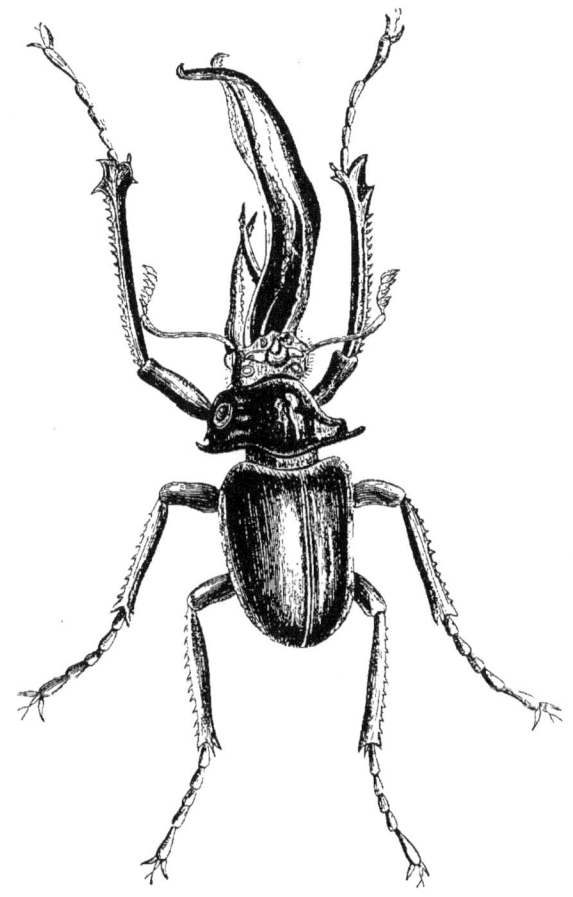

Fig. 505. Chiasognathe de Grant.

ailes ont un développement bien suffisant. Les grandes espèces ont de fortes mandibules. Quand on les irrite, les *Staphylins* dégorgent un liquide âcre et noir; et par l'abdomen, ils émettent un liquide volatil à odeur musquée.

On rencontre dans les chemins le *Staphylin odorant* (fig. 516), qui, lorsqu'il se sent attaqué, relève l'abdomen et fait sortir deux vésicules blanchâtres qui répandent un liquide éthéré. Sa larve vit sous les pierres. Ses mœurs sont celles de l'insecte adulte. Elle est très-carnassière et très-agile, et attaque souvent ses semblables.

Le *Staphylin à grande mâchoire* (*maxillosus*, fig. 517) ressem-

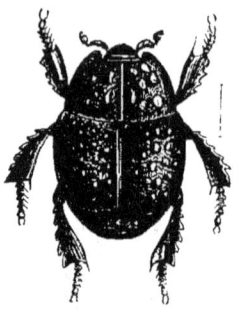
Fig. 506.
Escarbot rugueux.

Fig. 507.
Silphe à quatre points.

Fig. 508.
Silphe thoracique.

ble de loin à un Bourdon, à cause de ses longs poils jaunes. Le *Staphylin hirtus* (fig. 518) a des poils blancs et noirs.

Les genres *Psélaphe* et *Clavigère*, voisins des précédents, ren-

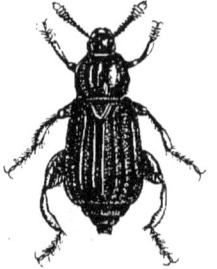
Fig. 509.
Necrodes littoralis mâle.

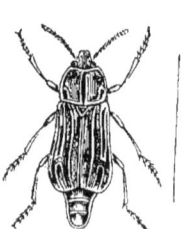
Fig. 510.
Necrodes littoralis femelle.

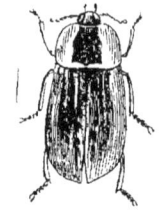
Fig. 511.
Necrodes lacrymosa.

ferment de petits insectes qui vivent en parasites dans les nids des Fourmis. Le *Psélaphe de Heise* (fig. 519), long de 2 à 3 millimètres, vit dans les débris de joncs, au bord des marais.

Le *Clavigère à fossettes* (fig. 520) se rencontre dans le nid d'une petite Fourmi rousse, qui en prend soin comme de ses propres enfants, parce que le *Clavigère* sécrète une liqueur très-appréciée par les Fourmis, qui sont toujours occupées à lui lécher le dos.

Les *Dermestes* attaquent de préférence les tendons et les peaux des cadavres. Quelques-uns des insectes de cette famille sont un

COLÉOPTÈRES. 525

fléau pour nos collections et pour les pelleteries. Ils dévorent une foule de matières sèches : les peaux, les plumes, les cordes à boyaux, les crins, les objets en écaille, les corps desséchés d'in-

Fig. 512. Nécrophores enterrant le corps d'un rat.

sectes, etc. Quelques autres Dermestes se nourrissent aussi de matières animales encore fraîches. Tel est le *Dermeste du lard*

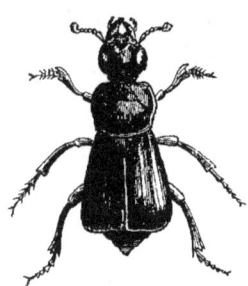
Fig. 513. Nécrophore fossoyeur.

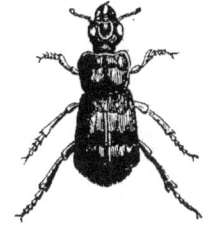
Fig. 514. Nécrophore germanique.

(fig. 521), que l'on rencontre dans certaines charcuteries malpropres. Il est noir, avec la base des élytres fauve et marquée de trois points noirs. Les larves sont couvertes d'un poil roussâtre;

elles mangent le lard, les peaux, et s'attaquent aussi entre elles. L'insecte parfait n'exerce pas de ravages. Comme tous les Dermestes, il contrefait le mort quand on veut le saisir.

Fig. 515. Staphylin odorant, adulte, nymphe et larve.

Le *Dermeste renard*, d'un gris fauve, détériore les pelleteries. La Compagnie de la baie d'Hudson, dont les magasins, à Londres, étaient dévastés par cet insecte, offrit un jour une prime de

Fig. 516. Staphylin odorant.

20 000 livres sterling (un demi-million) pour un moyen de destruction du Dermeste.

Les pelleteries ont aussi à craindre l'*Attagène* (*Attagenus pellio*, fig. 522), dont la larve, couverte de poils jaunâtres, porte à l'extrémité une sorte de balai, qui l'aide à se mouvoir.

COLÉOPTÈRES.

L'*Anthrène des musées*, long de 2 millimètres, noir avec trois bandes grisâtres, fait le désespoir des entomologistes, dont sa larve détruit les collections. Elle est couverte de poils gris et brunâtres, qu'elle hérisse dès qu'on la touche. L'insecte parfait recherche les fleurs. Il contrefait le mort quand on veut le saisir. On a cherché tous les moyens possibles pour éloigner les Anthrènes, en plaçant dans les collections

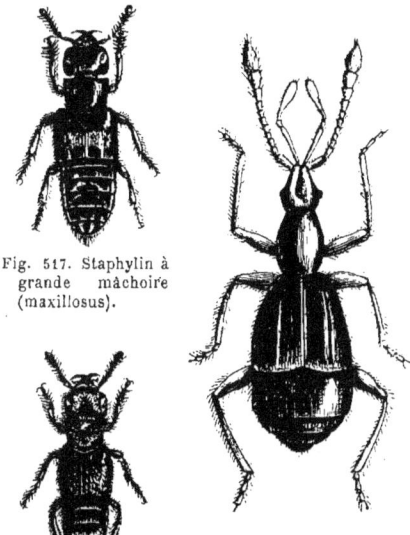

Fig. 517. Staphylin à grande mâchoire (maxillosus).

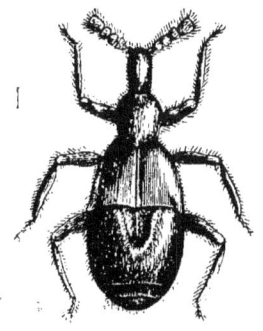

Fig. 518. Staphylin hirtus.

Fig. 519. Psélaphe de Heise.

Fig. 520. Clavigère à fossettes.

d'insectes du camphre, de la benzine, du tabac, du soufre, etc. La benzine les fait périr très-vite.

Les *Hydrophiles*, bien différents du groupe que nous allons

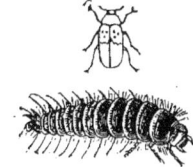
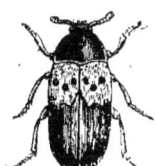

Fig. 521. Dermeste du lard.

considérer tout à l'heure, sont herbivores. On peut les nourrir avec des feuilles de salade. Le grand *Hydrophile brun* (fig. 523), qui atteint 4 centimètres, est commun dans nos eaux douces. Il ne faut le saisir qu'avec précaution, car sa poitrine est garnie d'une forte pointe, qui perce la peau. Il puise l'air en faisant sortir de l'eau ses antennes et les collant sur son corps. Les bulles d'air qui s'engagent dans cette espèce de rigole glissent sous le corps et se fixent aux poils ; de sorte que l'animal sem-

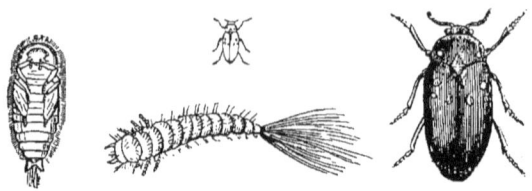

Fig. 522. Attagène des pelleteries.

ble vêtu de perles. C'est ainsi que l'air parvient aux orifices respiratoires.

On voit quelquefois la femelle de l'*Hydrophile*, accrochée aux plantes aquatiques, la tête en bas, former son cocon au moyen

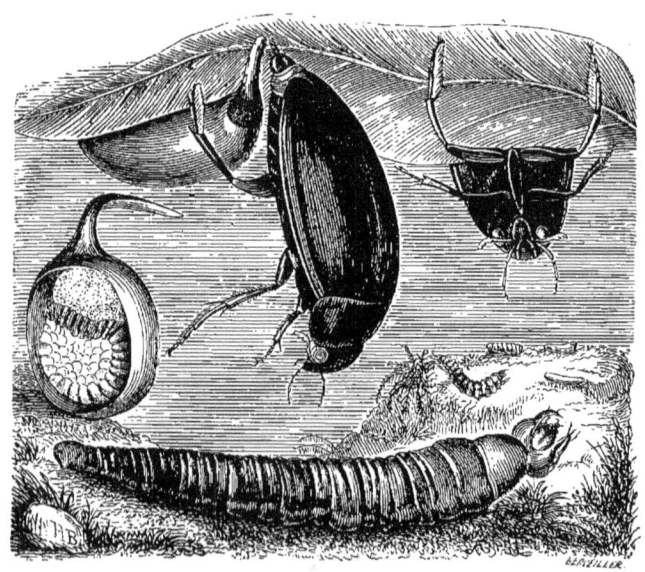

Fig. 523. Hydrophile brun.

de deux filières, situées à l'extrémité de l'abdomen (fig. 524). C'est dans ce cocon, terminé par un long pédicule, que l'Hydrophile pond ses œufs. Après l'avoir traîné avec elle pendant quelque temps, la femelle abandonne ce cocon dans une eau calme. Au bout de quinze jours, il en sort de petites larves brunes, fort agiles, qui grimpent sur les plantes. Ces larves sont à la fois

COLÉOPTÈRES.

herbivores et carnassières. Elles se nourrissent de plantes et de petits mollusques à coquilles, qu'elles saisissent par-dessous, et qu'elles brisent, en les pressant contre leur dos, pour en extraire

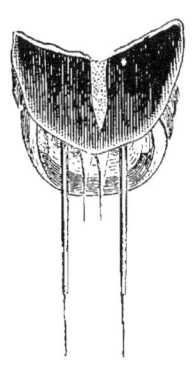

Fig. 524. Filière de l'Hydrophile.

Fig. 525. Nymphe de l'hydrophile.

le mollusque. Si elles sont attaquées, elles émettent un liquide noir, qui trouble l'eau et leur permet de s'échapper.

Au bout de deux mois, la larve sort de l'eau, et s'enfonce dans la terre pour se transformer en nymphe (fig. 525), qui devient insecte parfait un mois après. Ce dernier se colore peu à peu, et sort de terre au bout de douze jours. D'après M. Duméril, l'intestin de la larve s'allonge peu à peu à mesure que son régime devient herbivore. L'adulte, en effet, préfère la nourriture végétale aux matières animales. C'est à la fin de l'été que l'*Hydrophile brun* devient insecte parfait. Il passe l'hiver engourdi au fond de l'eau. Les femelles pondent au mois d'avril.

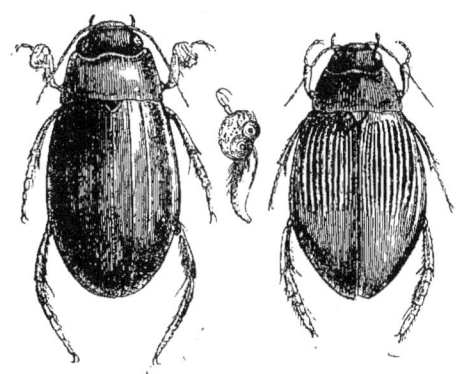

Fig. 526. Dytique bordé mâle et femelle; patte antérieure du mâle grossie.

Le petit *Hydrophile* (*Hydrous*) est plus commun que le grand; son corps est plus arrondi en arrière.

Nous allons maintenant considérer une série d'insectes aquatiques et carnassiers : les *Dytiques*, les *Cybisters* et les *Gyrins* ou *Tourniquets*. Ce sont de véritables corsaires, dont la rapacité dépasse celle des Coléoptères terrestres. Non contents de se dévorer entre eux, lorsque la faim les presse, d'attaquer surtout les larves de tous les insectes aquatiques, tels que les Libellules et les Éphémères, ils se nourrissent aussi de mollusques, de têtards de grenouilles et de petits poissons. Il est facile de les élever en captivité. Si on les enfermait dans de petits aquariums, le spectacle de leurs ébats serait beaucoup plus amusant que la vue des poissons rouges, qu'on rencontre partout et qui ne sont bons qu'à amuser les *Schahabahams* européens. Il faudrait seulement avoir soin de couvrir les bocaux d'une gaze, pour empêcher les insectes parfaits de s'envoler.

Cette tribu est peu nombreuse, peu variée dans ses formes. Un corps ovale, des pattes recourbées et élargies en rames, munies de cils, distinguent les insectes qui la composent. Ils vont puiser l'air à la surface de l'eau, comme les marsouins.

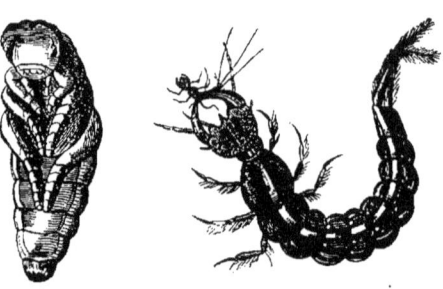

Fig. 527. Nymphe et larve du Dytique bordé.

Les plus carnassiers de ce groupe sont les *Dytiques* et les *Cybisters*. On pourrait les appeler les requins de la création entomologique. Rien de ce qui peuple les eaux n'est à l'abri de la voracité des *Dytiques*. Ils s'attaquent aux petits mollusques, aux jeunes poissons, aux têtards de grenouilles, aux larves d'insectes, et sucent avec avidité les morceaux de viande crue qu'on leur jette. On peut les conserver dans des bocaux pendant plusieurs années, en les nourrissant avec des matières animales. Leur corps ovalaire, à bords tranchants, leur permet de fendre l'eau avec une grande facilité. Les pattes postérieures leur servent de rames. Ils puisent l'air à la surface de l'eau, en soulevant l'extrémité postérieure de leurs élytres. On les trouve dans les eaux stagnantes, pendant la plus grande partie de l'année, mais surtout en automne. Pendant l'hiver, ils s'enfoncent dans la vase et sous les mousses. Les femelles déposent leurs œufs dans l'eau.

Les larves qui en sortent s'accroissent rapidement. Elles sont longues, renflées au milieu, et garnies de poils flottants. Pour se métamorphoser en nymphes, elles s'enfoncent dans la terre du rivage.

Les insectes parfaits sont amphibies; ils sortent de l'eau, et

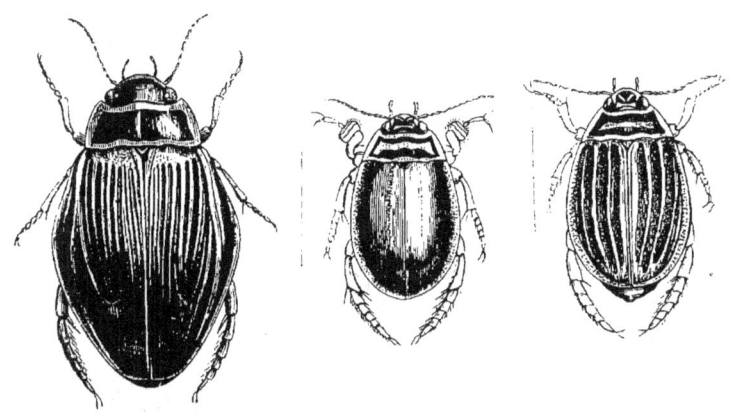

Fig. 528. Dyticus latissimus.   Fig. 529. Acilius sulcatus (mâle).   Fig. 530. Acilius sulcatus (femelle).

volent d'une mare à l'autre pour satisfaire leurs appétits voraces.

L'espèce la plus commune de ce genre est le *Dytique bordé* (*Dyticus marginalis*, fig. 526), d'un brun verdâtre foncé, avec une

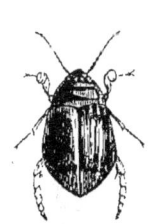 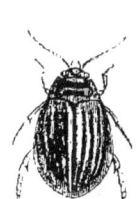 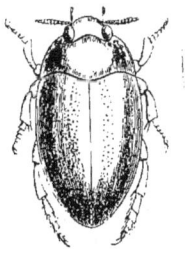

Fig. 531. Acilius fasciatus mâle.   Fig. 532. Acilius fasciatus femelle.   Fig. 533. Noterus crassicornis.

bordure jaune. Les élytres du mâle sont lisses, ceux de la femelle cannelés; la patte antérieure du mâle est garnie de ventouses. La larve est brune, la nymphe est d'un blanc sale.

Le *Dytique bordé* attaque quelquefois le grand *Hydrophile*. Il le perce entre la tête et le corselet, c'est-à-dire au défaut de la cuirasse, et le dévore, en dépit de la loi du plus fort. Le plus grand des Dytiques, le *Dyticus latissimus* (fig. 528), vit presque au nord de l'Europe.

Les *Cybisters* sont répandus surtout dans les pays chauds. Une

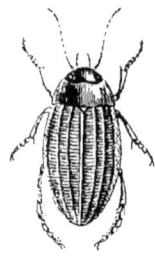
Fig. 534.
Colymbetes cinereus.

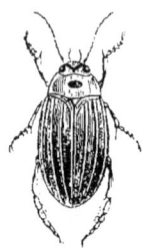
Fig. 535.
Colymbetes notatus.

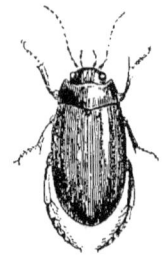
Fig. 536.
Colymbetes striatus.

espèce européenne est le *Cybister de Rœsel* (fig. 545). Ce groupe

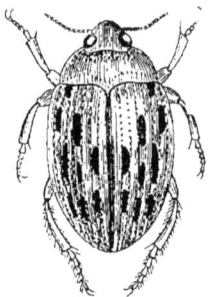
Fig. 537. Haliplus fulvus.

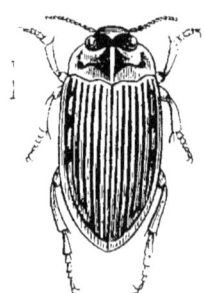
Fig. 538. Hydroporus griseo-striatus.

comprend encore un grand nombre d'insectes plus ou moins

Fig. 539.
Hydroporus confluens.

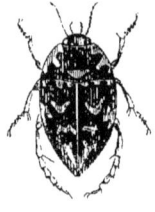
Fig. 540.
Saphis cimicoïde.

Fig. 541.
Laccophilus variegatus.

semblables aux précédents, par leur conformation et par leurs mœurs. Nous nous bornerons à en représenter quelques-uns par des figures. Ce sont les *Acilius* (fig. 529-532), les *Notères* (fig. 533), les *Colymbètes* (fig. 534-536), les *Haliples* (fig. 537), les

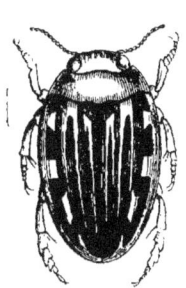
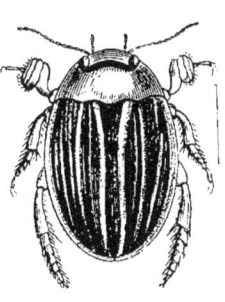
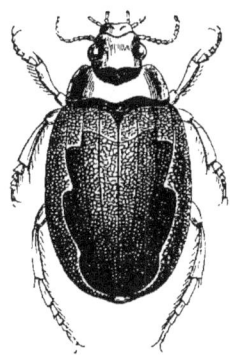

Fig. 542.
Laccophilus minutus.

Fig. 543.
Hydaticus grammicus.

Fig. 544.
Hygrobia Hermanni.

Hydropores (fig. 538, 539), les *Saphis* (fig. 540), les *Laccophiles*

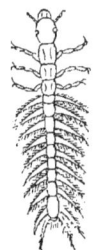

Fig. 545.
Cybister de Rœsel.

Fig. 546.
Gyrin nageur.

Fig. 547.
Larve du Gyrin nageur.]

(fig. 541, 542), les *Hydatiques* (fig. 543), les *Hygrobies* (fig. 544) qui abondent dans les mares.

Fig. 548.
Gyrin strié.

Fig. 549.
Gyrinus distinctus.

Fig. 550.
Epinectes sulcatus.

Les *Gyrins*, genre voisin des *Dytiques*, aiment, au contraire, les eaux claires et un peu agitées. Ce sont de petits insectes noirs, qui vivent en troupes nombreuses, nageant avec rapidité, et décrivant sans cesse des cercles capricieux, ce qui leur a valu le nom de *Tourniquets*. Ils sont remarquables par la disposition de leurs yeux, qui sont doubles; en sorte que les Gyrins semblent avoir quatre yeux. Les yeux inférieurs regardent dans l'eau et guettent la proie ou le poisson qui s'avance en ennemi; tandis que les yeux supérieurs regardent dans l'air, et avertissent l'insecte de l'approche des oiseaux. Pour échapper aux poissons, le Gyrin saute hors de l'eau, et se sert aussi de ses ailes. Pour échapper aux oiseaux, il plonge rapidement. Cette agilité et cette double vue rendent la capture des Gyrins fort difficile. Il faut les surprendre avec un filet disposé en forme de poche. Au moment où on les saisit, ils émettent un liquide laiteux et fétide.

Les femelles déposent leurs œufs bout à bout, sur les feuilles des plantes aquatiques. Les larves sont longues et étroites, d'un blanc sale. Elles sortent de l'eau à la fin de l'été, et se forment un cocon sur les plantes qui bordent les rives. Après un mois, l'insecte parfait éclôt et s'élance dans l'eau.

La figure 546 représente le *Gyrin nageur*, et la figure 547 sa larve.

Le *Gyrin strié* (fig. 548) se trouve dans les eaux de l'Europe méridionale.

Toutes ces espèces sont de petite taille, et ne dépassent pas 5 à 6 millimètres; mais sous les tropiques on rencontre des Gyrins de 20 millimètres de longueur. L'une de ces espèces, le *Distinctus* (fig. 549), existe dans le petit lac des Solazies, à l'île de la Réunion, connu pour ses eaux minérales. Les malades s'amusent à pêcher cet insecte au moyen d'une ligne amorcée d'un lambeau de drap rouge, sur lequel l'insecte se jette avec ardeur. On le trouve aussi dans une source thermale de l'Algérie.

Les *Épinectes* (fig. 550) sont de grands Gyrins du Brésil, à pattes antérieures très-allongées.

Mais les insectes carnassiers terrestres par excellence, ceux qui se font le plus redouter par leurs ravages et leur voracité, sont les *Carabiens*.

Cette tribu, l'une des plus nombreuses de l'ordre des Coléoptères, renferme des insectes à pattes longues et agiles, armées de puissantes mandibules, propres à déchirer leurs victimes. Ils sont, parmi les Coléoptères, les lions et les tigres, tandis que les Nécrophores et les Silphes jouent le rôle des hyènes et des chacals. Les yeux des Carabiens sont très-saillants, ce qui leur

COLÉOPTÈRES.

permet de voir de très-loin leur proie. Ils se réfugient sous les pierres et sous les écorces ; mais par un beau temps on les voit aussi courir dans les chemins. Ardents et audacieux, il n'est pas rare de les voir s'attacher à des espèces beaucoup plus grosses qu'eux.

L'agilité qui distingue ces insectes se retrouve chez leurs larves, qui sont également obligées de faire la chasse aux proies vivantes, au lieu de rester ensevelies, au milieu de leur nourriture, comme les larves des Hannetons et celles des autres Scarabées.

Ces insectes carnassiers sont fort nombreux, circonstance heureuse, vu la quantité infinie de petits êtres nuisibles qu'ils détruisent. Ils dévorent les Chenilles, les Charançons et une infinité d'autres parasites qui sont le fléau de l'agriculture. Il faut donc regretter le préjugé populaire qui porte des cultivateurs ignorants à les exterminer. On devrait, au contraire, les importer dans les jardins maraîchers, comme on y importe les crapauds, et comme on introduit les chats dans les greniers.

« Les Carabes, dit M. Michelet, tribus immenses de guerriers armés jusqu'aux dents, qui, sous leurs lourdes cuirasses, ont une activité brûlante, sont les vrais gardes champêtres qui, jour et nuit, sans fêtes ni repos, protégent vos champs. Jamais ils ne se permettront d'y toucher la moindre chose. Ils procèdent uniquement à l'enlèvement des voleurs, et ne veulent de salaire que le corps du voleur même. »

Mais le paysan détruit brutalement ces utiles chasseurs. Il se fait ainsi l'auxiliaire des insectes nuisibles, le conservateur et le propagateur de ceux qui mangent son bien.

Les enfants, séduits par la richesse des ailes des Carabes, s'amusent à attraper ces vigilants protecteurs de nos cultures, sans connaître la fâcheuse portée de leur action. Heureusement l'instruction se répand peu à peu dans les campagnes ; les cultivateurs commencent à être éclairés sur leurs véritables intérêts, et à savoir distinguer les animaux utiles qu'il convient de conserver dans les champs pour la sauvegarde des récoltes.

Dans quelques localités de la France, on a déjà fait des essais pour introduire les Carabes et les Cicindèles dans les jardins, et l'on s'en est fort bien trouvé.

Les vrais *Carabes* se reconnaissent à leur corps ovale et convexe, à leurs longues antennes, et à leur corselet élégamment découpé. Ils ont, en général, des formes plus massives que les *Cicindèles*, qui composent une famille voisine. Ces dernières forment, en quelque sorte, l'avant-garde et les troupes légères; les autres, les gros bataillons.

Les Carabes étant, en général, nocturnes ou du moins crépusculaires, et se tenant, pendant la journée, cachés sous des pierres, n'est pas facile d'observer leurs manéges.

On peut regarder comme le type de ce genre le *Carabe doré* (fig. 551), que le peuple appelle *Couturière*, *Jardinière*, *Sergent*, *Vinaigrier*, etc., et qui abonde dans nos champs et dans nos jardins. Il a les élytres d'un beau vert, avec trois côtes et les pattes jaunâtres. Quand on le touche, il dégorge une salive noire et âcre, et il lance par derrière un liquide corrosif d'une odeur désagréable. Le *Carabe doré* détruit les larves d'insectes et les chenilles. On l'a même vu s'attaquer à de gros insectes comme le Hanneton.

Dans les environs de Paris, on rencontre le *Carabe pourpré*

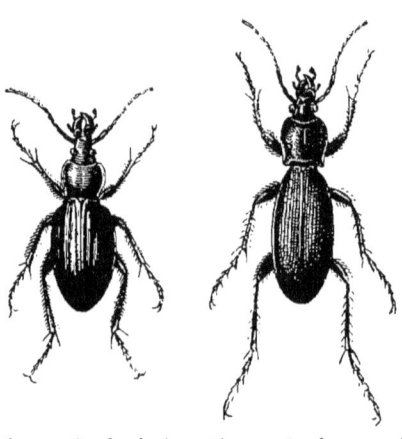

Fig. 551. Carabe doré.   Fig. 552. Carabe pourpré.

(fig. 552), dont la robe, de couleur sombre, est bordée de nuances rouges et violettes. On rencontre dans les Pyrénées plusieurs Carabes aux reflets métalliques, dont les belles couleurs font la joie des collectionneurs : le *Carabe splendide*, le *Carabe rutilant*, etc. Mais les plus beaux insectes de cette tribu viennent de la Sibérie et du nord de la Chine. Citons comme exemple le *Carabe émeraude*, d'un beau vert pré, le *Carabe de Viakinghof*, d'un beau noir, bordé d'azur avec une bande dorée, etc.

Les figures 553, 554 et 555 représentent le *Carabe à côtes*, le *Carabe Adonis* et le *Carabe à nœuds*, dont les étuis sont relevés en bosses et creusés de fossettes chagrinées. Ce dernier Coléoptère n'est pas rare en Alsace ; il vit le long des berges des ruisseaux.

Les larves des Carabes, longues et aplaties, vivent dans les troncs d'arbres, dans les feuilles sèches, sous les mousses. Elles sont agiles et font la chasse aux insectes. La figure 556 représente la larve du *Carabe à reflet doré* (*auronitens*).

COLÉOPTÈRES.   537

Un autre groupe de la même famille est constitué par les *Calosomes*. Ils ont des ailes sous leurs élytres, tandis que les vrais

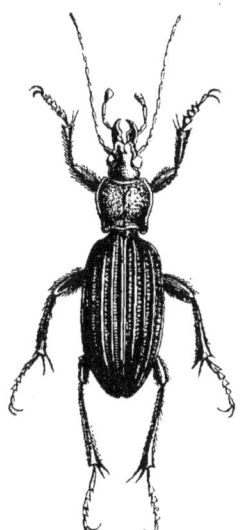

Fig. 553. Carabe à côtes.

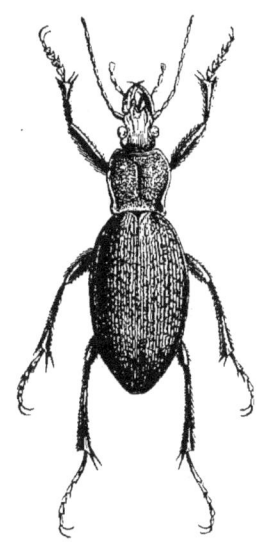

Fig. 554. Carabe Adonis.

Carabes n'en ont pas; ils s'en servent pour passer d'un arbre à l'autre.

Au mois de juin, on trouve sur les chênes le beau *Calosome sycophante* (fig. 557), d'un bleu violacé, ayant les antennes et les pattes noires, et les élytres d'un vert doré éclatant, avec des stries longitudinales. D'après Réaumur, la larve de ce Calosome va souvent élire domicile dans les poches où se sont renfermées les *Chenilles processionnaires* du chêne, et elle en débarrasse promptement l'arbre qui en est infesté.

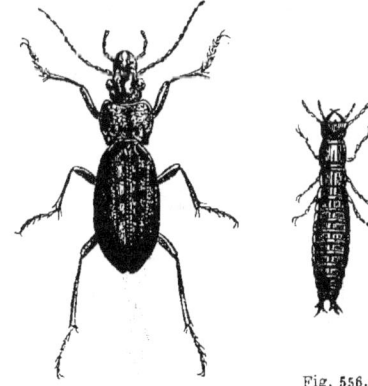

Fig. 555.
Carabe à nœuds.

Fig. 556.
Larve du Carabe à reflets dorés.

Le *Calosome à points d'or* (*auropunctatus*) est propre au midi de la France. Sa larve fig. 558) dévore les colimaçons et s'établit dans leur coquille.

358 LES INSECTES.

On a vu les larves de Calosomes se remplir d'aliments au point de doubler de volume. En cet état, elles sont quelquefois dévorées par des larves de leur propre espèce.

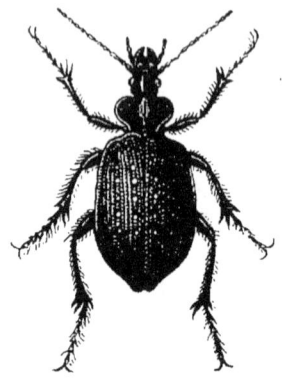
Fig. 557.
Calosome sycophante.

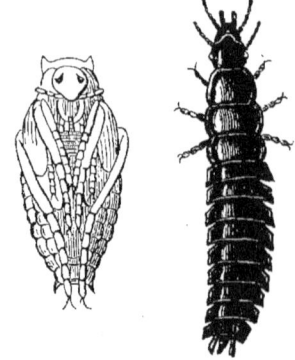
Fig. 558.
Larve et nymphe du Calosome à points d'or.

Une espèce plus petite, le *Calosome inquisiteur*, se rencontre assez fréquemment dans nos bois. La figure 559 représente cet

Fig. 559. Calosome inquisiteur poursuivant un Bombardier.

insecte poursuivant un Bombardier (*Brachinus explodens*), qui lui lance, pour l'arrêter, une vapeur à odeur pénétrante.

Dans les contrées du sud-est de l'Europe, et dans l'Asie Mineure, on trouve d'énormes Carabiques, les *Procrustes* et les

COLÉOPTÈRES.

Procères, qui atteignent cinq et six centimètres, et dont les téguments sont sculptés comme une peau de chagrin à fortes aspérités.

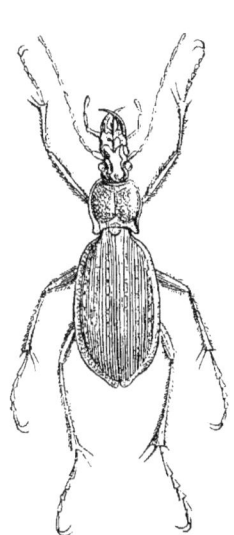
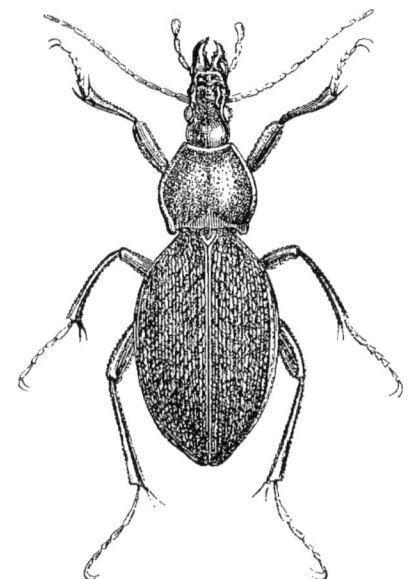

Fig. 560. Procruste coriace.

Fig. 561. Procère géant, de la Carniole.

Une seule espèce se rencontre en France, le *Procruste coriace* (fig. 560). Dans la Carniole (Autriche), on trouve le *Procère géant* (fig. 561).

Les *Omophrons* (fig. 562), petits Carabiques presque globuleux, d'un jaune pâle avec des lignes vertes, vivent dans le sable, au bord des rivières.

Les *Nébries* aiment en général les contrées montagneuses. La plus grande espèce, la *Nébrie arénaire* (fig. 563), se trouve sur tous les bords de la Méditerranée, et même sur nos côtes occidentales.

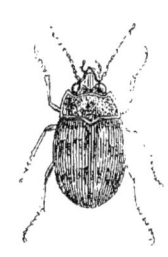

Fig. 562. Omophron limbatum.

Fig. 563. Nebria arenaria.

Mais ses couleurs pâlissent à mesure qu'elle remonte vers le nord sur la côte africaine. Elle est d'un jaune clair avec des lignes noires.

Les Nébries se cachent, soit sous les tas de plantes marines amenées par les vagues, soit sous les souches des arbres roulés par la mer. Quand on les prive de leur abri, elles s'échappent avec une rapidité telle, qu'il est difficile de s'en emparer.

On trouve au Sénégal les *Têfles* (fig. 564), gros Carabes noirs aux élytres cannelés et vermiculés.

D'autres espèces voisines sont : le *Damaster* (fig. 565), propre au Japon, remarquable par sa tête allongée et ses élytres pointus; — l'*Anthie* (fig. 566), qui se rencontre dans les sables en

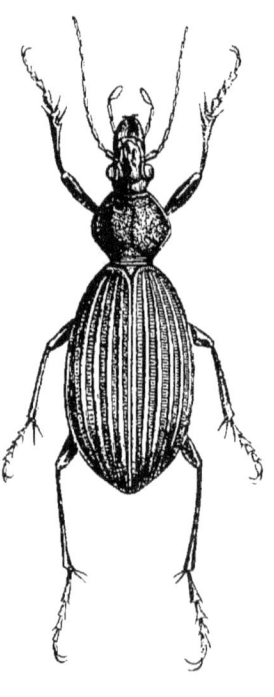
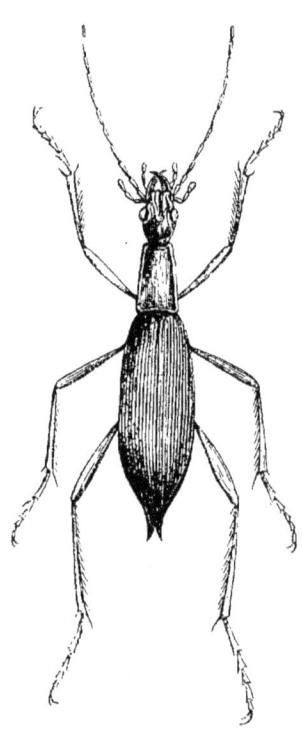

Fig. 564. Tefflus Megerlei.   Fig. 565. Damaster laptoides.

Afrique et dans l'Inde, et dont la tête est armée d'une façon redoutable; le *Campylocnémis* ou *Hypérion* (fig. 567), insecte d'Australie, d'un noir brillant, qui atteint plus de sept centimètres, et dont les pattes courtes et dentelées lui permettent de creuser des terriers.

On trouve, sur les côtes du midi de la France, un représentant de ce groupe, le *Scarite géant* (fig. 568), qui se blottit dans un antre comme les Grillons, et dévore tout ce qui passe à sa portée.

COLEOPTÈRES.

L'innombrable tribu des *Harpales* renferme des Carabiques de taille assez petite, tantôt d'un vert bronzé, tantôt d'un noir terne

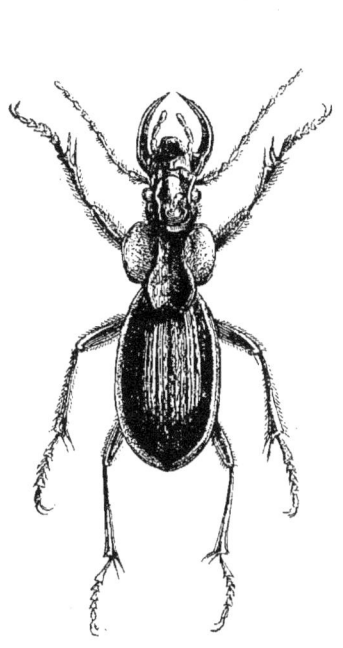

Fig. 566. Anthia thoracica.

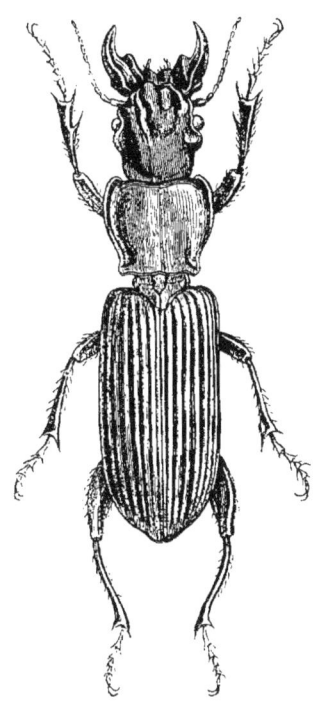

Fig. 567. Campylocnemis Schræteri.

ou brillant, qui rendent de grands services à nos jardins. Cachés sous les pierres, ou dans les feuilles sèches, au pied des arbres,

Fig. 568. Scarite géant à l'affût.

ils font la chasse à une foule de petites mites, chenilles, cloportes, etc. Ces Coléoptères exterminent ainsi le menu gibier.

On rencontre dans toutes les cours, dans tous les jardinets, l'*Harpale bronzé* (fig. 569), qu'on voit reluire au milieu des pavés, comme une petite lame de laiton.

Les *Galérites* (fig. 570, 571) se distinguent par des antennes épaisses à la base; elles exhalent une odeur très-forte. Presque toutes sont propres à l'Amérique.

Un des insectes les plus curieux de cette tribu est le *Mormolyce-feuille*, de Java (fig. 572), dont les élytres débordent de manière à lui donner l'aspect d'une feuille. Il vit sous les écorces. La larve

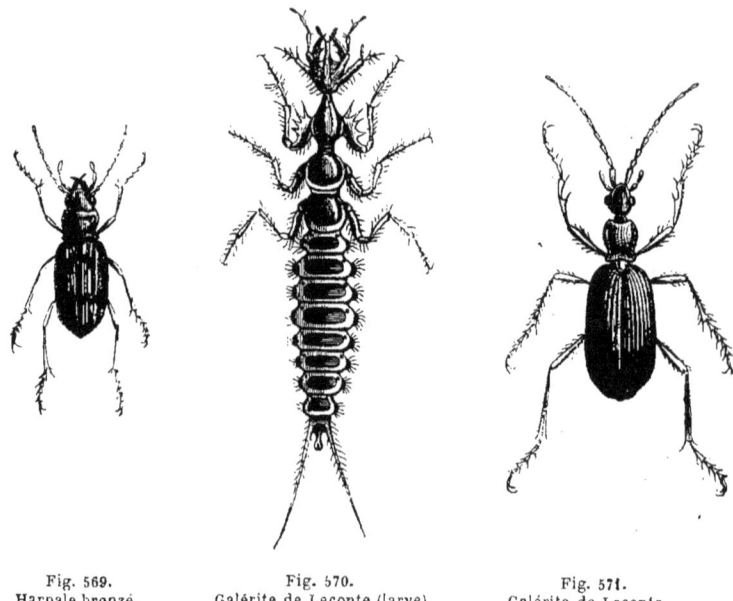

Fig. 569.
Harpale bronzé.

Fig. 570.
Galérite de Leconte (larve).

Fig. 571.
Galérite de Leconte.

et la nymphe (fig. 573) ressemblent à celles des autres Carabiques.

La deuxième grande famille de la tribu des Carabiens se compose des *Cicindèles*, insectes à taille élancée, à grosse tête saillante, à pattes très-longues, à la démarche vive et rapide.

Les *Cicindèles* aiment les plaines sablonneuses. Au soleil, elles volent en décrivant des zigzags continuels; mais leur vol est peu soutenu. Par un temps couvert, on les voit courir sur le gazon, ou se cacher dans des trous. Quand on veut les prendre, on se pose de manière à les mettre à l'ombre de son corps. Cela suffit pour les calmer, au moins pendant un instant, et l'on en profite pour les saisir. On les rencontre sur les plages de la mer, d'où on

COLÉOPTÈRES.

les voit quelquefois s'élever par centaines, sous les pas des promeneurs, comme des bouquets de feux d'artifice. Elles se nourrissent de Mouches et de petites Crevettes, dont les bords de la mer sont littéralement criblés.

Dans les sentiers des environs de Paris, on rencontre, à chaque instant, la *Cicindèle champêtre* (fig. 574), qui est d'un beau vert taché de blanc; l'abdomen est d'un rouge cuivreux.

La *Cicindèle hybride*, d'un vert terne relevé par dix bandes, ha-

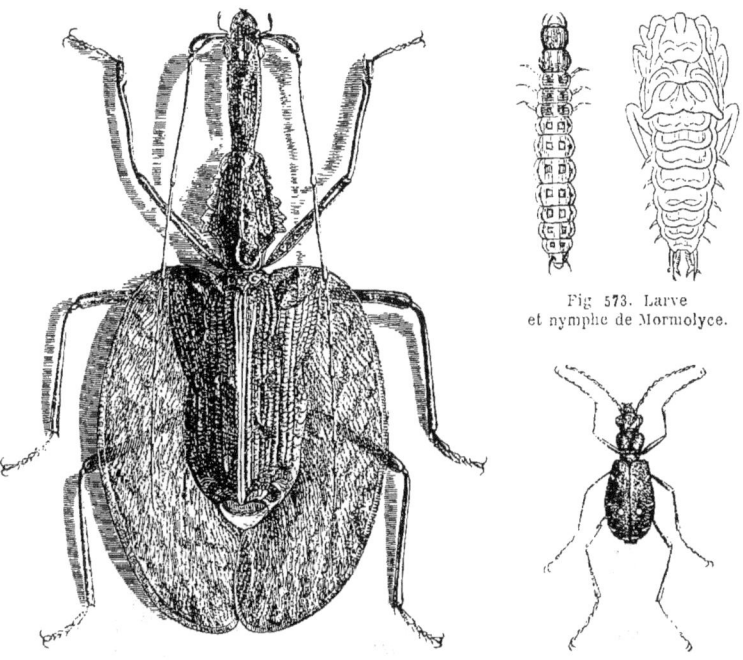

Fig. 572. Mormolyce-feuille.

Fig. 573. Larve et nymphe de Mormolyce.

Fig. 574. Cicindèle champêtre.

bite les bois sableux; la *Cicindèle maritime* est une espèce qui diffère de la précédente. La grande *Cicindèle des bois*, qui vole très-bien et qu'il n'est pas facile de saisir, se rencontre souvent dans les gorges les plus brûlantes des forêts de Fontainebleau et de Montmorency. Elle est brune, tachée de blanc; elle répand une forte odeur de rose, à laquelle succède bientôt l'odeur âcre de la salive qu'elle dégorge.

Nous représentons ici les *Cicindèles de Dumoulin*, — *rugueuse*, — *scalaire*, — *héros*, — *à quatre lignes*, et la *Cicindèle du Cap*.

Il est curieux de voir l'ardeur avec laquelle les Cicindèles poursuivent leur proie. Avec leurs mâchoires, elles dépècent promptement les ailes et les pattes de leur victime ; elles sucent ensuite ses intestins avec leurs palpes. Souvent, lorsqu'elles sont dérangées dans cette occupation agréable, comme elles ne veulent pas

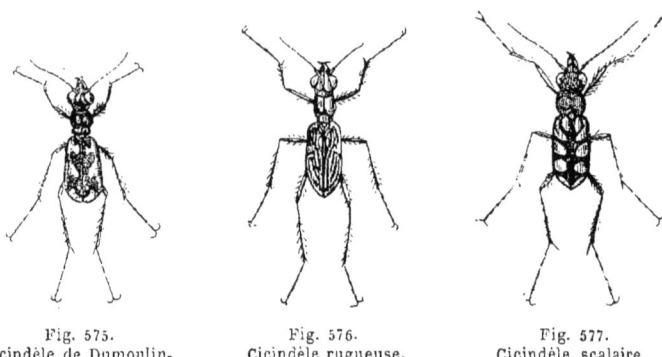

Fig. 575.
Cicindèle de Dumoulin.

Fig. 576.
Cicindèle rugueuse.

Fig. 577.
Cicindèle scalaire.

lâcher prise, elles s'envolent avec leur proie. Cependant leur vol n'est point assez puissant pour leur permettre de transporter un peu loin un tel fardeau. Lorsqu'on saisit entre les doigts une Cicindèle, elle agite avec fureur ses mandibules aiguës, et cherche

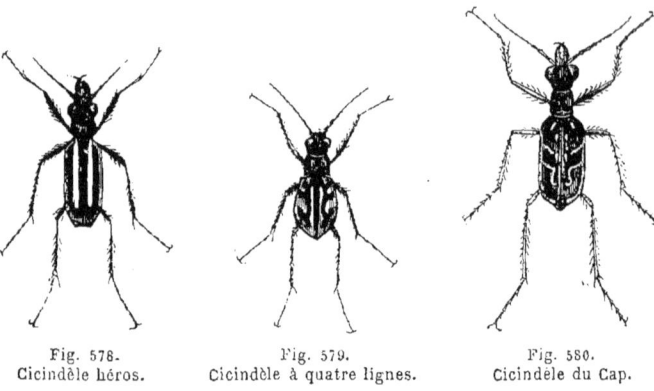

Fig. 578.
Cicindèle héros.

Fig. 579.
Cicindèle à quatre lignes.

Fig. 580.
Cicindèle du Cap.

à vous pincer. Mais ses morsures sont inoffensives et peu douloureuses.

Les Cicindèles sont prodigieusement agiles à la course. Armées de mâchoires assez puissantes pour atteindre leurs victimes et pour les saisir corps à corps, elles peuvent se passer de ruses et de stratagèmes.

Leurs larves (fig. 581), dont le corps est mou, et dont les pattes

COLÉOPTÈRES.

sont courtes, se déplacent moins facilement. Pour satisfaire leur voracité, elles sont obligées de se mettre à l'affût dans des trous.

Ces larves ont une longueur de deux centimètres; leur tête est cornée et présente la forme d'un trapèze. Le premier anneau est également corné, d'un vert métallique. Le huitième porte une paire de tubercules à crochets, dont la larve se sert pour monter et descendre dans son trou vertical, à la façon d'un ramoneur.

Ce trou (fig. 582) a une profondeur de cinquante centimètres. Pour le creuser, la larve emploie d'abord ses mandibules et ses pattes. Elle le déblaye de la manière suivante : elle se retourne, charge de terre le plateau qui couvre sa tête, grimpe le long de la cheminée en se pliant en forme de Z, et transporte ainsi son fardeau jusqu'en haut, comme les servants des maçons, qui grimpent sur une échelle, en portant sur la tête une auge de mortier.

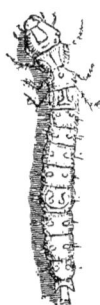

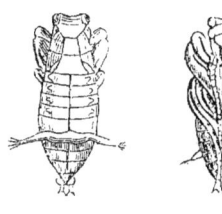

Fig. 581. Larve de Cicindèle champêtre.

Fig. 582. Trou d'affût de la larve de Cicindèle.

Fig. 583-584. Nymphe de la Cicindèle. (Dessus.) (Dessous.)

Arrivée à l'orifice du trou, elle lance au loin les déblais dont sa tête est chargée; ou s'ils sont trop lourds, elle les écarte simplement en les poussant avec sa tête.

Il est difficile d'observer ces manèges; car les larves sont très-défiantes, et se retirent aussitôt dans leur trou, lorsqu'elles prennent ombrage. Elles se tiennent en embuscade à l'entrée de ces souterrains, qu'elles bouchent hermétiquement avec leur tête et leur corselet. C'est une espèce de trappe qui bascule dès qu'un être imprudent essaye d'y passer. Le malheureux qui se hasarde sur ce pont chancelant est précipité dans le puits, et la Cicindèle se gorge de son sang.

Ces mœurs rappellent, on le voit, celles du Fourmi-lion.

Quand arrive le moment de la métamorphose, la larve de Cicindèle agrandit le fond de son trou et en bouche l'entrée avec de la terre, avant de se changer en nymphe.

La nymphe (fig. 583-584) est d'un jaune pâle, luisante, garnie de petites épines. La métamorphose a lieu entre les mois d'août et d'octobre; l'insecte éclôt au printemps.

On rapproche des Cicindèles les *Mégacéphales* (fig. 585-587) de l'Afrique et de l'Amérique tropicale; les *Manticores* (fig. 588), qui se distinguent par un aspect robuste et trapu; — les *Pogonostomes* (fig. 589), qui vivent à Madagascar; — les *Cténostomes*, propres à l'Amérique (fig. 590), remarquables par la longueur de leurs

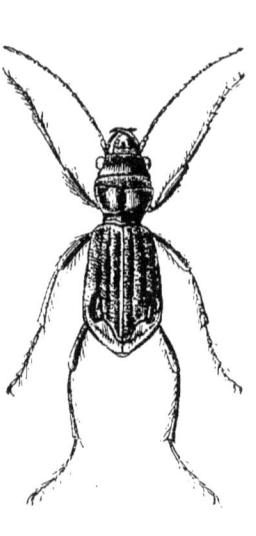

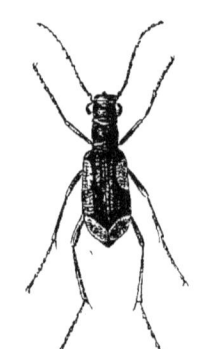

Fig. 586. Mégacephale oxychéloïde.

Fig. 585. Mégacéphale de King.

Fig. 587. Mégacéphale bifasciée.

palpes pendants et hérissés; — les *Omus*, de Californie; — les *Thérates* (fig. 591), insectes de la Nouvelle-Hollande, etc.

La tribu des *Piméliens*, appelés autrefois *Mélasomes*, parce qu'ils sont presque tous habillés de noir, offre quelques ressemblances avec celle des Carabiens. Ils recherchent les endroits obscurs et fuient la lumière. On les trouve à terre, sous les pierres; leurs mouvements sont lents, ils paraissent marcher avec difficulté. L'insecte le plus connu de ce groupe, c'est le *Blaps*, à odeur repoussante, qui habite les endroits sombres et humides, tels que les caves, et ne sort de sa retraite que pendant la nuit. Ses élytres sont soudés et dépourvus d'ailes. Le vulgaire les regarde

COLÉOPTÈRES. 547

comme un présage de mauvais augure. On a nommé l'espèce la plus commune, le *Blaps porte-malheur, présage-mort, sorcière de la mort,* etc.

La figure 592 représente le *Blaps obtus.* D'après le rapport d'un

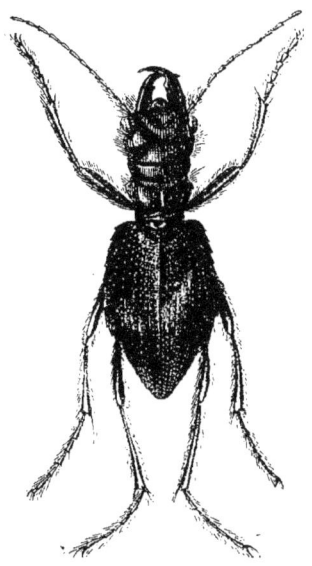
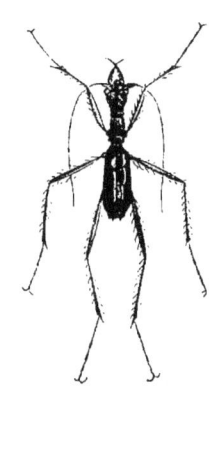

Fig. 588. Manticore tuberculeuse.   Fig. 589. Pogonostome gracieux.

voyageur, les femmes en Égypte, afin d'engraisser, mangent, cuit avec du beurre, le *Blaps sillonné,* qui est très-commun. On l'em-

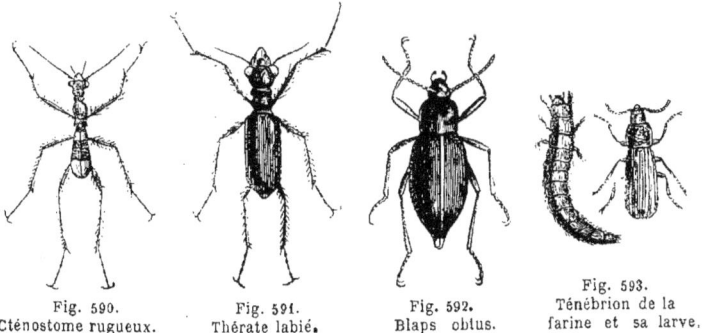

Fig. 590. Cténostome rugueux.   Fig. 591. Thérate labié.   Fig. 592. Blaps obtus.   Fig. 593. Ténébrion de la farine et sa larve.

ploie également contre les douleurs d'oreilles, la morsure du Scorpion, etc.

Un autre insecte de la même famille est le *Ténébrion* (fig. 593), d'un brun noirâtre, avec les élytres fortement striés, et d'une longueur de quinze millimètres. Sa larve vit dans la farine; elle est cylindrique et d'un fauve luisant. Les amateurs d'oiseaux les recherchent, pour en nourrir les habitants de leurs volières. On trouve souvent dans le pain les débris du *Ténébrion meunier*, ou ceux de sa larve, que le peuple appelle *Ver de farine* (fig. 593).

L'insecte que l'on considère comme le type de la tribu des Piméliens est la *Pimélie à deux points*, commune dans le midi de la France.

Nous arrivons à la tribu des Coléoptères vésicants, dont les plus connus sont les *Cantharides*.

Ces insectes ont généralement une consistance molle; leurs élytres sont très-flexibles. Ils recherchent les fleurs. Quelques-uns se tiennent constamment sur les arbres. Tous sont très-vifs et très-agiles. Avalés, ils sont un dangereux poison. On les emploie en médecine pour faire des vésicatoires.

La Cantharide des boutiques (*Cantharis vesicatoria*) est d'un beau vert. Elle atteint une taille de deux centimètres. On la trouve sur les frênes, sur les lilas et sur d'autres arbustes. Dans toute l'Europe on en fait une grande consommation. Le commerce l'a longtemps tirée d'Espagne, et la tire encore souvent de ce pays; c'est de là que lui vient le nom vulgaire de *Mouche d'Espagne*. Comme elle vit en sociétés nombreuses, sa récolte est plus facile et moins coûteuse que ne le serait celle des autres espèces de la même famille qui vivent isolément, mais qui ont les mêmes propriétés médicinales.

La présence des Cantharides se manifeste par l'odeur de souris qu'elles répandent au loin.

Quand, à l'aide de cette odeur, on a découvert l'arbre, ordinairement un frêne, sur lequel les Cantharides se sont abattues, on les récolte de la manière suivante. On étend de grand matin, au pied de l'arbre, une toile d'un tissu clair, et on secoue fortement les branches, pour en faire tomber les insectes. Ces derniers, engourdis par le froid de la nuit, ne cherchent pas à s'échapper (fig. 594). Lorsqu'on juge que la récolte est suffisante, on relève les quatre coins, et on plonge le tout dans un baquet rempli de vinaigre étendu d'eau. Cette immersion suffit pour faire périr les Cantharides. On les transporte ensuite dans un grenier, ou sous un hangar bien aéré. Pour les faire sécher, on les étale

Fig. 594. Récolte des Cantharides dans le midi de la France.

sur des claies recouvertes de toile ou de papier. De temps en temps, pour faciliter leur prompte dessiccation, on les remue, soit avec un bâton, soit avec les mains, ce qui est plus commode. Mais il faut alors prendre la précaution de mettre des gants, car si on les touche avec les mains nues, on éprouve des accidents plus ou moins graves. La même précaution doit s'employer aussi pendant la récolte.

Quand les Cantharides sont bien sèches, on les introduit dans des vases de bois, de verre ou de faïence, hermétiquement bouchés, et on les conserve dans un endroit à l'abri de l'humidité. Avec ces précautions, on peut les garder longtemps sans qu'elles perdent rien de leurs propriétés caustiques. Duméril a essayé, pour faire des vésicatoires, des Cantharides qui avaient vingt-quatre ans de magasin, et qui n'avaient rien perdu de leur énergie vésicante.

Les Cantharides desséchées sont si légères qu'un kilogramme renferme près de treize mille individus.

Arétée, médecin qui florissait à Rome au premier siècle de notre ère, paraît avoir employé le premier, comme moyen de vésication, les Cantharides réduites en poudre. Hippocrate les donnait à l'intérieur contre l'hydropisie, l'apoplexie, et la jaunisse. Mais il est à peu près établi que les Cantharides des anciens n'étaient pas celles dont l'usage a prévalu aujourd'hui. C'était probablement une espèce voisine, le *Mylabre des chicorées*.

On a fait l'analyse chimique des Cantharides et on en a retiré un principe vésicant, la *cantharidine*. Ce produit organique se présente sous forme de petites lames brillantes, incolores, solubles dans l'éther et dans les huiles. Un atome de cette matière appliqué sur la peau, et en particulier sur la lèvre inférieure, fait à l'instant même soulever l'épiderme, et produit une vésicule remplie de sérosité.

Malgré le principe corrosif que renferment les Cantharides, elles sont attaquées, comme les autres insectes desséchés, par les Dermestes et les Anthrènes, qui s'en régalent sans le moindre inconvénient.

Les *Mylabres* ont le plus grand rapport de structure, d'apparence et de propriétés avec les *Cantharides*, qu'elles remplacent en Orient, en Chine et dans le midi de l'Europe. On les rencontre en grappes sur les fleurs des chicorées, des chardons, etc.

Le *Mylabre de la chicorée*, assez commun en France, surtout dans le midi, est de taille assez petite, tandis que d'autres espèces sont assez grandes. Il est noir, velu, avec une grande tache jaunâtre à la base de l'élytre, et deux bandes transversales de la même couleur.

Un autre groupe de cette famille comprend les *Méloés*, aux élytres très-courts, sans ailes. Ils marchent lentement et difficilement sur les plantes basses, les femelles traînant un énorme abdomen, rempli d'œufs. On les observe ordinairement au printemps. En Allemagne, on leur donne le nom de *Maiwurm* (ver de mai). Leur succulence les exposerait sans doute par trop à la voracité des oiseaux, et de quelques petits mammifères insectivores, s'ils n'avaient la ressource de faire suinter, à volonté, au moment du danger, de toutes leurs articulations, une humeur onctueuse, d'un jaune rougeâtre, dont l'odeur et probablement aussi les propriétés caustiques repoussent leurs agresseurs.

Les femelles déposent leurs œufs sous la terre, et il en sort des larves d'une forme très-bizarre. Avalés par des bestiaux, les Méloés les font gonfler et mourir. C'est pour cette raison que Latreille a émis l'opinion que ces insectes sont les *Buprestes* (Enflebœuf) des anciens, dont parle la loi de Cornélius (*Lex Cornelia de sicariis et veneficis*). Mais le nom de *Buprestes* a été appliqué par Linné aux *Richards*, coléoptères dont il sera question plus loin, et il a été généralement adopté par les naturalistes.

Le plus commun parmi les Méloés est le *Méloé proscarabée*. On le trouve en abondance, dès le mois d'avril, dans les prairies voisines du pont d'Ivry près de Paris.

Les métamorphoses des insectes de la famille des Cantharides étaient restées longtemps entourées d'un voile impénétrable. Les recherches de Newport, en Angleterre, et de M. Fabre (d'Avignon), en France, ont fait connaître de nos jours les phases, extrêmement curieuses, au milieu desquelles s'accomplissent les métamorphoses[1] d'une espèce qui appartient à la même famille, le *Sitaris humeralis*. Ces observations, dont nous allons donner un aperçu rapide, mettront probablement les naturalistes sur la voie pour observer également les premiers états des Cantharides proprement dites.

Les *Sitaris* (fig. 595) ne prennent aucune nourriture lorsqu'ils sont parvenus à l'état parfait. Quand la femelle a été fécondée, elle dépose, à l'entrée du nid d'une Abeille solitaire, deux à trois

---

1. *Annales des sciences naturelles*, 1857, 4ᵉ série, t. VII, p. 300.

COLÉOPTÈRES. 553

mille œufs, très-petits, blanchâtres, agglutinés en masses informes. Un mois après, il sort de ces œufs de très-petites larves (d'un millimètre de longueur seulement), d'un vert noir luisant, coriaces, armées de fortes mâchoires et de longues pattes et antennes (fig. 596). Ce sont les larves *primitives*. Elles restent immobiles et sans prendre de nourriture jusqu'au printemps suivant. A cette époque éclosent les Abeilles mâles, qui précèdent d'un mois l'apparition des femelles.

A mesure que les Abeilles sortent de leur nid, les larves de Sitaris s'accrochent à leurs poils.

De là elles passent sur les femelles, à l'époque de l'accouplement.

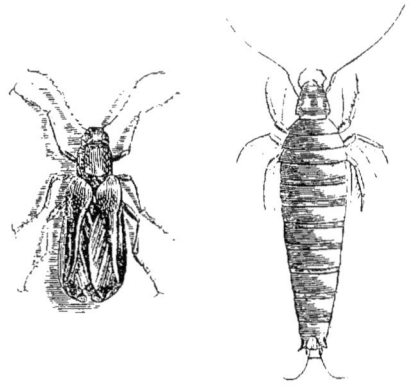

Fig. 595. Sitaris huméral.

Fig. 596. Première larve de Sitaris (très-grossie).

Quand les abeilles mâles ont bâti des cellules, et les ont garnies de miel, la femelle, on le sait, dépose dans chacune un œuf. Aussitôt les larves de *Sitaris* se laissent tomber sur ces œufs, les ouvrent et en hument le contenu. Alors elles changent de peau, et la seconde larve paraît.

Celle-ci tombe dans le miel, dont elle se nourrit pendant un mois et demi. Elle est aveugle, tandis que la première larve est munie de quatre yeux, sans doute pour guetter au passage les Abeilles qui doivent lui servir de conducteurs, comme les compagnons d'Ulysse guettaient les moutons de Polyphème, pour sortir de l'antre où ils étaient retenus prisonniers.

Peu de jours après, cette seconde larve se contracte, et il se détache de son corps une pellicule transparente, qui laisse entrevoir une masse, d'abord molle, bientôt assez dure et d'un fauve vif; on la nomme *pseudonymphe* (fig. 597). Elle passe l'hiver.

Au printemps il en sort une troisième larve (fig. 598) semblable à la seconde. Celle-ci ne mange pas et se meut à peine. Elle se change bientôt en une nymphe ordinaire (fig. 599), d'un blanc jaunâtre, d'où sort le *Sitaris* adulte, qui ne vit que quelques jours, pour assurer la propagation de l'espèce, comme cela s'observe aussi chez les Éphémères.

Telles sont les curieuses circonstances qui président aux métamorphoses de ce Coléoptère.

On avait remarqué depuis longtemps les larves de Sitaris, cramponnées aux poils des *Anthophores*; mais on les prenait pour des parasites, et on les avait décrits comme tels.

Les *Lampyriens* ont des élytres faibles et mous, comme les insectes de la tribu précédente. A l'état d'insectes parfaits, ils fréquentent les fleurs. Leurs larves sont carnassières et attaquent d'autres insectes, ou des vers.

C'est à ce groupe qu'appartiennent les *Lampyres*, ou *Vers luisants*, qu'on voit scintiller, pendant les nuits d'été, dans l'herbe et sur les buissons.

Les Vers luisants sont fort agiles. Quand on réussit à s'en emparer, ils cessent aussitôt d'émettre leur douce lumière blanchâtre. Ils ont la faculté de faire briller ou disparaître à volonté ce flambeau naturel; ce qui est, du reste, une propriété commune à tous les animaux phosphorescents.

Les propriétés lumineuses dont ces animaux sont doués, ont pour but de révéler leur présence au sexe opposé, car les femelles surtout possèdent ces propriétés à un haut degré. De même que les sons ou les odeurs qu'exhalent d'autres insectes, attirent, séduisent et dirigent les uns vers les autres les deux sexes, ainsi, chez les Lampyres, une lueur phosphorescente signale les femelles aux mâles. C'est le flambeau de l'amour, c'est un phare naturel, c'est un télégraphe animé qui brille dans le silence et l'obscurité des nuits.

Le siége de la substance phosphorescente varie suivant les espèces. Il existe ordinairement sous les trois derniers anneaux de l'abdomen.

La lueur est produite par la combustion lente d'une sécrétion particulière. Elle semble émise par scintillation. On a constaté qu'elle se dégage brusquement lorsque l'animal contracte ses muscles, soit spontanément, soit sous l'influence d'une excitation artificielle.

On a tenté quelques essais chimiques pour connaître la nature ou la composition de l'humeur qui produit cet effet étrange; mais jusqu'ici les recherches ont appris seulement que l'action lumineuse est plus énergique dans l'oxygène et nulle dans les gaz inertes. Chez l'espèce que l'on rencontre le plus souvent aux environs de Paris, le *Lampyris noctiluca*, la phosphorescence est d'une teinte verdâtre; elle prend, dans certains moments, l'éclat d'un charbon incandescent.

COLÉOPTÈRES.

Les femelles des Lampyres sont dépourvues d'ailes, tandis que les mâles en sont pourvus, et possèdent des élytres bien développés. Les femelles ressemblent beaucoup aux larves ; seulement, elles ont la tête plus apparente et le corselet en bouclier, comme les mâles. Les larves se nourrissent de petits mollusques. Elles pénètrent dans la coquille des Colimaçons, après en avoir dévoré l'habitant. Elles possèdent la propriété phosphorescente à un moindre degré que les femelles adultes. La nymphe femelle ressemble à la larve ; la nymphe du mâle, au contraire, laisse apercevoir ses ailes repliées sous une mince peau. L'insecte parfait éclôt vers l'automne.

Le *Lampyre luisant* (*Lampyris noctiluca*, fig. 600) est d'un jaune brunâtre. Il est commun dans les environs de Paris.

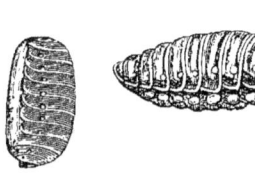   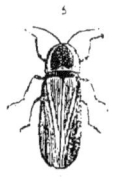

Fig. 597.
Pseudonymphe
de Sitaris.

Fig. 598.
Troisième larve
de Sitaris.

Fig. 599.
Nymphe
de Sitaris.

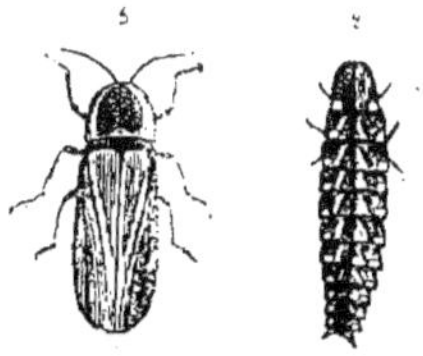

Fig. 600.
Lampyre
noctiluque.

Dans un genre voisin, la *Luciole d'Italie*, les deux sexes sont ailés, d'un brun fauve, et également phosphorescents. On les rencontre en grand nombre en Italie, et les pelouses sont émaillées de leurs feux errants.

D'autres insectes de cette famille sont privés de la faculté d'émettre de la lumière. Tels sont, par exemple, les *Lyques*, aux brillantes couleurs, que l'on rencontre en Afrique et dans l'Inde. Un des plus beaux est le *Lycus latissimus*.

Un autre groupe est formé par les *Driles*, insectes fort singuliers dans leurs habitudes. Le type est le *Drile flavescent*, au panache jaune (*Drilus flavescens*). Le mâle, long de sept millimètres, noir et velu, avec les élytres d'un jaune testacé, à antennes munies de longs filaments, a été longtemps seul connu. La femelle, dix à quinze fois plus volumineuse, privée d'ailes et d'élytres, d'un brun jaunâtre, n'a été découverte que beaucoup plus tard, parce qu'elle n'a, en apparence, rien de commun avec le mâle, par la forme et la couleur.

Les métamorphoses de ces curieux insectes sont aujourd'hui

parfaitement connues. Mieczinsky, naturaliste polonais établi à Genève, avait trouvé des Driles à l'état de larve dans la coquille de l'*Helix nemoralis*. Ces larves dévoraient le Colimaçon dont elles occupaient la demeure, comme font les larves des Lampyres. Mieczinsky observa leur éclosion, mais il n'obtint que des Driles femelles, qui diffèrent à peine des larves dont elles procèdent. Le naturaliste génevois en fit un genre particulier sous la dénomination de *Cochleoctonus vorax* (vorace tueur de coquilles). Plus tard, Desmarest reprit ces observations. Il se procura à l'école vétérinaire d'Alfort un certain nombre de coquilles d'Hélix, remplies des mêmes larves. Il en vit sortir, non-seulement des Cochléoctones, mais encore des Driles, et il observa leur accouplement. Il fut donc prouvé, par cet argument sans réplique, que ces deux insectes, si dissemblables, appartiennent à la même espèce.

La larve du *Drile jaune* se fixe sur la coquille du colimaçon, par une sorte de ventouse comme une sangsue. Peu à peu, elle se glisse entre le mollusque et sa maison, et le dévore entièrement. Pour se métamorphoser en nymphe, elle ferme l'entrée de la coquille avec la vieille peau qu'elle a abandonnée. Parvenue à l'état parfait, elle quitte la coquille qui lui a servi de demeure temporaire.

Les femelles de *Driles jaunes* se réfugient sous les pierres et les feuilles séchées, ou rampent lentement sur le sol, pendant que les mâles, qui volent avec une grande facilité, se trouvent sur les plantes et sur les broussailles. Ces insectes ne sont pas rares aux environs de Paris.

M. H. Lucas a observé en Algérie, près d'Oran, une autre espèce curieuse, le *Drile mauritanique*. La larve de cet insecte vit aux dépens de l'animal du *Cyclostoma Volsianum*, qui ferme l'entrée de sa coquille avec un opercule de substance calcaire. La larve de ce Drile se fixe sur le bord de la coquille à l'aide de sa ventouse, et dirige ses fortes mandibules du côté où le colimaçon est obligé de soulever son opercule, soit pour respirer l'air, soit pour marcher. Dans cette position, elle a la patience d'attendre quelquefois plusieurs jours à la porte. Le colimaçon recule aussi longtemps qu'il le peut le moment fatal. Mais quand, vaincu par la faim ou étouffant dans sa prison, il se décide enfin à ouvrir sa porte, le Drile profite aussitôt de cette occasion pour couper le muscle qui retient le pied du limaçon. La brèche étant faite, rien ne s'oppose plus à l'entrée de l'ennemi dans la place. Il s'y glisse et se met à manger tranquillement le malheureux

COLÉOPTÈRES.   557

mollusque inoffensif, qui lui donne le logement et la nourriture.

Les *Ptilodactyles*, les *Eucinètes* et les *Cébrions* appartiennent aux insectes de la même famille. Les deux premiers sont exotiques.

Les *Élatériens* sont d'assez gros insectes, d'une texture souvent fort dure, ayant le prosternum prolongé en pointe, et les antennes dentelées en scie. Ils ont la faculté de sauter lorsqu'on les couche sur le dos, et de retomber sur leurs pattes. De là leur nom d'*Élatères* (dérivé de la même racine que le mot *élastique*) ou de *Scarabées à ressort*. Ils produisent, en sautant, un choc sec, et souvent frappent à coups redoublés lorsqu'on les empêche

Fig. 601. Organe du saut chez le Taupin. (Face.)

Fig. 602. Organe du saut chez le Taupin. (Profil.)

Fig. 603. Larve.

de s'élancer; c'est ce qui les a fait nommer *Taupins* et *Maréchaux* (fig. 601 et 602).

Voici le mécanisme qui permet au Taupin d'exécuter ces mouvements. Il s'arc-boute, en s'appuyant sur le sol par la tête et par le dos; puis il se débande comme un ressort : la pointe du corselet pénètre dans une fossette située au-dessous de l'anneau suivant, et le dos vient heurter avec force le plan d'appui. Par réaction, l'animal est lancé en l'air. Il recommence ce manège jusqu'à ce qu'il se retrouve sur le ventre, car ses pattes sont trop courtes pour lui permettre de se retourner. Sa structure lui donne le moyen et la force de rebondir autant de fois qu'il est tombé sur le dos, et il peut s'élever ainsi à plus de douze fois la longueur de son corps.

Les larves des Taupins (fig. 603) sont cylindriques, à peau écailleuse, à pattes très-courtes. Elles vivent dans le bois pourri ou dans les racines de plantes. D'après M. Goureau, elles passent cinq ans dans cet état.

Les larves du genre *Agriotes* occasionnent des dégâts considérables dans les champs de blé. Elles ressemblent beaucoup aux *vers de farine* (larve du Ténébrion).

Les *Tétralobites* sont les plus grands *Élatériens* connus; ils atteignent une longueur de six à sept centimètres. On les rencontre aux Indes orientales et en Afrique.

On trouve en Amérique des Taupins phosphorescents. Ce sont les *Pyrophores*, que les Espagnols de l'Amérique du Sud désignent sous le nom de *Cucuyos*. Ils ont à la base du corselet deux petites taches lisses et brillantes, qui scintillent pendant la nuit; les anneaux de l'abdomen émettent aussi une lueur. Les Cucuyos éclairent assez pour qu'on puisse lire à une faible distance de leur corps.

Le *Pyrophore noctiluque* est très-répandu à la Havane, au Brésil, à la Guyane, au Mexique, etc. On les voit en grand nombre, la nuit, dans le feuillage des arbres. Lors de la conquête espagnole, un bataillon nouvellement débarqué n'osa engager le combat avec les naturels, parce qu'il prit les Cucuyos qui brillaient sur les arbres environnants pour des mèches d'arquebuses prêtes à faire feu.

« Dans ces contrées, dit M. Michelet, on voyage beaucoup la nuit pour échapper à la chaleur. Mais on n'oserait s'engager dans les ténèbres peuplées des profondes forêts, si les insectes lumineux ne rassuraient le voyageur. Il les voit briller au loin, danser, voltiger. Il les voit de près posés sur les buissons à sa portée. Il les prend pour l'accompagner, les fixe sur sa chaussure pour lui montrer son chemin et pour faire fuir les serpents. Mais quand l'aube se fait voir, reconnaissant et soigneux, il les pose sur un buisson, les rend à leur œuvre amoureuse. C'est un doux proverbe indien : « Emporte la mouche de feu; mais remets-la où tu l'as « prise [1]. »

Les femmes créoles se servent des Cucuyos pour rehausser l'éclat de leur toilette. Singuliers bijoux auxquels il faut donner à manger, qu'il faut baigner deux fois par jour, qu'il faut soigner sans cesse, pour les empêcher de mourir!

Les nègres des Antilles se servent des *Taupins lumineux* pour éclairer leurs cases (fig. 606).

Ils prennent ces petits animaux en balançant en l'air, au bout

---

1. *L'Insecte.*

d'un bâton, pour les attirer, des charbons incandescents : ce qui prouve que la lueur que répandent ces insectes est pour eux un

Fig. 604. Cage ou lustre à Taupins pour l'éclairage.

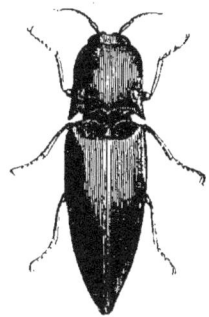

Fig. 605. Taupin lumineux des Antilles.

appel. Puis ils les vendent aux dames de la ville. Une fois entre les mains des femmes, les Cucuyos sont renfermés dans de pe-

Fig. 606. Case de nègres éclairée par des Taupins lumineux.

tites cages de fil de fer très-fin. On les nourrit de fragments de canne à sucre, et on leur fait prendre des bains, qui remplacent pour eux la rosée du matin et du soir.

Quand les dames mexicaines veulent orner leur toilette de ces diamants vivants, elles les placent dans de petits sacs de tulle léger, qu'elles disposent avec goût sur leurs jupes.

Il y a encore une autre manière de monter les Cucuyos. On leur passe, sans les blesser, une épingle sous le corselet, et on pique cette épingle dans les cheveux. Le raffinement de l'élégance consiste à combiner avec les Cucuyos, des colibris et de véritables diamants, ce qui produit une coiffure éblouissante. Parfois, emprisonnant de gaze ces flammes animées, les gracieuses Mexicaines les tournent en ardents colliers; ou bien elles les roulent autour de leur taille, comme une ceinture de feu. Elles arrivent au bal sous un diadème de topazes vivantes, d'émeraudes animées, et ce diadème flamboie ou pâlit, suivant que l'insecte est frais ou fatigué. En rentrant, après la soirée finie, on fait prendre à ces pauvres bêtes un bain qui les rafraîchit, et on les remet dans leur cage, qui, veilleuse d'un nouveau genre, répand toute la nuit dans la chambre une douce clarté.

En 1766, un Cucuyo amené vivant d'Amérique à Paris, probablement dans quelque vieux morceau de bois qui se trouvait dans le vaisseau, causa une grande frayeur aux habitants du faubourg Saint-Antoine, lorsqu'ils le virent voler le soir, en brillant dans l'air.

En 1864, un certain nombre de Cucuyos furent apportés du Mexique à Paris, par M. Laurent, capitaine de la frégate *la Floride*. Une expérience faite dans le laboratoire de l'École normale montra que le *spectre chimique* de leur lumière est continu, sans raies noires aucunes; il se distingue, en outre, du spectre de la lumière solaire par une plus grande intensité de la couleur jaune. La lumière se produit probablement comme chez les *Lampyres*, par la combustion lente d'une substance sécrétée par l'animal.

Le Cucuyo peut d'ailleurs, à volonté, augmenter ou diminuer l'éclat de cette lueur, au moyen de membranes qu'il superpose, comme des écrans, au-devant des bosses phosphorescentes qu'il a au front.

Aux Indes et en Chine, les femmes se servent pour leur coiffure, ou comme pendants d'oreilles, d'un autre coléoptère de la même tribu, qui commence même à être employé à cet usage par les femmes du midi de la France. C'est le *Richard*, aux couleurs splendides et d'un éclat métallique. Linné, comme nous l'avons dit plus haut, lui donna, à tort, le nom de *Bupreste* qui, chez les anciens, servait à désigner un coléoptère très-différent, le Méloé, du groupe des Cantharides ; mais les naturalistes modernes ont consacré ce titre illégitime.

Les *Richards* ou *Buprestes* ont la démarche lourde ; mais ils volent avec la plus grande facilité pendant l'ardeur du soleil, et se jettent sur les troncs d'arbres exposés aux rayons du midi. En Europe, et surtout dans le nord, ils sont assez rares et de taille assez petite. Il faut les chercher sur les bouleaux, dont la couleur blanche semble les attirer. Dans les régions les plus chaudes du globe, ils sont très-abondants, de grande dimension, et parés d'étincelantes couleurs. Ils ne sautent pas et ne sont pas doués de la propriété phosphorescente. Leurs larves sont sans pattes, allongées, blanchâtres, de consistance charnue, avec le premier anneau du corps très-élargi. Elles vivent dans les troncs d'arbres, entre l'écorce et le bois, se creusant des galeries irrégulières, et restent parfois sous cet état dix ans avant de se métamorphoser.

Laporte de Castelnau et Gory ont décrit et figuré environ treize cents espèces de Buprestes. La figure 607 représente le *Bupreste impérial*. Le *Bupreste albospère*, les *Julodis*, les *Chrysochroas*, les *Brachys*, appartiennent également à la grande famille des Buprestes.

Les *Clériens* se rattachent aux tribus précédentes. Ils ont le corselet plus étroit que les élytres et assez long, leurs téguments sont moins solides que ceux des Taupins et des Richards. Les uns sont phytophages, les autres carnassiers. Le type principal de cette famille est le *Clairon fourmi* (*Clerus formicarius*), roux, avec la tête et les pattes noires, dont la larve vit aux dépens des larves des Charançons.

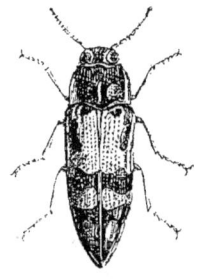

Fig. 607.
Bupreste impérial.

Une autre espèce, la *Nécrobie*, qui vit de matières animales desséchées, est devenue célèbre, parce qu'elle fut la cause du salut du plus grand entomologiste de notre siècle.

Le nom de *Nécrobie* (de νεκρός et βιός) ne signifie point : *qui vit sur les cadavres*, mais bien *vie et mort*. Voici la touchante histoire dont ce nom est destiné à consacrer le souvenir, et que Latreille lui-même a racontée dans son *Histoire des Insectes*.

Avant 1792, Latreille n'était connu que par quelques mémoires qu'il avait publiés sur les insectes. Il était alors prêtre à Brivesla-Gaillarde. On l'arrêta, avec les curés du Limousin qui n'avaient pas prêté serment. Ces malheureux furent conduits à Bordeaux, sur des charrettes, pour être déportés à la Guyane. Arrivés à Bordeaux au mois de juin, ils furent incarcérés à la prison du grand séminaire, en attendant qu'un navire fût prêt à appareiller. Sur ces entrefaites, le 9 thermidor arriva, et fit suspendre pour quelque temps l'exécution de l'arrêt qui condamnait les prêtres non assermentés à la déportation. Cependant les prisons ne se vidaient que lentement, et les condamnés n'en devaient pas moins partir pour l'exil. Seulement, leur déportation avait été remise au printemps.

Latreille demeurait donc détenu à la prison du grand séminaire.

Dans la chambre qu'il occupait, se trouvait, en même temps que lui, un vieil évêque malade, dont un chirurgien allait chaque matin panser les plaies. Un jour, comme le chirurgien achevait le pansement de l'évêque, un insecte sortit d'une fente du plancher. Latreille s'en empare aussitôt, l'examine, le pique avec une épingle sur un bouchon de liége, et paraît enchanté de sa trouvaille.

« C'est donc un insecte rare? dit le chirurgien.

— Oui, répond l'ecclésiastique.

— En ce cas, vous devriez me le donner.

— Pourquoi?

— C'est que j'ai un ami qui a une belle collection d'insectes et à qui il ferait plaisir.

— Eh bien, portez-lui cet insecte; dites-lui comment vous l'avez eu, et priez-le de m'en dire le nom. »

Le chirurgien courut chez son ami.

Cet ami, c'était Bory de Saint-Vincent, naturaliste qui devint célèbre depuis, mais qui était fort jeune à cette époque. Il s'occupait déjà beaucoup de sciences naturelles, et en particulier de la détermination des insectes. Le chirurgien lui remit la trouvaille du prêtre. Mais, malgré toutes ses recherches, il ne parvint pas à classer ce coléoptère.

Le lendemain, le chirurgien ayant revu Latreille dans sa prison, fut obligé de lui déclarer que, d'après son ami, ce coléoptère n'avait pas été décrit. Latreille comprit à cette réponse que Bory de Saint-Vincent était un adepte. Comme on ne donnait aux détenus ni plumes, ni papier, il dit à son messager :

« Je vois bien que M. Bory de Saint-Vincent doit connaître

mon nom. Vous lui direz que je suis l'abbé Latreille, et que je vais aller mourir à la Guyane, avant d'avoir publié mon *Examen des genres de Fabricius.* »

Bory, à cette nouvelle, commença d'actives démarches, et obtint que Latreille sortirait de prison sous caution de son oncle

Fig. 608. Latreille.

Dayclas et de son père, comme convalescent, avec l'engagement formel qu'on présenterait le prisonnier à la première réquisition de l'autorité.

Le vaisseau qui devait emmener Latreille en exil, ou plutôt à la mort, appareillait déjà lorsque ces démarches aboutirent et que Bory et Dayclas obtinrent sa sortie de prison. Cette sortie fut providentielle, car le bâtiment sur lequel Latreille devait être embarqué sombra en vue de Cordouan, et les marins seuls purent se sauver. Peu de temps après, ses amis obtinrent sa radiation de la liste des déportés.

C'est ainsi que la *Necrobia ruficollis* fut le sauveur de Latreille.

La tribu des *Charançons* est encore bien plus nombreuse que celle des Taupins et des Richards. On les reconnaît à leur tête prolongée en museau ou en trompe, à leur bouche rudimentaire, à leurs antennes coudées. Il en existe environ vingt mille espèces. Ils se nourrissent de végétaux. Les larves sont des vers sans pattes, mous, blanchâtres, à tête très-petite, et vivent dans l'intérieur des tiges ou des graines des plantes; elles occasionnent souvent d'énormes dégâts. C'est l'un des fléaux de l'agriculture. Chacun de nos légumes secs, chaque variété de céréales, a dans cette immense famille son ennemi personnel.

Voici d'abord les *Bruches*. La *Bruche du pois* (fig. 609), qui est

Fig. 609.
Bruche du pois (grossie).

Fig 610.
Bruche du pois et pois percé par cet insecte.

brune, avec des taches blanches, sort du pois, à la fin de l'été. Chaque femelle dépose ses œufs sur les pois mûrs et encore sur pied. La larve s'y creuse une habitation, et sort ensuite par un trou circulaire (fig. 610).

La *Bruche de la lentille* reste dans son nid tout l'hiver, et n'éclôt que vers le printemps suivant.

La *Bruche des fèves* marque chaque fève de plusieurs points noirs.

La vesce a également sa Bruche spéciale.

La *Calandre du blé*, d'un brun noirâtre, dépose ses œufs sur les grains, et la larve en mange ensuite les parties intérieures.

On a proposé une foule de moyens pour éloigner ce dernier Charançon. Le meilleur moyen est un ensilage rationnel, et une bonne aération des tas de blé.

Citons encore le Charançon du trèfle (*Apion*); le Charançon du

COLÉOPTÈRES. 565

colza (*Gripidius brassicœ*), le Charançon des navets (*Ceutorhynchus*), etc., etc.

Tous les végétaux, la vigne, les arbres fruitiers, les bouleaux, les pins, etc., sont rongés par des Charançons. Voici, comme exemple, le *Pissode tacheté* du pin (fig. 611), qui a la précaution, comme le montre la figure ci-dessous, de couper à demi les jeunes

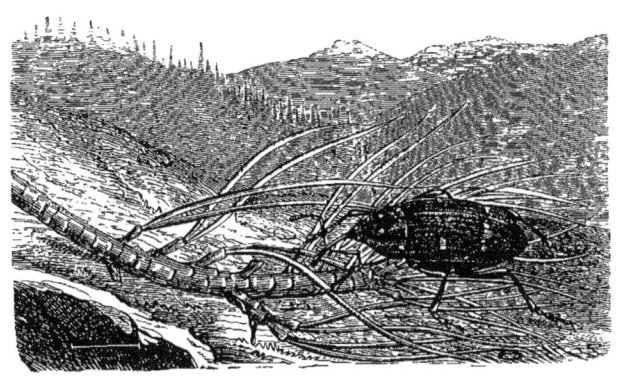

Fig. 611. Pissode tacheté.

tiges et les pétioles des feuilles du pin, afin, dit M. Maurice Girard[1], que la séve n'afflue que difficilement dans l'organe flétri, et ne puisse étouffer ses jeunes larves.

Les *Scolytes*, les *Hylésines*, les *Bostriches*, qui se rattachent à la famille des Charançons, creusent des galeries entre le bois et l'écorce de différents arbres, lorsqu'ils sont à l'état de larve, et dévorent les feuilles à l'état adulte. La figure 612 représente l'Hylésine du pin.

Les Scolytes sont quelquefois si nombreux dans les forêts que les

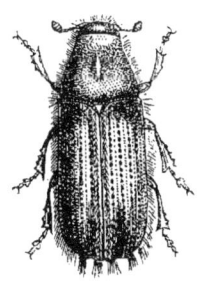
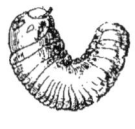

Fig. 612.
Hylésine du pin.

Fig. 613.
Larve de Scolyte (repliée).

arbres en sont tatoués dans toute leur étendue. En 1837, on fut obligé d'abattre, dans le bois de Vincennes, vingt mille pieds

---

1. *Métamorphoses des insectes*, p. 116.

de chênes, âgés de trente à quarante ans, qui étaient entièrement perdus par les ravages du *Scolyte pygmée*, dont la larve est représentée figure 613.

Les *Tomiques*, velus, de couleur fauve, constituent un terrible fléau des forêts de pins. En 1783, dans la forêt du Hartz, on perdit, par ces insectes, un million et demi d'arbres. Souvent les prêtres ont imploré, dans les églises, la clémence divine, pour mettre un terme aux dévastations exercées par les Tomiques.

Nous arrivons à la tribu des *Longicornes* ou *Capricornes*, laquelle comprend de beaux insectes, aux formes élégantes et aux couleurs variées, parfois aussi d'assez grandes dimensions.

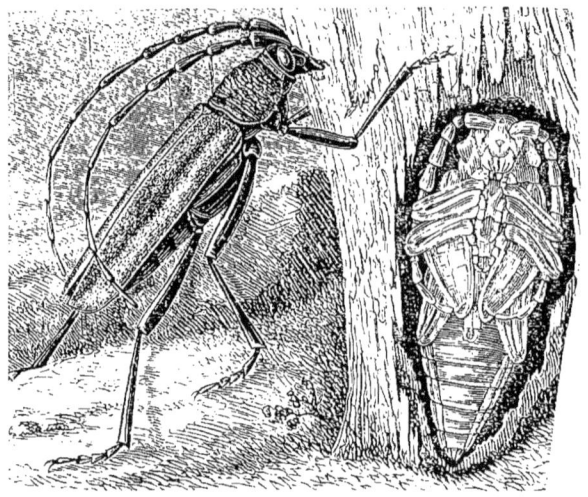

Fig. 614 Grand Capricorne (Cerambyx heros) et sa nymphe.

Les *Capricornes* ont les antennes très-longues; elles dépassent chez quelques-uns deux ou trois fois la longueur du corps. Leurs larves sont de gros vers blanchâtres, qui vivent dans le bois des arbres. Les insectes adultes fréquentent les fleurs, les arbres pourris, etc. Au mois de juin, on rencontre sur les chênes le *grand Capricorne* (*Cerambyx heros*, fig. 614), d'un brun foncé, dont la larve (fig. 615) creuse ses galeries dans l'intérieur de l'arbre, et occasionne souvent de grands dégâts.

Les *Chrysomèles* sont d'autres insectes phytophages, parés des plus vives couleurs, ayant des formes courtes et ramassées. Les larves, molles, ovoïdes, dévorent les feuilles des arbres. L'une des espèces les plus connues est celle *du peuplier* (fig. 616), de

COLÉOPTÈRES.   567

couleur bronzée, avec les élytres rouges, dont la larve, d'un gris verdâtre, déchiquète les feuilles du peuplier.

Les *Galéruques* et les *Altises* appartiennent à la même famille, ainsi que les *Cassides*, les *Criocères*, les *Donacies*.

La *Casside verte* fréquente les chardons et les artichauts ; on

Fig. 615. Larve de grand Capricorne.

l'appelle aussi *Scarabée tortue*, à cause de la forme arrondie de ses élytres.

La figure 617 représente la *Criocère du lis*. La *Criocère de l'asperge*, fauve et barrée de noir, a des habitudes semblables.

La dernière tribu des Coléoptères se compose des *Coccinelles*

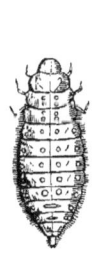 

Fig. 618.
Coccinelle à sept pièces.

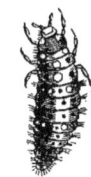

Fig. 616. Larve
de Chrysomèle du peuplier.

Fig. 617. Criocère du lis,
larve et adulte.

Fig. 619.
Larve grossie de Coccinelle.

(fig. 618). Ces petits insectes, globuleux, lisses, rouges ou jaunes avec des points noirs, nous sont très-utiles, car ils débarrassent les arbres des pucerons, cochenilles et autres bêtes malfaisantes. Leurs larves (fig. 619) se servent de leurs pattes antérieures pour porter à la bouche les pucerons auxquels elles font la chasse.

Quand un danger menace une Coccinelle, vite elle cache ses pieds sous son corps, et reste collée à la tige de l'arbuste. Si on la touche, elle se laisse tomber à terre. Parfois elle ouvre ses élytres, et s'envole rapidement. Elle peut aussi laisser suinter de la jointure de ses articulations un liquide jaune, mucilagineux, à odeur pénétrante et désagréable. C'est le seul moyen de défense de ce petit être inoffensif, qui mérite, à tous égards, le nom de *Bête à bon Dieu*, que les enfants lui ont donné.

FIN.

TABLE DES CHAPITRES

		Pages.
INTRODUCTION. — Structure générale des Insectes : la tête, le thorax et l'abdomen. — La peau chez les Insectes. — La digestion, la circulation et la respiration chez les Insectes parfaits. — Métamorphoses des Insectes : états d'œuf, de larve, de nymphe et d'Insecte parfait. — La force des Insectes. — Classification.		1

I. ORDRE DES APTÈRES. — La Puce. — Les Puces savantes. — La Chique du Brésil. — Les nègres du Brésil et leurs petits pédicures. — Le Pou. — Les victimes du phthyriasis. ... 31

II. ORDRE DES DIPTÈRES. — Rôle des Diptères dans l'économie de la nature. — Leur organisation.— Le Cousin.— La Tipule.— Les Larves de Sciarra. — Le Taon. — Le Chrysops. — L'Asilique. — L'Anthrax. — Le Vermilion. — L'Hélophile. — L'Œstre. — Impression des chevaux piqués par un Œstre. — L'Œstre et les troupeaux de Bœufs. — Les Moutons et la Céphalémie. — La Lucilie hominivore. — La Lucilie et les déportés de Cayenne. — Un mendiant mangé par les mouches. — La mouche Tsetsé de l'Afrique centrale. — Observations du docteur Livingstone. — La Mouche de la viande; merveilles de sa trompe. — La Mouche domestique. — L'Anthomie. — L'Hélomyze. — Le Dacus des Olives. — Observations de M. Guérin-Méneville sur le Dacus des Olives. ... 40

III. ORDRE DES HÉMIPTÈRES. — Les Pentatomes. — Les diverses espèces de Punaises. — Le Réduve masqué. — L'Hydromètre. — La Nèpe cendrée. — La Ranâtre. — La Corise. — Récolte du *Hautle* dans les lacs du Mexique. — Le Notonecte. — La Cigale — La Cigale dans l'antiquité. — Le bon la Fontaine mauvais naturaliste. — Le *Fulgore porte-lanterne*. — Mlle Sybille de Mérian à la Guyane. — L'Aphrophore. — Les Membraces. — Les Pucerons. — Observations de Ch. Bonnet sur la reproduction des Pucerons.— Amitié singulière des Pucerons et des Fourmis. — La Cochenille; sa culture et sa récolte en Algérie. — Le *Phylloxera vastatrix*; ses effets désastreux sur les vignes. ... 103

IV. ORDRE DES LÉPIDOPTÈRES. — Étude générale des chenilles, des chrysalides et des papillons. — Principaux papillons de jour et de nuit. — Histoire de la soie. — Les nouveaux vers à soie. — Autres Lépidoptères utiles ou nuisibles. ... 172

V. ORDRE DES ORTHOPTÈRES. — Orthoptères coureurs : les Perce-Oreille. — Les Blattes. — Les Mantes. — Les Blépharcs. — Les Empuses. — Les Phasmes. — Orthoptères sauteurs : les Grillons. — Les Sauterelles. — Les Criquets. — Les invasions et les ravages des Criquets en différents pays. ... 326

VI. ORDRE DES HYMÉNOPTÈRES. — Les Abeilles, leur organisation et leurs mœurs. — L'Apiculture. — Les Mélipones. — Les Bourdons. — Les Guêpes.— Les Fourmis; leur organisation et leurs mœurs. — Les Gallinsectes. ... 358

TABLE DES CHAPITRES.

Pages.

VII. ORDRE DES NÉVROPTÈRES. — Le Termite, son organisation et ses mœurs. — Ravages occasionnés en France par le Termite. — Les Perles et les Némoures. — L'Éphémère. — Les Cloës. — Les Libellules ou Demoiselles. — L'Æshne. — Les Caloptérix. — Les Agrions. — Les Raphidies. — Les Mantispes. — Les Semblides. — Le Fourmi-lion. — Les Ascalaphes. — Les Hémérobes. — Les Panorpes. — Le Bittaque et le Borée. — Les Phryganes. — Le Rhyacophile et l'Hydropsyche.............. 453

VIII. ORDRE DES COLÉOPTÈRES. — Les Cétoines. — Les Goliaths. — Les Trichies. — Le Hanneton. — Ravages qu'occasionnent les larves du Hanneton. — Les Scarabées proprement dits. — Les Scarabées sacrés. — Les Bousiers. — Les Lucanes. — Les Sylphes. — Les Nécrophores. — Les Hydrophiles. — Les Dytiques. — Les Colymbètes. — Les Gyrins. — Les Carabes. — Les Calosomes, etc., etc...................... 488

FIN DE LA TABLE DES CHAPITRES.

INDEX ALPHABÉTIQUE

DES NOMS DES PRINCIPALES ESPÈCES D'INSECTES

CITÉS DANS CET OUVRAGE.

A

Abeilles........................ 359
Acanthées...................... 108
Acanthops...................... 332
Acilius........................ 532
Æshne.......................... 477
Agrions........................ 477
Agriotes....................... 558
Alexanor....................... 213
Altise......................... 567
Alucite des grains............. 320
Anostostomes................... 342
Anthie......................... 540
Anthomyie...................... 97
Anthophores.................... 412
Anthrax........................ 64
Anthrène....................... 527
Aphrophore..................... 133
Apollon........................ 213
Argus.......................... 218
Ascalaphes..................... 481
Asile frelon................... 62
Ateuchus....................... 515
Attacus........................ 285
Attagène....................... 526
Aurore......................... 216

B

Bacille de Rossi............... 334
Belle-Dame..................... 223
Blaps.......................... 546
Blattes........................ 328
Bombyle bichon................. 63
Bostriches..................... 565
Bourdons....................... 406

Bousiers....................... 512
Brachycole robuste............. 331
Brachys........................ 561
Bronzé......................... 218
Bruche......................... 564
Bupreste....................... 561

C

Calandre....................... 564
Caloptérix..................... 477
Calosomes...................... 537
Campylocnémis.................. 540
Cantharides.................... 548
Capricornes.................... 566
Carabions...................... 534
Cassides....................... 567
Cébrions....................... 557
Céphalémie du mouton........... 78
Cétoines....................... 491
Charançons..................... 564
Charaxes Jasius................ 232
CHENILLES...................... 172
Chiasognathe................... 519
Chionobas Aello................ 233
Chique......................... 34
Chlorion....................... 331
Choreutes...................... 311
CHRYSALIDES.................... 180
Chrysochroas................... 561
Chrysomèles.................... 566
Chrysops....................... 61
Cicindèles..................... 542
Cigales........................ 116
Citron......................... 216
Clairon-fourmi................. 561

Clavigère.................... 524
Clériens 561
Cloés........................ 472
Coccinelles.................. 567
Coccus 171
Coccyx 311
Cochenilles 163
Cochylis..................... 311
Colymbètes 533
Conops 82
Copiphores................... 342
Corise 113
Corydie...................... 331
Cossus....................... 298
Courtilières................. 338
Cousin....................... 42
Créophiles 82
Criocères 567
Criquets..................... 342
Cténostomes 546
Cucuyos 558
Cybisters 530

D

Dacus des olives............. 100
Damaster..................... 540
Dectique..................... 342
Dermestes.................... 524
Dicranures................... 298
Donacies..................... 567
Driles....................... 555
Dytiques..................... 530

E

Échinomie.................... 83
Élatériens................... 557
Empides...................... 62
Empuses...................... 333
Éphémères.................... 470
Éphippigère des vignes....... 342
Épinectes.................... 534
Érèbe chouette............... 302
Érébie Euryale............... 233
Érémiaphiles................. 332
Érémobie..................... 356
Escarbot..................... 520
Euchlore 510
Eucinètes.................... 557

F

Flambé.. 213
Forficule.................... 327
Fourmi-lion.................. 478
Fourmis...................... 426
Frelon....................... 419
Fulgore porte-lanterne....... 125

G

Galérites.................... 542
Galéruques................... 567
Gallérie de la cire.......... 320
Gallinsectes................. 162
Gazé......................... 214
Géotrupes.................... 511
Glossine tsetsé.............. 88
Goliaths..................... 495
Grillons..................... 336
Guêpes....................... 416
Gyrins....................... 533

H

Haliples..................... 533
Hannetons.................... 499
Harpales..................... 541
Harpyie du hêtre............. 298
Hélomyze de la truffe........ 99
Hélophiles................... 65
Hémérobes.................... 482
Hépiale du houblon........... 297
Hibernie..................... 307
Hospiton..................... 213
Hydatiques................... 533
Hydromètre des étangs........ 111
Hydrophiles.................. 527
Hydropores................... 533
Hydropsyches................. 486
Hygrobies 533
Hylésines.................... 565

I

Inca treillissé.............. 499

J

Jassus devastans............. 136
Julodis...................... 561

K

Kakerlacs ou Cancrelats...... 330

L

Laccophiles.................. 533
Lampyriens................... 554
Libellules................... 472
Lichénées.................... 302

INDEX ALPHABÉTIQUE.

Liparis chrysorrhé............ 296
Livrée...................... 293
Lucanes.................... 517
Lucilie hominivore........... 85
Luciole d'Italie.............. 555
Lycœnas.................... 219
Lyques..................... 555

M

Machaon.................... 209
Mantes..................... 331
Manticores.................. 546
Mantispes................... 478
Maréchaux.................. 557
Mars (grand et petit)......... 232
Magacéphales................ 546
Mélipones................... 405
Méloés..................... 552
Mormolyce-feuille............ 542
Mouche dorée................ 85
Mouche de la viande.......... 89
Mouche tsetsé................ 87
Mouche domestique........... 96
Mouche bourreau............. 97
Mouche des bœufs............ 97
Moustiques.................. 51
Mylabres.................... 551

N

Nébries..................... 539
Nécrobie.................... 561
Nécrodes.................... 521
Nécrophores................. 520
Némoures................... 469
Nèpe....................... 112
Noctuelles.................. 301
Notères.................... 532
Notonecte.................. 114
Nyssia..................... 307

O

Œcanthes................... 338
Œcophores.................. 324
Œdie...................... 311
Œstres..................... 66
Ommexèque................. 356
Omophrons................. 539
Omus...................... 546
Orgyies.................... 295
Ortalide du cerisier.......... 99
Oryctès.................... 510
Osmyle.................... 482

P

Panorpes................... 482
Paons de nuit............... 291
Papillons................... 200
Papillon du chou............ 215
Pégomyies.................. 98
Pentatomes................. 104
Penthine du prunier.......... 311
Perles..................... 469
Petit Diable................ 136
Phalènes................... 307
Phanéroptères.............. 342
Phasmes................... 334
Phryganes.................. 483
Phyllies................... 334
Phylloxera vastatrix......... 150
Piérides................... 216
Piméliens.................. 546
Pissode.................... 571
Platydactyles............... 338
Pneumores................. 356
Pœdisque bouclier........... 311
Pogonostomes............... 546
Poliste française............ 419
Polyommates................ 218
Pou....................... 35
Procères................... 539
Processionnaires............ 293
Procris.................... 235
Procrustes................. 538
Psélaphe................... 524
Psychés................... 296
Ptilodactyles............... 563
Puce...................... 31
Pucerons.................. 137
Punaise................... 106
Pyrale de la vigne.......... 316
Pyrophores................. 564

R

Raphidies.................. 478
Réduve masqué.............. 109
Rhizotrogues............... 510
Rhyacophiles............... 486
Richards................... 561

S

Sarrothryspée de Hervay...... 311
Saphis..................... 533
Sarcophages................ 84
Satyre myrtil............... 234
Sauterelles................. 341
Scarabées.................. 511
Scarite géant............... 540
Sciara..................... 56

Scolytes	565
Scorpion aquatique	112
Semblides	478
Semi-Apollon	214
Séricore de Zincken	311
Sésie apiforme	234
Silphes	519
Sirex	449
Sitaris	552
Smérinthes	248
Souci	216
Sphinx	235
Sphœries	338
Staphylins	523
Stomoxe	85
Sylvains	228
Syndèse	519
Syromastes	105

T

Taon	61
Taupin	557
Tèfles	540
Teignes	321
Ténébrion	548
Termites	454
Tétralobites	558
Tétrix	356
Théclas	217
Thérates	546
Tipules	52
Tomiques	566
Tordeuses	311
Trichies	497
Tridactyles	340
Trox	511
Truxales	357

V

Vanesses	219
Ver à soie	251
Vermilion	64
Volucelles	64

X

Xylopode des forêts	311

Z

Zérène du groseillier	308
Zeuzère du marronnier	297
Zygène de la filipendule	235

FIN DE L'INDEX ALPHABÉTIQUE.

TABLE DES GRAVURES.

Gravures.	Pages.
1-2-3. Guêpe en trois segments..	2
4. Œil d'un insecte...	2
5. Antenne de l'Aside grise..	6
6. Antenne de la Zygie oblongue...	6
7. Bouche d'un insecte broyeur...	7
8. Thorax de l'Acrocine longimane......................................	7
9. Patte antérieure de l'Hétérocère à pattes dentées............	8
10. Patte postérieure du Zophosis à quatre lignes................	8
11. Position des pattes d'un Insecte pour le mouvement du saut...............	9
12. Appareil digestif du Carabe doré...................................	11
13. Extrémité postérieure du ventricule chylifique, entouré des vaisseaux de Malpighi..........	11
14. Appareil de sécrétion du Carabe doré............................	13
15. Appareil de la circulation du sang et de la respiration chez les Insectes....	19
16. Branchies ou appareil respiratoire des Insectes aquatiques (chez l'Éphémère)............	20
17. Système nerveux du Carabe doré..................................	21
18. Appareil musculaire de la Chenille du saule, d'après Lyonnet.............	23
19. Les trois états de l'Insecte...	24
20. Hydrophile sous ses quatre états...................................	25
21. Puce grossie...	32
22. Pou de la tête (grossi)..	36
23. Les nègres du Brésil et leurs jeunes pédicures..............	37
24. Cousin piquant..	43
25. Cousin piquant vu de profil...	43
26. Antenne du Cousin piquant...	44
27. Tête du Cousin piquant (très-grossie)............................	44
28. Trompe du Cousin piquant (grossie)..............................	44
29. Trompe du Cousin piquant (grossie)..............................	44
30-31-32. Aiguillons du Cousin piquant.............................	45
33. Larve du Cousin piquant...	46
34. Réaumur..	47
35. Nymphe du Cousin piquant...	48
36. La nymphe du Cousin piquant, rompant ses enveloppes et passant de l'eau dans l'air............	49
37. Œufs de Cousins piquants (grossis)...............................	51
38. Nègres du bas Sénégal se garantissant des moustiques..	53
39. Tipule des potagers, à l'état de larve, de nymphe et d'insecte aérien.......	55
40. Paysans de la Norvége devant un ruban de larves de Sciara.............	57
41. Taon automnal...	61
42. Chrysops aveuglant...	61
43. Asile frelon...	62
44. Bombyle bichon...	63
45. Vermilion..	64
46. Volucelle...	65
47. Hélophile..	65

TABLE DES GRAVURES.

Gravures.	Pages.
48. Hélophiles, ou vers à queue de rat, nageant dans l'eau..	65
49. Œstres mâle et femelle du cheval.	67
50. Crins de cheval portant des œufs d'Œstres.	68
51. Chevaux au pâturage piqués par des Œstres.	69
52. Portion de l'estomac d'un cheval envahi par des larves d'Œstres.	71
53. Œstre du bœuf.	73
54. Tumeur produite par l'Œstre sous la peau du bœuf.	74
55. Troupeau de bœufs dispersé par la piqûre des Œstres.	75
56. Sortie d'une larve d'Œstre, d'après Réaumur.	78
57. Tarière de l'Œstre femelle du bœuf.	78
58. Moutons attaqués par la Céphalémie.	79
59. Céphalémie du mouton.	81
60. Échinomie.	83
61. Lucilie hominivore.	85
62. Mouche tsetsé.	87
63. Œufs de la Mouche de la viande.	90
64. Mouche de la viande.	92
65. Trompe de la Mouche de la viande.	92
66. Partie conique de la trompe de la Mouche de la viande.	92
67. Trompe rétractée de la Mouche de la viande.	93
68. Extrémité de la trompe de la Mouche de la viande.	93
69. Lèvre de la trompe de la Mouche de la viande.	94
70. Aiguillon de la trompe de la Mouche de la viande.	96
71. Mouche domestique.	97
72. Anthomyie pluviale.	98
73. Hélomyse.	99
74. Dacus des olives.	100
75. Olives attaquées par le Dacus, pour y faire sa ponte.	100
76. Larves et nymphe du Dacus.	101
77. Galerie creusée dans une olive par la larve du Dacus.	101
78. Pentatome grise.	105
79. Punaise des lits (grossie).	106
80. Œuf de la Punaise.	107
81. Charles de Geer.	111
82. Réduve recouvert de son manteau de poussière (grossi).	112
83. Réduve débarrassé de son manteau de poussière (grossi).	112
84. Hydromètre des étangs.	112
85. Nèpe cendrée.	112
86. Corise striée.	113
87. Notonecte glauque.	115
88. Cigale mâle.	119
89. Appareil musical de la Cigale mâle.	121
90. Cigale femelle déposant ses œufs dans la rainure qu'elle a pratiquée sur une branche d'arbre.	122
91. Larve de Cigale.	123
92. Nymphe de Cigale.	123
93. Fulgore porte-lanterne.	126
94. Manière de faire chanter une Cigale sur le bout de son nez.	127
95. Sybille de Mérian, à la Guyane, découvre les propriétés lumineuses du Fulgore lanterne.	131
96. Larve d'Aphrophore.	134
97. Aphrophore mâle.	134
98. Membraces grossies.	135
99-100. Pucerons ailés (grossis).	137
101-102. Pucerons sans ailes (grossis).	137
103. Charles Bonnet.	143
104. Phylloxera de la vigne (grossi 70 fois).	153
105-106. Cochenilles mâle et femelle.	163
107. Branche de nopal portant des Cochenilles.	165
108. Récolte de la Cochenille en Algérie.	167

TABLE DES GRAVURES.

Gravures.	Pages.
109. Pattes écailleuses de la Chenille du chêne et de l'orme............	173
110. Jambes membraneuses de la Chenille du ver à soie................	174
111. Jambes membraneuses d'une grosse Chenille embrassant une branche d'arbuste..	175
112. Chenille arpenteuse....................................	175
113. Chenille allongée......................................	176
114. Chenille contournée en boucle..........................	176
115. Chenille arpenteuse de l'aulne..........................	177
116. Chenilles à dix jambes mangeant des feuilles d'abricotier.......	179
117-118. Chenilles de l'ortie pendues par les pattes de derrière.......	181
119-120. Chrysalides de l'ortie se dégageant de leur enveloppe...	181
121. Chrysalide de l'ortie achevant de se dégager de son enveloppe.......	183
122. Chrysalide angulaire, arrivée à son état définitif............	184
123-125. Chenille du chou.................................	185
126. Chrysalide de la Chenille du chou.......................	186
127. Coque d'une chenille, d'après Réaumur.....................	187
128. Lichenée du frêne.....................................	187
129. Chenille du marronnier.................................	187
130. Chenille du marronnier (Acronycta aceris).....................	188
131. Chenille du marronnier tirée de sa coque.....................	188
132. Chenille de la marte (Chelonia caja)........................	188
133. Chenille de la marte formant son cocon.....................	189
134. Petite Chenille du mouron...............................	190
135. Coque de la Chenille du mouron...........................	190
136. Noctuelle du bouillon-blanc...............................	190
137. Coque de la Noctuelle du bouillon-blanc.....................	190
138-139. Coque de la Phalène corticale.........................	191
140. Chrysalide de chenille...................................	195
141. Chrysalide angulaire d'où sort le papillon diurne...............	195
142. Chrysalide conique d'où sort le papillon diurne................	195
143. Chrysalide de Grande Tortue (Vanessa polychloros), grossie, vue du côté du ventre...	195
144. Chrysalide de Vanessa polychloros, dont on a écarté les différentes parties avant qu'elles soient collées...........................	197
145. Papillon nocturne venant de sortir du fourreau d'une chrysalide.........	199
146. Papillon dont les ailes sont plus élargies, mais retirées sur elles-mêmes.	199
147. Papillon nocturne dont les ailes se développent................	199
148. Papillon nocturne dont les ailes sont développées..............	199
149-150. Formes diverses des écailles de papillons, d'après Réaumur.........	201
151. Écailles des ailes de divers papillons, vues au microscope............	202
152. Portion d'aile du Grand Paon, vue au microscope.................	203
153. Aile de papillon, vue à la loupe............................	203
154. Patte de papillon munie de crochets.......................	204
155. Patte impropre à la marche...............................	204
156-165. Antennes de papillons................................	205
166. Coupe d'une trompe de papillon, d'après Réaumur.................	207
167. Machaon..	209
168. Chenille du Machaon...................................	210
169. Alexanor...	210
170. Chasse aux papillons nocturnes...........................	211
171. Flambé...	213
172. Apollon...	214
173. Grand Papillon du chou.................................	215
174. Chenille et chrysalide du Papillon du chou....................	216
175. Piéride du navet.....................................	217
176. Aurore de Provence...................................	217
177. Thécla du bouleau....................................	217
178. Thécla du chêne......................................	218
179. Thécla du prunier....................................	218
180. Thécla de la ronce...	218

Gravures.	Pages.
181. Polyommate bronzé (*Polyommatus phlæas*)	219
182. Polyommate verge d'or (*Polyommatus virgaureæ*)	219
183. Polyommatus gordius	220
184. Lycœna corydon	220
185. Lycœna de l'orpin	220
186. Lycœna ægon	220
187. Vanesse grande tortue	221
188. Chenille de la Vanesse grande tortue	221
189. Vanesse petite tortue	221
190. Vanesse paon de jour, ou Vanesse Io	222
191. Vanesse morio	222
192. Vanesse Vulcain	223
193. Belle-Dame	224
194. Vanesse gamma	224
195. Vanesse grande tortue quittant sa chrysalide et répandant un liquide coloré	225
196. Une prétendue pluie de sang en Provence, en 1608	229
197. Petit Sylvain	231
198. Sylvain azuré	231
199. Petit Mars	232
200. Charaxes Jasius	233
201. Chenille du Charaxes Jasius	233
202. Érébie Euryale	233
203. Chionobas Aello	233
204. Satyre myrtil	233
205. Sésie apiforme	234
206. Zygène de la filipendule	235
207. Cocon de la Zygène de la filipendule	235
208. Procris turquoise	235
209. Moro-Sphinx	237
210. Chenille du Sphinx-moineau	237
211. Chrysalide du Sphinx-moineau	238
212. Sphinx du Tithymale	238
213. Chenille du Sphinx Tithymale	239
214. Sphinx du laurier-rose	239
215. Chenille du Sphinx du laurier-rose	240
216. Chrysalide du Sphinx du laurier-rose	241
217. Sphinx de la vigne (*Deilephile Elpenor*)	241
218. Chenille du Sphinx de la vigne	241
219. Chrysalide du Sphinx de la vigne	242
220. Sphinx du Troène	243
221. Chenille du Sphinx du Troène	243
222. Chrysalide du Sphinx du Troène	244
223. Sphinx du Liseron (*Sphinx convolvuli*)	244
224. Sphinx tête de mort	245
225. Chenille du Sphinx tête de mort	247
226. Chrysalide du Sphinx tête de mort	248
227. Smérinthe ou Sphinx du tilleul	248
228. Chenille du Smérinthe du tilleul	249
229. Smérinthe demi-paon	249
230. Smérinthe du peuplier	251
231. Chenille du Smérinthe du peuplier	251
232. L'impératrice de la Chine, Si-ling-chi, cueillant des feuilles de mûrier dans les jardins du Palais impérial	253
233. Appareil sécréteur de la soie	262
234. Tête du ver à soie pendant la mue	263
235. Position du ver à soie pendant la mue	263
236. Premier âge du ver à soie	264
237. Deuxième âge	265
238. Troisième âge	265

TABLE DES GRAVURES.

Gravures.	Pages.
239. Quatrième âge	265
240. Cinquième âge du ver à soie	265
241. Papillon de ver à soie mâle	267
242. Papillon de ver à soie femelle	267
243. Une éducation de vers à soie chez un paysan des Cévennes	271
244. Filet losange	274
245. Filet carré	274
246. Rameaux de bruyère disposés pour faire monter les vers à soie	277
247. Cocon étranglé de Bombyx mori	277
248. Cocon sphérique de Bombyx mori	277
249. Ver à soie à ses divers états (chenille, chrysalide et papillon)	278
250. Appareil pour l'étouffage des cocons	279
251. Feuilles de papier avec rangées de cocons préparées pour recueillir le papillon destiné au *grainage*	279
252. Feuilles de papier attachées sur des claies et inclinées pour recevoir les papillons	280
253. Un atelier de filature de soie dans les Cévennes	281
254. Olivier de Serres	283
255. Chenille du Bombyx ou Attacus Yama-Maï	285
256. Cocon de Bombyx ou Attacus Yama-Maï	286
257. Papillon de l'Attacus Yama-Maï	286
258. Papillon de l'Attacus Pernyi	287
259. Cocon de l'Attacus Pernyi	287
260. Papillon de l'Attacus mylitta	288
261. Cocon de l'Attacus mylitta	288
262. Ver à soie de l'Ailante (chenilles, cocons et œufs sur une branche d'Ailante)	289
263. Grand Paon de nuit (chenille et papillon)	291
264. Petit Paon de nuit	292
265. Attacus atlas	292
266. Livrée	293
267. Chenilles processionnaires	294
268. Orgyie antique (mâle et femelle)	295
269. Orgyie pudibonde	295
270. Liparis chrysorrhé	296
271. Fourreau de la chenille Psyché graminelle	296
272. Fourreau de la chenille Psyché rubicolelle	296
273. Fourreau de la chenille Psyché muscella	297
274. Psyché graminelle	297
275. Chenille de Psyché graminelle	297
276. Psyché graminelle	297
277. Hépiale du houblon	297
278. Zeuzère du marronnier	298
279. Cossus ligniperde. Papillon, larve et chrysalide	299
280. Chenille du Dicranure vinule (*Dicranura vinula*)	301
281. Dicranure vinule	301
282. Dicranure de la molène	301
283. Chenille de la Harpyie du hêtre	302
284. Noctuelle tégamon	302
285. Noctuelle nébuleuse	303
286. Noctuelle mosaïque	303
287. Noctuelle brune	304
288. Lichénée bleue	304
289. Lichénée américaine	305
290. Lichénée paranymphe	305
291. Lichénée du saule	306
292. Érèbe chouette	307
293. Chenille arpenteuse pendue à un fil	308
294. Chenille arpenteuse vue du côté du dos	308
295. Chenille arpenteuse vue du côté du ventre	308

TABLE DES GRAVURES.

Gravures.	Pages.
296-297. Chenille arpenteuse remontant le long de son fil	308
298. Hibernie grisâtre	308
299. Bombyce, ou fileuse du pin (*Phalæna bombyx pini*). Larve, cocons et papillon.	309
300. Phalène défeuillée (mâle)	311
301. Phalène défeuillée (femelle)	311
302. Phalène hyémale (mâle)	311
303. Phalène hyémale (femelle)	311
304. Nyssia zonaria	311
305. Penthine du prunier	312
306. Œdie mignonnette	312
307. Tordeuse du rouvre	312
308. Phalène du hêtre	313
309. Xylopode des forêts	313
310. Tordeuse automnale	313
311. Tordeuse du sorbier	313
312. Tordeuse de l'osier	313
313. Pœdisque bouclier	313
314. Coxcyx alpicole	313
315. Séricore de Zincken	314
316. Sarrothryspée de Hervay	314
317. Cochylis riante	314
318. Choreutes dolosane	314
319. Feuille de chêne roulée perpendiculairement à la côte	314
320. Feuille de chêne roulée parallèlement à la côte	314
321. Feuille d'osier dont une partie a été coupée, roulée et posée perpendiculairement sur la feuille par une chenille	315
322-323. Feuilles d'osier liées ensemble par une chenille, et coupe transversale des mêmes feuilles	316
324. Papillon de la Pyrale de la vigne	318
325. Chenille de la Pyrale de la vigne	318
326. Chrysalide de la Pyrale de la vigne	318
327. Pyrale de la vigne à ses trois états	319
328. Gallérie de la cire	320
329. Teigne des tapisseries	321
330. Deux Teignes occupées à ronger un morceau de drap	322
331. Teigne dans son fourreau et se tirant sur ses jambes antérieures	322
332. Fourreau de la Teigne attaché à un morceau de drap	323
333. Teigne du crin	324
334. Teigne des grains	324
335-337. Forficule ou Perce-Oreille sous ses trois états : de larve, de nymphe et d'insecte parfait	327
338. Kakerlac oriental	330
339. Mante religieuse et sa larve	333
340. Bacille de Rossi, mâle, femelle et larve	335
341. Grillon des champs	337
342. Grillon-Taupe, ou Courtilière	338
343. Nid de Courtilière	339
344. Dectique verrucivore pondant	343
345. Grand Criquet d'Afrique (Acridien voyageur). Petites larves sortant de l'œuf, et œufs	345
346. Invasion de Sauterelles en Algérie, au mois de juin 1874	353
347. François Huber	363
348. Abeille ouvrière	364
349. Terminaison d'une patte d'abeille (grossie)	365
350. Trompe de l'abeille	365
351. Faux-bourdon, ou Abeille mâle	365
352. Reine ou mère abeille	366
353. Ruche à feuillets	369
354. Abeille vue à la loupe, au moment où les lames de cire se laissent apercevoir entre les anneaux de l'abdomen	369

TABLE DES GRAVURES.

Gravures.	Pages.
355. Grappes d'Abeilles	
356. Alvéoles construits par les Abeilles	373
357. Alvéoles d'une ruche	373
358. Intérieur d'une ruche	374
359. Portion de ruche dans laquelle les œufs remplissent les alvéoles. Cellules royales, dont l'une a été entr'ouverte par la reine	376
360. Larve d'Abeille (grossie)	377
361. Grappe d'Abeilles suspendue à une branche d'arbre, après l'essaimage	385
362. Abeilles portières gardant l'entrée d'une ruche	397
363. Réception d'un essaim	399
364. Ruche en cloche ou ruche villageoise	401
365. Ruche anglaise	401
366. Ruche suisse	402
367. Soufflet	402
368. Ruche polonaise	403
369. Intérieur de la ruche des jardins	403
370. Rucher ombragé	404
371. Mélipone	405
372. Bourdon mâle	407
373. Cellules du nid des Bourdons	407
374. Nid de Bourdons cardeurs	409
375. Anthophore ditusar	412
376-377. Anthophore pariétine	412
378. Abeilles charpentières. — Nymphes, œufs, galerie et nids	413
379. Abeille maçonne et son nid	414
380. Intérieur de nids de l'Abeille maçonne	415
381. Nid de la Mégachile du rosier	416
382. Galerie de l'Abeille mineuse	416
383. Guêpe commune	417
384. Nid de Guêpe	417
385. Guêpe des arbustes	417
386. Frelon	419
387. Poliste française	419
388. Nymphe de Guêpe commune	419
389. Guêpier vu à l'extérieur	421
390. Coupe et vue intérieure d'un guêpier, d'après Réaumur	423
391. Nid de Frelon	424
392. Nid de Poliste française	425
393. Guêpe cartonnière	425
394. Odynère rubicole adulte	425
395. Larve de l'Odynère rubicole	425
396. Nymphe de l'Odynère rubicole	425
397. Nid de l'Odynère dans une tige de ronce	426
398. Myrmique rouge mâle (grossi)	427
399. Myrmique ouvrière (grossie)	427
400-401. Coupe de nids de Fourmis	429
402-404. Fourmis noires cendrées, mâle, femelle et ouvrière	430
405-407. Fourmis cendrées, mâle, femelle, ouvrière	430
408. Vue d'une fourmilière	431
409. Larve de Myrmique rouge (grossie)	433
410. Nymphe de Myrmique rouge	435
411. Fourmis occupées à traire des Pucerons	439
412. Retour des Fourmis après la bataille	441
413. Fourmis roussâtres	443
414. Fourmis sanguines	443
415. Pierre Huber	445
416. Fourmis mineuses	447
417. Philante apivore	447
418-419. Mutilles	447
420. Pimples	448

TABLE DES GRAVURES.

Gravures.	Pages.
421. Ophions.	448
422. Cynips du chêne.	449
423. Noix de galle.	449
424. Noix de galle coupée.	449
425. Sirex géant.	451
426. Fausses chenilles.	452
427. Lophyre du pin.	452
428. Termites belliqueux. Soldat, travailleur, mâle et femelle gonflée d'œufs.	457
429. Un nid de Termites belliqueux dans l'Afrique australe, d'après Smeathman.	459
430. Village de Termites belliqueux, d'après le mémoire de Smeathman.	463
431. Habitation de Termites des arbres (du Muséum de Rouen).	465
432. Perle à deux points (larve).	468
433. Némoure trifaciée (larve).	468
434. Perle bordée (larve, nymphe).	469
435. Némoure bigarrée.	469
436. Perle à deux points adulte.	469
437. Némoure bigarrée.	470
438. Éphémère vulgaire adulte.	470
439. Nymphe d'Éphémère.	471
440. Larve d'Éphémère.	471
441. Cloë diptère.	471
442. Larve de Libellule et éclosion de l'adulte.	473
443. Libellule déprimée.	474
444. Métamorphoses de la Libellule déprimée.	475
445. Raphidie mâle.	477
446. Larve de Raphidie.	477
447. Nymphe de Raphidie.	477
448. Mantispe païenne.	477
449. Semblide de la boue, adulte, nymphe, larve.	478
450. Fourmi-lion.	479
451. Entonnoir du Fourmi-lion.	479
452. Larve, cocon, nymphe de Fourmi-lion.	479
453. Myrméléon libelluloïde.	480
454. Larve de Myrméléon.	481
455. Ascalaphe méridional.	481
456. Larve d'Ascalaphe.	481
457. Némoptères de Cos.	481
458. Osmyle tacheté.	481
459. Panorpe femelle et mâle.	482
460. Pince du Panorpe mâle.	482
461. Panorpe femelle pondant.	482
462. Bittaque tipulaire.	483
463. Borée hyémal.	483
464. Phrygane rhombique au repos.	484
465. Phrygane rhombique.	484
466. Larve de Phrygane rhombique.	484
467. Fourreaux réguliers de l'étui d'une Phrygane.	485
468. Nymphe de Phrygane poilue (grossie).	485
469. Phrygane poilue adulte.	485
470. Hydropsyche atomaire, larve, adulte, nymphe. Sa maison.	486
471. Rhyacophile vulgaire, larve, nymphe, abri, cocon et adulte mâle.	486
472. Cétoine dorée.	491
473. Larve et coque de Cétoine dorée.	491
474. Cétoine argentée.	491
475. Goliath de Derby.	493
476. Goliath polyphème.	493
477. Goliath cacique mâle.	494
478. Goliath cacique femelle.	495
479. Goliath de Drury (grandeur naturelle).	496
480. Inca treillissé.	499

TABLE DES GRAVURES.

Gravures. Pages.
481. Hanneton vulgaire... 501
482. Diligence assaillie, près de Gisors, par une troupe de Hannetons, le 18 mai 1832.. 503
483-484. Larve du Hanneton... 505
485-486. Nymphe du Hanneton.. 505
487. Oryctès nasicorne.. 510
488. Tête de l'Oryctès nasicorne mâle................................. 510
489. Tête de l'Oryctès nasicorne femelle.............................. 510
490. Oryctès dichotome.. 510
491. Scarabée claviger.. 511
492. Scarabée de Porter... 512
493. Scarabée sacré des Égyptiens..................................... 513
494. Scarabée chema... 516
495. Scarabée chorinée.. 516
496. Scarabée anubis mâle... 517
497. Scarabée anubis femelle.. 517
498. Scarabée hercule... 518
499. Lucane cerf-volant, larve, nymphe, insecte mâle et femelle....... 519
500. Lucane belliqueux.. 520
501. Lucane cerf-volant (Europe)...................................... 521
502. Lucane Melly (Gabon)... 521
503. Lucane Titan... 522
504. Syndesus cornutus.. 522
505. Chiasognathe de Grant.. 523
506. Escarbot rugueux... 524
507. Silphe à quatre points... 524
508. Silphe thoracique.. 524
509. Necrodes littoralis mâle... 524
510. Necrodes littoralis femelle...................................... 524
511. Necrodes lacrymosa... 524
512. Nécrophores enterrant le corps d'un rat.......................... 525
513. Nécrophore fossoyeur... 525
514. Nécrophore germanique.. 525
515. Staphylin odorant, adulte, nymphe et larve....................... 526
516. Staphylin odorant.. 526
517. Staphylin à grande mâchoire (maxillosus)......................... 527
518. Staphylin hirtus... 527
519. Psélaphe de Heise.. 527
520. Clavigère à fossettes.. 527
521. Dermeste du lard... 527
522. Attagène des pelleteries... 528
523. Hydrophile brun.. 528
524. Filière de l'Hydrophile.. 529
525. Nymphe de l'Hydrophile... 529
526. Dytique bordé mâle et femelle; patte antérieure du mâle grossie. 529
527. Nymphe et larve du Dytique bordé................................. 530
528. Dyticus latissimus... 531
529. Acilius sulcatus (mâle).. 531
530. Acilius sulcatus (femelle)....................................... 531
531. Acilius fasciatus (mâle)... 531
532. Acilius fasciatus (femelle)...................................... 531
533. Noterus crassicornis... 531
534. Colymbetes cinereus.. 532
535. Colymbetes notatus... 532
536. Colymbetes striatus.. 532
537. Haliplus fulvus.. 532
538. Hydroporus griseo-striatus....................................... 532
539. Hydroporus confluens... 532
540. Saphis cimicoïde... 532
541. Laccophilus variegatus... 532

TABLE DES GRAVURES.

Gravures.	Pages.
542. Laccophilus minutus	533
543. Hydaticus grammicus	533
544. Hygrobia Hermanni	533
545. Cybister de Rœsel	533
546. Gyrin nageur	533
547. Larve du Gyrin nageur	533
548. Gyrin strié	533
549. Gyrinus distinctus	533
550. Epinectes sulcatus	533
551. Carabe doré	536
552. Carabe pourpré	536
553. Carabe à côtes	537
554. Carabe Adonis	537
555. Carabe à nœuds	537
556. Larve du Carabe à reflets dorés	537
557. Calosome sycophante	538
558. Larve et nymphe du Calosome à points d'or	538
559. Calosome inquisiteur poursuivant un Bombardier	538
560. Procruste coriace	539
561. Procère géant, de la Carniole	539
562. Omophron limbatum	539
563. Nebria arenaria	539
564. Tefflus Megerli	540
565. Damaster laptoides	540
566. Anthia thoracica	541
567. Campylocnemis Schræteri	541
568. Scarite géant à l'affût	541
569. Harpale bronzé	542
570. Galérite de Leconte (larve)	542
571. Galérite de Leconte	542
572. Mormolyce-feuille	543
573. Larve et nymphe de Mormolyce	543
574. Cicindèle champêtre	543
575. Cicindèle de Dumoulin	544
576. Cicindèle rugueuse	544
577. Cicindèle scalaire	544
578. Cicindèle héros	544
579. Cicindèle à quatre lignes	544
580. Cicindèle du Cap	544
581. Larve de Cicindèle champêtre	545
582. Trou d'affût de la larve de Cicindèle	545
583-584. Nymphe de la Cicindèle	545
585. Mégacéphale de King	546
586. Mégacéphale oxychéloïde	546
587. Mégacéphale bifasciée	546
588. Manticore tuberculeuse	547
589. Pogonostome gracieux	547
590. Cténostome rugueux	547
591. Thérate labié	547
592. Blaps obtus	547
593. Ténébrion de la farine et sa larve	547
594. Récolte des Cantharides dans le midi de la France	549
595. Sitaris huméral	553
596. Première larve de Sitaris (très-grossie)	553
597. Pseudonymphe de Sitaris	555
598. Troisième larve de Sitaris	555
599. Nymphe de Sitaris	555
600. Lampyre noctiluque	555
601. Organe du saut chez le Taupin (face)	557
602. Organe du saut chez le Taupin (profil)	557

TABLE DES GRAVURES.

Gravures.	Pages.
603. Larve.	557
604. Cage ou lustre à Taupins pour l'éclairage.	559
605. Taupin lumineux des Antilles.	559
606. Case de nègres éclairée par des Taupins lumineux.	559
607. Bupreste impérial.	561
608. Latreille.	563
609. Bruche du pois (grossie).	564
610. Bruche du pois et pois percé par cet insecte.	564
611. Pissode tacheté.	565
612. Hylésine du pin.	565
613. Larve de Scolyte (repliée).	565
614. Grand Capricorne (Cerambyx heros) et sa nymphe.	566
615. Larve de grand Capricorne.	567
616. Larve de Chrysomèle du peuplier.	567
617. Criocère du lis, larve et adulte.	567
618. Coccinelle à sept pièces.	567
619. Larve grossie de Coccinelle.	567

FIN DE LA TABLE DES GRAVURES.

15080. — PARIS, TYPOGRAPHIE LAHURE
Rue de Fleurus, 9

www.ingramcontent.com/pod-product-compliance
Lightning Source LLC
Chambersburg PA
CBHW060257230426

43663CB00009B/1496